6

主編 舒大剛 楊世文

廖平全集

春秋類

穀梁春秋經傳古義疏

春秋類

春秋類目録

穀梁春秋經傳古義疏……五
公羊春秋經傳驗推補證……七一七
春秋左氏古經説義疏……一五一三
春秋左傳杜氏集解辨正……一九〇三
起起穀梁廢疾……二〇七三
釋范……二一〇九
何氏公羊解詁三十論……二一二九
擬大統春秋條例……二一八一
左傳古義凡例……二一九九
五十凡駁例……二三一七
左傳杜氏五十凡駁例箋……二三三五
箴箴左氏膏肓……二三六一
左氏春秋考證辨正……二三九三

左傳經例長編……二三六七
春秋圖表……二三九一
春秋三傳折中……二五二七

穀梁春秋經傳古義疏

廖平　撰　廖宗澤　補疏
鄭偉　校點

校點説明

是書又名《穀梁古義疏》、《重訂穀梁春秋經傳古義疏》，其初創於光緒六年（一八八〇），成書於光緒十年（一八八四），定稿於光緒十三年（一八八七），其後續有修訂，至光緒十九年（一八九三）年刊印時，已十易其稿。該書歷經廖平經學「初變」「二變」兩個時期，爲廖氏穀梁學之代表作。《穀梁》之學，源出素王，宣、元以後，垂爲孤經，東漢以降，漸成絶學。五家傳説，久佚不聞。張靖、程闡、徐邈諸説，湮没不彰。幸存范寧《春秋穀梁傳集解》，然其依附何休、杜預，不守師法，以攻傳爲能。楊士勳雖稱范氏「上下多違，縱使兩解，仍有僻謬」，卻未能正之。啖助、陸淳、孫覺、葉夢得、蔡元定等雖知折中，而未有書以闡明之。廖平「痛微言之久隕，傷絶學之不競」，「遂發憤自矢，首纂遺説，間就傳例，推比解之」。廖氏對此書自視甚高，寄意甚嚴，用心亦勤，嘗于山西巡撫張之洞宴上稱：「若《古義疏》成，不羨山西巡撫矣！」

全書十一卷，書前有黄印清、嚴式誨、張預、廖平等所作之序，按魯國十二公次序排列，莊、閔二公合爲一卷，其餘十公各自一卷。是書《敘例》稱：首明古義，説本先師，推原禮制，參之《王制》；次釐全經大義，屬辭比事，條而貫之，並綴以表圖；旁及三傳異同，辨駁何、鄭，糾范釋范，靡不加詳；終以諸國地邑山水圖。此書旨在發明范寧以前之古義，「存漢師之遺説，删范、楊之野言」，博徵博引，推原禮制，以證本經，其持群説之平，守漢師之法，導來學之路，「較清代《補注》、《釋例》諸家倜乎過之」。 其中，廖氏發現《穀梁》禮制與《禮記・王制》所載相符，提出以禮制平分今古之説，成爲其學術「六變」前三期之理論依據，並據此研究其他經典，尤其是爲《公羊》、《左傳》的研究創造了條件。 以《穀梁古義疏》爲中心，廖平穀梁學逐漸形成了一套完備的體系，至光緒十一年（一八八五），廖氏編成《穀梁春秋内外編目録》，共計著作三十七種，凡五十卷。 蒙文通先生評曰：「《穀梁》解經最密，先生（廖平）用力於《穀梁》最深，著《穀梁古義疏》、《釋范》、《起起廢疾》，依經之例，以決范、何、鄭氏之違失，而杜後來無窮之辯。 植基堅厚，後復移之以治《公羊》、《左氏》，皆迎刃自解。」是書在經學史上具有重要的地位與價值，舒大剛先生論曰：「《穀梁古義疏》以《王制》爲綱領，專門發明漢人古義，使千載墜緒得以發揚光大，成爲一部足以取代晉人范寧《穀梁集解》的新疏。 清儒於十二經皆著新疏，唯《穀梁》缺而無書，廖平此書正可填補空白。」此書爲廖氏經典注疏中最爲學界稱道之作，亦爲清人穀梁學的扛鼎之作，列入中華書局「清人十三經注疏」計劃之中。 該書版本主要有六種，光緒二十六年（一九〇〇）湖南周文焕刊本（簡稱「周本」），光緒二十六年（一九〇〇）日新書局本（簡稱「日新本」），民國十三年（一九二四）渭南嚴穀孫刻本（簡稱「十三年本」），民國十八年（一九二九）犍爲張榮芳、黄印清刻本（簡稱「張黄本」），民國十九年（一九三〇）成都鴻寶書局刊本（簡稱「鴻寶本」），民國二十年（一九三一）渭南嚴式誨刊孝義家塾叢書本（簡稱「家塾本」）。根據家塾本又有三種影印本：《續修四庫全書》本、一九六七年臺灣文海出版社《國學集要》二編影印本、上海古籍出版社一九九五年影印本。周本、張黄本、十三年本現已不存，現存日新本、鴻寶本、家塾本，其中家塾本爲廖氏最終之定本。此外，另有二〇一二年中華書局部積意點校本（簡稱「點校本」）。此次點校：

（一）以《續修四庫全書》影印嚴氏孝義家塾叢書本爲底本，以鴻寶本、點校本爲參校本。

（二）經、傳文字以阮刻《十三經注疏》爲準，對廖平改經之處，不改原文而出校記説明。

（三）凡注中引文，皆一一核對原文。由於廖氏引書，或節引，或轉引，凡屬形近而誤及文意歧義者，皆徑改正字；凡屬同義轉引者，則一仍其舊，并出校記。

（四）對注中引文，參考學界已有之成果，主要有：

經部：《十三經注疏》（阮元校刻，中華書局，一九八〇年影印本）、《易緯乾鑿度》（安居香山、中村璋八辑，河北人民出版社，一九九四年《緯書集成》本）、王先謙《詩三家義集疏》（吴格點校，中華書局，一九八七年）、黄懷信《大戴禮記彙校集注》（三秦出版社，二〇〇五年）、《春秋元命包》（安居香山、中村璋八輯，《緯書集成》本）、高士奇《春秋地名考略》（《四庫全書》本）、劉寶楠《論語正義》（高流水點校，中華書局，一九九〇年）、劉向《五經通義》（《玉函山房輯佚書》本）、許慎《五經異義》（《漢魏遺書》本、《玉函山房輯佚書》本）、陳壽祺《五經異義疏證》（上海書店，一九八八年影印《清經解》本）、朱熹《四書章句集注》（中華書局，一九八三年

《新編諸子集成》本)等。

史部：司馬遷《史記》(中華書局，一九五九年)、班固《漢書》(中華書局，一九六四年)、房玄齡《晉書》(中華書局，一九七四年)、劉向《古列女傳》(《四部叢刊》本)、徐元誥《國語集解》(王樹民、沈長雲點校，中華書局，二〇〇二年)、杜佑《通典》(王文錦等點校，中華書局，一九八八年)等。

子部：〔儒家類〕王先謙《荀子集解》(沈嘯寰、王星賢點校，一九八八年《新編諸子集成》本)、孔鮒《孔叢子》(《四庫全書》本)、王利器《鹽鐵論校注》(一九九二年《新編諸子集成》本)、向宗魯《説苑校證》(中華書局，一九八七年)、石光瑛《新序校釋》(中華書局，二〇〇一年)、鍾肇鵬《春秋繁露校釋》(河北人民出版社，二〇〇五年)；〔雜家類〕陳立《白虎通疏證》(吴則虞點校，一九九四年)、戴聖《石渠禮論》(《漢魏遺書》本)、崔豹《古今注》(《叢書集成初編》本)；〔兵家類〕司馬穰苴《司馬法》(《四部叢刊》本)、《十一家注孫子校理》(楊丙安校理，一九九九年)；〔法家類〕黎翔鳳《管子校注》(中華書局，二〇〇四年《新編諸子集成》本)、王先慎《韓非子集解》(鍾哲點校，中華書局，一九九八年)；〔術數類〕瞿曇悉達《唐開元占經》(《四庫全書》本)；〔類書類〕歐陽詢《藝文類聚》(汪紹楹點校，上海古籍出版社，一九八二年)、《太平御覽》(中華書局，一九六〇年影宋本)；〔小説家類〕袁珂《山海經校注》(巴蜀書社，一九九二年)等。

目録

穀梁古義疏序……一三
穀梁春秋經傳古義疏敘……一五
重訂穀梁春秋經傳古義疏自敘……一七
重訂穀梁春秋經傳古義疏凡例……一八
重刻穀梁古義疏弁言……二四
穀梁春秋經傳古義疏卷一……二五
穀梁春秋經傳古義疏卷二……九二
穀梁春秋經傳古義疏卷三……一三八
穀梁春秋經傳古義疏卷四……二三〇
穀梁春秋經傳古義疏卷五……三二七
穀梁春秋經傳古義疏卷六……三七九
穀梁春秋經傳古義疏卷七……四二七
穀梁春秋經傳古義疏卷八……四八七

穀梁春秋經傳古義疏卷九……五五九
穀梁春秋經傳古義疏卷十……六二三
穀梁春秋經傳古義疏卷十一……六六八
重訂穀梁春秋經學外篇敘目……七一二

穀梁古義疏序

西漢五經家學，今惟《春秋》公羊、穀梁尚存。魏、晉以來，微言大義晻曶不章，徒以文字異同，爲左氏家參攷而已。有清中葉，公羊學始大盛，而穀梁猶微，著書傳世者不逮十家，皆未足厭學者之意。蓋公羊家之學，江都《繁露》完書具存，任城《解詁》又依胡母生條例，兩大師家法未亡，故治之猶易。《穀梁》則師説久湮，惟有范武子《集解》。范氏以鄭君家法説《春秋》，鑿枘既多，舊義益以汩亂，故治之尤難。近人至以《穀梁》爲古文家僞造，以附於《左氏》者，良可喟也。井研先生壯年專精《穀梁》之學，所著《古義疏》數易稿而始定，根原《王制》，溝通二傳，存漢師之遺説，删范、楊之野言，較清代《補注》、《釋例》諸家倜乎過之。昔阮伯元見孔撝約《公羊通義》，歎爲孤經絶學。孔氏書弗能稱是，先生之於《穀梁》，庶近之矣！先生與先文學交最篤，式誨少得侍教，孤露以後，先生時時過從，訓誨有加。既爲先文學作《家傳集序》，乃以此書舊刻疏惡，命爲重刊，剞劂甫竣，而式誨忽遘横逆，先生復貽書當道，遠勤將護。今春方欲躡屩德門，親謁杖履，匆匆未果，而先生赴至矣。哲人云亡，海内同悼，矧託末契，尤所痛心。猶幸是書刊成，足以慰先生於九京，因亟印行之。先生别有《外編》若干種，惟《起起廢疾》、《釋范》二書行世，今附刻於後。他日當求禮堂遺稿，盡刊布之，俾西漢今文家幸存孤學得以益眪於世也。壬申寒露後五日，世姪渭南嚴式誨識於成都賁園家塾。

穀梁春秋經傳古義疏敘

穀梁氏之學，孑然而垂爲孤經也，蓋二千餘年于茲。自漢大司農高密鄭公《起廢疾》謂之近於孔子，其爲卜子夏親授與否可不必疑，然要其衷之於聖，不甚相遠。康成《六藝論》又曰：「《穀梁》善於經。」意必較《公羊》、《左氏》爲優，而聞見之碻、淵源之真，夫固治《春秋》者之規矩𥐯括焉，而莫之能越者也。東京而後，漸成絶學。尹更始等五家傳説久佚，延及江左，訾爲膚淺，注者張靖、程闡、徐邈諸人寖以湮没，幸范氏《集解》廑存，而采用何、杜兩家，難免盭于師法。楊士勳稱其「上下多違①，縱使兩解，仍有僻謬」，信哉！然楊自爲書，抑②又不逮。外此如啖助、陸淳，宋之孫覺、葉夢得、蔡元定輩，雅知折中，而皆未有成書以闡明之。訖我聖清，經師輩出，絶學于是乎復振，凡《穀梁》經、傳，時有條釋，其散見者不一家，而崇尚專家之學。以溧水王氏芝藻爲倡，《春秋類義折衷》見《四庫存目》。踵出者，陳氏壽祺、《穀梁禮説》。李氏富

---

① 違：原作「韋」，據《穀梁傳注疏》僖公四年楊疏、《光緒井研志》卷十二《藝文二・經部二》「《穀梁古義疏》」提要改。

② 抑：《光緒井研志》卷十二《藝文二・經部二》「《穀梁古義疏》」提要作「則」。

孫、《穀梁異文釋》。許氏桂林、《穀梁釋例》。侯氏康、《穀梁禮證》。柳氏興恩、《穀梁大義述》。鍾氏文烝。《穀梁補注》。陳之《禮説》未經卒業，餘皆有專刻，惟柳氏之《大義述》，彙萃尤備。不意樸學如季平者①，又能湛思孤詣，承諸名宿之後，時出己見，冀有以集于成。烏虖！吾惡知當世劬學之士，復有風雨閉門，覃研極精，釐然有當，而竟不于昔賢相讓矣乎？季平曏者來謁于都門，述所撰箸《穀梁古義疏》十一卷，十易稾，未爲定本。今郵其《敘例》見示。首明古誼，説本先師，推原禮證，參之《王制》；注疏之外，別撰《大義》②，屬辭比事，條而貫之；並綴以表，旁及三傳異同，辨駁何、鄭，糾范釋范，靡不加詳，終之以諸國地邑山水圖外篇，都爲五十卷。別白謹嚴，一無遺漏，得其統宗，庶乎鉅觀。執聖人之權，持羣説之平，守漢師之法，導來學之路，不朽盛業，其在斯乎！昔董子有言：「《春秋》無達辭。」吾則未之信也。努力訂成，争先快覩，謬附起予，竊自多已。光緒癸巳八月，同學友生錢唐張預謹敘於長沙使院。

① 季平：《光緒井研志》卷十二《藝文二·經部二》「《穀梁古義疏》」提要作「廖進士季平」。
② 注疏之外，別撰《大義》：《光緒井研志》卷十二《藝文二·經部二》「《穀梁古義疏》」提要作「次釐全經大義」。

重訂穀梁春秋經傳古義疏自敘

《穀梁》顯于宣、元之間，不及一世，東漢以來，名家遂絶，舊説雖存，更無誦習。范氏覘其闃①弱，希幸竊據，依附何、杜，濫入子姓。既非專門之學，且以攻傳爲能。末學膚受，喜便誦記，立在學官，歷世千載。原夫素王撰述，魯學獨專，俗義晚張，舊解全佚。辛巳中春，痛微言之久隕，傷絶學之不競，發憤自矢，首纂遺説，間就傳例，推比解之。癸未，計偕都門，舟車南北，冥心潛索，得素王、二伯諸大義。甲申初秋，偶讀《王制》，怳有頓悟。于是，向之疑者盡釋，而信者愈堅，蒙翳一新，豁然自達，乃取舊藁重録之。戊子，詮釋《公羊》，繼有删補。庚寅，纂述《左氏》。癸巳，讀《禮》多暇，取舊藁重加修訂。雖在會通三傳，而魯學家法不敢稍踰。又舊藁至今十年矣，所説多不同，非大有出入，不悉削之，以存入門之迹。經傳微奥，鑽仰無窮，俟有續得，擬再修補。博學君子，加之匡正，所切禱焉。癸巳三月朔，井研廖平識。

---

① 闃：日新本、鴻寶本同，疑爲「闇」之誤。

重訂穀梁春秋經傳古義疏凡例①

一、《穀梁》先師章句，微故著録《班志》者，魏晉猶有傳本。范氏《集解》不守舊訓，今志在復明漢②學，故專以舊説爲主。至於范注，聽其别行，不敢本之爲説。

二、《左氏》、《公羊》與《傳》同説一經，不須求異。唯漢以後，久已别行。今既别解《公羊》、《左氏》，三傳各立門户，不取苟同，務就本傳立説。然義本相同，後來誤解，因致歧出者，則必化其畛域，以期宏通。

三、何氏《公羊解詁》與《穀梁傳》説多同。傳文各古本互有詳略，非取二傳相推，反不明著。同者是爲推闡本傳，不以虜引爲嫌。今注間有與《公羊》、《左氏》同者，亦由本傳推得之，非用二傳也。若傳中所存異説與《公羊》同者，依義解之。

四、《春秋》爲萬世立③經，《公羊》先師誤以爲救文從質，爲一時之書，與本書經義不合，

① 以下二十三條凡例序號原書本無，爲便於閲讀，故於每條凡例前統一編碼。
② 漢：日新本、鴻寶本作「古」。
③ 立：日新本、鴻寶本作「之」。

今不取之。至於三代之説，皆後王三統之義，何君于注中多所引用，今用其例，於一定之中，詳其通變之法。

五、陸氏《釋文》及本傳異文，諸書所詳，今不暇及。至傳文字誤，新所考訂，皆爲標識。有所據改，説見疏中。至於訓詁，人所易明者，不更贅及。

六、《春秋》問辭，弟子皆有所據。然其據文本，禮制、文句并用。何君以下説《春秋》者，引用經中文句，而略于禮制一門，多與傳意相迕。今注中據文，半主禮制，半主文句。

七、三傳言禮制者，每傳多各言一隅，必須合考三家，方成完説。許、鄭訐争，皆失此旨。今于三傳禮制異同處，據參差互見諸例以説之，務使彼此相發，互文見義，合于禮意爲主，不敢輕事杵擊，動成齟齬。

八、三傳舊例，多文異義同。先師門户過嚴，彼此相激，不惟不能求益于人，白馬非馬，主張太過，反於本傳有損。今于實不相通者立《三傳異例表》，文異義同者立《三傳同例表》以統之。

九、三傳事實，末節細端間有差舛，大事明文則無同異。後人吹毛索瘢，察及秋毫而不見輿薪。今將事實確有不同者，别立《三傳異事表》；其他詳略參差文實諸説可通者，于注中詳之，以見異者千百中之一二，而同者固大且多也。

十、注以《王制》爲主，參以西漢先師舊説，從班氏爲斷。初以本師《王制》用單行中字，班氏以下夾行小字，因與經、傳混，改爲夾注。凡所不足，乃下己意，注所不盡，更爲疏之。以疏附注，故與唐人注疏别行者體例稍異。

十一、《王制》爲《春秋》①大傳，千古沉翳，不得其解，以《穀梁》證之，無有不合。今作《王制義證》一卷，以附經傳之後，引經、傳及師説注之，以相印證。

十二、《國語》爲左氏作，本孔子創作②舊説，附會事實而成，爲經作傳，所謂「賢爲聖譯」也。《史記》本紀、世家又本《春秋譜牒》而作。至《左傳》、《史記》説事解經與傳異者，皆《左》所無，本弟子推考而出，其文當全見《左氏説微》中，非《國語》原文也。今除《説微》外異之外，疏中引用實事者，以《史記》爲主，《左》亦間用之。

十三、《春秋》二伯黜陟，立八方伯、七卒正，存西京，收南服，以九州分中外。内四州國則早封之，外四州國則漸引之。夷狄在九州外，《春秋》小統，不治要荒夷狄，凡經所稱夷、戎、狄，多有諱避而託之。舊説多以吴、徐、楚、秦指爲真夷狄者，誤也。楚爲南外四州，即爲諸夏。内諸夏，外夷狄，則夷狄屬要荒，亦非真夷狄也。

十四、屬辭比事，《春秋》之教。事有本末，前人已詳。至於屬比，殊未盡其義。張氏《辨

① 春秋：日新本、鴻寶本作「六藝」。

② 創作：日新本、鴻寶本作「六藝」。

例編》哀録此例甚詳，今悉取用，而推本傳例以補之。

十五、董子治《公羊》，禮制與本傳實同。凡微文孤證，本傳先師無説，今悉取之，如制度及軍制、黜陟之類是也。又杜氏《公子譜》本于劉子政《世本》，是本傳師説，今亦用之。

十六、《春秋》新義，不惟損益禮制，名教綱常尤關①，統繫制度于一定之中，以三統通其變。至於禮義，百世不變，傳中禮制、義理，多本此意説之。至傳義與經小别者，于經下注明本意，傳下則就傳義解之。

十七、六經②取六合之義，又如黄帝六相。《詩》、《書》、《禮》、《樂》爲四教，法四時、四方。《易》如天，爲空文。《春秋》如地，爲實事。舉《孝經》而實之。是六經③本一貫也。先師説相關之處，多引《孝經》、《易》、《詩》、《書》、《禮》、《樂》爲説，今仍其義，以明六經相通之實。

十八、《春秋》改時制，所謂「因監損益」，「擇善而從」，託之六經④，于時事無關。人多不

---

① 尤關：日新本、鴻寳本作「實亦在焉」。
② 六經：日新本、鴻寳本作「六藝」。
③ 六經：日新本、鴻寳本作「六藝」。
④ 六經：日新本、鴻寳本作「六藝」。

明此意，流弊甚多。今于各條間輯周制遺文軼事，以見《春秋》改變之迹，六經[①]既定，垂法百世，後人不能再言改變矣。

十九、何君《解詁》引用《京易》、《韓詩》，攷博士之説，本同一家，固不別異。今仿其例，凡本傳佚義，取博士説補之。

二十、《春秋》之作，上考三王，下俟百世，大統之法，多由此而推。今立古今二例，上徵帝王六經，下統諸史，政治、典禮，悉考其沿流焉。

二十一、六經[②]疆域以明文言之，《詩》言海外[③]，《尚書》言五服、四海之内[④]，《春秋》則但言九州，且就九州分中外。是小莫小於《春秋》，王化由近及遠，由小推大，故《春秋》爲六經[⑤]之始基，帝王之起點。用算學語。先就九州推詳制度，然後逐漸加增，故漢人首重《春秋》，以六

① 六經：日新本、鴻寶本作「六藝」。
② 六經：日新本、鴻寶本作「六藝」。
③ 海外：家塾本作「天道」，據日新本、鴻寶本、《光緒井研志》卷十一《顛倒損益釋例》、卷十三《皇帝王伯優劣表》改。
④ 内：家塾本作「外」，據日新本、鴻寶本、《光緒井研志》卷十三《皇帝王伯優劣表》改。
⑤ 六經：鴻寶本作「六藝」。

經①之學，《春秋》爲入門首功，非先讀《春秋》，不能讀他經也。②

二十二、《春秋》疆宇小，惟小，故於制度記録詳，且瀛海之外仍名九州，鄒衍由小推大，則大統之法即由《春秋》而出。然則《春秋》如書家之九宫法，爲幼學初階，老宿亦莫能外之者也。

二十三、舊用東漢法，於今古分劃甚嚴。壬辰以後，化去今古之迹；丁酉以後，乃著小大之分。六經③中分天下，三大三小。《周禮》歸入大統，爲海外通典之所本，故此本引用，説一依小統；《周禮》專言海外者，一字不敢取用，識者諒之。

按：凡例未刊之先，已經數易其稿。癸巳刊入《羣經凡例》者，多字誤，今略爲補正，又加四條於後，爲丁酉以後續得之説。但雖有此義，不過詳於《易》、《詩》二經中，至於三傳舊條已成定本，於此例殊少④涉，不敢因之而有移改焉。己亥十月，季平識。

---

① 六經：鴻寶本作「六藝」。

② 此條下，鴻寶本有「考六藝」一例，云：「考六藝以皇、帝、王、伯分之，則《春秋》爲伯統專書，故孔子云：『事則桓、文。』雖曰伯統，治與王道無殊，故《詩》首《周》、《召》，《尚書》始羲、和。《詩》云『爲王前驅』，《尚書》、《春秋》以伯、王分先後，非有優劣於其間。以《詩》論，二南即《詩》之《春秋》也。舊解多混同，今略分界畫，以存其真。」

③ 六經：鴻寶本作「六藝」。

④ 「少」下鴻寶本有「牽」字。

重刻穀梁古義疏弁言

井研大師以經學名海内久矣。間嘗讀《六譯館叢書》，嘆其箸述之富、識見之宏、考訂之精詳，未嘗不低徊磬折。有清以來，樸學大儒輩出，至先生而集大成。斯文所在，共仰斗、山，固不待後生末學贊一詞也。今秋先生文孫次山君持舊箸《穀梁古義疏》來示予，并言先生於此書凡十易稿，今耄矣，頗欲及見是書刊成爲慰。予閲之，即前湘刊本重經先生點定者。同鄉張君富安願任版貲，適因公赴渝，託予董其事，乃鳩工庀材，校對鈔録，約期年而全書成。予惟服膺先生久且篤，此書刊行，幸獲先睹爲快。爰述始末，用識景仰於萬一耳。民國十八年，歲在己巳孟冬，後學犍爲黄印清謹識於成都少城之讀未見書齋。

穀梁春秋經傳古義疏卷一

《春秋》者，魯史舊名。孔子有德無位，繙經立教，上則質諸鬼神而無疑①，下俟百世聖人。六藝之道，取法人、天②。《詩》、《書》、《禮》、《樂》，教分四時，以《易》主天，以《春秋》主地。以疆宇言之，《春秋》就九州分中外，《尚書》及《禮》聲教迄于四海，《詩》、《樂》施于海外，所謂六合之内也。《易》專明天道，兼及六合以外，故大莫大于《易》，小莫小于《春秋》。以世代論之，《易》無方體，《詩》、《書》並列各代，年皆數千。惟《春秋》乃一代專書，年僅二百③，記世代甚少，言方輿則甚狹，專作一經，表章典制，故《春秋》爲六藝之開宗，治法之權輿。由小推大，由今推古，所謂「見之行事，深切著明」者也。經成，以授子夏，子夏傳經，即著大傳，發明大綱，傳示學者。卜商首受《春秋》，故以氏其學。此傳又先師授受，因弟子發問而師引舊傳以答之，與《服問》、《喪服傳》同，故傳中凡引「傳曰」

---

① 則質諸鬼神而無疑：日新本、鴻寶本作「溯皇、帝、王、伯」。
② 人天：日新本、鴻寶本作「六合」。
③ 年僅二百：鴻寶本作「僅二百四十年」。

者，即子夏舊傳是也。今本爲江公所傳，因其居魯，與《魯詩》世稱魯學。漢時，《穀梁》有五家傳本，各有異同，故劉子所引傳文間爲今本所無，皆別家佚文也。《穀梁》魯學，篤守師法；《公羊》齊學，間及大統①。然舊本一家，大綱巨目，莫不相同，略有變異，皆爲小節。《國語》本左氏傳事之文，本以證明口受，後來弟子掇事編年，附以《説微》，即今《左傳》是也。形體雖分，毛裏則一，兄弟相尤，外侮頻起。獨抱一經，其禍烈矣！今則化其戈盾，以收相濟之功；別其係屬，以專異宫之敬。凡所不知，敬俟來哲。

隱公《魯世家》：「惠公卒，長庶子息攝當國，行君事，是爲隱公。」孔子作《春秋》，據魯史文。隱公，魯君，惠公子，孝公孫，事詳《春秋譜牒》。首隱者，《春秋》感麟而作，歷世十二，年二百四十，天道終，人事洽也。**疏**《孟子》曰：「王者之迹熄而《詩》亡，《詩》亡然後《春秋》作。晉之《乘》、楚之《檮杌》、魯之《春秋》，一也。孔子曰：『其事則齊桓、晉文，其文則史，其義則丘竊取之矣。』」「夏五」，傳云：「由定、哀以指隱、桓，則隱、桓之世②遠矣。」孔子覩麟而作《春秋》，由近及遠，撥亂反正，先急後緩，故定、哀爲一家言，莊及昭爲一國言，隱、桓爲天下言。《孟子》曰：「天下之本在國，國之本在家，家之本在身。」謂是也。文由隱、桓始，王法由隱、桓終。初治陪臣，繼治大夫，再治諸侯，以返於天子。天道數終，人事已備，再上難徵，故終隱、桓也。

---

① 間及大統：日新本、鴻寶本作「著録稍晚」。

② 世：《穀梁傳》桓公十四年作「日」。

元年《十二諸侯年表》：「隱元年，周平王四十九年，齊僖公九年，晉鄂侯二年，宋穆公七年，衛桓公十三年，陳桓公二十三年，鄭莊公二十二年，蔡宣侯二十八年，楚武王十九年，秦文公四十四年，曹桓公三十五年。」又《序》云「余讀《春秋譜牒》」云云，是史公曾見《春秋譜牒》，因據以爲説。何氏《解詁》不言《譜諜》事實，使筆削褒貶之意不明。史公既據《譜牒》立説，今故取《年表》、《世家》以爲説焉。

春，王，正月。元年，春，王，正月，公即位者，五始也。劉子云：「恭維五始之端，在乎正己而已。」①元年，君始年。諸侯君其封内，踰年即位稱元也。春者，歲之始，子、丑、寅三月爲春，建子，從周制也。王正月者，明王一統，且以别於夏、殷。春在王上者，以正月繫王，以春統正月。王不稱天者，王猶周也。三月有王，正春也，元年必有正月，正君也。劉子云：「有正春者，無亂秋。有正君者，無危國。」**疏**「五始」者，《春秋緯》云：「元爲氣之始，春爲歲②之始，王爲受命之始，正月爲年③之始，公即位爲君④國之始。」按：元年言元，餘以一二數。春三月，有王正月，言正，餘以一二數。下三時不言王，餘年不言公即位，皆謹始之意。五者備，爲五始也。「諸侯君其封内，得踰年改元」者，《白虎通德論》云：「諸侯不能純臣。」于其封内，得稱元也。「春」者，按夏以寅爲正，則寅、卯、辰爲春。周正建子，時從而改，則子、丑、寅爲春。天開于子，故子得爲春。「王正月」至「夏、殷」也者，按古者三正迭用，夏正得天，與時正並行，故《周禮》云「正月之吉」者，謂周正；云「正歲」者，謂夏正也。田獵、祭祀用夏正，下三月仍繫事，明行夏時也。「王承天」者，傳曰「爲天下主者，天也。繼天者，君也」是也。

---

① 恭維五始之端，在乎正己而已：《説苑·尊賢》作「共惟五始之要、治亂之端，在乎審己而任賢也」。
② 歲：緯書集成本《春秋緯》作「四時」。
③ 年：緯書集成本《春秋緯》作「政教」。
④ 君：緯書集成本《春秋緯》作「一」。

「王不稱天」至「周也」者①，《春秋》周不舉「周」，以王爲號。周，地名，嫌與諸侯同，故言王，如王臣稱王人，與諸侯上言國、下言人者同，如齊人、晉人，知王謂周。

雖無事，無事謂不言即位。**必舉正月，**據餘年正月不繫事不書。**謹始也。**據即位爲君之始。劉子云：「孔子曰：『君子務本，本立道生。』夫本不正者末必倚，始不盛者終必衰。」「《春秋》之義，有正春者無亂秋，有正君者無危國。《易》曰：『建其本而萬物理，失之毫釐，差之千里。』是故君子貴建本而重立始。」**公何以不言即位？**《顧命》：即位于戶樞之前，不俟踰年。《春秋》踰年乃即位稱公者，以明一年不二君之義。如于前年言即位，則一年二君，如定公之無正始、昭公之無正終矣。即位，繼立之變文。元年必言即位，國乃有君，故不言則爲變，以爲其國無君之辭，非杜氏所謂行禮受朝爲即位。**成公志也。**即位，嗣立之名。隱公有讓志，意不敢當國，故不言即位，以達其意。不言者，謂公實即位而不書之辭也。成者，其事未行，而《春秋》成之也。**焉成之？**據與繼故君不同，不知所以不敢當君之意。**言君之不取爲公也。**據隱不自正，知志不即位。疏不曰公，不取爲君者，葬乃稱君，純臣之辭。公爵稱君，其言終君之、親之之辭②。不取爲③公，謂遺榮也。**君之不取爲公，何也？**據繼弒不忍，此繼正。**將以讓桓也。**據不自正，知爲讓桓，繼立知在桓也。**讓桓正乎？**據無正，疑讓正。**曰不正。**據元年有正，以正隱。隱正，則讓不正。疏《魯世家》：「惠公卒，長庶子息攝當國，行君事，是爲隱公。初惠公嫡夫人無子，

① 至周也者：鴻寶本作「至王人者」。
② 其言終君之、親之之辭：鴻寶本作「其言君者，親之之辭」。
③ 爲：原脱，據鴻寶本補。

公賤妾聲子生子息。息長，爲娶于宋，宋女至而好，惠公奪而自妻之。登①宋女爲夫人，以允爲太子。及惠公卒，爲允少故，魯人共令息攝政，不言即位。」《春秋》成人之美，據聶北言救，遂齊侯之意。不成人之惡。據趙盾、許止、楚比皆不實弒待之，《春秋》明美惡以示賞罰。當時上下濁亂，得正者少，使原情定罪，則有惡無美，有罰無賞，進退難設，褒貶不明，王道無以立焉，故善善從微，疾惡從著。于時事，有善志善，言事雖未行，皆褒録以成事之辭，非姑息之小仁，乃褒貶之大法也。隱不正而成之，何也？「《春秋》無達辭」，凡非常例，皆有所起。此成惡，非常辭，故問所爲。將以惡桓也。據讓在桓，一讓一奪，是桓惡也。其惡桓，何也？功罪各在其身，成隱惡桓，疑二公同罪。隱將讓而桓弒之，則桓惡矣。疏 弒，大惡。慈兄將讓，聽閒言而弒，以怨報德。不言隱讓，則桓惡不顯也。桓弒而隱讓，則隱善矣。唯其爲善，乃可成之。疏 弒爲大惡，讓爲美德。推其讓、弒之迹，則隱爲善人；使不明其讓，反與吴僚同。科隱公之行，律之以道，固有未盡；能輕千乘，《春秋》所嘉，然則不言即位，特所以成美。《孟子》曰：「《春秋》無義戰，彼善于此，則有之矣。」亦此意也。善者，小可之美，未可律以道義之名。善則其不正焉，何也？善之宜得正，如言救者善，則伐者不正，是也。此美惡相反。《春秋》貴義而不貴惠，據齊桓專封猶見譏。義者，家國之大綱。惠者，仁慈之小節。朝廷以義掩恩，閨門以恩掩義，《春秋》託王道以爲萬世法，故不貴小惠而一斷以義，專爲朝廷之治也。苟不相妨，亦在所録，諸善是也。至于公私並見，則去私急公。傳曰：「雖通

① 「登」上《史記·魯世家》有「生子允」三字。

其仁，而義不與①。」又曰：「仁不勝道。」是也。信道而不信邪。傳曰：「言②之所以爲言者，信也。言而不信，何以爲言？信之所以爲信者，道也。信而不道，何以爲道③？道之貴者時，其行勢也。」《荀子》曰：「從道④不從君，從義⑤不從父。」疏《春秋》大受命，而深惡邪命。奚齊受命而國人不予，王子朝受命而以爲嫌，皆惡亂命。傳又曰：「人之于天也，以道受命；于人也，以言受命。」命必本道也。孝子揚父之美，不揚父之惡。劉子云：「子者，親之本也，無所推而不⑥從命，推而不從命，惟害親也。」疏據譏曹世子朝毁泉臺。《孝經》曰：「子從父命，非孝。父有諍子，則不陷于不義。」許衛輒之拒父、絕魯莊之私母，皆不用亂命也。先君之欲與桓，非正也，邪也；據隱正，則與桓不正。隱長宜立，惠公愛少子，私欲立桓，因其幼，命隱攝立以反桓。隱雖面受其命，然乃邪命，當改。不可信守，以揚父惡。雖然，既勝其邪心以與隱矣。若不勝邪，則竟立桓矣。猶能立隱，是其心邪不勝正也。已探先君之邪志，而遂以與桓，先君之心，邪正交戰，孝子當將順其美，匡救其惡。稱先君之命，明長幼之

① 而義不與：《穀梁傳》僖公二年作「以義而不與也」。
② 言：原作「人」，據《穀梁傳》僖公二十二年改。
③ 道：原作「信」，據《穀梁傳》僖公二十二年改。
④ 道：原作「義」，據《荀子·子道篇》改。
⑤ 義：原作「道」，據《荀子·子道篇》改。
⑥ 「不」下原衍「行」字，據《說苑·建本》删。

節，絶幼弟覬覦之心，杜臣下觀望之隙。隱不務此，而存匹夫之信，以國與桓。隱方①讓而以與言②，如其志也。**則是成父之惡也。**惠公立幼之志，憚而未行，其惡尚未顯著。隱追行其志，使其志惡暴于天下，非惟揚惡，直成惡耳。**兄弟，天倫也。**繼立之道以天倫、父命爲重，二者失一爲不正。陽生得天倫而無父命，齊荼、晉奚齊有父命而無天倫。

疏 隱、桓同非嫡子，兄弟之倫，天所定也。欲亂其倫，是棄天也。《春秋》奉天先于君父，故言天倫，以明其不若于道。**爲子受之父，**隱已立，受國于其父。**爲諸侯受之君。**君，天子也。班氏云：「繼世以立諸侯，象賢也。」諸侯世子三年喪畢，受爵命于天子。明爵者天子之所有，臣無自爵之義。**已廢天倫，**棄天倫，不若于道也。**而忘君父**于人也，以言受命，不若于言棄命也。**以行小惠，**《春秋》貴讓，然「大德不踰閑」，小德可以出入，今蔑天倫，忘君父，以小節自矜，則私惠小善不足以論大道。劉子云：「窮鄉多曲學，小辨害大知，巧言使信廢，小惠放③大義。」**曰小道也。**傳曰「仁不勝道」，則道與義比。曰小道者，因讓曰道，因義加小。隱修小善，限于大惡，故有國者不可以不知《春秋》。子夏曰：「雖小道，必有可觀，致遠恐泥，是以君子不爲。」**若隱者，可謂輕千乘之國，**千乘者，方伯食開田。方百里者，十開方得方三百一十六里。劉子説吴季札曰：「夫不以國私身，捐千乘而不恨，去④尊位而無忿，可以庶幾矣。」故《春秋》賢而貴之。説曹子臧曰：「子臧讓千乘之國，可謂賢矣。」故《春秋》賢而褒其後。

① 方：鴻寶本作「之」。
② 言：鴻寶本作「桓」。
③ 放：《説苑·説叢》作「妨」。
④ 去：《説苑·至公》作「棄」。

疏按：《春秋》貴讓，故于二公子皆褒而進之。隱能讓，亦賢也。魯方伯侯百里，出千乘，邾卒正，故亦稱千乘。蹈道則未也。《荀子》説：「君子處仁以義，然後仁也。行義以禮，然後義也。制禮反本成末，然後禮也。三者皆通，然後道也。」譏其不合于道。疏按：隱公讓國，當如曹臧、吴札。已立，當如衛輒。隱當父欲立桓之時，不能如泰伯、伯夷逃而避之，以成父志；已立，又首鼠兩端，使佞臣窺伺，卒釀成弑身之禍。仁而不斷，修小節而忘大道。《論語》曰：「泰伯其可謂至德也已矣。三以天下讓，民無得而稱焉。」傷讓德之不終，故舉至德以爲法。

三月，公及邾儀父盟于眛①。不言即位，首事三月者，行夏正之辭也。《春秋》始于三月，終于春。以夏正準之，則始正月，終十二月也。首言公，録内也。言邾，近而親之。此見經之卒正也。盟，《春秋》之大政。進稱字，明改制黜陟也。疏《王制》：「一州七卒正。」《春秋》常敘六卒正，其一不見，爲方伯所統，故不見。邾初當此，與内最近，故首言之。後因紀亡，乃進之。

及者何？據言公會盟。内爲志焉爾。志者，謂志爲此會。及猶汲汲也，不分内外。凡會盟言及者，皆内欲之，外欲者言會。疏由尊及卑，由内及外，皆以及者爲主。此言及，魯志于此。儀，據《春秋》稱字以伯仲見，此兼言儀。字也。據卒名克。經例：凡字以伯仲見。邾如稱伯，嫌爲爵，故見實字，與孔父同。疏《地理志》魯國騶下云：「故邾國，曹姓，二十九世爲楚所滅。」父，據《春秋》不以伯仲見者，言字皆稱某甫。猶傅也，傅，《禮》、《書》作甫，蓋傅從甫聲，甫從父聲，故或言甫、某甫是也。男子之美稱也。《禮經》稱某甫以配實字，故爲美稱。其不

① 眛：原作「昧」，據日新本、鴻寶本、《穀梁傳》隱公元年改，下「眛」字同。

言邾子，何也？據卒稱子。邾之上上下，君臣之辭。古微，古，謂春秋以前。《王制》曰：「王者之制爵禄①：公、侯、伯、子、男，凡五等。天子之田方千里，公侯田方百里，伯七十里，子男五十里。不能五十里，不合于天子，附於諸侯曰附庸。」又云：「凡官民材，必先論之。論辨，然後使之。任事，然後爵之。位定，然後禄之。」**疏**《春秋》前稱字，爲附庸微國。未爵命于周也。周天子，有天下大號也。劉子云：「天子居無上之位，下無屈，故得立大號以勸勉子孫。諸侯有爵禄之賞、削絀之義、鈇鉞之誅，故無所有國之號也。」言古微未爵命於周者，明《春秋》爵命之也。邾本附庸，《春秋》初字之，以爲小卒正，後進之，以爲見經卒正。因其國近魯，又漸強，如秦、楚初封甚微，後乃大，故進之，以明《春秋》有王法也。下不稱伯者，邾亦夷也。以其在滕、薛上，知爲卒正也。《春秋》之義，諸侯二伯、王後爲一等，齊、晉、宋是也；方伯爲二等，魯、衛、陳、鄭、蔡、楚、吴、秦是也；小國卒正爲三等，曹、莒、邾、滕、薛、杞是也。一等大國例稱公，升齊、晉于宋公上，明亦稱公也。二等侯國例稱侯，魯、衛、陳、蔡是也。鄭以伯殿于末者，鄭畿内國，從天子大夫字例，卿視侯，大夫視伯，故鄭居末，因時用小國禮也。卒正統三十國，本百里有功之國爲之，乃稱字者也。方伯，侯也。六國中，首、末稱伯，中稱子，明非爵也。許在曹先，明許屬鄭，爲内外之分界。不稱子、伯，辟鄭也。不可稱子、伯，故獨稱男。男，託爵也。畿内假稱男，亦同外稱子、伯也。外七方伯、四十二卒正，皆不敘。惟敘許，因所敘以起不敘也。必敘鄭者，鄭在末稱伯。鄭有卒正，則諸侯之有無疑。言鄭，則陳、蔡、衛可見；言陳、蔡、衛，則鄭不見，故獨敘鄭、許也。晉不在齊下者，周之宗盟，異姓爲後，尊同則論姓也。陳、蔡、衛三國敘互異者，三國爵同不嫌。鄭必在三國後，許必先曹，有界畫不可淆，且因有定以起無定也。小國許從鄭，故先之。魯屬曹與莒、邾爲一等，曹以同姓先之。滕、薛、杞又爲一等，滕以同姓先之。小邾者，邾之附庸也，隨邾以見，故不卒葬而殿焉。小國次序有定，同屬于

① 爵禄：《禮記・王制》作「禄爵」。

魯，無別義也。小國五十里，附庸不能五十里，不達于天子，盟會附于大國，不以國名通，如小邾子以附邾見是也。《孟子》云：「附于諸侯曰附庸。」董子説：「附庸字者方三十里，名者方①二十里，人氏方十里。」蓋師説同也。未爵命，故不稱子。《孟子》曰：「子、男同一位。」《春秋》邾初爲附庸，後受爵稱子，小國爵有進退。**不日，**據内盟重事，例日。**其盟渝也。**渝盟謂七年「公伐邾」。盟以謹信，重之日，不信略。不日月者、久乃渝時者，速渝日者，正以時月差其功過深淺。**眛，地名也。**有地國者，故示其例。

夏，五月，鄭伯克段于鄢。鄭，方伯國，在河南新鄭，傳云在冀州者。晉在冀州，二伯不主諸侯，故《春秋》託鄭爲冀州方伯主之。齊、晉，外諸侯也，《春秋》託爲内臣，以當三公之位。稱侯不稱公，其實非内臣也。又託鄭、秦以主冀、梁，而二國稱伯者，西都王畿，王畿不立方伯，故不與四州方伯同稱侯，使如入爲卿士然，故從王臣稱伯也。《春秋》天子三公稱公，大夫稱字，以鄭爲冀州伯，入王朝爲卿士，從寰内諸侯之稱，與祭伯同，而其實以爲冀州方伯，故言湯沐邑，言監者，在喪不稱子以起之。《春秋》以平王東遷，盡失西京舊地於秦，不勝《黍離》之歎，故王畿以西京爲主，以東京爲行在。其稱東周爲京師，以爲天子行在。修周初于東周朝諸侯之禮，非實都也，故于東都伯鄭，以起西周伯秦之爲收復舊京也。知伯爲從寰内稱者，祭伯來，傳曰：「寰内諸侯。」又召伯、毛伯皆王臣，《左傳》鄭武公、莊公爲平王卿士，知從王臣稱伯也。鄭稱伯，祭仲亦稱字，得相統屬。鄭以伯攝卿職，故名稱。貢賦雖時同小國，然經之待之同方伯矣。劉子云：「鄭國，今河南之新鄭及成皋、滎陽、潁川之崇②高、陽城皆鄭分也。本周宣王弟友爲司徒，食采于宗周畿内，是爲鄭。」

克者何？經言克，用《尚書》克商例，文只一見，傳據經求例。**能也。**據弗克納葬。疏《左傳》：「得儁曰

---

① 方：原脱，據《春秋繁露・爵國》補。

② 崇：原作「嵩」，據《漢書・地理志》改。

克。」雋當爲「獲」，以爲一見例。傳以能釋，同納葬文。然克下必加字，乃見殺義。大夫生死皆曰獲，《左傳》以得獲爲例，亦可訓殺也。何能也？據彼有納葬。能殺也。據目君同殺，文言克而不言殺，知實未殺。《春秋》誅心以殺，科之《左傳》，「不言出奔，難之也」，即能殺之意。疏《鄭世家》：「莊公元年，封段于京。至京繕甲治兵①，與其母武姜謀襲鄭。二十二②年，段果襲鄭，武姜爲内應。莊公舉兵伐段，段走。伐京，京人畔段，段出走③鄢。」何以不言殺？據趙盾、許止可以言弒，宜如殺年夫直言殺。疏目君即爲殺辭。既欲重鄭伯之罪，何不竟言殺之？見段之有徒衆也。據殺，如年夫，直殺一人之辭。鄭伯齎段以徒衆，養成叛逆，誅之有名。段之徒衆，鄭伯之餌也。言克，然後知有徒衆也。段，不氏，疑微者。鄭伯弟也。據下言世子忽，知爲弟。何以知其爲弟也？據不言公子，不稱弟。殺世子母弟目君。據晉侯殺其世子申生，天王殺其弟年夫，皆目君。餘殺大夫，稱國、稱人。此引舊傳文也。以其目君，言鄭伯。知其爲弟也。據世子在，知爲弟。段，弟也，而弗謂弟；據陳招言弟，稱弟親貴，故先言。公子也，而弗謂公子，據陳招言公子。貶之也。貶謂奪其爵秩。疏《春秋》大國卿、次國卿皆命于天子。見經舉氏，親貴稱弟、公子。小國卿，不命于天子，會盟不見，故曰無大夫。因事見，則去氏，曹羈、莒拏是也。鄭次國，公子親貴，乃同小國大夫去氏，故爲貶也。段失子弟之道矣④，據宋辰不失弟道，段握

---

① 繕甲治兵：《史記·鄭世家》作「繕治甲兵」。
② 二：原作「一」，據《史記·鄭世家》改。
③ 出走：原作「走出」，據《史記·鄭世家》乙。
④ 矣：原作「也」，據《穀梁傳》隱公元年改。

兵爲亂，思奪君位，棄父命，失子道，故不言子；奪兄位，失弟道，故不言弟。賤段據挈突賤之。貶去弟、公子貴稱而無所繫，賤乎賤者也。猶不得比小國卿，所謂失嫌也。而甚鄭伯也。據不言子弟，明鄭伯亦不以子弟待之，如路人然。何甚乎鄭伯？據諸侯殺世子、母弟，不甚甚者，加惡。蓋隨其本罪之輕重，而加等治之。甚鄭伯之處心積慮，成於殺也。成者，未殺而成之也。鄭伯爲君，當導其弟以禮義，不帥①教，當防閑之。怨母偏愛，借兵齎糧，養成其惡，然後討之。微倖逃奔，志則在于殺也。于鄢，據殺世子、母弟，不地。遠也，鄢，陳地。所逃已遠，如追而殺之，故地也。猶曰取之②其母之懷中母弟，故言母。而殺之云爾，已踰竟，可以緩追逸之，乃窮追殺之，與奪諸母懷而死無異。疏《鄭世家》：「武姜生太子寤生，生之難，乃③生，夫人弗愛。後生少子叔段，段易生，夫人愛之。」甚之也。故其罪在諸殺上。諸殺或蔽于讒間，或起于倉卒，其道甚易，猶有悔心，不若鄭伯視如敵國，陰謀秘計，成心于殺也。然則爲鄭伯者宜奈何？據窮追見甚，于濮譏失賊，宜何從？緩追逸賊，親親之道也。據「夫人姜氏遜于邾」，以討賊許之。于濮譏失賊者，州吁疏賤，弑成君，惡重，當急誅之。此惡小親重，又犯在己，故可逸賊。使弑鄭伯，鄭臣子當急誅之，不得議親也。

秋，七月，天王使宰咺來歸惠公、仲子之賵。歸例時，月者，譏不及事。歸言賵，求言賻。不及死，賻，專

---

① 帥：鴻寶本作「師」。
② 之：原作「諸」，據《穀梁傳》隱公元年改。
③ 乃：《史記·鄭世家》作「及」。

譏生者也。疏劉子云：「周地，柳、七星、張之分野也。今之河南雒陽、穀城①、平陰、偃師、鞏、緱氏，是其分也。昔周公營雒邑，以爲在于土中，諸侯藩屏四方，故立京師。至于幽王淫褒姒，以滅宗周，子平王東居雒邑。」「初，雒邑與宗周通封畿，東西長，南北短，長短②相覆爲千里。至襄王以河内地予晉，又爲諸侯所侵，故其地分③小。」

母以子氏，此舊傳語也。知者，據不言及也。禮：妾賤不得體君，故《春秋》妾不見於君世。于子世以氏見，「弋氏卒」是也；孫世則氏子，僖公成風及此是也。以子氏，明孫不得爲喪主，譏隱也。仲子者何？據成風以子氏，知母爲妾母。男女不言及，知非兼賵也。惠公之母，孝公之妾也。據氏惠公。孝公，惠公之父，隱公之祖。

禮：六藝④所定，禮以義⑤起，故傳中多據以爲說。疏《春秋》有王道，因舊制而加損益，故不拘《周禮》，參用四代，因革皆具于經，故傳皆因經立說。《論語》曰：「殷因于夏禮，所損益可知也。周因于殷禮，所損益可知也。其或繼周者，雖百世可知也。」是也。賵人之母則可，據定公薨後，卒弋氏，妾母于子世見，知可賵妾。子爲君，於妾母有私恩，但得賵以佐生，不得賻以加于死者。賵人之妾則不可。據妾不見君世，賵之，卑用尊禮，嫌女寵張。仲子，《公羊》以爲桓母，本傳以爲孝公妾，是魯有兩仲子。《左傳》云：「孝、惠娶于商。」則兩仲子固不足爲疑。杜氏從《公

① 城：《漢書·地理志》作「成」。
② 長短：《漢書·地理志》作「短長」。
③ 地分：《漢書·地理志》作「分墜」。
④ 六藝：鴻寶本同，日新本作「素王」。
⑤ 義：原作「意」，據《五禮通考》改。

羊》，以爲桓母，傳無明文，當同《公羊》。君子以其可辭受之。君子，謂孔子也。疏辭受之，謂心卻之也。妾母在子世，得賵，孫世則否。然其卒在子、孫之間，則賵亦在可受不可受之例，故君子以爲不必辭卻之，心卻之而已。其志，據賵恒事不書。不及事也。仲子葬在春秋前，賵以助葬，來在葬後，故曰「不及事」。《荀子》云：「送死不及尸柩，弔生不及悲哀，非禮也。故吉行五十里，奔喪百里，贈、襚①及事，禮之大也。」劉子云：「生而相與交通，故曰留賓。自天子至于士，各有次。贈死不及柩尸，弔生不及悲哀，非禮也。故古者吉行五十里，奔喪百里。贈、襚②及事之謂時。時，禮之大者也。」疏班氏說：「諸侯夫人薨，赴告天子者，不敢自廢政事，亦欲天子③知之，當有禮也。」《春秋》曰：「天王使宰咺來歸惠公仲子之賵。」譏不及事。仲子，魯君之貴妾也，何況于夫人乎？賵者何也？據喪有賵、含、賻、襚之異。乘馬曰賵，分別言之者，互見也。求曰賻，歸曰賵，含、襚各從所重。歸爲禮。求，贖貨也。衣衾曰襚，貝玉曰含，錢財曰賻。四語皆舊傳文也。荀子云：「車馬曰賵，貨財曰賻④，衣服曰襚」，「玉貝曰含⑤」。劉子云：「喪事有賵者，蓋以乘馬束帛。輿馬曰賵，貨財曰賻，衣被曰襚，口實曰含⑥，玩好曰贈。知生者賻、

---

① 贈、襚：《荀子·大略篇》作「賵、贈」。
② 襚：《說苑·修文》作「賵」。
③ 亦欲天子：《白虎通·崩薨》作「天子亦欲」。
④ 車馬曰賵，貨財曰賻：《荀子·大略篇》作「貨財曰賻，輿馬曰賵」。
⑤ 含：四部叢刊本《荀子》作「唅」。
⑥ 含：《說苑·修文》作「唅」，下同。

賵，知死者贈、襚①。贈、襚所以送死也，賻、賵所以佐生也。輿馬、束②帛、貨財、衣被、玩好，其數柰何？曰：天③子束帛五匹，玄三、纁二，各五十尺；諸侯玄三、纁二，各三十尺；大夫玄一、纁二，各三十尺；士玄一、纁一，各二尺④；下士綵縵各一匹；庶人布帛各一匹。天子之賵，乘馬六匹，乘車；諸侯四匹，乘輿；大夫參輿；元⑤、下士不用輿。天子衣文繡衣各一襲，到地；諸侯覆跗；大夫到踝；士到髀。天子含實以珠；諸侯以玉；大夫以璣；士以貝；庶人以穀實。位尊德厚及親者，賻、賵、含、襚厚⑥。貧富亦有差。二、三、四、五之數，取之天地⑦而制奇偶，度人情而出節文，謂之有因。禮之大宗也。」**疏**按：劉說舊本作「知生者賻、賵，知死者贈、襚。賻、賵所以佐生，贈、襚所以送死⑧」，據下傳改。正經無贈，知爲⑨含、襚。言贈者，字誤耳。

九月，及宋人盟于宿。宋，王者後，稱公，敘在諸侯上。不見屬國者，客禮不長諸侯也。莊以後，敘齊、晉下者，

---

① 贈、襚：日新本、鴻寶本作「襚、贈」。
② 束：鴻寶本作「乘」。
③ 「天」上《說苑·修文》有「天子乘馬六匹，諸侯四匹，大夫三匹，元士二匹，下士一匹」二十二字。
④ 尺：原作「丈」，據《說苑·修文》改。
⑤ 「元」下《說苑·修文》有「士」字。
⑥ 厚：原脱，據《說苑·修文》補。
⑦ 天地：原脱，據《說苑·修文》補。
⑧ 賻、賵所以佐生，贈、襚所以送死：《說苑·修文》作「贈、襚所以送死，賻、賵所以佐生」。
⑨ 爲：原脱，據鴻寶本補。

《春秋》升齊、晉爲二伯，伯主會盟也。不日例時月者，謹卑盟之始。

及者何？據高傒及，乃公。內卑者也。據大夫盟，猶日。外言人，不諱公，知卑者。卑謂未命大夫以下。宋人，據宋，大國，會盟有大夫。外卑者也。據許以下無命卿。稱人，知此亦未命大夫以下。卑者之盟不日。盟國重，例日。卑者位賤，所盟淺薄，不日，以明尊卑輕重之等。宿，據下有宿男，疑宿同盟，不敘，如邢也。邑名也。內邑名，非國辭。**疏**蓋宿男國滅，爲魯寓公，食宿采地，郜子亦食郜所入，《春秋》不以國辭待郜，與宿言邑名同。既爲寓公，不復同盟，猶卒之者，宜有恩禮，故一紀宿卒，再言郜子，因同姓而加録焉。

冬，十有二月，祭伯來。王臣三公稱公，周公、祭公是也；卿盟會稱子，尹子、單子、劉子、蘇子是也；大夫稱字，召伯、毛伯是也；元士言名氏，此四選也。至于庶人，在官者則言人。「人不如名，名不如字，字不如子」是也。祭伯與單伯同魯監也，此言來，與祭公來同文。不繫事，來爲監，不可以言事也。《公羊》以來爲奔，本傳以來爲朝，各以意説，因經無明文故也。**疏**字不言實字，舉伯仲者，決嫌疑，恐名例混，故削實存伯仲。

來者，據王臣來，當繫事，不繫，不知何事。來朝也。據聘書奔，初當謹，不言使，故以朝言之。祭伯，天子大夫，方伯爲天子卿，故得以朝言之。其弗謂朝，何也？據屬國于魯言朝。天子之大夫不名，伯在字例，大夫也。**疏**《王制》：「天子之大夫視子、男。」其爵位正與魯屬小國相等。天子無事，小國朝于方伯，《春秋》所許。今弗與朝，則與夷狄不能朝言來同。寰內諸侯，《王制》曰：「天子之縣內，方百里之國九，七十里之國二十一，五十里之國六十三，凡九十三國。名山大澤不頒①，其餘以禄士，以爲閒田。」尹氏云：「天子以千里爲寰。」**疏** 寰内九十三國：三公百里三，上卿、中卿六，下卿七十里三，上大夫、中大夫十八，共二十一；下大夫五十里九，上士、中士五十四，共六十三，故曰寰内諸侯也。非有天子之命，不得出會諸侯。經書王臣主會及來魯言使者，皆有王命之辭也。天子縣内九十三國，不設方伯。天子自統八州之竟，每州二百一十國，立州伯以統之，所屬之國事州伯以事大之禮，方伯又朝二伯。天子無事，得有相朝之禮。疏數有期，以經書來之例推之，則不得外朝他州之伯。天子寰内不設方伯，以天子爲主，人臣無外交，故非有命，不得出竟會諸侯也。不正其外交，有至尊在上，不奉命而私出疆，安以尊禮事人，非正②也。故弗與朝也。本無王臣來朝之禮。故《春秋》絶，正其義，使與夷狄不能朝者同。聘弓、鍭矢不出竟場，此言王臣無外交之禮。束脩之肉**疏** 俞樾③云：「肉當作問。」不行竟中，畿内雖有九十三國，統于天子，不自相朝聘。有至尊者二伯爲尊，天子爲至尊；諸侯爲上，天子爲大上；諸侯稱師，天子稱京師，皆以别其尊卑。不貳之也。凡朝者，事大之禮，聘于敵國以下亦行之。然係諸侯自爲。邦國之制，天子尊加海内，無所不統，王臣世禄不世位，使各以尊卑相朝聘，則所謂一國三公無所主，適不能一心于天子。禮：二伯、三公爲之，方伯亦使卿。經于方伯卿稱大夫，亦强幹弱枝，收其權于天子。以天子統三公，三公統百二十官。其長皆不敢用君禮以避天子，此寰内、寰外諸侯禮制之分也。**疏** 劉子云：「平王末年，魯隱公之始即位也。祭伯乖離不和，出奔于魯，《春

---

① 「不」下《禮記・王制》有「以」字；頒：《禮記・王制》作「肦」。

② 正：原作「王」，據鴻寶本改。

③ 俞樾：原作「王引之」，據《羣經平議》卷二十四《春秋穀梁傳》「聘弓鍭矢」條改。

秋》爲諱，不言來奔，傷其禍殃自此始也。」按：此後師異説，同《公羊》。張晏引傳作「奔」也，是一本以來爲奔，劉非用《公羊》説也。經無明文，各以己意立説，故後師出入二傳。劉子同《公羊》者近十條。

公子益師卒。諸侯之子稱公子，公子之子稱公孫，公孫之子以王父氏爲字。凡公子皆先君之子、時君之弟者，子不爲父臣也。卒者，大夫曰卒。疏《春秋説題辭》：「大夫曰卒，精曜終也。卒之爲言卒①于邦也。」内公子皆命大夫。外已命，言大夫；未命，言公子，不言大夫。書者，古人重死，大夫國體，録之，重其事。

大夫日卒，命大夫，卿也。命大夫以日爲正例。魯大夫，經同時有四見者，其上三人爲卿，以下則大夫矣。經書臧氏、叔氏卒，皆大夫，非卿。**正也；**據三家皆日。大夫，國體，卒事重，例得日也。**不日卒，**俠卒，未命大夫。不日，略之。**惡也。**據得臣惡，不日以見之。已命，當日，乃從未命，則爲貶，以貶知惡也。疏《左氏》云：「公不與小斂，故不書日。」左氏不以空言説經。所謂不與小斂，即本傳所謂惡，所謂葬之加等，所謂進之，例相同也。《春秋》之例，已見者不再見。此惡在《春秋》前，不見，去日以起之。牙有所見，意如惡前見，皆日。得臣無所見，則去日。以此推之，不卒者賊，翬是也。桓不卒大夫，隱無臣子也。莊不卒大夫，不復讎，桓亦無臣子也。

二年

春，公會戎于潛。戎者何？齊也。潛者，内邑也。何以知戎爲齊？以《春秋》初不見外州國，公不能遠會戎，故知爲齊。取潛，諱，戎之也。戎者，西方夷，《春秋》不見真戎。疏《王制》曰：「凡居民材，必因天地寒煖燥溼，廣谷大川異制，民生其間異俗，剛柔、輕重、遲速異齊；五味異和，器械異制，衣服異宜。修其教，不異其俗；齊其政，不異其宜。中國、戎

---

① 卒：《緯書集成》、《古經解鈎沉》作「絶」，《通典》作「終」。

夷、五方之民，皆有性也，不可推移。東方曰夷，被髮文身，有不火食者矣；西方曰戎，被髮衣皮，有不粒食者矣；南方曰蠻，雕題交趾，有不火食者矣①；北方曰狄，羽毛穴居，有不粒食者矣。中國、夷、蠻、戎、狄，皆有安居、和味、宜服、利用、備器。」

會者，據或言及、暨。**外爲主焉爾。**據伯者主會，皆言會，知外爲主。**知者慮，**《論語》曰：「知者不惑。」主司徒之職。慮，若《管子》之論江、黄是也。**義者行，**義者能斷，主司馬之職。行，若孔子于頬谷使司馬行法是也。**仁者守，**仁者不悖，主司空之職。守，若宋司馬子反之留守是也。《公羊傳》曰：「陝以東②，周公主之；陝以西③，召公主之。一相處于内。」《左傳》云：「一子守，二子從。」此論天子三公之制。三公、九卿，天子有事則從行。《春秋》託齊、晉爲二伯，而王臣見宰周公、祭公者，即從行之二伯也。不見三公之全文者，以西京當有一公留守未出。此義三傳同，諸經所説，皆無異義。**有此三者，**諸侯與天子有大小，無異同。《左傳》所云「一子守，二子從」，即魯諸侯制也。**然後可以出會。**《荀子》云：「諸侯相見，卿爲介。」按：「以其教士④畢行，使仁者居守。」**疏**《荀子敘録》云：「又浮邱伯，皆受業，爲名儒。」申公受學于浮邱伯，則荀子《穀梁》先師也。荀説又見《大戴·虞戴德》篇。楊倞注：「使仁厚者主後事。」《春秋傳》：「一子守，二子從。」此明諸侯出疆之禮。班氏云：「王者出，一公以其屬守，二公

---

① 「南方」句：《禮記·王制》在「東方」句下。
② 陝以東：《公羊傳》隱公五年作「自陝而東者」。
③ 陝以西：《公羊傳》隱公五年作「自陝而西者」。
④ 士：《大戴禮記·虞戴德》、《讀書雜志·荀子雜志》同，《荀子·大略篇》作「出」。

以其屬從。」「王者所以立三公、九卿者」，「聖人雖有萬人之德，必須賢俊①。三公、九卿、二十七大夫、八十一元士，以順天成其道。司馬主兵，司徒主人，司空主地，王者受命爲天、地、人之職。故分職以置三公，各主其一以效其功」。出會謂踰竟。會戎，據戎齊取濳。疏《國語》：「反其侵地棠、濳。」知濳，魯與焉。危公也。據桓不卒大夫，明隱無臣子。隱無三臣，輕身出會，故言會戎危。録不致者，隱、桓世臨天下，言雖在外，猶天下，故不致也。疏桓、莊皆不卒大夫。隱、桓弒、死，不討賊，不復讎，是隱、桓無三臣也，故隱、桓皆有此傳。

夏，五月，莒人入向。莒，夷狄也，爲卒正者，用夏變夷，猶中國也。不稱伯稱子者，《曲禮》：「夷狄雖大曰子。」以此，卒正有夷狄，故楚、吳夷狄有方伯。疏《地理志》城陽國莒下云：「故國，盈姓，三十世爲楚所滅。少昊後。」

入者，據濟西田言取。内弗受也。據言入，外之辭，内得義拒之。向，據不繫國辭，又不言取也。我邑也。按：《左傳》以向爲國。邑不言入，言入，亦國也。師據取向、城向言，向後爲我邑，此時爲晉屬國。入者，得而不居之辭。《春秋》初諱滅言入。疏劉子云：「魯地，奎、婁之分野也。東至東海，南有泗水，至淮，得臨淮之下相、睢陵、僮、取慮，皆魯分也。」

無侅帥師入極。不日者，去氏已明。極，魯屬地。一州二百一十國，立二十一連帥以統之。《春秋》惟六卒正記卒葬，餘皆不專記事，惟因大國及之。極，蓋二十一連帥中之一。凡屬長以下及百里、七十里、五十里之三等國，通不見經也。

---

① 賢俊：《白虎通·封公侯》作「俊賢」。

入者，據外入内言入，内外宜異詞。內弗受也。據取邑言取，言入。外得拒我，知滅辭。極，據伐于餘①丘，邑。國也。據内入諱滅，知非邑。苟焉以入人爲志者，人亦入之矣。劉子云：「有陰德者必有陽報。德②出者福反，利施者福報，怨往者禍來，形于内者應于外，不可不慎也。」案：内滅極，勞師于外，莒乘虚滅向，不能救，所得小而所失大。外有伐本之罪，内自失其與國，故君子譏之。不稱氏者，據公子遂入杞，氏。滅同姓，據去氏知魯同姓國，内諱滅言入。貶也。氏者已命，不氏未命，去氏故爲貶。

秋，八月，庚辰，公及戎盟于唐。《春秋》初不見外州國，則戎狄可知。初見戎者，明此非戎，一爲齊，一爲晉，由地而起之。《春秋》託二伯于齊、晉，惡事爲賢者諱，故辟齊取晉。又經晚見晉，故初見亦辟之不名。傳以伐凡伯之戎爲衛，此大例也。及，内爲志。公盟例日。**疏**此遠會也。唐，據《詩》，今山西國。戎者何？晉也。何以爲晉？以地唐也。何爲戎晉？未爲伯，避見晉，故託之戎也。

九月，紀履緰來逆女。紀近齊，《春秋》以爲兖州國。稱侯者，本爵也。初見已有大夫，乃小國之大者。一州百里國三十，凡卒正、連帥皆百里者，故凡見經之國皆侯、伯、子、男，三等小國通不見經也。

逆女，親者也。時禮不親迎，《春秋》制乃親迎，故書此以起例。**疏**《詩》、《禮》有親迎者，孔子所譯也。使大夫，非正也。劉子云：逆女之禮，「父母三顧而出，親授之綏，自御輪三周，曲顧女」③，「女拜，乃親引其手，授夫

---

① 餘：原脱，據《穀梁傳》莊公二年補。

② 德：原作「利」，據《説苑·復恩》改。

③ 女：《古列女傳·齊孝孟姬》原作「姬」。

乎户。夫引手出户。夫行，婦從。拜辭父於堂，拜諸母於大門。夫先升輿執轡，女乃升輿。轂三轉，然後夫下，先行」。【疏】班氏云：「天子下至士，必親迎授綏者，以陽下陰也。欲得其歡心，示親之①也。必親迎，御輪三周，下車曲顧者，防淫泆也。」以國氏者，據紀言朝，無大夫會盟，言人，不當以國氏也。爲其來交接于我，謂書「來」。會盟稱人，來魯乃稱名。故君子進之也。據曹、莒、邾三國不氏大夫，必因魯事乃見録者，進之也。滕以下三國爲卒正，下等大夫全不見。【疏】《春秋》之例，人不如名。小國大夫會盟稱人，以天下臨之，微，不得通也。來接内，以國氏稱，以一國臨之，未命以名見也。人雖下至庶人，猶稱人。氏國則未命大夫之稱，進亦從其貴稱，不能變其實，此正名、實之道也。君子，孔子也。孔子《春秋》有進退、褒貶之事。

冬，十月，伯姬歸于紀。伯者，字也，如今之行次。《春秋》以伯仲配姓者，亦以絶嫌疑。男女同言伯仲，明字例也。

禮：孔子定禮，以爲一王之制，故經與之同。如此禮文之言與經例合，是也。婦人謂嫁曰歸，據諸侯歸國言歸，婦人初嫁即言歸，明以夫爲家，從夫之義也。反曰來歸，反謂「出」也。出言歸者，見絶夫家，居父母室，此在家從父之義也。從人者也。言歸，明有所從也。婦人在家制于父，據反曰來歸。既嫁制于夫，據嫁曰歸。劉子引孔子曰：「日者天之明，月者地之理。陰契制，故月上屬爲天，使婦人從夫，仿月紀。」夫死從長子，據譏卒朝其子、爲子逆婦。劉子云：夫死歸甯，請命于子。子從，則行；否，則止。婦人不專行，終身不出三從。

---

① 「之」下《白虎通·嫁娶》有「心」字。

必有從也。劉子云：「婦人有閨門之修，而無竟外之志。」《易》曰：「無攸遂，在中饋。」《詩》曰：「無非無儀，惟酒食是議。」言婦人無擅執之義，有三從之道也。伯姬歸于紀，此其如專行之辭，何也？據與男子同辭，婦人行必有從，故伯姬待傅死于火也。高固自逆不言歸，今言歸，與履緰逆不同，如自行之辭。專謂斷在己。曰：非專行也，言歸皆與逆起。按：此師駁弟子誤問之言。問者有誤，當先正之。《公羊》則隨問隨答，口辨取給矣。吾伯姬歸于紀，紀謂君也，非適大夫。不言歸，則不見適紀。故志之也。志以明歸紀。適諸侯不言歸，則與大夫自逆相嫌。傳例：大夫不以夫人。言歸如專行辭，不使履緰得逆之，以譏不親迎。故凡嫁諸侯，親迎，不言歸；不親迎，皆如專行辭。其不言使，何也？據宋納幣言使。逆之道微，紀小國，無大夫，亦無使。無足道焉爾。小國無大夫，既録大夫，則君不並見，以其微國略之。此因始不親迎，乃書逆，餘從略不見。疏此明不言使之例。大國有使，則經皆不言逆。《公羊》以爲「昏禮不稱主人」，非也。

紀子伯、莒子盟于密。子、伯二字駢書，所以見非爵，並以明子貴于伯之義。紀、莒皆百里國，故紀下稱侯也。此雙見子、伯者，明子、伯非爵，《春秋》假以爲小國侯稱也。杞稱伯，又稱子，亦是此例。先子者，字不如子。莒稱子，夷狄也。紀本卒正，因先亡，故《春秋》以曹代之，進邾以補六卒正之數。傳釋子、伯二説，以後説爲正解，此一見例。

或曰：先師一家之説。無名氏者，晚師也。紀子伯、莒子而與之盟。此謂莒子卒正第二，曹常以伯先之。莒子爲夷狄，稱子。紀以侯臨莒，以曹伯之禮自正，待莒子以子也；《春秋》以此見紀大于莒，且紀初見稱侯，有大夫，序在莒上，明爲六卒正之首，故以先莒子也。或曰：年同，陳、蔡、衛同爵，以即位年先後爲次。疏《左傳》

在德不在年，「五叔無①官，豈尚年哉」？知古以年爲說。爵同，《春秋》之例，爵尊者在前，如公必在方伯、侯上，方伯、侯必在鄭伯上。子、伯可以互異者，以其非爵也。疏五等爵，尊者先敘。《春秋》子不爲爵，言爵者，謂本爵皆侯。故紀子以伯先也。胥盟，傳曰：「是必一人先。」以爲盟必一人在先。此以年、爵②同，無所分別，又不能不有次序，故紀以伯故先之。《春秋》卒正，伯、子並稱，杞伯、杞子是也。夷狄惟稱子，莒子、邾子、滕子，凡稱子。《國》、《左》與二傳皆以爲夷狄稱，是也。紀，中國；莒，夷狄者，《春秋》之敘中國在夷狄之先，故卒正上等三國，曹以伯先莒，邾子雖尊于伯，伯爲中國稱，故以先莒，猶稱子之國，此中外異詞例。故下以紀侯先莒子，明之以伯者，謂可以稱伯也，因稱侯，知可稱伯也。疏二說皆失經本義，《左氏》伯作帛，古文異字也。杜氏以爲履綸字，失之遠矣。

十有二月，乙卯，夫人子氏薨。內公夫人薨、葬，皆定日，故不言日月例。疏子氏當以傳爲正，《左氏》無明說，《公羊》以爲隱之母，後師推例之說也。

夫人薨，不地。夫人無外事，有定寢，故薨不地。夫人者，據文姜稱夫人。隱之妻也。據不書葬，知隱妻。未畢喪，稱夫人，明世子妻即位稱夫人。卒而不書葬，據夫人例葬。夫人之義，從君者也。據葬宋伯姬，先葬宋共公。疏班氏云：「喪葬之禮，緣生以事死，生時無，死亦不敢造③。太古之時，穴居野處，衣被革帶，故死衣之以薪，內藏不飾。中古之時，有宮室衣服，故衣之以幣帛，藏以棺槨，封樹識表，體以象生。夏殷彌文，齊之以器

① 無：原作「爲」，據日新本、鴻寶本、《左傳》定公四年改。
② 「爵」下鴻寶本有「先」字。
③ 造：原作「追」，據《白虎通·崩薨》改。

械，至周大文，緣夫婦生時同室，死則同葬之。」《禮·檀弓》曰：「合葬非古也。自周公以來，未之有改也。」

鄭人伐衛。衛，方伯，同姓國，篤從中國，《春秋》有内衛之例。疏此諸侯專伐之始。《左氏》以爲公孫滑之亂也。

三年

春，王二月，己巳，日有食之。孔子曰：「古之治天下者必聖人。聖人有國，則日月不食，星辰不孛。」劉子云：「其後戎執天子之使，鄭獲①隱，滅戴，衛、魯、宋咸弑其君。」爲日食之應。

言日不言朔，據食常在朔日，言朔者二十六。食晦日也。班氏云：「凡《春秋》十二公，二百四十二年，日食三十六。《穀梁》以爲朔二十六，晦七，夜二，二日一。」疏按：班氏又云：「《公羊》以爲朔二十七，二日七，晦二。」《左氏》以爲「朔十六，二日十八，晦一，不書日者二」。傳例：事在晦，言晦。此不言者，食當在朔。大小餘失，乃在晦。取前月晦以屬後月，言晦，則嫌後月晦，故不言也。其日有食之，何也？據鼷鼠言食，日在天，無食道。吐者外壤，食者内壤，壤，傷也。日闕處，食者納物于口内，吐者推物于口外。日食時，有象於吐食之狀。闕然不見其壤，有食之者也。日體圓明，倏然其壤不見，狀其情，亦如食牛角也。倏然復明，則如吐之。不言吐者，吐由食生，從其異常者言之。有，據食牛言鼠，食由物生，不但言有。内辭也。據有蜮，從内生，言有以繫蜮。或，外辭也。據「有鸜鵒來巢」，從外來，言有以繫鸜鵒。有食之者，據有繫日下。内於日也。所食之物即在日内，不如鼷鼠别有物，親見其從外來食之。其不言食之者，何也？據食由物生，食牛繫鼠，此當言月。知其

① 「獲」下《漢書·五行志》有「魯」字。

不可知，知也。月之食日，其形不可覩。《春秋》「疑以傳疑」，「信以傳信」，此在疑例，故不敢質言之。《論語》曰：「知之爲知之，不知爲不知，是知也。」

三月，庚戌，天王崩。劉子云：「平王末年，魯隱即位。」故《春秋》託始隱公。**疏**《周本紀》：平王四十九年爲隱公元年。五十一年卒，太子洩父之子林立，是爲桓王。

高曰崩，據梁山，傳曰：「高有崩道。」厚曰崩，據沙麓下陷，無崩道，爲大異。尊曰崩。據天王。**疏**按：此上皆舊傳文也。天子之崩，以尊也。劉子云：崩薨從周。「《尚書》曰放勳『乃殂落』，舜曰『陟方乃死』。武王既喪①，是以知武王前不稱崩薨，至成王太平，乃著②崩薨之期③。《尚書》：『翌日乙丑，成王崩。』」班氏云：「天子稱崩，別尊卑，異死生也。」「大④尊像。崩之爲言[阝朋]然伏僵，天下⑤撫擊失神明，黎庶隕涕，海內悲涼。」**疏**劉子云「崩薨從周」者，此爲周禮，餘參用四代禮也。天子七廟，尹更始云：「據周。」然則先師説皆以《穀梁》用四代禮也。其崩之，何也？據非梁山、沙麓之比。以其在民上，故崩之。在民上，高也。高有崩道，崩義由此而取。下陷曰崩，從高起例，故天子尊亦可言崩。**疏**《曲禮》曰：「天子曰崩，諸侯曰薨，大夫曰卒，士曰不禄，庶人曰死。」其不

---

① 喪：《五經通義》作「王」。
② 著：《五經通義》作「制」。
③ 期：《五經通義》作「著」，疑當作「義」。
④ 「大」上《白虎通·崩薨》有「天子曰崩」四字。
⑤ 下：原作「子」，據《白虎通·崩薨》改。

名，何也？據諸侯、大夫名。大上，故不名也。《荀子》云：大上，天子也。上爲君，名以相別。天子至尊，不以名相別，故不名，非本無名也。又諸侯立、薨，以名告于天子。疏「傳曰：『天王何以不書葬，天子記崩不記葬，必其時也；諸侯記卒記葬，有天子在，不必其時。』必其時柰何？天子七日而殯，七月而葬。諸侯五日而殯，五月而葬。大夫三日而殯，三月而葬。士、庶人二日而殯，二月而葬。皆何以然？曰：禮不豫凶事，死而後治凶服。衣衰飾，修棺槨，作穿窆宅兆，然後喪文成，外親畢至，葬墳集。孝子忠臣之恩厚備盡矣。故天子七月而葬，同軌畢至；諸侯五月而葬，同會畢至；大夫三月而葬，同朝畢至；士、庶二月而葬，外姻畢至也。」據《說苑·修文》篇引補。按：《穀梁》有五家本，今傳一家耳，故有佚傳，與《公羊》同。故學者當守傳說，又當廣傳義，不可專己守殘也。

夏，四月，辛卯，尹氏卒。尹在會稱子，天子卿也。氏者，見世卿也。氏者不卒，不卒則無見其卒者。見尹氏已卒，其位當不世也。卒則不日。日者，謹之也，爲譏世卿也。《異義》：《公羊》①非世卿，傳亦同《公羊》。疏《詩》稱「尹氏」，孔子所刪定。《左》隱五年尹氏、武氏，即指此，本與傳同，經古文作「君」，後師不識古文之異，乃以聲子說之。

尹氏者何也？據弋②氏卒，妾辭。天子之大夫也。據尹氏立王子朝，王臣無五等爵，與諸侯臣同，世禄不世位也。《王制》：「天子，三公、九卿、二十七大夫、八十一元士。」劉子云：「古者立三公、九卿、大夫、列士。三公者，所以參王③事也。九卿者，所以參三公也。大夫者，所以參九卿也。列士者，所以參大夫也。故參而又參。是謂

① 公羊：原作「穀梁」，據《五經異義》改。
② 弋：原作「七」，據日新本、鴻寶本、《穀梁傳》定公十五年改。
③ 王：原作「五」，據《說苑·臣術》改。

事宗，事宗不失，内外若一。」外大夫不卒，據陳原仲不卒。此何以卒之也？據雖王朝大夫來言聘，言使同列國大夫。又無私交，例不卒。於天子之崩尹之主諸侯，不必在崩時，魯于天子崩使人，不知在尹卒之前否？但傳解經意，以爲于此卒爲，爲我主而已，不必事實也。爲魯主，《左氏》以爲諸侯盟主，又云：晉郤①氏主東諸侯。凡言主者，皆與此同。故隱而卒之。言尹氏嘗爲王官，合諸侯，如劉文公，故卒之。《王制》之制：天子之老二人爲二伯，以屬八州伯，無事則代天子巡守。《甘棠》之詩，召公爲西伯也。有事，諸侯入天子國，則率諸侯以見王。《顧命》：「大保率西方諸侯，入應門左，畢公率東方諸侯，入應門右。」是也。《春秋》二伯之典，《易》、《書》、《詩》、《禮》同有其制。尹氏執朝權，王喪，魯人往弔，尹氏以卿主諸侯，如晉趙氏事，分二伯之勞，故曰爲魯主。王臣絶外交，無赴告之事。因爲魯主，有相統制之義，故隱而得卒之也。不世卿者，《王制》曰：「天子之縣内諸侯，禄也。外諸侯，嗣也。」《記》曰：「諸侯世子世國。大夫不世爵，使以德，爵以功。未賜爵，視天子之元士，以君其國。諸侯之大夫不世爵禄。」

秋，武氏子來求賻。稱武氏子者，亦譏世卿也。《周禮》：世卿喪期，在喪不舍事。故大夫父死，子即繼位視事。此周通禮也。《春秋》改之，乃譏世卿喪娶，喪未畢視事。疏《左》隱五年尹氏、武氏助曲沃。即此經連見之尹、武也。

武氏子②者，何也？據以子繫父，尹氏不子，劉子不氏。天子之大夫也。據上有天王喪，仍③叔子，大夫。天子之大夫，其稱武氏子何也？據例言字。未畢喪，《王制》云：「父母之喪，三年不從政。齊衰

---

① 郤：原作「趙」，據《左傳》成公十六年改。

② 子：原脱，據《穀梁傳》隱公三年補。

③ 仍：《左傳》、《公羊傳》同，《穀梁傳》作「任」。

大功之喪，三月不從政。」據仍叔之子繫其父，不言之，知父已卒。孤未爵，據已爵言字，諸侯未葬稱子，天子大夫視子、男也。班氏説：「世子三年喪畢，上受爵命于天子，明爵者天子所有，臣無自爵命①。」未爵使之，非正也。《荀子》云：「三年之喪，君不呼其門。」武氏子在喪受命者，臣爲君斬，父喪將除，又有君服，不嫌使凶服也。禮，君服不棄業，父喪棄業，哀痛鉅重，失常度也。其不言使，何也？據仍叔之子言使。無君也。《周禮》：在喪得出號令。《春秋》改爲「冢宰攝政」，所謂「三年不言」是也。故君在喪不稱使。據言使當言天王，一年不可二君。天子三年，乃稱王也。歸死者曰賵，歸生者曰賻。《荀子》云：「賻、賵所以佐生，贈、襚所以送死。」劉云：「知生者賻、賵，知死者贈、襚。贈、襚所以送死也，賻、賵所以佐生也。」**疏**按：荀説舊作「賻、賵所以助生，贈、襚所以送死」，據傳文改正。劉説見前傳，「乘馬曰賵」，蓋以送葬者也。《少儀》②云：賵入門，賻不入門。此亦死生之分也。曰歸之者，正也。據歸粟。求之者，非正也。據求金，喪事無求。周雖不求，魯不可以不歸。班氏云：「天子崩，赴告諸侯何？緣臣子喪君，哀悲憤懣，不能不告語諸侯也。諸侯欲聞之，又當持土地所出以供喪事。故《禮》曰：『天子崩，遣使赴告于諸侯。』」魯雖不歸，周不可以求之。劉子云：「天子好利則諸侯貪，諸侯貪則大夫鄙，大夫鄙則庶人盜。上之化下，猶風之靡草也。故爲人君者，明貴德而賤利，以道下也。」按：天子不言有亡，喪禮不求備物，故譏之。求之爲言得不得未可知之辭也。《春秋》貴讓，求者請道，請道去讓。言求皆以譏求者，下于乞一等。交譏之。求以譏求者，所求合禮，則下不貢之惡見。上下失正，兩者皆譏。

① 命：《白虎通·爵》作「之義」。
② 少儀：原作「雜記」，據《禮記·少儀》改。

八月，庚辰，宋公和卒。外諸侯始卒，崇大國也。諸侯曰薨，以卒言者，内君。夫人稱薨，辟其名，從史文也。如大夫例者，内辭。内大夫可以會諸侯，故卒亦得同文也。疏劉子云：「房、心之分野也。今之沛、梁、楚、山陽、濟陰、東平及東郡之須昌、壽張，皆宋分也。」

諸侯日卒，正也。諸侯謂次國以上。夷狄不言正不正。曹以下不言者，以大夷之禮待①小國也。《春秋》之義，始于正本。天下之本在國，國之本在家，家之本在身。故欲治其國，先治其君，欲治其君，必先明其正不正，此治本之要道也。疏《春秋》于方伯以上國，于其終始交代之際，必隨人詳其正不正。于内則言隱元年有正、定無正，皆以正本謹②始也。前見者不見，齊桓是也。不前見，皆于卒假日不日以明之。在外不日，則于葬明之，許穆公是也。

冬，十有二月，齊侯、鄭伯盟于石門。外盟例時，月者，謹外盟之始。疏劉子云：「齊地，虚、危③之分野也。東有菑川、東萊、瑯琊、高密、膠東，南有泰山、城陽，北有千乘，清河以南，渤海之高樂、高城、重合、陽信，西有濟南、平原，皆齊分。」

癸未，葬宋繆公。書葬之始。繆，謚也。葬而後舉謚，其餘諸侯皆稱公者，葬者，臣子事，從臣子辭，内尊其君也。不以國先葬者，起《春秋》葬之義④。《春秋》于諸侯有絶者不葬，决去臣子以明絶之；不絶者，然後葬，故葬在國先，正王法。

---

① 「待」下鴻寶本有「視」字。
② 謹：家塾本、日新本作「探」，據鴻寶本改。
③ 危：原脱，據《漢書·地理志》補。
④ 義：原無，據文意擬補。

葬桓王以舉下言者，謂以天下葬一人，不繫也。葬不葬，仍從《春秋》起義也。

日葬，劉子引傳曰：「諸侯五月而葬，同會畢至。」按：葬事以月，明當時不當時，不須再出日。疏方伯以上例以月見。其過不及之差，著月以明禮制，故月而更日，時而不月，皆變例，有所起。**故也，**葬者臣子事，加日者變文，以明繼嗣之禍。疏按：方伯月葬，正例也。大國則以日葬爲正。何以言之？以大國有無時葬者，小國有無月葬者，知以日月分大小。宋之日葬本爲正例，師因其初記葬，發此傳以爲後傳，乃待以大國禮也，《公羊》同。又繼嗣之禍已明者，不以日月見例，惟未明者，乃假日月以見之。**危不得葬也。**《公羊》云：「當時而日，危不得葬也。」據嗣君與夷弒①也。《春秋》殺世子，君不葬，無繼嗣之道也。與夷雖正，爲繆公子所殺，《春秋》歸罪于繆公，故危之。非其位而受，雖受之不失爲正，君子猶爲危之。疏《宋世家》：「武公卒，子宣公力立。宣公有太子與夷。十九年，宣公病，讓其弟和，曰：『父死子繼，兄死弟繼②，天下通義也。我其立和。』和亦三讓而受之。宣公卒，弟和立，是爲穆公。穆公九年，病，召大司馬孔父謂曰：『先君宣公舍太子與夷而立我，我不敢忘。我死，必立與夷也。』孔父曰：『羣臣皆願立公子馮。』穆公曰：『毋立馮，吾不可以負宣公。』于是穆公使公子馮出居于鄭。八月庚辰，穆公卒，兄宣公子與夷立，是爲殤公。」

四年

春，王二月，莒人伐杞，取牟婁。杞，王者後，例如宋。制稱子伯，在卒正末者，《春秋》改制黜杞也。因其土

---

① 弒：鴻寶本作「殺」。

② 繼：《史記·宋世家》作「及」。

地削弱，文獻無徵故也。月者，謹伐取之始。疏《地理志》陳留雍丘①下「故杞國也，周武王封禹後東樓公。先春秋時，徙魯東北，二十一世簡公爲楚所滅」。

傳曰：傳者，子夏所傳《大傳》也。疏孔子修《春秋》，已以其意口親授之子夏，子夏乃筆其大例，禮制與經别，如《喪服》之《大傳》，自爲一編，所説皆大綱是也。後師據此以答問，如《服問》是也。此傳依經編次，俱録問答之辭，正與《儀禮》中《喪服傳》同。《喪服傳》中有引「傳曰」之文，與《服問》相比附，故《公羊》同出子夏而閒有取舍相反、美惡異致者，爲此。傳中稱引之文皆本舊傳，但不盡舉耳；以其所舉推所不舉，故輯舊傳一卷。言伐言取，據所引「傳曰」同出《大傳》，知《大傳》爲初本，《服問》次之，《喪服傳》又在其後。今傳中亦九引「傳曰」，與《喪服》同例，知亦出舊傳文也。後師引傳解經，有明文者少，無明文者多，如《公羊》全無「傳曰」明文是也，但當由此推之。外取邑不志。所惡也。據盡惡事，明以惡之。諸侯相伐取地②於是始，《春秋》之始。據《左傳》「相伐取邑」，前此已見，《春秋》于此始書，則以爲始，《公羊》所謂「託始也」，餘仿此。故謹而志之也。凡言侵伐國，皆師至城下之辭。詳書者，傷其所害重也。疏諸侵伐多有所取，不能備書，一二書以相起而已，則諸侯之地犬牙錯紛，難以指定。主書者，惡惡疾始，兼爲莒叛，以牟婁來張本也。

戊申，衛祝吁弒其君完。子夏曰：「《春秋》之記臣弒君、子弑父者以十數，皆非一日之積也，有漸而以至矣。

① 丘：原作「邱」，據《漢書・地理志》改。
② 地：原作「邑」，據《穀梁傳》隱公四年改。

凡姦者，行久而積成①，積②而力多，力多而能弑③，故明主早絶之。」班氏說：「弑者，試也。欲言臣子弑其君父，不敢卒舉④，候間伺⑤事，可稍稍試之也。」**疏**《衛世家》：「莊公五年，取齊女爲夫人，好而無子。又娶陳女爲夫人，生子，早死。陳女女弟亦幸于莊公，而生子完。完母死，莊公令夫人齊女子之，立爲太子。莊公有寵妾，生子州吁。十八年，州吁長，好兵，莊公使將。石碏諫莊公曰：『庶子好兵，使將，亂自此起。』不聽。二十三年，莊公卒，太子完立，是爲桓公。桓公二年，弟州吁驕奢，桓公絀之，州吁出奔。十六年，州吁收⑥衛亡人以襲殺桓公，州吁自立爲衛君。」

大夫弑其君，大夫指公子、公孫。大國爲卿，小國爲士。通以大夫稱者，由我言之也。我之卿爲大夫，不論大國、小國，皆謂之大夫也。**以國氏者，**據大夫以氏見，公子視大夫，氏公子。**嫌也，**失子弟之道，欲當國爲君，故如志而氏國，嫌。《公羊》謂之「當國」。**弑而代之也。**劉子云：「祝⑦吁，嬖人之子也。有寵而⑧好兵，莊公弗禁。後祝吁果殺桓公。」按：弑而代立，皆公子子孫，氏之，則與公族弑君同，鄭公子歸生是也。去氏以起代立，且以示

---

① 積成：《韓非子・外儲説右上》作「成積」。
② 「積」下《韓非子・外儲説右上》有「成」字。
③ 弑：《韓非子・外儲説右上》作「殺」。
④ 舉：《白虎通・誅伐》無此字。
⑤ 伺：《白虎通・誅伐》作「司」。
⑥ 「收」下《史記・衛世家》有「聚」字。
⑦ 祝：《古列女傳・齊女傅母》作「州」，下同。
⑧ 「而」上《古列女傳・齊女傅母》有「驕」字。

貶。疏 劉子云：「春秋弑君三十六。」按：此就十九國見經者言耳，實則當時弑者尚數十倍于此，因例在不記卒，則不言耳。

夏，公及宋公遇于清。清，内地。約伐鄭也。

及者，内爲志焉爾。爲遇再傳。清，内地。遇禮近者爲主，故内主之。遇者，據不言會盟。志據遇禮簡略，不志，可也。相得也。《曲禮》：不期而會曰遇。據下翬會伐，兩國和好，不相期約定地，乃大信辭。志者，惡其從惡人，擅興師招怨。

宋公、陳侯、蔡人、衛人伐鄭。衛州吁初立，敘在後。陳方伯，王者後，不稱公者，非二代也。蔡，方伯國，後州吁來，《春秋》惡其從楚，故以徐州待之。疏 劉子云：「陳國，今淮陽之地。」潁川、南陽。蔡于此初見經。

秋，翬帥師會宋公、陳侯、蔡人、衛人伐鄭。會伐不再敘，此會伐之始也，故謹而敘之也。衛人，祝吁也。人者，貶之。其人蔡何？明助逆，貶也。獨人蔡何？人蔡所以人宋、陳也。不人宋、陳者，明非微者，以助逆貶也。疏《宋世家》：「衛州吁欲得諸侯，使告于宋曰：『馮在鄭，必爲亂，可與我伐之。』宋許之，與伐鄭，至東門而還。」

翬者何也？據不氏，疑未命。公子翬也。據言帥師以起弑，知即公子翬。其不稱公子何也？據逆女氏公子。貶之也。使從未命。何爲貶之也？據慶父帥師不貶。與於弑公，故貶也。弑君必有先見，專兵，弑君之先見者。君縱臣專兵，則必有弑身之禍。于其始見謹之，明不可使大夫專兵。《孟子》云「《春秋》成，而亂臣賊子懼」，是也。劉子云：「隱以桓弟①幼，攝而代②立。公子翬見隱居位已久，勸之遂立。隱既不許，翬懼而異其辭，遂與桓公共弒③隱。」**疏** 終隱世，貶罪人也。書帥師，起其專兵能弒。入桓世，氏公子，書逆女，明以弒爲桓所親信，與遂同，皆起其弒。《春秋》傷王道不明，惡大夫專政，凡書帥師，尤惡。不起其弒則起殺，或則君權下移，謹子孫之禍也。

九月，衛人殺祝吁于濮。**疏**《衛世家》：「州吁新立，好兵，弒桓公。衛人皆不愛。石碏乃因桓公母家于陳，詳爲善州吁。至鄭郊，石碏與陳侯謀，使右宰醜進食，因殺州吁于濮。」

稱人以殺，據或以國稱，大夫氏。殺有罪也。據稱國累上。人，衆詞。以衆討，明有罪。祝吁之挈，據陳侯之弟殺陳世子招，再言陳殺公子比，不挈。失嫌也。嫌謂公子失其公子之道，故不氏之。若氏，嫌與比同，氏國則如鄭忽。《春秋》至賤、窮、諸盜不繫國，無名、氏，次則不繫國，無氏以名見。不繫國，本國外之不有，且明天下所共討；以名見，奪其爵秩，明罪人也。其月，據討賊、侵、伐，常事，與不以日月討者皆例時。以月爲變者，不以月計也。《春秋》以月計時事，以月分尊卑。除二者之外，遂不以日月爲例。《春秋》記事，大事記之詳，如君、夫人葬、薨，大夫卒，天王崩，外諸侯卒，大異，宗朝災，祭事，盟，戰，所關者大重，録之則詳，故記其日。小事則從略，如來往，如致朝聘、會、遇、外盟、外戰，一切小事皆例時。大事日，小事時，一定之例也，亦記事之體應如是也。至于輕事而重之，則

---

① 桓弟：《漢書·五行志》作「弟桓」。
② 攝而代：《漢書·五行志》作「代而攝」。
③ 弒：《漢書·五行志》作「殺」。

變時而日、月焉；重事而輕之，則變日而月、時焉。事以大小爲準，例以時、日爲正，一望而知者也，而月在時、日之中爲消息焉。凡月皆變例，大事例日，如盟例日，而桓盟皆不日而月，變也。柯之盟時者，變之至也。此日爲正，月爲變，時爲尤變之例也。小事例時，如外諸侯葬例時，月爲變，日爲變之甚。此時爲正，月爲變，日爲尤變之例也。又如朝，時也，變之則月，尤變則日。用幣，時也，謹之則日。因其事之小，知其日、月之爲變。外諸侯卒例日。變之則月，尤變則時。因其事之大，知其月、時之爲變。凡變則有二等，以差功過淺深，故月皆變例。從時而日，從日而時，皆變之尤甚者。有條不紊，綱目明白。先儒因有記時分早、暮二例，遂徧推之，則正例有三等。無以進退，而于二主之間又添一主，則正、變不明。端委朦混，治絲而棼，故使人疑之也。**謹之也。**謹始也。緩誅踰二時，月以謹之。**于濮者，**據無知不地。**譏失賊也。**據濮陳地，陳助討也。踰二時，握兵在外，故月。

冬，十有二月，衛人立晉。州吁已殺，邢近衛，三月乃立晉，言月以起其緩。疏《衛世家》：石碏殺州吁，乃迎桓公弟晉于邢而立之，是爲宣公。

衛人者，據尹氏立朝。**衆辭也。**據上下皆與之。**立者，**據天王皆不言立。**不宜立者也。**據朝言立。**晉之名，**據晉挈之。**惡也，**據挈如祝吁、無知然。**其稱人以立之，何也？**據殺稱人，有罪。朝不宜立，言尹氏。**得衆也。**得人，故以人言。**得衆則是賢也。**民爲君本，衆所欲立，其賢可知。**賢則其曰不宜立，何也？**《春秋》尊賢，以賢治不肖。**《春秋》之義，諸侯與正而不與賢也。**據諸侯卒，言正不正，不論賢否。疏殺祝吁之後，別有宜立之人，石碏因衆人之心，扳晉而立之。國有賢君，衆人所喜。《春秋》不當立者多矣，何獨譏此？餘不當立，譏不勝譏，而衆所知，故略言之。此立人之所許，嫌得者見不得，故責之備也。班氏云：「曾子問曰：『立適以長不以賢，何也？』子曰：『賢不可知也。』」

五年

春，公觀魚于棠。劉子云：「濟上邑。」

傳曰：常事曰視，據視朔言視。常事，謂典禮視朔是也。親迎亦禮制。非常曰觀。據觀社。疏凡傳所言多大例，如《曲禮》「天子不言出」數節皆舊傳文，先師乃引以解經耳。禮：尊不親小事，先王之制，立三公以參天子，立九卿以參三公，立二十七大夫以參九卿，立八十一元士以參大夫。數愈多者，事愈繁；分愈尊者，職愈少，總大綱，攬至要而已。卑不尸大功。據士匄侵齊，不伐喪言還。彼傳云：「君不尸小事，臣不專大名。」互言耳。魚，卑者之事也。據小事直不登俎，不如田獵，君親者也。公觀①之，非正也。劉子說：「人君貴②德賤利以道下，猶爲惡不止③，隱公貪利而身自漁濟上，而行八佾，以此化于國人，國人安得不解于義？解于義而縱其欲，則災害起而臣下僻。」下書螟，「言災害起④，國家將亂云耳。」班氏云：「王者不親取魚。」田獵必躬親，本以謹武治兵，若親自取魚，嫌與下民爭利也。

夏，四月，葬衛桓公。此月者，明當時也。卒已踰期，以其當時言者，以晉主其喪。晉立已後乃有喪主，五月而葬也。昭公早卒，歸後殯已，乃書「定公即位」，此桓公亦早葬矣。遲之于此，以明不討賊，不書葬。賊既討，則當修常禮也。

① 觀：原作「親」，據《穀梁傳》隱公五年改。
② 「貴」上《説苑・貴德》有「明」字。
③ 猶爲惡不止：《説苑・貴德》作「下之爲惡尚不可止」。
④ 「起」上《説苑・貴德》有「將」字。

月葬，諸侯葬，例以月見喪期。此已弒十四月矣，何更以月見？不如略而不月。故也。此明討賊當更申喪制，如從晉立時乃卒者然。故上已見明文，此非以月見其故也。《左傳》云：緩葬，故也。同。

秋，衛師入郕。郕，魯屬國。此爲衛滅也。不言滅者，著以上不言滅。書者，起下入郕。

入者，據外次國入微國。内弗受也。據入外之小國，義得拒次國也。郕，據内有成，疑與向同。國也。據有郕伯也。將卑師衆曰師。據此推之，則將尊①師衆曰某帥師。將尊師少稱將，將卑師少稱人，君將言帥師也。師入有貶辭，此言正例耳。疏此舊傳文。

九月，考仲子之宫。工作時，正也，月者，謹非禮以譏隱也。

考者何也？據武宫言立。考者，成之也。據君廟乃言立。考，宫室落成之名。成②之爲夫人也。據不氏。子者，夫人辭。成者，無其實而權成之。禮：非夫人不修廟③。仲子，宫妾，僭夫人也。妾廟賤，不敢言立，因有考室。言攷，起仲子非夫人，而隱修廟以成之也。不奪者，所謂「夫人之，我敢④不夫人⑤乎」？然則歸賵亦以天王臨之而見正也。禮：庶子爲君，爲其母築宫，言築，見言考成之譏失禮。使公子主其祭也。《王

① 尊：原作「卑」，據日新本、鴻寶本改。
② 成：原作「考」，據《穀梁傳》隱公五年改。
③ 修廟：原作「廟修」，據文意改。
④ 敢：《穀梁傳》僖公八年作「可以」。
⑤ 「人」下《穀梁傳》僖公八年有「之」字。

制》：「支子不祭。」據定弋氏書葬，葬則有廟。公子支子、君之弟及别妾子爲①君爲父後，于妾母不得顧；而禮緣情制，當有恩禮，故别築宫以祭之。支子不爲父後，故可主之。妾子不爲君，則妾不爲廟也。於子祭，據弋氏于子世卒葬，明得申其私恩。於孫止。據孫世以子氏，譏。《喪服小記》：「慈母與妾母不世祭。」鄭注據傳釋之。止後迎主于廟，附食于女君。仲子者，惠公之母，隱孫而修之，非隱也。仲子卒在孫世，隱以禮得築宫。探先君之志，而爲之築宫，尚據禮文也。《春秋》決嫌疑，定猶豫。禮于孫止，則雖新卒，究非世子，故非隱以明妾廟之禮。

初獻六羽。

初，據同税畝。始也。劉子云：隱用八佾。疏《論語》：季氏舞八佾。則魯用八佾，季氏因僭之。八佾，天子之樂，僭天子不可言。時仲子妾廟降用六羽，書初用六羽，以起先之用八羽也。八羽不可言，託始妾廟以明其僭，而餘廟仍用八佾可知。此内諱大惡也。穀梁子曰：疏穀梁爲子夏氏名，學者不敢正言，故魯人音爲穀梁，齊人傳爲公羊。姓名音同字異，三傳之通例。後人誤以卜商姓氏，爲之臆造五名，非也。傳皆子夏所傳，偶有名氏者，後師因有異解，偶録之也。其言姓氏者，明異説所本；兩存者，皆通；附言者，存異解。「舞夏，夏，五色羽。「染人秋染夏」，鄭注：染五色，以夏狄爲飾。天子八佾，王至尊，故禮貴多。諸公六佾，公與二伯、王後降天子以兩也。疏《春秋》公：王國周公、祭公，外諸侯宋公，升齊、晉爲二老，同公秩，準天子三公之制，合宋，王者後，共五公也。知公禮異者，據魯如齊、晉也。諸侯諸侯謂方伯國，以與諸公連文也。然則小國當用二佾，自連帥以至子、男則不用佾矣。以王臣言之，則三公六佾，卿四佾，大夫二佾，元士以下亦不用佾。經、傳言諸侯，有指有土之君言者，有專指二

① 爲：原無，據下文補。

伯、方伯言者，須分別觀之。四佾。妾廟以諸侯禮言者，《王制》曰：「喪從死者，祭從生者。」疏方伯爲侯，八州之長爲伯。《春秋》以魯、衛、陳、鄭爲内方伯，外秦主梁，楚主荆，蔡遷徐，吴主揚，從夷狄例，共八伯也。公爲大國，六佾；侯爲次國，四佾；伯、子、男爲小國，用二佾；則連帥、屬長及七十里、五十里以下，遂不用佾也。初獻六羽，始僭樂矣。」班氏云：「佾者，列也。天子以八人①爲行列，八八六十四人。諸公六六爲行，諸侯四四爲行。」蔡邕説：「八者象八風，所以風化天下」；「六者②象六律」；「四者③象四時也。」按：此據《論語》。八佾以六爲行列，數謂魯應用十六人，僭用三十六。僭諸公猶可言，僭天子不可言也。尸子曰：先師也。《人表》序在孟子後，或以爲佼，非也。「舞夏，自天子至諸侯此諸侯亦當如上文指二伯、方伯、卒正而言，以下小國不在此數。皆用八佾。八佾當作「八羽」，字誤也。疏按：此以六爲行列，人數謂天子至諸侯皆用八人爲一列。天子八八，諸公六八，諸侯四八，小國二八，不如班説諸公六六、諸侯四四也。從前説以羽爲行列，則用四列者用六列。以此説補正其義，謂行列皆用八人，亦通。以前説補正，此謂既減列，又減人數，亦可也。經言羽，不言佾，故尸子以六羽爲一佾，非六佾之所謂也。初獻六羽，此説重讀羽字，以爲經不言八佾而言六羽，明爲羽數而見。始厲樂矣。」厲，裂也。與僭對文，裁裂之意。疏尸子據經言六羽，不言六佾，知于每佾減去二人，應用三十六人，今減作二十四人。以此推之，則小國用二佾，得十六人。班説用二人，則二佾四人，疑少不成禮也。二説大夫皆不用佾，季氏用佾，孔子譏之。八佾爲佾數之通

---

① 人：原作「佾」，據《白虎通・禮樂》、下疏文「皆用八佾」改。

② 者：《獨斷》作「佾」。

③ 者：《獨斷》作「佾」。

名，用非其禮已足譏，不必定僭天子樂也。

郳人、鄭人伐宋。序會以爵明尊卑大小之分，崇文德兵事。尊卑相敵，先至者序後，後至者在先，客不言及，是也。郳小，雖主兵，不應序鄭上，以稱人，則可先鄭也。小國上卿比于次國之中，中當其下，下當其上大夫。人以此爲郳之上卿而鄭之下大夫也。疏《宋世家》：「二年，鄭伐宋，以報東門之役。其後諸侯數來侵伐。」

螟。劉子説：觀魚貪利之應，「書螟，言災將起，國家將亂云爾」。

蟲災也。劉子云：「凡有所害謂之災，無所害而異于常謂之異。害爲已至，異爲方來。」班氏云：「《潛潭巴》云：『災之爲言傷①也，隨事而誅。異之爲言怪也，先發感動之也。』」**甚則月，不甚則時。**災輕，異重。災時，正。甚，則月。異日，正。不甚，則月。螟無月，以螽推之。疏按：災異以月不月記其輕重，自記事之常，與人事以日不日見褒貶者不同。

冬，十有二月，辛巳，公子彄卒。《左傳》：「『叔父有憾于寡人。』葬之加一等。」大夫稱叔父，大夫不日，因加等乃日之。

隱不爵命大夫，據不言即位，不自正，知不爵之。《王制》曰：「大國三卿，皆命于天子。次國三卿，二卿命于天子，一卿命于其君，小國二卿皆命于其君。」疏公子彄本未命大夫，故《左傳》稱叔父。未命者不氏。如君能爵命，尚可進之，隱方以不稱即位見其讓，必不可以隱爵大夫見于經也。**其曰**曰者，《春秋》之書法，不問時事也。**公子**

---

① 傷：原作「得」，據《白虎通·災變》改。

彄，何也？據俠卒不氏不日，此氏公子，又日。先君之大夫也。隱雖不特爵命，然先君之舊臣有功，未及進爵者，子得成其志，隱加葬彄，成之爲卿。以隱不當進之，故託於先君之大夫。不疑益師者，在喪不請，三年無改父道。益師本卿，其事甚明也。

宋人伐鄭，圍長葛。

伐國不言圍邑，此其言圍，何也？據國重邑輕。諸伐皆有圍，取邑猶①不志。久之也。據明年冬乃取。伐不踰時，《荀子》云：師不踰時，不留衆。班氏云：「古者師②不踰時，爲怨思也。天道一時生，一時養。人者，天之貴物也，踰時則内有怨女，外有曠夫。」戰不逐奔，據議袁③婁盟。《司馬法》：「逐奔不過百步，從綏不過三舍。」誅不填服。《荀子》云：「服者不禽，格者不舍，奔命者不獲。凡誅，非誅其百姓也，誅其亂百姓也。百姓有扞其賊，則是亦賊也。以故順④刃者生，蘇刃⑤者死，奔命者貢。微子開封于宋，曹觸龍斷于軍，殷之服民所以養生之者，無異周人」，故「四海之内若一家，通達之屬莫不從服，夫是之謂人師」。苞人民、苞讀爲俘，包取。毆牛馬曰

---

① 猶：鴻寶本作「故」。

② 「師」下《白虎通・三軍》有「出」字。

③ 袁：日新本、鴻寶本、《左傳》成公二年、《公羊傳》成公二年同，《穀梁傳》成公二年作「爰」。

④ 順：原作「須」，據《荀子・議兵篇》改。

⑤ 刃：原作「人」，據《荀子・議兵篇》改。

侵。傳曰：「侵，淺事也。」斬樹木、壞宮室曰伐。《司馬法》云：「冢宰與百官布令于軍中曰：『入罪人之地，無①毀土功，無燔牆屋，無伐林木，無取六畜、禾黍、器械。見其老幼，奉歸勿傷。雖遇壯者，不校不敵。敵若傷之，醫藥歸之。』」疏按《司馬法》，王者征討之法也。《春秋》侵伐與古異，《孟子》云「無義戰」是也。侵輕于伐者，侵輕掠之師，不稽時月。伐者，舉兵深入，延日遲久，所害深。苞、毆乃爲淺事，伐、壞則日久，乃行苞、毆，不暇于伐、壞。伐、壞未有不苞、毆。先儒分而言之，誤。《左傳》「有鍾鼓曰伐」，「無鍾鼓曰侵」，意亦分輕重，大旨相同也。

六年

春，鄭人來輸平。疏輸，《左》作渝。

輸者，據傳，盟不信言渝。墮也。據渝盟猶敗盟。平之爲言以道成也。據不盟而信，喻以道相和好也。來輸平者，據盟言來，不言輸。不果成也。劉子云：「鄭獲魯君。」按：狐壤之戰，隱爲鄭獲，《春秋》深諱其事，言輸平也。疏傳曰：「諱莫如深。」因其恥大，故諱深。諱深必有所見，此何所見？曰：四年，會伐鄭，「吾與鄭人未有平②也。」無平而曰平，明非平也。來，接内也。來接者必有姓氏，不言姓氏，傳曰「不言其人」，爲内諱也。來接而不言及，起其接内之爲獲公也。輸平文甚，事愈惡者，言愈文也。

夏，五月，辛酉，公會齊侯，盟于艾。艾，齊地。

秋，七月。

---

①「無」上《司馬法》有「無暴神祇，無行田獵」八字。

② 未有平：《公羊傳》隱公六年作「未有成」。

冬，宋人取長葛。

外取邑不志，此其志，何也？據楚取宋彭城，不志。久之也。據上書圍也。圍取邑，不志。此志，因其圍取。勞民動衆，録其本末，與「志疏數」同也。

七年

春，王三月，叔姬歸于紀。班氏云：「伯者，長也」，「叔者，少也。」「男女異長，各自有伯仲，法陰陽各自有終始也。」「婦人十五①稱伯仲，婦人質少變，陰道促早成，十五通乎織紝紡緝②之事，思慮定，故許嫁，笄而字。故經曰：『女子十五許嫁，笄。』禮之稱字也。」**疏** 班氏云：「婦人無爵何？陰卑無外事。是以有三從之義：未嫁從父，既嫁從夫，夫死從子。故夫尊於朝，妻榮於室，隨夫之行。故《禮·郊特牲》曰：『婦人無爵，坐以夫人之齒。』《禮》曰：『生無爵，死無謚。』《春秋》録夫人皆有謚，何以知夫人非爵也？《論語》曰：『邦君之妻，君稱之曰夫人，國人稱之曰君夫人。』如③是爵，君稱之與國人稱之不當異也。」

其不言逆，何也？逆之道微，無足道焉爾。此媵也。因下成之爲夫人，故與伯姬同傳。《白虎通義》引《公羊傳》曰：「叔姬歸于紀，明待年也。」

滕侯卒。稱侯者，本爵也。《王制》：一州之内，方百里之國三十。又云：「三十國以爲卒，卒有正。」《春秋》魯屬國

---

① 五：原作「年」，據《白虎通·姓名》改。
② 緝：《白虎通·姓名》作「績」。
③ 如：《白虎通·爵》作「即令」。

曹、莒、邾、滕、薛、杞六卒正，皆侯爵，百①里之國。《春秋》以侯屬方伯，則號不可以苟同，故六卒正皆不以本爵見，而稱子、伯以辟方伯。子、伯非爵也，子爲七等首，伯爲字，子尊于伯。曹以伯始，以薛伯、杞兼子伯終，明一例也。外屬國滑稱伯，明辟則稱伯。邢稱侯，明凡屬國見者皆侯，《春秋》異之，以辟方伯也。傳以魯爲千乘之國，于邾亦曰千乘之主，則邾非小國也。《春秋》之伯皆爲字，非爵。子亦爲貴稱，非爵。傳曰：子，貴之也。大夫得稱子。又曰：「子，卑稱也。」《公羊》曰「字不如子」，子貴于字一等，故非實爵。以其爲貴稱，故凡諸侯之進爵者、退爵者皆稱焉，夷狄之國亦統稱焉。楚、吴皆稱王，以子名之，奪其王，以子加之而已，非實爵名。《春秋》凡屬伯、子、男爵之國概不見，外七州唯見六卒正，魯屬六卒正以下見連帥之國二十一，合之方伯、卒正，共二十九，亦皆百里。**疏** 曹稱伯，居首，以字見。莒子，夷狄之稱②子，吴、楚從之。邾進子在前，子尊于伯。滕以狄道退之，則子。杞以伯殿焉。以伯始，以伯終，明皆侯。爲辟方伯，不以本爵見也。中有三子，以明稱子之例，子非實爵，故子可以在伯先也。杞本公爵，或稱子稱伯者，明子、伯一也，即紀侯以子、伯並見之例也。小國稱無定，大國稱有定者，皆爲辟方伯也。小邾進以子稱，則邾之附庸，所謂不能以名通，附于大國者也，則曹、莒、邾三國爲上等。曹居首，同姓也，莒、邾以近次之；滕、薛、杞三國爲下等，滕以同姓居首，次薛，杞以伯終之。

滕侯無名。本有名，《春秋》削之，言無也。**疏** 據成以後，卒皆有名，則此有名可知。無如隱無正、桓無王之無，非本無名也。**少曰世子，**世子則稱世子，不制名，自以爲一國世子無取分別，故不爲之命名。**長曰君，**立則稱君而已。名以相別，國只一君，不用名，廟祝皆曰滕侯而已。**狄道也。**《曲禮》：夷狄「雖大曰子」。以稱子，故以狄説之。戎狄之道，不制名以相別異，「少曰世子，長則曰君」。自尊以比于太上，《春秋》以不名之法狄滕耳。**疏**《春

① 「百」上鴻寶本有「皆」字。
② 稱：原脱，據鴻寶本補。

秋》狄之也。《春秋》唯天子不名，諸侯無名，僭天子禮也。天子無上，故臨下不名。滕，諸侯，有天子在，不命名，失臣子之道，以爲夷狄乃有此事耳。**其不正者，**不正，謂非世子。**名也。**謂狄人凡不正者，乃有名。此引狄人無名，以證《春秋》無名之爲狄滕也。《春秋》狄國有三術：稱國以狄之，晉、鄭之類是也；異國之名，戎伐凡伯、貿戎之類是也；無名狄之，滕、秦是也。滕成以後有名而前無，秦成以前有名而後無。名，更代之道也。滕在隱世不卒，卒者起本爵侯也。見本爵侯以起子，爲辟本爵。**疏**《春秋》内魯，常見六①卒正，辟方伯，以子、伯見，外卒正常見以②稱男，許男是也。何以見子、伯之非爵？曰：《春秋》王朝大夫稱字，卿則稱子。子與伯同稱，子尊于伯，知子非爵也。列國大夫例名，齊高子稱子。大夫可稱高子，而不可以稱男，以此知子非爵也。邾子稱子，小邾子亦稱子，附庸無爵而稱子，知不爲爵也。吴、楚之君僭號王，正之而稱子，傳曰「卑稱也」，明非爵也。卒正莒、邾、滕三子，子尊于伯，故在伯先也。子不爲貶滕者，後滕有名，猶稱子。秦無名，猶稱伯，知去名即狄之，不以伯、子異也。方伯八：四侯、二伯、二子。卒正六：二伯、三子、一子伯並稱。子不爲卒正定稱，故附庸大夫均可稱子。使爲定稱，則不得稱子。故以子、伯共見起之也。伯爲字稱，方伯之秦、鄭，王臣之祭、單，皆字也。故方伯以二子、二③伯見。《春秋》字不如子，子在字上。《春秋》之字稱伯仲，如唐人鄭九、杜十；子則爲尊稱，子游、子夏、沈子、魯子是也。古人相敬則稱子，此正其例，非爵也。據狄不名，《春秋》之義，諸侯用中國禮，則中國之；用夷禮，則夷之。秦、滕本中國，用中國禮，因其用夷狄道，狄之也。滕、秦始狄，後從中國。楚、吴，狄也。以名、卒進之，從中國禮。君前臣名，狄不臣，故不名也。

① 六：原脱，據鴻寶本補。
② 以：鴻寶本作「一」。
③ 二：鴻寶本作「三」。

夏，城中丘。中丘，丘名，内地。城，新作城也。後言中丘者，從一名見同也。

城爲保民爲之也。《王制》曰：「凡居民，量地以制邑，度地以居民，地邑民居，必參相得也。」**疏** 民散無以避盜賊、禦寇亂，故作城所以保也。民衆城小則益城，必民衆城小不足以容民，然後乃别城耳。益城無極。傳曰：「古者，天子封諸侯，其地足以容其民，其民足以滿城自守。」是無民衆城小之事也。魯民不加庶而累别城，勞民設險不足以相守，而累城不已，是無限極也。凡城之志，皆譏也。統謂别城也。内如中丘之等，皆譏也。「城諸及防」，傳曰「可城」，修舊也。《春秋》修舊不書譏，新作于城亦同也。

齊侯使其弟年來聘。來聘之始，崇大國也。**疏** 經於方伯以上國乃言母弟、母兄，小國以下無。

諸侯之尊，凡有土之君，子、男以上，通稱諸侯。**疏** 班氏云：「諸侯封不過百里，象雷震百里，所潤雲雨同也。雷者，陰中之陽也，諸侯象焉。諸侯比王者爲陰，南面賞罰爲陽，法雷也。七十里、五十里，差德功也。故《王制》曰：『凡四海之内九州，州方千里，建百里之國三①十，七十里之國六十，五十里之國百有二十。』『名山大澤不以封，其餘以爲附庸閒田。』天子所治方千里，此平土三千，并數邑居、山川至五十里。名山大澤不以封者，與百姓共之，不使一國獨專也。山川之饒，水泉之利，千里相通，所以均有無，贍其不足。制土三等何？因土地有高、下、中三等。」弟兄②不得以屬通。據常辭内外通言公子，屬兄弟之私恩。《春秋》貴貴，以君臣之義厭其兄弟之恩。通謂自内及外皆以公子爲正稱，不得言兄弟也。《喪服傳》曰：「封君之孫盡臣諸父昆弟。」班氏云：「諸侯絶期者，示同愛百姓，不

① 三：原作「二」，據《禮記·王制》改。

② 弟兄：原作「兄弟」，據《穀梁傳》隱公七年乙。

獨親其親。故《中庸》曰：『期之喪達乎大夫。』」其弟云者，據盟會不稱弟。帥師、殺、奔稱弟兄有別義。以其來接于我，據來則以稱弟，爲正辭，非別有所起。舉其貴者也。以兄弟稱，見榮寵親信于鄰國。兄弟通，著其兄弟，微其君臣，如君親來之辭也。**疏** 母弟恩重，親親之義，得以屬稱。常辭公子以尊尊，言私不廢公也。接内稱弟以親親，言恩能掩義也。齊大國弟貴臣來接，舉貴，喜其來，故盡其尊也。

秋，公伐邾。邾，近國，不諱兵事，曹獨諱兵事者，曹爲同姓，卒正首，于是不諱，則爲魯病矣。且以莒起曹之亦有兵事，而經諱之不書，此渝盟，故蔑盟不日。

冬，天王使凡伯來聘，戎伐凡伯于楚丘以歸。**疏** 傳以戎爲衛，《公羊》、《左傳》多以真戎解之者，就經文説之也。故説經有未修以前之説、既修以後之説，須兼明之。

凡伯者，何也？據聘伐兼言，嫌其異。天子之大夫也。據稱字。天子大夫氏采。采，國辭，如蔡叔、許叔之稱。天子大夫視子、男，是也。諸侯大夫氏，氏雖有采，不敢見，非天子所封也。傳曰「不言濫子」，「非天子所封」，是也。國而曰伐，此一人而曰伐，何也？據伐有所斬壞之稱也。大天子之命也。據外執諸侯猶言執，知此大之也。伐，天子命。是伐天子，罪重于常執，故大之言伐。戎者，據不地。西戎遠在外州，不能入執。又隱世不見夷狄。衛也。據楚丘衛地，非實戎地，衛之楚丘也①。戎衛者，據狄鄭言鄭，晉言貿戎也。**疏** 按：此辟諱託名之例。《春秋》當不止二條。今明文可攷者，本傳之戎衛、《公羊》之貿戎與齊仲孫而已。攷禮，王者不治四

---

① 衛之楚丘也：原作「楚丘之衛也」，據鴻寶本、《呂氏春秋》、《春秋本義》、《程氏春秋或問》、《春秋大事表》、《三傳折諸》改。

夷。春秋真四夷概不見經，則其稱戎多爲託名也。今頗由此例推廣之。**爲其伐天子之使，**犯天子，不敢言衛也。**貶而戎之也。**犯順宜貶。貶窮于人，不可言衛人，故詭辭託戎以存中國，而地楚丘以起之。**疏**不單稱衛以戎之者，戎衛則終貶之，如蔡、秦是也。《春秋》內衛，篤從中國。故此別以戎主之。不出衛，不可言衛也。晉以二伯，故戎晉言貿戎。貿，晉地，猶言楚丘也。二①國北近戎，故可託戎也。**楚丘，**據貿戎不出地。**衛之邑也。**據城楚丘。王師有敗，文故言貿戎。楚丘有伐，故不楚丘戎。**以歸，**據不言執。當言以凡伯歸。**猶愈乎執也。**劉子云：「周室多禍」，「戎攻其使」。據言以凡伯歸，則以爲執辭。言以歸先言執，惡在執，以歸無惡。此不言以凡伯歸，辟執文。言以歸，不言執，則以歸爲善辭也。

八年

春，宋公、衛侯遇于垂。垂，內地。

不期期地，期約定地相會。**而會**行會禮，餘會皆期地。**曰遇。**《曲禮》曰：「諸侯未及期相見曰遇。」先有期地，未至其地，適相見而行會禮，不更至期地爲遇也。傳又曰：「一君出，一君要之。」聞其來，因侯于道，不復至期地也。**遇者，志**據不志。**相得也。**志宋、衛相得。外遇不志，志者，在內地。

三月，鄭伯使宛來歸邴。劉子云：「鄭伯以邴將易許田。」**疏**《鄭世家》：「鄭莊公怒周弗禮，與魯易祊、許田。」**名宛，**據言使，命大夫，宜氏。**所以貶鄭伯，**《王制》曰：「次國之卿，命于其君者，如小國之卿。」據小國乃

① 二：原作「三」，據日新本、鴻寶本改。

不氏。貶臣，而君亦從小國例貶矣。惡與地也。惡，大惡應得貶罪，奪爵、從小國。此專責鄭與地也。疏《公羊》云：「宛者，鄭之微者也。」此就既貶之後言之。使不以微者，知爲惡事貶之。

庚寅，我入邴。此專責魯受地也。時鄭以不祭泰山無用之邴歸魯，尚無易祊明説，後數年，「鄭入許」，乃從魯假近許湯沐閒田。魯助鄭取許，皆原于此，故以「易許田」主之。

入者，據言歸不言入。内弗受也。鄭雖歸，而我義不得入。日入，據日入，内滅中國辭。惡入者也。惡大，惡内滅中國，惡此入天子邑。以國言之，與下日入許相起。邴者，據惡，疑國。鄭伯所受命于天子，鄭爲二伯，故禮得從行，有湯沐邑。疏據《左氏》、《國語》，鄭爲二伯，所謂「周之東遷，晉鄭焉依」是也。鄭之伯黜，齊桓代之。然經不以伯禮待鄭，隱世鄭尚爲伯，故以二伯之禮待之。而祭泰山傳：鄭伯冀州國，當以屬于北嶽。東嶽主青、徐二州，西嶽主雍、梁二州，東、西二嶽，中外分界。《禹貢》海、岱、華陽以二嶽爲界，明當附于二嶽也。鄭不在東方，泰山下有湯沐邑，巡狩二伯當從，不拘方嶽，故鄭得有湯沐邑于泰山下也。若方伯，則各會于方①岳下。之邑也。許慎説：「諸侯有大功盛②德于王室者，京師有朝宿之邑，泰山有湯沐之邑」，「所以共祭祀」。疏劉子云：五嶽，「泰山，東嶽也」。有湯沐之邑也。「華山，西嶽也。常山，北嶽也。霍山，南嶽也。③嵩山④，中嶽也。五嶽何以視

---

① 方：日新本、鴻寶本作「本」。
② 大、盛：《五經異義》無此二字。
③ 霍山，南嶽也：《説苑·辨物》在「華山」上。
④ 「山」上《説苑·辨物》有「高」字。

三公？能大布雲雨焉，能大斂雲雨焉。雲觸石而出，膚寸而合，不崇朝而雨徧天下。施德溥大，故視三公也。」

夏，六月，己亥，蔡侯考父卒。蔡初記卒日，以爲同盟也，後乃狄之，不純用中國禮。疏《蔡世家》：「宣侯二十八年，魯隱公初立。三十五年，宣侯卒，子桓侯封人立。」

諸侯傳言大國、次國、小國，又言諸公、諸侯。統以諸侯爲言，何也？魯侯從我言，皆舉侯。或曰：「舉其中，可以包上下也。」**日卒，正也。**方伯正例，並爲「宿男卒」起。

辛亥，宿男卒。小國不日，日者，明不卒以一見起例。疏班氏云：「爵有五等，以法五行也。或三等者，法三光也。或法三光，或法五行何？質家者據天，故法三光。文家者據地，故法五行。《含文嘉》曰：『殷爵三等，周爵五等。』各有宜也。《王制》曰：『王者之制祿爵，凡五等。』謂公、侯、伯、子、男也。此據周制也。《春秋公羊傳》：『天子三公稱公，王者之後稱公，其餘大國稱侯，小國稱伯子男。』《王制》曰：『公侯田方百里，伯七十里，子男五十里。』所以名之爲公侯者何？公者，通也，公正無私之意也。侯者，候也，候順逆也。人皆千乘，象雷震百里所聞①同。伯者，白也，明白于德也。子者，孳也，孳孳無已也。男者，任也。人皆五十里。差次功德。小者不滿爲附庸。附庸者，附大國以名通也。百里兩爵，公、侯共之。七十里一爵。伯五十里復兩爵何？公者，加尊二王之後；侯者，百里之正爵。上有可②次，下有可第，中央故無二。五十里有兩爵者，所以加勉進人也。小國下爵，猶有尊卑，亦以進③人也。」

---

① 聞：《白虎通・爵》作「潤」。

② 有可：《白虎通・爵》作「可有」，下同。

③ 進：《白虎通・爵》作「勸」。

宿，據小國不日，次國不名。**微國也。**據男與許同，男在子①下。微國謂不與盟會。**未能同盟，**劉子云：「諸侯五月而葬，同會畢至。」同盟謂常書盟會見經之國。必同盟，乃書「卒葬」，以見「五月，同盟至」之禮。大國齊、晉、宋，次國衛、陳、蔡、鄭，小國與許、曹、莒、邾、滕、杞、薛，此中國之書同盟者，外州夷狄不言同盟而有盟會者，秦、楚、吴是也。王臣，天子三公、九卿常見于盟會，亦書卒者，傳曰：「爲魯主。」《左傳》所謂「喪之如同盟，禮也②」，「諸侯五月而葬，同會畢至」。《春秋》惟此十八國與王臣見盟會。又傳之所謂同盟者，以同盟之例待之而已，不拘事實曾否同盟，亦不泥經書同盟與否，故但卒皆得爲同盟之國。凡不在同盟，雖見同盟，如小邾，而通不得卒葬。《左氏》以同盟爲例，與傳同，此先師舊説也。**疏**此卒者，一卒示例，起千八百國。舊史卒者多，《春秋》削之，僅以同盟之國見也。小邾不卒，附庸也。夷狄卒，楚、吴主會盟，進之也。天子臣卒，劉子三公也，尹氏大夫也，王子虎卿也，因同盟乃得卒之。《左傳》以爲「喪之如同盟」，是也。**故男卒也。**《左傳》：「凡諸侯同盟，死則赴以名。」「赴以名，則書之，不然則否。」此與傳同。男卒謂不名也。以名卒則嫌正卒，故削之以見不卒也。**疏**此不卒之者，一卒以見卒例。因不名以起同盟乃名，十九國乃爲同盟也。凡例，常者不一而足，一者皆變，以起其餘之正。

秋，七月，庚午，宋公、齊侯、衛侯盟于瓦屋。宋在齊上，王後，尊于先。參盟何爲託始于此？大國言宋、齊，同姓之國舉衛，此舉親貴之大例。《春秋》凡舉以見例者，多目三國也。此爲始，如滕女言齊、晉、衛，胥命言齊、衛是也。**疏**齊，二伯，在宋下，未成伯也。

---

① 子：原作「于」，據鴻寶本改。

② 也：原脱，據《左傳》襄公二十八年補。

外盟不日，據曹南不日。此其日，何也？據石門已謹始。諸侯之參盟於是始，據《左傳》，參盟已前見矣。傳言此者，《公羊》所謂「春秋之始也」。故謹而日之也。據石門月，此日，知以謹參盟也。人三爲衆，爲惡有助，因是往而不反，糾聯攻伐，迄無已時，故譏參也。不于後譏者，後事不勝譏。惡惡疾始，故于參譏①之，以絶其源，易爲功也。誥誓不及五帝，班氏説：五帝，黄帝、顓頊、帝嚳、帝堯、帝舜也。伏生説：五帝之治，不言而喻，不俟誥誓之言。疏《白虎通》：「五帝者，何謂也？《禮》曰：『黄帝、顓頊、帝嚳、帝堯、帝舜也②。』」「黄者，中和之色，自然之性，萬世不易。黄帝始作制度，得其中和，萬世常存。故稱黄帝也。謂之顓頊何？顓者，專也。頊者，正也。能專正天③人之道，故謂顓頊也。謂之帝嚳者何？嚳者，極也。言其能施行窮極道德也。謂之堯者何？堯猶嶢嶢也。至高之貌。清妙高遠，優游博衍，衆聖之主，百王之長也。謂之舜者何？舜猶僢僢也。言能推信堯道而行之。」盟詛不及三王，班氏説：「三王，夏、殷、周也。」據三王，殷、周誥誓而不盟詛，如二伯之事，《周禮》有盟以治諸侯之變，故二伯以盟詛約束諸侯。三王不躬親，詛以爲治，此《尚書》説，非《春秋》説也。《春秋》乃專以盟詛顯。疏《白虎通》云：「三王者，何謂也？夏、殷、周也。故《士冠禮》『周弁、殷冔、夏收，三王共皮弁』也。」「王者受命，必立天下之美號以表功自克，明易姓爲子孫制也。夏、殷、周云④者，有天下之大號也。百王同天下，無以相别；改制，天子之大禮，號以

① 譏：原作「議」，據日新本、鴻寶本改。
② 「也」上《白虎通・號》有「五帝」二字。
③ 天：原作「大」，據《白虎通・號》改。
④ 云：日新本作「也」，鴻寶本作「王」，《白虎通・號》無此字。

自别于前，所以表著己之功業也。必所以①改號者，所以明天命已著，欲顯揚己於天下也。己復襲先王之號，與繼體守文之君無以異也。不顯不明，非天意也。故受命王者，必擇天下美號，表著己之功業，明當致施是也。所以預自表克于前也。不以姓爲號何？姓者，一字之稱也，尊卑所同也。諸侯各稱一國之號，而有百姓矣，天子至尊，即備有天下之號而兼萬國矣。夏者，大也。明當守持大道。殷者，中也。明當爲中和之道也。聞也，見也，謂當道著見中和之爲也。周者，至也，密也。道德周密，無所不至也。何以知即政立號也？《詩》云：『命此文王，于周于京。』此改號爲周，易邑爲京也。《春秋傳》曰『王者受命而王，必擇天下之美號以自號』也。五帝無有天下之號何？五帝德大能禪，以民爲子，成于天下，無爲立號也。」「或曰：唐，蕩蕩也。蕩蕩者，道德至大之貌也。虞者，樂也。言天下有道，人皆樂也。《論語》曰：『唐、虞之際。』帝嚳有天下，號曰高辛。顓頊有天下，號曰高陽。黄帝有天下，號曰有熊。有熊者，獨宏大道德也。高陽者，陽猶明也，道德高明也。高辛者，道德大信也。」交質子據《左傳》，春秋有交質，經不著之。不及二伯。劉子説：王者已爲州伯，所以復有二伯何？欲使絀陟也。三歲一閏，天道小備，故二伯絀陟也。何以爲二伯乎？曰：以三公在外稱伯，東西分二。所以稱爲伯何？欲抑之也。三公，臣之最尊者也，又以王命行天下，爲其盛，故抑之也。班氏説：「齊桓、晉文，霸于周者也。」又「傳曰：『周公入爲三公，出爲二伯，中分天下，得行②絀陟。』」按：周初分陜而治，周公主東南，召公主西北，《王制》：「八州八伯」，「各以其屬屬于天子之老二人，分天下以爲左右，曰二

① 「必」下《白虎通·號》無「所以」二字。

② 得行：原脱，據鴻寶本補，《白虎通·巡狩》作「出」。

伯」。《孔叢子》：「古帝王中分①天下，使二公治之②，謂之二伯。」又云：「王季以功③九命作伯，受④瓚鬯之賜，文王因得專征伐」，「猶周、召之爲伯」是也。小國統于方伯，方伯統于二老。天子在上，不勞而治。强幹弱枝，以簡御繁之道也。東遷以後，王道不行。天子内臣不命二伯，八州方伯不復統馭。《春秋》欲明王法以馭諸侯，因桓、文有糾合之功，授齊、晉爲二伯。齊、晉爲正，楚、吴爲變，略示中外之分。又爲黜陟之道，假以内臣之制，尊託上公之品，故序宋公上。内公言「如」，得通及天下諸侯。齊桓方興，没隱晉事；晉文既伯，終于春秋。傳曰「桓非受命之伯」，謂非内臣也。「將以事授之」，謂《春秋》託之也。《孟子》：「其事則齊桓、晉文，其文則史。」春秋以二伯爲綱，所序皆統于齊、晉也。禮制有盟，《春秋》惡之者，齊、晉以盟詛糾合諸侯，故《春秋》重盟，貴胥命，而譏累盟，謂不純與之也。戰國以後⑤，通行交質，傳陳古之變，謹盟詛之始，二伯功用全在盟詛，因盟詛之褒貶，知二伯之美。不及，謂僅免于是，後不爾也。故五帝、三王之不及，即三王、二伯之治本也。**疏** 班氏云：「伯者何謂也？伯者，長也。選擇賢良⑥，使長一州，故謂之伯也。《王制》曰：『千里之外設方伯，五國以爲屬，屬有長。十國以爲連，連有帥。三十國以爲卒，卒有正。二百一十國以爲州，州有伯。』唐虞謂之牧者何？尚質。使大夫往來得視諸侯，故謂之牧。」「王者所以有二伯者，分職而授政，欲

---

① 中分：「中」原脱，據《孔叢子》補。
② 治之：原脱，據《孔叢子》補。
③ 「以功」下原衍「九命」二字，據《孔叢子》删。
④ 「受」下《孔叢子》有「珪」字。
⑤ 以後：鴻寶本作「之時」。
⑥ 良：鴻寶本作「長」。

其亟成也。《王制》曰：『八伯各以其屬，屬於天子之老二人，分天下以爲左右，曰二伯。』《詩》云：『蔽芾甘棠，勿剪勿伐，召伯所茇。』《春秋公羊傳》曰：『自陝以東，周公主之；自陝以西，召公主之。』不分南北何？東方被聖人化日少，西方被聖人化日久，故分東西，使聖人主其難，賢者主其易，乃俱至太平也。又欲令同有陰陽寒暑之節，共法度也。所分陝者，是國中也。言面八百四十國矣。」按：劉子引《魯詩》、《傳》與《公羊》同文，《魯詩》與《穀梁》同師，是《穀梁》與《公羊》同也。班氏云：「五霸者，何謂也？昆吾氏、大彭氏、豕韋氏、齊桓公、晉文公是也。昔三王之道衰，而五霸存其政，帥諸侯朝天子，正天下之化，興復中國，攘除夷狄，故謂之霸也。昔昆吾氏霸於夏者也，大彭、豕韋霸於殷者也，齊桓、晉文霸於周者也。」班氏云：「帝王者何？號也。號者，功之表也。所以表功明德，號令臣下也。德合天地者稱帝，仁義合者稱王，別優劣也。《禮記·謚法》曰：『德象天地稱帝，仁義所生稱王。』帝者天號，王者五行之稱。」「帝者，諦也。象可承也。王者，往也，天下所歸往。《鈎命決》：『三皇步，五帝趨。三王馳，五伯鶩。』」

八月，葬蔡宣公。三月而葬，言八月，見其渴，早遲由經書之，託以見其臣子志。此蔡記卒葬之始也。

月葬，方伯月葬，正例也。此以月葬問者。六月卒，八月葬，是二月葬，不及時。故也。爲繼嗣有亂。禮：五月葬。經于常文以五月書之。如其有他故，則或遲或早，因其遲早以見意。如內之書即位不即位，非因即位乃書，不即位不書也。

九月，辛卯，公及莒人盟于包來。言及，以尊及卑也。凡人通言及。

可言公及人，人，小國大夫盟會之稱。莒國君尊不敵公，其臣更微，貴賤相懸，故無疑伉之疑①。惠能逮下，有寬下之美。內尊外卑，臣子所樂道者。不可言公及大夫。據處父伉。大夫謂大國大夫尊同小國之君，與公

① 疑：鴻寶本作「嫌」。

尊近相嫌。《春秋》決嫌，故去氏，使同小國大夫，與稱莒人等，則不嫌也。《明堂位》：諸侯之位，尊卑近者異面，異者同面；《禮》「異姓同車」，「同姓不同車」，皆以明嫌也。

螟。劉子云：「時鄭伯以邴歸我①，將易許田，有貪利心。」

冬，十有二月，無侅卒。《公羊》「此展無駭也」，與《左傳》同。不日者，因不氏起俠時，此蓋貶之。

無侅之名，據《左氏》以無駭爲司空，且帥師，則非微者。以爲入極貶，則卒當氏，不應終身貶。與翬同。未有聞焉。不得其尊卑名氏之故。師説舊無傳，言聞者，明説皆有傳，否則不敢以己見質言。以此無聞起餘皆有聞也。或曰：此以無駭爲未命，同彄。隱不爵大夫也。傳説同公子彄，與入極傳異，以爲同所俠。**疏**知非貶者，前去氏已明，又不日也。或説曰：此説同《公羊》。故貶之也。《公羊》：「何以不氏？疾始滅也，故終其身不氏。」據前帥師，傳貶也。稱將，尊也。不氏，知貶也。於卒焉貶者，滅同姓大惡，諸侯名，罪當死也。前去氏，貶在君，「名宛」則「所以貶鄭伯」是也。此于卒焉貶，貶其私罪，翬之比也。不日者，傳惡也。猶月，明非微者。**疏**《左氏》以此爲請族氏展，與《公羊》展無侅②説同。此又一説，以明請族乃得氏之禮。但此一見例，不當推以説別經也。

九年

春，天王使南季來聘。桓王二言使。按：博士經説無下聘明文，傳以爲譏，是也。《周禮》有下聘明文，劉歆以攻博士者也，據以疑傳，非也。《異義》：「《公羊》天子不下聘。」今傳無此文矣。

① 歸我：《漢書·五行志》無此二字。

② 侅：日新本、鴻寶本、《穀梁傳》隱公二年同，《公羊傳》隱公二年作「駭」。

南，疑其采氏。氏姓也。據天子大夫以采爲氏，不如諸侯大夫氏王父字也。然其子孫即以采爲姓，曰氏姓，兼釋之。季，據王季子。字也。天子大夫字也。聘，據與外大夫同辭。問也。使人問其安否。聘諸侯，據諸侯使人自相聘。非正也。周時制，天子實聘方伯，《春秋》乃爲不下聘，所以尊天子也。劉子云：「孔子曰：『夏德①不亡，商德不作。商德不亡，周德不作。周德不亡，《春秋》不作。《春秋》作，君子是以知周德之②亡也。』」又曰：「《易》曰：『安不忘危③，存不忘亡。』是以身安而國家可保也。」故聖賢之君博觀終始，窮極事情，而是非分明。王者必通三統，明天命所授者博，非獨一姓也。又曰：「正色三而復者也。故三王術如循環。」**疏** 今文「天子不下聘」者，許慎云「《公羊》天子不下聘」，與此同也。《左氏》雖④無下聘明文⑤，《異義》以《左氏》同爲古學，當與《周禮》同，實則非也。漢師十四家博士說無異同，《左氏》、《禮》亦多同今學。《周禮》晚出，又⑥多立異，與今學爲難⑦，不足據⑧也。孔子曰：「殷因于夏禮，所損益可知也。周因于殷禮，所損益可知也。其或繼周者，雖百世可知也。」繼周，謂《春秋》也。又

① 德：《說苑·君道》作「道」。
② 德之：《說苑·君道》作「道」。
③ 安不忘危：《說苑·指武》無此四字。
④ 雖：鴻寶本同，日新本作「亦」。
⑤ 明文：鴻寶本同，日新本作「之義」。
⑥ 又：日新本、鴻寶本作「文」。
⑦ 爲難：原作「相輔」，鴻寶本同，據日新本改。
⑧ 據：原作「疑」，鴻寶本同，據日新本改。

曰：「行夏之時，乘殷之輅，服周之冕，樂則《韶》、《舞》。放鄭聲，遠佞人。」時、輅、冕者，通三統也。樂用《韶》者，備四代也。尹更始云七廟據周禮，則餘多夏殷禮也。

三月，癸酉，大雨震電。 劉子云：「大雨，雨水也。震，雷也。」

震，雷也。 據震夷伯廟。 **電，霆也。** 據在震下，劉子云：「天所以有雷霆、風雨、霜雪、霧露何？欲以成歲，潤萬物，因以見災異也。」震與霆皆霹靂也，電謂電光也。

庚辰，大雨雪。 劉子云：「周三月，今正月也，當雨水，雪雜雨，雷電未可以發也。既①已發矣，則雪不當復降。皆失節，故謂之異。《易》②：雷以二月出，其卦曰《豫》，言萬物隨雷出地，皆逸豫也；以八月入，其卦曰《歸妹》，言雷復歸。入地則孕育根核，保藏蟄蟲，避盛陰之害；出地則長養③華實，發揚隱伏，宣盛陽之德。入能除害，出能興利，人君之象也。是時隱公以弟桓幼，攝而代立。公子翬見隱居攝已久，勸之遂立，隱不遂立④，翬懼而易其辭，遂與桓共弒隱。天見其將然，故正月大雨雪⑤。是陽不閉陰，出涉危難，危⑥而害萬物。天戒若曰：爲君失時，賊弟佞臣將作亂矣。後八日大雨雪，陰見閒

---

① 既：原作「即」，據《漢書・五行志》改。
② 「易」上《漢書・五行志》有「於」字。
③ 長養：《漢書・五行志》作「養長」。
④ 不遂立：《漢書・五行志》作「既不許」。
⑤ 雪：《漢書・五行志》作「水而雷電」。「雪」下鴻寶本有「電」字。
⑥ 危：《漢書・五行志》無此字。

隙而勝陽，篡弒之禍將成也。公不寤，後①二年而弒。」

志疏數也。據雨不日，此日，志二異相連數見，疏以起間八日，數以言僅八日。劉子云：「異有大小稀稠，占有舒疾②緩急，聖人所以決疑也。」八日之間，癸酉至庚辰，得八日。再有大變。變，異也。雨本月志，因二雨不應連見，遂成大異，此非見日不足以起其爲大異也。陰陽錯行，劉子云：「雷未可以出，電未可以見」，「則雪不當復降，皆失節也。雷電，陽也；雨雪，陰也。雷出非其時者也，是陽不能閉③陰，陰氣縱逸而將爲害也」。故謹而日之也。據二日以謹再，與「再取邑」同。疏此疏數例，不言日月則不見其意，故假日月以明之。如即位以年決，不日，而定公書「戊辰，即位」，以與喪至相起。又如「御廩災」、「乙亥嘗」，類皆以日見意。此與人事相同而日月異以見例者不同。雨月志，據月以記時節，雨雪、大雨皆同。正也。月以記時，明其緩急常變。此不爲例者，唐宋以下，以爲日月不爲例，此類是也。

俠卒。不日者，未命不日，禮降大夫。

俠者，據卒者宜有氏。所俠也。尹更始云：「所者，俠之氏。」疏此説爲二傳所佚，知傳本詳事實，姓氏之學亦精。弗大夫者，據卒者大夫，例宜氏之。隱不爵大夫也。《公羊》作「吾大夫之未命者」。按：餘君卒大

① 後：原作「不」，據《漢書·五行志》改。

② 疾：原作「急」，據《漢書·劉向傳》改。

③ 閉：《春秋穀梁傳注疏》隱公九年范寧注引劉向語作「閑」，《穀梁經傳補注》作「閉」，「閉」于義爲長。

夫皆氏，惟隱再見不氏者。隱之不爵大夫，何也？據以爲大夫當請命于天子。不大夫之，則不應卒；卒之，是已命。曰曰者，經意如此，非事實。由不即位不有正月推之。不成爲君也。不成謂攝也。隱自以爲攝，君不自君，則臣亦不得臣，故以未命言之。**疏**所謂未命不氏者也。未命不卒，此卒起所執大夫事，非未命，以成公志也。隱不自正，其臣從之，所謂「以臣從君」。

夏，城郎。郎，邑也。夏城不時，譏之也。「城諸及防」，傳曰：「可城也。」可城則不書，雖修舊，不時則譏。傳文偶未備耳。

秋，七月。

無事焉，何以書？據元年正月無事以起即位，此無事言月。不遺時也。傳曰：「《春秋》編年，四時具而後爲年。」必四時具，故不遺時。必書首月，以記時變。僖歷一時，首月言不雨，餘月不言是也。於此乃發傳者疑而後與之平，子曰：「不憤不啟，不悱不發」也；于後又補傳者，子曰：「中人以上可以語上，中人以下不可以語上也。」

冬，公會齊侯于防。防，宋邑也。會于防，謀取防也。

會者，外爲主焉爾。**疏**《左傳》：「不與謀曰會。」與謀即主謀。言會，則所會者爲主，故齊、晉會皆曰會，不曰及。

十年

春，王二月。公會齊侯、鄭伯于中丘。中丘前已城，此猶同名者，非舊制，不以邑許之。**疏**據《左傳》，鄭，二伯也，敘在齊下者，經以鄭爲方伯也。傳有黜陟，經不能如此，故終《春秋》以鄭爲方伯也。在喪不稱子，又與方伯異。

夏，翬帥師會齊人、鄭人伐宋。劉子云：「公扈子曰：『有國者不可以不學《春秋》，生而尊者驕，生而富者傲，生而富貴，又無鑑，而自得者鮮矣。《春秋》，國之鑑也。《春秋》之中，弑君三十六，亡國五十二，諸侯奔走，不得保其社稷者甚衆，未有不先見而後從之也。』」**疏** 上下有公，是公在師也，公在而曰翬，翬不臣也；師中知翬而不知公，起翬有無君之心，彊將爲弑也。齊人、鄭人者，齊侯、鄭伯也。何以不言侯、伯也？貶也。何爲貶之？以翬貶也，貶翬不可以不貶其同會也。貶則如微者，避公在師之辭也。

六月，壬戌，公敗宋師于菅。菅，内地。**疏**《地理志》：濟南有菅。

内不言戰，據外戰而後舉敗。《春秋》「内其國而外諸夏」，内敗外不言戰是也；「内諸夏而外夷狄」，中國敗夷狄不言戰是也。夷狄相敗者，大夷尊厭小夷，楚敗徐是也。舉其大者也。戰以求敗，敗功大于戰。不言戰，舉大而略小，言若直①敗之，不須戰也。

辛未，取郜。辛巳，取防。郜、防，宋邑。此後爲魯。

取邑不日，據取闞不日。取邑小事，滅中國乃日。此其日，何也？或郜有國辭，或以見疏數。不正其乘敗人而深爲利，《春秋》惡人乘危。緩急時，有乘人之危，貪利忘義。「蔡潰」，傳曰：「不土其地，不分其民，明正也」，又「不伐喪」，又曰「不正其乘敗人之績」，皆惡取乘危。取二邑，故謹而日之也。再日以記再取，與紀災同。

秋，宋人、衛人入鄭。舉入爲重，不言侵伐。戰敗，圍矣。見者不復見也。**疏** 報前役三國伐鄭。何以不敘從伐之國？舉二國爲重，以外可省。此《春秋》隱見例。

---

① 直：原作「真」，據鴻寶本改。

宋人、蔡人、衛人伐載。鄭伯伐取之。時三國伐載，劉子云：「鄭滅載。」

不正其因人之力《公羊》：「因誰之力？因宋人、蔡人、衛人之力也。」而易取之，時三國伐載，鄭伯自謂于三國有讎，將救之，載人信之，因滅載；《春秋》惡其詭詐，託義兵以取人國，不曰滅而曰取，明因救滅之，言取以起其實。故主其事也。主事謂書「鄭伯伐取」。時三國皆有所取，惡其詐，使鄭主其事，專蒙滅國之罪。

冬，十月，壬午，齊人、鄭人入郕。郕已滅矣。此取之衛也。初入不日，此何以日？非齊、鄭取之，内取之也。内取則曷爲日？外惡事也。何以知我滅？以郕後爲我邑也。衛初取郕，衛與鄭有隙，而和于我，故取郕以報衛，求喜于内也。

入者，據取之衛人，當言取。取邑，易辭也。内弗受也。以滅國罪加之。日入，據前狄不日。此取邑之辭矣，何猶日之？惡入者也。惡内，兼惡齊、鄭。以前入非滅，至此乃滅之辭。郕，據前已入。此當爲遺。國也。據日，仍科以滅國之罪也。衛初取不能有，内同姓宜救之，因人之力取而自有，郕自是乃真亡矣。故初入不日，此再取乃日。

十有一年，春，滕侯、薛侯來朝。以滕先薛者，尊同姓也。稱侯者，本爵也。此稱侯，下稱子、稱伯者，《春秋》制名之稱也。《春秋》決嫌明疑，不使尊卑相混，故首定名稱。爲其文微難見，故立意懸絶，不使相嫌；不拘舊封，不守周制，一惟《春秋》之制而已。周制有五等爵，公、侯、伯、子、男是也；魯、齊、燕、宋、杞舊封皆公，同有二伯王後之制，而《春秋》制法，爵惟見公、侯二等，不見伯、子、男。王臣、王後稱公，方伯稱侯，此一定之制也。至于卒正，皆百里國，依爵皆稱侯，内之滕侯、薛侯、紀侯，外之邢侯、隨侯是也，而通稱則惟以伯、子、男見，不稱侯。蓋一州三十百里之國，八州共得二百四十侯國。《春秋》録大略小，故凡見經者皆百里之國。不能下及子、男五十里、七十里而上舍百里，亦已明矣。《春秋》二王後稱公，方伯稱侯，小國稱伯。宋，王後，稱公，而黜杞爲伯，以殿小國之末。齊本公，以非内伯改侯，以辟内臣，魯本公，稱侯以爲方伯，故《春秋》之爵禄與周初全不合。《春秋》尊卑因名以立，不如此，不能明也，後世譜帙名號之書皆緣飾《春秋》立義，至以爲周舊爵本如是，是循末忘本，以杞證之，其疑自破矣！《春秋》立義，小國用見卒正之義。卒正皆百里國，而不能與方伯同，苟或改稱伯、稱子、稱男，則其本爵無故奪之，且不見百里之制，故稱侯以明本爵，以起下稱子、稱伯之爲以子、以字而非貶，而以爵稱，以起本爲侯爵。《春秋》正名，辭窮相避，以成方伯之尊也。惟其非定稱，故非卒正亦可言伯，郕伯、單伯是也；方伯亦可言伯，秦伯、鄭伯是也。不相疑者，以秦、鄭、郕、單之尊卑不嫌也。非卒正亦可言子，楚子、吴子是也。不相别者，以小邾與楚、吴之貴賤不嫌也。《春秋》貴賤不嫌則同號，專爲此子、伯發例。此品類過繁，不能碎折立其名號。又其有定之中又復無定，如方伯而稱伯子，以入七等，故惟恃别有起文，以明其尊卑貴賤，而此之稱則可以假借通用，以此明所見子、伯皆非爵也。男惟二見。許，外卒正，稱男以别于内卒正，亦非爵稱也。不稱伯、子稱男者，其方伯稱伯，故其卒正稱男不稱伯，以界鄭伯。曹不言子，獨見無所起，故稱男，以畿①内加等之例推之，爲伯矣。宿男不卒，則男不見，可知此以書卒見不卒，書男見不言男，所謂以所見起不見也。以爵言之，則子、伯貴于男；以《春秋》言之，則男貴于子、伯。男猶爵，而子、伯乃等之卑稱耳。《春秋》所序諸侯，大國三，而一公、二侯，侯即爲方伯之爵；方伯八，而四侯、二子、二伯，而子、伯即爲卒正之稱；六卒正，而三子、二伯，一子伯並見，而子伯即爲方伯之稱。以此别有起文，故貴賤不嫌也。吴、楚之子不如五等之男，故曰「子卑稱」也。齊、晉不同稱公，以非内三公也。鄭、秦不稱侯，以爲王畿諸侯，一主東，一主西也。莒不稱伯，實夷也。邾不稱伯，初進也。滕不稱伯，狄之也。就其本言之，則當云齊公、晉公、宋公、陳侯、蔡侯、衛侯、鄭侯、許伯、莒伯、邾伯、滕伯、薛伯、杞伯、小邾子，不如是者，不能也，文不能而實如是者，所謂「實與而文不與」也。必知其常，然後知變；既窮其變，則仍守

① 畿：原作「譏」，據鴻寶本改。

其常。觀其常、變之故與夫文實之端，則信乎《春秋》爲素①王之制，進退褒貶，非復時王爵禄矣！**疏**班氏云：「三歲一閏」，「五歲再閏」，「故五年一巡守，三年二伯出述職黜陟。一年物有終始，歲有所成，方伯行國」。《周官》：「六年，五服一朝。又六年，王乃時巡，攷制度于四岳。諸侯各朝于方岳②，大明黜陟。」是朝有進退爵秩之禮。春秋，諸侯不朝天子，而政在大國，猶相朝，因此以託王法。滕、薛來稱侯，本爵也。邾、牟、葛來稱人，明得退也。因其朝以明黜陟。《孟子》曰：「諸侯朝于天子曰述職。」伏生説：諸侯朝天子，「無過行，得復其圭，以歸其國。有過行者，留其圭。能改過者，復其圭。三年圭不復，少黜以爵。六年圭不復，少黜以地。九年圭不復，而地畢。」此諸侯朝天子之禮也。傳曰「攷禮修③德」，明亦有述職攷功之事。方伯得進退屬國，故大國爵有定，小國爵無定；外小國有定，内屬無定，内從升降之也。侯者尊之，不嫌同公者，侯爲五等通稱，傳曰「諸侯」是也。内尊君曰公，故不嫌，外從小國從下稱得言公者，不統于公，不相嫌也。此遠近之義。

天子無事，諸侯相朝，正也。無事謂無喪、葬、朝、守之事。無則可朝，有則不可朝。**攷禮修德，**攷禮修德之文，見《大戴禮·朝事》篇。「天子④無事」，謂六年遠近畢朝之年，然後使諸侯相朝也。**所以尊天子也。**《王制》曰：「天子無事，與諸侯相見曰朝。攷禮、正刑、一德，以尊天子。」班氏云「諸侯相朝者，爲相尊敬也。故諸侯朝聘，天子無事⑤，法度無所變更，所以攷禮、正刑、一德，以尊天子。」亦謂是也。**疏**朝者，君自行之辭。相者互言，小國

① 素：鴻寶本作「興」，據日新本改。
② 岳：原作「伯」，據《尚書·周書》改。
③ 修：原作「一」，據《穀梁傳》隱公十一年改。
④ 子：原作「下」，據《穀梁傳》隱公十一年改。
⑤ 事：《白虎通·朝聘》作「恙」。

統朝于方伯，又朝于二伯也。二伯，天子內臣。朝二伯，即朝天子。方伯，二伯所屬，朝二伯亦以尊天子也。《春秋》公朝京師言如，于齊，晉亦言如，明方伯朝二伯與京師同也。宋亦大國，不言如，王者後，爵尊不任事，不如二伯相統制也。曹、莒、滕、邾、薛、杞、小邾與紀于魯言朝者，魯方伯，所屬當朝也。會盟小國但序魯屬者，《王制》曰：八州八伯各以其屬，屬于天子之二老。《左傳》「伯合諸侯」，則侯牧帥伯、子、男以會于伯。是《春秋》內魯，小國獨言魯屬也。凡內不與魯屬，無所統也；序而內不在，有所避也。言內屬以起內在也。楚夷狄，亦言如者，痛其禍，不能奪其實也。王畿無方伯，故內無朝事，外不通諸侯，此也。**諸侯來朝，時，正也。**朝禮常事，故時。**犆言，**據言穀伯綏、鄧侯吾①離來朝。**同時也。**同時，一去一來，犆言使爲二事。**累數，**據言「滕侯、薛侯來朝」也。**皆至也。**同至言來，使爲一事。滕、薛皆近魯之國。疏 知近魯爲卒正者。《地理志》沛郡公丘下云：「故滕國，周懿王子錯叔繡所封，三十一世爲齊所滅。」魯國薛下云：「夏車正奚仲所封國。」

夏，五月，公會鄭伯于時來。謀伐許也。入郕，辟內。此日內者，許遠郕近。郕，同姓；許，異姓也。月者，謹之，起其滅。

秋，七月，壬午，公及齊侯、鄭伯入許。此滅許也。許與鄭爲近，《春秋》初以爲鄭之卒正。魯湯沐之田近許，故下繫許，謂之許田。湯沐皆天子閒田，許乃封國，與許有別。許稱男，託號也。鄭方號伯，故許不可稱子伯，詞窮，故以男稱。鄭以伯爲方伯，許以男先曹也。許在鄭後，以顯屬鄭，且以界鄭、曹，明方伯、屬國之分。內不言入，言入則滅也。言及，從內及之也。日入，許，中國也。疏 許田爲魯食邑。《王制》：方伯湯沐邑如天子元士，蓋不能五十里之國也，魯全食

---

① 吾：原作「無」，據《穀梁傳》桓公七年作改。

之，許乃百里，與閒田有别也。事詳《左傳》。下「許叔入許」，許更立也。

冬，十有一月，壬辰，公薨。疏《魯世家》：「十一年冬，公子翬①諂公謂曰：『百姓便君，君其遂立。吾請爲君殺子允，君以我爲相。』隱公曰：『有先君命。吾爲允少，故攝代。今允長矣，吾方營菟裘之地而老焉，以授子允政。』翬懼子允聞而反誅之，乃反譖隱公于子允曰：『隱公欲遂立，去子，子其圖之。請爲殺隱公。』子允諾。十一月，隱公祭鍾巫，齊于社圃，館於蔿氏。翬使人弒公而立子允。」

公薨不地，據公薨皆地，夫人乃不地。故也。據閔不地，故非正卒，謂弒。隱之，不忍地也。隱，諱也。傳：「諱莫如深，深則隱。」諱之深，無所見，故不地。其不言葬，何也？據桓公言葬。君弒，賊不討，不書葬，賊者，罪人。君弒，其臣子能討賊，則經紀其葬；不討賊，則賊或繼立，或居位，是通國皆賊，無復收藏之人也。以罪下也。下謂臣子。「葬桓王」傳曰「舉下」也，葬，臣子事；不葬，是無臣子也。不葬，是後君與弒也。隱十年無正，據十一年惟元年有正月也。隱不自正也。隱自以非父命，有讓志。故于元年去即位，十年無正，以成其志，因正其義。元年有正，元年無正，定不當立。《春秋》去十年之正，存元年之正，以明傳立。所以正隱也。劉子云：「《春秋》之義，有正春者無亂秋，有正君者無危國」，是以「君子貴建本而重立始」。隱既得天倫之正，復有君父之命，乃探揚父惡，志存讓國。「十年無正」，明弒逆之禍全釀于讓也。「元年有正」，所以張大法，黜邪命，以朝廷之正義，絶閨門之私恩，所以治惠公也。補疏隱公十一年合《周南》十一篇、齊詩十一篇、《小雅》後半三京三箇十一篇。

---

① 翬：《史記·魯世家》作「揮」，下同。

穀梁春秋經傳古義疏卷二

桓公名允，惠公子，隱公弟，弑隱而自立。

元年《年表》：「桓公元年，周桓王九年，齊僖公二十年，晉哀公七年，宋殤公九年，衛宣公八年，陳桓公三十四年，鄭莊公三十三年，蔡桓公四年，楚武王三十年，秦甯公五年，曹桓公四十六年，杞武公四十年。」

春，王。劉子說：「『文王似元年，武王似春王，周公似正月。』」董子同。《提要》據此以爲「春王」句絶之證，非《穀梁》誤斷也。

桓無王，其曰王，何也？據春月不繫王者十四。疏弟子深于經例禮制，凡問皆依據，或因《夏小正》傳疑。問爲設辭，爲虛衍者，誤矣。謹始也。元年有王，王其始，誅討之。疏此與隱元有正月相比。始者，元年正朔即位也。桓弑君以争國，因即位言王以謹之，明當誅。其曰無王，何也？據例宜有王。桓弟弑兄，言兄弟者，盡其親以惡之。臣弑君，繼體諸侯盡臣諸父昆弟，故曰君臣。天子不能定，弑逆之賊，當征討之。按：不能定，所謂「上無天子」。諸侯不能救，所謂「下無方伯」。百姓不能去，劉子云：「上無明天子，下無賢方伯，天下爲無道，臣弑君，子弑父，力能討之，則討之可也。」按：百姓，百官也。不能去謂不討之，如州吁、無知事，更靦顔事之。故桓不卒大夫，以爲隱無臣。以爲無王之道，遂可以至焉爾。弑賊雖多，而桓外無征伐之兵，內無臣民之變，安然襲位。以爲無王之世乃有此事。元年有王，所以治桓也。若竟無王，治法不明，反嫌縱惡，故于元年書王以討之。于即位時行誅，則王法嚴矣。

正月，公即位。即位，國之大事，不日者，傳曰：「以年決者，不以日決。」月者從首時。

繼故不言即位，即位猶言繼立。君新立必言即位，乃見終始。不言者，例所必言，經不書之。正也。據莊公不言即位。疏實皆即位，《春秋》去之，故曰不言。《左氏》説則實不即位。繼故不言即位之爲正，何也？據隱亦不言即位。曰：先君不以其道終，則子弟不忍即位也。即位者，繼立之變文，可即此以明繼君之志。莊、僖不與弒，繼居先君位，有哀痛不忍之心，故如其志，不言即位。繼故而言即位，則是與聞乎弒也。據桓、宣言即位是也。繼故而言即位，是爲與聞乎弒，何也？據即位例所必書。曰：言曰者，謂經有此義，不關事實，就經所書之意言之。先君不以其道終，當哀痛不忍。己正即位之道而即位，貪位慕榮，安然無惻怛之念。是無恩於先君也。以無恩起其與弒也。疏《春秋》内魯，大惡當諱，諱則没其實。故于即位之初，緣情起例，務使其諱雖深，其志甚著。此誅志諱惡之大義也。正月或以爲當聯春王者，誤。

三月，公會鄭伯于垂。鄭伯因事求賂，公許以許田，因爲此會。桓會皆月，因薨于齊，危録之。

會者，據盟越言及。外爲主焉爾。垂，内邑。以外主之者，鄭以邴求易許田也。下盟鄭，已得許田，内求盟之，故以内爲主也。

鄭伯以璧假許田。此爲弒君賂鄭也。以假言之者，避賂也。以璧言假，知非假，而不以璧亦可知也。疏《魯世家》：「鄭以璧易天子許田①。」

假不言以，假者，直相假借，可不言以。**言以，非假也。**有以則是相易。明此易地，非假也。**非假而曰假，**實非假而文曰假，詭辭相託，必有所避。**諱易地也。**因易地不可言，託於假耳。疏言假，偶爾假借之辭，非敢擅專執，是諱易也，而言以璧以起其實易，明辟其顯罪，陰露其微文，其辭甚恭，而其實不没，故曰其文微而顯。**禮：天子在上，諸侯不得以地相與也。**地，諸侯所受于天子，天子乃得專之。疏邴、許皆閒田也。魯、鄭不食，其入當歸天子，以入閒田。今因不朝、祭，各以近便互易，專天子之地，棄先君之封，而崇私利。凡情之所便而亂之所生者，《春秋》所謹也。**無田**不言假許而曰許田，惟田乃可言假，許不可言假。**則無許，可知矣。**言假田則無許，可知傳以許爲邑名，與許國之許不同。《公羊》以爲繫許，與《傳》異。疏許，天子閒田也。田繫于許，取田，是取許也。**不言許，**但言假田，若許尚在。**不與許也。**田有種植，可以言假，許爲天子邑，不得竟以假人。疏凡外取内邑皆言田。邑重于田，天子守土不可失，故田可言，邑不可言也。**許田者，魯朝宿之邑也。**魯爲方伯，天子所賜。《王制》曰：「方伯爲朝天子，皆有湯沐之邑于天子之縣内，視元士。」**邴者，鄭伯之所受命**鄭伯爲方伯，所受七錫之命。劉子云：「諸侯三年一貢士。士一適謂之好德，再適謂之尊賢，三適謂之有功。有功者天子一賜以輿服弓矢，再賜以鬯，三賜以虎賁百人，號曰命諸侯。命諸侯者，鄰國有臣弑其君，孽弑其宗，雖不②請于天子而征之，可也。已征，而歸其地于天子。」疏鄭在冀州，爲方伯者。西京、東都、京畿通，鄭在王畿外，爲外諸侯也。説詳王城下。

---

① 田：原脱，據《史記·魯世家》補。

② 雖不：原脱，據《説苑·修文》補。

而祭泰山之邑也。劉子云：「泰山者，五岳之長，羣神之宗，故獨封泰山，告平①于天，報神功也。」泰山一名岱宗。言王者受命易姓，報功告成于岱宗也。東方，萬物交代之處。宗，長也，言羣岳之長。**疏**鄭祭泰山者，鄭初本爲王臣，《春秋》稱伯，亦爲天子大夫辭。天子巡守，鄭從行，故方岳下有湯沐邑。**用見魯之不朝於周，**不朝，不可言。無所見，則疑于常事不書，故以此起之。此見朝覲禮廢，下見巡守禮廢。**疏**見者，由此見彼。所據者可言，所見者不可言也。終春秋，魯不朝周，不可言，故言易田以起之。朝王所、伐秦、如京師，全其行，使如朝耳。**而鄭之不祭泰山也。**天子巡守，當祭泰山，鄭伯從而助祭。天子不巡守，故鄭不祭泰山也。《王制》：「天子祭天下名山大川，五岳視三公，四瀆視諸侯。」**疏**言此，明巡守之禮廢也。八州四岳，二方伯主一岳。《尚書》之四岳，謂八州八伯也。天子巡守東方，祭泰山，鄭從祭，賜以湯沐之邑。言朝宿邑不言湯沐邑者，魯不朝，責在魯，言湯沐邑則責在鄭。言祭泰山，鄭不祭泰山，知以責天子不巡守也。終春秋，天子不巡守，言此以起之。守河陽，諱致天王也。朝覲巡守之禮廢，則天子無以治諸侯。故《春秋》尊二伯以代王治，朝二伯即所以尊天王。扶微抑強，振王道于不墜，《春秋》之功也。

夏，四月，丁未，公及鄭伯盟于越。公盟正例日。

及者，據會垂言會。**内爲志焉爾。**鄭已得所欲，公結鄭，爲此盟以求助已。**越，**據下有越國。**盟地之名也。**據越初見言於越。**疏**《春秋》正名之書，于物事必盡其辭。地、邑凡同名者，皆別之；苟二事同名，則必相別異，北燕、小穀、魯濟、郲葭之類是也，無一名數地之理。因下有越，故傳亟明之。凡傳所及者，皆有所起。

---

① 平：原作「成」，據《五經通義》改。

秋，大水。水必言大。水，常也，必大水成災乃記之。

高下有水災曰大水。記災。麥禾皆傷。疏下有災曰水，高下皆然曰大，如大旱。

冬，十月。《詩》篇名有《十月》、《正月》、《四月》、《七月》，亦《春秋》首時之義。又有《六月》，合爲五帝、五行、五官。

無事焉，何以書？不遺時也。因下四年、七年再去秋、冬，故再發傳。《春秋》編年，《春秋》較《詩》、《書》年代最少，故用編年。例詳于《春秋》，別經可推，故惟《春秋》編年。四時具而後爲年。傳曰：「日繫于月，月繫于時。」疏六藝唯《春秋》編年繫月，從史文也。魯史記事詳，十二公之籍當百倍于此。蓋削其人事而不能變易失常，故虛存首月也。再去秋、冬，不成年矣。

二年

春，王正月，戊申，宋督弑其君與夷，疏《宋世家》：「太宰華督利孔父妻，乃使人宣言國中曰：『殤公即位十年耳，而十一戰，民苦不堪，皆孔父爲之，我且殺孔父以甯民。』」「十年，華督攻殺孔父，取其妻。殤公怒，遂弑殤公，而迎公子馮于鄭而立之，是爲莊公。」

桓無王，其曰王，何也？據陳侯鮑卒無王。正與夷之卒也。「正」如諸侯正不正之「正」。無王，疑與夷不當立而立，有無王之道，故言王也。疏與夷受命于繆公，又宣公之嫡子，明得正有王，亦以明桓無王不正。督以國氏者，辟下華氏爲世卿也。不葬者，賊不討，起爲馮弑也。

及其大夫孔父。方伯卿比于天子大夫。此公之卿，何以亦稱大夫？自我言之也。小國卿比于天子之士。何以亦稱大夫？自我言之，以爲于內則爲大夫也。大夫以方伯國爲正例，故大國、小國大夫不名，見非大夫也。疏大國大夫尊，惟晉、宋言弑、及，餘不言也。

孔父先死，據事實先死。其曰及，當先書殺孔父，如晉殺胥童，後再書弒君。何也？據仇牧、荀息後死乃言及，此失先後之序。書尊及卑，《春秋》之義也。《春秋》明君臣之義。臣雖先死，而尊卑之分不敢先君，亦以及言之。臣不先君，子不先父，婦不先夫，小國不先大國，夷狄不先中國，外不先内，諸侯不先王，人微者不先大夫，小夷不先大夷也。孔父之先死，何也？據仇牧、荀息不先死。督欲弒君，而恐不立，督之弒君，爲馮也。恐弒君而孔父執政，是馮終不得立，故先殺之也。於是乎先殺①孔父。孔父閑也。據殺大夫言殺及，弒君言弒及。疏 弒，下殺上②之名。大夫而以弒及之者，因孔父扞禦其君，殺孔父者③，先有弒心，起孔爲君也。傳曰：「兩下相殺不道。」《春秋》賢孔父爲君黨，而以弒及之也。何以知其先殺孔父也？據與仇牧、荀息同辭。曰：子既死，父不忍稱其名；臣既死，君不忍稱其名。許慎説：「既没，稱字而不名。」孔父先死，故稱其字。疏 禮：生名之，死諱之。示人鬼之别，亦以相崇敬。若哀公誄孔子，稱尼父也。以是知君之累之也。傳「累數」謂累累相繼。孔父先死，君從而弒，是爲累之也。累，相繼也。疏 按：孔父先死，事見《左傳》、《世家》。當日譜帙載記必詳，師不引用，而單由經例禮制推之。凡事必自經④求證，乃爲治經門户，乃嚴然游衍推説，其利弊相等；學者又當考求實事，就經推合。如此傳下「或説」卽不用先死不名之説是也。孔，據儀父，儀爲字。氏；據孔

① 殺：原作「弒」，據《穀梁傳》桓公二年改。
② 上：原脱，據鴻寶本補。
③ 者：原脱，據鴻寶本補。
④ 「經」下鴻寶本有「中」字。

子以孔爲氏，此以字爲氏耳。父，據儀父，父繼字，爲美稱。字，謚也。《春秋》字例不舉實字，但言伯仲。其有舉實字者，不單舉一字，别繫父于實字下，如儀父、家父是也。故以父爲字、謚。疏父、甫同，爲字之美稱①。有以繫名者，禄父是也；有以繫字者，儀父是也。《禮》「五十以伯仲」見，則不以伯仲見者，當未五十也。字有配名者，季友、伯糾、叔肸，此在名例者也。有稱伯仲者、有稱父者、有稱别字如儀父者，皆從字例。傳以天王、天子爲一稱者，此亦同也。或曰：此説與上不同。凡不同者，傳乃言「或曰」，一「傳曰」；非一師之言，但無大異同，皆不出説者主名，傳蓋合衆師説而成者。其不稱名，蓋爲祖諱也。此從臣子先死，君父猶名之説也。疏孔父弑及，與仇牧、荀息同閑，不應此獨以先死言之。以其氏孔，孔子殷人，下宋大夫不名，知不敢稱祖諱也。此言氏，後不言氏者，祖有遠近，恩有淺深，故下痛其無罪見殺並没其氏也。孔子，故宋也。《春秋》從史文。禮：家事不廢王事。私諱得諱者，孔子修《春秋》託王，有繼周之意，故得顧其私親故宋也。疏補傳：《春秋》素王，據顔注《梅福傳》引《穀梁傳》補其故宋之例，則孔氏字、宋殺大夫不名、三記災、會盟三紀事，皆顧先人，異于他國。雖爲王後，其黜杞者，亦故宋之義也。

滕子來朝。稱子者，正辭也。小國稱伯、子、男。桓世記往來詳初立，詳小國朝之禮也。

三月，公會齊侯、陳侯、鄭伯于稷，以成宋亂。劉子云：諸侯會討宋督，公受賂而歸。

以者，據以下必有所繫。釋宋公不言以。内爲志焉爾。據言以，明公以諸侯與「以楚師」内爲主同。不以諸侯成宋亂者，言會，外爲主，兼首齊。公爲志乎成是亂也。言會，事之成。言以，内主之。使如内以諸侯成宋

①「字」上原脱「爲」字，「字」下原脱「之」字，據日新本、鴻寶本補。

亂，非諸侯之意也。疏 據馮已立，無納入文。此成矣，取不成事之辭而加之焉。言成，先不成也。若謂宋亂將敗，公乃與諸侯成之，故謂「取不成事辭而加之」也。疏 時諸侯討宋，會于稷，是宋亂將敗；公會其事，取賂而歸，是公獨成其亂也。傳：「地而後伐，疑辭。」又曰：「會者，事之成。」明諸侯會稷，疑未進，公會之而改謀取賂，故使若宋亂已敗，而公獨成之。於内 内指桓公。桓公惡人，長養同惡。不書其弒，特于近弒之惡，著以起之。之惡，惡比于弒，亂爲小惡。而君子無遺焉爾。君子，孔子也。「無遺」謂逭誅也。《春秋》先治内，于内惡盡録之，外惡不盡也。孔子曰：「躬自厚而薄責于人。」疏 内大惡諱者，罪惡重，不可録，小惡書，所以自治。外大惡書，小惡不書者，治外以大惡而遺其小。内無大惡，然後可治人也。

夏，四月，取郜大鼎于宋。戊申，納于大廟。大廟，以宗廟臨之也。「禘于大廟，用致夫人」亦同。罪惡不能正，託于先公以正之，以見其失正也。疏 納例時，日者，惡之也。

桓内弒其君，誅絶之罪。外成人之亂，大惡。受賂而退，取郜大鼎。以事其祖，納于大廟。非禮也。納非禮。其道 據獻捷不言納廟。以周公爲弗受也。大廟，周公之廟。言納，明弗受也。出大廟者，以宗廟辭臨之。周公弗受，則納者不當納也。郜鼎者，據取于宋，不當繫郜也。郜之所爲也。據衛俘①也。郜以所出爲名。郜善爲鼎，宋滅郜取之，因以繫郜，宋人名其鼎曰郜鼎也。曰宋，取之宋也，據歸獻也。此親取之于宋國都，故地宋也。以是爲討之鼎也。討，討賊也。不曰取宋郜大鼎而地宋者，明諸侯討宋，兵至城下，取

① 俘：《左傳》莊公六年同，《公羊傳》莊公六年、《穀梁傳》莊公六年作「寶」。

其實而歸。取物不地，地者，明爲討宋之賂。孔子曰：此子夏所受説《春秋》之詞。「名從主人，物從中國。」此借華夷繙譯之例以釋之也。名有定名，如人名、地名。物謂鼎、地之類。《春秋》于華夷異稱，凡人邑名，夷狄舊有定名，不若地、物有形名可正，則從夷狄辭；地與物有形名可正，則以中國辭言之，鼎、物是也。爲郜所作，自名大鼎，自魯名之，則曰郜鼎；亦如夷狄之物，彼雖有異稱，以我爲斷，故曰從中國。疏楚、吴，王也，自我言之，則爲子。諸侯三等，從内言之，則爲諸侯。卿有三等，自我言之，則爲大夫。諸侯有三等，葬皆稱公。此推繙譯之例。故曰郜大鼎也。從魯言之，名郜也。

秋，七月，紀侯來朝。惡，當貶。稱侯，明舊爵也。月此以起其餘。已畢喪，得朝。

朝時，據「滕子來朝」時。此其月，何也？一年之内，其文兩異。桓内弑其君，此説其根本，事在滕朝之先。外成人之亂，事在滕朝之後。於是爲齊侯、陳侯、鄭伯討，三國伐宋，因魯而止。公獨受賂，三國由是憤怒，反兵討魯之罪。數日以賂。二句解所以成亂、納鼎之意。一説因用兵久，暫賂以兵費，三國乃罷。不書者，恥辱深，諱之也。已卽是事而朝之，已，紀也。是事謂三國討魯之事。滕朝之先，尚無成亂、納鼎之事，猶可；新有惡事，又朝，故特用以起，爲新事月之。紀以齊欲滅紀，故結魯以自助也。惡之，朝惡，人亦惡也，故惡之。故謹而月之也。因其朝，下有爲紀交兵之事。疏據此，是日月例有不關典禮，不爲通例，卽前後書事相起而見。此「屬辭比事」之教。

蔡侯、鄭伯會于鄧。外會不書，書者，《左傳》云：「始懼楚也。」鄧，近楚之國，莊十六年爲楚所滅。此在楚武王三十一年。下六年侵隨，有「漢陽諸姬，楚實盡之」之語。楚強，侵伐及豫州，故三國爲此會。外會不書，書以見楚之強。有滅國侵地事，而經不書也。《左傳》亦于此始見楚字，經諱之，故《傳》亦不言。【疏】知鄧、穀皆豫州國者，《地理志》南陽鄧下云：「故國。」筑陽下又云：「故穀伯國。」按：此鄧在南陽，與下來朝之鄧不是一國。穀與楚近，與來朝之穀亦非一國。説者多誤。

九月，入杞。

我入之也。内諱滅言入。杞，中國。不日，非滅也。當言帥師，不言，非滅也。非滅而言入，同外辭也。諱滅言入，從此起也。

公及戎盟于唐。唐，晉邑，唐叔所封也。戎者，晉也。與隱會同。【疏】桓踰竟皆月，此不月者，因致以見。

冬，公至自唐。桓行皆月，此不月，因致以起隱不致，而桓致者，危桓也。【疏】據經隱二①年書「盟于唐」，于五年見曲沃莊伯伐翼，詳晉事。經至僖二年始書「晉師滅夏陽」。晉與齊同爲二伯，較齊遲見經六十餘年。經之遲見晉，爲大例。隱二年言盟唐，桓二年又言盟唐以相起，見經之遲書晉人也。

桓無會，據桓十五會，十書月以危之。《春秋》三辭②，隱、桓之世，「臨天下」辭，則天下一家。凡出皆不致，隱全不致，桓二致而已。而其致，何也？會以月，危則可不致，故但書二致。遠之也。唐遠在千里外，因其過遠，偶一致之。《春秋》隱、桓臨天下，莊、閔、僖、文、宣、成、襄、昭臨一國，定、哀臨一家。而隱、桓，定、哀二公之間又有升降，故桓公有臨國辭也。

---

① 二：原作「元」，據《穀梁傳》隱公二年改。

② 三辭：鴻寶本作「三世異辭」。

三年《年表》：「晉小子侯元年。」

春，正月，公會齊侯于嬴。《左傳》：「成昏于齊也。」**疏** 嬴，齊邑。謹夫人之禍，故詳録之。

夏，齊侯、衛侯胥命于蒲。**疏** 蒲，衛邑，甯氏所食。古帝王無盟，《春秋》惡盟無信，故美胥命而惡累盟。《詩》「君子屢①盟，亂是用長」是也。

胥之爲言猶相也。相者，齊、衛同命，無先後之辭。相命而信諭，諭同喻。盟皆有所約束，今不陳牲，讀書築壇，要約相見于蒲，各言其意而兩相喻。謹言而退，《左傳》云：胥命，「不盟也」。謹，俞樾讀爲結。結言而退，謂不盟誓禁誡，各約言而退。以是爲近古也。《荀子》云：「不足于行者説過②，不足于信者誠③言。故《春秋》善胥命」，「其心一也」。傳「盟詛不及三王」，古謂三王也。**疏**《周禮》：有盟者，乃諸侯不協，盟以結好。凡有結事亦相盟。《春秋》屢盟無信，能有不盟，固是所賢者也。是必一人先，據二人不能同命。其以相言之，必有一人先也。何也？據相同命，無先後。不以齊侯命衛侯也。齊大衛小，言先後必首齊。言齊命衛，是有大小之分，先後之別。衛侯之信不見，齊侯之美亦没，故言相以起同心同德，無分首從也。

六月，公會紀④侯于郕。郕，内邑也。上齊、鄭入郕，以郕歸我，故爲内邑。紀畏齊，求魯爲助，故下魯救紀也。

---

① 屢：原作「累」，據《毛詩·小雅·小弁》改。
② 説過：原作「過説」，據《荀子·大略篇》乙。
③ 誠：原作「謹」，據《荀子·大略篇》、日新本、鴻寶本改。
④ 紀：《公羊傳》桓公三年同，《左傳》、《穀梁傳》桓公三年作「杞」。

秋，七月，壬辰，朔，日有食之，既。劉子云：「前事已大，後事將至又大，則既。先是魯、宋弒君，魯又成宋亂，易許田，無事天子心；楚僭稱王。鄭拒王師，射桓王，又二君相弒。」

言日言朔，據或不日不朔。食正朔也。正，周曆正朔日也。日食必在朔，或在晦二日者，曆失也。惟食朔，曆能合天。食正朔，明推測密合。既者，據或不言既。盡也，據繫食下知盡。有繼之辭也。據盡言殲言無。既者，成事之辭，明今不然也。日不欲其食，故言既以喜其生明。餘言盡者，盡無再，既，有繼之辭也。

公子翬如齊逆女。逆女，恒事不書，書者，謹女禍終始，亦以氏翬，見與弒也。疏逆女，親事，非心膂不使。翬使，明翬與聞弒。遂使，亦明遂與弒也。凡帥師、逆女，皆非善辭。氏公子者，明隱之罪人，桓之親貴。桓無大夫，隱無臣也。已命翬，未命柔，皆逆黨也。翬逆女，桓遂死于此女，亦禍殃之鑒也。

逆女，親者也。《禮》曰「親迎」。使大夫，卿也。謂之大夫者，順經文之稱。非正也。再發傳，明內外同也。

九月，齊侯送姜氏于讙。讙，內邑。月者，非禮，謹其禍。《年表》：翬逆女，齊侯送女，君子譏之。

禮：送女，遣人致送之制詳于《左氏》，二傳文不備。非彼有逆者，而女家不送之也。父不下堂，劉子云：「夫行，女從。拜辭父于堂。」「父誡之東階上。」《士昏禮》：「婦從，降自西階。主人不降送。」母不出祭門，《孟子》曰：「往送之門。」諸母、兄弟不出闕門。劉子云：「女拜諸母于大門」，「諸母誡之兩階之間」。諸母，庶母。兄弟，女子有大功服者。父戒之曰：「謹慎從爾舅之言。」《釋親》：「夫之父曰舅。」父戒從舅，各就所重言之，亦所謂「男不言內也」。母戒之曰：「謹慎從爾姑之言。」《釋親》：「夫之母曰姑。」母戒從姑，不與外事也。《內則》曰：「婦事舅姑，如事父母。」子夏曰：「婦學于舅姑，禮也。」諸母般申之曰：般，鞶帶。申，重也。重中父母命。不自戒之者，卑不敵尊，奉行而已。「謹慎從爾父母之言。」父母曰「從舅姑」，諸母曰「從父母之言」，明有從也。《孟子》曰：「往之汝家，必敬必戒，無違夫子。」戒辭不同者，各從其事命之，不一定也。送女齊侯親送女。踰竟，據讙，內邑。非禮也。送女過遠，明女禍之本始于不正。

公會齊侯于讙。疏桓會皆月，時者在內。

無譏乎？據送譏齊侯，會宜譏公。不月，又無譏文。曰：爲禮也。據不言翬逆，以託于齊送嫁，公親逆于讙也。謂天子親迎于郊境，有此禮。《詩》「造舟爲梁」，「親迎于渭」，是不至女國之辭；然天子禮斷不至女國，以與后父君臣，爲禮當郊迎之，不能俟堂。著諸侯不能用天子禮，然父送嫁之禮則有之，此爲變禮，不親迎，爲送嫁。齊侯來也，因齊侯送女于讙，則得以爲送嫁，非用親迎之禮。疏以親迎言，則送女者非禮；以送女言之，則齊侯自以女來，館于讙，則同國辭。不許翬逆，以明親迎禮。因其送、逆失禮不可書，故託之于送女，非送女也。公之逆而會之，逆，逆女也。逆女之禮：夫親受女于女父母。齊侯來讙，則女猶繫父。齊侯以公不親迎，躬送女于讙，約公來會，再行親迎之禮。不言公逆女于讙者，已使人，不以親迎許之也。言會者，没其送女之文，亦不許齊送也。可也。可者，雖失正，亦有可通之謂。公既前失禮，齊侯親來，約公往逆，因此以正前失。可者，許其改過也。

夫人姜氏至自齊。此其如專行之辭者，翬與公皆不得逆，禮之正。

其不言翬之以來，何也？據遂言以夫人至。公親受之於齊侯也。禮：親迎，夫受女于其父母。于讙會而受女于齊侯，與親逆同，故不言翬以也。不言至自讙者，見齊侯矣，可從國辭，且不使公以正逆辭也。子貢曰：周時婚禮略，孔子制禮，天子、諸侯皆親迎。子貢疑改制過重，故商酌，欲少殺其儀。「冕而親迎，不已重乎？」冕，天子、諸侯之服。天子、諸侯尊，有政事，越國親迎，疑過重。大夫以下，乃親迎也。孔子曰：「合二姓之好，二姓，同姓不昏也。《春秋》譏吳孟子。以繼萬世之後，后夫人上奉宗廟祭祀，下開繼體之宗。有夫婦，然後有父子；有父子，然後有君臣；有君臣，然後有兄弟、朋友。夫婦，倫常之始，親迎又夫婦之始也。何謂已重乎？」國家大事莫過于此。親迎而備禮，非爲過也。文亦見《大戴》，以爲哀公問。《詩》「親迎于渭」，「韓侯迎止」與此同也。

冬，齊侯使其弟年來聘。桓世記往來詳。**疏**《左傳》云：「致夫人也。」嫁女舉其親者，兼以起公孫無知之事。爲致來，則送致當有儀節。二傳以書致女爲不宜致，説者遂疑致女非禮。不知致女爲禮，常則不書致。因宋伯姬不肯廟見，特見致女以示意。不能因此謂無致女禮也。

有年。不以日月書者，有年、凶、飢，以年計者，不以日月見也。《春秋》不書「有年」，惟于桓、宣二見。以二君皆弑君，惡人而有年，則爲怪異，所謂天福淫人也。

五穀皆熟，爲有年也。志者，喜之，重民也。**疏**先師行事順逆、陰陽災異。據理不據事，于此可見。

四年此年缺秋、冬文，與七年相起。

春，正月，公狩于郎。冬曰狩，春，田也。何以曰狩？正月子，以夏正言之，則猶冬也。哀十四年，春，「西狩」獲麟，所以終十二年事，亦此意也。**疏**在内月者，以見無王。

四時之田，皆爲宗廟之事也。班氏説：「四時之田①總名爲田，爲田除害」，「上以共宗廟」。**春曰田，**劉子云：其曰田何？「聖人舉事必反本。五穀者，以奉宗廟，養萬民者也。去禽獸害稼穡者，故以田言之。」班氏説：「春，歲本，舉本名②而言之。」**夏曰苗，**劉子云：「苗者，毛也。取之不圍澤，不掩羣。取禽不麛卵，不殺孕重者。」班氏説：苗，「擇去其③懷妊者也」。**秋曰蒐，**劉子云：「秋蒐者，不殺小麛及孕重者。」班氏説：「搜索肥者。」**冬曰狩。**劉子云：「冬狩皆取之。」**四時之田，用三焉。**《王制》曰：「天子、諸侯無事，歲三田。」劉子云：「夏不田，何也？曰④：天地陰陽盛長之時，猛獸不攫，鷙鳥不搏，蝮蠆不螫，鳥獸蟲⑤蛇且知應天，而況人乎？是以古者必有豢牢。」疏　用三，謂四時田無事但用其三，有事乃夏田也。四時之田以簡卒，而修戎唯三田，非有急，不夏田。六⑥年，「八月，壬午，大閱」，此夏田也。傳曰：「修教明諭，國道也。」言夏有苗，禮也，平而修戎事，非正也。此言無事夏不田也。以三屬下三者，非也。**唯其所先得，一爲乾豆，二爲賓客，三爲充君之庖。**《王制》曰：「一爲乾豆，二爲賓客，三爲充君之庖。無事而不田，曰不敬。田不以禮，曰暴天物。天子不合圍，諸侯不掩羣。天子

---

① 之田：原脱，據《白虎通・田獵》補。
② 名：原脱，據《白虎通・田獵》補。
③ 其：原作「未」，據《白虎通・田獵》改。
④ 曰：原作「田」，據《説苑・修文》改。
⑤ 蟲：原脱，據《説苑・修文》補。
⑥ 六：原作「五」，據《穀梁傳》桓公六年改。

殺則下大綏，諸侯殺則下小綏，大夫殺則止佐轝。佐轝止，則百姓田獵。獺祭魚，然後虞①人入澤梁。豺祭獸，然後田獵。②鳩化爲鷹，然後設罻羅。草木零落，然後入山林。昆蟲未蟄，不以火田。不麛，不卵，不殀夭③，不覆巢。」**疏**劉子說：三事，「此皆聖人在上，君子在位，能者在職，大德之發者。」按：此三事皆得先者爲之。三事之外，其餘以與士衆。《傳》曰「禽雖多，天子取三十焉，其餘④與士衆」是也。

夏，天王使宰渠伯糾來聘。此所謂「天子不能定」也。桓有罪宜討，不能討，乃下聘之，故下去秋、冬，以決其義。桓世七記天王事，此爲始，一見亦謹始也。渠伯糾，伯，字；糾，名。以字配名，在可名可字之間，下大夫也。**疏**據《左傳》傳文，秋、冬二時皆有事。經無秋、冬者，譏王違天，不討桓而下聘，故不成年也。下聘非禮，加于無王之人，桓則無王，王又無天也。文去天，譏在文也。此去時，譏在天王也。秋、冬主殺，不討桓，無王法也。

五年

春，正月，甲戌、己丑，陳侯鮑卒。《陳世家》：「桓公三十八年，正月，甲戌、己丑，陳侯鮑卒。桓公弟厲公，其母蔡人，故蔡人爲厲公殺桓公太子免。桓公病而亂作，國人分散，故再赴。」**疏**按：《世家》舊有誤，據經、傳校定。說二傳者，以爲陳桓公因狂病逸出，不知所在，越十六日乃得其尸；以諸侯之尊，全無侍衛，又不詳免、佗事，亦似國家無事，陳侯因

---

① 虞：原作「漁」，據《禮記・王制》改。
② 豺祭獸，然後田獵：原在「鳩化爲鷹」句下，據《禮記・王制》改。
③ 殀夭：原作「夭殀」，據《禮記・王制》乙。
④ 「餘」下原衍「以」字，據《穀梁傳》昭公八年刪。

狂疾而卒者，非也。

鮑卒，何爲以二日卒之？據卒例一日。《春秋》之義，信以傳信，信者，其事明著，緣事直録，不爲隱晦之辭，如昔夜中、六鷁、五石之類。疑以傳疑。疑者，其事難明，莫知其實，如日食、二日卒；有史文脱誤，闕所不知，如「夏五」之類。孔子因魯史，存王法，欲明進退，先審疑信。信者功過易明，而罪疑則輕，功疑則重。孔子曰：「多聞闕疑。」又曰：「知之爲知之，不知爲不知，是知也。」又：「吾猶及史之闕文也。」皆傳疑之謂也。《春秋》決嫌疑，定猶豫，本謂其事已明，定從違以解衆人之惑，非謂本事可疑而臆斷之也。陳侯以甲戌之日出，陳侯有疾，亂作，爲佗所攻，免奉之以出。甲戌，其始奔之日也。疏師説以爲有疾，是也。特再日之，故不爲狂疾，爲亂耳。己丑之日得，《左傳》云：「于是陳亂，文公子佗殺太子免，代之。公疾病而亂作，國人分散，故再赴。」越十六日，佗乃殺免，亂定。求公，乃得其尸。公病，由免奉以出，得尸由佗，故曰分散。不知死之日，所謂疑也。免死，其黨亦分散。越久得尸，不能定死日。故舉二日以包也。所謂「傳疑」，其事可疑，不能定。據此事與齊桓公相同。桓公不以兩日卒之者，爲齊桓諱。且六十七日亂乃止，不能繫月也。《齊世家》：「桓公病，五公子各樹黨爭立。及桓公卒，遂相攻，以故宫中空，莫敢棺桓公。桓公尸在牀上六十七日，蟲出于户。」疏按：《左傳》「再赴」謂《春秋》以二日書之，如陳人以二日赴耳。非謂二次赴告。按：傳云：「公疾病而亂作。」此時免何暇赴告？即免以告，佗又何必再告？杜説未詳傳意也。

夏，齊侯、鄭伯如紀。外相如不書，書者，明非實如。又，大國不如小國。蓋襲之，不言襲者，紀備，事未成，不探意以成人惡也。

天王使任叔之子來聘。聘已非正，再聘桓，甚已。

任叔之子者，據武氏子不言「之」。録父據言「之」繫父，父在之辭。以使子也。武氏子父已卒。任叔之子，父在而使，言之，録父使子也。故微其君臣天子大夫稱字，不字而言子，是微君臣。而著其父子，言任叔繫父，是著之也。門外治，義掩恩，闈門私愛不如朝廷。此亦譏世卿之義也。不正父在子代仕之辭也。周時事如此。《春秋》制：不許子代父仕。《王制》云：「五十而爵，六十不親學，七十致政①。」又云：「八十者，一子不從政。九十者，其家不從政。」**疏**父子可以同仕一君，未可同居一位。父在而老，子攝其事，父缺傳家之義，子非服勞之正，以父子之恩，亂君臣之道。《春秋》不貴惠，蓋如曹世子，參譏之也。

葬陳桓公。陳月葬，正也。時葬，故。**疏**班氏説：「喑聾跛躄惡疾不免黜者，尊人君也。《春秋》曰：『甲戌、己丑，陳侯鮑卒。』傳曰：『甲戌之日出，己丑之日得。』蜚亡而死，由不絶也。」按：班説以爲狂疾，空言立説，未攷事實之故。

城祝丘。祝丘，地新城，譏之。

秋，蔡人、衛人、陳人從王伐鄭。《孟子》曰：「春秋無義戰。彼善于此，則有之矣。征者，上伐下也，敵國不相征。」**疏**《鄭世家》：「三十七年，莊公不朝周，周桓王帥陳、蔡、虢、衛伐鄭，莊公與祭仲、高渠彌發兵自救，王師大敗，祝瞻射王中肩。」

舉從者之辭也。據從王師當言征，此言伐，是舉蔡、衛伐之之辭。其舉從者之辭，何也？據言從王，則當以王主之。爲天王諱伐鄭也。劉子云：「鄭②傷桓王。」**疏**天王伐鄭而敗，《春秋》深諱之，不使王征鄭，

---

① 政：原作「仕」，據《禮記・王制》改。
② 鄭：原作「諱」，據《漢書・劉向傳》改。

若三國奉命而伐之，王不在師中，則可以免伐同姓近畿之病，而王師之敗、傷肩之辱，諱深而隱。**鄭，同姓之國也，**鄭宣王母弟所封。**在乎冀州，**《王制》曰：「凡四海之内九州。」劉子云：「八荒之内有四海，四海之内有九州。天子處中州而制八方。《爾雅》：兩河間曰冀州，河南曰豫州，河西曰雍州，漢南曰荆州，江南曰揚州，濟南曰兖州，濟東曰徐州，燕曰幽州，齊曰青州。」按：鄭國在豫州，不在冀州。傳以冀州言者，謂爲冀州伯也。晉在冀州，爲二伯，不主州。春秋之先，版宇隘，素王收南服，以成九州之制。九州，王在雍，鄭主冀，楚主荆，秦主梁，陳主豫，蔡主徐，吴主揚，衛主兖，魯主青，四方拱衛東都，如井田之義。方伯稱侯，鄭、秦稱伯者，從王臣例也。伯，字也。天子大夫例字。鄭在王畿，豫州近行在，使如諸侯，入爲卿士，故稱伯。小國乃稱伯，以此見鄭伯非爵也。諸侯在喪稱子，鄭不稱子者，辟同小國主也。**疏**九州建國圖説詳見《王制釋義》中。秦、鄭一主西京，一主東京，故二國皆以方伯而稱伯者也。**于是不服，**劉子説：「置本未固，無務豐末；親戚未悦，無務①外交」；「比近未悦，無務②修遠。是以反本修邇，君子之③道也」。**疏**王者，「天下所歸往也」，王者在上，四方莫不服。桓王失道，鄭伯不服，當修德反己以懷之，近者已服，遠者且來。今不務德而招外諸侯，興師圻内，以討懿親，兵敗身傷，爲世所笑，王道廢墜，遂以不振，《春秋》深爲諱，故舉從者辭也。**爲天子病矣。**劉子云：「内治未得，不可以正外；本惠未襲，未可以治末。是以《春秋》先京師而後諸夏，先諸夏而後戎狄。及周桓，以遭亂世，繼先王之體，而強楚稱王，諸侯倍叛，欲申先王之命，一統天下，不先廣養

---

① 務：原脱，據《説苑·建本》、鴻寶本補。
② 務：原脱，據《説苑·建本》補。
③ 「之」下原衍「來」字，據《説苑·建本》删。

京師，以及諸夏，諸夏以及戎狄，内治未得，忿則不料力、權得失，興師而伐強鄭①，大敗，搏辱不行，大爲天下戮笑。幸逢齊桓公得以②安尊。故内治未得，不可以正外，本惠未襲，不可以治末。」**疏**按劉子説，周伐楚事，經傳皆無其文，當是諱而不書，故傳亦無之。以與伐鄭事相近，故附于此。

大雩。

螽。劉子云：螽，「介蟲之孽屬言不從。前③歲，公獲二國之聘，取鼎易邑」，諸蟲皆從。

螽，蟲災也。甚則月，不甚則時。**疏**説見前。

冬，州公如曹。六卒正皆已先見，于此乃見曹者，辟紀也。曹與魯近，又爲同姓國，故不見兵事。以曹不服爲魯病，如鄭不服爲天子病，故諱之也。**疏**州，小國。稱公者，寓公也。不言爵，略之也。如在朝後，先言如者，致其意，起過相朝。

外相如不書。據唯内言如。此其書，何也？過我也。傳曰：「有其末，不得不録其本。」稱公者，從下録之也。

六年《年表》：「晉侯潛元年，陳厲公元年。」

---

① 鄭：《説苑・指武》作「楚」，此爲廖氏強改以合傳文。

② 得以：原脱，據《説苑・指武》補。「安」下、「尊」下，鴻寶本有「之」字。

③ 前：《漢書・五行志》作「是」。據《穀梁傳》，魯取郜鼎在桓公二年，魯、鄭易田在桓公元年，故以廖氏之説爲長。

春，正月，寔來。月者，譏失禮。

寔來者，據不見國、名、氏。是來也。「寔」猶「是」也。「是來」，《禮》作「實來」，古有此語。何謂是來？據無氏也。謂州公也。據承去年，無間事，知州公。又外如不書。其謂之是來，何也？據鄭詹猶再出，會盟不同時，再序。以其畫我，行過無禮謂之畫。畫，謂以過相朝。故簡言之也。簡謂略之。簡，故不言朝，不再稱也。諸侯不以過相朝也。凡書來，皆行朝禮。不言朝，簡之，不許朝也。稱公，與虞同在五等。非不能者，不言朝，知以過相朝，略之。朝于廟，以攷禮修德。出當告廟禡社，不因過竟朝也。公如京師以伐秦朝，並于此見譏也。

夏，四月，公會紀侯于郕。《左氏》：「會于郕①，紀來咨謀齊難也。」疏說同三年月者，起非會。

秋，八月，壬午，大閱。不地者，在國。周兵制略而不傳。大閱者，春秋之制也。

大閱者何？據治兵言兵，閱非蒐比。閱兵車也。《周禮》「仲冬，教大閱」，閱如治兵之「治」，因加「大」，不言兵也。冬，農事畢，用事久，故加大。閱猶觀，謂攷校之。兵車，用車戰也。脩教明諭，國道也。劉子云：「苗、獮、蒐、狩之禮，簡其戎事也」；「兵不可廢，廢則召寇」；「強弱成敗之道，在附士卒，教習之而已」。疏劉子引《太公兵法》曰：「致慈愛之心，立威武之戰，以卑其衆；練其精銳，砥礪其節，以高其氣；分爲五選，異其旗章，勿使冒亂；堅其行陳，連其什五，以禁淫非；壘陳之次，車騎之處，勒兵之勢，軍之法令，賞罰之數，使士赴火蹈刃，陷陳取將，死不旋

① 郕：《左傳》桓公六年作「成」。

踵者，多異于今之將也。」平而修戎事，平謂無兵事。《春秋》四時皆有田獵，無事則夏不田。周八月，今六月也，無兵事而夏田。又，以田獵見者，書田獵。習戰而不田獵，言大閱治兵。非正也。非時。習戰又不田獵。其日，據田例時。以爲崇武，故謹而日之。劉子云：「兵不可玩，玩則無威」；「故明王之治國也，上不玩兵，下不廢武」。崇武猶言慎兵。因慎兵之意日之也。蓋以觀婦人也。「蓋」在傳疑之例，不敢質言之也。桓觀兵以悦婦人也。劉子云：幽王舉烽以悦褒姒，卒殺其身。事類于此。

蔡人殺陳佗。《田敬仲世家》：「厲公者，陳文公少子也，其母蔡女。文公卒，厲公兄鮑立，是爲桓公。桓公與佗異母。及桓公病，蔡人爲佗殺桓公鮑及太子免而立佗，爲厲公。厲公既立，娶蔡女。蔡女淫于蔡人，數歸。」「桓公之少子林怨厲公殺其父與兄，乃令蔡人誘佗而殺之。」佗之弑，「以淫出國，故《春秋》曰『蔡人殺陳佗』，罪之也。」疏按：《世家》舊有誤，今校正。

陳佗者，據不氏。陳君也。據書，知是君也。其曰陳佗，何也？據外殺當言爵。匹夫行，棄諸侯之尊，微行越竟，不從卿旅，淫爲田獵，是匹夫之行。故匹夫稱之也。因事生名，亦正名之義。匹夫稱名者，辭窮也。疏班氏云：「庶人稱匹夫者，匹，偶也，與其妻①爲偶，陰陽相成之義也。一夫一婦成一室。明君人者，不當使男女有過②時無匹③偶也。故《論語》曰『匹夫匹婦』。」其匹夫行奈何？據方踰年，恐以鮑亡事見録。陳侯憙

---

① 其妻：原作「妾」，據《白虎通·爵》改。

② 「過」下原衍「失」字，據《白虎通·爵》删。

③ 匹：原脱，據《白虎通·爵》補。

獮、淫，獮與淫爲二事。獮于蔡，于蔡，越竟也。與蔡人争禽。禽，鳥獸通名。謂所得也。疏據《公羊》、《世家》、董子，皆以爲淫，傳以爲獮。或誘賓以淫，而殺之則出于獮。蔡人不知其是陳君也，故曰「匹夫行」。而殺之。傳言此者，明憙獮殺身，以爲後世戒。疏按《世家》，本林令蔡人誘而殺之。傳以爲蔡人不知爲陳君者，就經以匹夫稱之之義而説之。或當時誘殺，蔡人實不知爲陳君，亦不可知。何以知其是陳君也？據外殺皆爵，不氏，乃微者。兩下相殺不道。下，臣民也。春秋亂世，争殺繁多，不能備載。孔子纂修，以明王法，必上下弑殺，有關國事，乃書以謹之。兩下相殺①，乃私門之事，不關王跡，則不志也。其不地，據戕繒子地繒。于蔡也。據在陳當有入文。諸侯君其竟內，越竟失國，故不爵；在陳，則當地。

九月，丁卯，子同生。同者，莊公名。此定説也。《春秋》凡成君之名通不見經，疑因同生乃名同，故爲指其事，不爲君名也。疏內大事例日。

疑，同生，則可疑也。雙生，其狀貌長幼易疑惑也。《禮説》：文家據已見，以先生爲兄，後生爲弟；質家據本意，以先生爲弟，後生爲兄。《論語》：「周有八士：伯達、伯适、仲突、仲忽、叔夜、叔夏、季隨、季騧。」謂四乳雙生也。故據二傳，莊公名同。或因其同生，命名同，然乃三月已後之名，初生之同，固非名也。志之。據般、赤生不志也。外君在，稱世子。不稱世者，凡世子明其得立，無所起，故不言世也。《禮》：子生三月，父乃名之，以名告于山川。此生而曰同，知同非名也。傳曰：「葬而後舉謚。」知不預名之也。又「臣不名君」，未成君，乃名之。使此「同」爲莊公正

① 相殺：鴻寶本作「私門殺傷」。

名，經當諱之言子生，不得名也。**疏**杜預《春秋釋例·母弟》篇云：「傳稱季友文姜之愛子，與公同生，故以死奉般，情義相推。攷之于《左傳》，有若符合節也。」按：杜所引「傳」，未詳何書。《史記》以季子母爲陳氏，《左傳》以季子爲文姜所生。當是文姜生，而使陳女母之也。時曰：「與《左傳》同。《魯世家》：『六年，夫人生子，與桓公同日，故名之曰同。』」同乎人也。」謂季友同生，故命名一爲同，一爲友。一説與桓公同日。

冬，紀侯來朝。不月者，前爲成宋亂也。**疏**紀二朝，二年及此是也。

七年此年缺秋、冬文，與四年相起。焚咸丘與狩郎相起，穀、鄧來朝與宰渠、伯糾來聘相起。

春，二月，己亥，焚咸丘。「焚咸丘」與「狩于郎」相起，文如以火獵也。春月非其時，書以譏非禮。

其不言邾咸丘，與《公羊》同，知此説有本。何也？據「城邾葭」，言邾也。**疏**凡不繫國，皆邾者，近邾也。近之，固可不繫。疾其以火攻也。以火攻邑，則傷人甚多，故不繫國，託之如內地田獵，焚而取之者然，以與狩郎相起。「廄焚。子退朝，曰：『傷人乎？』不問馬。」貴人賤畜之道也。**疏**不繫邾，內地也。日者，明非內地也。諱其以火攻，不能以伐見，故曰不繫國，知爲邾邑。

夏，穀伯綏來朝，鄧侯吾離來朝。穀古爲內邑，則穀，近內之亡國食采邑者，與①郜、郕已亡，猶有郜子、郕伯同。非青州國，不來朝。鄧內雖不見，然以穀推之，知非楚滅之鄧也。**疏**據《年表》「莊公十六年，楚伐鄧，滅之」，與《左傳》同，知此鄧侯非楚滅者，與前會鄧之鄧同名異地。

---

① 與：原在「古」上，疑當屬下，據文意改。

其名，何也？據滕、薛不名。失國也。失國在春秋前。猶言朝者，食采邑。《春秋》繼絶存亡，不許以絶之辭也。疏據《年表》，豫州鄧，莊十六年乃滅于楚，知非此鄧侯。失國則其以朝言之，何也？據失國不葬，不得朝也。嘗以諸侯與之接矣。二國先爲魯屬。盟會之事，屬國同在①。雖失國，弗②損吾異日也。《公羊》：「貴者無後，待之以初。」按：寓公得以諸侯禮終其身，示不以盛衰異志也。《論語》：「故舊不遺，則民不偷。」疏《春秋》外屬國于魯不言朝。又滅國不言朝。《春秋》編年，四時足而後爲年；四時不足，不成年之辭也。四年于天王聘下去秋、冬，此年于亡國朝下去秋、冬，天子下聘爲王之衰，亡國朝爲朝之重。罪人不討而朝聘之，是無天之世，故去二時，以明失討。天王初見，則去秋、冬，諸侯終朝，亦去之，又以終始見義也。

八年

春，正月，己卯，烝。日者，祭，國之大事也。常事不書，爲下再烝乃書。

烝，時祭獨見烝名。冬事也。《王制》：「天子諸侯宗廟之祭，春曰礿，夏曰禘，秋曰嘗，冬曰烝。」春興之，以周正言之則爲春。志不時也。于周正言烝，明子月仲冬，用夏正則爲冬。田獵、祭祀從夏正。「不時」謂子月宜改爲春。周祭禮不分四時，《春秋》乃定爲天子四時祭，諸侯二時祭也。疏此與言春、言狩、三月首事，皆以明用夏正之意。

天王使家父來聘。來聘者，謀婚于紀也。疏家父者，王子也。家，字。父，男子美稱。《詩》有「家父」。一說以

---

① 在：鴻寶本作「存」。

② 「弗」上原衍「猶」字，據《穀梁傳》桓公七年删。

「家」爲采、氏，天子大夫也。聘已失禮，聘桓尤非。三聘志，以譏天王也。

夏，五月，丁丑，烝。禮無再烝，言再烝，非烝也，譏僭天子禮也。不可言礿，故言烝，以辟僭天子。

烝，冬事也。春夏興之，《王制》：「諸侯礿則不禘，禘則不嘗，嘗則不烝，烝則不礿。」既已烝矣，不應再舉礿祭。烝而後礿，以諸侯僭天子之禮。僭天子不可言，故言烝，以明烝則無礿也。**黷祀也，**僭不可見，故言烝，以爲黷祀。黷祀可言，僭天子不可言也。**志不敬也。**《禮》曰：「祭不欲數。」數則黷，黷則不敬，謂此也。魯人行之，爲依時制，《春秋》定禮，乃譏之也。

秋，伐邾。不言其人，諱之也。

冬，十月，雨雪。劉子云：「時夫人有淫齊之行，而桓有妬媢之心，夫人將弑，其象見也。桓公不寤，後與姜氏如齊而弑①死。凡雨，陰也，雪又雨之陰也，出非其時，迫近象也。」疏 周十月，今八月，非雨雪之時。此爲異矣，雨月者，記時不當雪。此不爲例者，歸入記時類。

祭公來，遂逆王后于紀。《公羊》：「祭公者，天子之三公也。」《春秋》天子三公經見二人，周公、祭公是也。以爲一公留守。王臣稱公，氏祭，監者字，祭伯、祭仲、祭叔，皆監也。以氏祭起王臣，以字知爲大夫。

其不言使焉，何也？據王臣例言使。疏《公羊》以爲「婚禮不稱主人」，《傳》不同之者，「宋公使公孫壽來納幣」，稱主人也。**不正其以宗廟之大事**取后以奉宗廟之祀，繼萬世之後，是爲大事。**即謀于我，**不行六禮于紀，而取決于魯。天子嫁女，使諸侯主之。不與卑者爲禮，且不使女以尊臨夫。娶后以承宗廟，天子當自主，今使魯

---

① 弑：《漢書·五行志》作「殺」。

主之，是嫁女之禮，非娶后之正。卑賤主昏，非禮。疏《公羊》「成使乎我也，使我爲媒，可則因是往逆」，是也。故弗與使也。以魯爲主，則祭公從魯決事，不以王命制也。疏《左傳》以爲禮，《傳》弗與使者，《左》自天子不與諸侯交禮言之，《傳》自不早聘定，全由魯問名、納徵，遂迎之。事出一時，議其率略，非有異同。遂，繼事之辭也。遂者，因至魯乃有逆后事。是以魯主其事，祭公來聽命，非王所專也。皆以釋不言使。其曰遂逆王后，據夫人逆言逆女。故略之也。據劉夏言逆王后，因過我，略之，知此亦略之。在紀不言女也。疏故字衍文。或曰：此說同《公羊》。《公羊》云：「王者無外，其辭成矣。」天子無外，據逆夫人。在女國言女，入夫國稱夫人，有內外之辭。王命之則成矣。諸侯有入境不入境之分，王者一統，不分內外。王既有命，紀人亦當王后稱之，不必入王畿之境，乃可言王后。諸侯之尊，不出竟，不入國，不得稱夫人。二說釋稱王后也。

九年《年表》：「秦出公元年。」

春，紀季姜歸于京師。如專行者，譏不親迎。疏《左傳》：「凡諸侯之女行，唯王后書。」爲之中者，謂魯主婚。歸之也。劉夏逆，不言歸。此以魯主婚乃言。此亦如專行之辭，以逆者，微也。禮天子不親迎，至女父之國，猶當親迎于郊，《詩》所謂「親迎于渭」是也。此言歸，不以祭公終其事，明天子當親迎，非但使人而已。

夏，四月。

秋，七月。

冬，曹伯使其世子射姑來朝。曹，百里國，卒正也。稱伯者，避方伯也。敘首者，同姓國，大于滕。疏此與齊世子光皆以明世子之禮。《周禮》：諸侯世子「以皮幣繼子男」之後。世子稱孤，所謂「大國之孤」，孤，世子與大國之卿也。

朝不言使，據諸侯曰朝，大夫聘乃言使。言使非正也。此曹世子代政自來朝。由父使，因其父尚存，如後世内禪之事，追繫其事于父，故言使也。《左氏》曰：「稟命則不威，專命則不孝。」此世子不可以代政①也。疏此書曹朝之始。使世子伉諸侯之禮而來朝，伉者，用諸侯禮。曹伯來言朝，其子來，驕伉，用其父之禮，是二君也。曹世子雖下其君一等，亦不得言朝也。曹伯失正矣。惟名與器不可以假。國無二君，老病，使其子代政，僭用君禮。言使，譏曹伯。疏《公羊》：「《春秋》有譏父老子代從②政者，未知其在齊與？在曹與？」諸侯相見曰朝。曹伯來言朝。以待人父之道待人之子，據王世子言會，不待以其父之禮，父子猶君臣也。曹臣僭用君禮，魯當正之，不許用朝禮。今不爾也。以内爲失正矣。君子以禮自處，亦以禮處人，射姑伉禮不能正，内失正也。疏《左傳》：「賓之以上卿，禮也。」禮謂當以卿禮待之，而書來朝，知僭用君禮矣。内失正，不使人已皆失。曹伯失正，孝子揚父美，不揚父惡。來朝信邪命，成父之惡也。世子可以已矣，不信邪命而從道義，《春秋》之大義也。則是放命也。據「臣子大受命」。專命、廢命皆譏。許不朝，是方命也。《尚書》「方命」。疏放同方。尸子曰：「夫已，多乎道。」此譏曹世子從邪命，揚父惡，不合于道也。已則放命，嫌于棄命。然《春秋》信道不信邪，能已，則雖有放命之嫌，而有信道之美，故曰「夫已多乎道」。疏劉子引孔子曰：「良藥苦口利于病，忠言逆耳利于行，

---

① 政：原作「故」，據日新本、鴻寶本改。

② 從：原脱，據《公羊傳》隱公七年補。

故武王謂謂而昌，紂嘿嘿而亡。君無謂謂之臣，父無謂謂之子，兄無謂謂之弟，夫無謂謂之婦，士無謂謂之友，其亡可立而待。故曰：君失之，臣得之；父失之，子得之；兄失之，弟得之；夫失之，婦得之；士失之，友得之。故無亡國、破家、悖父、亂子、放兄、棄弟、狂夫、淫婦、絶交敗友。」按：《國語》「違而道」、「從而逆」，不從亂命，義與此同。

十年

春，王正月，庚申，曹伯終生卒。疏《曹世家》：「桓公五十五年卒，子莊公夕姑立。」

桓無王，其曰王，何也？正終生之卒也。傳曰：「夷狄不言正不正」，「簡之也」。《春秋》大夷與小國同禮。內屬國不言正不正，亦簡之。曹居卒正之首，猶可援次國之例，故一見日以起其例。此《春秋》禮待升降。以下不日者，復其卒正之例。

夏，五月，葬曹桓公。月葬者，卒正之首。明小國亦五月葬，特著五月以明之。疏卒正桓世不卒葬，此卒葬者，曹，卒正首也，故特卒葬。曹亦一見例也。

秋，公會衛侯于桃丘，弗遇。弗遇起下戰有衛也。疏桓會皆月。時者，內邑。

弗遇者，據「不期而會曰遇」，會不言「弗遇」。志據不遇不志。不相得也。據遇者志相得。弗，據沙隨言不見公。內辭也。弗猶不也。外言不者，可已之辭。弗者，己不欲之。

冬，十有二月，丙午，齊侯、衛侯、鄭伯來戰于郎。《左傳》以此戰鄭爲主，「我有辭」，故不稱侵伐。

來戰者，據戰不言來戰。前定之戰也。據言來，盟前定。盟前定，結日戰，無詭詐也。內不言戰，據內敗外不言戰。言戰則敗也。據內勝言敗，則言戰是內敗也。親者諱敗，不諱敵，故言戰諱敗。不言其人，據戰當目公大夫，敗外皆言公大夫。以吾敗也。據乾時及敗不言公，內敗諱言其人，故不出主名。不言及者，據「來輸平」不言及。爲内諱也。言人，内及外之辭。因敗，不使内主之。前定戰謂結日戰也。結日而敗，辱深，故不言人，不言及。非前定，則或不言及，或言及。詐敗辱淺，諱亦淺。此總傳諸戰敗。

十有一年《年表》：「曹莊公元年。」

春，正月，齊人、衛人、鄭人盟于惡曹。已勝而盟，謀再伐也。稱人，貶之。用師踰年，更謀伐人國，惡之，故貶。月者，謹之。惡曹，内地也。

夏，五月，癸未，鄭伯寤生卒。疏《鄭世家》：四十三年，莊公卒。太子忽立，是爲昭公。

秋，七月，葬鄭莊公。未及時而葬。嗣子弱，將有失國之事。不及時者，嗣子弱；過時者，多爲國有禍難。

九月，宋人執鄭祭仲。祭者，采也，王畿邑。天子三公食采，祭公是也。爲監于外，皆用是采以起爲王臣，否則不顯著，如祭伯、祭仲、祭叔是也。仲者，字。傳：「天子之①大夫不名也。」《王制》：天子大夫爲監于方伯之國，國三人。鄭，方伯國。祭仲，天子大夫爲監者，故不名而氏采，與王臣同也。疏月者，謹之也。

宋人者，據微不執尊，稱人，討賊辭。宋公也。據兩下殺猶不志，知宋公也。其曰②人，何也？據是公宜言公。貶之也。據卑稱人，上爵公，貶之也。執人臣以易其君，大惡也。盡奪其爵，使從微者辭，不地于宋也。月者，謹之也。疏按：祭仲監者，故《左傳》以爲祭封人。不名者，天子大夫不名，如内之單伯，無論美惡往致，皆稱單伯是也。《公羊》以祭仲爲行權，由祭仲之不名而生，因欲解其不名，故以爲賢。後師誤説，當以傳爲正。

---

① 之：原脱，據《穀梁傳》定公元年補。
② 曰：原作「稱」，據《穀梁傳》桓公十一年改。

突歸于鄭。劉子云：「鄭突劫相祭仲而逐兄昭公代立。」

曰突，據嫌猶當氏國。賤之也。據挈之與失嫌同辭。《春秋》挈者至賤，無繫屬也。賤之謂賊，天下皆得討之，無所容留也。曰歸，據嫌簒辭，當言入也。易辭也。據挈，知非善辭。入内有拒，歸内無拒，知易辭也。祭仲易其事，祭仲執言歸不言入，是得仲而國無拒者。權在祭仲也。祭仲立突而國無難者，權下移也。劉子云：「上下相虧，猶水火相滅，人君不察，臣下大盛①，則私門盛而公家毁。」「筦子曰：『權不兩錯，政不二門。』故曰：『脛大于股難以步，指大于臂難以把。』本小末大，不能相使也。」疏《鄭世家》：莊公娶鄧，「生太子忽」，「又娶宋雍氏女，生厲公突。雍氏有寵于宋。宋莊公聞祭仲之立忽，乃使人誘召祭仲而執之，曰：『不立突，將死。』亦執突以求賂焉。祭仲許宋，與宋盟。以突歸，立之。」死君難，臣道也。據褒孔父也。劉子云：「賢臣之事君也，受官之日，以主爲父，以國爲家，以士人爲兄弟。故苟有以安國家、利人民者，不辟其難，不憚其勞，以成其義也。」疏按：臣食君食，當死其事也。曰君難者，明無與國存亡之義也。許仲不死者，惟仲存則國存，仲亡則國亡，國重君輕，易君存國。傳以二君爭立，君難非國禍。仲卽死，宋不能滅鄭，有死君之道，非存國之比也。今立惡而黜正，據苟息立不正，能死，猶許之。言惡正，盡其事以罪之。惡祭仲也。貪生忘義，逐君求榮。言歸，所以歸惡于仲。疏劉子云：「孔子曰：『可以適道，未可與權也。』夫非知命知事者，孰能行權謀之術？夫權謀有正有邪，君子之權謀正，小人之權謀邪。夫正者其權謀公，其盡心也誠；彼邪者好私尚利，故其心也詐。夫詐則亂，誠則平。是故堯之九臣誠而興于

① 人君不察，臣下大盛：日新本、鴻寶本作「人君不察，大盛臣下」，《説苑·君道》作「人君不可不察，而大盛其臣下」。

朝，四臣詐而誅于野。」

鄭忽出奔衛。不言鄭子者，以子伯非爵，嫌同小國子伯並稱，故鄭在喪通不稱子。不言世子忽，嫌于初死之稱。下稱世子，不嫌也。此稱忽，亦辭窮也。**疏**《鄭世家》：「昭公忽聞祭仲以宋要立其弟突，九月辛亥，出奔衛。己亥，突至鄭，立，是爲厲公。」

鄭忽者，世子忽也。據言鄭世子忽，復歸也。其名，據下言世子。失國也。據失國名。權移祭仲，不能保其宗廟，名以罪之。

柔會宋公、陳侯、蔡叔，盟于折。蔡叔者，蔡侯封人也。稱叔者，使與季相起，明兄終弟及之義。凡經稱叔，皆及立之正辭也。此叔非蔡侯之弟與？《春秋》凡稱叔、季，皆爲君者。下季入爲君，此稱叔，知是蔡侯也。生不稱君，死不稱公。蔡，不純以中國禮待之。

柔者何？據不氏。吾大夫之未命者也。未命，未受爵命于天子。「次國三卿」，「一卿命于其君」者爲未命。小國三卿皆君命，故小國大夫皆不氏。

公會宋公于夫鍾。不月夫鍾，内地。突立，宋求賂不已，鄭以魯成宋亂，賂魯爲之解，故爲此會。

冬，十有二月，公會宋公于闞。在内月者，謹一年再會。闞，内邑。再會爲商鄭賂也。

十有二年《年表》：「鄭厲公元年。」

春，正月。

夏，六月，壬寅，公會紀侯、莒子，盟于曲池。紀稱侯，本爵也。盟拒齊也。

秋，七月，丁亥，公會宋公、燕人，盟于穀丘。宋求賂不已，公故往會于宋地。燕人，略之。盟爲紀燕求和于齊也。疏《地理志》東郡①下南燕，班氏曰：「南燕國，姑姓，黄帝後。」地與句須近。

八月，壬辰，陳侯躍卒。不葬者，不立公子完。完賢，不立，使後奔齊，爲田氏。林後繼立，皆以兄弟相繼也。疏《陳世家》：厲公七年卒，「立中弟林，是爲莊公」。經不書葬，故不見厲公之謚，故《世家》誤以厲爲佗，改躍之謚爲利也。

公會宋公于虚。爲鄭平也。虚，内邑，故不月。

冬，十有一月，公會宋公于龜。在内月者，謹一年再會。龜，内地。二年之中，二盟四會，乃與鄭伐宋。悉書盟會，以交惡之也。

丙戌，公會鄭伯，盟于武父。劉子云：「鄭伯突簒兄而立，公與相親，長養同類。」疏宋不許鄭平，公怒，與鄭盟，約伐宋。

丙戌，衛侯晉卒。疏《衛世家》：宣公「殺太子伋」，「以子朔爲太子」。十九年，宣公卒，太子朔立，「是爲惠公」。

再稱日，據上已見。日，時可相蒙。決日義也。明晉正也。前因衆立，以見不以賢之義。此乃日，以明得正。董子説：立晉爲善，以其正。疏二事同例日，不日，嫌蒙上；日之，以明凡例日皆日。一日二事，則異日書之。此亦一見例。

十有二月，及鄭師伐宋。丁未，戰于宋。公與鄭伐宋。小不和而戰，魯敗焉。疏經戰地宋，是明與鄭戰也。《公羊》以爲「嫌與鄭人戰」者，同伐而自相戰，恥事，故辟之，如與宋戰之辭也。《左傳》：「遂帥師伐宋，戰焉宋，無信也。」「焉」當爲「于」，説詳《左傳補證》。三傳同以爲戰于宋也。

① 郡：原作「國」，據《漢書·地理志》改。

非與所與伐戰也。據地宋，知與鄭戰。不言與鄭戰，據與鄭戰當出鄭，故《公羊》辟之，以爲如與宋戰。恥不和也。《左傳》以爲無信，是也。方與鄭結盟伐宋，至宋而自相戰，師克在和，故諱言鄭也。於伐與戰，據伐宋，戰宋，内與鄭戰，非與宋戰。敗也。據下言戰，由外言之，故並言敗。此内與鄭戰，内無與國，則言戰爲敗，不由外言。内諱敗，爲親者諱敗。内獨與戰，故主内。舉其可道者也。可道者，戰不諱也。傳曰：「言戰則敗也。」

十有三年《年表》：「衛惠公元年，陳莊公元年。」

春，二月，公會紀侯、鄭伯。己巳，及齊侯、宋公、衛侯、燕人戰，齊師、宋師、衛師、燕師敗績。經外戰當地，此不地者，《公羊》謂戰于内，是也。《傳》以爲戰于紀。《左氏》以爲「後也」，說者遂以爲三傳各異。案：是時紀、齊爲深讐，鄭與宋爲賂搆兵，魯居其間，助紀、鄭伉齊、宋，齊、宋因連兵伐紀。紀師至，魯會紀、鄭，亦合伐宋，因戰于内。齊志在滅紀，宋志在報鄭。齊、紀急而宋、鄭緩，故經先紀于鄭，先齊于宋。《左傳》言後者，以此事由鄭主謀，而後書鄭之義。《傳》以爲于紀者，爲後因紀事而戰，故以紀小國，序于鄭之上，爲紀事戰，故不地内。使果戰于紀，自當以地紀。三傳本同，各就一端言之，遂致參迕。

其言及者，據言戰主外。紀、鄭不及齊、宋大國。由内及之也。以在内戰，故下言及。公會戰于外，不言及。《春秋》由尊及卑，今由卑及尊。尊内，故從内言及。其言戰者，據及主内。戰于宋，敗辭。内不言戰。由外言之也。以紀主戰，故言戰。自主戰，乃直敗，辟主兵，故下云戰于紀也。戰稱人，據燕人略之不爵。敗稱師，據燕不爵，亦無師。重衆也。盟、戰序人，微者也。從大國，則有徒衆；從同言師，傷其所害者衆。其不地，據内戰例地。戰于郎，猶地。于紀也。鄭君説紀當爲己。據言戰紀先鄭，以紀爲主，爲紀事戰于紀之辭。辟在內，如戰于紀國城下，故不地也。**疏**同時紀、齊、宋、鄭，皆有侵伐，經無明文，故説者互異。《公羊》以後日爲恃外。恃者亦以外爲主。魯，居間之人，被兵，故不地也。

三月，葬衛宣公。劉子云：衛宣公取其太子伋妻，生壽及朔。殺伋及壽，立朔爲太子，是爲惠公。亂及三世，至戴公乃定。**疏**月者，方伯正例。立朔不危之者，下已見于經。

夏，大水。劉子云：占與元年同。

秋，七月。

冬，十月。

十有四年

春，正月，公會鄭伯于曹。尋武父之盟也。魯與鄭和，齊與宋和。

無冰。劉子云：「周春，今冬也。先是連兵①鄰國，三戰而再敗也，內失百姓，外失諸侯，不敢行誅，鄭伯突篡兄而自立，公與相親，長養同類，不明善惡之罰也。」**疏**「一曰水旱之災，寒暑之變，天下皆同。故曰無冰，天下異。」天下異者，「桓公殺兄弑君②，外成宋亂，與鄭易田，倍畔周室。」

---

① 兵：原脱，據《漢書・五行志》補。

② 殺兄弑君：原作「弑君弑兄」，據《漢書・五行志》改。

無冰，劉子云：「視不明，用近習。賢者不進，不肖不退。百職壞，庶事①不從。其過在政教舒緩。」時正例，過時無冰乃志。成二月志。燠也。劉子云：「無冰，恒燠也。小燠不書，無冰然後書，舉其大者。」

夏五，鄭伯使其弟禦來盟。鄭伯，厲公也。公前與盟武父，今又來尋盟，譏公長養同類。

諸侯之尊，弟兄②不得以屬通。其弟云者，以其來我，舉其貴者也。再傳者，鄭爲次國也。小國無兄弟之稱。來盟，據聘盟先舉聘。前定也。據聘盟，聘後舉盟，從聘生事。此來即盟，明前定，不再聘。

不日，據前定戰猶日。前定之盟不日。前定戰日，其正盟日以謹信。前定信辭不日，如桓盟。孔子曰：「聽遠音者，聞其疾而不聞其舒。記聞，耳治也。疾舒猶緩急。聲緩難聽。望遠者，察其貌而不察其形。」記見，目治也。貌謂行立，形謂美惡，不能見其細微。立乎定、哀，孔子所見之世。以指隱、桓，所傳聞之世。隱、桓之日遠矣。聞見皆有所窮。孔子因史立義，世遠，聞見難盡。凡大事人所素知，不能有疑。細微事實，人罕傳聞。史册記載，直録經文，别無傳注，故有久而失傳之事。不知其事，則不敢削其文。故《春秋》大事，諸記並同。至于細微，則各以己意相測，實皆在傳疑之例。説詳《傳疑表》。夏五，據當有月。傳疑也。日月在舒形之例。凡有疑難，非聞見可定，故闕之也。**疏** 此史文脱誤之疑。《論語》：「君子于其所不知，蓋闕如也。」又曰：「吾猶及史之闕文也。」傳疑以起傳信也。

---

① 事：原作「人」，據《隋書・五行志》改。

② 弟兄：原作「兄弟」，據《穀梁傳》桓公十四年乙。

秋，八月，壬申，御廩災。乙亥，嘗。劉子云：「御廩，夫人八妾所舂米之藏，以奉宗廟者也。時夫人有淫行，挾逆心，天戒若曰：夫人不可以奉宗廟。桓不寤，與夫人如齊，夫人譖于齊侯，齊侯殺桓公。」

御廩之災不志，據藏祭米廩所害小。此其志，何也？問筆意。以爲唯未易災之餘而嘗據下書嘗。唯同惟。可也。據不嘗則不志，知以嘗事志可者。傳推其意，以爲惟以嘗乃可志也。志，不敬也。宗廟之祭，祭器有災，宜易之，如牛有變，改卜牛也。疏 志以明其不敬，故志災嘗也。天子親耕以共粢盛，《祭義》曰：「古者天子爲藉①千畝，冕而朱紘，躬秉耒；諸侯爲藉百畝，冕而青紘，躬秉耒，以事天地、山川、社稷、先古②，以爲醴酪粢盛，于是乎取之，敬之至也。」王后親蠶以共祭服。劉子云：「王后親織玄紞，公侯之夫人加之紘、綖，卿之内子爲大帶，命婦成祭服，列士之妻加之朝服，自庶士以下，皆衣其夫。」國非無良農工女也，以爲人之所盡事其祖禰，不若以己所親者也。《祭統》：「天子親耕于南郊，以共粢盛。夫人蠶于北郊，以共純③服。」「天子、諸侯非莫耕也，王后、夫人非莫蠶也。身致其誠信，誠信之謂盡，盡之謂敬，敬盡然後可以事神明，此祭之道也。」何用見其未易災之餘而嘗也？據踰四日，能易米。曰：甸甸師，掌田之官。粟而内④之三

---

① 藉：原作「籍」，據《禮記·祭義》改，下同。阮元《校勘記》云：「『藉』，惠棟校宋本、石經、岳本、嘉靖本、衛氏《集説》同。閩、監、毛本『藉』誤作『籍』。《釋文》出爲『藉』。」

② 古：原作「王」，據《禮記·祭義》、日新本、鴻寶本改。

③ 純：原作「冕」，據《禮記·祭統》、日新本、鴻寶本改。

④ 内：原作「納」，據《穀梁傳》桓公十四年改。

宮，天子六宮，故諸侯三宮，九女所居也。禮：三宮，中爲高宮，始封君夫人所居，以下左右姑居東宮，婦居西宮，以此相推。《祭義》：「布于三宮夫人、世婦之吉①者，使繅。」三宮米而藏之御廪。劉子云：「御廪，夫人八妾所舂米之藏以奉宗廟者也。」疏董子云：諸侯大國立「一夫人、一世婦、左右婦、三姬、二良人」，共九也。八妾者，世婦一、左右婦二、三姬、二良人，八也。夫嘗，必有兼旬之事焉。據從卜日已後，修祭物也。兼旬，二十日以外視牲。舂米有旬日之事，畢乃齊，散齊七日，致齊三日，又得旬也。疏劉子云：「齊者，思其居處也，思其笑語也，思其所爲也。齊三日乃見其所以爲齊者。祭之日，將入户，僾然若有見乎其容；盤旋出户，喟然若有聞乎歎息之聲。先人之色，不絶于目；聲音咳唾，不絶于耳；嗜欲好惡，不忘于心。則是孝子之齊也。」「壬申，御廪災，乙亥，嘗」，四日不能易御廪米。以爲未易災之餘而嘗也。故志災以起之。主書者，災餘當易，如改卜牛也。耕籍粟掌于甸人，臨祭乃舂，藏御廪。然則御廪所容少，故不志災也。

冬，十有二月，丁巳，齊侯禄父卒。據《左氏》，莊二十七年，桓伯乃受命，經僖、襄皆敘宋公上，待以二伯之禮。後世因有齊僖爲小伯之説者，蓋《春秋》本因齊桓以齊爲伯，經固宜有一定之制，若有升降，則學者疑不能明，故終《春秋》之世，齊皆有伯辭，不止桓公一世也。疏《齊世家》：「三十三年，僖公卒，太子諸兒立，是爲襄公。」

宋人以齊人、蔡人、衛人、陳人伐鄭。宋求賂不得，又敗于紀，故伐之。人者，君也，貶稱人。以者，據紀、虞主兵不言以。不以者也。據義兵不言以，鄭突簒兄自立，宋實主之，賂不入而伐鄭。使宋

① 吉：原作「祭」，據《禮記・祭義》改。

主之者，討不以罪也。言以者，責四國助宋討賂。皆君也，人者略之也。民者，君之本也。《孟子》曰：「民爲貴，社稷次之，君爲輕。是故得乎丘民爲天子。」劉子云：「君臣于百姓，互相爲本，如循環無端。」疏《筦子》曰：「君人者，以百姓爲天，百姓與之則安，輔之則強，非之則危，背之則亡。」使人以其死，非正也。劉子云：「天之生人，非爲君也；天之立君，非爲位也。夫爲人君，行其私欲，不顧其人，是不承天意，忘①其位之所宜事也。如此者，《春秋》不與能君而夷狄之。」

十有五年《年表》：「齊襄公元年，秦武公元年。」

春，二月，天王使家父來求車。疏例時，月者，謹之。

古者諸侯時獻于天子，以其國之所有，「職方氏制其貢，各以其所有。」故有辭讓，而無徵求。諸侯時獻天子，于獻時，禮辭之，故但有辭讓之事，無所徵求。言此者，《春秋》貴讓也。求車，非禮也。求金，甚矣！《荀子》：「天子不言多少，諸侯不言利害，大夫不言得喪，士不通貨財，有國之君不息牛羊，錯質之臣不息雞豚，冢卿不修幣，大夫不爲場園，從士以上②皆羞利而不與民爭業，樂分施而恥積藏。故民不困財，貧窶者有所竄其手。」「多積財而羞無有，重民任而誅不能，此邪行之所以起，刑罰之所以多也。」

三月，乙未，天王崩。不葬者，天王以不葬爲正也。「天子七月而葬」。三月崩，九月以前，邾、牟、葛來朝，當在

---

① 忘：原作「亡」，據《說苑·君道》改。

② 上：原作「下」，據《荀子·大略篇》改。

未葬之時，故貶之也。疏《周本紀》：「桓王二十三①年崩。子莊王佗立。」按：桓王三聘，桓一求一伐，禮樂征伐自天子出也。

夏，四月，己巳，葬齊僖公。二伯日葬，正也。成以下齊失伯，以不日見之。

五月，鄭伯突出奔蔡。疏《鄭世家》：「厲公四年，祭仲專國政。厲公患之，陰使其壻雍糾殺之。」「祭仲反殺雍糾，戮之于市。」「夏，厲公出居邊邑櫟。」月者，謹之。

譏據「諸侯不生名」，名者，誅絶之罪。譏當爲誅字之誤。奪正也。奪正謂突奪忽國。

鄭世子忽復歸于鄭。疏《鄭世家》：「祭仲迎昭公忽，六月乙亥，復入鄭，即位。」

反正也。稱世子，明正也。言復歸，反之也。言復，通王命也。

許叔入于許。許已滅矣，如有國之辭者，存許也。疏據《左傳》，隱十一年，鄭入許，許莊公奔衛，「鄭伯使許大夫百里奉許叔以居許東偏」。今因鄭亂，許叔遂復許國也。

許叔，據以國氏言字。許之貴者也據紀季、蔡季同。諸侯繼立，凡以子繼父者，稱子；以弟繼兄者，稱叔、季，兄終弟及之正辭。稱許叔，明其以弟繼莊公之位也。莫宜乎許叔。據以弟繼兄，得禮之正。其曰入，何也？據蔡季言歸。其歸之道，非所以歸也。據許滅與蔡季歸不同也。許歸正，猶以入言之者，《春秋》于嫌得者見不得，入許叔而諸侯之正不正視此矣。疏蔡季內有臣下之迎，外有諸侯之助，歸國繼立，其辭易也。許叔內無

① 三：原作「四」，據《史記·周本紀》改。

君命，外無與國，許民已爲鄭守，乘機應變，入而有之，其辭難，故曰入也。人多許叔之功，《春秋》惡專地、私自攘據。雖復國，以入言，明不許也。稱叔以起其貴，有宜道。

公會齊侯于蒿。前與齊戰，僖公時事也。襄公立，乃求好焉，故爲此會。疏不在月内。

邾人、牟人、葛人來朝。牟、葛，魯屬。邾在牟、葛之上，以後進爲卒正也。來朝，君也；人者，天王喪，尚在未葬期内而來朝，故貶之也。傳曰：「天子無事，諸侯相朝，正也。」疏《地理志》泰山郡牟下云「故國」，知魯屬也。

秋，九月，鄭伯突入于櫟。櫟，鄭之大邑。突入之後，終逐昭公。疏《鄭世家》：「秋，鄭厲公因櫟人殺其大夫，遂居之。」月者，謹之。

冬，十有一月，公會宋公、衛侯、陳侯于袲，伐鄭。《公羊》宋公上有齊侯。疏《鄭世家》：「諸侯聞厲公出奔，伐鄭，弗克而去。宋頗與厲公兵，自守于櫟，鄭以故亦不伐櫟。」月者，謹之。

地而後伐，據伐者不先地。疑辭也，先地，次也。伐、救皆不地。次言地，次是不進兵而託于救伐，是有所疑沮。

非其疑也。諸侯伐鄭者，助突也。不言納突，作爲討突之辭。討賊不進，故非之也。自此以後，敘鄭事略。

十有六年《年表》：「周莊王元年，衛黔牟元年，鄭昭公元年。」疏桓十七年，高渠彌弒昭公；十八年，齊侯殺子亹，子儀①繼立。桓②十五年至莊十五年，突乃入鄭，經皆不書，《公羊》以爲「末言爾」，是也。凡不見經事，皆于年下據《年表》書之，以明經之削例。

① 儀：原作「嬰」，據《左傳》桓公十八年杜注改。

② 桓：原作「三」，因鄭厲公於魯桓公十五年去位，于魯莊公十五年復位，據改。

春，正月，公會宋公、蔡侯、衛侯于曹。蔡、突黨，謀納厲。疏《年表》：「公會曹，謀伐鄭。」

夏，四月，公會宋公、衛侯、陳侯、蔡侯伐鄭。曹會衛在蔡下。此何以衛在陳上？衛、陳、蔡三國同稱侯，次序無定，因無定以起上下之有定。蔡自從楚後狄之，楚會皆在陳、衛上，夷之也。疏月往爲近。桓出皆月。

秋，七月，公至自伐鄭。致而月，危于致唐，因下外薨。

桓無會，其致何也？據桓十五會而十月，同爲不致。危之也。此後濼會公遂不反，故于此危之。疏桓會不致，惟致二事：盟唐以其遠致，此以外會之終而致之。下有盟，皆爲齊事矣。

冬，城向。向，舊城，爲莒所取。今取于莒，故城之。伐莒不言，諱之。

十有一月，衛侯朔出奔齊。疏《衛世家》：「左右公子不平朔之立也，惠公四年，左右公子怨朔之讒殺前太子伋而代立，乃作亂，攻惠公，立太子伋之弟黔牟爲君，惠公奔齊。」

朔之名，據衛侯奔楚不名。惡也，《曲禮》：「諸侯不生名。」有可殺之罪，故名。以死待之，與大夫不復見同。天子召而不往也。劉子云：「周室多禍」，「衛侯召不往，齊逆命而助朔」。據下王師救衛，助黔牟。

十有七年

春，正月，丙辰，公會齊侯、紀侯，盟于黃。黃，内地。齊、紀和而盟。疏《左傳》：「平齊、紀，且謀衛故也。」

二月，丙午，公及邾儀父盟于趡。字者，紀存，猶未進之爲卒正，且起儀父即克。疏時紀未滅。莊世紀滅，而後邾稱子。

夏，五月，丙午，及齊師戰于郎。郎，《公》、《左》作奚。《左》以爲此「疆事」。蓋二月方與齊盟于黄，齊方求好于公，無緣此時忽有戰事；以爲疆事，争逐之常，書此以示例。公與齊侯皆不與其事也。疏郎，内邑。

內諱敗，舉其可道者也。傳曰：「爲親者諱敗不諱敵。」謂言戰而已，不言敗也。不言其人，齊但稱師。以吾敗也。因敗諱言其人。不言及之者，不言公、大夫，並不言疆吏。爲内諱也。因釋不言其人，兼及不言及也。

六月，丁丑，蔡侯封人卒。封人生稱叔，葬稱侯，皆一見以示例，因以見《春秋》之待蔡不如陳、衛也。疏《蔡世家》：「二十年，桓侯卒，弟哀侯獻武立。」

秋，八月，蔡季自陳歸于蔡。月者，爲下葬出也。季者，獻武稱季，明貴得立。

蔡季，據下卒稱獻武，大夫歸而立者當名，不字。蔡之貴者也。據蔡侯上稱叔，此稱季，明兄終弟及，與許叔同。自陳，據歸或不言自。陳有奉焉爾。歸必有所自。無奉不見，有奉，明得助。傳曰：「歸爲善，自某歸次之。」疏《左傳》「蔡桓侯卒，蔡人召蔡季于陳」而立之。

癸巳，葬蔡桓侯。劉子云：周桓王時，蔡侯卒，謚桓侯，有德則善謚，無德則惡謚，故同也。葬稱公，臣子辭。稱侯，見正稱也。《春秋》凡葬稱公，三等諸侯皆同，今不稱公而稱侯，本爵也。謂從臣子辭稱公，而實非公也。疏日者，危季歸而後乃葬也。繼嗣不早立，既卒逾月，季乃得歸，危，故日之葬。此一稱侯，餘仍稱公。而《左傳》、《史記》及他書言蔡君者皆稱侯，不以公加之。以諸書皆緣經而出，故經一稱侯，以下皆稱侯也。

及宋人、衛人伐邾。邾，内屬也。方盟于趡，乃與外大國合兵伐之，内病矣。不言其人，爲内諱也。

冬，十月，朔，日有食之。劉子云：「是時衛侯朔有罪出奔齊，天子更立衛君。朔藉助五國，舉兵伐之而自立，王命遂壞。魯夫人淫佚于齊，卒弑桓公。」

言朔不言日，食既朔也。班氏云：「《穀梁傳》曰：『言朔不言日，食二日也。』」

十有八年《年表》：「鄭子亹元年，蔡哀侯元年。」

春，王正月，公會齊侯于濼。

公與夫人姜氏遂如齊。劉子云：「將伐鄭，納厲公。遂與夫人如齊。申繻曰：『不可。女有家，男有室，無相瀆也，謂之有禮。易此則敗；且禮，婦人無大故，則不歸。』公不聽，遂與如齊。」疏月者爲危公。

濼之會，不言及夫人，何也？據陽穀言公及夫人。以夫人之伉，據尊以及卑不言及，敵也，知以伉。弗稱數也。《春秋》夫以及妻，不言及夫人，不以公爲夫也。「弗稱數」，絶其屬也。不及婦，不屬夫，則是非夫人也。劉子云：「絶①文姜之屬。」不繫，則賤之，故許討之。

夏，四月，丙子，公薨于齊。劉子云：「文姜與襄公通，桓公怒，禁之不止，文姜以告襄公。襄公享桓公酒，醉之，使公子彭生抱而乘之，因拉其脅而殺之，遂死于車。魯人求彭生以除恥，齊人殺彭生。」疏《齊世家》：「襄公四年，魯桓公與夫人如齊。襄公故嘗私通魯夫人。魯夫人者，襄公女弟也，自僖公時嫁爲魯桓公夫人，及桓公來而襄公復通焉。魯桓公知之，怒夫人，夫人以告。襄公與魯君飲，醉之，使力士彭生抱上魯君車，因拉殺魯桓公，桓公下車則死矣。魯以爲讓，而齊襄公殺彭生以謝魯。」

① 絶：原作「奪」，據《說苑・辨物》改。

其地，據隱、閔皆不地。於外也。據言齊也。諸侯卒於封内不地。地皆有所起。卒於外國則地，録其實，謹其變也。内與弒不地。外地者，内地小，不忍質言。外地國辭，不迫近，言以紀變。薨稱公，據葬公在下，此公在上。舉上也。上謂公也。君子慎終，薨時事皆自主，故言公薨。謂公自薨於此。言君本身正不正者，以薨死者事。葬先言葬，後言公，傳以爲舉下，臣子葬其君，葬在先者。所謂舉下，謂葬爲臣子事，故危子孫，于葬言之矣。傳言此者，明乎生死之際，終始之事，人道之大也。

丁酉，公之喪至自齊。稱公者，未殯以前以生禮事也。日者，喪自外至，如初喪，故五日乃殯。喪，柩也。疏班氏云：「尸柩者，何也？尸之爲言陳也。失氣亡神，形體獨存。柩之爲言究也，久也，久不復變也。《曲禮》曰：『在牀曰尸，在棺曰柩。』」

秋，七月。疏首時，削之也。此年專敘桓事，四時四記，若不貳事者，傷之也。

冬，十有二月，己丑，葬我君桓公。

葬我君，據生不稱君，天王不言我也。接上下也。「上下」謂君臣也。接謂交舉上下，相接屬也。我，内國辭，猶外舉國也。公爵稱公，上有天子，不純君之義；言君，謂諸侯專治封中，有純君之義。葬言君已葬，乃得申其私恩也。以君繫我，故曰接上下。尊之曰君，親之曰我，尊尊親親，《春秋》之義也。君弒，齊人殺而曰弒者，首文姜，妻弒夫也。賊不討，不書葬，母以賊稱者，公不言及，先君已絶之如路人，得討也。此其言葬，何也？據隱不葬。閔母殺，乃不葬也。不責踰國而討，踰國，時文姜在齊未歸。討謂討母于齊，言報讎也。于是也。于是謂此是也。親喪方至，不責即時討賊，明當殯盡禮，于練時乃討之也。内言孫，奔也。奔得爲討者，緩追逸賊，親親之道也。桓公據公上加桓。葬而後舉謚，謚，易名之典。桓，謚也，于葬乃以謚稱。謚所以成德也，劉子云：

「謚者」，「累生時之行而謚之。生有善行，死有善謚，所以勸善戒惡也。謚之言列陳。列其所行，身雖死，名常存，故謂謚也」。又曰：「有德則善謚，無德則惡謚。」於卒事乎加之矣。班氏云：「葬乃謚之」者，「諸侯薨，世子告喪于天子，天子遣大夫會其葬而謚之。幼不誄長，賤不誄貴」，故既葬然後舉謚。「人之行始終不能若一，故據其終，始可知也。」卒謂終也。嗣君，未葬稱子某，猶謂「父前子名」也。既葬稱子，即尊之漸。父事已終，子乃不名也。知者慮，義者行，仁者守，有此三者備，然後可以會矣。傷無三臣，出會不反，痛之也。又不復讐，故莊不卒大夫也。

補疏 桓公十八年，合二九之數；文、宣、成三公三十八年，合爲七十二之數。

穀梁春秋經傳古義疏卷三

莊公《穀梁》隱、桓爲遠世，定、哀爲立世，從莊至昭爲一世，在立、遠之間，因有伯也。故從莊至昭詞多同，小有升降而已。**疏**《魯世家》：莊公名同，桓公子。

元年《年表》：「周莊王四年，齊襄公五年，晉緡公十四年，宋莊公十八年，陳莊公七年，燕桓公五年，衛黔牟四年，蔡哀公二年，鄭厲公八年，子儀元年，曹莊九年，杞靖十一年，秦武五年，楚武四十八年。」

春，王正月。

繼弒君，不言即位，正也。桓薨于齊難，與内弒不同，然其事相類，故師叚以爲説。繼弒君不言即位之爲正，何也？曰：先君不以其道終，則子不忍即位也。解在桓元年。

三月，夫人孫于齊。《春秋》奔爲討賊，明此方當屏之于齊，不宜受其歸也。孫同薨例日，不日，惡也，又以明未歸。

孫之爲言猶孫也，據「公孫于齊」，下書「公在」，若退孫不自當者然。諱奔也。言奔，内逐之也。**疏**奔與殺爲討賊詞。于此言奔，明得逐之也。變文不諱，此諱者，有尊親之異。接練時，《禮》：「十三月而練。」當至四月乃練，故曰接，猶未至練也。録母之變，録猶録囚，變謂大故，弒君之罪也，謂討母弒也。奔則爲討者，緩追逸賊，親親之義。**疏**討賊爲嗣君首事，練時期斷，可以出討。練則當于四月，非首事之義，若一春無事，嫌正月首時，故因接練時討之，本未至魯，以孫言者，起討之，故孫邾同也。昭奔言孫，討夫人亦言孫，美惡不嫌同文也。始人之也。人謂貶，絶其屬，如路人，即不稱姜氏是也。始謂首事以明法，父尊母親，討母以報父仇，不以親害尊也。莊知有母，不知有父，絶屬以明其討母，絀私恩，申大義也。不言氏姓，據孫邾猶言氏姓，言夫人無氏姓，非夫人也。貶之也。劉子云：「絶文姜之屬，不爲不愛其母。」疏《春秋》罪重者，絶骨肉之屬，離人倫之親，「至賤乎賤者也」。故有大故，不奉天命者，皆絶其天倫，「用致夫人」，「曰文無天」是也。殺二子言姜，弑夫不言姜氏者，弑夫罪重殺子也。人之于天也，君子畏天命。以道受命；傳曰：「信之所以爲信者，道也。信而不道，何以爲道①？」于人也，君子畏大人，畏君也。以言受命。傳曰：「人之所以爲人者，言也。人而不言，何以爲人？」又曰：「君之②所存者，命也。」疏人，君也。言，命也。《春秋》重命，以君尊之也。不若于道者，天絶之也。《春秋》貴命以治臣，而本天以治天子。臣奉命于君，君奉命于天。天爲君之主，道爲命。疏傳曰：「爲天下主者，天也。繼天者，君也。」稱天王謂爲天臣，明當承天也。稱天子，謂天之子，當順天也。王至尊，以天臨之，如臣子之禮，故傳曰「雖天子，必有尊也」。「天子朝日」，用朝禮如臣子禮。絶者，如王言出、宋稱公、蒲社災是也。傳曰「文無天」，亦以天治之也。不若於言者，人絶之也。《左氏》：「不稱姜氏，絶不爲親，禮也。」與《傳》同。不用命者，皆以人絶之，謂以君命討之也。疏傳曰：「桓無王也。」人絶以君討之，不順君命之人以王命討之。夫人不受命，不言反言孫，以王法討之，

① 道：原作「信」，據《穀梁傳》僖公二十二年改。
② 之：原作「子」，據《穀梁傳》宣公十五年改。

得絶其屬，不念母也。臣子大受命。天子爲天之臣，子當守道以奉天命。諸侯爲天子之臣子，當奉言以順王命，受命不背于道。言大者，《春秋》貴命，義莫大於此。疏董子《順命》篇曰：「人之於天也，以道受命；其于人，以言受命。不若于道者，天絶之；不若于言者，人絶之。」「臣子大受命」，「天子受命于天，諸侯受命于天子，子受命于父，臣受命于君，妻受命于夫。諸所受命，其尊皆天也，雖謂受命于天亦可。天子不能奉天之命，則廢而稱公，王者之後是也。公侯不能奉天子之命，則名絶而不得就位，衛侯朔是也。子不奉父命，則有伯討之罪，衛世子蒯聵是也。臣不奉君命，雖善以叛，言晉趙鞅入于晉陽以叛是也。」「妻不奉夫之命，則絶，夫不言及是也。曰：不奉天者，其罪如此。」按：傳義孤證，董子說最明，故附焉。

夏，單伯逆王姬。逆，《左氏》作送，形近易誤。然天子大夫爲監於魯，作「逆」者，從至京師之辭也。作「送」者，從天子召而使之從京師至魯之辭也。義實相通。

單伯者何？據天子卿有單子，又稱字。吾大夫據與內臣同事吾君。稱我，下辭。之命乎天子者也。魯見四監者，單伯、夷伯、祭伯、祭叔是也。傳于祭叔又云「天子之內臣」，所謂天子內臣，卽吾大夫命于天子之變文也。《王制》：「天子使其大夫爲三監，監于方伯之國，國三人。」「其祿視諸侯之卿，其爵視次國之君，其祿取之于方伯之地。」疏《公羊》同。魯爲方伯，天子命單伯爲監，食邑。或單父與？命大夫，故不名也。傳曰：「天子大夫不名。」按：王臣無論矣，在外則祭仲、原仲、女叔皆此例。自漢以後，此說甚微。疏天子大夫不名。諸侯大夫命于天子者名、氏並見，命于其君者名而不氏，爲三等。其不言如，何也？據逆于京師當如，疑以天子召而使之，故不言。其義不可受于京師也。據臣魯當言如，爲義不可受。不言如，使①如私行，非莊公所使，亦以拒邪命。

其義不可受于京師，何也？據天子嫁女，禮得使諸侯爲主，爲主則必先逆。曰：躬君弑②于齊，疏俞樾説：「躬君當作君躬，誤倒。」使之主婚姻，班氏云：「王者嫁女，必使同姓諸侯主之者，婚禮貴和③，不可相答，爲傷君臣之義，亦欲使女不以天子尊乘諸侯也。」「必使同姓者，以其同宗共祖，可以主親也。故使攝父事。不使同姓卿主之者，謂天子卿不使列土諸侯，尊加諸侯，爲威厭不得舒也。不使同姓諸侯就京師主之者，諸侯親迎入京師，當朝天子，爲禮不兼。《春秋》『築王姬之館于外』，明不往京師也。」與齊爲禮，婚姻乃嘉禮，新有父讎，未出喪，使與仇人爲禮，非正也。齊侯内通女弟，外殺人君，法所當誅，不討，失道一；爲婚，失道二；使魯主，失道三也。其義固不可受也。《春秋》貴義不貴惠，信道不信邪。周使魯主昏，邪命也。以義言之，當拒而不受。故不言如，使如天子大夫自私行逆王姬，以辟莊公逆也。

秋，築王姬之館于外。于外當地。不地而曰外，非外也。非外而曰外，諱與齊爲禮。外王姬，不受邪命也。不言如言于外，不言齊侯來逆，皆拒邪命，使魯若不與其事者然。

築，禮也。據本事，築于内。于外，據主昏不能在外築。非禮也。據變其實而託于外，知非典禮之正。

築之爲禮，何也？據變以合正，諸侯館不須築也。主王姬者，必自公門出。公門謂廟寢門。出，親迎出

① 使：日新本、鴻寶本作「使」。
② 弑：原作「殺」，據《穀梁傳》莊公元年改。
③ 和：原作「賤」，據《白虎通·嫁娶》改。

車。嫁于諸侯，必受女于諸侯，禮也。諸侯嫁女大夫，則不出公門。於廟則已尊，《禮》：天子適諸侯，舍于廟。若在廟，則以天子禮待王姬，失之過尊，非禮也。《公羊》作路寢。於寢則已卑，寢，《公羊》作小寢，諸侯所居。諸侯嫁女於敵國，女自寢門出，親迎者于寢相授。若王姬於寢出，則禮如內女；天子女禮制異，以諸侯禮待之，過於卑，不可也。爲之築，則不由廟寢出。節矣。班氏云：「改築必於城郭之內。」節謂尊不嫌于天子，卑不嫌于內女，有節度也。**疏**按：以上同《公羊》。築之外，據失禮，變宜得正。變之正也。《左傳》爲外禮也。變者，異於常禮，正謂得禮意也。**疏**魯莊忘仇，親與狩郎，無緣此時能築於外。又有告廟親迎之禮，不能于野外行之。《春秋》因其失正，託言于外，使齊、魯不相交接，若王姬過竟，魯備館舍者然。變接內之實事，以求報仇之正道。孔子曰「因其事而加王心」，此之謂也。築之外，變之爲正，何也？據變而得正。所變宜得禮，築外失禮，故兼舉以爲問。仇讎之人，齊侯也。非所以接婚姻也。魯主婚。接，接內，謂齊侯來接公。衰麻，公在大祥內，未出喪。非所以接冠①冕也。冠冕，諸侯冕而親迎也。**疏**當時，築于內，莊親與齊侯相接行禮。仇讎爲婚媾，衰麻對冠冕，大恥深惡，不可以言。王姬至魯，外當有館，因此託義，使若未嘗至國，言「于外」，所以避莊公與齊接也。按：以上同《左氏》。《公羊》、《左氏》各言一節，《傳》乃全言之。凡三傳說禮不同者，多爲此例。其不言齊侯之來逆，何也？據內已避公，外王姬可言逆于外。不使齊侯得與吾爲禮也。齊侯實來，來則接內。雖館在外，必有婚姻之禮。且于外託辭，諱莫如深，故再没其文也。**疏**《春秋》已見不再見，仇事數見者，公已數與齊接，辟使若不見，故隨事起義，

① 冠：《穀梁傳》莊公二年作「弁」。

不一言也。

冬，十月，乙亥，陳侯林卒。疏《陳世家》：「莊公七年卒，少弟杵臼立，是爲宣公。」

諸侯日卒，正也。

王使榮叔來錫桓公命。《王制》：「三公一命卷，若有加則賜也，不過九命。次國之君不過七命，小國之君不過五命，大國之卿不過三命，下卿再命，小國之卿與大夫一命。」疏魯爲方伯，例得七錫，死而追錫，是於七命錫外，再加命也。獨王者，與國辭同。《春秋》尊王不目周而曰王，如王人、王正月是也。舉國在諸侯，爲狄之。在王，爲貶之。追錫罪人，以求婚於齊，失孝子心，亂先王之制，大惡，故去天也。王，莊王也。

禮有受命，無來錫命。諸侯初立，朝王還圭，天子使其襲爵，命之以服，此正也。若有加，天子進爵慶賞，亦必在朝覲巡狩之時親受于王，天子不使人往錫也。錫命，非正也。《王制》曰：「爵人於朝，與衆①共之。」疏禮當受命於朝，來錫則輕褻王爵，天子失尊，與下聘同譏也。生服之，死行之，生服謂及身受錫，行謂葬墳墓如所命級。禮也。《王制》：「喪從死②者。」疏《禮》：「喪從死者，祭從生者。」③《中庸》「上祀先公以天子之禮」，明葬從死者也。斯禮達乎諸侯、大夫及士、庶人。父爲士，子爲大夫，葬以士，祭以大夫。父爲大夫，子爲士，葬以大夫，祭以士。時蓋錫命加葬桓公也。生不服，死追錫之，桓公惡人，生不錫之，死乃因欲婚于齊追錫，惡人。疏生爲方伯，得

① 衆：《白虎通・爵》引《王制》同，十三經注疏本《禮記・王制》作「士」。
② 死：原作「生」，據《禮記・王制》改。
③ 喪從死者，祭從生者：原作「祭從生者，葬從死者」，據《禮記・王制》改。

服七命。已死，追錫之，是過七命矣。越制求悦于諸侯。不正甚矣。班氏云：「大夫功成未封而死，不得追錫爵之，以其未當股肱也。①《春秋穀梁傳》②曰：『追錫死者，非禮也。』」《王制》曰：「葬從死者，祭從生者」，「所以追③養繼孝」。許慎引傳説：「追錫死者，非禮也。死者功可追錫，如有罪又可追討。」案：甚之者，越七命，一也；來錫，二也；追錫，三也；桓罪人，四也；求婚，五也。故《春秋》去天以絶之也。疏案：《左傳》有追討之制，罪大惡極，生逃憲典，死得加刑，如戮崔子之棺是也。桓公惡人，當在追刑之例，傳但言追討，此意在言外也。至于小惡，由生而定，已死則從鬼道，王法不更加，故伐喪經所不許。

王姬歸于齊。

爲之中者，歸之也。據尊同言歸，從魯辭，與内女同也。疏歸如專行辭。絶齊侯，不使來逆，言歸。明魯主婚，起與齊侯爲禮。且明錫命爲釋齊、魯仇，制人子與仇人禮，棄先王命，褒罪人，違道而行，故去天也。

齊師遷紀、郱、鄑、郚。

紀，據繫三國。國也。據下「大去」。傳曰：遷，亡辭也。其不地，不復見矣。疏遷而不地者，不復見，此遷而復見者，不使小人加君子。紀從此遷，從者四年而後畢。四年言大去，因國人從紀侯，故曰紀侯。紀侯實于此已去紀，蓋遷于鄣。郱，據在紀下鄑上。鄑，據會鄑。郚，據城郚。國也。據鄑、郚分見，知爲國。三國皆小國，同紀

① 「大夫功成」至「股肱也」：原在「《春秋穀梁傳》曰」下，據《白虎通·爵》改。
② 穀梁：原脱，據《白虎通·爵》補。
③ 追：原作「近」，據《禮記·祭統》改。

而還，齊一時滅四國，累言，爲紀侯殺恥。此據人遷皆不地。或曰：又一師説。《公羊》以爲取紀邑，與《傳》二説皆不同。遷紀于郱、鄑、郚。傳曰：「地者，邢復見也。」遷紀於三邑，不成爲國，故以三邑見。疏據下紀見言大去，故以爲地也。不言于者，分紀民于三邑，恐其得民爲亂，無專地，故不言于。凡言地者皆自遷，國家未失，此國家分散，又爲人所遷，故不言以起之也。

二年

春，王二月，葬陳莊公。月葬，正例。

夏，公子慶父帥師伐於餘丘。帥師不言如，以爲私行，惡專兵也。此帥師起慶父弑也。疏莊公時年十五，慶父又小于莊公，以弱弟將兵，以起下弑君之禍。慶父凡三見經。

國而曰伐。據伐，國辭。於餘丘，《公羊》有「口繫邾婁」之説，一本又有無於字者。在《公羊》當爲「口繫邾婁」，於聲邾婁之誤。邾之邑也。據大夫九伐皆屬邾。《春秋》進邾，故邾邑可不繫國。其曰伐，何也？據疾火攻乃有國辭。公子貴矣，親則公弟，貴則大夫，所謂將貴也。翬伐宋，不稱公子，此稱公子者，時慶父幼，禮不責童子。師重矣，師衆稱師。而敵人之邑，謂伐邑不繫國。疏公伐皆言國，不以公敵邑也。公子病矣。獨言邑，病公子也。疏《春秋》伐邑得言國者，邑繫於國，重其伐，故①目國也。此不目國，變文以病公子也。慶父，莊公弟，則慶父弱矣。弱而主兵，故以敵人邑，不言國。病公子，所以譏乎公也。大夫國體，貶大夫，所以貶諸侯。

---

① 故：原脱，據鴻寶本補。

譏公子，則病及公矣。疏弱弟不教以禮，寵異，使主兵。用兵不報仇，而以伐邑，其後卒有弒逆之禍。弒非一朝一夕之故，故于此不言邾，以譏之也。其一曰：《公羊》「曷爲國之？君存焉爾」，與《傳》同。秦以前，《傳》與《公羊》不分。疏《穀梁》五家，皆在漢以後。此亦先師説，與《公羊》同。君在謂公在師中也。疏隱十年翬帥師伐宋，公在師，不言公，知此亦公在不言也。慶父幼，故知公在也。不出公，兼辟不復仇。而重之也。重，故言伐也。《公羊》：「曷爲國之？君存焉爾。」疏翬曰伐宋，此不目國。翬事上下有公，此不出公文，故于伐起地邑者，以慶父專兵，言伐以起公在。翬、慶父皆弒，專兵，有無君之心。以公在，不言公。舊説君謂邾子。邾子，傳不言君。

秋，七月，齊王姬卒。不日者，非内女也，故月，以明親疏之義，内女卒皆日。由魯嫁，爲之服大功。傳曰：「以吾爲之變，卒之也。」

爲之主者，卒之也。外女不卒。魯主婚，有父兄之道，故得卒之。疏《檀弓》曰：「齊穀王姬之喪，魯莊公爲之服大功。或曰：由魯嫁，故爲之服姊妹之服。或曰：外祖母也。」《檀弓》後説以爲襄母，非新逆者。蓋二世娶周，皆魯爲主。

冬，十有二月，夫人姜氏會齊侯于禚。禚，《公羊》作郜，内邑也。夫人歸，未至魯，駐于禚，故齊侯來會之。經以夫人爲從内至此者，託辭也。疏婦人無外事，踰竟皆言國，齊、莒、邾是也。不地外國地内地，以起不踰竟之義。公大夫在國乃地國，非國踰竟皆地地。《禮》曰：男子志在四方，故不同女子也。月者，謹始也，惡惡疾其始。

婦人既嫁，不踰竟，據踰竟皆地國。言嫁踰竟者，禮不内娶，必出疆以遠別也。踰竟，非正也。劉子云：「婦人之禮，有閨門之脩，而無竟外之志」，「非有大故，不出夫①家」。班氏云：「婦人不踰竟而弔者」，「所以防淫佚也」。《雜記》曰：婦人越疆而弔，非禮也。而有三年之喪，君與夫人俱往。疏大故，謂出也。《穀梁》夫人無歸甯之義，所以防淫佚，絶禍亂也。婦人不言會，言會，非正也。據諸侯、大夫會以修事，辟公不言，言會公在。言會饗，會饗猶可言也。饗，甚矣。饗甚于會。疏元年，迎夫人至禚，不歸魯。畢喪之後，齊侯至禚而會之。不言至，絶之也。前討言孫，此如在内辭。前孫無姓氏，使如二人。然此未踰竟，傳統言婦人例，故言踰竟，不爲此事出。

乙酉，宋公馮卒。此不日者也。其日之，何也？其不正前見矣。疏《宋世家》：「十九年，莊公卒②子滑公捷立。」

三年

春，王正月，溺會齊師伐衛。劉子云：朔奔齊，「天子更立衛君」，齊會魯伐之。月者，惡之。疏不卒者，非世卿也，魯爲世卿，乃卒。翬、柔經不卒者，皆以非世卿。故臧氏世卿不卒，至辰乃卒。故以爲桓、莊不卒大夫也。

溺者何也？據不氏，疑微者。疏《公羊》以爲未命大夫。公子溺也。據下伐衛，會諸侯，知此以惡事貶。疏《公羊》與《傳》小異。知柔微者，以盟折，無貶義。其不稱公子，何也？據翬以與弒貶。惡其會仇讎而伐同姓，同姓，親也。與仇伐之，加常二等。疏《左氏》云「疾之也」，與《傳》同。故貶而名之也。貶公子，所以貶公也。會仇，伐天子所立同姓之國，貶公也。齊師者，齊侯也。不言齊侯，不使内與仇讎接也。故終齊襄，不與内接

① 夫：原作「公」，據《古列女傳・魯之母師》改。

② 卒：原脱，據《史記・宋世家》補。

也。惟夫人出會言齊侯，起同罪。

夏，四月，葬宋莊公。

月葬，故也。爲捷與弒。大國例日，不日者，危其弒。

五月，葬桓王。劉子云：「大臣吉服之南郊，告天還①，素服稱天而謚之。」班氏云：「崩薨别號，至葬②則同，何也？時臣子葬君父，安厝之義，貴賤同。葬之爲言下藏之也。所以入地何？人生於陰，含陽光，死則入地，歸所藏也。」月者，危改葬也。**疏**桓，謚也。「葬而後舉謚，謚所以成德也，卒事乎加之」，諸侯、天子同也。天王謚桓、莊、僖，三代與魯同。

傳曰：傳，舊傳文説，與《公羊》同。改葬也。據崩在七年前。**疏**鄭君云：「墳墓以他故崩壞，將亡失尸柩」，則「改葬」。按：改牛言改，葬不言改者，葬事牛物，言葬可知。再蒸不言再，又雩言又，明非雩也。改葬之禮緦，因魯君爲之服，志之也。**疏**鄭君云：「緦者，臣也，子也，妻也」③，「三月而除之」。舉下，緬也。據天王崩，天王在上，舉上也。此葬在上，王在下，舉天下而葬一人，故曰舉下也。**疏**舉下與舉上對文，上下謂君臣之辭也。舉，謂《春秋》舉其君臣之辭也。④緬，緦字誤衍者。舊説訓邈，以舉下爲説緦，非也。或曰：説與《左氏》同。郤尸以求諸侯。此謂緩喪，非改葬也。《左氏》云：「緩也。」**疏**諸侯不奔也。傳曰：「魯人曰：『固吾君也，親之者

---

① 告天還：原脱，據《五經通義》補。

② 葬：《白虎通·崩薨》作「墓」。

③ 緦者，臣也，子也，妻也：《儀禮注疏·喪服》鄭注作「緦者，臣爲君也，子爲父也，妻爲夫也」。

④ 舉謂《春秋》舉其君臣之辭也：原脱，據日新本、鴻寶本補。

也。』」時諸侯不至，嗣王欲求諸侯，遷延至七年乃葬，直書其事而惡見，不待貶絶也。天子志崩不志葬，以下釋志天子葬通例。必其時也。九月而葬，禮無所屈。何必焉？舉天下而葬一人，其義不疑也。劉子引傳曰：「天子何以不書葬？天子記崩不記葬，必其時也。諸侯記卒記葬，有天子在，不必其時也。」諸侯當同來奔喪，有定制，無遲早之疑。志葬，故也，志葬非正。危不得葬也。月者，危之甚。曰：疏此釋王三不志崩之傳，傳無所繫，故附録于此。近不失崩，近謂入莊世，爲近代。疏傳以隱、桓爲遠，故有傳疑之事。至近，則聞見確，天王崩又大事，天下所知，不能謂失于聞見也。不志崩，據莊公十二年，莊王不志崩；莊十七年，僖王崩不志；文十四年，頃王崩不志，皆在近世也。與諸侯皆志卒例不同。失天下也。據諸侯失國不葬，諸侯以不葬爲例。天王不志葬，故以不志崩爲例也。志葬，危之，如諸侯之日、月葬。不志崩，則同諸侯之不葬也。失天下，如諸侯失國，故不志崩也。失天下謂權下移，起二伯興，政在諸侯，天子失天下，傳曰「天絶之」是也。疏《春秋》以隱、桓爲權在天子，莊以後權在諸侯。天子失權，而後諸侯乃得專之。失權始於桓王，而盛于莊王，故桓志葬，而莊、僖不志葬也。獨陰不生，陰猶母也。疏以下釋稱天子、天王之例。《公羊》無，此《傳》、董子《繁露》有之。獨陽不生，陽猶父也。獨天不生，天謂感生帝。三合然後生。謂感生必因于人，修己吞珠而生禹，簡狄感乙卵而生契，姜嫄履跡而生稷，三代之興，莫不由之。人雖由父母而生，必感天氣。惟受命有符，則其象昭著耳。三合者，言帝王有父而生也。故曰：母之子也可，卑賤屬于其父母，如任叔子、「杞伯姬來，朝其子」是也。不曰父者，感生之義重子母，故謂聖人無父而生也。天之子也可，尊取尊稱。經言天子，是。班氏云：「王者，父天母地，爲天之子也。」疏《御覽》引《保乾圖》云：「天子，至尊也。精神與天地通，血氣含五帝精，天愛之，子之也。」尊者取尊稱焉，謂稱天子也。

疏《易乾鑿度》云：「天子繼天理物，致一統，各得其宜，父天母地，以養萬民①，至尊之號也。」《感精符》云：「人主日月同明，四時共信，故父天母地，兄日姊月。」宋均云：「父天，圜丘之祭也；母地，方澤之祭也。」卑者取卑稱焉。卑者亦有父天之義者，天，父之天也。無天而生，未之有也。天者，萬物之主也。傳言此者，釋王稱天子爲天之子也。其曰王者，據王，天子正稱。經天子一見，傳皆言天子。民之所歸往也。《荀子》云：「天下歸之謂之王。」疏此謂王爲爵稱，爲天臣也。不言天爲天子，王繫天不疑。《春秋》朝廷之治義以掩恩，著其君臣而微其父子，故不稱天子。一見示例，明臣子同也。尊者之稱天子，以下至五等爵、子、字、名、氏。「其無德于天地之間者，州國人民②，甚者不得繫國邑。皆絶骨肉之屬，離人倫，謂之閽盜而已。無名姓號氏于天地之間，至賤乎賤者也。」

秋，紀季以酅入于齊。以字繫紀者，存紀。兄終弟及之詞，譏專地也。字而入，起以酅事齊也。疏一說：字爲附庸。字者三十里，如儀父是也。與天子大夫不同者，天子大夫繫采，此繫國，與稱弟同，故與天子大夫不名有別。

酅，據紀已遷。紀之邑也。據繫紀言以。疏古者諸侯封地皆有采邑，國滅則子孫守之，以奉其先君之祀，示不絶賢者後。酅，紀之采邑。公四十里，侯三十里，伯、子、男二十里，然則酅三十里也。入于齊者，據以地不言入。疏以地皆言奔。以酅事齊也。《公羊》引魯子曰：「請後五廟以存姑姊妹。」言入者，初非齊臣，言入起事齊。疏伏生云：「齊人滅紀，紀季以酅爲齊附庸。」按：奔絶於本國，入如反國辭，知以酅事齊也。蓋紀侯使其弟，如微子事，以存宗廟之祀。入者，據下言「紀侯大去」。于此可言奔，以存紀也。内弗受也。不許專地，故言入。疏

① 民：原作「物」，據緯書集成本《易緯・乾鑿度》改。
② 民：原作「氏」，據《春秋繁露・順命》改。

弗，内辭也。《春秋》惡專地，許叔復國，紀季存紀，衆人所許，而《春秋》拒之。若曰天子在上，事雖善如此，猶不許專地，則易地、專地之罪明矣。以地者貶。此稱字，貴之也。貴之，許之也。言入不許，而稱字許之，以正其義也。《春秋》之法，大夫不專地，公子無去國之義，君子不辟外難。紀季犯此三者，盜地，以下敵上，棄君以辟禍，而貴之者曰賢者不爲，是故託于紀季以見紀季之弗爲也。紀季弗爲，而紀侯使之也。

冬，公次于郎。《左氏》云：「凡師一宿爲舍，再宿爲信，過信爲次。」

次，止也。據次侯，知止也。有畏也，用兵不進，是畏敵逗遛耳。欲救紀而不能也。據次侯，知兵事。紀已遷，猶言救者，欲復其國。不言救紀，不敢訟言救紀，且事終未成。出公者，此與齊仇用兵也。下諱公言師者，與齊同好和，故辟言公也。

四年

春，王二月，夫人姜氏饗齊侯于祝丘。祝丘，内地。月者，甚之，因饗而月。

饗，甚矣。承會加甚。饗齊侯，禮：男女不相饗。所以病齊侯也。會饗公皆在，目夫人，辟公也。公不言饗，包于會。夫人饗，盡其實以譏之。以大國侯與夫人爲禮，病辱也。疏 饗禮即鄉飲酒禮，《儀禮》爲卿相饗禮，此則諸侯相饗，所謂有公在也。

三月，紀伯姬卒。傳例：婦人不踰夫。此卒伯姬者，明紀侯得卒者也。得卒而不卒，明失國不卒也。内女卒而不葬，此葬者，起失國不葬也。爲一見例。

外夫人不卒，此其言卒，何也？據列國夫人不卒。吾女也。適諸侯則尊同，據適大夫不卒。以吾爲之變，變爲服也。服，大功。有服則書卒。卒之也。禮：姑姊妹、女子子在室期，出嫁大功。諸侯絶旁期，尊得壓不服。惟許嫁①諸侯，則尊同。尊同，則出嫁服大功，郯伯姬是也。許嫁諸侯，在室卒，則服期，伯姬以下是也。此統爲内女卒發例，非爲紀伯姬卒也。内女卒例日，此月者，失國，且與日葬起。

夏，齊侯、陳侯、鄭伯遇于垂。遇者，前已見齊、宋、衛。此再見陳、鄭者，以見内州國乃言遇也。齊爲二伯，魯、衛、陳、鄭爲四方伯，故言遇。此如宋、衛、陳、鄭災，凡記災之國乃言遇也。**疏**遇者，志相得。外遇不書。書者，起齊彊，不能救紀。鄭伯者，子亹弟嬰也。

紀侯大去其國。經言大去，一見例。傳以爲賢紀侯，《公羊》以爲爲襄公諱。案：九世復仇之説，非常可駭，董子亦以紀侯有賢行。傳説爲長。**疏**《齊世家》：「襄公八年，伐紀，紀遷去其都邑。」

大去者，據出奔不言大。不遺一人之辭也。據言出奔，君出而已。此言大，是盡去之辭。言民之從者，四年而後畢也。元年遷紀，紀民不忍其君，相率從之，至此乃畢，得民心，是紀侯賢也。《孟子》曰：太王辟狄，「邑于岐山之下。邠人曰：『仁人也，不可失也。』從之者如歸市。」蓋同此也。紀侯賢，而齊侯滅之。傳曰：「得衆則是賢也。」以言大去知賢。《春秋》貴得衆，故賢之。不言滅據遷後言滅。而曰大去其國者，凡出奔者繫之國，絶於本國，而言所在之國。此不言所去之地，而乃繫于本國，使如太王辟狄，自去其故地而别營新居，其本國實未亡也。不曰紀而曰其國，已滅之辭，其猶存紀也。不使小人加乎君子。《春秋》以賢治不肖，不以亂治亂，況以不肖治賢乎？君子宜有國，小人宜亡國，以小人滅君子，是反常也。《春秋》撥亂反正，不使小人加君子，而使如君子辟小人者，是翦亂助正也。不嫌失誅齊者，前言遷，已明亡，而不加滅辭，愈深齊惡，未爲失討也。**疏**《公羊》以

① 許嫁：原作「嫁許」，據文意乙。

爲爲襄公諱。

六月，乙丑，齊侯葬紀伯姬。目齊侯者，紀伯姬無主，齊、紀同姓，齊得主之。又禮：寓公夫婦得食于所寓之君。葬，臣子事，目齊侯，病齊侯也。

外夫人不書葬，此其書葬，何也？據列國夫人不書葬。吾女也。失國，故隱而葬之。傳曰：「月卒日葬，非葬者也。」①疏據葬宋共姬，知隱也。夫人之義不踰君，葬共姬，先葬共公，葬紀伯姬，不先葬紀侯，是踰君也。不嫌踰者，葬共姬，賢也，妻賢而夫亦賢，故先葬共公。葬伯姬，失國也。失國君不葬，若葬，則非失國，故不葬紀侯也。夫人不踰君，葬伯姬，則紀侯得葬也。不葬以決其失國，葬伯姬以起其可葬。蓋欲存紀，故葬伯姬以抑齊。

秋，七月。

冬，公及齊人狩于郜。于此出公，以譏公也。于其重者，一譏而已。

齊人者，據夫人會饗目齊侯。齊侯也。不没公，知齊侯。其曰人，何也？據救災言衆。以衆言，非貶。卑公之敵，所以卑公也。外貶稱人，内無稱人之例。不出公，又爲諱，無以明貶，故爲貶公及之例，貶公敵以貶公。凡公會盟交接，非小國大夫，貶伉。凡言人者，皆貶外以貶公也。疏《公羊》：「諱與仇狩也。」何爲卑公也？據冬狩無貶道。不復仇仇强我弱，時勢未可輕舉。諸侯以宗社爲重，不共戴天之仇，經許諸侯不急于報復。刺釋而怨不釋，父母之仇，不共戴天。國君宗社爲重，雖不勤兵而其故常存，不能釋怨而相爲禮，如同狩之事。

① 月卒日葬，非葬者也：原作「日葬月卒，不葬者也」，據《穀梁傳》成公十五年改。

怨也。外無報仇之事，内忘不共戴天之志，相與田獵，遨翔竟内，失子臣之道，故刺之也。自元年至此辟公，狩乃見者，狩事重。餘不復言者，一譏已明也。

五年

春，王正月。

夏，夫人姜氏如齊師。如齊，踰竟也。言師，公在也。公在不言公，諱也。公同夫人如齊，約伐衛也。

師而曰如，據師在齊下。如亦爲師出。衆也。據京師言如。衆所聚如城邑，故師言如。傳曰：「公大夫在師言師。」婦人既嫁不踰竟，踰竟非禮也。《穀梁》説：諸侯夫人父母已没，不歸寧，大夫妻亦同，傳曰「不使得歸之意」是也。

秋，郳黎來來朝。**疏**此言郳黎來，如隱元年之言邾儀父也。儀父由字稱子，黎來由名稱子，一卒正，一附庸，相比見義也。《春秋》附庸常敘。小邾，十九國之最小者，曷爲于此焉敘？敘一郳，以明中國之附庸皆在也。五年以後，乃敘荆。中國既見附庸，外州乃言方伯，先中國，後夷狄之義，《春秋》中外之分也。此言黎來，復言小邾子者，既升邾爲卒正，乃明附庸之義也。

郳，據下言小邾，不言郳。國也。此言朝目郳，則是國辭。附庸雖小得名國。黎來，名也。附庸字者三十里，在名例者二十里。邾初見字，進之爲卒正。此初見名，進之爲附庸以相起。微國之君，微謂附庸也。傳：「邾之上古微。」未爵命者也。邾以字進卒正，此以名進附庸，後皆稱子。邾之子，卒正，統三國，故賦于魯四百乘；郳之子，附庸，從三十里例。雖同稱子，而大小懸殊。小邾以繫邾，敘末，明附庸。序會則不得不言子也。**疏**《左氏》云：「名，未王命也。」

冬，公會齊人、宋人、陳人、蔡人伐衛。劉子云：「朔奔齊，天子更立衛君。朔帥五國兵伐天子所立，王命遂壞。」疏《魯世家》：「五年冬，伐衛，納衛惠公。」

是齊侯、宋公也，以公言會。言齊、宋者，舉大國以包小國。其曰人，何也？據譏釋怨已見，兼及三國也。人諸侯，所以人公也。人，貶之也。傳：「卑公之敵，以卑公也。」其人公，何也？據兼貶五國。逆天王之命也。《世家》所謂逆王命也。天子立黔牟，五國伐天子所立，故曰逆命。逆天王命，惡，得貶也。不言天子，命從王也。疏《左氏》：「冬，伐衛，納惠公也。」

六年

春，王三月，王人子突救衛。《公羊》以子突爲貴，繫之人。疏《衛世家》：「衛君黔牟立八年，齊襄帥諸侯，奉①王命，共伐衛，納惠公，誅左右公子。衛君黔牟奔于周。」

王人，據稱人又名。卑者也。據石尚。士稱名，不名者，下士也，故曰卑。稱名，據洮盟稱人不名，傳曰：「人不如名。」貴之也，據例稱人，稱名貴于人。《春秋》善其事，必舉貴而名之。善救衛也。據貴之名，善也。救者善，據救舉突不名。則伐者不正矣。據伐人，四國也。善者，小美。王失政，不能庇所立，救又無功，故言善。不正大惡，逆天子命，當奪爵放逐。不言戰，不使諸侯敵王師。不言敗，諱王師敗于諸侯。

夏，六月，衛侯朔入于衛。月者，謹之。月出月入。逆王命，謹之甚。疏《衛世家》：「惠公復立。惠公立三年

① 奉：原作「逆」，據《史記·衛世家》改。

出亡，亡八年復入，與前通凡十三①年矣。」

其不言伐衛納朔，何也？據上言伐齊納子糾，上伐下入，是納也。不逆天王之命也。逆王命，大惡。伐可言，納不可言者，内已有君，更立君之辭，不言納，使若朔自入其國，則惡事殺矣。入者，内弗受也。據入皆惡也。《公羊》：「篡辭也。」何用弗受也？據衛侯歸言歸。反國内不得拒。爲以王命絶之也。絶之，謂絶其國，衛人不以爲君。凡入②皆絶，歸者不絶，如至家，故婦人謂嫁曰歸。朔之名，據諸侯入，不名者多。惡也。其入，逐天子所立，與他人不同，以申天王之命于天下。朔入逆，入又名也。則出順矣。朔出，更立君，黔牟爲天子所立，天子得廢置諸侯，與他入國不同。故于入名，以起黔牟正也。朔出入名，據諸出入不皆名。以王命絶之也。出逆天子召，入逐天子所立，其事遂諱不見經，故兩名以起之。絶者不世，故不葬也。

秋，公至自伐衛。疏《公羊》以致會、致伐爲説，以致伐爲不敢勝天子意，亦同《傳》；然上無地會之文，自當致伐，傳義爲長。

惡事不致，致者，告廟致成也。所事惡，不可以告周公，故不致以諱之。其事于會夷狄、會大夫之外別爲一例也。如伐齊不致、侵宋不致是也。此其致，何也？據侵宋不致，致則目其事，故不致也。不致，則無用見公之惡事之成也。據師經四時不致，則嫌公伐已歸，朔自入衛；于秋致公，則六月入衛，公成其事也。

① 三：原作「一」，據《史記·衛世家》改。

② 入：原作「人」，據文意改。

螟。劉子云：「先是衛侯朔出奔齊，齊侯會諸侯納朔，許諸侯賂。齊人歸衛寶，魯受之，貪利應也。」

冬，齊人來歸衛寶。**疏**自此以後，八年不記衛事。

以齊首之，據取郜鼎，内自取。《公羊》云：「衛人歸之也。」分惡於齊也。目惡以外也。使之如下齊而來我然，朔奔齊，齊主兵，故使如下齊，齊轉致于我，實則衛自歸，不由齊來。**疏**《公羊》：「讓乎我也。」「齊侯曰：『此非寡人之力，魯侯之力也。』」與《傳》同。惡戰謂伐衛也。則殺矣。首惡于齊，則惡從末減。取鼎魯主兵，故内爲主，此齊主兵，故首齊，緣情定罪也。不言使，傳曰：「内與同，不言使也。」

七年

春，夫人姜氏會齊侯于防。

婦人不會，會，非正也。公會而主夫人，以有辟也。董子云：「《春秋》書事，時詭其實①，以有辟也。」

夏，四月，辛卯，昔，恒星不見。劉子云：「常星二十八宿者，人君之象也；衆星，萬民之象也。列宿不見，象諸侯微也；衆星隕墜，民失其所也。夜中者，爲中國也。不及地而復，象齊桓起而救存之也。鄉無②恒公③，星遂隕至地，中國其永絶矣。」

恒星者，據隕不言恒。經星也。劉子云：「孔子曰：古者聖王既臨天下，必變四時，定律曆，攷天文，揆時

---

① 實：原作「名」，據《春秋繁露·玉英》改。
② 無：原作「若」，據《漢書·五行志》改。
③ 公：原脱，據《漢書·五行志》補。

變，登靈臺以望氣氛。故堯曰：『天之曆數在爾躬，允執厥中，四海困窮。』《書》曰：『在璿璣玉衡，以齊七政。』璿璣，謂北辰勾陳樞星也，以其斗柄之所指二十八宿爲吉凶禍福。天文列宿盈縮之占，各以類爲驗。夫占變之道，二而已矣。二者，陰陽之數也。故《易》曰：『一陰一陽之謂道。』道也者，物之動莫不出道也。是故發于一，成于二，備于三，周于四，行于五。是故懸象著明，莫大乎日月；察變之動，莫著乎五星。天之五星，運氣于五行。其初猶發于陰陽，而化極萬一千五百二十。所謂二十八宿者，東方曰角、亢、氐、房、心、尾、箕，北方曰斗、牛、須女、危、虚、營室、東壁，西方奎、婁、胃、昴、畢、參、觜，南方曰東井、輿鬼、柳、七星、張、翼、軫。所謂宿者，日月五星之所宿也。其在宿運外内①者，以宫名别。其根荄皆發于地，而華見于天。」**日入至于星出，謂之昔。**據下出夜中言星不見，知星出爲昔。昔與夕通也。**不見者，**據弗，内辭；不，外辭。**可以見也。**言不者，反常之辭。恒星常見，此夜獨不見，反常，故曰不見。疏《左氏》云：「恒星不見，夜明也。」

夜中，星隕如雨。劉子云：「夜中者，言不得終性命，中道敗也。或曰象其畔也，言當中道畔上也。天垂象以示下，將欲人君防惡遠非，慎卑省微，以自安全。如人君有賢明之才，畏天威命，若高宗謀祖己，成王泣《金縢》，改過修正，立信布德，存亡繼絶，修廢舉逸，下學上達，裁十一之税，復三日之役，節用儉服，以惠百姓，則諸侯懷德，士民歸仁，災消而福興矣。遂莫肯改悟，法則古人，而各行其私意，終于君臣乖離，上下相怨。自是以後，齊、宋之君弑，譚、遂、邢、衛之國滅，宿遷于宋，蔡獲于楚，晉相弑殺，五世乃定，此其效也。」疏《左氏》云：「星隕如雨，與雨偕也。」杜氏讀如爲而。星隕與雨，並不足志；偕，同也，謂星隕同于雨雪、雨螽之雨。

① 宿運外内：原作「宿外運内」，據《説苑・辨物》改。

其隕也如雨，雨、隕本是二例。今言隕矣，又言雨，言隕是其本義，兼言雨，所謂「與雨偕也」。是夜中與？·據隕不見于上，疑不見即隕非二時。《春秋》著以傳著，著，信之大者，書日中、夜中是也。疑以傳疑。如陳侯鮑以二①日卒，著者于一日一夜之中分定時刻，疑者則合十數日爲一，書詳略疑著，各有所取。中之幾也，日中則昃，月中則移。幾，微也。中爲時少。而曰夜中，與紀日中同。著焉爾。因其隕時，月正中，如日之中，其事明著，故言中。日中言日，月中言夜，夜猶月也。昔由日星定，夜中由月定。何用見其中也？·據葬言日中。禮：日中乃葬，故見日中。記異不須夜中，書異已見，無取記時也。失變失當爲天，形之誤。而録其時，一夜二異，有先後之别，故著其時，如雨志疏數日之是也。**疏** 變謂恒星不見，失變謂星見也。星反不言，紀其異，不記其正也。昔時，星不見，夜中，星反而隕。星由不見而反，由反而隕，一夜異數改，不録其時，則其實不顯，故記時也。再大變，曰記其時，别再也。則夜中矣。録夜以别於昔，一夜再記變也。其不曰恒星之隕，何也？·據言隕者不見於上，恒星不見，正其例也。我知恒星之不見，當時衆星見，而恒星不見，覩其部位，目之所見，則知不見惟恒星。而不知其隕也。恒星雖反舍，而衆星飛流，不能必惟恒星隕，列星不隕。不言恒，傳疑也。我見②其隕據言星，是見其隕。而接于地者，據雨、隕皆見于下。則是雨説也。謂經可言雨星，不必言星隕如雨也。著于上，未隕于地之先，空中先見其物，雪、雹、螽之類是也。見于下，接於地。謂之雨；經之言如雨者，正以見

① 二：原作「一」，據《穀梁傳》桓公五年、日新本、鴻寶本改。
② 見：原作「知」，據《穀梁傳》莊公七年改。

上。著于下，凡雨、隕皆接于地。宋言隕石，即隕後言。此言隕星，即方隕時言，實皆著下。不見于上，據隕石不見上。疏石、霜言隕，于空中不見石與霜，雪、螽、雹則天上可見。謂之隕。此隕因包恒星而言，故謂之隕。上言不見，但言雨，嫌衆星隕而恒星反不隕。豈雨説哉？經之言隕，正以起不見。上言不見，則不可獨言雨也。然二者之分又繫于地，發于地爲雨，雨螽是也。降于天爲隕，隕星是也。或天或地，其辭不可同也。

秋，大水。劉子云：「莊母文姜與兄齊襄公淫，共弒桓公，莊釋父仇，復①娶齊女，未入，先與之淫，一年再出，會于道逆亂，臣下②賤之之③應也。」

高下有水災曰大水。水災常有，小者不志，必高下皆災乃志，故水皆言大也。

無麥、苗。疏《左氏》：「無麥、苗，不害嘉穀也。」《論語》：「苗而不秀，秀而不實。」謂水災苗壞，尚可更種，于穀無害，故曰不害嘉穀。

麥、苗據「大無麥禾」，于無禾及無麥。同時也。《公羊傳》：「待無麥，然後書無苗。」苗者，稚禾也。苗生在麥熟之先，一受水災，先無禾，而後無麥，同時皆盡，故書二災。

冬，夫人姜氏會齊侯于穀。劉子云：「一年再出，會于道。」

婦人不會，會非正也。

---

① 復：原作「後」，據《漢書・五行志》改。

② 臣下：原作「賊臣」，據《漢書・五行志》改。

③ 之：原脱，據《漢書・五行志》、鴻寶本補。

八年

春，王正月，師次于郎，以俟陳人、蔡人。傳：「公、大夫在師曰師。」言師者，諱公也。疏《公羊》云：「其言俟何？託不得①已也。」何君以陳、蔡爲滅郕出，《傳》以爲伐我，小異。月者，爲下治兵。

次，止也。據言俟。**俟，待也。**據言次。聞陳、蔡將至，勒兵于郎以待之。因習戰，而陳、蔡懼也。疏次不言俟，言俟者，因陳、蔡不至，美而著之也。

甲午，治兵。治兵、田事不日，日者，著其美也。疏外事用剛日，内事用柔日。日者，内大事。

出曰治兵，《公羊》作祠兵。傳曰：「出曰祠兵，入曰振旅。其禮一也，皆習戰也。」《釋天》：「出爲治兵，尚威武也。」疏孫炎云：「出則幼賤在前，貴勇力也。」皆用田獵而選車徒。**習戰也。**《大司馬》：「中秋教治兵，如振旅之陳。辨旗物之用：王載大常，諸侯載旂，軍吏載旗，師都載旜，鄉遂載物，郊野載旐，百官載旟，各書其事與其號焉。其他皆如振旅。」**入曰振旅，**《釋天》：「入曰振旅，反尊卑也。」孫炎曰：「入則尊老在前，復常儀②也。」**習戰也。**《大司馬》：「中春教振旅，司馬以旗致民，平列陳，如戰之陳。辨鼓鐸鐲鐃之用：王執路鼓，諸侯執蕡③鼓，軍將執晉

---

① 得：原脱，據《公羊傳》莊公八年補。

② 儀：原作「法」，據《爾雅·釋天》改。

③ 蕡：《通典》七十六同，唐石經本、諸本、十三經本作「賁」，阮元《校勘記》云：「注引《鼓人職》『以賁鼓鼓軍事』，《鼓人》字，『蕡』《釋文》『蕡，扶云反』，此《釋文》『賁鼓，扶云反』。『賁鼓』二字，蓋『蕡』之誤分也。經、注皆當作『蕡』。按：一經之内，用字之例不必畫一，此條改經、改《釋文》，非是。」

鼓，師帥執提，旅帥執鼙，卒長執鐃，兩司馬執鐸，公司馬執鐲。以教坐作進退疾徐疏數之節，遂以蒐田①，有司表貉，誓民，鼓，遂圍禁，火弊，獻禽以祭社。」治兵而陳、蔡不至矣。治兵爲秋田所習。今師次于郎，以待陳、蔡之師，陳、蔡懼而不至。疏《公羊》：與陳、蔡同爲圍郕，《傳》以爲伐我。經無明文，疑本意伐我，因我有備，又同齊圍郕，二傳各就始終一面言。兵事以嚴終，嚴，戒嚴也。陳、蔡合兵遠來，當有大戰，故曰兵事。今因魯内外戒嚴，無隙可乘，二②國罷去，戰事未行，因此而罷，故曰嚴終。故曰善陳者不戰，此之謂也。兵有先聲，不示人以隙，彼將畏而自止。善爲國者不師，劉子云：「上古之時，其民敦樸，三皇教而不誅。無師而威。故善爲國者不師，三皇之德也。」疏班氏云：「舜修百僚，咎繇作士，命以『蠻夷猾夏，寇賊姦宄』，而刑無所用，所謂善師不陳者也。」善師者不陳，劉子云：「至于五帝，有師旅之備而無用，故善師者不陳，五帝之謂也。」善陳者不戰，劉子云：「湯伐桀，文王伐崇，武王伐紂，皆陳而不戰，故曰善陳者不戰，三王之謂也。」疏班氏云：「湯、武征伐③，陳師誓衆，放禽桀、紂，所謂善陳不戰者也。」善戰者不死，劉子云：「夏后之伐有扈，殷高宗之討鬼方，周宣王之征獫狁，兵不血刃，皆仁聖之惠，時化之風也。至齊桓侵蔡而蔡潰，伐楚而楚服，而強楚以致包茅之貢于周，北伐山戎，使奉朝覲，三④存亡，

① 田：原作「出」，據《周禮・大司馬》、鴻寶本改。
② 二：原作「三」，據日新本、鴻寶本改。
③ 伐：原作「誅」，據《漢書・刑法志》改。
④ 三：原作「一」，據《太平御覽・兵部二》引《新序》改。

一繼絶，九合諸侯，一匡天下，衣裳之會十有一，未①嘗有大戰，亦不血刃。至晉文，設虎皮之威，陳曳柴之僞，以敵楚師，以安中國，故曰善戰者不死，晉文之謂也。」**疏**班氏云：「齊桓南服彊楚，使貢周室，北伐山戎，爲燕開路，存亡繼絶，功爲伯首，所謂善戰不敗者也。」死，班作敗。

善死者不亡。劉子云：「楚昭王遭闔閭之禍，國滅，昭王出亡，父老迎而笑之，昭王曰：『寡人不仁，不能守社稷，父老反笑，何無憂？寡人且從此②入海矣。』父老曰：『有君若此，其賢也。』及申包胥請救，哭秦廷七日，秦君憐而救之。秦、楚同心，遂走吴師，昭王反國。故曰善死③者不亡，楚王之謂也。是故自晉文以下至戰國而暴兵始衆，於是以強并弱，以大吞小。故強國攻取，弱國備守，合縱連横，羣相攻伐。故戰則稱孫吴，守則言墨翟。觀乎秦漢，世之爲兵者，可略覩矣。」④**疏**班氏云：「楚昭王遭闔閭之禍，國滅出亡，父老送之。王曰：『父老反矣！何患無君？』父老曰：『君若是，其賢也。』相與從之。或奔走赴秦，號哭請救，秦人憐之，爲之出兵。二國竝力，遂去吴師，昭王返國，所謂善敗不亡者也。」劉子説見《御覽》所引《新序》⑤。

夏，師及齊師圍郕，此次郎之師也。

---

① 未：《太平御覽·兵部二》引《新序》無此字，此爲廖氏增補以合傳文。

② 此：原脱，據《太平御覽·兵部二》引《新序》補。

③ 死：原作「敗」，據《太平御覽·兵部二》引《新序》改。

④ 「觀乎秦漢」至「覩矣」：《太平御覽·兵部二》引《新序》作「至秦而以兵并天下，窮兵極武而亡。及項羽尚暴而滅，漢以寬仁而興，故能掃除秦之苛暴矣。孝武皇帝攘服四夷，其後天下安然。故世之爲兵者，其行事略可觀也」。

⑤ 新序：原作「説苑」，據《太平御覽·兵部二》改。

郕降于齊師。魯因陳、蔡兵求救于齊，二國不至，移兵圍郕。

其曰降于齊師何？據齊人降鄣，此言郕降。不使齊師加威于郕也。郕，同姓國。齊侯仇讐而小人者，不使加于郕。桓賢而鄣邑，故得言降也。降者，爲齊屬國踰七十一年。「郕伯來奔」，言伯，猶未失地也。疏《公羊》云：不言降魯師，避之也。與《傳》各明一義。

秋，師還。事已畢矣。言師還者，辟公降郕以輔仇人。疏《公羊》、《左氏》以還爲善辭，與《傳》例小異。

還者，據致言至。事未畢也，據言還自晉，下又致也。遯也。臨陳而逃，不終其事也。言還者，與仇讎降同姓，大惡，不可言，故託言還以避其事，爲公諱也。還在降後，已成之辭，不辟當言至自降郕也。

冬，十有一月，癸未，齊無知弑其君諸兒。劉子云：「齊公孫無知有寵于先君，襄公絀之，無知帥怨恨之徒攻襄公于田所」，「遂弑之」。疏諸兒，仇也。《春秋》之義，不追錫，不伐喪。其人已死，不遷怒于後人。未弑以前，辟齊、魯不相接，從報仇起義。既弑已後，不再從報仇言者，不追戮也。

大夫弑其君，以國氏者，嫌也，據無知，公孫也。弑而代之也。嫌不以爲君，故大夫不名。

九年

春，齊人殺無知。疏《齊世家》：「桓公元年春，齊君無知游于雍林。雍林人常怨無知，及其往游，雍林人襲殺無知。」

無知之挈，失嫌也。再傳爲已踰年，且大國。稱人以殺大夫，大國稱公，其卿非大夫也。以大夫言者，自我言之，所謂「號從中國」也。疏無知立已踰年矣。以大夫言者，不許其得立之辭也。殺有罪也。前以國氏狀其爲亂之志，此去國，絶其繫屬之名。

公及齊大夫盟于暨。 此見大國大夫不名之始。曹殺大夫不名，傳：「無命大夫也。」大國殺大夫不名者，亦以其非命大夫也。二伯比于天子之公，其卿比于天子之卿，故不得言大夫。此雖經因無君乃不言名氏，亦因其本有此例。至于方伯之國，則全經無不稱名氏之例矣。**疏**《齊世家》：「十二年，初，襄公使連稱、管至父戍葵丘，瓜時而往，及瓜而代。往戍一歲，卒瓜時而公弗爲發代。或爲請代，公弗許。故此二人怒，因公孫無知謀作亂。連稱有從妹在公宫，無寵，使之間襄公，曰：『事成，以女爲無知夫人。』冬十有二月，襄公游姑棼，遂獵沛丘。見彘，從者曰彭生。公怒，射之，彘人立而啼。公懼，墜車傷足，失屨，反而鞭主屨者茀三百。茀出宫。而無知、連稱、管至父等聞公傷，乃遂率其衆襲宫，逢主屨茀，茀曰：『且無入驚宫，驚宫未易入也。』無知弗信，茀示之創，乃信之。待宫外，令茀先入。茀先入，即匿襄公户間。良久，無知等恐，遂入宫。茀反與宫中及公之幸臣攻無知等，不勝，皆死。無知入宫，求公不得。或見人足于户間，發視，乃襄公，遂弑之，而無知自立爲齊君。」

公不及大夫。 謂大國大夫稱名氏者，大國大夫尊與公近。傳曰：「可以言公及人，不可言公及大夫。」凡會大國大夫，不出公也。**大夫不名，** 宋大夫不名，爲祖諱。曹大夫不名，無大夫。此宜有名。**無君也。**《左氏》：「公及齊大夫盟于暨，齊無君也。」與《傳》同。無君，故公不没，辭窮，無嫌也。盟爲納糾，故不名大夫以起之。無君，齊急于立君，譏緩納也。**疏**《公羊》云：「公曷爲與大夫盟？齊無君也。」《傳》兼二事言之。無君謂一年無二君，先君已薨，薨年臣名皆統于先君也。踰年爲新君年，無君，故不名也。**盟，納子糾也。** 據目大夫，無君。**不日，** 據公盟大夫亦例日。**其盟渝也。** 定盟，乃立小白。**當齊無君，制在公矣。** 齊大夫無君，求納于君而盟，其權專在公，欲立糾，齊不得拒也。**當可納而不納，** 傳曰：「道之貴者時，其行勢也。」**疏**立國之道，首重專謀，知者審幾，不失時勢。齊殺無知而迎公子糾，當即時奉子糾還齊，乃不知乘時，坐失機會，使小白乘間先入，得以奪正，使子糾不保首領，國奪師敗，爲世大笑，失立國之要。故惡内也。此謂不諱敗也。

夏，公伐齊，納糾。納者，内弗受也。名者，以公臨之，君前臣名也。殺言子，明當立，故以子言，與鄭世子忽同。

當可納而不納，齊人來逆糾，當于盟暨納之。齊變而後伐，《公羊》伐而言納者，猶不能納也。小白乘間以入，機會失矣，乃以伐納之。故乾時之戰不諱敗，外公也。外公同外。惡内也。不從復仇言者，納糾非以尋仇，仇人已死，義已明，于其生，不再見義。

齊小白入于齊。疏《齊世家》：「雍林人告齊大夫：『無知弑襄公自立，臣謹行誅。唯大夫更立公子之當立者，唯命是聽。』初，襄公之醉殺魯桓公，通其夫人，殺誅數不當，淫于婦人，數欺大臣，羣弟恐禍及，故次弟糾奔魯。其母魯女也。管仲、召忽傅之。次弟小白奔莒，鮑叔傅之。小白母，衛女也，有寵于僖公。小白自少好善大夫高傒。及雍林人殺無知，議立君，高、國先陰召小白于莒。魯聞無知死，亦發兵送公子糾，而使管仲别將兵遮莒道，射中小白帶鉤。小白佯死，管仲使人馳報魯。魯送糾者行益遲，六日至齊，則小白已入，高傒立之，是爲桓公。」

大夫出奔反，歸而得國，從大夫例者，時未成君。以好曰歸，據蔡季歸，歸爲易辭，未失其家之意。以惡曰入。據許叔入，入爲難辭，内有拒之之義。此言入，惡之。齊公孫無知弑襄公，公子糾、公子小白不能存，稱公子，同非世子。糾以兄，宜立，傳：「兄弟天倫也。」出亡。齊人殺無知而迎公子糾于魯。傳謂可納也。公子小白不讓公子糾，先入，傳謂變也。劉子云：「鮑叔謂桓公曰：『公子糾在上位而不讓，非仁也。』」又殺之于魯，取子糾殺之是也。故曰「齊小白入于齊」，傳曰：「以不正入虚國，故稱嫌焉爾。」惡之也。劉子云：「管仲傅糾，鮑叔傅小白。無知弑襄公，糾奔魯，小白奔莒，齊人殺無知，迎糾于魯。公子糾與小白争入，管仲射小白，中其帶鉤，小白佯死，遂先入，是爲桓公。」疏「齊桓不受先君之命，不宜爲君而立，罪亦重矣。然知恐懼，舉人而以自覆蓋，知不背要盟以自湔洗也，遂以爲君而朝諸侯焉。」

秋，七月，丁酉，葬齊襄公。葬者，賊已討。七月乃葬者，因桓入乃葬，主桓也。疏 日爲大國正例。

八月，庚申，及齊師戰于乾時，我師敗績。傳云：「不諱敗，惡內也。」「不言其人，以吾敗也。不言及之者，爲內諱也。」《公羊》以不諱敗爲伐敗，以爲復仇。按：此本爲一見例，故二傳説不同。納糾不得爲復仇，則本傳爲長。傳又曰不言其人者，據及而不言其人，以吾敗也。據言敗績凡言及，皆從此。爲敗不言及之者，以來戰不言及，據此不諱言及也。來戰尤諱之深，疑戰不諱及，但不言敗，辱淺也。疏《齊世家》：「桓公之中鈎，佯死以誤管仲，已而載温車中馳行，亦有高、國內應，故得先入立，發兵拒魯。秋，與魯戰于乾時，魯敗。」

九月，齊人取子糾殺之。傳曰：「又殺之于魯。」《荀子》云：「仲尼之門人，五尺之豎子①言羞稱五伯。是何也？」「齊桓，五伯之盛，前事則殺兄而爭國，內行則姑姊妹之不嫁者七人」，「外事則詐邾，襲莒，竝國三十五」。月者謹之，惡內也。言子，明以兄得立。疏《齊世家》：「齊兵掩絶魯歸道。齊遺魯書曰：『子糾兄弟，弗忍誅，請魯自殺之。召忽、管仲，仇也，請得而甘心醢之。不然，將圍魯。』魯人患之，遂殺子糾于笙瀆。」

外②不言取，言取，病內也。據外惟邑言取，此人言取，明內不能拒而殺之。內不拒之，爲內恥。**取，易辭也，**內取于人，託于易，取之爲無拒。**猶曰取其子糾而殺之云爾。**實魯自殺，託言齊取其子糾而殺之。齊人自取，以易辭言之，所以辟內殺也。蓋齊殺之愈易，則辟之愈遠，若不干于內者。然則內方欲納糾，乃不能拒

---

① 子：原脱，據《荀子·仲尼篇》補。

② 外：原作「內」，據《穀梁傳》莊公九年、日新本、鴻寶本改。

齊取，則内辱大矣。十室之邑，可以逃難。百室之邑，可以隱死。若晉納蒯聵，吴封慶封之比。難死皆不受誅，小邑猶能蒙庇之。以千乘之魯《魯頌》：「公車千乘。」《明堂位》：封魯，「地方七百里，革車千乘」。七當爲四。千乘者，方伯閒①田之入，方三百一十六里，一州惟方伯有千乘。《孟子》曰：「千乘之國，百乘之家。」《王制》：「諸侯有功者，取于閒田以禄之。」而不能存子糾，内懼齊，殺之魯。以公爲病矣。釋經不地魯，而言齊取也。言魯殺，則嫌别故殺。言齊取，不能庇糾之罪明矣。若辟内乃殺，深著其畏齊也。

冬，浚洙。洙，水名，在魯北竟，適齊道也。

浚洙者，浚一見例，不知與城、築異同。深洙也。《公羊》：「深之也。」深洙，以淘沙淤通道也。著之因便守禦，禁厲揭者。著力不足也。設防具者，不能戰也。下乃勝，見師無常勢也。失機不進，轉福爲禍，反功爲敗，皆自取。

十年

春，王正月，公敗齊師于長勺。

不日，據來戰日。疑戰也。據未有定日。疑戰而曰敗，據外疑戰不言敗。勝内也。内戰喜其勝，雖疑言勝也。傳曰：「成敗之也。」疑，詐譎。

二月，公侵宋。不致者，惡事不致也。

---

① 閒：原作「間」，據《禮記・王制》改，下同。

侵時，小事例時。此其月，何也？據無所謹。乃深其怨于齊。敗長勺。又退侵宋以衆其敵，此屬詞之教也。齊、宋皆大國，尤危。惡之，失謀國交鄰之道。故謹而月之。起下齊、宋之師。

三月，宋人遷宿。宿，內邑，宿男所食。遷者，宋報前役，伐我而取之也。不言侵伐，宋不言伐我，使宿主之，若無與于內，諱之也。遷，滅也。宿不日者，會盟國滅乃日，宿不能同盟，月而已。

遷，據爲人遷與自遷異。亡辭也。據不地不復見亡也。其不地，據邢、衛、許地。宿不復見也。已滅亡，不復見也，賊不復見殺也。不言滅，爲內諱之。**疏**遷者，遷其民人，但食采邑，如今西人滅國事，故言遷。已誅其君而壞社稷，則言滅而已。遷者，此釋自遷出地者，亦惟衛、蔡、許三國。猶未失其國家以往者也。自遷者，保其國家，遷其都城，非亡也。往猶遷也。

夏，六月，齊師、宋師次于郎。不言伐者，宋于我無伐文。言齊伐，當言鄙，此已深入。月者，公結怨二大國，謹之，與侵宋月同。

次，據內言次于郎。止也，據內外同。畏我也。次郎者，圍郎也。內次次于內地，此外次，于內非次也。非次而曰次，起公結怨大國，志在深入。雖圍郎，猶幸未深入。託于畏我而止。目郎者，起圍。言次，諱之，以起深入。

公敗宋師于乘丘。獨敗宋者，齊不與戰。**疏**公子偃因宋師不整，先犯之，敗宋師，齊師還。事詳《左氏》。

不日，疑戰也。疑戰而曰敗，勝內也。**疏**再發傳者，齊強于宋，疑異例，故再傳以立義。

秋，九月，荆敗蔡師于莘，以蔡侯獻武歸。荆至此乃見者，齊桓已立，故見之。初見以獲蔡侯者，蔡侯①後遷于州來，以夷狄治夷狄也。不日，釋蔡侯之獲也。《春秋》夷蔡，以其亡同中國之心也。疏《楚世家》：「楚文王六年，伐蔡，獲蔡哀侯以歸，已而釋之。楚强，陵江漢②間小國，小國皆畏之。」

荆者，據九州國，舉國不舉州。傳曰：「州舉之也。」《春秋》九州，外州見荆、徐、梁以起揚州，内四州州名不見，但見外州，中國、夷狄之分也。八伯中四侯、二伯、二子，説詳《王制疏證》中。楚也。楚爲荆州伯，舉州定其爲州伯，後乃僭爲盟主。楚、吴皆爲方伯，由荆可以推揚也。劉子云：「漢南曰荆州。」何爲謂之荆？據衛、陳、鄭，内四州方伯不舉州。狄之也。狄之者，本非狄而狄之也。《春秋》中外之分自此始，以上皆中國，如《詩》《風》以下，乃治外，先中國後夷狄之大例。疏《春秋》著録，以詳者爲尊，略者爲賤。一州二百一十國，言州，疏達荒忽之詞，中國舉國，夷狄舉州，州不如國，知夷狄詞。楚本南蠻，《春秋》收復南服，以中國待之，故舉州狄之，必中國然後言狄，真夷狄則不言狄。内夷狄狄之，不入五等，入七等之例。真夷狄不入七等，進之乃氏子。能用中國，則中國之，用夏變夷之道也。何爲狄之？據荆在九州，爲侯綏，非要荒。聖人立，必後至。若桓召陵之盟，周公天下已平，猶膺楚也。其俗强悍，喜于爲亂，爲四夷寇，故後諸夷乃來服。天子弱，必先叛。謂周室多禍。疏楚先稱王，先四夷爲亂，叛中國。因其地風俗强悍，重狄之。《地理志》：「楚地，翼、軫之分野也。今之南郡、江夏、零陵、桂陽、武陵、長沙及漢

① 者蔡侯：原脱，據日新本、鴻寶本補。
② 漢：原作「淮」，據《史記·楚世家》改。

中、汝南郡，盡楚分也。周武王時，封文武①先師鬻熊之曾孫熊繹於荆蠻，爲楚子，居丹陽。」「《春秋元命苞》：『軫星散爲荆州，分爲楚國。荆之爲言強也』，『其氣急②悍也』。亦曰警③也，言南蠻數爲寇逆④，其⑤人有道後服，無道先叛⑥，常警備也。」《晉書・地理志》引。**故曰荆，**言荆州，舉外州之名，以别于内州。**狄之也。**狄之，謂如要荒，夷狄待之也。《春秋》于外州四國，楚最大，後攝盟主，故以州先見。《春秋》于内州託見西戎、北狄而不見南蠻者，以南服遠隔于楚、吴，故不見其名也。司馬遷云：楚、吴，周初小國，至春秋而始大。荆、揚本《禹貢》九州地。周衰，而楚、吴蠶食諸侯，以成大國。《春秋》建土，以中國狹隘，乃立收復外州之制。以楚、吴爲方伯，不以真夷狄待之。託于王者初立，以德綏服，用夏變夷，楚、吴皆襲籍于成周而歸化也。中國與戎狄近，不收戎狄而收南服者，以畫井開方，東、北、西三面地已盡，而南方地廣，故推擴于南，以成《禹貢》之制。今嶺南、閩、浙、滇、黔悉爲内地，皆《春秋》立楚、吴爲方伯，收南服之意也。《春秋》不見真夷狄，舊解誤以楚、吴爲夷狄。**蔡侯何以名也？**據晉執衛、曹不名。**絶之也。**據諸侯不生名，名如已死。【疏】誅君子不得立爲絶。哀侯留楚九年，卒不書卒，初絶之也。不記蔡事者，亦絶之也。**何爲絶之？**據莒、衛不絶。**獲也。**據夷狄不言執、獲，敗而言以歸，是獲也。韓之戰，晉侯不名者，言獲已

---

① 武：原作「王」，據《漢書・地理志》改。

② 急：原作「息」，據緯書集成本改。

③ 警：原作「楚」，據《晉書・地理志》改。

④ 逆：原作「盜」，據《晉書・地理志》改。

⑤ 其：原作「聖」，據《晉書・地理志》、日新本、鴻寶本改。

⑥ 叛：《晉書・地理志》、鴻寶本作「強」。

見。此爲諱獲，故出名也。中國不言敗，不以夷狄敗中國①。此其言敗，何也？據大夷敗小夷言敗，疑狄蔡。中國不言敗，蔡侯其見獲乎？中國不以楚及之，言戰、敗惟外州國有之。傳言此者，謂蔡爲中國，後爲夷狄。一國介居中外之間，若果全以中國待蔡，則不當以荆敗之矣。疏楚爲大夷，于中國國無及戰者，雖屢争鄭，而楚無及鄭戰之文，惟陳、蔡有之，言滅、言入、言執，不一而足。以二國有夷狄辭，故楚得及之也。據不言敗，當言蔡侯及荆戰于莘，蔡師敗績，以蔡侯歸，則是蔡侯見獲之跡甚明也。其言敗，何也？釋蔡侯之獲也。言敗，有蔡侯不在師意，如二事；以蔡侯歸，非由戰獲也。以歸，據晉人執衛②侯，言執以歸。猶愈乎執也。據彼言執衛侯以歸，此言以蔡侯歸以易執。辟言執以者，從其所使，較執爲善辭。中國言執，夷狄雖大，不言執，辟中國也。疏《蔡世家》：「哀侯十一年，初，哀侯娶陳，息侯亦娶陳。息夫人將歸，過蔡，蔡侯不敬。息侯怒，請楚文王：『來伐我，我求救于蔡，蔡必來，楚因擊之，可以有功。』楚文王從之，虜蔡哀侯以歸。哀侯留九年，死于楚。凡立二十年卒。蔡人立其子肸，是爲繆侯。」

冬，十月，齊師滅譚，譚子奔莒。譚，齊屬國。齊欲伯，譚不從，滅之。不名者，微國也。不言出者，國已滅。月者，亦微國也。疏《齊世家》：「桓公二年，伐譚，譚子奔莒。初，桓公亡時，過譚，譚子無禮，故伐之。」

十有一年

春，王正月。

---

① 不以夷狄敗中國：鴻寶本作「不以夷狄主中國而言敗」。

② 衛：原作「蔡」，據《穀梁傳》僖公二十八年改。

夏，五月，戊寅，公敗宋師于鄑。鄑，紀遷之邑，近齊。不致者，惡事也。

內事不言戰，舉其大者①。其日，據敗齊師于長勺，不日。成敗之也，疑戰不日。此日者，大其事，以正戰許之，因萬獲也。宋萬之獲也。劉子云：「長萬以勇力聞。萬與魯戰，師敗，爲魯所獲，因之宮中，數月②，歸之宋。」**疏**《宋世家》：「魯生虜宋南宮③萬。宋人請萬，萬歸宋。」按：《左氏》以爲在乘丘之役，有小異。

秋，宋大水。劉子云：宋愍公驕慢，睹災不改，而明年與其臣萬博戲，婦人在側，矜而罵萬，萬弒君之應。

外災不書，據外州國通不記災。此何以書？內州得記災，又有大小數例。王者之後也。劉子云：「二王之後不攷功，有誅無絶。」班氏說：「王者所以存二王之後何也？所以尊先王，通天下之三統也。明天下非一家之有，敬謹謙讓之至也。故封之百里，使得服其正色，行其禮樂，以事先祖。」書災始此者，尊宋也。**疏**《春秋》內州方伯以上得記災，蔡不記災，遷州來，外之也。宋三記，一爲王後，一爲故宋，餘一記見例。因王後一記此災，非王後有災必志也。記災、記卒皆始宋，爲尊冠諸侯。高下有水災曰大水。明內外同也。**疏**《宋世家》：「宋大水，魯使臧文仲往弔水。閔公自罪曰：『寡人以不能④事鬼神，政不修，故水。』臧文仲善此言。此言乃公子子魚教閔公也。」

冬，王姬歸于齊。書者，起前歸內爲主，因前辟公，嫌不明。王姬不字者，尊之不與內女同，故不字也。字者以相

---

① 「者」下原衍「也」字，據《穀梁傳》莊公十一年刪。

② 月：原作「日」，據《新序·義勇》改。

③ 宮：原脱，據《史記·宋世家》補。

④ 以不能：原作「不能以」，據《史記·宋世家》乙。

别。其志，據外嫁女不志。過我也。據不逆築，知過我。過我不志者多矣！此言因過而可志以見義，不過則不能志，非凡過必志。在筆削之例，非説特書之旨。凡言筆削例類如此。

十有二年莊王崩，不志。王事，一使一葬。疏《周本紀》：「子莊王佗立。莊王四年，周公黑肩欲弒莊王而立王子克。辛伯告王，王殺周公。王子克奔燕。十五年，莊王崩，子胡齊立。」

春，王三月，紀叔姬歸于酅。

國而曰歸，據伯姬歸于地紀，嫁于諸侯曰歸。此邑也，據以酅。其曰歸，何也？據嫁于大夫言來逆，不言歸大夫采也。吾女也。失國，元年遷紀。喜其得所，故言歸焉爾。禮：女夫死無主，兄弟弗爲之主，以夫之黨爲主。叔姬反魯，久，欲歸酅，桓公立，卒申其志，《春秋》許之。

夏，四月。

秋，八月，甲午，宋萬弒其君捷①。賊已討，不葬者，失德不葬也。捷失君道，故致弒。

宋萬，以國氏，未知爲嫌爲微。宋之卑者也。據奔氏國，嫌則挈。此不挈，知卑，非嫌也。卑謂未命大夫也。卑者以國氏。據鄭詹始終以國氏也。卑者不氏，上繫國，以國爲氏。及其大夫仇牧，劉子云：「宋閔公博，婦人在側，謂萬曰：『魯君孰與寡人美？』萬曰：『魯侯美。天下諸侯，惟魯君美耳，宜其爲君也。』閔公矜婦人，妒，因言曰：『爾魯之囚虜，爾何知？』萬怒，遂②。搏，閔公之頰齒落于口，絶吭而死，仇牧聞君死，趨而遇萬于門，攜劍而

① 「捷」下原衍「及其大夫仇牧」六字，據《穀梁傳》莊公十二年删。
② 遂：原作「逐」，據《新序·義勇》、日新本、鴻寶本改。

叱之。萬臂擊仇牧而殺之，齒著于門闔。仇牧可謂不畏強禦矣，趨君之難，顧不旋踵。」疏《宋世家》：「萬因殺太宰華督，乃更立公子游爲君。諸公子奔蕭，公子禦説奔亳。萬弟牛將兵圍亳。」以尊及卑也。弒時先弒君，然後及大夫。仇牧，閑也。死在君後，詞與孔父同者，以死衛其君，許之，故以弒及之，不言殺也。

冬，十月，宋萬出奔陳。嫌挈，不挈，卑者也。此殺也，其以奔言者，宋萬卑者，奔則氏國也，與猛殺而以卒言同。月者，謹賊出。疏《宋世家》：「冬，蕭及宋之諸公①子共擊殺南宮牛，弒宋新君游，而立湣公弟禦説，是爲桓公。宋萬奔陳。宋人請以賂陳。陳人使婦人飲之醇酒，以革裹之，歸宋。宋醢萬也。」

十有三年

春，齊人、宋人、陳人、蔡人、邾人會于北杏。外會參國以此始。此中國會，以齊主之，何爲序蔡？蔡由内而遷外，間于中外，故可序也。未遷以前爲何？州伯仍屬徐也。中國可以主春秋，故言同盟無蔡也。疏蔡序陳下，桓伯，蔡一會于此而已。小國獨序邾者，起以補紀缺，爲卒正也。有天王喪，不譏會盟者，爲事也。惟祭禮乃譏。

是齊侯、宋公也。據言齊侯，知下非卑者。桓會盟皆諸侯，大夫尚不專盟會。其曰人，何也？據人，疑貶宋公。始疑之。之謂齊侯，因下有伐宋事，故疑之。下不言公，再疑。何疑焉？據地伐乃疑，會其道不疑。桓非受命之伯也，凡三傳單稱伯者，皆二伯。《王制》曰：「八州八伯，五十六正，百六十八帥，三百三十六長。八伯各以其屬屬于天子之老二人，分天下以爲左右，曰二伯。」疏桓由外自強，非天子命之伯。天子命之，當稱公，不以

① 公：原脱，據《史記·宋世家》補。

侯在宋公上矣。按：受命伯謂受上公爵，命于周，爲二伯也。古二伯皆天子三公爲之。《左傳》説：齊、晉爲伯，天子亦有錫命。然以外諸侯受命爲之，終爲變例。蓋《春秋》乃託之齊、晉，齊在東，爲東伯；晉在西，爲西伯也。將以事授之者①也。《孟子》：孔子曰，其事則齊桓、晉文，其文則史，其義丘竊取之矣。疏因其有尊周之功，託之爲伯，舉諸侯而授之，以歸其統馭也。《春秋》所記，多孔子歸之二伯者，十二公以隱、桓爲遠，定、哀爲立。遠爲臨天下，立爲臨一家。莊、閔、僖、文、宣、成、襄、昭八世爲近世，爲臨一國。莊、閔、僖，齊伯也。文、宣、成、襄、昭，晉伯也。隱、桓，伯之將起，故以爲遠世。定、哀，伯之將終，故以爲立世。近八世，百八十年爲一世者，因紀伯功，故年多也。曰可矣乎？未乎？因功授以諸侯，而齊旋有伐宋之事，是伐同會也。託于疑之，必其仁信昭著，然後乃許之，故辟不出宋公，以辟伐同會之嫌也。舉人，據不稱爵。衆之辭也。衆謂天下同疑。傳曰「救災以衆」，舉人。此舉人，天下國人同疑之，非但其君。其人諸侯，何也？因其人宋，不可不人諸侯也。

夏，六月，齊人滅遂。

遂，據不日。夏陽邑，言滅。國也。據下殲遂，知國。其不日，微國也。傳曰：「滅國有三術：中國日，卑國月，夷狄時。」衛國，傳或以卑國，謂不能同盟會者，當是卒正國。

秋，七月。

冬，公會齊侯，盟于柯。疏説詳劉子。《左氏》但云「及齊平」，解經而不記事。劉歆嘗用要盟説此事，先秦以前諸書皆同，《左》不能易也。

---

① 者：原脱，據《穀梁傳》莊公十三年補。

曹劌之盟也，《荀子》云：「桓公劫于魯莊。」劉子云：「昔齊桓公與魯莊公爲柯之盟，魯大夫曹劌謂莊公曰：『齊之侵魯，至于城下，城壞壓竟，君不圖與？』莊公曰：『嘻，寡人之生則不如死矣。』曹劌曰：『然則君請當其君，臣請當其臣。』及會，兩君就壇，兩相相揖。」按：壇，會必築壇，相會于壇上。兩相，管仲、曹劌也。「曹劌手劍拔刀而進，迫桓公于壇上，曰：『城壞壓竟，君不圖與？』管仲曰：『然則君何求？』曰：『願求汶陽田。』管仲謂桓公曰：『君其許之！』桓公許之。曹劌請盟，桓公遂與之盟。已盟，提劍而去。左右曰：『要盟可倍，曹劌可讎，請倍盟而討曹劌。』管仲曰：『要盟可負，而君不負；劌可仇，而君不仇，信義著于天下矣！』遂不倍。天下諸侯翕然而歸之，爲鄄之會、幽之盟，諸侯莫不至。爲陽穀之會、貫澤之盟，諸侯皆來。南伐彊①楚，以致菁茅之貢；北伐山戎，爲燕開路。三存亡國，一繼絶世，尊事周室，九合諸侯，一匡天下，功次三王，爲五伯長，本信起乎柯之盟也。」疏晉文伐原起本信，不書，惡文也。信齊侯也。據不日，大信辭。桓盟雖内與，不日，據謹外盟猶日，内盟無不日也。信也。據大事日。渝盟如不盟，本不信也；大信亦盟如不盟，本信也。惟信盟謹日。不致者，惡事也。

十有四年

春，齊人、陳人、曹人伐宋。齊人，辟齊侯也。齊桓中國用兵皆稱人，爲齊桓諱。伐宋，故疑之。

夏，單伯會伐宋。三監不侵伐，此何以言侵伐？明齊桓初伯，復古制也。天子使三大夫居間田，爲方伯監。凡方伯政事，皆三監守之，強幹弱枝，征伐自天子出也。天子失政，則方伯、私臣得奪盟者權與兵事，監者不得與争。此征伐所以自諸侯出也。桓公初伯，亟明此制，收監者之權，反之天子，此伯之大義也。以下不言大夫專兵、伐國、會諸侯矣。

---

① 彊：原作「疆」，據《新序·雜事》改。

會，據外爲主。事之成也。師已至宋，單伯後至，故不列序而言會。疏《左氏》言「以内爲主」，本傳云「會者，外爲主焉爾」。

秋，七月，荆入蔡。荆再見，皆爲蔡事者，夷蔡，以夷狄治夷狄也。《春秋》中外四伯，中爲齊、晉，外爲楚、吴，雖有降①殺，而時勢相等。故入莊世，内升齊功，即外録楚禍。桓方得齊，楚即敗蔡；齊方會北杏，楚即入蔡。而諸侯内外從黨之分亦嚴焉。宋爲大國，服從中國。方伯之國，惟衛篤從中國，蔡從夷狄，劃然可分。外如陳、鄭，從違不一，功過相敵，隨事褒之而已。疏蔡從此二十四年不見經，略之也。不記災，不言聘，外之也。不專記事，皆附見，亦略之也。月者謹。

荆者，楚莊世五見，皆稱荆。楚也。自僖元年以後皆稱楚矣。其曰荆，何也？州舉之也。謂其地在《禹貢》荆州也。前傳云狄之，此云州舉，荆在九州，本非四裔，因其難化，故分中外。故凡外州國，三目州也。中國以國爲狄，夷狄以州爲狄，其例相同。州不如國，稱州不如稱楚。《王制》「一州二百一十②國」，州略而國詳。中國之附庸皆稱國，外州之大國亦舉州，此内外之大防，亦七等之通例也。疏《春秋》詳貴略賤，但舉州忽略言之，賤之至也，故不如國。國不如名，名上有脱文，《公羊》云：「國不若氏，氏不若人。」當據以相補。按：以上州、國、氏、人，皆夷狄稱號之進退。人、名以下，乃王臣稱謂之貴賤，各不相通。蓋國君之辭，自稱人而止，無名、字之例。王臣以人、名、字、子見，亦無國、州之例③。氏如赤狄潞、英氏、甲氏，人如下稱楚人是也。名不如字。《公羊》云：「人不

① 降：原作「降」，據日新本、鴻寶本改。
② 「十」下原衍「五」字，據《禮記·王制》删。
③ 例：鴻寶本作「稱」。

如名，名不如字，字不如子。」此大夫貴賤稱號之例。如天子卿稱子，大夫稱字，元士稱名，微者稱人是也。傳文有脱誤，當據《公羊》補正。

冬，單伯會齊侯、宋公、衛侯、鄭伯于鄄。衛已絶，爲桓紀之，八年一見。鄭厲復位不書者，略之也。

復因下而衍。同會也。《春秋》外會參國以上，始於北杏，至此而再，故曰復同會。言桓伯會諸侯之始也。傳以桓同盟爲尊周，以桓會無外州國相嫌，至于晉盟，乃以外楚言之。不言盟者，信未著，不言以爲桓諱也。疏「桓用賢相之能，用大國之資，即位五年，不能致一①諸侯。于柯之會，見其大信，一年而近國之君畢②至，鄄、幽之會是也③。其後二十年之間，尚未能大會諸侯也。至于救邢、衛之事，見存亡繼絶之義，而明年遠國之君畢至，貫澤、陽穀之會是也。故曰：近者不以言召，遠者不以勢使，此其效也。」

十有五年《年表》：「鄭厲元年。」疏《鄭世家》：「子嬰十二年，祭仲死。十四年，故鄭亡厲公突在櫟者④使人誘劫鄭大夫甫瑕，要以求入。瑕曰：『舍我，我爲君殺鄭子而入君。』厲公與盟，乃舍之。六月甲子，瑕殺鄭子及其二子而迎厲公突，突自櫟復入即位。初，内蛇與外蛇鬬於鄭南門中，内蛇死。居六年，厲公果復入。入而讓其伯父原曰：『我亡國外居，伯父無意入我，亦甚矣！』原曰：『事君無二心，人臣之職也。原知罪矣！』遂自殺。厲公于是謂甫瑕曰：『子之事君有二心

---

① 致一：原倒作「一致」，據《春秋繁露·精華》乙。
② 畢：原作「備」，據《春秋繁露·精華》改。
③ 也：原脱，據《春秋繁露·精華》補。
④ 者：原脱，據《史記·鄭世家》補。

矣！』遂誅之。瑕曰：『重德不報，誠然哉！』厲公突①後元年，桓公始霸。」

春，齊侯、宋公、陳侯、衛侯、鄭伯會于鄄。

復同會也。桓大會三也，且以同會起同盟也。**疏** 衣裳會：北杏一，二鄄，三此。三大會爲桓會之始，故言之。獨言此三者，類不過三。

夏，夫人姜氏如齊。

婦人既嫁不踰竟，踰竟，非禮也。

秋，宋人、齊人、邾人伐郳。宋在齊上，齊下宋也。伯者必先有下人之志，而後人爲之下，梁丘亦是也。獨宋乃得先者，大宋也。宋公敘侯上，尊卑之舊序，無所嫌也。

鄭人侵宋。宋、鄭同會于鄄，有侵事者，桓伯未盛也。

冬，十月。

十有六年

春，王正月。

夏，宋人、齊人、衛人伐鄭。討伐宋也。鄭從齊，故下荊伐鄭，復爲幽之會。

秋，荊伐鄭。伐其從齊也。**疏** 鄭受楚禍次于蔡，故次見。鄭受楚禍烈矣！經多爲之諱。不如蔡者，不以夷狄治

---

①「突」下原衍「入」字，據《史記·鄭世家》、日新本、鴻寶本删。

中國也。

冬，十有二月，會齊侯、宋公、陳侯、衛侯、鄭伯、許男、曹伯、滑伯、滕子，同盟于幽。《春秋》二伯會盟始此，言同也。齊在宋上，升齊爲伯，内公在外公上也。陳、衛、鄭，三方伯也。陳在上，王者後，次宋也。鄭在下，伯次侯也。伯爲方伯者，畿内諸侯稱字也。許初爲鄭屬國，許稱男者，伯子男一也，言男以别内外。蔡亦方伯，專心事楚，不書，外之也。曹以下爲魯屬，魯爲青①州伯，一州之正、帥、長皆統于魯。《春秋》内魯，敘魯屬國，外小國則不書。許男在曹上者，許以一國見，序在杞下，則内外不分也。内得序七卒正，曹、莒、邾、滕、薛、杞，故卒葬之。小邾不卒葬者，邾附庸，殺之也。滑惟此一序，不序者也，序者，起晉在也。不言晉者，《春秋》方欲伯齊，不使晉見也。滑近晉，《春秋》不以屬晉者，二伯古制，在内不統卒正，故齊、晉、宋皆無屬國也。桓初爲五伯首，《春秋》之例，同姓爲上，晉復爲伯，不可以序晉上，故不見之。于此言滑，方授東伯，即起西伯也。滑稱伯，與邢侯相起。屬國皆侯，爲卒正者，不見侯而稱伯，辟方伯侯也。間稱侯者，明其實也。滑序曹下，從伯爵。衣裳之會，一也。衛自此九年乃不專敘，略之也。

同者，據盟貫不言同。有同也，據同爲伯辭。言同則有所指。《公羊》：同，同欲也。疏按：言同者，兼以分制中外。凡言同，皆中國國，故蔡在不言同也。文以下，同盟無陳。此何以有陳？文以後，間用外陳之例。陳記災言聘，因中國也。同尊周也。尊周外楚，爲《春秋》二大綱。桓伯時楚未大盛，故以尊周言之，晉伯以能攘楚，從其重者言之。實則尊周者未嘗不外楚，外楚亦即所以尊周也。劉子云：「春秋之時，天子微弱，諸侯力②政，皆畔不朝，

① 青：鴻寶本作「兖」。

② 力：原作「專」，據《説苑·尊賢》、日新本、鴻寶本改。

衆暴寡，強劫弱，南夷與北狄交侵，中國不絶若綫。桓公于是三存①亡國，一繼絶世，救②中國，攘夷狄，卒脅荆蠻，以尊周室，伯諸侯。」疏 據推齊、晉主會言同者，同起伯辭。齊言同二，晉言同十三。齊言尊周，晉言外楚，二伯升降之序。不言公，據言會下序小國。外内寮一疑之也。外宋也，内公也。同盟，信辭。公與齊盟，而後要盟，是伐同盟，故内不言公，疑之。疏 寮，舊説以爲同寮，謂宋與魯。

郳子克卒。莊世不卒小國，此卒者，明由方伯所壓之卒正進爲見經之卒正也。《春秋》内六卒正列盟會，郳初稱字，後列北杏稱子，因前稱字，卒之以明其進也。

其曰子，據上字儀父。進之也。列會北杏，明爲見經卒正也。《王制》一州七卒正，見經共六者，一壓于方伯，故不見郳。初爲方伯所壓之卒正，紀亡，因移郳以備六卒正，故得同盟會，得卒葬。卒正例稱伯，子者，明進之也，非實卒正也。始卒，故不日，不日，故不葬，略之也。

十有七年天王僖王崩，不志。僖王事不見經。疏《周本紀》：「僖王三年，齊桓公始霸。五年，僖王崩，子惠王立。」

春，齊人執鄭詹。《春秋》惟大國乃以執見，齊、晉、宋、楚是也，方伯以下無之。

人者，據執或目君。衆辭也。據衛人立晉。以人執，據執祭仲，人爲貶。與之辭也。據與討賊同。不稱齊侯爲伯討者，詹，卑者，愛齊侯，故不目；《春秋》以人執諸侯，以諸侯執大夫，以尊治卑，以衆治寡之義也。齊侯大尊，鄭詹大卑，變文起例，故稱人爲與辭。鄭詹，據宛貶。鄭之卑者。據來不氏，知非貶。卑者不志，此

---

① 三存：原作「存三」，據《説苑・尊賢》乙。

② 救：原作「從」，據《説苑・尊賢》改。

其志，何也？·據獲萬不書。有大夫國，卑者不見也。以其逃來，志之也。據內以接內。記未命大夫。逃來則何志焉？·據取郜鼎不言宋取于郜。將有其末，不得不録其本也。此紀事本末也。人與物不同辭。鄭詹，鄭之佞人，不録其執，則逃不明，無以起佞人也。卑者來，亦不因佞志之。鄭詹，鄭之佞人也。據人執、逃來，知有罪。卑者書執來，志佞也。《論語》：「放鄭聲，遠佞人。」**疏**《左氏》云：「鄭不朝也。」當是因詹巧佞，鼓惑鄭伯，故桓公討而執之。

夏，齊人殲于遂。**疏**《地理志》泰山郡蛇①丘下云：「隧鄉，故隧國。《春秋》曰：『齊人殲②于隧』也。」

殲者，據與敗同辭。盡也。據字訓，《爾雅》：「殲，盡也。」然則何爲不言遂人盡齊人也③？·據「邾子戕鄫子」，以戕者加之。「王師敗績于貿戎」，文乃同此。無遂之辭也。無遂者，遂已滅。如言遂人殲齊人，是遂未亡之辭。遂已亡，不能先言遂人。無遂則何爲言遂？·據亡國當地邑，遂已亡，不應再見。其猶存遂也。存謂本亡也而存之。《春秋》存中國，存陳，內存公。經意本不存遂，其言遂者，猶有存之意焉。存遂奈何？·問其事實。曰：齊人滅遂，上十三年事。使人戍之，遂之因氏飲戍者酒而殺之，《左傳》：「夏，遂因氏、頜氏、工婁氏、須遂氏饗齊戍，醉而殺之，齊人殲焉。」此《傳》但言因氏，舉其爲首戍。按：三傳經有明文之事，莫不相

---

① 蛇：原作「虵」，據《漢書·地理志》改。
② 殲：原作「遷」，據《漢書·地理志》改。
③ 也：原脱，據《穀梁傳》莊公十七年補。

同。即此事甚小，而三傳所同也。言「遂因氏」①，《左》同，知三傳原不求異。齊人殲焉。遂亡已久，故家舊族能爲國復讎。雖不濟于亡，《春秋》嘉其事，存之，謂遂猶有人也。此謂狎敵也。傳曰：「不狎敵，不邇怒②。」疏故以自殲爲文，與棄師、梁亡同也。

秋，鄭詹自齊逃來。卑者來不志，志者，謹以佞。逃來不志，志，譏内受罪人也。

逃義曰逃。言逃者，譏内之爲逋逃藪也。有罪見執于伯國，宜待罪聽放，所逃之國亦不得受罪人。言逃絶之，亦放佞之意。

冬，多麋。劉子云：「麋色青，近青祥也。麋之爲言迷也，蓋牝③獸之淫者也。莊公取齊女，其象先見，天戒若曰：勿取齊女，淫而迷國。莊不寤，遂取之。夫人既入，淫于二叔，終皆誅死，幾亡社稷。」疏班氏云：「諸侯射麋，示遠迷惑人也。麋之言迷也。」

十有八年

春，王三月，日有食之。劉子云：「夜食者，陰因日明之衰而奪其光，象周天子不明，齊桓將奪其威，專會諸侯而行伯道。其後遂九會諸侯，天子使世子會之，此其應也。」

不言日，不言朔，夜食也。何以知其夜食也？據日食記見，目治也。夜食，食在地，不可見。

---

① 遂因氏：原作「國氏遂」，據《左傳》改。

② 怒：原作「怨」，據《穀梁傳》襄公二十九年、日新本、鴻寶本改。

③ 牝：原作「牡」，據《漢書·五行志》改。

曰：王者朝日，《玉藻》曰：天子玄冕而朝日于東門之外，諸侯皮弁以聽朔于太廟。疏此謂頒朔禮也。天子不朝朔，朔由天子定也。朔日，天子于東門外朝日，明法天也。退而頒朔于天下。因朝日，見日體有吐狀外壞，知其夜食之也。故雖爲天子，必有尊也。謂以天爲君也。傳曰：「爲天下主者，天也；繼天者，君也。」言朝，以臣事君之辭也。貴爲諸侯，必有長也。謂以天子爲天也。王以天法頒朔，諸侯受朔而布之，是以天子爲天也。故天子朝日，諸侯朝朔。朝日，即《玉藻》「朝日于東門之外」，朝朔，即《玉藻》「聽朔于太廟」也。諸侯受治于天子，天子受治于天，故傳曰：「爲天下主者，天也。」《春秋》以魯年繫周正，即天子頒朔于諸侯，聽朔于太廟之義也。疏此亦所以見記日食之意。

夏，公追戎于濟西。《王制》「西方曰戎」，戎不在東，在東非戎。「戎伐凡伯于楚丘」，戎爲衛，以此推之，則戎者曹也。何以知爲曹？以下定，曰濟西田也。曹爲同姓卒正首，故經不言魯、曹侵伐之事。不致者，在内也。

其不言戎之伐我，何也？據下①言齊侵。至莊世，一國辭得言伐也。以公之追之，不使戎邇于我也。齊可言侵，戎不可言伐。言追，使如過竟，公怒追之，不以伐我，所以成公美也。疏《左氏》：「不言其來，諱之也。」于濟西者，據地下②。濟西，舉水名。大之也。據守于河陽大天王。何大焉？下不大，此獨言大之。爲公之追之也。公追，故大。其鄙不大者，此追戎，彼追齊。齊，大國；戎，外夷。以公追之，故舉大。追齊不可舉大也。

---

① 下：鴻寶本作「鄙」。

② 下：鴻寶本作「鄙」。「地下」：疑當作「下地」。

秋，有蜮。劉子云：「蜮生南越，越地多婦人，同川而浴，淫女爲主，亂氣所生，故聖人名之曰蜮。蜮猶惑①也。」「時莊公娶齊之淫女，蜮至。天戒若曰：勿取齊女，當生篡殺之禍。莊不寤，遂取之。入後淫二叔，二叔以死，兩子見弒，夫人②亦誅。」

一有一亡曰有。據蜮南越生，一猶或也。蜮，射人者也。劉子云：「蜮在水旁，能射人，射人有處③，甚者至死。南方謂之短狐，近射妖，死亡之象也。」

冬，十月。

十有九年**疏**《蔡世家》：「楚虜蔡侯以歸。哀侯留楚九年，死于楚。凡立二十年卒。蔡人立其子肸，是爲穆侯。」自獻武獲以後不記蔡事者，絶之也；不志卒者，亦絶之也。從獲至齊桓伐蔡乃記蔡，二十七年乃記蔡事。

春，王正月。

夏，四月。

秋，公子結媵陳人之婦於鄄，遂及齊侯、宋公盟。劉子云：「《春秋》之辭有相反者，既曰大夫無遂事，又曰大夫出疆有可以安社稷、利國家者，專之可也。此二者各止其科，不轉移也。不生事者，謂平生常經④也。專之可也，

---

① 惑：原作「或」，據《漢書・五行志》改。
② 夫人：原作「大夫」，據《漢書・五行志》、日新本、鴻寶本改。
③ 處：原作「毒」，據《漢書・五行志》、日新本、鴻寶本改。
④ 平生常經：原作「生平經常」，據《說苑・奉使》改。

謂救患除危也。公子結擅生事，《春秋》不譏，以爲救莊公危也；公子遂擅生事，《春秋》譏之，以爲僖公無危事也。故君危而不專救，是不忠也；君無危而擅生事，是不臣也。《春秋》無通義，此之謂也。」

媵，淺事也，不志。大事非常者乃志。此其志，何也？據内媵不書，當言如陳，不志媵事。辟要盟也。要盟，生事邀盟也。辟者，所以免結之罪也。疏 結以媵至鄄，逢齊、宋來伐魯，生事要而盟之。大夫以君命出疆，例言如而不繫事。以常例言之，結事當云公子結如陳，遂及齊侯、宋公盟于鄄，則是結生事要盟迹顯著，妄生事，如公子遂也。《春秋》以莊公有危，許結生事，故言媵陳人之婦于鄄，遂及盟，則結要盟之迹不著。言遂以著其遂事之實，言媵以辟乎要盟之名。大夫出疆有可以安社稷、利國家者，則專之可也，故許生事而辟之；然終有專制之罪，故特言遂以明其意。何以見其辟要盟也？據遂命不辟。媵，禮之輕者①也。媵，婚姻之小事，例不志。盟，國之重②也。盟事大，故以日志。雖微者盟猶志。以輕事遂乎國重，據凡言遂，皆以重遂輕，如以京師遂晉是也。事論重輕，如魯命結往陳。以二事論，自當以重者爲主，不能爲輕者出而遂重事也。無説。别無所解，則明辟其要盟。不然，則書如陳遂及盟，則結有要盟之罪以輕遂重，反若爲盟出。媵爲遂者，所以免其專命之罪。其曰陳人之婦，據陳侯乃媵，當言侯夫人。略之也。據言人、言婦略以起意，不在陳事，辟下要盟耳。其不日，内大夫盟例日。數渝，數猶速，秋盟而冬渝。惡之也。柯盟不日起本信，此不日，惡渝。各爲一事，成人之美也。因渝盟，故幽盟内疑之也。鄄，陳地也。陳侯亦在盟。

① 者：原脱，據《穀梁傳》莊公十九年補。
② 「重」下原衍「者」字，據《穀梁傳》莊公十九年删。

夫人姜氏如莒。

婦人既嫁不踰竟，踰竟非正也。疏再發傳者，莒異國。

冬，齊人、宋人、陳人伐我西鄙。言伐鄙者，齊在魯西北，邾在魯南，莒在魯東。宋人、陳人不言伐我，言西鄙者，從齊言之。

其曰鄙，據哀以上伐我者皆言鄙。遠之也。據鄙爲邊鄙，《左傳》所謂疆場之事，故郎不言鄙，以其近也。其遠之何也？據定、哀以上師入近皆不言伐，伐皆鄙。不以難邇我國也。伐我恥辱，故遠言鄙，爲内諱。傳曰：「有臨天下之言焉，有臨一國之言焉，有臨一家之言焉。」疏臨天下謂隱、桓不言伐也，臨一國謂莊至昭言伐鄙，臨一家謂定、哀言伐我。《孟子》曰：「天下之本在國，國之本在家，家之本在身。」内本國，外諸夏，一國言；内諸夏，外夷狄，天下言也。

二十年

春，王二月，夫人姜氏如莒。再如，故月。詳録夫人之踰竟，所以譏内也。

婦人既嫁不踰竟，踰竟非正也。疏再發傳者，因其月，疑不同。

夏，齊大災。劉子云：外災「不因①其宮館者，略之也。」「齊桓好色，聽女口，以妾爲妻，嫡庶屢更，故致大災。桓

① 因：原作「言」，據《漢書·五行志》改。

公不瘠，及①死，嫡庶分争，九月不得葬。」**疏**齊一紀災，大國也，伯，故次宋。

其志，據大國得紀災，不同中國、夷狄。然齊災多矣，何以獨于此志？以甚也。因甚而特于此志以起例。

疏《五行志》、《公羊》以大災爲大疫。

秋，七月。

冬，齊人伐我。**疏**我，二傳作戎。莊世伐我當言鄙。戎者何？我也。諱其伐我，故託言之。

二十有一年

春，王正月。

夏，五月，辛酉，鄭伯突卒。此不正，其日之何也？不正前見也。**疏**《鄭世家》：「厲公卒，子文公捷立。厲公初立四年，亡居櫟，居櫟十七②年，復入，立七年，與③亡凡二十八年。」

秋，七月，戊戌，夫人姜氏薨。

婦人弗目也。再傳者，疑夫人有罪，當如夷薨言地。此與夫人薨于夷相起。

冬，十有二月，葬鄭厲公。月者緩。方伯正例日。

---

① 及：原作「以」，據《漢書・五行志》改。

② 七：原作「八」，據《史記・鄭世家》、《十二諸侯年表》改。

③ 與：原作「乃」，據《史記・鄭世家》、日新本、鴻寶本改。

二十有二年

春，王正月，肆大眚。傳曰：「天子親耕以供粢盛」，「甸粟而納之三宮」。

肆，失也。疏 失讀爲受，謂受眚故也。受，篆似失。眚，災也。疏 甸師「喪事代王受眚災」，鄭君云：「粢盛者，祭祀之主也。今遭大喪，若曰此黍①稷不馨，鬼神不饗②，使鬼神不逞于王。既殯，大祝作禱辭授甸人，使以禱藉田之神。受眚災，弭後殃。」災，紀也。紀，喪紀也。失，故也。疏 故讀如祝。大祝大喪「言甸人讀禱」，鄭君云：「甸人受喪事，代王③受眚災，大祝爲禱詞語之，使以禱藉田之神也。」爲嫌天子之葬也。天子葬乃用此禮。今不曰受眚災曰肆大眚者，辟其名也。主書者，禮：公族有罪，刑之于甸師。文姜與弒當誅，今乃禮葬，故言甸師之事，以起失刑也。

癸丑，葬我小君文姜。

小君，據葬我君不言小。非君也。據小邾言小，與邾別。《孟子》曰：「天無二日，民無二王。」言小，非君也。其曰君，何也？妻統于夫，言及，有尊卑之別。《春秋》所以別嫌明疑，當絶正其義。以其爲公配，夫人爲公敵體，承宗廟，繼萬世，主内治，爲公配也。可以言小君也。配公，不可與臣子同辭，得言君也。言此，故禮必親迎。《論語》：「邦君之妻，君稱之曰夫人，夫人自稱曰小童；邦人稱之曰君夫人，稱諸異邦曰寡小君，異邦人稱之

---

① 黍：原作「社」，據《周禮·甸師》改。
② 鬼神不饗：《周禮·甸師》無此四字。
③ 代王：原脱，據《周禮·大祝》補。

亦曰君夫人。」

陳人殺其公子禦寇。殺公子必言大夫，言公子而不言大夫，非大夫也。不日，世子也。疏《陳世家》：「二十一①年，宣公有嬖妾生子款，欲立之，乃殺其太子禦寇。」陳、蔡、鄭、楚言殺公子公孫無不氏大夫者，惟盜殺乃不言。

言公子而不言大夫，據方伯國殺公子當言大夫。疏陳不正，見公子，皆有所起。禦寇，世子。招，弑者。留，招所立。過，招黨。公子未命爲大夫也。言非命大夫也。禦寇爲世子，公子不命不見經，以此見非公子，乃太子也。疏下書陳世子款，此如稱世子，是陳有二世子也。諸侯盟會，非世子不得書。此爲辟兩世子以稱公子。不言大夫，以起爲世子。《左傳》作殺太子，與《世家》同。其曰公子，何也？據莒無大夫，乃不言大夫而互目公子。此例不同。公子之重視大夫，此以親敵尊也。疏公子，親也。大夫，尊也。公子雖不命，《春秋》以親親之義，推而重之，與命大夫比，故公子與大夫同以名氏見，此親親之道。故禦寇不言大夫，得見次國大夫尊，公子亦與之同尊也。命以視②公子。此以尊敵親也。大夫命于天子，以名氏見，亦如公子以氏見，此尊尊之義。傳言所書之故也。此一見例，起世子也。疏莒殺意恢，不言大夫；曹殺大夫，不言名氏，互以相起。次國大夫與小國尊卑不同，公子亦與小國異也。一本作「命以執公子」。

夏，五月。以五月首時者，文姜方葬，又謀取齊女，再有女禍，故不繫也。

秋，七月，丙申，及齊高傒盟于防。日者，起公盟。又公與齊交至，因此爲信辭也。不致，在內也。

---

① 一：原脱，據《史記·陳杞世家》補。

② 視：《穀梁傳》莊公二十二年作「執」，范注云：一本作「大夫命以視公子」。

不言公，高傒伉也。齊卿見經者，高氏、國氏、崔氏、慶氏、欒氏、陳氏，共六族。國、高爲正卿，與《春秋》相終始。所紀外四族，一卿、二大夫，齊得晉之半，詳晉略齊也。

冬，公如齊納幣。劉子云：「莊釋父仇，取齊女。」

納幣，大夫之事也。據公子遂納幣不譏。《士昏禮》：納采、問名、納吉、納徵、請期，皆使者將事，唯親迎乃親事焉。禮有納采，《士昏禮》：「納采用鴈。」鄭君云：「將欲與彼爲婚姻，必先使媒氏下通其言。女氏許之，乃後使人納其采擇之禮。納采而用鴈者，取其順陰陽往來。」有問名，《士昏禮》：「賓執鴈，請問名。」鄭君云：「問名者，將歸卜其吉凶。」有納徵，《士昏禮》：「納徵，玄纁束帛、儷皮，如納吉禮。」鄭君云：「徵，成也。使使者納幣以成昏。」疏按：不言納吉，卜吉乃納徵，納徵可包納吉。有告期，《士昏禮》：「請期用鴈。主人辭，賓許，告期。」鄭君云：「主人辭者，陽倡陰和，期日宜夫家來也。夫家①必先卜之者，得吉，乃使使者往，辭即告之。」四者備而後娶，禮備，然復親迎。禮也。以士禮推合，諸侯亦如此禮。公之親納幣，非禮也，劉子云：「公取齊女，未入，先與之淫。」疏親納幣者，譏公淫也。公淫不可言，譏納幣而已。故譏之。納幣，禮使人。公雖如齊，亦當使大夫代行。因淫，乃目公；不起淫，當目大夫。

二十有三年

春，公至自齊。桓會不致，此如桓會致者，危公淫也。

①「家」下原衍「人」字，據《儀禮·士昏禮》鄭注删。

祭叔來聘。祭叔與祭伯、祭仲同爲監大夫，王臣稱祭公，以字行之，伯、仲、叔皆監也。開田居一州之中，方百里者九，三監國主方百里者三，以外諸侯爲方伯統之，與方伯本國別自爲政。方伯本國大夫不得干與方伯事，三監亦不與方伯本國事與天子事。今來聘，是爲監而兼爲天子行也。**疏**惠王不見天王稱，惟此及王人會。

其不言使，何也？據祭伯無聘文，此聘不言使。天子之内臣也。女叔，傳曰：「天子之命大夫也。」《公羊》單伯，傳曰：「吾大夫之命乎天子者也。」夷伯，傳云：「魯大夫也。」内臣謂天子大夫，爲魯監也。内謂魯，不曰天子之内臣。**疏**稱字大夫，常文當云天子之大夫。四選皆内臣，不得大夫獨稱之。聘有君命，亦不得以外交爲聘。

不正其外交，天子大夫，禮得爲行人，適諸侯。然既爲監大夫，則又兼臣屬于魯，聘魯當別使人，不得因其適魯之便兼此聘差。天子大夫可外使，監大夫則不可使，并不可①使別國。故不與使也。凡聘皆言使，不言使，奪其使也。本使而奪其使，明監大夫不得奉使也。

夏，公如齊觀社。劉子云：「天子大社、王社，諸侯國社、侯社，制度奈何？曰：社②皆有垣無屋，樹其中以木。有木者，土主生萬物，萬物莫善于木，故樹木也。」**疏**《墨子》：「燕有祖，齊有社，宋有桑林，楚有雲夢，此男女之所屬而觀也。」

常事曰視，非常曰觀。觀，無事之辭也。非有禮典、故事。以是爲尸女也。劉子云：「哀姜者，齊侯之女，莊公之夫人也。初，哀姜未入時，公數入齊，與哀姜淫。」無事不出竟。劉子云：天子、諸侯分土而

---

① 「此聘」至「并不可」：原脱，據日新本、鴻寶本補。
② 社：原脱，據《五經通義》補。

治，天子無事不得出圻內，諸侯無事不得至封外，故出則有告祭之事。

公至自齊。惡事不致。此致者，因在齊，故致以危之也。

公如往時，如出疆、侵伐、昏禮、朝、會盟，皆同也。正也。出疆得禮，例時。疏此非禮時者，言觀，惡事。惡事不致，致則危之，謹女禍。致月，故也。致月謹之者，故也，如往月，亦故也。此互言之耳。如往月、致月，有懼焉爾。自莊世以下，例往來皆月，危之甚。疏隱、桓以上不致，致則爲變。入莊世，致爲常事，又以月起其變。常則來往皆時，夷狄往皆月，危之也。

荆人來聘。荆人聘，起公貳于楚。疏荆前三見皆惡事，直稱荆，此爲善事，乃稱人。入僖世，則稱楚矣。

善累，累，積也。而後進之。據善狄救齊。疏伐衛救齊，善累而後進之，稱狄人。其曰人，何也？據荆前無善事，夷狄聘一事，未累而遂進人之。舉道不待再。據來聘者皆進。大國舉貴，小國舉名，聘道也。道爲大美，善爲小節。善累後進，舉道不待再，大小異也。能聘，用夏變夷，崇德化兵争也。

公及齊侯遇于穀。上言荆來聘，此言遇齊侯，明公篤于中國而外夷狄也。

及者，據在內言會。內爲志焉爾。言公急于求齊和。遇者，據或言會。志相得也。非記災之國不言遇，言遇者皆中國，故以相得言之。言內相得，從此不疑也。有伯以後，不言遇。

蕭叔朝公。朝不可在外，聘則有在外者。蕭，宋封附庸也。言朝者亦魯。《春秋》不以王後爲方伯，故于魯言朝。蕭已滅，食采三十里，故稱字。後楚滅蕭，則並采邑亦廢，蕭遂專爲宋邑，無食采之人矣。此非卒正，不記來朝，記者，爲譏外朝也。凡卒正以下例不記朝。朝皆有起，卒正常朝不記，記皆有起也。

微國之君，故言朝也。附庸與屬國言朝。未爵命者。微國，附庸也。字者，三十里。疏《地理志》沛郡蕭下云：「故蕭叔國，宋別封附庸也。」其不言來，據郳子來，會在外言來。於外也。據曹伯來朝，在内也。朝於廟，據來接内，在廟。正也。《春秋》禮，朝聘于廟，不可自專，歸功先人，示不敢當，故言來朝，不目公也。于外，據不言來，又目公。非正也。據會在外言來，朝在外不言來，明朝在外，《春秋》所不許。疏後蕭屬宋者，附庸爲所食之閒田，不得自有其國，如宿、穀皆目爲内邑是也。

秋，丹桓宫楹。劉子云：「莊公飾宗廟，刻桷丹楹，以夸夫人。」

禮：天子丹，據莊譏丹楹。疏今注疏本無丹字，據《御覽》一百八十七引傳作「天子丹」補。諸侯黝黑色。堊，白土，白色。疏堊當爲卿色，傳文脱卿字。大夫倉，青①。士黈。黄②。尊卑各以其色爲序。丹楹，非禮也。劉子云：「諸侯墻③有黝堊之色，無丹青之采。」疏非禮謂僭天子。丹南方，黝北方，天子南，諸侯北，以相別異也。倉青東，堊白西，卿、大夫皆在左右，黄以士居中。

冬，十有一月，曹伯射姑卒。不日，反其小國例也。曹爲卒正之首，始日起其侯也，一見已明，以下反其卒正例，明《春秋》以小國接之也。若以日言正不正，則竟與大國同，故以後不日。疏《曹世家》：「三十一年，莊公卒，子釐公夷立。」

十有二月，甲寅，公會齊侯，盟于扈。扈，晉邑也。盟扈，晉在也。遠盟扈，諸侯皆在也。不言晉，故不言諸

---

① 青：鴻寶本作「同蒼青也」。

② 「黄」上鴻寶本有「同」字。

③ 墻：原脱，據《太平御覽·居處部》補。

侯；不言晉，方欲伯晉。晉同姓，當敘齊上，故不出之也。疏莊世不敘晉。據《管子》齊桓與晉交涉事，經不見晉，諱之也。桓盟不日，此盟日者，以其有魯，大會，故日以起之。

二十有四年

春，王三月，刻桓宮桷。劉子云：「莊公刻飾宗廟，多築臺囿，後嗣再絶，《春秋》刺焉。」

禮：天子之桷，斲之，齊之使平。礱之，磨之使光。加密石焉；以密石爲飾。天子禮數備。諸侯之桷，斲之，礱之；不加密石，殺也。大夫斲之；不礱也。士斲本。不純，降于大夫。疏《禮含文嘉》：「宫室之飾，士首本，大夫達棱，諸侯斲而磨之，天子加密石焉。」宋均注云：「大夫達棱謂斲爲四棱，以達兩端。士首本，士斲去木之首本，令①細與尾頭相應。」《禮記·禮器》正義引《國語》亦有此説。刻桷，據刻桷與禮合。非正也。刻雖近禮，然以齊女入而刻，爲失正，不合于道。雖合禮，不達權者，爲非正，《春秋》不以正待之。夫人，所以崇宗廟也，夫人，所以奉承宗廟祭祀。崇謂尊奉之。取非禮傳：「丹楹非禮。」與非正傳：「刻桷非正。」而加之于宗廟，據于桓宮也。言宗廟，謂五廟皆加飾，不獨桓宮。以飾夫人，劉子云：「丹楹刻桷，以夸夫人。」謂夫人來，當廟見。欲夸耀夫人，故加飾之。非正也。誣蔑宗廟，以悦婦人，失正也。刻桓宮桷，丹桓宮楹，斥言桓宮，據言新宮，傳云：「稱謚，如疏之然。」以惡莊也。據常修不當獨于桓，獨言桓者，莊取仇女以薦于桓廟，尤惡。言桓，以惡釋怨，且如疏其禰也。疏傳以失禮者爲非禮，雖合于禮，事不當行，爲非正。禮與正有别，

① 令：原作「會」，據緯書集成本《禮含文嘉》改。

失正較失禮尤重。

葬曹莊公。小國之首，故九卒皆葬，特筆以起爲卒正長也。許凡卒亦皆葬，與以外卒不盡葬相別也。

夏，公如齊逆女。劉子云：「『夏，公如齊逆女』；『何以書？親迎，禮也。』其禮奈何？曰：諸侯以屨二兩加琮，大夫、士、庶人以屨二兩加束脩二。曰：『某國寡小君，使寡人奉不珍之琮、不珍之屨，禮夫人貞女。』夫人曰：『有幽室數辱之産，未諭于傅母之教，得承執衣裳之事，敢不敬拜祝。』祝答拜。夫人受琮，取一兩屨以履女，正笄，衣裳，而命之曰：『往矣！善事爾舅姑，以順爲宫室，無貳爾心，無敢回①也。』女拜，乃親引其手，授夫于户。夫引手出户。夫行，女從。拜辭父于堂，拜諸母于大門。夫先升輿執轡，女乃升輿。轂三轉，然後夫下，先行。大夫、士、庶人②稱其父曰：『某之父，某之師友，使某執不珍之屨、不珍之束脩，敢不敬禮某氏貞女。』母曰：『有草茅之産，未習于織紝紡績之事，得奉執箕帚之事，敢不敬拜。』」

疏 稱母，即昏禮不稱主人之説也。昏禮不稱主人，使者辭命之事，經書則不然。故宋公納幣言使也，《公羊》蓋以禮説主經言之耳。人，卑稱，故君貶稱人。必曰使寡君，則稱使之禮也。婦人命不通使者，云母命而已。《國語》季氏母賦《綠衣》之詩，意亦如此。《公羊》云：「稱諸父、兄弟、師友也。」

親迎，恒事也，不志。據常事不志。**此其志，何也？不正其親迎于齊也。**取讐，深惡之。

秋，公至自齊。後有女禍，故謹夫婦之禮。始不正者，終必亂也。常事不書，詳言之者，謹女禍也。

迎者，親迎在途之儀，先師所傳，文不見于《禮經》。**行見諸，**在道，則車相接，可以望見。**舍見諸。**止舍

---

① 回：原作「同」，據《説苑・修文》改。

② 士、庶人：原作「女」，據《説苑・修文》改。

則館，相近可見。言見者，防淫佚，不同止宿。先至，據夫人入在後。非正也。先致公者，別公于大夫，以下言入也。公不可同入，故先致之也。**疏**不言非禮，言非正者，爲仇女，經故①別之。

八月，丁丑，夫人姜氏入。劉子云：「哀姜入，與其弟叔姜俱。」言入，拒之，不使得入也。言日，謹之也。仇人女，又先與公淫，後有淫亂之禍，又崇飾宗廟以悦之，惡之深也。拒之，則魯不致弑二君。

入者，據文姜言至。內弗受也。據與篡同辭。曰入，據入多例時。惡入者也。據與滅國同文。謹之乃日。何用不受也？據臣無外君之義。君親迎不受，外君也。以宗廟弗受也。親迎已至，行告至禮于廟。言入，致于廟之辭。以宗廟臨之，明不得入。不，外辭；弗，內辭。當受而不受，例言不；不當受而不受，故言弗也。其以宗廟弗受，何也？據用致有辭，乃弗受。娶仇人子弟，襄公女也。以薦舍於前，謂告致也。夫人以崇宗廟，禮有廟見及奉粢盛承祭祀。其義不可受也。夫人當同奉宗廟，仇女不可以見先君也。

戊寅，大夫宗婦覿，用幣。宗婦，大夫之妻，一作世婦。《禮》二十七世婦，世婦即二十七大夫之妻。一事二日，謹之至也，以此起男女無別。故哀姜淫于二叔，言大夫者，起二叔淫禍。

覿，據臣下言朝。見也。據用幣贄以見，初至禮也。禮：大夫不見夫人。據男女異贄也。凡譏以夫人，夫人會饗出竟，皆所以遠嫌厚別，示無外事也。不言及，據男女有別，夫尊當及妻。不正其行婦道，夫妻同贄，故男女列數不言及。據《周禮》，用幣爲世子之禮，今大夫不用羔，宗婦不用棗栗而同用幣，蓋以世子之贄贄于夫

① 經故：鴻寶本作「故經」。

人。《周禮》：世子執皮幣，以繼子男之後。又云：大國之孤、公之孤執皮幣，以繼子男之後。孤即世子之稱。**故列數之也。**劉子云：「公使大夫宗婦用幣見。大夫①夏甫不忌曰：『婦贄不過棗、栗，以致禮②也；男贄不過玉帛、禽鳥，以彰物也。今婦贄用幣，男女無别也。男女之别，國之大節也。無乃不可乎③！』公弗聽。又丹其父桓公廟之楹，刻其桷，以夸哀姜。」**男子之贄，羔、鴈、雉、腒；**劉子云：「天子以鬯爲贄。鬯者，百草之本也，上暢于天，下暢于地，無所不暢，故天子以鬯爲贄。諸侯以圭爲贄。圭者，玉也，薄而不撓，廉而不劌，有瑕于中，必見于外，故諸侯以玉爲贄。卿以羔爲贄。羔者，羊也，羊羣而不黨，故卿以羔爲贄。大夫以鴈爲贄。鴈者，行列④有長幼之禮，故大夫以鴈爲贄。士以雉爲贄。雉者，不可⑤指食籠狎而服之，故士以爲贄。庶人以鶩爲贄。鶩者，鶩鶩也，鶩鶩無他心，故庶人以爲贄。贄，質也。」

疏 班氏云：「贄者，質也。質己之誠，質己悃愊也。王者緣臣子之心以爲制，差其尊卑，以副其意。」「冬用雉，夏用腒。」「雉取其耿介，交有時，别有倫也。雉必用死，以其不可生服也。夏用腒，備臭腐也。」**婦人之贄，棗、栗、鍛脩。**劉子云：「婦贄不過棗、栗。」**用幣，非禮也。**班氏云：「婦人之贄以棗、栗、鍛脩者，

---

① 大夫：原作「夫人」，據《古列女傳·魯莊哀姜》改。
② 禮：原作「敬」，據《古列女傳·魯莊哀姜》改。
③ 無乃不可乎：原作「不可」，據《古列女傳·魯莊哀姜》改。
④ 列：原脱，據《説苑·修文》補。
⑤ 可：原脱，據《説苑·修文》補。

婦人無專制之義、御衆之任、交接辭讓之禮①，職在供養饋食之間。其義一也。」「故傳：『宗婦覿，用幣，非禮也。』」**用者，**據鼓不言用。**不宜用者也。**據用牲言用也。傳例：凡物當用者不言用，非其宜，乃言用也。**大夫，國體也，**天子所命，以爲股肱，其位尊而任重。**而行婦道，惡之，故謹而日之也。**用例時，日以謹之。一事兩日也。

大水。劉子云：「哀姜初入，公使大夫宗婦覿，用幣，又淫于二叔，公弗能禁。臣下賤之，故是歲、明年仍大水。」

冬，戎侵曹。劉子云：「曹不用負羈之諫，敗死于戎。」戎者何？內也。不言內者，內辟侵伐曹，故詭其名也。不言敗，略也，且爲曹羈諱其事。

曹羈出奔陳。劉子云：「《易》曰：『王臣蹇蹇，匪躬之故。』人臣之所蹇蹇爲難而諫其君者，非爲身也，將欲以匡君之過，矯君之失也。君有過失者，危亡之萌也，見君之過失而不諫，是輕君之危亡也。夫輕君之危亡者，忠臣不忍爲也。三諫不聽則去，不去則身亡。身亡者，仁人所不忍爲也。是故諫有五：一曰正諫，二曰降諫，三曰忠諫，四曰戇諫，五曰諷諫。孔子曰：『吾其從②諷諫矣乎！』夫不諫則危君，固諫則危身，與其危君，寧危身。身危而終不用，則諫亦無功矣。知者度君權時，調③其緩急而處其宜，上不敢危④君，下不以危身。故在國而國不危，在身而身不殆。昔陳靈公不聽泄冶之諫而殺

① 禮：原脱，據《白虎通·瑞贄》補。
② 從：原脱，據《説苑·正諫》補。
③ 調：原作「諷」，據《説苑·正諫》改。
④ 危：原作「違」，據《説苑·正諫》改。

之，曹羈三諫曹君，不聽而奔陳，《春秋》序義雖俱賢，而曹羈合禮。」曹無大夫，其曰曹羈，賢也。

赤歸于曹。郭公。劉子云：「齊桓公出游于野，見亡國故城郭氏之墟。」「野人曰：『善善而不能用，惡惡而不能去，所以爲墟也。』」郭亡國在齊竟，稱公，已失國也。失國之君稱公，從下目之也。稱爵者，以天子臨之，已失國，從下也。

赤，據與突歸于鄭同，疑曹君。蓋郭公也。據曹無赤，知非曹君。蓋，疑辭。經郭公字，先師所注，故傳不釋，又云「蓋」也。疏云「曹無赤」者，不記赤卒，譜帙亦無赤君也。何爲名也？據出奔當言爵國。不挈。禮：諸侯無外歸之義，失國而歸曰歸。外歸，將謀據有曹也。疏赤乘曹亂，欲據之爲國，如突于鄭。諸侯失國，歸于本國，正也。外國非天子所封，私入竊據，專地棄舊，大惡也。外歸，非正也。非正，故名。言歸，使如內歸然，以正其義，故與內歸同文也。

二十有五年

春，陳侯使女叔來聘。蔡不見來聘，陳後不同盟。何以來？以見監者之制也。陳何以來聘？見監者，陳初爲中國也；以監者來聘，明爲方伯事。蓋禮：監者居閒田，以主一州之事，與本國事公私各別。此言陳使監聘，與魯言單伯會伐同。桓公以二伯帥諸侯方伯，皆各如禮，以監者領事，所以尊王命也。疏方伯唯使大夫相聘，不自相朝，相遇曰會而已，所以別于事大國也。陳此記聘起季子報聘，並明陳方伯，有監者也。

其不名，何也？據陳有大夫，無不名氏。天子之命大夫也。惟天子大夫乃不名。陳見二監，女叔與原仲是也。天子大夫爲方伯臣，方伯如天子之卿。疏陳爲方伯，女叔，天子大夫，爲監于方伯者，故不名也。

夏，五月，癸丑，衛侯朔卒。不書葬者，絕也，不正日，前見也。自六年朔入至此，二十年不書衛事，絕也。鄄、幽、伐鄭書者，爲齊桓録之。疏《衛世家》：「三十一年，惠公卒，子懿公赤立。」

也。」

六月，辛未，朔，日有食之。鼓，用牲于社。班氏云：「社者，衆陰之主，以朱絲縈之，鳴鼓攻之，以陽責陰也。」

言日言朔，食正朔也。劉子占見下年。鼓，據在用上。禮也。據不言用，傳：「救日以鼓兵。」用牲，據鼓不言用。非禮也。據言用也。天子救日，置五麾，置于社上。疏麾，旌幡也。縻信云：「各以方色之旌置之五處也。」陳五兵、疏五兵，徐邈云：「矛在東，戟在南，鉞在西，楯在北，弓矢在中央也。」孔穎達云：「東方用戟，南方用矛，西方用弩，北方用楯，中央用鼓也。」五鼓；劉子云：「劫嚴社而不爲驚靈。」皆以五者應五方、五色也。社主土，在中主黃，並于四方交責之。疏縻信、徐邈並云：「東方青鼓，南方赤鼓，西方白鼓，北方黑鼓，中央黃鼓也。」楊士勛云「《周禮》六鼓」，云以「靈鼓鼓社稷」，則用靈鼓，別以方色異之而已。諸侯置三麾，陳三鼓、三兵；天子、諸侯有社，麾、鼓、兵皆于社陳之，以劫責陰道。社爲陰主，責之以救日。疏楊士勛云：「去黑、黃二色。」大夫擊門；據下于門非禮。士擊柝。士卑，故殺大夫。士無土，不立社，故但有所擊。聲陽也，擊聲以充陽氣。疏《御覽》杵部引作「士擊杵」。言充其陽也。劉子云：「日食乃陰氣大甚，以上滅陽光。」「故鳴鼓懾①之，朱絲縈而劫之。」「直責逆者，不避其難。」

伯姬歸于杞。

其不言逆，何也？逆之道微，無足道焉爾。統傳也。再發者，杞，魯屬國。

---

① 懾：原作「攝」，據《説苑·辨物》改。

秋，大水。鼓，用牲于社、于門。劉子云：「夫水旱俱天下陰陽所爲也。大旱則雩祭請雨，大水則鳴鼓而劫社，何也？曰：陽者，陰之長。其在鳥，則雄爲陽，雌爲陰；其在獸，則牡爲陽，牝爲陰；其在民，則夫爲陽，而婦爲陰；其在家，則父爲陽，而子爲陰；其在國，則君爲陽，而臣爲陰。故陽貴而陰賤，陽尊而陰卑，天之道也。今大旱者，陽氣大盛，以壓于陰。陰壓陽固，陽①其填也。惟填壓之大甚，使陰不得起也，亦雩祭拜請而已，無敢加也。至于大水及日蝕者，皆陰氣大甚，以減陽精。以賤凌貴，以卑凌尊，大逆不義，故鼓而懾②之，朱絲縈而劫之。由此觀之，《春秋》乃正天下之位，徵陰陽之失。直責逆者，不辟其難。是亦《春秋》之不畏強禦也。故劫嚴社而不爲驚靈，出天王而不爲不尊上，辭蒯聵之命不爲不聽其父，絶文姜之屬不爲不愛其母。其義之盡耶？」

高下有水災曰大水。既戒鼓而駭衆，鼓以驚衆辟水難，使衆知戒，爲禮也。用牲《王制》：「天子社稷皆太牢，諸侯社稷皆少牢。」可以已矣。用牲者，祀之也，與雩祭禮近。方攝劫之，不應用牲，故言用以譏之也。救日以鼓兵，傳：「天子救日」，「陳五兵、五鼓」。《曾子問》：「孔子曰：諸侯皆在而日食，則從天子救日，各以其方色與其兵。」**疏** 按漢制，天子救日食，素服，辟正殿，陳五鼓五兵，以朱絲縈社，内外嚴警。太史登靈臺，候日有變③，便伐鼓。大僕贊祝史陳辭以責之。聞鼓音，近臣皆著赤幘，帶劍入侍。三臺令史以上，皆持劍立其户前。衛尉驅馳繞

---

① 陽：原脱，據《説苑·辨物》補。
② 懾：原作「攝」，據《説苑·辨物》改。
③ 日有變：原脱，據《通典》卷七十八《禮三十八》補。

禜，伺①察守備。日復常，皆罷。**救水以鼓衆。**鼓衆，使辟水也。此言鼓之得禮也。按：諸侯立社，大水但當責社，不當于門救日，大夫擊門，故用牲于社，非禮，于門，尤非禮也。疏《公羊傳》曰：「于社，禮也；于門，非禮。」謂責陰于社爲禮。諸侯責陰于門，非禮耳。説者多誤以爲説。用牲，則與用不宜用反矣。

冬，公子友如陳。蔡不言如，陳亦不言如，此何以言如陳？因下奔于陳也。内諱季子之奔，以如言之，故此先言如陳也。疏友，桓公子，莊公母弟，凡七見經。陳見友如二，以外統不言如，知此爲奔也。按：杜氏説友與莊公同生，爲雙生，一名同，一名友，如《易》之同人、大友也。補疏今本作有，古字通。《論語·學而》章「有朋自遠方來」，有古本作友。

二十有六年

春，公伐戎。戎者何？曹也。不言曹，諱伐同姓。曹爲青州國，于是不服，爲内病矣。故終《春秋》，魯、曹無侵伐之文也。自此以後，不託於戎，託於狄矣。疏以上無狄，以下無戎者，西方曰戎，王畿在西，故先治之也。狄在北，故緩治之。不言夷、蠻，詳西北而略東南也。

夏，公至自伐戎。致者得意，不分伐、會也。

曹殺其大夫。小國無大夫，曹爲小國首，故一言大夫以示例。經惟大國齊、晉、宋有不名氏大夫，小國曹一見，其餘方伯大夫皆名氏也。稱國以殺，殺無罪也。大夫者，羈之徒，賢者也。羈奔，又殺賢者，故狄曹也。

言大夫而不稱名姓，據方伯大夫無不名氏者。**無命大夫也。**據曹無大夫，謂大夫盟會不出名氏，以

---

① 伺：原脱，據《通典》卷七十八《禮三十八》補。

見小國無大夫之例也。方伯比于天子卿，其卿比于天子大夫，經稱大夫不稱卿者，從天子内臣之例推之，歸權于天子，收指臂之效；卒正國君比于天子大夫，其卿比天子之士。以天子推之，則小國卿當爲士，不得稱大夫，故于曹以示例。此爲先師最初確説。**無命大夫**方伯以上國，大夫在盟會稱名氏。許、曹以下，經但稱人，無名氏，其大夫未命，故但稱人。曹卿比于天子内臣，當爲元士。**而曰大夫，**大夫爲方伯卿正稱。宋卿則尊，曹卿則卑，皆非正辭。曹非大夫而稱曰大夫，爲進之，若曰是可進爲大夫。疏莒、邾、紀録大夫皆不目大夫，以名目。曹在卒正首，猶以大夫見。**賢也，**據進知以賢。疏按：《春秋》諸侯三等，以中等立法，魯爲侯，從魯言之，又從中而上下見，故盟會稱諸侯，不言公、伯、子、男。因其以侯立法，于諸侯、大夫，仍從侯稱之。小國卿則士也。稱爲大夫，特不名以示例，亦所謂號從中國也。此爲定説，後來相傳，此説甚微，故不名之例，《傳》以爲賢，《公羊》以爲衆，《左傳》于宋不名亦有衆之説，非本義也。**爲曹羈崇也。**因羈賢之。奔殺事同，經凡殺後奔、奔後殺皆爲徒黨。前年羈奔，此殺，故知爲徒黨。或曰：羈見幾而作，爲明哲保身。此好盡言於亂國而不去，所以殺身。疏傳曰：爲伯姬崇也。崇，尊也，言爲羈而崇之。傳曰：「身賢，賢也。使賢，亦賢也。」此言羈賢賢也，羈友亦賢也，主爲羈，故前名。此由羈崇，故言大夫而不名也。

秋，公會宋人、齊人伐徐。徐者何？州舉之也。《禹貢》：「海、岱及淮惟徐州。」荆州舉而國楚，徐州舉，何以不國？曰：蔡即徐州之國也。《春秋》三舉州，荆、徐、梁是也。此其伐之何？中國可以治夷狄。何爲不以齊主之？愛之也。何愛之？治夷狄當自楚也。疏至此乃見徐州國，不見方伯，則不見其屬國。十年見荆，至此十六年再見徐。

冬，十有二月，癸亥，朔，日有食之。劉子云：「時戎侵曹，魯夫人淫于慶父、叔牙，將以弑君，故比年再蝕以見戒。」

二十有七年

春，公會杞伯姬于洮。婦人不會，會非正也。既嫁不踰竟，踰竟，非正也。譏與姜氏會同。

夏，六月，公會齊侯、宋公、陳侯、鄭伯，同盟于幽。不序衛，不至也。衛專事中國，桓會唯此不至。疏 劉子說：「管仲言于①齊桓公曰：『夫墾田刱邑②，闢土殖穀，盡地之利③，則臣不如甯戚，請置以爲田官；登降揖讓，進退閑習，臣不如隰朋，請置以爲大行；蚤入晏出，犯君顔色，進諫必忠，不重富貴，不避死亡，則臣不如東郭牙，請置以爲諫臣；決獄折中，不誣無罪，不殺無辜，則臣不如弦甯，請置以爲大理；平原廣囿，車不結軌，士不旋踵，鼓之，而三軍之士視死如歸，則臣不如王子成甫，請置以爲大司馬。如欲治國強兵，則此五子者足矣！若欲霸王，則夷吾在此。』管仲能知人，桓公能任賢，所以九合諸侯，一匡天下，不用兵車，管仲之力也。」

同者，據會不言同。有同也，據同圍齊，知言同有所事。同尊周也。盟言同，尊周。因有同，乃言同也。疏《春秋》以同盟起二伯，初言同者，喜始集也。傳以齊之同盟爲尊周，晉之同盟爲外楚；以桓主尊周，右桓也。於是而後授之諸侯也。《春秋》至此乃以諸侯授桓，爲二伯。前猶有疑，至此内外皆從，不復疑。其授之諸侯，何也？據下有侵伐。齊侯④得衆也。内得魯，外得宋、陳、鄭，是得衆之辭。疏 陽穀事爲偏，至此得三方

---

① 于：原脱，據《新序·雜事》、鴻寶本補。

② 邑：原作「野」，據《新序·雜事》改。

③ 利：原作「制」，據《新序·雜事》改。

④ 侯：原作「桓」，據《穀梁傳》莊公二十七年改。

伯、二王後。常序不在者惟衛、蔡，故以得衆許之。桓會不致，據晉會致。安之也。傳曰：「致君，殆其往而喜其反。」安之，如在内，故不致。桓盟不日，據内盟例日。信之也。傳曰：「桓盟雖内與，不日，信也。」據盟例日。渝不日，如不盟；大信不日，亦盟如不盟也。信其信，信故不日。疏桓信著于天下，諸侯翕然歸之，其信著，故不日也。仁其仁。其仁昭著，會無危事，故會不致。衣裳之會衣裳會謂糾合條約，爲文事而會。《論語》所謂會同，則以司空居守，司徒與司馬同出。傳所謂有文事者，必有武備，不爲兵事而行者。十有一，《論語》：「孔子曰：『桓公九合諸侯，不以兵車，管仲之力也。』」疏據管仲未死以前，爲衣裳會也。十一者，北杏一，二鄄三，二幽五，扈六，貫七，陽穀八，首戴九，甯母十，葵丘大會，衣裳也。孔子言九合者，合二鄄、二幽爲二會，據地而言，傳據實數也。未嘗有歃血之盟也，《孟子》曰：「諸侯束牲載書而不歃血。」據此，則桓盟皆然，不獨葵丘。信厚也。桓公之信著。疏劉子曰：「伯成子高謂禹曰：『昔堯之治天下，舉天下而傳之他人，至無欲也；擇賢而與之其①位，至公也。以至無欲行至公，故不賞而民勸，不罰而民畏，舜亦然。今君賞罰而民欲且多私，是君之所懷者私也。百姓知之，貪争之端，自此始矣。德自此衰，刑自此繁矣！』」「《春秋》曰：『五帝不告誓。』信厚也。」兵車之會徵兵乞師，爲征伐而會，則以仁者居守，故司徒不出，司空與司馬爲左右，所謂「知者慮，義者行」。四，據傳，洮、鹹、牡丘、淮也，皆在仲死後，故孔子曰：「不以兵車，管仲之力也。」未嘗有大戰也，劉子云：「桓侵蔡而蔡潰，伐楚而楚服」，「北伐山戎，使

① 其：原作「同」，據《新序·節士》改。

奉朝覲」，「未①嘗有大戰，亦不血刃」。愛民也。桓公之愛民，仁也。疏伯者之本在于仁信，故《春秋》重信愛民。《孟子》曰：「五霸桓公爲盛。」故以仁信許之。

秋，公子友如陳，葬原仲。陳，不如者也，不如而言如，知爲奔，此與女叔來聘相起。陳不言聘，因女叔乃言聘。此以見原仲乃言如。女叔，傳曰：「天子之命大夫也。」仲字，與叔同，天子大夫不名也。陳爲方伯，故女叔與原仲同爲三監。疏按：天子賜晉原周，然則原周，原仲所食者。

言葬不言卒，據葬必先言卒。不葬者也。經無其事，又以大夫不與諸侯爲禮，不如天子卿尊得相通，知例不葬。《左氏》言非禮，即此意。不葬而曰葬，諸侯五月而葬，同盟至；卿則惟大夫乃會葬之，不通于君則不書，此通季子之私行而書之。《左氏》云：「原仲，季友之舊。」以爲季子自以友義往葬之也。諱出奔也。不言葬，則如陳爲出使，不足以起奔。言奔，則公子賢，不忍言，故言如，使若出使。言葬以起出奔，以不葬起非正行，公子結以輕遂重，起非要盟，意亦同也。疏《公羊》：「通乎季子之私行，辟内難②也。」《史記》以季友爲陳女所生，《公羊》又以爲文姜子，杜氏《釋例》以季友與莊公同生，一名同，一名友。言季者，以與伯同生别異之，實居長，故三桓以季爲首。案：奔陳女家也。文姜雙生，而使陳女母之。

冬③，杞伯姬來。不言及，不月，不繫事，歸甯正例。

---

① 未：《太平御覽・兵部二》無此字，此爲廖氏增補以合傳意。

② 難：原作「亂」，據《公羊傳》莊公二十七年改。

③ 冬：原作「秋」，據《穀梁傳》莊公二十七年改。

莒慶來逆叔姬。莒無大夫，其言莒慶，以其來接我目之也。逆當言女。叔姬，自内稱之，不與夫婦之稱。諸侯之嫁子女子子。於大夫，外大夫。主大夫内同姓。以與之。諸侯、大夫尊卑不敵，不相爲禮，故使同姓大夫在外主之，其禮與王姬下嫁諸侯同也。來者，據紀履綸言來。接内也。據朝聘言來，皆接于宗廟，與公相爲禮。不正其接内，尊卑不相敵也。故不與夫婦之稱也。據夫婦辭。親迎言女，「公如齊逆女」是也。

杞伯來朝。凡卒正事方伯，五年一朝，合期則不書。莊世至此乃書朝者，則朝爲譏也。杞伯與伯姬同來，非禮，故書朝以譏之。

公會齊侯于城濮。城濮，衛地也。會城濮，會衛也。不序諸侯，衛不來也。衛不至，故有明年之戰。

二十有八年

春，王三月，甲寅，齊人伐衛，衛人及齊人戰，衛人敗績。會同之事，大者主小；戰伐之事，後者主先。惡戰伐，故使之居下，所謂「客不言及」也。伐不日，日者以至。戰不言伐，言伐，以至之日戰也。於伐與戰，據戰不言伐，甗戰有閒事。安戰也？問戰地。疏此二句弟子問辭。戰衛。戰在衛都，兵至城下即戰。疏二字，師答辭。戰則是師也。據齊、衛有師。戰當言師。其曰人，何也？據戰皆言師。齊侯，二伯，不得稱人。微之也。據人卑者，若非齊侯然。何爲微之也？據人楚，不以臣敵君。今授之諸侯，内授魯，親魯；外授宋，故宋。衛雖不至，而授者成其美也。而後有侵伐之事，去年幽盟授諸侯，今年伐衛，則明衛不服也。故微之也。微之，使若微者之事，非齊侯之意，以爲賢者諱過也。其人衛，何也？據城濮戰獨人楚。諸侯言師。以其人齊，不可不人衛也。不人衛，則人齊爲貶，非辟桓公之例。人衛，使如二國皆微者之事，則可以辟桓公也。衛小齊大，衛爲方伯，在次國例；齊爲二伯，在大國例。衛統于二伯，有尊卑之分。

疏 傳凡言大國三：齊、晉、宋也。衛爲次國，以齊比之，則爲小。皆就五長立説，毫無疑義。其以衛及之，何也？傳例有以大及小、有以主及客，此衛以主及客也。問者以國大小同則言主客，甗戰齊、宋大小同言主客是也。國大小異，則大及小，不分主客，晉及鄭是也。此當從大小例，不得以主客，故疑之。以其微之，可以言及也。大國唯卿以上異于次國，大夫以下爵秩皆同，唯言主客，不分大小。其稱人以敗，何也？據燕人戰言人，敗言師。楚城濮亦戰言人，敗言師。不以師敗于人也。據紀城濮，敵言師，故以師敗。此齊言人，不得言師也。師重人微，不失其序，泓戰譏襄公，乃以師敗于人。幽會衛不至，桓怒而大敗之，衛滅之端兆于此矣。

夏，四月，丁未，邾子瑣卒。此不日者，日者起其實，進子繼父。

秋，荆伐鄭。董子説：「《春秋》慎辭，謹於名倫等①物者也。是故小夷言伐而不得言戰，大夷言戰而不得言獲，中國言獲而不得言執，各有辭也。有小夷辟大夷而不得言戰，大夷辟中國而不得言獲，中國辟天子而不得言執，名倫弗與，嫌于相臣之辭也。是故大小不踰等，貴賤如其倫，義之正也。」

荆者，楚也。其曰荆，州舉之也。不言人者，侵伐中國，反其狄道也。

公會齊人、宋人救鄭。

① 等：原作「時」，據《春秋繁露·精華》改。

善救鄭也。是齊侯、宋公也。人者，功淺不足録，使若微者也。善者，功小不足録。

冬，築微。《公羊》「諱以凶年造邑」，《左傳》「邑曰築」，《傳》以爲虞利，似有異同；然下傳云：「民勤于力，則功築罕。」「冬築微，春新延廄，以用民力爲已悉矣」。又云：「一年罷民三時，虞山林藪澤之利。」是傳以築爲修築，用民力，築時更令山林藪澤各出財物，以供所費，非以築微爲虞利，築臺乃爲罷民力也。然則三傳皆同矣。

山林藪澤之利，所以與民共也。《王制》云：「林麓山澤之地，以時入而不禁。」山澤不以封，與民共之，但以時入耳。《孟子》「斧斤以時入山林」，「數罟不入洿①池」，皆《春秋》學。虞之，築微設官，以收其利。非正也。《孟子》曰：「文王治岐」，「澤梁無禁」。疏經言築微，傳以虞山林藪澤之利爲言者，凡所修築，必取資材用，上有造作，則民不敢取用。凶年而更爲此，故書以譏之。凶年則當弛山澤之禁。

大無麥、禾。劉子云：「水旱當書，不書水旱而曰『大無麥、禾』者，土氣不養，稼穡不成。是時夫人淫于二叔，內外無別，又因凶饑，一年而三築臺，故應是而稼穡不成，飾臺榭、內淫亂之罰。遂不寤改，四年而死，既流二世，奢淫之患也。」

疏麥、禾之災皆冬前，例應書于築微之前，後書災；《公羊》云：「諱以凶年造邑也。」且使與臧孫告糴連文，使非國記災，臧孫之意如此也。

大者，據無麥、禾不言大。有顧之辭也。據麥、苗不同時。於無禾及無麥也。禾實在秋末，麥實在夏。麥實時，禾正爲苗，大水，麥、苗同傷。此無麥時，苗尚秀。一災不書，故於無禾乃追録無麥。

臧孫辰告糴于齊。與「大無麥、禾」連文者，無麥、禾之災，史本不書，臧氏據此以告糴耳。故曰私行也。疏公子

① 洿：原作「污」，據《孟子·梁惠王章句》改。

彄，字子臧，孝公子僖伯，見隱五年經。其孫始氏臧，即文仲也。莊二①十八年，《左傳正義》引《世本》：「孝公生僖伯彄，彄生哀伯達，達生伯氏瓶，瓶生文仲辰。」按：不卒達、瓶者，桓、莊不卒大夫也。

國無三年之畜，曰國非其國也。《王制》曰：「國無九年之蓄曰不足，無六年之蓄曰急，無三年之蓄曰國非其國也。三年耕，必有一年之食。九年耕，必有三年之食。以三十年之通，凶旱水溢，民無菜色，然後天子食，日舉以樂。」疏 國以民爲本，民以食爲天。國無三年之畜，一有凶旱，民無所食，則餓殍散亡，國誰與守？是亡國也。一年不升，謂此年無麥、禾。告糴諸侯。諸侯謂齊。告，據或言乞求。請也。不言乞求，此得禮，不言乞求也。糴，據歸言粟。糴也。糴，以財易粟也。糴甚貴傷民，甚賤傷農。魯饑無食，時米粟不出竟，告於齊，乃得以財易於齊也。不正，一年不升，遂無食而告糴，是國無蓄積，危殆之甚。故舉臧孫辰以爲私行也。據奉使言如，出竟必言如，帥師會盟不言如，非善，亦如私行，所以爲内諱。疏「魯饑，臧文仲言於莊公曰：『夫爲四鄰之援，結諸侯之信，重之以婚姻，申之以盟誓，固國之艱急是爲。鑄名器，藏寶財，固民之殄病是待。今國病矣，君盍以名器請糴於齊？』公曰：『誰使？』對曰：『國有饑饉，卿出告糴，古之制也。辰也備卿，辰請如齊。』公使往。從者曰：『君不命吾子，吾子請之，其②爲選事乎？』文仲曰：『賢者急病而讓夷，居官者當事不避難，在位者恤民之患，是以國家無違。今我不如齊，非急病也。在上不恤下，居官而惰，非事君也。』文仲以鬯圭與玉磬如齊告糴，曰：『天災流行，戾於敝邑，饑

① 二：原作「三」，據《左傳》改。
② 其：原作「以」，據《國語·魯語》改。

饉薦降，民羸幾死，懼①乏②周公、太公之命祀，職貢業事之不共而獲戾。不腆先君之敝器，敢告滯積，以紓執事，以救敝邑，使能共職，豈惟寡君與二三臣實受君賜，其周公、太公及百辟神祇實永饗而賴之。』齊人歸其玉而予之糴。」國無九年之畜曰不足，三年耕，餘一年，以三十年之通制國用，必餘九也。不足，明不足以備災祲。無六年之畜曰急，急迫危於不足。無③三年之畜曰國非其國也。魯無一年之畜，言此以明其危。諸侯無粟，諸侯相歸粟，據「歸粟於蔡」，言歸，不待於告，言粟歸之不以財相易。正也。《大司徒》：「大荒，則令邦國移民通財。」「五族爲黨，使之相救；五黨爲州，使之相賙。」按：此務穡勸分之禮也。《孟子》曰：「無遏糴。」有無相通。臧孫辰告糴于齊，告然後與之，言内之無外交也。交鄰無道，有災，外不相救，待請而糴。傳言者，譏内也。古者税什一，《孟子》曰：「夏后氏五十而貢，殷人七十而助，周人百畝而徹，其實皆什一也。」豐年補敗，《王制》曰：「冢宰制國用，必於歲之杪，五穀皆入，然後制國用。用地大小，視年之豐耗。以三十年之通制國用，量入以爲出。祭用數之仂。喪三年不祭，唯祭天地社稷④，爲越紼而行事。喪用三年之仂。喪祭用不足曰暴，有餘曰浩。祭⑤，豐年不奢，凶年不儉。」所謂「耕九餘三」，以所餘備凶災。不外求而上下皆足也。已有餘，不外求救於鄰

---

① 「懼」上《國語・魯語》有「大」字。

② 乏：明道本《國語・魯語》同，公序本《國語・魯語》作「殄」。

③ 「無」上原衍「國」字，據《穀梁傳》莊公二十八年删。

④ 社稷：原脱，據《禮記・王制》補。

⑤ 祭：原脱，據《禮記・王制》補。

國。雖累凶年，民弗病也。三十年則有九年之畜，雖累凶而民食足。一年不①艾而百姓饑，君子非之。君子，孔子也。非其失制用之道。不言如，據大夫出竟言如。不繫事，不言如，亦因臧孫自請。爲内諱也。使如私行，辟國辭也。

二十有九年

春，新延廄。

延廄者，據廄人掌馬政，又在延下也。法廄也。據路馬之廄名延也。疏南門，傳曰：「法門。」其言新，據臺囿言築。有故也。據雉門、兩觀言新，先言災，有舊。有故則何爲書也？據修舊不書。古之君人②者，必時視民之所勤。班氏云：「一年物有終始，歲有所成，方伯行國，時有所生，諸侯行邑。」「《春秋穀梁傳》曰：『古之人君者，必時視民之所勤。』」民勤于力，則功築罕。《王制》曰：「用民，歲不過三日。」「凡使民，任老者之事，食壯者之食。」疏《大司徒》：「四曰弛力。」鄭司農云：「弛力，息繇役也。」「大荒乏，則令邦國弛力。《均人》：『凡均力政，以歲上下。豐年則公旬用三日焉，中年二日，無年則一日，凶札則無力政，不均地政。』」民勤于財，則貢賦少。疏《大司徒》：「二曰薄征。」「大荒，則令邦國薄征。《均人》：『凶札則無財賦。不收地守、地職。』」無財賦，恤其困乏也。財賦，九賦也。不收山澤及地税。民勤于食，則百事廢矣。疏《玉藻》曰：「年不順成，則天

---

① 不：原作「弗」，據《穀梁傳》莊公二十八年改。

② 君人：原作「人君」，據《穀梁傳》莊公二十九年乙。

子素服，乘素車，食無樂。」「至於八月不雨，君不舉。年不順成，君衣布，搢本，關梁不租，山澤列而不賦，土功不興，大夫不得造車馬。」冬築微，春新延廄，以其用民力爲已悉矣。劉子云：「聖人之於百姓，其猶赤子乎！饑者則食之，寒者則衣之，將之養之，育之長之，惟恐其不至大也。」「召公述職，當蠶桑時，不欲變民事，故不入邑中，舍於甘棠之下，而聽斷焉。」

夏，鄭人侵許。

秋，有蜚。劉子云：「蜚色青，近青眚也，非中國所有。南越盛暑，男女同川澤而浴，淫風所生，爲蟲臭惡。是時，莊公取齊淫女爲夫人，既入，淫於兩叔，故蜚至。天戒若曰：今誅滅尚及，否將生臭惡，聞于四方。莊不寤，其後夫人與二叔作亂，二嗣殺死，卒皆被辜。」

一有一亡曰有。疏 蜚，南越蟲，非中國所有也。

冬，十有二月，紀叔姬卒。不日，失國也。且與葬日相起。

城諸及防。

可城也。凡城修舊不譏，此譏者，凶年修城。以大及小也。據漆、閭丘不言及，大小敵。城無尊卑，言及，則必以大小也。

三十年

春，王正月。

夏，師次于成。

次，止也，有畏也，疏 詳見次郎。欲救鄣而不能也。據與次郎事同。不言公，據郎言公。恥不能救鄣也。郎不恥者，滅在紀。鄣已屬我，爲齊取，故恥深也。

秋，七月，齊人降鄣。降凡二見，八年郕降及此，皆齊國事。

降，據在鄣上。猶下也。據郕降于齊也。鄣，據郕降，國辭。紀之遺邑也。據言降知邑，下繫紀事，知紀遺也。遺邑非齊取未盡，蓋附我者。不繫紀者，因屬內，公救，大之如國。

八月，癸亥，葬紀叔姬。不言齊侯葬，有喪主也。疏謂紀季主之，不使齊葬，明季存祭祀之功。

不日卒而日葬，閔紀之亡也。疏說詳伯姬卒葬。

九月，庚午，朔，日有食之，鼓，用牲于社。劉子云：「魯二君弒，夫人誅，兩弟死，狄滅邢，徐取舒，晉殺世子，楚滅弦。」

冬，公及齊侯遇于魯濟。內遇四，止于此，皆齊、宋大國也。疏魯濟，內地也。濟水經數國地入海，因國名水，從史文也。此北燕、邾、葭之比。

及者，內爲志焉爾。遇者，志相得也。齊數言遇，故亦數記災，大國也。疏遇于濟，約伐山戎也，莊公許之而師不出。言遇，明相得也。

齊人伐山戎。劉子云：「齊桓北伐山戎，爲燕開路。」疏《齊世家》：「桓公二十三年，山戎伐燕，燕告急于齊，齊桓公救燕，遂伐山戎，至于孤竹而還。」

齊人者，齊侯也。據獻捷言齊侯。其曰人，何也？據人微之。愛齊侯乎山戎也。愛惜齊侯，不肯使孤軍遠伐戎狄，故不言齊侯，若微者。《公羊》以人爲貶，說小異。其愛之，何也？據齊侯、許男伐北戎言齊侯。桓內無因國，因國，所受命者。齊侯爲二伯，自爲主也。外無從諸侯，伐北戎有許男，此獨言齊侯。而越千里之險，山戎在燕北，以地記計之，有千里之險。北伐山戎，據言北燕。危之也。劉子云：「魯君臣曰：『桓公師行數千里，入蠻狄之地，必不反矣。』」故危而愛之。則非之乎？據危有所致難。善之也。據下出齊侯，善其不辟險遠，孤軍深入，以攘夷狄。僅善之者，山戎禍淺，僅爲燕。何善乎爾？據山戎未見侵伐。燕，不言北燕者，南燕微，北燕國大名顯。周之分①子也。召公，周之別子，爲二伯，封於燕國。貢職不至，山戎爲燕禍，貢職不通中國，山戎之故。**疏**《齊世家》：「齊救燕」，「燕公復②修召公之政，納貢於周，如成康之時。諸侯聞之，皆從齊」。山戎爲之之爲燕。伐矣。劉子云：「齊桓北伐山戎，其道過燕，燕君逆而出竟。桓公問管仲曰：『諸侯相逆，出竟乎？』管仲曰：『非天子不出竟。』桓公曰：『然則燕君畏而失禮也。』」「乃割燕君所至之地，以與之，諸侯聞之，皆朝于齊。」**疏**《燕世家》：「莊公二十七年，山戎來侵我，齊桓公救燕，遂北伐山戎而還。燕君送齊桓公出竟，桓公因割燕所至予燕，使燕共貢天子，如成周時職，使燕復修召公之法。」

三十有一年

春，築臺于郎。**疏**此内築臺也。與外築臺同文者，用力徵財之事一也。

夏，四月，薛伯卒。**疏**莊世不卒小國，卒起築臺也。不名起不卒，至昭世乃名，乃正卒。

築臺于薛。

---

① 分：原作「别」，據《穀梁傳》莊公三十年改。

② 復：原作「後」，據《史記·齊世家》改。

六月，齊侯來獻戎捷。劉子云：「齊桓公將伐山戎孤竹，使人請助于魯。魯君進羣臣而謀，皆曰：『師行數千里，入蠻夷之地，必不反矣。』於是魯許助之而不行。齊已伐山戎，至孤竹，而欲移兵于魯。管仲曰：『諸侯未親，今又遠伐而還誅近鄰，鄰國不親，非伯王之道。君之所得山戎之寶器者，中國之所鮮，何不以進周公之廟乎？』桓公乃分山戎之寶，獻之周公之廟。明年，起兵伐莒，魯下令丁男悉發，五尺童子皆至。孔子曰：『聖人轉禍爲①福，報怨以德。』此之謂也。」疏戎捷者，山戎之捷也。前曰山戎，此曰戎者，言山，別其種也。言戎，致宗廟舉其大名，不別之。

齊侯來獻捷者，據齊大國，不親來獻也。內齊侯也。據內同不言使。近世內本國，外諸夏。齊侯不來而言來，內之，如親來，此內諸夏之詞也。不言使，據楚使宜申言使。內與同，不言使也。據歸衛寶。內與同不言使也。疏齊伐山戎，魯不在，內齊桓，使如內與同，亦主善以內也。獻戎捷，據楚獻捷不言宋，此言戎捷。軍得曰捷，據伐乃言捷，戎捷，伐戎所得。楚捷不言宋，不與楚捷於宋。此言戎，不別山者，告廟以大名。戎菽也。言所獻有戎菽也。疏《管子》云：「伐山戎，出冬葱、戎菽，布之天下。」劉子云：「桓公分山戎之寶，獻之周公之廟。」按：戎菽以菽繫戎，如郜鼎也。中國所無，因此傳種，傳獨言之，以記異。

秋，築臺于秦。劉子云：「公因凶饑，一年而三築臺」，「飾臺②榭」，「禍流二③世」。

不正罷民三時，凶年均力，今春、夏、秋三時，接續勞民築臺，民力盡也。虞山林藪澤之利。謂築臺財

① 爲：原作「以」，據《說苑・權謀》改。
② 臺：原脫，據《漢書・五行志》補。
③ 二：原作「三」，據《漢書・五行志》改。

用取之于山澤，與民爭利，財盡則怨也。且財盡則怨，虞利也。力盡則懟。勞民也。劉子云：「孔子曰：『治民，懍懍焉，若腐①索馭奔馬。』子貢曰：『何其畏也？』孔子曰：『夫通達之國，皆人也，以道導②之，則吾畜也，不以道導③之，則吾讐也，若何而不畏？』」君子危之，故謹而志之也。據築不志，因凶年三築而志之。疏劉子云：「太公曰：『治國之道，愛民而已。利之而勿害，成之而勿敗，生之而勿殺，與之而勿奪，樂之而勿苦，喜之而勿怒，此治國之道，使民之要也。』『民失其所務，則害之也；農失其時，則敗之也；有罪者重罰，則殺之也；重賦斂者，則奪之也；多傜役以罷民力，則苦之也；愛而擾之，則怒之也。故善爲國者，遇民如慈父之愛子，兄之愛弟，聞之饑寒爲之哀，見其勞苦爲之悲。』」或曰：倚諸桓也。倚讀若奇，異也。疏桓能遠出討罪，莊不從桓，乃遠出爲人築臺。築臺過舉，伐戎得正，非不勤民而功過異致，譏公也。桓外無諸侯之變，内無國事，越千里之險，北伐山戎，爲燕辟地。傳言此者，善齊桓也。魯外無諸侯之變，内無國事，一年罷民三時，謂三築臺也。虞山林藪澤之利，即謂築臺所費，非指築微也。疏不從齊伐山戎，乃又不與民修養，因凶傜役，罷盡民力，譏其空勞民力。惡内也。凶年勞民搜利，又倍大國，惡也。

冬，不雨。劉子云：「不傷二穀，謂之不雨」，「是歲一年而三築臺，奢侈不恤民」之效。

三十有二年疏《曹世家》：「釐公立九年卒，子昭公般立。」經不卒釐公。補疏《春秋》二輪，除隱、桓、定、哀以外，

① 腐：原作「枯」，據《說苑・政理》改。
② 導：原作「畜」，據《說苑・政理》改。
③ 導：原作「畜」，據《說苑・政理》改。

莊、僖、襄、昭皆三十二年，二公合成八八之數。統計四公共成一百二十八年，幾占《春秋》全年之半而有餘。襄公三十一年，僖公三十三年，酌盈補虛，合全卦之倍數。

春，城小穀。劉子云：「是時，諸侯爲管仲城穀，以爲之乘邑①，《春秋》書之，褒賢也。」疏言小穀者，別于穀也。自齊言之，但云穀。

夏，宋公、齊侯遇于梁丘。以宋先齊，遇禮近者爲主也。外遇三，止於此，齊、宋、衛、陳、鄭。疏經言遇者六，終于此，皆中國大國。外州國通不言遇，小國亦不言遇，鄫子、季姬又爲變例。

遇者，志相得也。疏諸侯皆不疑也。志宋者，以大主之。梁丘在曹、邾之間，曹在魯西，邾在魯南。去齊八百里。以圖籍攷之，相去八百里。非不能從諸侯而往也，此如扈盟也。八百里，遠矣！桓遠出會梁丘，則諸侯從者多矣！辭所遇，方千里二百一十國，今八百里中，諸侯多矣！今不序，此小國是以辭之也。遇所不遇，據梁丘非齊、宋來往之道。宋公，不遇者也。遇所不遇，明因期地乃會辭也。大齊桓也。不言會而言遇，齊桓得諸侯也。疏遇禮以近爲主，序則當云：宋公、諸小國、齊侯遇于梁丘。反使小國主齊侯，是小齊侯。故盡削小國，獨舉宋，以宋大國，大宋即以大齊也。不嫌獨有宋者，地梁丘，諸侯在之辭也。不嫌實遇者，地梁丘，非遇之辭也。外疑目宋，內疑目公，由外及內也。內相得言魯濟，宋相得言梁邱，由內及外也。

秋，七月，癸巳，公子牙卒。劉子云：哀姜通于慶父、叔牙，謀弑，卒皆被辜。此惡也。如正卒者，諱也，如子般日卒也。此何所見日？莊不卒大夫，此卒知不卒者。日不卒，知不日不言刺。大惡未成，不目其事，親親之道，爲季子録

① 乘邑：原作「邑乘」，據《管子·敘録》乙。

之也。**疏**牙飲藥而卒，非其殺之，如正卒，故日，爲季子諱也。

八月，癸亥，公薨于路寢。劉子云：「人主智能知賢，而強不能決，猶豫不用，而大者死亡，小者亂傾。」「以莊公不知季子之賢，安知疾將死，召季子而授之國政？」「能見賢，而不早用，卒以賊嗣。」

路寢，正寢也。正寢，君疾所居。寢疾疾將死爲寢疾，謂移居正寢之疾。小疾居内寢，使侍疾。居正寢，據或言高寢、楚宫、臺下。正也。得正終之道。男子不絶于婦人之手，以齊終也。内寢，婦人之居。燕居在内寢，至疾革，則必移居，不使婦人主之。死當正終，在内嫌褻也。故婦人亦不絶於男子之手，皆以明慎終之義。

冬，十月，乙未，子般卒。劉子云：「公薨，子般立。慶父與哀姜謀，遂弑子般於黨氏，立叔姜之子，是爲閔公。」

疏班氏云：「父歿則稱子某者，屈於尸柩也。」「緣始終之義，一年不可有二君也。」按：禮，未葬稱子某，既葬稱子，踰年稱君。

子卒日，據子野日卒。正也。據野正卒，正卒禮詳。不日，據子赤不日。故也。據宣，弑也。宣弑自立，言即位，無所見，去日以起爲弑也。有所見據閔不言即位，與莊同也。則日。據赤無所見，乃不日。内諱弑，以不日起之。至于有所見，則不去日，則一見不再見之例從一決。**疏**閔不言即位，有所見。宣言即位，無所見。故般日而赤不日，以有見、不見故也。

公子慶父如齊。慶父弑子般，季子奔陳，慶父未嘗奔也。不言季友之奔而外慶父於齊者，討之也。夫人至自齊而曰孫，慶父未出而曰如，討賊之義也。何以言如齊？閔公爲齊所立，所以責齊也，使慶父弑君者，桓公之過也。**疏**傳以爲奔不言奔者，爲下再奔地也。此諱言如，下乃奔之。若此言奔，則罪已明，再入爲亂，則齊桓之罪大矣！

此奔也，未如言如，《春秋》討其罪，放逐之辭。齊桓未討，《春秋》乃逐之也。其曰如，何也？據公子友如陳言葬。此如，常辭，既討其罪，則當以奔言之，乃如其罪。諱莫如深，諱謂不言弒，若言奔則觸弒，故諱欲其深。疏推其諱惡之心，惟恐所藏猶淺，所辟未盡，一有破綻，其跡顯著，則有失本意，故欲諱則從其深。深則隱。能深，則彌縫辟諱其迹，務化其迹，乃爲諱之善。疏如諱此弒，諱牙殺矣；諱子弒，從日矣；又諱奔言如。諱之備，則其事隱矣。《論語》曰：「隱惡而揚善」，「父爲子隱，子爲父隱」。苟有所見，《春秋》微而顯，隱而著。諱國惡本爲臣子之義，然使別無微文見義，是因諱而失其實，此不可也。故有一諱必有一見，諱以辟指斥之非，見以著莫見乎隱之義。此下文不言即位，有所見。疏見與隱反，《中庸》「莫見乎隱」，謂《春秋》隱、見備舉。從臣子之義，爲之隱諱；從王者之法，爲之著見。隱見如陰陽無始，循環無端。隱之非以養奸，隱之深，必見之著也。莫如深也。但得所見，則不如深之以專其義，不再於別條見義，此《左傳》所謂「微而顯」，董子所謂「約而明也」。

狄伐邢。《春秋》非同盟之國，不言夷狄之事。邢非州國，此何以言之？爲伐者之爲晉也。晉伐，何爲以狄言？二伯一伐一救，不可爲訓，故辟之也。盟唐，晉託之戎。此伯爲託於狄，自此以下，皆以狄言。初託戎，後託狄，王化自西而北也。不言東南，略之也。外州不言戎狄，皆夷也，不以夷狄言之。稱子之國不言子者，夷之。言戎狄之事者，大國齊、晉、宋，次國魯、衛、鄭，小國一言曹，邢而已，示例也。疏邢不專記事，此專記者，見伐邢之爲晉也。《韓非子》說：晉伐邢，桓公待其亡，乃①救之。

閔公按《漢・藝文志》，今文《春秋》皆十一卷，師說以閔附莊末，「三年不改父道」，故附于篇末，《左氏》經文則別爲一

---

① 乃：原作「爲」，據鴻寶本改。

篇，故古經十二卷。今從舊例，以閔附莊公之末，仍爲十一卷焉。**疏**《魯世家》：「莊公卒而季友立班，十月己未，慶父使圉人犖殺魯公子般於黨氏。季友奔陳。慶父竟立莊公子開，爲閔公。」**補疏**隱、桓，定、哀，二公同二十九年，莊、僖六十五年，襄、昭六十三年，文、宣、成同爲十八年。立乎定、哀，以望隱、桓，同於二十九年；其中也，文、宣、成三公五十四年，惟莊、僖六十五年，以較襄、昭少二年，加以閔公二年，《春秋》十一卷，前後相差惟此四年耳。

元年《年表》：「周惠王十六年，齊桓公二十五年，晉獻公十六年，宋桓公二十一年，衛懿公八年，陳宣公三十二年，蔡穆侯十四年，鄭文公十二年，秦成公三年，楚成王十①一年，曹昭公元年。」

春，王正月。

繼弒君，指世子般爲慶父所弒。**不言即位，正也。**再發傳者，嫌未踰年君有異。**親之非父也，**據閔於般爲兄弟。般未有子。閔公，哀姜娣叔姜之子。**尊之非君也，**據般未踰年，未成君。諸侯踰年乃稱君者，一年不二君也。**繼之**閔公繼子般，不繼莊公，以般已即位。**如君父也者，**據不言即位與莊公同，如繼君父。**受國焉爾。**《禮》：「爲人後者爲之子。」天子、諸侯以大宗爲重，凡嗣君于故君皆如子，不拘世次。閔、僖兄弟，傳言祖禰是也。**疏**般、閔以弟繼兄，以兄爲君父。閔、僖以兄繼弟，以弟爲君父。諸侯盡臣諸父，昆弟爲之臣者，與子同也。

齊人救邢。《管子》：「狄伐邢，邢君出致②於齊。桓公築夷儀以封之，予車百乘，卒千人。」

---

① 「十」上原衍「三」字，據《史記・十二諸侯年表》刪。
② 致：原作「奔」，據《管子・大匡》、日新本、鴻寶本改。

善救邢也。存中國，攘夷狄，善事也。疏 善之，故言救。人者，不足乎？揚齊桓不早救，待其敗亡而後救之。

夏，六月，辛酉，葬我君莊公。先君未葬，得稱君即位者，禮以殯爲斷。未踰年，雖葬不稱君；已踰年，未葬得改元。未殯，乃不即位。

莊公葬而後舉謚。謚由會葬，不書者，常事也。謚，所以成德也，於卒事乎加之矣。解見桓公十月乃葬，故也。

秋，八月，公及齊侯盟于洛姑。公何爲與齊盟？閔之立，齊桓與有力焉，言盟以見子般之弒由於齊也。爲齊侯諱，故託以爲盟納。疏《左氏》：「閔公，哀姜之娣叔姜之子也，故齊人立之。」慶父立閔公，專政，不能謀納季子，公何又不能自主？據《世家》，季子閔弒後乃由陳如邾。

盟納季子也。此慶父與齊盟，立閔公耳。爲賢者諱，故託以爲盟納季子也。

季子來歸。此季子奔陳，其言來歸何？因季子之奔一月有弒君之禍，不忍言其奔，而以來歸喜之也。何以於此乃書？因齊之盟而志之，爲桓公諱也。季子於莊公未薨時，未討公子牙而立子般。既立般，何以不能保衛？爲慶父所弒。何以不自討慶父而出奔陳？慶父與季子賢奸不兩立。既因齊人立閔公，何以能使閔公與齊會而盟納季子？蓋慶父之弒子般，實藉齊人之力，季子不能討而出奔陳。齊近陳遠，齊又賢，不奔齊而奔陳，明閔公爲齊立，齊叔姜子，故急欲立之耳。疏 季子之事，可疑殊甚。奔陳不書，既書其歸，而無出文，且藉齊之力而歸，宜有以制慶父。魯人喜其歸，既歸而再有弒君之事，則又何喜之有？文姜至自齊而曰孫于齊，季子奔于陳而曰來歸，文例一也。喜歸者，望辭，懼有禍而望其歸，所以深惡齊桓也。

其曰季子，據如陳不字，卒字不子。貴之也。據與王季子同。子者，貴在名、字上，所謂「字不如子」也。季子貴不如高子，亦稱子，内外辭不同。季者，字也。子者，貴之也。不言公子者，言公子必以名，故言字氏季。從名而字，從字而子，加二等也。疏子者，人之尊稱，非爵也。人於卑者名之，敵者多字，尊者則子之。凡子游、子夏、穀梁子、尸子、公扈子之子，皆尊稱之辭。《春秋》子不爲爵，雖滕子、邾子亦是也。稱字舉伯仲，正如今人字爲舉行，子則稱君、公之比。其曰來歸，據内不言來歸，與内女反曰來歸同。喜之也。據來如外來。已奔絶於國，言來，喜得之。歸者，以内爲家，繫於内，如女反也。疏按：盟納季子及來歸，三傳説皆同。此就經文書意言之，内賢臣不能討，有伯者而助亂，皆所不忍言，故託之於此耳。

冬，齊仲孫來。公子慶父不當繫于齊國，以親親之故爲之諱，而謂之齊仲孫，去其公子之親也。故有大罪，不奉其天者，皆絶其天倫也。疏仲孫，《左氏》以爲湫，《公羊》以爲慶父。攷《公羊》子女子説，明知仲孫爲齊湫，以《春秋》之法説《春秋》，則以仲孫託之慶父。齊桓立閔公，起再弑之禍，爲賢者諱，不可明言，又不可全失實，故其説如此。三傳相同，一就事實定，一就經意言。以原有二仲孫，言來繫齊本爲例，而經不見齊仲孫之文，故以齊無仲孫也。

其曰齊仲孫，據齊經無仲孫，知仲孫慶父也。疏奔齊不當氏齊，季子言來歸，以齊無仲孫。魯無單，鄭無祭，陳無女，原以周有單、祭，知同爲天子大夫，氏族之學也。外之也。據繫于齊，外之也。疏弑賊不再見，已弑而奔，又反魯，外之弗有，從良霄、欒盈之比。其不目據目如公子慶父。而曰仲孫，據公子之孫乃氏王父。疏之也。公子，親也，而目仲孫，與仲遂同。傳曰：「不言①公子、公孫，疏之也。」不名者，方外于齊，不可名之也。其言

① 言：原作「目」，據《穀梁傳》僖公十六年改。

齊，據欒盈不反繫楚，慶封繫齊。以累桓也。齊桓立閔，故起再弒之禍。慶父專，季子奔，皆齊爲之，故雖爲桓諱，而繫齊以累之。

二年

春，王正月，齊人遷陽。稱人，微之。月者，微國不地，陽不復見。

夏，五月，乙酉，吉禘于莊公。《王制》：「天子諸侯宗廟之祭①，春曰礿，夏曰禘，秋曰嘗，冬曰烝。」按：此在夏，蓋時祭也。

吉禘者②，據禘于大廟，不言吉。不吉者也。《王制》曰：「喪，三年不祭。」疏言吉者，祭爲吉禮，除喪不言吉，居喪言吉，明不吉也。吉時，吉不見，此明名理也。喪事未畢喪於五禮屬凶。而舉吉祭，《喪大記》曰：「禫而從御，吉祭而復寢。」《士虞》「記」曰：「中月而禫。是月吉祭，猶未配。」班氏云：「二十七月而禫，通祭宗廟。」故非之也。譏不三年也。疏此今文説也。古文説：卒哭而成事則祭，但其禮簡略而已。今文説則全不祭也。

秋，八月，辛丑，公薨。劉子云：「閔公既立，慶父與哀姜淫益甚，又與慶父謀弒閔公而立慶父，遂使卜齮襲弒閔公于武闈。將自立，魯人謀之，慶父恐，奔莒，哀姜奔邾。齊桓公立僖公，聞哀姜與慶父通以危魯，乃召哀姜，酖而殺之。魯遂殺慶父。」

不地，據當地武闈。故也。據隱不地。不忍言僵尸之處。其不書葬，據孫于齊、葬桓公、孫邾，討賊辭，

① 之祭：原脱，據《禮記·王制》補。
② 者：原脱，據《穀梁傳》閔公二年補。

又爲齊桓酖殺之。不以討母葬子也。據文姜以妻弑夫，罪重得討，又實未討，故文葬桓公，以成其討。哀姜之討，實事而罪輕，於文因其甚明，不加葬，以此之不討葬起前之討葬也。閔，叔姜子，言母統于嫡。此之母子，從文姜夫妻言之，一輕一重，一虛一實，因文如此。婦人夫死從長子，非謂君母弑君，臣子不當討也。

九月，夫人姜氏孫于邾。劉子云：「夫人與慶父淫，弑二君，國人攻之。夫人孫于邾，慶父奔莒。」疏此討賊也，但從奔起義。不追戮者，緩追逸賊，親親之義。賊在外，已爲討賊。議親之禮，如不同國，以此與文姜孫爲討賊。

孫之爲言猶孫也，諱奔也。據慶父言奔，夫人尊與君同，言奔，是臣下逼逐之。《春秋》既諱弑，并諱奔，若謙讓孫位而去，如善詞。大夫言奔，以君奔之，故不諱。疏孫例日，此不日，有罪，惡之也。與文姜不日同。慶父時者，卑于夫人也。

公子慶父出奔莒。出奔例日，有罪不日，與叔孫得臣得卒同。

其曰出，據内奔不言出。前奔言如而已。絶之也，上言如，爲辟此奔。據周言出，失天下，知此絶之言出。

慶父不復見矣。據上言如。于此再見者，弑君，賊不再見，見者，討之也。此逐而殺之。言出不言殺，緩追逸賊，言出而已。不目言刺，爲内諱也。

冬，齊高子來盟。天子卿稱子，高子何以亦稱子？大國大夫視天子之卿。疏《齊世家》：「桓公二十七年，魯閔公母曰哀姜，桓公女弟也。哀姜淫于魯公子慶父，慶父殺閔公，哀姜欲立慶父，魯人更立僖公。桓公召哀姜，殺之。」

其曰來，據前盟地洛姑。喜之也。據來接内。時魯無君，高子來盟，立僖公。言來，喜之。不言前定者，時魯無君也。其曰高子，據天子卿稱子，齊高氏名例也。貴之也。貴者，因其可貴而貴之。天子三公爲伯，齊爲二伯，其卿亦得同天子之卿，故稱子。一見以明其貴，餘仍從内辭，稱名氏。《左傳》曰：「有天子之二守國、高在。」

盟立僖公也。據魯無君也。與暨盟納子糾同。不言使，何也？據大國言使，許以下乃不言使。不以齊侯使高子也。公乃可以使子，侯如天子卿，子亦天子卿之稱，以侯使子，是品秩相同也。《春秋》子者尊貴之稱，與侯相同，不稱齊公，故不可言使。天子大夫稱字，陳侯得使女叔，是二伯得使子。不言使，辟齊侯爵，不稱公耳。

十有二月，狄入衛。劉子云：「衛懿公有臣曰弘①演，使未還。狄人攻衛，其民曰：『君之所與祿者鶴也，所富者宮人也，君使宮人與鶴戰，余焉能戰？』遂潰而去。狄人追及懿公于滎澤，殺之，盡食其肉，獨舍其肝。弘演報使于肝畢，呼天而號，盡哀而止。曰：『臣請爲表。』因自刺其腹，納懿公之肝而死。齊桓公聞之，曰：『衛之亡也，以無道。今有臣若此，不可不存。』於是救衛于楚丘。」不言懿公之死，失道，略之也。時文公嗣立，不言滅，爲齊桓諱。按：衛侯一不志卒，蔡侯一不志卒。疏《衛世家》：「懿公即位，好鶴，淫樂奢侈。九年，翟伐衛，衛懿公欲發兵，兵或畔。大臣言曰：『君好鶴，鶴可令擊翟。』翟於是遂入衛，殺懿公。懿公之立也，百姓大臣皆不服。自懿公之父惠公朔之讒殺太子伋代立至于懿公，常欲敗之，卒滅惠公之後而更立黔牟之弟昭伯頑之子申爲君，是爲戴公。」

鄭棄其師。鄭者，夷狄之。棄民，故有不君辭。

惡其長也，長，帥也，謂高克。兼不反其衆，鄭君惡高克，使將兵，久而不召，師散而歸。則是棄其師也。劉子云：「天之生人也，蓋非以爲君；天之立君也，蓋非以爲位也。夫爲人君，行其私欲，不顧其人，忘其位之所宜事也。如此者，《春秋》不與能君，而夷狄之。鄭伯惡②一人而兼棄其師，故有夷狄不君之辭。人主不以此自省懼，

---

① 弘：原作「泓」，據《新序・義勇》改，下同。

② 惡：原作「棄」，據《説苑・君道》改。

既已失實，心奚因知之？故曰：『有國者不可以不學《春秋》。』此之謂也。」疏傳曰：「梁亡，鄭棄其師，我無加損焉，正名而已矣。」按：此名家所祖也。棄師大惡，且非人情，事理所無，人所不受，而惡長，不忍其事至此，不加貶絶而罪惡見者，此類皆是也。

穀梁春秋經傳古義疏卷四

僖公名申，莊公子，閔公庶兄。閔弒，季子奉而立之。疏僖爲有伯之世。十七年以前，齊獨伯；二十七年以後，晉爲伯。其中十年，天下無伯，宋爲閒閏，居於其閒。此世政在諸侯，大夫不專兵。

元年《年表》：「周惠王十八年，齊桓公二十七年，晉獻公詭諸十八年，宋桓公御説二十三年，衛文公燬元年，陳宣公杵臼三十四年，蔡穆侯肸十六年，鄭文公捷十四年，曹昭侯三年，秦穆公任好元年，楚成王惲十三年，杞惠公十四年。」

春，王正月。

繼弒君不言即位，即位如繼立，不言即位，則繼立之君不詳矣。正也。劉子云：「《春秋》賢僖公。」

齊師、宋師、曹師次于聶北，救邢。救者不獨三國之師，大國言齊、宋，近國言曹，無所見則從略也。

救不言次，救，急事也。次則遲延不進，失救急之道。《春秋》凡次，則不以救許之；言救，則次不可同見。

言次非救也。師久在聶北，邢國已危，不能相救。疏據公次于郎，本救紀，以次不言救。

疏據前救邢不言次。救，善舉也。次有畏，救不宜次。非救而曰救，何也？加救言次，知有所起。疏據次郎、次成，皆不言救。遂齊侯之意也。志在救，而事未成，《春秋》遂其意而言之。疏齊侯，伯者，後有城邢之功，善善善終，故如其意言救。

是齊侯與？怪其稱師。齊侯也。據言曹師。何用見其是齊侯也？會北杏，諸侯書人，猶出齊侯。

曹無師，據君將言伯，臣將言人，無言師者。卒正有一軍，以無師言者，無大夫也。軍統于大夫，無大夫，故亦無軍。

曹師者，曹伯也。師重於人，言師知是君，非君例言人。以曹君在，知齊侯在也。其不言曹伯，何也？據楚子、鄭師敗績，師爵同見。以其不言齊侯，不可言曹伯也。言師者，大夫也。曹伯者，君也。曹不可在齊上，君不可在大夫下，故不可言曹伯。疏大夫不主諸侯，言曹伯，明齊侯在。其不言齊侯，何也？據救，善事，成其美，宜出齊侯。以其不足乎揚，不言齊侯也。其義近於貶之。疏據《管子》，時師已出，遲留不進，待邢亡，然後救之，以要存亡繼絶之功。言次，爲齊桓諱；不言齊侯，亦諱文。

夏，六月，邢遷于夷儀。《管子》：「狄伐邢，邢君出奔于齊。桓公築夷儀以封之，子車百乘，卒千人。」疏按邢，衛、魯之同姓也。狄人滅之，《春秋》爲諱，避齊桓也。夷儀，邢邑，衛滅邢後爲衛邑。

遷者，據國在遷上，與爲人所遷異。猶得其國家以往者也。齊遷之，以自遷爲文者，諸侯不專封，成桓之善，故不言齊遷之。言救，則遷可見。疏據自遷，遷後復見，知未失國家。其地，據宿不地。邢復見也。據下有邢，邢遷言遷，衛遷不言者，邢小國，衛爲方伯，邢可言，衛不可言。疏自遷者，國未滅。爲人所遷，國滅之辭。滅則不復見，自遷則復見。復見則繫地，不復見，已無其國，不更地之也。

齊師、宋師、曹師城邢。此言城邢，下不言城衛；此言齊師，下不言齊師者，邢卒正，微，不如衛方伯尊。邢猶可言，衛則不可言也。且《春秋》其文互見，因此有所見，故下可以不見；因下義不可見，可以悟此亦義不可見。使皆不見，則反如自遷，故擇其可言者，一言之以見例，然後乃可以不言也。此筆削相救之道也。

是向之師也，再敘三師，並出曹師，知向師。使之如改事然，據滅項，遂伐楚，不再敘。此不異事再敘師，是改事之辭。疏實未改事，《春秋》再序，使之如改事。《春秋》變實而存名，當先求其實，而後知其名，不可如名家之循名責實也。美齊侯之功也。前聶北救言次，非救之辭。此城邢有存亡之功，故再出師，使如師初無功，改事乃有功，善善樂終，再敘以成。前事不言齊侯者，起爲向師也。

秋，七月，戊辰，夫人姜氏薨于夷。劉子云：「齊侯聞哀姜與二叔通以危魯，乃召，以酖殺之。」**疏**《齊世家》：「魯閔公母曰哀姜，齊桓公女弟也。哀姜淫於魯公子慶父，慶父弑閔公，哀姜欲立慶父，魯人更立僖公，齊桓公召哀姜，殺之。」夷，齊地。先言夷，後言以歸，知以歸薨之。

夫人薨，不地。據文姜不地。地，故也。據公薨不地，故也。公薨在內外皆地，不地則故；夫人薨在內外皆不地，唯故乃地。以婦女無外事，故在外亦不地也。

齊人以歸。以歸，執辭也。內不可目執，因薨後，夫人不能自行，乃可言以歸，實則以在薨先，《春秋》變其先後之實。**疏**齊以哀姜歸而戮之，魯僖公請而葬之。

不言以喪歸，據歸在薨後，當加喪文，如叔姬之喪，以歸言喪也。非以喪歸也。非以喪歸，則實以夫人歸也。執之，以夫人歸之詞也①。是②知以歸後，乃薨也。**疏**既喪，則不應以歸也。以歸，執詞，明執夫人也。加喪焉，據本執夫人以歸，經乃先加薨文，後乃言以歸。諱以夫人歸也。據以歸執辭。執後言薨，則殺之之跡顯，故預加喪文，使如薨事以歸，則夫人見殺於齊之事隱矣！其以歸，薨之也。執之於邾，故言以歸。**疏**召之至齊，反於魯至夷，乃酖殺之。薨之者，爲齊所酖，非自薨之文。經言夫人薨，猶如自薨，傳所謂舉上也。

楚人伐鄭。荆始書楚。稱人，少進之。**疏**鄭者，中國也。言伐鄭，惡其以夷狄治中國。志伐鄭，起檉謀救鄭。

---

① 執之，以夫人歸之詞也：鴻寶本作「以夫人，執之之詞也」。

② 「是」上鴻寶本有「以夫人歸」四字。

八月，公會齊侯、宋公、鄭伯、曹伯、邾人于檉。檉，宋地。謀救鄭也。陳、蔡不序，從楚也。衛不序，有難也。小國齊伯言曹、邾，晉伯乃詳録。疏 鄭已在會，《左》以爲救鄭者，思所以禦楚也。

九月，公敗邾師于偃。偃，服虔以爲魯地。以夫人奔，故伐邾也。邾無師，以公敗之言師也。

不日，疑戰也。疑戰而曰敗，勝内也。勝邾，所以能自立，此季子之功也。連勝二卒正。

冬，十月，壬午，公子友帥師敗莒師于麗，獲莒挐。麗，魯地。傳例曰：「獲者，不與之辭。」以慶父奔，故來戰也。以上，公五敗外師；以下，大夫三敗外師。前無大夫敗，後無君敗。僖以下，權在大夫也。

莒無大夫，王制曰：「小國二卿，皆命于其君。」疏 據大夫盟會稱人，無命大夫也。莒，魯屬國，在曹下。無大夫，亦無師。其大夫見皆不氏，非命大夫也。其曰莒挐，據在盟會莒稱人。何也？據莒慶隨衛侯乃言之。以吾獲之，目之也。據外事莒不見大夫，録内故言莒挐。内不言獲，此其言獲，何也？内戰所獲者，義不可言獲，言獲則惡詞也，如宋萬不言獲，亦是也。惡公子之紿。師説惡紿，乃言獲。疏《穀梁》義例嚴謹，獲，惡辭；敗，病辭。内不言獲、言敗，言獲、言敗者，皆以惡主之。内惡無遺，目之，故不復諱。《公羊》内惡諱，故以二事皆爲善，可以不諱，乃目之，與宋襄事同也。紿者奈何？問紿事實。公子友謂莒挐《左傳》：「莒挐，莒子之弟。」曰：「吾二人不相説，莒求賂，季子拒之，故相戰。士卒何罪？」屏左右而相搏，先本列陳，《公羊》所謂「偏戰也」，後乃去士卒。公子友處下，謂力不勝。左右曰：「孟勞。」孟勞者，魯之寶刀也。公子友以殺之。戰事《左傳》不詳，此當據以相補。然則何以惡乎紿也？據慶父奔莒，有討賊之義，勝則當褒之。曰：棄師之道也。《春秋》重師，鄭棄其師，有夷狄之辭。公子友，貴矣，師，衆矣，與小國大夫戰，不修師陳之具而以徒搏相給，非道而行，有棄師之道，故言獲以惡之。獲，惡詞，不避者，敗莒以討慶父，因其事善，故斥獲以明用師之道，不諱以明討賊之義也。疏《公羊》以此獲爲大季子，《傳》以爲惡給。蓋《公羊》就本事言之，《傳》則專就相搏一節立説。《公羊》言其大體，本傳説其細節，二者相合，其義乃足。

十有二月，丁巳，夫人氏之喪至自齊。

其不言姜，據薨言姜氏。以其殺二子，謂子般、閔公。貶之也。據文姜孫齊不言姜氏，貶弒君也。夫人無母子恩，故絶其骨肉之親以貶之。於薨後乃去姜，罪減於文姜，亦不討母葬子之義。疏此説《公羊》同。或曰：按：此説同《左氏》。《左氏》云：「君子以齊之殺哀姜，爲已甚矣！」爲齊桓諱殺同姓也。傳曰：「爲賢者諱過。」夫人於齊桓有大功，親有罪，齊桓討之，有傷親親之義。然伯者得討亂，故諱去氏，以起殺同姓。謂若不氏姜，先絶去其氏，使其得討之。言諱者，明有親親義。

二年

春，王正月，城楚丘。劉子云：「狄攻衛，大破之。」「衛侯奔走涉河，而南至楚丘。齊桓爲存之，遂城楚丘以居。」月者，譏專封。疏《衛世家》：「戴公申元年卒。齊桓公以衛數亂，乃帥諸侯伐翟，爲衛築楚丘，立戴公弟燬，是爲文公。」「文公初立，輕賦平罪，身自勞，與百姓同苦，以收衛民。」

楚丘者何？據内城不月，疑國詞。衛邑也。據圖籍，國在楚丘。疏據「戎伐凡伯于楚丘以歸」，戎衛，知衛邑。國而曰城，外城詞，如城杞也。此邑也，其曰城，何也？據城邢，邢，國也。封衛也。劉子云：

「懿公無道，爲狄所滅。齊桓公帥諸侯伐狄，而更封衛於河南曹①、楚丘，是爲文公。而河内殷墟，更屬於晉。」疏據言城，知封衛也。衛遷楚丘，因爲城之。封衛於楚丘，邑而爲國，故有國詞。則其不言城衛，何也？據桓實城衛，《春秋》言城邢，何言於衛獨異？衛未遷也。《春秋》不言衛遷也。疏據邢遷地夷儀，言邢即夷儀，可言城邢。衛無遷文，言城衛，則是舊都，無以見楚丘，故言城楚丘，不言衛也。其不言衛之遷焉，何也？據桓實遷衛，經言邢遷，此亦當言衛遷於楚丘。不與齊侯專封也。言邢者，邢小猶可，借以起實。衛大不可言，且譏城衛，則城邢之實可見。言遷邢，則遷衛之實可見，互見以相起也。疏言衛遷，是棄舊都，別封於楚丘。不言遷，是舊都猶在，辟專封之名，實與而文不與，故不出齊侯，不言遷以辟其名。其言城之者，據如内自城辭。專辭也。專謂不稟命於天子而自主之。疏言城以起專封之實。不言齊侯，以避其名。不言衛自城，以存齊侯之功。故非天子不得專封諸侯。傳曰：「古者天子封諸侯。」又曰：「君不尸小事，臣不專大名。」禮：二伯代天子巡守，例得攷功黜陟，然封諸侯必先告命於天子，以天子命封之。今桓封衛，未奉命於天子而自封，專制其事，以僭天子。疏邢言遷者，邢，小國，二伯代天子巡守，得黜陟之，故言遷也。衛方伯國，受命諸侯，爲一州長，二伯不得黜陟之，故不言遷以辟之也。諸侯不得專封諸侯，雖通其仁，通其存亡之義。言城，與也。疏通謂通其事於經，如言城，是與其專封。以義而不與也。辟其專封，不言遷，不出齊桓也。疏陸賈引傳曰：「仁者以治親，義者以利尊，萬世不亂，仁義之所治也。」故曰仁不勝道。《荀子》云：「君子處仁以義，然後仁也；行義以禮，然後義也；制禮反本成末，然後禮

① 曹：原脱，據《漢書·地理志》補。

也。三者皆通，然後道也。」道者，仁、義、禮之合，故曰仁不勝道。**疏**《春秋》仁義之實，皆歸於道。上下之尊，皆歸於天。道出於天，仁義出於君。《中庸》云：「天命之謂性，率性之謂道，修道之謂教。」《地理志》山陽郡武城下云：「有楚丘亭。齊桓公所城，遷衛文公於此。子成公徙於濮陽。」

夏，五月，辛巳，葬我小君哀姜。哀姜者，莊公之夫人也。

虞師、晉師滅夏陽。至此乃出晉者，不使與齊爲禮也。此里克、荀息也，不言其人，從虞言之也。虞，小國，無大夫。言大夫不氏，與大國異。無師言師，與大國同者，卿文師實，文變而實不變，故紀實也。**疏**此滅二國辭。不日者，《春秋》中國同盟者日，不同盟不日。近者月，遠者時，以遠近爲時月之分。

非國而曰滅，據言滅皆國。夏陽，虢邑。**疏**知邑者，按圖籍攷之。重夏陽也。從重言之，邑從國辭。**疏**虢者二伯，《春秋》雖及滅國，亦不見虢文者，所以避鄭也。內四州祗立一伯，初見鄭伯，後見齊桓，外州諸侯未見，不能立二伯，故不言虢，因亦不早言晉，虢滅之後，然後出晉。虞無師，傳曰：「小國一軍。」**疏**晉未伯時，以爲冀州伯，虞其所屬之小國，如魯之曹、莒，故曹無師，虞亦無師。以內卒正推得之，小國有一師。言無師者，師統於將，無大夫則是無師也。言師不異於大國者，據實有一師也。其曰師何也？據曹言師，君在。以其先晉，以大小之序，晉時爲方伯，虞爲所屬，小不可先大。不可以不言師也。人不得居師上，貴賤之序。其先晉何也？據小不先大。爲主乎滅夏陽也。虞主兵。凡小國從大國，雖爲小國事，亦序大國後，以二伯統天下也。此虞先序，罪虞自滅之詞，《春秋》之變文也。**疏**曹非主兵，不可以在齊上。又齊是君，不可以先之。此先虞者，罪之也。夏陽者，虞、虢之塞邑也。劉子云：「虞、虢，皆小國也。虞有夏陽之塞，虞、虢共守之，晉不能禽。」**疏**虞、虢二國，經見虞，爲不見虢，以夏陽代之。此孔子特筆。《紀年》乃亦言滅。此作僞者仿《春秋》爲之，當時之史，不如此也。滅夏陽，而虞、虢舉矣。下不言滅虢、滅虞者，從此滅通之也。滅一邑而兩國舉，於此言滅，下滅二國不見，以二國之存亡繫此邑也。此釋不言二國滅而言夏陽滅。虞之爲主乎滅夏陽，何也？據夏陽亦虞塞，本晉主滅也。晉獻公欲伐虢，伐虢則虞舉，欲并二國。荀息曰：「君何不以屈産之乘、垂棘之璧而借道乎虞也？」荀息，晉大夫。屈邑産駿馬，垂棘出良璧。公曰：「此晉國之寶也，如受吾幣而不借吾道，則如之何？」荀息曰：「此小國之所以事大國也。彼不借吾道，必不敢受吾幣。如受吾幣而借吾道，則是我取之中府，而藏之外府，外府喻虞取玉於晉而藏於虞，取則得之，猶外府耳。外廐義同此。取之中廐，而置之外廐也。」公曰：「宫之奇存焉，宫之奇，虞之賢大夫。必不使受之也。」劉子云：「虞有宫之奇，晉獻公爲之息謀。」荀息曰：「宫之奇之爲人也，達心而懦，又少長於君。達心則其言略，明達之人但舉綱領，不必詳説，則愚者不悟。懦則不能彊諫，無犯顔彊諫之才。少長於君，則君輕之。且夫玩好在耳目之前，而患在一國之後，此中知以上乃能慮之，臣料虞君，中知以下也。」公遂借道而伐虢。宫之奇諫曰：「晉國之使者，其辭卑而幣重，必不便於虞。」虞公弗聽，遂受其幣而借之道。宫之奇諫曰：「語曰：『脣亡則齒寒。』其斯之謂與！」**疏**《國策》：「魏謂趙王曰：『昔者，晉人欲亡虞而伐虢，伐虢者，亡虞之始也。故荀息以璧與馬假道以伐虢，宫之奇諫，不聽，卒假晉道。晉人伐虢，反而取虞。故《春秋》書之，以罪虞公。』」挈其妻子以奔曹。三諫而不聽則去，合於禮矣。獻公亡虢，本事滅夏陽。五年而後舉虞。五年「冬，晉人執虞公」是也。**疏**此傳説是事與

《左傳》同而文有詳略者，古書之體例類如此。又《左傳》著於竹帛，傳所言多先師口説，其語故各不同。《左傳》多文，二傳所以多質也。荀息牽馬操璧而前，曰：「璧則猶是也，而馬齒加長矣。」劉子云：「荀息非霸王佐」，「宫之奇可謂忠之謀也」。謂馬有五年之長，明前中府外府、中廐外廐之計得也。疏《晉世家》：「獻公十九年，獻公曰：『始吾先君莊伯、武公之誅晉亂，而虢常助晉伐我，又匿晉亡公子，果爲亂。弗誅，後遺子孫憂。』乃使荀息以屈産之乘假道於虞。虞假道，遂伐虢，取其夏陽以歸。」

秋，九月，齊侯、宋公、江人、黄人盟于貫。劉子云：「江、黄，小國也，在江淮之間，近楚。楚，大國，數侵伐，欲滅取之。江人、黄人患楚。齊桓公方存亡繼絶，救危扶傾，尊周室，攘夷狄，爲陽穀之會、貫之盟。」與諸侯伐楚：「江人、黄人慕桓公之德來會，盟于貫。」疏此齊桓獨伯之辭也。晉爲伯，與楚分主中外。凡同盟，無近楚之國，惟中國四方伯，陳且不在焉。齊爲伯，則一人獨伯。《左傳》：「五侯九伯，女實征之。」傳以爲諸侯皆來至，而經列江、黄，是天下皆統以一伯之辭也。貫，宋地。桓自幽後不會諸侯，新有存亡繼絶之功，故諸侯從之，貫、陽穀是也。不日者，雖内與桓盟，不日。

貫之盟，不期而至者，然則餘會有期約，《左傳》所謂「求諸侯」、「徵會」是也。江人、黄人也。據江、黄遠國，楚屬。疏期地、期也。諸侯欲會，必先告列國以期地、日月，先遠後近，同時皆至。不期而來，其從中國之心至矣！凡期而不至者，皆從夷之國也。江人、黄人者，據不爵稱人。遠國之辭也。據許以下爲魯屬，近國之辭。此不常録，是遠國，遠國謂外卒正也。稱人者，衆辭。中國稱齊、宋，據一伯一公，大國也。大國至，則方伯以下莫不至矣。中國，皆至辭也。遠國稱江、黄，江、黄，中國小國。會盟外録大國，不録小國，録則遠近小國畢至之辭。以爲諸侯皆來至也。皆來至，所謂一匡天下，一國主政，不分中外也。近國舉大以包小，遠國舉小以盡大，徧至辭，故不敘方伯、小國。至於晉、楚分伯，則分中外言也。諸侯者，内夷狄，從中國也。荆國之國，《春秋》以方伯待之。楚有君、大夫，與夷狄全異，因其從夷，乃夷之，善事則不夷之也。疏 如夷狄、戎蠻、山戎、北戎、淮夷，不州不國，無君無臣，不名不氏，乃全狄之，故江、黄有中國辭。

冬，十月，不雨。劉子云：「不傷二穀，謂之不雨。」

不雨者，據不成災不志也。勤雨也。「勤」讀如「民勤於力」之「勤」。民望雨之甚。

楚人侵鄭。此侵，淺事也，下乃伐矣。主書者，起桓攘楚之功。疏 鄭，中國也。再言侵，起楚彊。不言陳、蔡，以爲不足言也。

三年

春，王正月，不雨。

不雨者，勤雨也。

夏，四月，不雨。劉子云：「先是，莊公夫人與公子慶父淫而弑二君。國人攻夫人，夫人遜①於邾，慶父奔莒。僖公即位，南敗邾，東敗莒，獲其大夫。有炕陽之應。」疏《攷異郵》：「僖公三年，春夏不雨，於是僖公憂閔②，元服避舍，釋更徭之逋，罷軍寇之誅，去苛刻峻文慘毒之教，所蠲浮令四十五事。」「比於九月」，謂三時九月也。公大驚懼，率羣臣禱山川，以六

---

① 遜：原作「歸」，據《漢書·五行志》改。

② 閔：《古微書·春秋考異郵》、《天中記·祈雨》同，緯書集成本《攷異郵》作「悶」。

過自責，絀女謁，放下讒佞郭都①等十有三人，誅傾②人之吏受貨賂趙祀等九人，曰：辜在寡人。」

一時言不雨者，據文歷時乃言不雨。閔雨也。據閔不雨，故於首月志之。文之「自十二月不雨，至於秋七月」，即此三時不雨也。此冬首月，望雨切，若前月已不雨也。過夏時，則七月矣。志在前。閔雨者，據文不閔雨。有志乎民者也。僖公時，季子爲政，知務本勸穡。國以民爲本，民以食爲本。不雨，則害穀成災，故如其志而言閔雨也。《春秋》賢僖惡文，故文歷時乃言不雨。

徐人取舒。徐，夷狄也，小夷也，其言取者，易辭也。《春秋》不記徐事，此書者，一見例也。以此見所削者多。

六月，雨。夏首時言不雨。六月，夏也，望雨之切，不待過時乃志。

雨云者，據文不言雨。喜雨也。喜，故志。喜雨者，據文不喜。有志乎民者也。喜得雨而民力蘇，故言雨也。疏《攷異郵》：「僖公三時不雨，禱於山川，以六過自責，曰：『方今大旱，野無生稼，寡人當死，百姓何謗③？不敢煩人請命，願撫萬人害，以身塞無狀。』禱已，舍於南郊，雨大澍。」

秋，齊侯、宋公、江人、黄人會于陽穀。李賢引傳曰：「陽穀之會，一匡天下。」疏此繼貫之辭也。貫，諸侯偏至，猶盟，此不盟而會，故桓公此爲盛。不月者，猶美也。天下，謂中國、夷狄。匡，正也，一匡謂統正天下也。不外江、黄，

---

① 「郭」下《古微書・春秋考異郵》、《天中記・祈雨》同，緯書集成本《攷異郵》有「之」字。

② 傾：《古微書・春秋考異郵》、《天中記・祈雨》、緯書集成本《攷異郵》作「領」。

③ 謗：《穀梁傳》定公元年范寧《集解》、《古微書・春秋漢含孳》、《册府元龜・戒懼》、《玉海・郊祀》同，緯書集成本《攷異郵》作「罪」。

臨天下辭。

陽穀之會，桓公委端劉子云：「公冠，始加玄端與皮弁。」搢笏劉子云：「能正三軍者搢笏。」而朝諸侯，言衣裳之會，無所作爲也。**疏**言朝者，屬國統於方伯，方伯統於二伯，二伯爲天子老，統轄諸侯，一匡天下。小國於方伯言朝，朝魯諸國是也。方伯於二伯言朝，公如齊、晉與如京師同文是也。此故得言朝也。委，委貌之冠也。端，玄端之服。搢，插笏以記事者也。所謂衣裳之會，不盟也。諸侯皆諭乎桓公之志。據不言盟，言會也。傳曰：「相命而信諭，謹①言而退，以是爲近古也。」又曰：「衣裳之會十一，未嘗有歃②血之盟。」**疏**桓公之志，謂尊周也。諸侯皆知桓志，故不盟。

冬，公子季友如齊莅盟。劉子云：「僖公即位而任季子，魯國安寧，內外無憂，行政二十一年。」此其篤從齊桓安國之事也。**疏**公方會於陽穀，此何爲復盟？著季子安魯之功，齊桓繼絶之績也。傳例曰：「莅，位也。內之前定之盟謂之莅，外之前定之盟謂之來。」按：盟皆在隙地，唯聘盟前定，在國，君主之。

莅者，位也。盟誓之言素定，今但往，正其位而盟。其不日，據內大夫盟例日。前定也。前有定約，非臨時所制。《春秋》以信者爲前定，不信爲臨制。信，故不日。不言及者，據聘盟言及，此解來盟也。以國與之也。來盟不言及，是內一國皆盟之，故不言及。**疏**彼至我國聘盟言及，謂公與之盟也，來盟則前定。盟不言及者，若本國上下之人同與盟，以美前定，有不獨公盟之意。不言其人，此解莅盟不言其人。亦以國與之也。莅盟不

① 謹：原作「結」，據《穀梁傳》桓公三年改。
② 歃：原作「插」，據《穀梁傳》桓公三年改。

言彼國人，亦如彼國皆盟，故不言其人也。疏 謂我至彼國莅盟，亦如來盟。蓋伐聘盟言其人，前定盟則不言其人，使彼國上下之人皆與盟，亦如來盟不言及，若舉國與之也。言亦者，以別外國也。

楚人伐鄭。主書者，起桓公攘楚，救中國。

四年

春，王正月，公會齊侯、宋公、陳侯、衛侯、鄭伯、許男、曹伯侵蔡，蔡潰。桓兵事言人，此敘諸侯者，伐楚大功，故言諸侯也。蔡從楚最深，侵蔡，所以侵楚也，先其易者。蔡潰，伐也，此言侵者，爲以伐加楚，不並言伐也。疏《蔡世家》：「齊桓公伐蔡，蔡潰，遂虜穆侯，南至楚召陵。已而諸侯爲蔡謝齊，齊侯歸蔡侯。」

潰之爲言上下不相得也。潰者，下叛其上，魚爛而潰，君臣失道，各不相救，不言戰敗也。疏《左》例：「凡民逃①其上曰潰，在上曰逃。」與《傳》同。侵，淺事也。據楚伐。侵蔡而蔡潰，侵淺而蔡潰，蔡失道也。以桓公爲知所侵也。傳曰：「善陳者不戰。」劉子云：「齊桓侵蔡，蔡潰，伐楚而楚服」，「以至苞茅之貢」，「未嘗大戰，不至血刃」。兵事貴時，勢善其得，用師以伐無道也。不土其地，土讀爲度，據不言入也。不分其民，據不言遷也。明正也。用兵以征無道，又不乘人敗而深以爲利。蔡從楚，倍中國，故侵之，使反中國，爲得正也。疏 中國潰例日，不日者，夷之也。蔡、沈皆不日，獨莒潰日，《春秋》用中國則中國之也。

遂伐楚，次于陘。楚彊，齊欲綏之以德，故不速進而次于陘。陘，楚地。

① 逃：原作「叛」，據《左傳》文公三年改。

遂，據楚大蔡小。繼事也。以遂言之，輕楚，故以遂言之。次，據救不言次。止也。伐楚而楚服，不進兵以俟屈完。傳曰：「誅不填服。」已服，可言次。救不言次，急辭也；伐可言次，不窮誅也。以此見愛民之意，惡兵之道也。

夏，許男新臣卒。不日者，踰境也。師在陘，蓋卒在陘也。

諸侯死於國，不地。據在國都，不地。死於外，地。據「晉侯黑臀卒于扈」，「許男卒于楚」，皆地。外謂國都之外，統踰竟、不踰竟也。死於師，據「曹伯廬卒于師」不日。此不日，知卒于師。何爲不地？據「曹伯廬卒于師」言地。内桓師也。卒在師，如卒在國。言桓於諸侯有恩義，雖卒在師，與國無異，故不地師。

楚屈完來盟于師，盟于召陵。劉子云：「桓公三存①亡國，一②繼絶世，救中國，攘夷狄，卒脅荆蠻，以尊周室，霸諸侯。」**疏**劉子云：「楚地，翼、軫之分野也。今之南郡、江夏、零陵、桂陽、武陵、長沙及漢中、汝南郡，盡楚分野。」此經與欒盈「入于晉，入于曲沃」相同，古本當駢書，後乃分爲二句。

楚無大夫，據夷狄國無大夫。楚其君未見，不得先出其臣也。**疏**楚後爲伯，有大夫，此就其初見言之。其曰屈完，屈爲氏。何也？據無大夫國，大夫見不氏。下椒來聘猶不氏，是也。**疏**楚卿見經者，屈氏、薳氏、成氏、囊氏、郤氏及鬬氏，共六族，以配三卿大夫之制。公子不世卿，不在此例。以其來會桓，與桓爲敵。成之爲大

---

① 三存：原作「存三」，據《説苑・尊賢》乙。

② 一：原脱，據《説苑・尊賢》補。

夫也。據《春秋》大齊桓，桓爲二伯，不氏①卑國大夫，嫌以盟微，故使如命大夫言氏。成者，楚尚無命大夫，《春秋》成之，以尊桓也。其不言使，據國佐言使。權在屈完也。國佐因敗，爲城下之盟，實受命，故言使。此伐，次不進，楚使屈完來覘，盟不盟之權在屈完，非楚子得制，故不言使。傳所謂「得志爲②僅」也。則是正乎？問出疆專命常制否。曰：非正也。臣不專大功。楚彊無危，專命，非正也。以其來會諸侯，重之也。因其來書，重其權。不言使，明受命不受辭之義也。來者何？據國佐言如師，此桓爲主，不應言來。內桓師也。內桓師，故與內同文，亦以公在師中。于師，據如師不言來盟，此來盟在于師上。前定也。如內之前定盟，故言來盟，使內主之也。于召陵，據國佐地，不再言盟。得志乎桓公也。據再出盟，知得志。桓公召陵之會，魯既主之，復言召陵，辟齊桓，使齊主之也。得志者，不得志也。據已伐而盟，以伐致也，明楚未服也。以桓公得志爲僅矣。「桓爲霸主，以會諸侯，楚子不來，屈完受盟，令③問諸江，辭又不順，僅乃得志。言楚之難服。」屈完曰：「大國之以兵向楚，何也？」較《左傳》文略。桓公曰：「昭王南征不反，菁茅之貢不至，《禹貢》：荆州之貢包茅。故周室不祭。」鄭君云：「菁茅，茅之有刺者。」管仲曰：「江淮之閒，一茅三脊，所以爲藉④

---

① 氏：原作「是」，據日新本、鴻寶本改。
② 爲：原作「已」，據《穀梁傳》僖公四年改。
③ 令：原作「今」，據《穀梁傳》僖公四年范寧《集解》改。
④ 藉：原作「貢」，據《管子·内業》、《史記·封禪書》改。

者。」屈完曰：「菁茅之貢不至，則諾。劉子云：「桓公南伐楚，以致菁茅之貢。」昭王南征不反，我將問諸江。」江，《左》作水濱，問江邊之民有見之否。此不服罪之言，故退於召陵而與之盟。屈完所以得志，桓公之不得志爾。**疏**《齊世家》：「三十年春，齊桓公率諸侯伐蔡，蔡潰，遂伐楚。楚成王興師問曰：『何故涉吾地？』管仲對曰：『昔召康公命我先君太公曰：五侯九伯，若實征之，以夾輔周室。賜我先君履，東至海，西至河，南至穆陵，北至無棣。楚貢包茅不入，王祭不共①，是以來責。昭王南征而不復，是以來問。』屈完曰：『君以道則可。若不，則楚方城以爲城，江、漢以爲溝，君安能進乎？』乃與屈完盟而去。」

齊人執陳袁濤塗。劉子云：「桓南服②強楚，其後不內自正，而外執陳大夫，則陳、楚不附③，鄭伯逃盟。」按：此伐而執也。其不伐而後執，何也？外濤塗於陳也。外濤塗，即以外齊侯也。**疏**陳國卿，經見袁氏、夏氏、洩氏、儀氏、慶氏、鍼氏、孔氏、干氏，與宋見八族相同，以見三卿、五大夫之制。女叔、原仲是監大夫，不在此例。陳國公子、公孫、公弟不世卿，亦不在此例。《齊世家》：「桓公過陳，陳袁濤塗詐齊，令出東方，覺。秋，齊伐陳。」

齊人者，據下冬侵陳，人，微者。齊侯也。據內桓師，知齊侯。其人之，何也？據兵事乃人。此人，伐而後執之辭。執在伐先，宜書齊侯。於是哆然外齊侯也，據執在先也。外謂外于陳。下伐內桓師，此先目齊人，伐與執使若二事，外濤塗于陳，以見執之非。內桓師，以明陳之罪。陳有附楚之罪，以濤塗伐之，則非也。哆同誃，

① 共：《史記·齊世家》作「具」。
② 服：原作「伐」，據《漢書·五行志》改。
③ 附：原作「服」，據《漢書·五行志》改。

離散貌。不正其踰國而執也。踰國非以聘會，明以計謀而執袁濤塗，爲申侯所賣，齊侯不察也。疏袁濤塗誤軍道，桓不自責，因此小過伐人之國而執其大夫，故不正之。

秋，及江人、黄人伐陳。不敘齊桓，獨言江、黄者，遂事之辭也。江、黄前不敘，以列敘諸侯，不可以敘江、黄。且楚旋滅江、黄，不使伐楚，爲桓諱也。此不敘諸侯，故獨敘江、黄以別異之，明爲外州國也。疏江、黄，荆州國。傳於楚有夷辭，以下小國反不狄之，引而進之也。惟大國，若吴、楚，乃狄之。

不言其人及之者何？據齊侯執袁濤塗，知此伐諸侯同在。内桓①師也。内桓師者，外江、黄也。以桓及江、黄，桓得内辭，以其爲外州國也。疏伐陳、侵蔡、伐楚同一師，皆善事，故同内桓師也。陳有從楚心，伐之，得其罪。而因袁濤塗伐之，則非。故先言齊人執袁濤塗，外齊人以辟其事，而後以伐陳内桓師。一内一外，功過不掩也。舊本師上脱桓字，今從上傳例補。

八月，公至自伐楚。此侵楚也。其曰伐者，大之也。因致，故大之。

有二事公出有二事。偶，偶，敵也。二事大小同。則以後事致。據如京師伐秦，以伐秦致。後事小，則以先事致。據僖六年，伐鄭救許，以伐鄭致。後事小，則先事大。其以伐楚致，據二伐宜以後事伐陳致。大伐楚也。伐爲大事，侵爲小事。今齊桓侵楚伐陳，今致伐者，楚彊，莫能伐者，故以伐楚爲大事，不致伐陳也。疏月者，伐楚大事，重之。

---

① 桓：《穀梁傳》僖公四年無此字，此爲廖氏有意增補。

葬許穆公。許葬皆時，小國正例也。疏劉子、《魯詩》説云：「衛懿公女爲許穆公夫人。初，齊、許皆求女，因傅而言曰：『許小而遠，齊大而近，當今之世，强者爲雄，如使邊竟有戎寇之事，赴告大國，女在，不猶愈乎？今舍近而就遠，離大而附小，一旦有車馳之難，何以慮社稷？』不聽，爲嫁之許。後狄攻衛，許不能救，遂奔走涉河，而南至楚丘。齊桓往而存之，遂城楚丘以居。」

冬，十有二月，公孫茲帥師會齊人、宋人、衛人、鄭人、許人、曹人侵陳。侵例時，月者，惡之。陳不服，當修德以來之。秋冬連興大衆以討陳，故月以惡之。茲繫叔牙子，三見經，五年如牟，十六年卒。

五年

春，晉侯殺其世子申生。劉子云：「晉侯信驪姬之言，申生自經于新城。」

目晉侯斥殺，殺世子、母弟目君，以親親責之。惡晉侯也。班曰：「父殺其子當誅何？以爲天地之性人爲貴，人皆天所生也，託父母氣而生耳。王者以養而教之，故父不得專殺也。」疏晉獻殺申生而立不正，禍流五君，晉國大亂，至文公乃定，故不葬之爲無臣子也。

杞伯姬來朝其子。傳謂「母之子也可」，「卑者取卑稱」是也。子者，世子也。不言世子，子不繫世於母也。疏此與曹伯使其世子射姑來朝相起。曹伯言使言世，此不言世言使，母專也。不言使，故言來，伯姬實未來也。

婦人既嫁不踰竟，踰竟，弔喪乃踰竟，此非其事。非正也。言來則有失禮之嫌，何以必言來？疏杞伯姬來朝，婦人命不通於外，故以踰竟責之。諸侯相見曰朝，杞伯來朝是也。疏據内女歸曰來。伯姬爲志乎朝其子也。據此乃伯姬使之來朝，不言使，故以朝繫來。疏踰竟之失，猶小於專命也。此與曹伯使世子同。曹伯父，可言使。此不可言使，故言來朝其子，以明男女之分。伯姬爲志乎朝其子，曹以伯使，書。疏據「曹伯使其世子射姑來朝」言使。則是杞伯失夫之道矣。妻不從夫，其失大，不可爲訓，故言來以殺之。諸侯相見曰朝，以待人父之道待人之子，據魯以朝禮待之，故言朝。非正也。與曹世子同，此譏內。故曰杞伯姬來朝其子，參譏也。參譏謂伯姬、杞伯、魯也。「曹伯使其世子射姑來朝」，譏世子。此不譏者，明子幼弱，母使以來，未可責以人子之道。疏事出於杞伯，書當與于曹同。婦人無故挾世子抗諸侯禮以朝外國，杞伯不能制，亦失夫道，此譏杞伯。

夏，公孫茲如牟。牟，微國也，連帥以下；猶如者，明臣卑於君，以大待小之制。疏茲，叔牙①子。季友之子不見經。《左傳》以如牟爲内聘而自娶也。

公及齊侯、宋公、陳侯、衛侯、鄭伯、許男、曹伯會王世子于首戴。言及主善，以内殊會。吴主惡，以外也。

及以會，據公會劉子召陵，不言及以會。尊之也。使若公與諸侯相會而往見王子，然不與諸侯相齒。疏據會以會外吴，此及以會，明尊之。殊會，使不與諸侯齒，尊也。何尊焉？據會王臣不殊，臣子一也，則子宜不異。王世子云者，據鄭世子，諸侯亦言世子。唯王之貳也。班氏說：「父在稱世②子何？繫於君也。」按：貳謂當繼立，副貳也。疏天子、諸侯言世子，明世位。大夫言適子，明大夫不世爵也。云可以重之存焉，言有繼尊之

---

① 叔牙：原作「慶父」，據《春秋左傳正義》僖公四年杜注改。

② 世：原脱，據《白虎通・爵》改。

漸，後將爲吾君，爲君之貳，故尊之，不與臣同。**疏**《喪服》：「父爲長子斬衰。」傳曰：「父爲長子何以三年？正體於上，又乃將所傳重也。庶子不得爲長子三年，不繼祖也。」**尊之也。**據陳招殺世子，志從以下弑上之例，尊之也。世子當繼爲君，主天下，其尊與臣下不同，故王臣不殊，世子則殊也。**何重焉？**據臣子一例。**天子世子，世天下也。**天子、諸侯世，故適子名世子，明當繼也。**疏**內不言世子者，言子即世子。外因有所起，乃言世子。王世子不言世，嫌王子。繒不言世，嫌繒子。殺世子與世子弑君言世子，盡其親以惡之。鄭世子、衛世子明得正，宋、齊世子見於會。非世子，不爲臣，不得見。非此不言世，故子同生不言世，子糾、杞伯姬子皆不得言世也。世子之稱只可施於天子、諸侯，其大夫之長子不得稱世，以大夫不世爵祿也。大夫以下言適子。

秋，八月，諸侯盟于首戴。再出地者，不同月。不敘者，鄭伯逃也。言諸侯者，前目而後凡也。

無中事中，間也。**而復舉諸侯，**可以言同盟，不再舉諸侯。**何也？**據諸侯盟于葵丘，中有閒事。癸酉，同盟于新城，無中事，不出諸侯。**尊王①世子而不敢與盟也。**據翟泉晉與王人盟不殊，知此以世子尊，不敢與盟也。**尊則其②不敢與盟，何也？**據小國從二伯盟。**盟者，不相信也，**不信乃盟。**故謹信也，**據盟皆以謹之。**不敢以所不信而加之尊者。**尊者出命無方，盟者自相約束，不敢使尊者從卑者命以謹信也。**桓，諸侯也，**雖升爲二伯，猶在五等。**不能朝天子，**據致王世子，是不能朝也。**是不臣也。**劉子說「天子使

① 王：原脱，據《穀梁傳》僖公五年補。
② 其：原脱，據《穀梁傳》僖公五年補。

世子會桓公」，失權。疏據齊以二伯受諸侯朝，己乃不朝天子，是失臣道，臣不臣也。王世子，子也，據稱子有天在，君父之道。塊然受諸侯之尊己，據及會、不與盟皆尊之。塊然，獨尊貌。《荀子》：「塊然獨坐。」而立乎其位，桓不能朝，乃致王世子于首戴，率諸侯而朝之，位在諸侯上，代天子受朝。疏《左傳》：「謀寧周也。」惠王將廢太子立王子帶，齊桓會諸侯以定其位。」是不子也。王世子伉其父之禮而受諸侯之朝，是不子也。孔子曰：「君不君，臣不臣，父不父，子不子，雖有粟，吾得而食諸？」桓不臣，王世子不子，臣不臣，子不子矣。則其所①善焉何也？據不日，善之也。是則變之正也。雖非禮之正，是合當時之宜。天子微，周微弱，無權勢。諸侯方伯、卒正以下，皆言之。不享覲，據魯、鄭易田也。桓控大國，宋也。言此以包方伯。扶小國，江、黃是也。以此包不見之國。統諸侯，大國言宋，小國江、黃。一統之內，諸侯皆至，此桓公一人獨伯，如鄭伯，《左傳》言春秋初，一人獨伯是也。不能以朝天子，據會王世子。亦不敢致天王，據下「天王狩于河陽」，是致天王。尊王世子于首戴，乃所以尊天王之命也。劉子說：「春秋上無明王②，桓公能行伯道，攘夷狄，安中國。雖不正猶可，《春秋》實與而文不與之義也。」天子命王世子出會，尊王世子，以其有天王命，則雖不朝天子而尊王世子，可也。世子含王命會齊桓，亦所以尊天王之命也。尊世子即所以尊王，世子猶貴，則王尊矣。疏傳：「人之於天也，以道受命；於人也，以言受命。」尊天王命，即所以尊天子，是齊桓得命之正。世子受之可乎？據

---

① 所：原脱，據《穀梁傳》僖公五年補。

② 王：原作「主」，據《漢書·五行志》改。

抗天子禮，疑與曹世子同。**是亦變之正也。天子微，諸侯不享覲，世子受諸侯之尊己，而天王尊矣，**其子已尊，則其父可知。然則王世子受朝，亦所以爲尊天王，爲天王受朝也。**世子受之，可也。**可也者，反經合權，通其變，以濟時事也。

鄭伯逃歸不盟。劉子云：「齊侯不能自正，執陳大夫，鄭伯逃盟。」**疏**《左傳》：「凡民逃①其上曰潰，在上曰逃。」逃與叛同。

以其去諸侯，故逃之也。傳曰：「逃義曰逃。」爲此會，以尊天王，乃逃不盟，不審善惡，從夷狄逃之，使得執之也。言去諸侯者，辟王世子也。

楚人滅弦，弦子奔黄。有伯之世不可以言滅國，此何以不諱？以其爲以夷狄滅夷狄也。伯者不言滅國。楚滅者，楚爲荆伯，滅近國以自廣，故齊伯以後，中國不言滅，惟言楚滅，以楚之難化也。**疏**弦在荆州，楚屬國也。稱子者，夷狄也。不以夷狄云者，荆州爲狄，餘國皆待以中國也。

弦，國也。據言滅失國。不名者，其事已見，外小國責之略，故不言也。奔黄者，黄爲與國，且方通於齊也。

其不日，微國也。荆州，微國也。不月者，遠也。**疏**《春秋》近近而遠遠，近微國月，遠微國時。凡言微國，皆謂中國，不待以夷狄也。

九月，戊申，朔，日有食之。劉子説：「齊桓行伯，江、黄自至，南服彊楚。其後不内自正，而外執陳大夫，則

---

① 逃：原作「叛」，據《左傳》文公三年改。

陳、楚不附①，鄭伯逃盟，諸侯將不從桓政，故天見戒。其後晉滅虢，楚圍許，諸侯伐鄭，晉弒二君，狄滅温，楚伐黄，桓不能救。」

冬，晉人執虞公。滅同姓，不稱名者，方罪虞，不以罪晉，義各有見。**疏**《地理志》河東郡②大陽下：「周武王封太伯後於此，是爲虞公，爲晉所滅也。」

執不言所於，晉人執邾子，言于祝柯。**疏**凡滅國執君，皆于滅下言以歸。執諸侯，則前後必有起文以見其地。虞不從滅國例，不言盟會，蓋夏陽已有滅辭，故不地。執在虞。於同于。地③縕於晉也。滅國例言以歸，不言以歸者，若虞已滅，虞公在晉，晉執之耳。其曰公，據此足見公爲稱號，非實爵。何也？據虞小國，不得言公。**疏**虞見經稱公，《左傳》緣經亦稱公，後人不察，乃誤以虞爲公爵，失之遠矣。猶曰其下執之之辭也。諸侯於其國中稱公，故凡國稱公，皆從其臣子之辭。此如其下執之，故可言公也。其猶下執之之辭，何也？據晉執之，不得言虞民也。晉命行乎虞民矣。雖虞人執之而曰晉人，虞人已爲晉用也。**疏**虞既失險塞，不能守，晉取虢，尤逼民皆從晉命也。虞、虢之相救，非相爲賜也。賜爲施惠。今日亡虢，據《左》、《史》，十二月丙子朔，滅虢，師還，遂滅虞。而明日亡虞矣！劉子説：「宫之奇曰：『虞、虢之相救，非相爲賜，今日亡虢，而明日亡虞矣！』」按：言此者，明所以書滅也。**疏**《晉世家》：「晉復假道於虞以伐虢。虞之大夫宫之奇諫虞君曰：『晉不可

---

① 附：原作「服」，據《漢書·五行志》改。
② 河東郡：原作「弘農郡」，據《漢書·地理志》改。
③ 地：阮刻十三經注疏本《穀梁傳》屬上。

假道也，是且滅虞。』虞君曰：『晉我同姓，不宜伐我。』宮之奇曰：『太伯、虞仲，太王之子也，太伯亡去，是以不嗣。虢仲、虢叔，王季之子也，爲文王卿士，其記勳在王室，藏於盟府。將虢是滅，何愛于虞？且虞之親能親於桓、莊之族乎？桓莊之族何罪？盡滅之。虞之與虢，脣之與齒，脣亡則齒寒。』虞公不聽，遂許晉。宮之奇以其屬去虞。其冬，晉滅虢，虢公醜奔周。還，襲滅虞，虜虞公及其大夫井伯百里奚以媵秦穆姬，而修虞祀。荀息牽曩所遺虞屈産之乘馬奉之獻公，獻公笑曰：『馬則吾馬，齒亦老矣！』」

六年

春，王正月。

夏，公會齊侯、宋公、陳侯、衛侯、曹伯伐鄭，圍新城。據《左傳》，新城，密也。因其新城，故以新城目之，因此乃言圍邑也。

伐國不言圍邑，邑輕國重。此其言圍，何也？重言圍邑，必有別義。病鄭也，據上逃歸，畏討，新城密以抗諸侯討而乞盟，進退失據，病辱也。被伐見圍，故特著新城以起之。**疏**《左傳》：「圍新密，鄭所以不時城也。」著鄭伯之罪也。諸侯共伐，討其逃盟之罪。餘伐不言圍，此言圍，以顯著之。**疏**齊桓公行伯，尊崇王室，綏合諸侯，翼戴世子，盟之美莫盛於此。而鄭伯辟義逃歸，違叛霸者，是以諸侯伐而圍之。罪著於上，討顯於下，圍伐之文雖同，而善惡之義有殊。

秋，楚人圍許。圍許所以救鄭。**疏**時許爲僖公。

諸侯遂救許。伐鄭之諸侯。

善救許也。圍許以救鄭，救許所以攘楚。

冬，公至自伐鄭。

其不以救許致，何也？據救許後事。大伐鄭也。鄭大許小，救緣於伐也。疏與伐楚同。鄭之懿親，不結中國，私附於楚，甘心事戎狄，棄霸國。大之，起其與楚同罪。

七年

春，齊人伐鄭。鄭未服，故再伐之。僖世，大夫兵事稱人。

夏，小邾子來朝。郳也，於此乃名小邾，以朝見，襄世乃入盟會。疏小邾者，不能以郳通附於邾，故名小邾也。附庸獨見小邾，因其近，且一見以起其餘也。

鄭殺其大夫申侯。鄭大夫正稱七見。此言申侯者，寓公也。楚文王滅申，申侯事楚，文王卒，乃適鄭。諸侯不臣寓公，臣寓公，非禮也。疏鄭伯不附齊侯，數被伐，殺申侯以説齊侯。《説苑》①：「楚文王有病，告大夫曰：『筦饒犯我以義，違我以禮，與處不安，不見不思。然吾有得焉，必以吾時爵之。申侯伯，吾所欲者勸我爲之，吾所樂②者先我行之，與處而安，不見則思。然吾有喪焉，必以吾時遣之。』大夫許諾，乃爵筦饒以大夫，贈申侯伯而行之。申侯伯將之鄭，王曰：『必戒之矣，而爲人也不仁，而欲得人之政，毋以之魯、衛、宋、鄭。』不聽，遂之鄭，三年而得鄭國之政，五月而鄭人殺之。」

稱國以殺大夫，據稱國狄之。殺無罪也。據討賊稱人。人，衆辭，明有罪。疏申侯有罪，其以無罪言者，以其臣寓公。

---

① 説苑：原作「國語」，據《説苑・君道》改。

② 樂：原作「惡」，據《説苑・君道》改。

秋，七月，公會齊侯、宋公、陳世子款、鄭世子華，盟於寧母。**疏**鄭世子華後不見，未立而見殺。

衣裳之會也。以上爲衣裳之會，以下爲兵車之會，蓋管仲此年死也。**疏**劉子云：「管仲既①死，桓②德日衰。」故以前爲衣裳之會，以下爲兵車之會。《論語》曰：「桓公九合諸侯，不以兵車，管仲之力也。」知管仲死後，乃用兵車也。

曹伯班卒。卒閒不日，所以別於大國也。**疏**《曹世家》：「九年，昭公般卒，子共公襄立。」

公子友如齊。聘齊也。言公子友，明僖公善事，得友之助也。凡帥師、聘盟皆以起執政。**疏**盟後更如齊，與十三年夏會鹹，冬季友復聘同。

冬，葬曹昭公。

八年曹共公襄元年。

春，王正月，公會王人、齊侯、宋公、衛侯、許男、曹伯、陳世子款盟於洮。洮，内地。**疏**《左傳》：「謀王室也。」故首録王人。

王人之先諸侯，何也？據人微者，侯國微者，在諸侯之下。貴王命也涓勳説：「《春秋》之義，王人微者序諸侯之上，尊王命也。」朝服雖敝，必加於上；朝服，禮服，雖敝，不使餘衣加於上。弁冕雖舊，必加於首；弁冕雖舊，不以足而上下倒置也。周室雖衰，必先諸侯。衰，微也。微，謂王人。王人，王朝未命之

---

① 既：原脱，據《漢書·五行志》補。

② 桓：脱，據《漢書·五行志》補。

士，比於小國大夫，尊下公侯遠矣，而會列諸侯之上，亦如朝服、弁冕雖敝舊，必以加之於首上也。兵車之會也。疏自此以下五會，先師截末四會爲兵車，又以葵丘爲盛，當爲衣裳，故以此會爲兵車，實則兵車、衣裳別無明據也。

鄭伯乞盟。此被伐而乞。疏《春秋》方伯國，衛從中國，蔡從夷狄，以死相要結，陳、鄭二國依違兩大之閒，陳、鄭皆逃歸乞盟。其去也，則夷之；其來也，則書之，所以惡夷狄，信中國也。以向之逃歸乞之也。逃首戴盟，附楚背齊，不知向背。疏《春秋》褒齊桓申霸討鄭，首敗其事，故言逃。義以責之，乞盟不書。此書者，著其困辱，以明人君當知順逆，不可棄善從逆。乞者，據求與乞同義。重辭也，據重師乞。疏傳曰：「古之人重請。何重乎請？人之所以爲人者，讓也。則是舍其所以爲人也，是以重之。」重是盟也。據此會有王人，因其逃王世子，於此王人，重之，以王討其罪。乞者，處其所而請與也。上言鄭世子盟，下言鄭伯，上不言鄭伯，知未來。蓋汋之也。《公羊》汋作酌。疏《周官》邦汋，鄭衆曰：「汋讀如『酌酒尊中』之酌。斟酌盜取國家密事，若今刺探尚書事。」然則汋猶探也。鄭屬於楚，不敢親來盟，使人乞盟以探齊侯之意，齊侯許之，故葵丘鄭伯來。

夏，狄伐晉。狄，北狄，近晉者。《左傳》以爲報采桑之役。

秋，七月，禘于太廟，《王制》曰：「天子諸侯宗廟之祭，春曰礿，夏曰禘，秋曰嘗，冬曰烝①。」按：七月而行夏時祭，不時也。春秋以禘爲時祭，以祫爲時祭，合享。天子四時祭，唯春犆，餘皆祫。「諸侯礿犆，禘一犆一祫。嘗祫，蒸祫。」此

---

① 烝：原作「蒸」，據《禮記·王制》改。

蓋祫禘也。經不見礿者、犆者，文略不見。説禘祫與古文學異也。疏按：《五經通義》云：「三年一祫，五年一禘。」「祫者，合也。禘者，諦也。祫者，大祫祭於祖廟也。諦者，諦其德而差優劣也。聖主①將祭，必先潔齊精思，若親之在。方興②未祭，偶偶憧憧。專一想親之容貌相似彷彿。此孝子之誠也。四方之來助祭，空而來者滿而返，虛而至者實而還。皆取法則焉。」此古文説，與《穀梁》言禘祫者不同。

用致夫人。劉子説：「夫人，成風也。致之於太廟，立之以爲夫人。」許慎引《穀梁》説：「魯僖公立妾母成風爲夫人，入宗廟，是子而爵母也。以妾爲妻，非禮也。」疏致，至也。於廟告致。公至自言致，共姬不廟見言致，至之於廟。前無入文，知妾母於廟行廟見禮。禘不日者，明爲致起也。

用者，不宜用者也。據致女不言用。**致者，**據與致女同。**不宜致者也。**據大夫至致不言致。**言夫人必以其氏姓，**據至齊入，皆以姓氏。**言夫人而不以氏姓，非夫人也，**許慎引《穀梁》説：雖妾子亦不得稱其母爲夫人。疏昏禮以名氏告，不言姓氏，是不聘辭。《公羊》之義：母以子貴，子既立，夫人薨，妾母得稱夫人。《穀梁》：妾母雖子爲君，不得稱夫人，以公子母之所以正統也。於義《穀梁》爲長。**立妾之辭也，**夫人不姓氏，明君自夫人之，本妾辭。疏經夫人不言氏姓，故説三傳者以爲異義。然考以妾爲妻之説，《公》與《穀》同。哀姜之説，《左》又與《公》同。是三傳本同，而説者異之耳。僖公之嫡母爲哀姜，生母爲成風。凡妾母之立爲夫人，必在嫡母已死之後，方無二嫡之嫌。僖於禘時致已薨之哀姜，立未死之成風，必致哀姜，乃可立成風。致字，生死皆可言之。不

---

① 主：原作「人」，據《説苑·修文》改。
② 興：原作「與」，據《説苑·修文》改。

言氏姓，以有二夫人也。《左傳》專就哀姜説，《穀梁》專就成風説，惟《公羊》兼言之。所謂不稱姜氏，即致哀姜也。所謂以妾爲妻，即立成風也。所謂齊媵者，即指成風爲哀姜之媵。非如何君説：娶楚女而爲齊所脅也。**非正也。**此去姓氏，傳不言夫人，皆貶，以明非正。以妾體君，上下無别，雖尊其母，是卑其父，故曰非正也。**夫人之，**在生立爲夫人。**我可以不夫人之乎？**釋妾在君世不見經，不以妾詞，以夫人辭言之。**夫人卒葬之，**文公以夫人之禮卒葬成風。夫人卒十一，惟成風妾母。**我可以不卒葬之乎？**據弋氏葬，妾母辭，經亦夫人言之，所謂如其志也。**一則以宗廟臨之而後貶焉，**據從祀不言太廟，以妾爲妻，失宗廟之大禮，故於太廟去夫人氏姓，以明君之非正。**一則以外之弗夫人而見正焉。**據「秦人來歸僖公成風之襚」，母以子氏也。**疏**僖因哀姜卒，援母以子貴之義，立其母爲夫人。書用致，著其立之實。去其姓氏，以見妾辭。以宗廟臨之，外弗夫人，以明嫡庶之義也。

冬，十有二月，丁未，天王崩。《左傳》以爲崩在去年閏月，朞年乃見於經。此緩書，以明其有難，所謂「難故也，是以緩」。如晉文入國及晉惠之卒，皆遲一年乃書，諸侯皆同，不能以爲獨《左氏》如此，與此同爲緩書例也。**疏**《周本紀》：「二十五年，惠王崩，子襄王鄭立。」

九年

春，王三月，丁丑，宋公禦説卒。劉子①云：「宋襄公茲父爲桓公太子，桓公後妻子曰公子目夷，公愛之，茲父爲公愛之也，欲立之，請於公曰：『請使目夷立，臣爲之相兄以佐之。』公曰：『何故也？』對曰：『臣之舅在衛，愛臣，若終立，則不可以往，絶路於衛，是背母也。且臣自知不足以處目夷之上。』公不許，彊以請公，許之。將立子目夷，目夷辭曰：

① 劉子：原作「班氏」，據《説苑·立節》改。

『兄立而弟在下，是經義也。弟立而兄在下，不義也。不義而使目夷爲之，目夷將逃。』乃逃之衛，茲父從之。三年，桓公有病，使人召茲父：『若不來，是使我以憂死也。』茲父乃返，公復立之，以爲太子，然後目夷歸也。」不葬者，爲桓公諱也。葵丘，盟之美者，不受宋子，稱宋，責宋之不言葬，爲桓公諱。魚、向、蕩三族皆桓公後，不稱公子、公孫，皆自別氏以後乃見經，與魯、鄭不同。疏《宋世家》：「三十年桓公病，太子茲甫讓其庶兄目夷爲嗣，桓公義太子意，竟不聽。三十一年春，桓公卒，太子茲甫立，是爲襄公。以其庶①兄目夷爲相。未葬，而齊桓公會諸侯於葵丘，襄公往會。」

夏，公會宰周公、齊侯、宋子、衛侯、鄭伯、許男、曹伯于葵丘。劉子云：「桓公爲葵丘之會，以偃天下之兵者，文也。」疏此大會也。宰周公，天子内相，上公也。齊侯，天子外相，東伯也。不敘晉者，專其功於桓也。宋子，王者後也。陳、衛子在鄭下。會例此依序者，大國止于宋，不以下於次國。陳、衛、鄭皆方伯國，故二子可在鄭下也。衛、鄭，方伯之國也。不言蔡、陳，從楚也。曹，魯屬也。不敘莒、邾，以僖世不詳録小國也。「周襄王使宰孔賜桓公文武胙、彤弓矢、大路，命無拜。桓公欲許之，管仲曰：『不可。』乃下拜受賜。」

天子之宰，通於四海。翟方進説：「《春秋》之義，尊上公謂之宰，海内莫不統焉。」據會盟不言官也。疏按：宰，冢宰也。天子三公，司徒攝冢宰，周天子以司徒見。宋，王者後，以司馬、司城見，明三公制也。此天子三公也。天子三公，二相爲伯，一相主乎内，説見《周禮》。《春秋》託齊、晉爲二伯，此②爲天子之公，齊主東，晉主西，而内相出宰，則爲三公也。三公輔天子，故可以官言。齊、晉不言者，非受命伯，外諸侯以事授之。此《春秋》之義也。宋

---

① 庶：原作「族」，據《史記·宋世家》、鴻寶本改。

② 此：原作「北」，據日新本、鴻寶本改。

其稱子，何也？據宋稱公。未葬之辭也。禮：諸侯五月而葬，五日而殯。三月卒，夏會，是殯而未葬。禮：未踰年稱子，一年不可二君也。三月有宋公，則夏不可復有宋公也。稱子，爲桓會正之也。《左》凡公侯在喪稱子，與此同。齊、晉侯、鄭伯三國，未踰年稱君，爲别例。宋、陳、衛三國稱子也。禮：柩在堂上，據未五月，知殯在堂上。孤無外事。《王制》云：「喪不貳事。」劉子云：「有親①喪，三年不呼其門。」**疏**外事謂盟會。孤，無父之名。《孟子》曰：「幼而無父曰孤。」今背殯而出會，欑木如郭，塗之曰殯。殷人殯於兩楹之閒，周人殯於西階之上。宋，殷後也。以宋子爲無哀矣。無哀慟之至意，外與諸侯揖讓爲禮，故非之。

秋，七月，乙酉，伯姬卒。

內女也。據紀伯姬卒言紀，但曰伯姬，知未嫁也。女子二十而嫁。未適人，不卒。據嫁尊同乃卒。禮：諸侯絶旁期，姑姊妹、女子在室，不服也。此何以卒也？許嫁，笄而字之，據言伯姬以字行，知已笄。死則以成人之喪治之。據嫁諸侯尊同，乃卒。知此亦許嫁諸侯。**疏**「在室女許嫁不爲殤，死則以成人喪治之。許嫁諸侯，尊同②，在室則服期也。古笄以象爲之，刻鏤其首以爲飾，成人著之。」

九月，戊辰，諸侯盟于葵丘。再出諸侯，亦不敢盟宰周公也。**疏**此不在兵車之數者，因初會以兵，此大會，明天子禁，反其衣裳之事也。

① 親：原脱，據《説苑·修文》補。

② 同：原脱，據《穀梁傳》僖公九年范寧《集解》補。

桓盟不日，此何以日？據衣裳、兵車同不日。美之也。據葵丘盛會。**疏**美，《公羊》作危。此取舍不同，不足爲異。凡天下至盛之時，即伏衰危之漸，就前言之，則爲美，由後言之，則爲危，皆一也。《孟子》與《傳》同爲魯學，故其説尤合。爲見天子之禁，據言宰周公，宰在會，時奉天子禁約來，桓尊周約束，皆承命於天子。傳曰「尊王世子」，所以尊天子之命也。故備之也。據日，謹之，詳其事，故文備。所謂「詞繁不殺」，有美者也。葵丘之會，陳牲而不殺，所謂無歃血之盟。**疏**鄭君曰：「盟牲，諸侯用牛，大夫用豭。」讀書加於牲上，壹明天子之禁，壹猶專也。曰：「毋雍泉，專水利以障谷。毋訖糴，訖，止也，謂貯粟。毋易樹子，毋以妾爲妻，毋使婦人與國事。」《孟子》：「葵丘之會，諸侯束牲載書而不歃血。初命曰：『誅不孝，勿易樹子，無以妾爲妻。』再命曰：『尊賢育才，以彰有德。』三命曰：『敬老慈幼，無忘賓旅。』四命曰：『士無世官，官事無攝，取士必得，勿專殺大夫。』五命曰：『無曲防，無遏糴，無有封而不告。』曰：『凡我同盟之人，既盟之後，言歸於好。』」**疏**按：《傳》與《孟子》語有詳略也。

甲子，晉侯詭諸卒。晉初見多緩書，經作九月卒，則此甲子當從《公羊》，實不必在九月也。**疏**《晉世家》：「獻公病甚，謂荀息曰：『吾以奚齊爲後，年少，諸大臣不服，恐亂起，子能立之乎？』荀息曰：『能。』獻公曰：『何以爲驗？』對曰：『使死者復生，生者不慚，爲之驗。』於是遂屬奚齊於荀息。荀息爲相，主國政。秋九月，獻公卒。」日者，正也。

冬，晉里克殺其君之子奚齊。《春秋》之例，上殺下曰殺，下殺上曰弑。經作殺，而如兩下相殺。然罪晉侯也。「《春秋》之法，未踰年稱子。」「里克弑奚齊，避此正辭而稱君之子，何也？」驪姬謀三君而死之，「蔽於所欲得位①而不見難

① 位：原脱，據《春秋繁露·精華》補。

也。《春秋》痛其所蔽，故去其位詞①，徒言君之子而已」，「録所痛之詞也」。疏《晉世家》：「里克、邳鄭欲内重耳，以三公子之徒作亂，謂荀息曰：『三怨將起，秦、晉輔之，子將何如？』荀息曰：『吾不可負先君言。』十月，里克殺奚齊於喪次，獻公未葬也。」

其君之子云者，據舍弑，成之爲君。疏任叔之子，父在辭。晉侯已薨，猶繫於父。**國人不子也。**國人皆不子之，故言之②，以爲君之子。疏尹氏立王子朝與衛人立晉所以不同，亦如此。**國人不子，何也？**據諸侯嗣位，當繼立爲君。**不正其殺世子申生而立之也。**諸侯在喪稱子，舍遇弑則言君，所以甚臣下之惡，正君臣之分也。奚齊殺世子而立，與殺君同。不言君，言君之子，明不宜立。不日，不正也。不言弑，不以弑道道也。

十年《年表》：「宋襄公茲父元年，晉惠公夷吾元年。」

春，王正月，公如齊。

狄滅温，温子奔衛。劉子云：「狄滅温」，「桓不能救」。謂霸未盛也。疏《左氏》稱蘇子，從後言之也。當日，只稱温子，此爲外諸侯。蘇子失國，乃爲内臣也。不日者，遠微國，温在河内③。班氏云：「己姓，蘇忿生所封。」蓋内諸侯下會於温，是其故國，狄滅内諸侯，起狄強也。

---

① 位詞：《春秋繁露·精華》宋本、大典本及孔、紀校作「位辭」，周本、王本、兩京本、程本、王謨本、花齋本、沈本、董箋本、盧本、蘇本作「正辭」。

② 言之：原脱，據日新本、鴻寶本補。

③ 内：原作「陽」，據《漢書·地理志》改。

晉里克弑其君卓及其大夫荀息。劉子云：「獻公卒，奚齊立，里克殺之，卓子立，又殺之，乃戮驪姬，鞭而殺之。於是秦立夷吾。」疏《晉世家》：「荀息將死之，或曰：不如立奚齊弟卓子而傅之。荀息立卓子而葬獻公。十一月，里克弑卓子於朝，荀息死之。」

以尊及卑也。荀息閑也。卓言其君者，已踰年也。疏殺申生本爲奚齊，已殺奚齊，荀息扳卓而立之。晉既有君，里克爲重耳再行弑逆，故許息之忠以成君。責克，正其君臣之辭，以克之弑爲已亟也。不日，不正也。荀，高士奇《地名攷略》：「桓九年，《左傳》：『荀侯、賈伯伐曲沃。』杜注：『荀，國名。』孔疏：《世本》荀、賈皆姬姓，蓋晉滅之，以賜其大夫，故晉有荀氏、賈氏。」「《漢書・地理志》扶風栒邑注引《左傳》作郇侯。」「臣瓚曰：『汲郡古文：晉武公滅荀，賜大夫原氏黯，是爲荀叔。』」

夏，齊侯、許男伐北戎。北戎，山戎別種，無君無臣。不言盟會，王者不治夷狄。疏伐山戎言人，此言侯，以有許男與國，故不從愛詞。但言許，不敘諸侯也。諸侯無所見，則從略不敘也。凡敘，皆有所起。

晉殺其大夫里克。里氏不復見。疏《晉世家》：「里克等已殺奚齊、卓子，使人迎公子重耳於翟，欲立之。重耳謝曰：『負父之命出奔，父死，不得修人子之禮侍喪，重耳何敢入？大夫其更立他子！』還報里克，里克使迎夷吾於梁。夷吾欲往，吕省、郤芮曰：『内猶有公子可立者而外求，難信。計非之秦，輔強國之威以入，恐危。』乃使郤芮厚賂秦，約曰：『即得入，請以晉河西之地與秦。』乃遺里克書曰：『誠得立，請遂封子於汾陽之邑。』秦穆公乃發兵送夷吾於晉。齊桓公聞晉内亂，亦率諸侯入晉。秦兵與夷吾亦至晉，齊乃使隰朋會秦俱入夷吾，立爲晉君，是爲惠公。齊桓公至晉之高梁而還歸。惠公夷吾元年，使邳鄭謝秦曰：『始夷吾以河西地許君，今幸得入立。大臣曰：地者，先君之地，君亡在外，何以得擅許秦者？寡人争之弗能得，故謝秦。』亦不與里克汾陽邑，而奪之權。四月，周襄王使周公忌父會齊、秦大夫，共禮晉惠公。惠公以重耳在外，畏里克爲變，賜里克死。謂曰：『微里子，寡人不得立。雖然，子亦殺二君一大夫，爲子君者，不亦難乎？』里克對曰：

『不有所廢，君何以興？欲誅之，其無辭乎？乃言爲此！臣聞命矣。』遂伏劍而死。」

稱國以殺，罪累上也。謂殺無罪。言此者，誅意也，明討不以罪。里克弒二君與一大夫，謂奚齊、卓子及荀息。其以累上之辭言之，何也？據有罪。其殺之不以其罪也。據殺有罪當稱人，不稱人，知爲私討。其殺之不以其罪，奈何？據寧喜以賂不入。里克所爲弒者，爲重耳也。殺奚齊、卓子而夷吾立，有功於夷吾。殺之不以其罪，知因重耳故。夷吾曰：「是又將殺我乎？」連殺二君，以爲重耳，故疑又將殺己。故殺之不以其罪也。其爲重耳弒，奈何？晉獻公伐虢，劉子作伐虢戎，虢當作驪也。《地理志》新豐下云：「驪山在南，故驪戎國。」得麗姬，獻公私之。有二子，長曰奚齊，稚曰卓子。麗姬欲爲亂，劉子說：「麗姬嬖於獻公。齊姜先死，公以麗姬爲夫人，麗姬欲立奚齊。」故謂君曰：「吾夜者夢夫人趨而來曰：『吾苦畏。』夫人，申生母齊姜。胡不使大夫將衛士而衛冢乎？」公曰：「孰可使？」曰：「臣莫尊於世子，則世子可。」故君謂世子曰：「麗姬夢夫人趨而來曰：『吾苦畏。』女其將衛士而往衛冢乎！」世子曰：「敬諾。」築宮，宮成。麗姬又曰：「吾夜者夢夫人趨而來曰：『吾苦飢。』世子之宮已成，則何爲不使祠也？」故獻公謂世子曰：「其祠！」世子祠。已祠，致福於君，君田而不在。麗姬以酖爲酒，藥脯劉子云：「寘鴆於酒，施毒於脯。」《晉語》：「寘堇於肉。」「堇，烏頭也。」以毒。獻公田來，麗姬曰：「世子已祠，故致福於君。」君將食，麗姬跪曰：「食自外來者，不可不試也。」覆酒於地而地賁。疏劉子作墳。賁，沸起也。以脯與犬，犬死。疏《晉語》：「公祭之地，地墳。申生恐而出。驪姬與犬肉，犬斃；飲小臣酒，亦斃。公命殺杜原款，申生奔新城。」麗姬下堂而啼，呼曰：「天乎！天乎！國，子之國也，子何遲於爲君？」君喟然歎曰：「吾與女未有過切，吾與女未有過差切急。是何與我之深也？」疏與、予古字通。《方言》：「予，讎也。」謂讎我之深也。使人謂世子曰：「爾其圖之！」世子之傅里克謂世子曰：「入自明。入自明則可以生，不入自明則不可以生。」世子曰：「吾君已老矣，已昏矣。吾若此而入自明，則麗姬必死。麗姬死，則吾君不安。所以使吾君不安者，吾不若自死，吾寧自殺以安吾君，以重耳爲寄矣。」慮麗姬又譖重耳，故以託里克，使保全之。刎脰而死。故里克所爲弑者，爲重耳也。夷吾曰：「是又將殺我也。」明不以罪。疏《傳》記此事詳於《左傳》。

秋，七月。

冬，大雨雪。劉子云：「先是，僖公立妾爲夫人，陰居陽位，陰氣盛也。」疏班氏説：「《公羊》經曰：『大雨雹。』」

十有一年

春，晉殺其大夫丕鄭父。丕氏不復見。疏據《左氏》，殺在去年，此緩書例。

稱國以殺，罪累上也。里克之徒也。稱國以殺，殺不以罪，從里克辭也。疏《晉世家》：「於是邳鄭使謝秦未還，故不及難。」「邳鄭聞里克誅，乃説秦穆公曰：『呂省、郤稱、冀芮實爲不從。若重賂與謀，出晉君，入重耳，事必就。』秦繆公許之，使人與歸報晉，厚賂三子。三子曰：『幣厚言甘，此必邳鄭賣我於秦。』遂殺邳鄭及里克、邳鄭之黨七輿大夫。」

夏，公及夫人姜氏會齊侯于陽穀。公及夫人，尊承卑也。及夫人會三，譏也。

秋，八月，大雩。劉子云：「其夏旱雩祀，謂之大雩。」「大旱者，陽氣太盛，以壓於陰。陰壓陽固①，陽氣填也。惟填壓之太盛，使陰不能起也②，維雩祭拜而已，不敢加也。」

雩月，據秋、冬大雩，言時。正也。傳曰：「雩月，雩之正也。」「月之爲雩之正，何也？其時窮，人力盡，然後雩，雩之正也。」疏據雩皆在八、九月，《玉藻》云「至於八月不雨」是也。雩，得雨曰雩，得雨則不旱，言雩以見其事。疏《荀子》云：「雩而雨，何也？曰：無何也，猶不雩而雨也。日月食而救之，天旱而雩，卜筮然後決大事，非以爲得求也，以文之也。故君子以爲文，而百姓以爲神，以爲文則吉，以爲神則凶也。」不得雨曰旱。言旱，則明雖雩無功，成災也。雩無雨應，言旱成災也。

冬，楚人伐黃。劉子說：「楚伐黃，桓不能救。」

十有二年

春，王正月，庚午，日有食之。劉子說：「是時楚滅黃，狄侵衛、鄭，莒滅杞。」

夏，楚人滅黃。時者，小國之遠者。疏黃本荆州國，慕桓伯，尤《春秋》所嘉，不見於前已明。

貫之盟，初見江、黃。管仲曰：「江、黃江、黃慕義而來。遠齊而近楚，在荆州，與齊遠。疏傳曰：「江人、黃人，遠國之辭也。」楚，爲利之國也。近楚，欲滅以自廣。若伐不能救，遠討不能及。則無以宗

---

① 固：原作「因」，據《說苑・辨物》改。

② 使陰不能起也：原作「俟陰而得起」，據《說苑・辨物》改。

諸侯矣。」宗諸侯謂爲諸侯主，伯者之辭也。有江、黄，不足爲榮；失江、黄，則足爲全局之玷。桓公不聽，遂與之盟。管仲死，據《左》、《史》，管仲之卒在桓公四十一年，當僖公十五年，則滅之時，管仲尚在也。傳以管仲死爲説，緣仲意，知不能救，不欲受之，公不聽，以致敗覆，爲之諱，故以卒後言之也。楚伐江滅黄，桓公不能救，本管仲不能救，因事出桓公，故深責之。故君子閔之也。劉子云：「是後桓公信壞①德衰，諸侯不附②，遂陵遲，不能復興。仁智之謀，即事有漸，力所不能救，未可以受其質，桓公受之，過也。管仲可謂善謀矣。」

秋，七月。

冬，十有二月，丁丑，陳侯杵臼卒。疏《陳世家》：「四十五年，宣公卒，子款立，是爲穆公。」

十有三年陳穆公款元年。

春，狄侵衛。温子奔衛，故狄侵之。疏記狄侵，起桓伯衰也。

夏，四月，葬陳宣公。疏月葬者，方伯正例。

公會齊侯、宋公、陳侯、衛侯、鄭伯、許男、曹伯于鹹。鹹，内地。爲城杞也。

兵車之會也。兵車二也。疏據《左氏》，淮夷病杞，且戍周，故以兵車會諸侯，慴以威也。諸侯以德隨誼，不服，有散辭。以此見以力服人，非心悦誠服也。

---

① 壞：原作「讒」，據《新序·善謀》改。
② 附：原作「服」，據《新序·善謀》改。

秋，九月，大雩。月者，正。八月、九月皆正。

冬，公子友如齊。聘齊也。疏一年之中，公會卿聘，事齊謹也。

十有四年

春，諸侯城緣陵。劉子云：「莒滅杞。」疏外城，國辭，知城杞也。緣陵，杞邑。蓋遷於緣陵，而桓城之。不言杞遷，杞，王者後，且避下城杞也。

其曰諸侯，據城楚丘，不言諸侯。散辭也。言諸侯以有散離，不敘之也。聚而曰散，何也？言諸侯，聚詞。諸侯城，有散辭也，據盟于首戴言諸侯，以鄭伯不盟也。桓德衰矣。衰，故諸侯不至。貫言四國皆至也。此言諸侯散辭，以起兵車之不足服人。疏言城杞，後杞稱子，此下再稱子，起爲城杞，貶之也。

夏，六月，季姬及繒子遇于防，使繒子來朝。朝例時，此非所宜，故謹而月之。疏季姬已嫁於繒，此不繫繒者，因繒子之文，可知婦人從夫，不可言繒季會繒子。「杞伯來逆叔姬之喪」，不言杞，三傳未爲不同，説者歧之耳。

遇者，據內女不遇諸侯。同謀也。據遇者志相得，夫婦相得，知同謀。來朝者，據朝不言使，此由內女使。來請己也。《公羊》：「使來請己也。」公止之，使其朝，則己可歸，非初婚也。傳云「請己」，文義未詳，舊説因以爲淫佚，使自擇配。《左傳》文義甚明，當從之。疏《左傳》：「繒季姬來寧，公止之，以繒子之不朝也。夏，遇于防，而使來朝。」朝不言使，據諸侯相見曰朝，諸侯不使①臣來聘，乃言使。言使，據至防，本來朝魯，不由季姬起意。

---

① 「使」下疑脱「朝」字。

非正也，以諸侯受命於女子，所以譏之。**以病繒子也。**惡其不行禮，因婦人之故而來朝，前後失據，有所恥辱。

秋，八月，辛卯，沙鹿崩。劉子云：「臣下背叛散落，不肯事上之象也。先是，齊桓行伯道，會諸侯，事周室。管仲既死，桓德日衰，天戒若曰：伯道將廢，諸侯散落，政逮大夫，陪臣執命，臣下不事上矣。桓公不寤，天子蔽晦。及齊桓死，天下散而從楚。王立札子，殺二大夫，晉敗天子之師，莫能征討，從是陵遲。」**疏**此爲晉伯記災也。不言晉者，因以見「名山大川不以封」也。

林屬於山爲鹿。沙，山名也。班氏引《穀梁傳》曰：「林屬於山曰鹿①，沙其名也。」**無崩道而崩，故志之也。**據梁山以壅河不流乃書，此因其崩而志。**其日，**據梁山不日。**重其變也。**劉子云：「崩者，陷而下也。」「鹿在山下平地，地，臣象，陰位也。崩者，散落，背叛不事上之象。」**疏**山者，君之象也。鹿者，臣之象也。言沙鹿崩者，臣背叛也。沙鹿，平地，無崩道而崩，其異矣！無崩道而崩，大異。梁山雍河爲災，災不日也。

狄侵鄭。疏再記侵鄭，桓伯益衰。

冬，蔡侯肸卒。莊二十五年立，至此卒，共十七年。不記其事，惟言蔡潰而已。**疏**《蔡世家》：「二十九年，繆侯卒，子莊侯甲午立。」

諸侯時卒，蔡爲方伯國，與小國不同。**惡之也。**蔡侯肸父哀侯爲楚所執，背中國而事父仇，故惡之。不葬，夷之也；不記其事，亦夷之也。**疏**諸侯卒例日，不正者月，惡者時。惡則不言其正不正。

---

① 鹿：《漢書·五行志》作「麓」。

十有五年是年管仲卒。

春，王正月，公如齊。公十年朝齊，此又朝齊，合五年一朝之制。**疏**月如，特著之。

楚人伐徐。**疏**徐附中國，楚來争之。徐，夷狄也。有國辭者，從中國進之也。純狄之，則不舉國。

三月，公會齊侯、宋公、陳侯、衛侯、鄭伯、許男、曹伯，盟于牡丘。**疏**桓盟不日，會乃月者，見會皆盟也。桓雖盟，未嘗歃血，故盟、會同辭。有信，則不盟如盟也。

兵車之會也。爲謀救徐。**疏**兵車三。

遂次于匡。救徐也。時，楚人伐徐。匡，衛地。

遂，繼事也。次，止也，有畏也。主書者，明齊侯德衰，畏楚不能救徐。劉子云：「管仲死，桓德日衰。」

公孫敖帥師及諸侯之大夫救徐。諸侯既盟，次匡，皆遣大夫將兵救徐，故不復具列諸國。**疏**此即下伐厲之師也。

善救徐也。**疏**再發傳者，爲徐爲狄，疑救非善。敖，慶父子，七見經。僖世見敖、兹，以起三桓之禍。

夏，五月，日有食之。劉子云：「晉文行伯道，遂伐衛，執曹伯，敗楚城濮，再會諸侯，召天王而朝之，此其效也。日食者，臣之惡也。夜食者，掩其罪也。以爲上無明王，桓、文能行伯道，攘夷狄，安中國，雖不正猶可，蓋《春秋》實與而文不與之義也。」

秋，七月，齊師、曹師伐厲。厲，楚屬國。伐厲所以救徐。月者，譏不直救徐，乃伐厲。曹無師，因齊及之，即救徐之大夫。救日內，伐舉外。**疏**知厲楚屬者，《地理志》南陽隨下云：「厲鄉，故厲國也。」

八月，螽。劉子云：「先是，僖公有鹹之會，後城緣陵，是歲復以兵車爲牡丘會，使公孫敖帥師及諸侯大夫救徐。」

螽，蟲災也。甚則月，甚則詳之。不甚則時。不甚則時，災以時爲正，甚乃月，不日也。異以日爲正，不甚乃月，不時也。記螽之始，故再發傳。

九月，公至自會。桓會不致者，安之也。此致，久也。正月出，九月乃歸。

季姬歸于繒。疏 季姬何爲上不繫繒？以下言歸于繒，則上可以不繫繒。「杞伯來逆叔姬之喪以歸」，亦不繫杞也。内女歸寧，反國不書，此何以書？因止而書之。文何以與初嫁同？上有遇防之文，不嫌其初嫁也。

己卯，晦，震夷伯之廟。劉子云：「晦，暝也；震，雷也。夷伯，世大夫。晝雷，其廟獨冥。天戒若曰：勿使大夫世官，將專事暝晦。明年，公子季友卒，果世官，政在季氏。至成公十六年，六月甲午晦，正晝皆暝，陰爲陽，臣制君也。成公不寤，其冬季氏殺公子偃。季氏萌於僖公，大於成公，此其應也。」「又以爲此所謂夜妖也。」

晦，據言朔，恐是晦日。冥也。劉子云：「冥，晝晦。」震，據地震亦言震。雷也。加震於廟，知與震電同。

夷伯，據稱伯，夷非國，乃天子大夫，廟災不書。魯大夫也。據大夫廟災書，知内事。祭叔，傳云：「天子之内臣。」女叔，傳云：「天子之命大夫。」《公羊》單伯，傳曰：「吾大夫之命乎天子者也。」此言魯大夫，與女叔、内臣單伯、吾大夫同，謂天子大夫爲監於魯，爲魯大夫者。因此以見天子至于士《王制》：天子之卿授地視伯，元士授地視附庸①。按：此天子、公、卿、大夫、元士，凡五等；君、卿大夫、上士、中士、下士，凡五等，合十等。然則此士兼就天子、諸侯言之，公九錫起，士一命止，共十八等也。皆有廟。此大夫廟也。言大夫，無士，大夫有廟，則上自天子，下

① 附庸：原作「子男」，據《禮記・王制》改。

至士，皆有廟可知。**天子**王者。**七廟**，此當指公卿。**諸侯五**，八錫、七錫五廟，兼包四廟，則五錫、三錫者當之。**大夫三**，大夫當指列國一錫及九命者。**士二**。士指諸侯之士。二廟爲七命、五命者，一廟爲三命、一命者。《王制》曰：「天子七廟。」三昭三穆，與太祖之廟而七。諸侯五廟，二昭二穆，與太祖之廟而五。大夫三廟，一昭一穆，與太祖之廟而三。士一廟。庶人祭於寢。」疏《禮説》只言單數，疊殺以兩，中實有雙數，以爲加降之等。元①士二廟是雙數，《禮緯》有六廟、四廟之説。又如九命，其上皆見單數，至於士乃言再命，因禮有全數雙命之文，知廟亦如此。**故德厚者流光**，尹更始云：「天子七廟，據周也。」《石渠論》：「周世，后稷、文、武特七廟。」據天子七。疏劉歆引《穀梁傳》：「天子七廟，諸侯五廟，大夫三，士二。天子七日而殯，七月而葬②。諸侯五日而殯，五月而葬③。此喪事尊卑之序④，與廟數相應。其文曰：『天子三昭三穆，與太祖之廟而七。諸侯二昭二穆，與太祖之廟而五。』故德厚者流光，德薄者流卑。」蓋用其父《穀梁》説也。按：《禮稽命徵》：「唐虞五廟：親廟四，始祖廟一。」又曰：「天子五廟，二昭二穆，與始祖而五。」「夏四廟，至子孫而五。殷五廟，至子孫六。周六廟，至子孫七。夏無太祖，宗禹而已，則五廟。殷人祖契而宗湯，則六廟。周尊后稷，宗文王、武王，則七廟。自夏及周，少不減五，多不過七。」天子元士二廟，諸侯之上士

---

① 元：原作「九」，據鴻寶本改。
② 七日而殯，七月而葬：原作「七月而葬，七日而殯」，據《漢書·韋賢傳》乙。
③ 五日而殯，五月而葬：原作「五月而葬，五日而殯」，據《漢書·韋賢傳》乙。
④ 序：原作「制」，據《漢書·韋賢傳》改。

亦二廟。下士一廟者，祖禰共廟。德薄者流卑。據士二也。「德厚者位尊，道隆者爵重，故天子遠及七世，士祭祖①而已。」是以貴始，攷《説苑·建本》②。德之本也。《荀子》云：「郊止乎天子，而社止乎諸侯，廟及士大夫，所以别尊者事尊，卑者事卑，宜大者巨，宜小者小。故有天下者事七③世，有一國者事五世，有五乘之地者事三世，有三乘之地者事二世，持手而食者不得立宗廟，所以别積厚者，積厚者④流澤廣，積薄者流澤狹也。」始封必爲祖。據大夫亦稱太祖廟，《王制》所言是也。

冬，宋人伐曹。同盟相伐，齊伯衰也。稱人，貶之也。言此以起宋强後，乃争伯也。

楚人敗徐于婁林。婁林，徐地。楚、徐皆夷，不言戰者，楚大徐小。楚師不言夷狄，從國略之也。此蓋英氏、項同在也。疏 夷狄相敗不志，此志者，爲徐從中國，我往救之也。

夷狄相敗，志也。傳曰：「中國不言敗。」救而徐敗，楚彊，桓伯衰。疏 凡中國與夷狄戰，戰而後敗，内中國，外夷狄也。大夷敗小夷，但言敗，不言戰，尊大夷以及小夷。

十有一月，壬戌，晉侯及秦伯戰于韓，獲晉侯。劉子云：「秦伯嘗亡其駿馬，自往求之，見人已殺其駿馬」，「以次食之酒」。「居三年，晉攻秦穆公，圍之，往時食馬者相謂曰：『可以出死報食馬得酒之恩矣。』遂潰圍，穆公卒得以

---

① 祖：原脱，據《春秋穀梁傳注疏》僖公十五年范寧《集解》引范雍語補。
② 建：原作「重」，據《説苑·建本》改。
③ 七：《荀子·禮論篇》作「十」，廖氏據楊注改。
④ 積厚者：原脱，據《荀子·禮論篇》補。

解難勝晉，獲惠公歸。」「夫人穆姬爲之請秦伯，遂館晉侯，饋以七牢而遣之。」**疏**不言秦伐晉者，戰不言伐。舉其大者不名者，言獲絶已明。蔡侯名者，言以歸，獲未明，故以名起之。

韓之戰，據宋師敗績，獲宋華元，先敗後獲。晉侯失民矣，師未敗而君獲，見民之不救君。**疏**或以君獲不言師敗績，爲舉重，君與將一也。華元先言敗，而後言獲，敗晉侯當與同例。又「楚子、鄭師敗績」，君傷不言師敗績。傳本有其説，不得推以説此條。以其民未敗而君獲也。劉子云：「《春秋》記國存亡，以察來世。雖有廣土衆民、堅甲利兵、威猛之將，士卒不親附，不可以戰勝取功。晉侯獲于韓，楚子玉得臣不能使不附之民，先軫不能戰不教之卒」，「故強弱成敗之道，在乎附士卒、教習之而已」。**疏**《晉世家》：「四年，晉饑，乞糴于秦。」

十有六年

春，王正月，戊申，朔，隕石于宋，五。劉子説：「以爲象宋襄公欲行伯道，將自敗之戒也。石，陰類；五，陽數，自上而隕，此陰而陽①行，欲高反下也。石與金同類，以白爲主，近白祥也。鷁，水鳥；六，陰數，退飛，欲進反退也。其色青，近青祥，屬于貌之不恭。天戒若曰：德薄國小，勿持炕陽，欲長諸侯，與彊大爭，必受其害。襄公不寤，明年齊桓死，伐齊喪，執滕子，圍曹，爲雩之會，與楚爭盟，卒爲所執。後得反國，不悔過自責，復會諸侯伐鄭，與楚戰于泓，軍敗身傷，爲諸侯笑。」**疏**許慎引《穀梁》説云：「隕石于宋，五，象宋公德劣國小，陰類也。而欲行伯道，是陰而欲陽行也。其隕，將拘執之象也，是宋公欲以諸侯行天子之道也。」

先隕而後石，何也？據六鷁退飛。石實物，宜見於上，與霜不同。星隕如雨，先言星，後言隕。隕，不見

---

① 此陰而陽：原脱，據《漢書·五行志》補。

於上，著於下爲隕。而後石也。未隕時，不見石。既隕墜於地，詳視之，乃知是石。故不言石隕，與霜隕後乃霜同。于宋，據下言宋都。四竟之内曰宋。石下不在一處。宋，國辭，大名，統四竟言之。後數，據下言六鷁。散辭也。散隕於四竟，數而知其數，故後數之。耳治也。隕石，記聞也。聞其隕，然後視之則石，察之則五。《論語》：「多聞闕疑，慎言其餘，則寡尤。」

是月，六鷁退飛，過宋都。劉子云：「鶂，陽類也。六，陰數也。象陽而陰行，必衰退。」疏鄭君云：「六鷁俱飛，得諸侯之象也，其退，示其德行不進，以致敗也。得諸侯是陽行也，被執敗是陰行也。」

是月也①，據上已言正月。決不日而月也。欲著石日鷁月，故言是月。若不言是月，則嫌與戊申同。六鶂退飛，過宋都，先數，據隕石五，後數。聚辭也，目見其六鶂羣飛。目治也。六鶂退飛，記見也。視之則六，察之則鶂，徐而察之則退飛。《論語》：「多見闕殆，慎行其餘，則寡悔。」子曰：石，無知之物；鶂，微有知之物。石無知，故日之。石無知而隕，爲大異，重其變，故詳而日之。傳所謂「無崩道而崩」，「其日，重其變也」是也。鶂，微有知之物，故月之。鶂或時至，其爲異小，故略而月之。所謂有崩道，故不日也。君子之於物，無所苟而已。《論語》：「子曰：『君子於其言，無所苟而已。』」疏班氏云：「名家者流，蓋出於禮官。古者名位不同，禮亦異數。孔子曰：『必也正名乎！名不正則言不順，言不順則事不成。』此其所長也。」石、鶂且猶盡其辭，而況於人乎？此發凡起例也。《春秋》文成數萬，其旨數千，學者苦比屬，故於此發例焉。人之所知，

① 也：原作「者」，據《穀梁傳》僖公十六年改。

莫明於石、鶂，故別之。又立石、鶂例，知因所易以悟所難見。凡《春秋》日月之例，必如此戊申、是月也。於人事之變、名號之殊，必如此石、鶂者然。況《春秋》者，耳目所及知，能盡其辭如石、鶂，則其於《春秋》之旨，庶幾矣！故五石、六鶂之辭不設，則王道不亢矣。《荀子》云：「王者之制名，名定而實辨，道行而志通，則慎率民而一焉。故析辭擅作名以亂正名，使民疑惑，人多辨訟，則謂之大姦，其罪猶爲符節度量之罪也。故其民莫敢託爲奇辭以亂正名。故其民愨，愨則易使，易使則公。其民莫敢託爲奇辭以亂正名，故壹於道法而謹於循令矣。如是，則其迹長矣。迹長功成，治之極也，是謹於守名約之功也。今聖王没，名守慢，奇辭起，名實亂，是非之形不明，則雖守法之吏、誦數之儒，亦皆亂也。有王者起，必將有循於舊名，有作於新名。然則所爲有名，與所緣有同異，與制名之樞要，不可不察也。」

民所聚曰都。在宋國都。

三月，壬申，公子季友卒。劉子說：「國家惛亂而良臣見，魯國大亂而季友之賢見，僖公即位而任季子，魯國安甯，内外無憂，行政二十餘年。季子卒之①後，邾擊其南，齊伐其北，魯不勝其患，將乞師於楚以取全耳。故傳曰：『患之起，必自此始也。』公子買不可使戍衛，公子遂不聽君命而擅之晉，内侵於臣下，外困於兵亂，弱之患也。僖公之性，非前②二十年本賢，而後乃漸爲不肖也，此季子存之所益，亡之所損也。」疏 僖公以後不卒公子，起三家執政，僖釀成之。

大夫卿也。日卒，正也。劉子云：「賢者不名。」謂稱季子，不獨名之。稱公弟叔仲，賢也。傳曰：「其曰公弟叔肸，賢之也。」疏 肸，公子也。諸侯之尊，兄弟不得以屬通。此言公弟，舉其親，知以賢也。肸舊誤仲，稱

---

① 卒之：原倒作「之卒」，據《説苑・尊賢》乙。

② 前：原脱，據《説苑・尊賢》補。

仲疏之，經亦無稱叔事也。**大夫不言公子、公孫，疏之也。**傳曰：「此公子也。其曰仲，何也？疏之也。」據仲遂也。又曰：「此公孫也。其曰仲，何也？子由父疏之也。」據仲嬰齊。兩舉其例，以見友事也。不言弟，因其後世官，有三家之禍，故不敢純許之也。言季，以字配名，如叔肸，起其實賢。雖子孫不肖，不掩祖父之美也。疏《魯世家》：「季友母陳女，故亡在陳。」「其後爲季氏，慶父爲孟氏。僖元年，以汶陽田封季友。」

夏，四月，丙申，繒季姬卒。疏此不卒者，卒者，凡有歸文者皆卒，故卒之。

秋，七月，甲子，公孫茲卒。茲，共仲慶父之姪。僖世三桓爲卿，世執魯政，連言季孫、仲孫以明之。以下非三家不卒，卒者爲特筆矣。

大夫日卒，慶父卒，茲爲卿，二見經。子得臣繼立，文元年稱叔孫。**正也。**疏再發傳者，桓、莊不卒大夫。季友賢，稱子。此大夫正卒例。

冬，十有二月，公會齊侯、宋公、陳侯、衛侯、鄭伯、許男、邢侯、曹伯于淮。邢，衛之屬也，不敘；敘者，起外小國不録，但録方伯也。幽之同盟録滑，桓始伯也，起晉在，來遠國也。淮出會録邢，桓後會也。於始終言之，起餘從同，起小國畢在，且明桓存邢也。於中言江、黄，美其盛也。江、黄遠於齊、邢，且非中國也。淮，淮水也，近楚竟。邢侯在許、曹之閒，明外小國不序。徐人外之。邢，衛屬，稱侯者，録本爵也。滑稱伯者，從《春秋》稱也。一侯一伯，互相起也。在曹上者，伯不先侯也。在許下者，許常敘，邢不常敘，不使在鄭下也。

兵車之會也。爲伐英氏，滅項。

十有七年

春，齊人、徐人伐英氏。徐人，夷狄不敘者也。諸侯同伐英氏，例敘。例敘不敘者，辟徐人，不使同也。徐雖夷狄而行仁義，故引而進之，不言及也。不序諸侯而序徐，著之也。**疏**英氏，夷狄也。《春秋》凡夷狄無國名，英以氏見，因桓伐大之，所以大桓也。

夏，滅項。不言齊滅，蒙上伐英氏之文，與滅偪陽同。此不言遂，則爲桓公諱。項，楚屬也。爲楚敗徐，乃同會淮，以伐楚屬國，故序徐人也。項不日，微國時者，遠也。**疏**知項楚屬者，《地理志》汝南項下云：「故國。」知楚屬也。説《左傳》者竟以項爲内滅。按：項去魯遠，魯滅不能有，何以滅之乎？且當僖公時，尚無專權之臣，如昭公之三家，以爲内滅，知非《左傳》之意。

孰滅之？不繫國，疑内滅。桓公也。據内諱滅，知此伐英氏之師。爲伯者諱，故不言齊。**疏**《左傳》：「師滅項。淮之會，公有諸侯之事，未歸而取項。齊人以爲討而止公。」按：項與徐、英氏近。師者即伐英氏之師。當是公與齊侯在淮，遣别師伐英，魯師亦在行。中國伐英氏，爲滅項，非齊桓意，遷怒於公而止之。《左氏》不應竟以爲魯滅也。説者未深詳傳義耳。何以不言桓公也？據滅譚稱齊師。爲賢者諱也。《春秋》以二伯爲賢而諱之。傳爲尊者諱周也，爲親者諱魯也，爲賢者諱二伯也，非此不在諱例也。項，不日，疑非國。國也，據諱知滅國。不可滅而滅之乎？據諱之也。桓公知項之可滅也，據夷狄附楚攻徐。而不知己之不可以滅也。據蔡從楚，蔡潰，不土其地，不分其民，爲得正討罪而已，不以得國爲利。既滅人之國矣，何賢乎？方諱惡，無應復賢也。君子惡惡，疾其始；據入國言入，又謹始之等，皆是也。「絶其始，則不得終於惡。」「謂疾其初爲惡之事，不終身疾之。」謂見者不再見也。善善，樂其終。據齊滅遂、滅譚，不諱也。《書》曰：「靡不有初，鮮克有終。」故善事以終爲美。《春秋》伯桓，託於善善，其初存亡繼絶尤善，樂觀其終，故終有滅國之事，辟之以成其美。桓公嘗有存亡繼絶之功，存亡，謂存邢、衛、杞；繼絶，立僖公也。故君子爲之諱也。劉子説：「昔齊桓前有尊周之功，後有滅項之罪，君子以功覆過，而爲之諱行事。」

秋，夫人姜氏會齊侯于卞。卞，魯地。疏《左傳》：「聲姜以公故，會齊侯于卞」。聲姜，僖公夫人也。言夫人會者，公在之辭。主夫人者，以其抗禮也。以卑抗尊，病公失夫道，蓋三譏之。

九月，公至自會。上無會，會者，謂卞也。公取于齊，公與夫人往會，出非禮，故月以致之。離會不致，在內不致，此致會，主夫人抗禮往會，如一國然，深危之。疏月者，爲滅項事止公。

冬，十有二月，乙亥，齊侯小白卒。劉子云：「或曰：桓公仁義乎？殺兄而立，非仁義也。將謂桓公恭儉乎？與婦人同輿，馳於邑①中，非恭儉也。將謂桓公清潔乎？閨門之內，無可嫁者，非清潔也。此三者，亡國失君之行也。然而桓公兼有之，以得管仲、隰朋，九合諸侯，一匡天下，畢②朝周室，爲五霸首，以其得賢也。失管仲、隰朋，任豎刁、易牙，身死不葬，蟲流出户。一人之身，榮辱俱施者，何也？其所任異也。由此觀之，則任佐急矣。」疏《齊世家》：「四十三年，初，齊桓公之夫人三：曰王姬、徐姬、蔡姬，皆無子。桓公好內，多內寵，如夫人者六人：長衛姬生無詭，少衛姬生惠公元，鄭姬生孝公昭，葛嬴生昭公潘，密姬生懿公商人，宋華子生公子雍。桓公與管仲屬孝公於宋襄公，以爲太子。雍巫有寵於衛共姬，桓公卒，作亂，立無詭。」

此不正，據書入于齊。其日之，疏據《左》、《史》，卒在十月，以十二月書者，緩書有難。凡有難者，皆緩書之。何也？據諸侯不正不日。其不正，前見矣。據書入也。《春秋》之義，以決嫌疑，義所未明，則見以章

① 邑：原作「道」，據《說苑·尊賢》改。

② 畢：原脱，據《說苑·尊賢》改。

明；凡已見者，則不復再。傳曰「有所見，則諱莫如深」是也。**其不正之前見，何也？**據諸侯正不正，皆於卒決，不於生決。**以不正入虚國，故稱嫌焉爾。**據前言入于齊，貶不稱公子。虚國，謂齊無君。傳例曰：「以國氏者，嫌也。」有所見，則爲之諱。

十有八年齊孝公昭元年。

春，王正月，宋公、曹伯、衛人、邾人伐齊。劉子説：宋公遇災不懼，「齊桓死，伐齊喪」。衛人，衛君也。其在曹下者，微之也。何爲微之？齊存衛，邢猶思齊功而救之，已乃伐其喪，故微之。宋爲首惡，嫌不責衛，故人以起之。邾稱人，邾初入會盟稱人，至晉伯乃稱子。疏《齊世家》：「孝公元年三月，宋襄公率諸侯兵送齊太子昭而伐齊。齊人恐，殺其君無詭。齊人將立太子昭，四公子之徒攻太子，太子走宋。」

非伐喪也。據戰言伐，客言及，知惡伐喪。伐喪無道，故謹而月之。桓公死，國亂，孝公出奔宋，公子分争，宋伐齊，納孝公。不言納昭者，桓内寵女色，以妾爲妻，嫡庶數更，不早立太子，以私愛屬宋，立孝公，非正道。宋聽桓立愛，以外國預嗣事，亦非正道。故不與討亂而正其伐喪，明桓、襄皆失正也。宋伐疑於討亂，《春秋》正之，所謂決嫌明疑，以解衆惑。疏伐不月，譏伐喪，故月之。

夏，師救齊。主善以内也。善事當言其人，不言者，諱之也。

善救齊也。據非伐喪，知善者。

五月，戊寅，宋師及齊師戰于甗，齊師敗績。甗，齊地。疏《齊世家》：「宋遂與齊人四公子戰。五月，宋敗齊四公子師而立太子昭，是爲齊孝公。宋以桓公與管仲屬之太子，故來征之。以亂故，八月乃葬齊桓公。」

戰不言伐，據戰韓不言伐，舉重也。據其先後，知主客也。此言伐，著宋惡，伐人喪，齊不得已乃戰，所以著宋惡也。**客不言及。**據言伐齊，齊爲主，宋爲客，齊、宋同爲大國，當言主客也。會同之事，大者主小；戰伐之事，後者主先。惡戰，故使之居下，此《春秋》惡兵之義也。國大小不同，則以大及小，此尊卑之分，如齊、衛，傳曰：「衛小齊大①，以衛及之，何也？」此大小例，國同等，則言主客。此齊、宋同等，傳「客不言及」是也。**言及，**據主客，當言齊人及宋人。**惡宋也。**據宋首之也，常詞及、客，惡戰，故使之居下。此及主，明主人在喪，不欲戰，宋起意伐人喪，齊有敗亡之患，故舉兵應之，爲不得已之辭。故常、變起例，以明伐喪之罪。

狄救齊。狄者何？赤狄也。此是晉使之，不出晉，故曰狄也。

善救齊也。《春秋》之義，不許夷狄憂中國。傳言此者，楚彊狄弱，不許楚，以楚功深遠，嫌絶之。不稱人者，善未積，君子不以一事遂人之。

秋，八月，丁亥，葬齊桓公。劉子云：「管仲有疾，桓公往問之曰：『仲父若棄寡人，豎刁可使任政乎？』對曰：『不可。豎刁自刑以求入君。其身之忍，將何有於君乎？』公曰：『然則易牙可乎？』對曰：『易牙解其子以食君。其子之忍，將何有於君？若用之必爲諸侯笑。』及桓公没，豎刁、易牙作難。」桓公好女色，以妾爲妻，適庶數更。及死，適庶分爭，九月不得葬。**疏**日者，二伯正例日。豎刁、易牙爭權，五公子爭立，有難，故九月乃葬之。不言亂者，爲桓諱。桓之伯也，王禁明而王臣不下聘者六十年，盟會而諸侯無私争者三十年；師次召陵而荆服矣，陳旅聶北而狄退矣，獻捷過魯而戎弭矣；貫盟而下，葵丘以前，衣裳不歃血，兵車不大戰。仲尼稱其一匡，孟子歎其爲盛。故身死之後，其功德及遠近，而邢、狄救之。然内寵外亂，自管仲死後不復振，卒有日，見之禍，抑不幸矣！《齊世家》：「桓公十有餘子，要其後立者五人：無詭立三月

---

① 衛小齊大：原作「齊大衛小」，據《穀梁傳》莊公二十八年改。

死，無謚；次孝公；次昭公；次懿公；次惠公。」按：五世亂乃定，故葬日也。

冬，邢人、狄人伐衛。邢，衛屬者，近衛，因齊有存國之德，感之，故結狄伐衛，以救齊也。以伐衛救齊，知前衛該在師也。

狄其稱人，何也？據救齊不言人。善累據救齊善之，此又救，故爲累。而後進①之。因其累而後進。考功之道，不以一事遂進之，惟大善乃一事得進。傳曰：「舉道不待再。」不進，當如晉人及姜戎。伐衛，所以救齊也。據「齊人、狄人盟于邢」，知救齊。功近謂齊桓存邢之功近者。邢爲衛屬，感桓公功而救之。而德遠矣。謂狄遠于齊，慕桓公之德而來救之。言此以譏衛忘桓功，不如邢、狄，故於伐衛言之。

十有九年

春，王三月，宋人執滕子嬰齊。劉子云：襄公不寤天變，執滕子圍曹，與楚爭權。月者，惡宋襄。《左傳》以爲滕宣公。疏按：執不名，名者絶之，蓋以滕不從伐齊也。執者，二伯之辭。宋不得爲二伯者，以所治乃小國之滕，非大國也。

夏，六月，宋公、曹人、邾人盟于曹南。此宋公求合諸侯也。齊桓已卒，晉文未興，中閒宋襄有求伯之志，如閒閏然，故舊説有以宋爲伯者。《左傳》：「諸侯無伯。」不以伯許之矣。又所會之國，皆内卒正小國也。疏此曹伯、邾子也。其人曹伯，何也？人曹伯，所以人宋公也。曹南在邾、曹之閒。外盟不日。

---

① 進：原作「近」，據《穀梁傳》僖公十八年、鴻寶本改。

繒子會盟于邾。繒者，連帥於邾者也。言會邾者，卒正乃列會盟，連帥不見，故以邾統之。因其屬邾，故執、戕皆邾治之。疏會盟，後于盟也。來盟而曰會盟，遂繒子之志，見以會盟執也。于邾，不在會也。

己酉，邾人執繒子，用之。大國乃言執，邾得爲執，以卒正執連帥，一見以明其制也。此宋使邾執也，不言宋使者，宋爲王後，《春秋》不許其爲二伯、方伯之辭也。疏《地理志》東海郡繒下云：「故國，禹後。」

微國不言小國，曰微者，連帥爲微國。《春秋》惟青州見連帥，外州不見。之君，《春秋》卒正以上得與盟會，卒正以下不得與盟會。傳以連帥爲微國，滅以繒爲中國者，中國中之微國也。因邾據會于邾，知因邾也。以求與之盟。謂與宋盟也。前盟繒不在，言會盟致意，知求盟于邾。疏知因邾者，吴「欲因魯之禮，因晉之權，而請冠端而襲，其藉於成周」，則微國之會，必有所因也。人繒。因己邾。以求與之盟，宋。己邾。迎而執之。邾聽宋命，不在會，先執之。不言以歸者，明執于邾。惡之，戕繒子，入其國。此因求盟執，大惡，故惡之。故謹而日之也。據戕繒子同。用之者，據用牲乃言用。叩其鼻以衈社也。劉子云：「天子大社、王社，諸侯國社、侯社，制度奈何？曰：社皆有垣無屋，樹其中以木。有木者，土主生萬物，萬物莫善於木，故樹木也。」疏衈者，釁也，取鼻血以釁祭社器。《左傳》：「宋公使邾文公用繒子于次睢之社，欲以屬東夷。」《公羊》亦同。

秋，宋人圍曹。劉子云：「宋圍曹，不拔，司馬子魚謂君曰：『文王伐崇，崇軍其城，三旬不降，退修其教，而後伐之，因壘而降。今君德毋乃有所闕乎？胡不退修德，無闕而後動？』」疏宋求諸侯，皆在青州朝我之國。終《春秋》兵事，小國亦在青州，以宋與我同州也。然則王後所在之州，諸侯亦得事之。按：方盟而圍之，不信甚矣！

衛人伐邢。言此以明方伯治卒正之例也。衛爲方伯，邢爲連帥，上無二伯，則方伯於一州諸侯無道者皆得討之。

執，前役也。獨伐邢者，起主救齊。**疏**《左傳》：「『今邢方無道，諸侯無伯，天其或者欲使衛討邢乎？』從之。」

冬，會陳人、蔡人、楚人、鄭人盟于齊。此謹楚人盟中國之始也。內不言其人，公也，爲初盟夷狄，諱不言也。陳、蔡、鄭皆君也，其人之，何也？貶之也。**疏**方伯惟衛不敘，內衛也。陳、蔡以後不在同盟，陳、蔡連文，楚黨也。鄭爲中國，故後之。不能自入中國，有召之者，三國是也。楚在中者，莫爲之先後，不能肆於中國，蓋或推之，或挽之也。陳、蔡、鄭者，中國之次序也。齊不出者，齊大國，不能與夷狄言會，故不出之。不言小國，爲公諱也。言此明楚黨也。陳、蔡、鄭三國君皆不葬，惡之也。

梁亡。劉向引石讐曰：「《春秋》有①忽然而足以亡者，國君不可以不慎也。妃妾不一足以亡，公②族不親足以亡，大臣不任足以亡，國爵不用足以亡，親佞近讒足以亡，舉百事不時足以亡，使民不節足以亡，刑罰不中足以亡，內失衆心足以亡，外慢大國足以亡。」梁者何？州舉之也。《春秋》外州三見其名，荆、梁、徐是也。亡者何？秦滅之也。秦滅不言秦者，以秦爲梁州伯也。《春秋》存西京以爲舊都，秦稱伯，從天子大夫之例，如王巡守東都，以秦爲留守，其本封則在梁州也。《春秋》伯、子、男爲小國，秦、鄭二國則爲方伯，以爲外諸侯入爲卿士者，然鄭爲行者，秦爲居者也。**疏**此記事者，因秦録之，實見而文不見。

自亡也。據不舉滅者，以自亡爲文，如鄭棄其師，自棄之，不使人加之。**疏**《晉世家》：「秦滅梁。梁伯好土功，治城溝，民力罷怨，其衆數相驚，曰『秦寇至』，民恐惑，秦竟滅之。」湎於酒，淫於色，心昏，耳目塞。上

① 有：原脱，據《説苑・敬慎》補。
② 公：原脱，據《説苑・敬慎》補。

無正長之治，大臣背叛，民爲寇盜。以上皆有滅亡之道。梁亡，梁在上，亡在下，不言秦取之。自亡也。傳曰：「非其所以①與人而與人②，謂之亡。」自亡一見例。自③亡者，自不願有其國而以與人之辭。如加力役焉，據滅則必加力役，梁亡者，自力求亡，不亡而力求其亡之辭。湎滅。不足道也。自滅爲亡，人滅之爲滅。梁君無道，自亡其國，則秦之滅之不必言，故不言秦取梁而曰梁亡。《春秋》舉重，故録其自亡之重，不舉滅者之文也。人無欲自亡者，無道之極，至於此矣。故有國者，不可不察也。疏滅，舊誤作湎，因上湎而誤。梁亡，不言秦滅梁。

鄭棄其師，不言師潰。我無加損焉，加如加喪焉，損則略之是也。正名而已矣。《論語》：「子曰：『必也正名乎！』『名不正則言不順，言不順則事不成，事不成則禮樂不興，禮樂不興則刑罰不中，刑罰不中則民無所措手足，故君子名之必可言也，言之必可行也。君子於其言，無所苟而已矣。』」疏《荀子》云：「隨而命之：同則同之，異則異之，單足以喻則單，單不足以喻則兼，單與兼無所相辟則共，雖共，不爲害矣。知異實者之異名也，故使異實者莫不異名也，不可亂也，猶使異實者莫不同名也。故萬物雖衆，有時而欲偏舉之，故謂之物。物也者，大共名也。推而共之，共則又共，至於無共然後止。有時而欲偏舉之，故謂之鳥獸。鳥獸也者，大别名也。推而别之，别則又别，至於無别然後止。名無固宜，約之以命，約定俗成謂之宜，異于約，則謂之不宜。名無固實，約之以命實，約定俗成謂之實名。名有固善，徑易而不拂，謂之善名。物有同狀而異所者，有異狀而同所者，可别也。狀同而爲異所者，雖可合，謂之二實。

① 以：原脱，據《穀梁傳》定公八年補。
② 人：原脱，據《穀梁傳》定公八年補。
③ 自：據文意擬補。

狀變①而實無別而爲異者，謂之化。有化而無別，謂之一實。此事之所以稽實定數也，此制名之樞要也。」梁亡，出惡正也。梁君無道，貪於土功而弗居，民罷爲弗堪，因之以亡，故曰惡正。**疏**一説：「出惡正」當爲「好土功」，與下對文。出正，土功之誤。鄭棄其師，惡其長也。長謂高克。二句釋其本意，因好土功，惡高克，不得道，以至於此。

二十年

春，新作南門。劉子云：「僖外倚強楚，炕陽失衆，作南門，勞民興役。」**疏**顔注：「南門本名稷門，更改高大而作之。」

作，爲也，據作僖公主。有加其度也。據作三軍、作丘甲，修舊不譏，言新作，知非作。言作，知不止修舊。言新，三軍、丘甲不言新。有故也，據新作雉門及兩觀。非作也。據新廄但言新，皆刱始辭。南門者，據定言雉門，與此同異。法門也。法門，謂天子、諸侯皆南面，法令之所出入，故謂之法門。

夏，郜子來朝。此失國之君也。其不名者，同姓諱之也。內取郜，則郜子爲寓公，食其采也。**疏**伏、董説皆云：諸侯初封有采地。郜亡已久，猶稱郜子，食采之君也。今外洋諸國，凡滅國不滅其主，封之數邑，食其所出，故國有滅數百年而猶有國主，正此例也。朝一見，不朝者也。

① 狀變：原作「變狀」，據《荀子·正名篇》乙。

五月，乙①巳，西宮災。劉子說：「僖立妾母爲夫人以入宗廟，故天災閔宮，若曰：去其卑而親②者，將害宗廟之正禮。」疏《公羊》：「西宮者何？小寢也。小寢則何爲謂之西宮？有西宮，則有東宮矣。魯子曰：『以有西宮，亦知諸侯之有三宮也。』」

謂之新宮，劉子說：「諸侯三宮：有高寢，有左路寢、右路寢。」《公羊》之東宮、西宮，即劉說之左、右路寢也。寢與廟制同，閔居西宮，僖繼閔則當居東。閔所居之宮，繼君當敬異之，如就宗廟之例，直稱爲宮，如新災宮。則近爲禰宮，稱宮，新之廟如稱爲新宮，則路寢人所居與棲神之廟同稱矣，故不言新宮。以謚言之，以寢例廟，如桓宮、僖宮。災之例言謚。則如疏之然，東西相對之寢，如桓、僖已毀之廟，人鬼異道，是疏遠之。以是爲閔宮也。班氏說：「《穀梁》以爲閔公宮也，以謚言之則若疏，故謂之西宮。」寢得言西宮，「公薨于楚宮」，是寢與廟同得稱宮。以爲閔宮，謂閔在生所居之左路寢也。疏舊說以西宮爲閔廟，不惟與《左》、《公》不合，以僖繼閔，傳有父子祖禰之說，則謂閔廟爲禰廟，乃是正稱。且文公篇書「躋僖公」，未嘗不稱謚，則亦不得以稱謚爲疏也。《左傳》有東宮、西宮、北宮，說亦同。

鄭人入滑。滑近鄭，在衛、鄭之閒，衛與鄭爭，故鄭人入滑。疏《鄭世家》：「二十七年秋，鄭入滑，滑聽命，已而反與衛和，于是鄭伐滑。」

秋，齊人、狄人盟于邢。若邢人敘，則爲主意不見；若首敘之，則不可以先齊，故地邢，起爲主意也。

---

① 乙：阮刻十三經注疏本《穀梁傳》誤作「己」，據清鍾文烝《春秋穀梁經傳補注》改。

② 而親：原脫，據《漢書·五行志》補。

邢據盟不出邢。爲主焉爾。據「邢人、狄人伐衛」，邢主之。邢小，據齊大。其爲主，何也？據齊伯會盟，以伯爲主。其爲主乎救齊。據邢伐首序，知邢主兵。主書者，起功近德遠，著之也。疏《左傳》：「爲邢謀衛難。」傳以救齊爲説者，衛滅邢之禍，自救齊始也。

冬，楚人伐隨。隨，荊州夷狄國。《春秋》于外州小國通不加以夷狄之説，引而進之也。

隨，疑其爲邑。國也。據下從楚稱隨侯，爲荊州卒正。伐隨，明隨爲楚屬也。疏《地理志》南陽郡隨下云：「故國。厲鄉，故厲國也。」

二十有一年

春，狄侵衛。不稱人者，非其侵也。善事稱人，非善事則反其狄道。

宋人、齊人、楚人盟于鹿上。宋人者何？宋公也。齊人者何？齊侯也。齊何以在宋下，齊失伯，宋以公求伯諸侯，故先之也。獨三國與？諸侯皆在也，以無見，故略之。稱人者，以與楚盟貶之，使若微者。楚不言及，宋公招之來，以自取辱，故不及之。疏《宋世家》：「襄公八年，齊桓公卒，宋欲爲盟會。十二年春，宋襄公爲鹿上之盟，以求諸侯于楚，楚人許之。公子目夷諫曰：『小國争盟，禍也。』不聽。」

夏，大旱。劉子説：「庶徵之恒陽，《春秋》大旱。其夏旱雩祀，謂之大雩。不傷二穀，謂之不雨。」又「齊桓既死，諸侯從楚，僖尤得楚心。楚來獻捷，釋宋公之執。外倚強楚，炕陽失衆，又作南門，勞民興役。」班氏曰：「諸①雩旱不雨，略皆同説。」疏按：旱、水、雩言大者，懼災也，亦以小者不志。

---

① 諸：原作「請」，據《漢書・五行志》改。

旱不言飢者，據《左傳》：「是歲也，飢而不害。」時，據雩時不正。正也。雩必八、九月者，言乞請之時，旱非可以月計，故時爲正。

秋，宋公、楚子、陳侯、蔡侯、鄭伯、許男、曹伯會于雩，執宋公以伐宋。傳曰：「雩之恥，襄公有以自取之。伐齊之喪，執滕子，圍曹，雩之會，不顧其力之不足而致楚成王，成王怒而執之。」劉子説：「襄公爲雩之會，與楚争盟，卒爲所執。」疏鹿上稱人，此稱爵者，已見不再見。不言齊者，爲大國諱也。楚序宋下，起其争盟，爲兩伯之辭也。不言盟者，略之也。不言楚子執，不許執中國，宋非從楚國，故辟之也。陳、蔡、鄭，從楚之國也。許、曹，從宋之國也。黨羽少而争盟，宜其見執。楚稱子始此，蠻夷雖大曰子也。楚稱王曰子者，傳：「王，尊稱；子，卑稱。辭尊稱而居卑稱，以會乎①諸侯，以尊天王。」按：王，中國之尊；子，中國之卑。以子稱之，奪其王稱，使如中國小國，所以尊天王也。此《春秋》制名之義，非楚舊子爵也。《宋世家》：「秋，諸侯會宋公，盟于盂。公子目夷曰：『禍其在此乎！君欲已甚，何以堪之？』於是楚執宋襄公以伐宋。冬，會于亳，以釋宋公。」

以，重辭也。據執下以與以歸輕重不同。齊執結以伐衛，傳曰：「重辭。」衛人共重結，故齊挾以伐衛。楚執宋公以要挾於宋。言以伐，重在以也。主書者，善宋立君以拒楚，惡楚執君以伐人國。晉執伐諱以，此不諱者，晉伯爲賢諱，此夷狄，故著其惡，不諱。公在也，不言公者，目惡以外。

冬，公伐邾。邾稱子，夷狄也，爲須句之事伐之。疏起下升陘之敗。

楚人使宜申來獻捷。劉子説：「僖深得楚心。楚來獻捷，釋宋公之執。」疏言使，楚子也。稱人，貶之，爲執宋

① 會乎：原作「令」，據《穀梁傳》哀公十三年改。

公貶之也。言使者，「内與同不言使」，外之也。宜申，鬭宜申也。不氏者，楚無大夫。椒來聘，稱楚子使，此稱人者，惡其捷也。

捷，據戎捷繫國。軍得也。據獻在伐後，與戎捷同，知軍得。其不曰宋捷，據上伐宋，知宋。何也？據戎捷，戎，國名。不與楚捷於宋也。不與夷狄捷王者後，故爲之諱，使若與伐宋異事，以起其義。戎捷，中國捷夷狄，可言也。

十有二月，癸丑，公會諸侯盟于薄。

會者，外爲主焉爾。**疏**再發傳，以成宋亂。以内爲主，此不以外爲主也。

釋宋公。

外釋不志，據晉執曹伯不言釋。此其志，何也？内釋志，如邾子是也。以公之與之盟目之也。劉子云：「僖深得楚心」，能「釋宋公之執」。**疏**據不言楚，知以公與楚。内釋志與盟，故以公尸其功。不言楚，據楚執宜出楚。不與楚專釋也。使若諸侯共釋宋公，不由楚制，不使夷狄加中國。諸侯，會雩者也。不敘，略之。此乃出公，主善以内也。

二十二年

春，公伐邾，取須句。須句，國也，成風之母家。此取於邾，明爲邾所滅而公復之，反其君焉。在外如楚伐陳納頓子之事，其文與邾邑無别者，時已爲邾邑，是邾之屬國也。邾爲卒正，須句則屬邾之連帥也。

夏，宋公、衛侯、許男、滕子伐鄭。與楚争鄭也。據《左傳》，因鄭朝楚，故伐之。時從楚者，陳、蔡、鄭也。從宋者，衛、許、滕也。宋弱楚彊，以從之者衆也。

秋，八月，丁未，及邾人戰于升陘。此邾伐我，戰不言伐也。結怨而戰，又不設備，故敗。

內諱敗，舉其可道者也。不言其人，以吾敗也。不言及之者，爲內諱也。疏 再發傳者，爲卒正異例。

冬，十有一月，己巳，朔，宋公及楚人戰于泓，宋師敗績。劉子説：「襄公後得反國，不悔過自責，復會諸侯伐鄭，與楚戰于泓，軍敗身傷，爲諸侯笑。」疏《宋世家》：「宋伐鄭，子魚曰：『禍在此矣！』秋，楚人伐宋以救鄭。襄公將戰，子魚諫，不聽。」

日事遇朔曰朔。朔爲月始，重始，得兼言朔。傳又云「日事遇晦曰晦」，謹終始也。日事言朔，僅此一見。

《春秋》三十有四戰，三十四戰謂有敗文者，如莊公二十八年，衛人敗績；成十六年，楚師敗績；桓十三年，齊師、宋師、衛師、燕師敗績；僖十八年，甗，齊師敗績；二十四年，城濮，楚師敗績；文二年，彭衙，秦師敗績；宣二年，大棘，宋師敗績；十二年，邲，晉師敗績；成二年，新築，衛師敗績；十六年，鄢陵，楚子、鄭師敗績①；定四年，伯舉，楚師敗績；哀二年，鐵，鄭師敗績；十一年，艾陵，齊師敗績；隱十六年，公敗宋師；莊十年，公敗齊師，又敗宋師；十一年，公敗宋師；僖元年，公敗邾師，又公子友敗莒師；文十一年，鹹，叔孫得臣敗狄；昭元年，晉荀吴敗狄；桓十二

① 三十四戰：廖氏所注僅三十二戰，此及下「文十一年，鹹，叔孫得臣敗狄」皆據《穀梁傳》及廖氏行文句法補。

年，戰宋；十年，齊、衛、鄭來戰郎①；十七年，來②戰郎；莊九年，戰乾時，敗績；僖二十二年，戰升陘，外敗；僖十五年，楚人敗徐；三十三年，晉人敗狄，又晉人敗秦；成十二③年，晉人敗狄；莊十年，荆敗蔡師；昭二十三年，吴敗頓、胡師；定十五年，越敗吴；成元年，王師敗績于貿戎。經三十六戰，除鞌、泓不數，共三十四戰有敗文也。泓本事同鞌，驕敵也。未有以尊敗乎卑，據三十四戰不言尊敗卑。以師敗乎人者也。傳曰：「不以師敗於④人。」

疏 據僖二十八年，城濮敗楚稱人。以尊敗乎卑，以師敗乎人，則驕其敵。按：鞌戰齊侯敗於大夫，是齊頃公驕而至敗。三十六戰，惟鞌戰以尊敗卑，泓戰以師敗人。襄公以師敗乎人而不驕其敵，何也？據宋從少兵弱，非敵而驕。責之也。宋弱楚彊，不權攻守之宜，昧夫形勢之道，經故彊楚弱宋，若曰非此不用道，所以深責之也。泓之戰，以爲復雩之耻也。雩之耻，宋襄公有以自取之。伐齊之喪，執滕子，圍曹，爲雩之會，不顧其力之不足而致楚成王，

疏 經不志楚葬，知成王者，據史文也。故《春秋》不可以空言說之。成王怒而執之，故曰：禮人而不答，則反其敬；愛人而不親，則反其仁；治人而不治，則反其知。《孟子》曰：「愛人不親反其仁，治人不治反其知，禮人不答反其敬。行有不得者，皆反求諸己，其身正而天下歸之。」徐幹說：「孔子制《春秋》，詳内而略外，急己而寬人。」過而不改，又之，是之謂過，《論

---

① 十年，齊、衛、鄭來戰郎：原脱，據日新本、鴻寶本補。

② 「來」上鴻寶本有「及齊」二字。

③ 二：原作「一」，據《穀梁傳》成公十二年改。

④ 於：原脱，據《穀梁傳》莊公二十八年補。

語》曰：「過而不改，是謂過矣！」襄公之謂也。古者被甲嬰冑，非以興國也，湯伐桀，武王伐紂是也。則以征無道也，文王伐密、伐崇是也。豈曰以報其恥哉？班氏曰：「凡兵，所以存亡繼絶，救亂除害。」宋公與楚人戰於泓水之上，經言泓，以水地之，起不迫險。司馬子反曰：子反當作子魚，字之誤也。劉子云：「宋襄不用公子目夷之言，大辱于楚。」「楚衆我少①，鼓險而擊之，疏《孫子》曰：「險形者，我先居之，必居高陽以待敵。」勝無幸焉。」疏《孫子》曰：「山林、險阻、沮澤，凡難行之道者，爲圮地。所由入者隘，所從歸者迂。彼寡可以擊吾之衆者，爲圍地。」「圮地則行，圍地則謀。」無，莫也。幸，僥倖。襄公曰：「君子不推人危，不攻人厄，不推人危，不攻人厄，此古用兵之道，不迫人於險，欲以盛德服之。須其出。」須，竢也。既出，旌亂於上，疏《孫子》曰：「旌旗動者，亂也。」陳亂於下。軍擾者，將不重也。《孫子》：「以治待亂，以静待譁，此治心者也。」子反曰：「楚衆我少，擊之，勝無幸焉。」襄公曰：「不鼓不成列。」不鼓不成列，亦古用兵之道。須其成列而後擊之，則衆敗而身傷焉，七月而死。卒在明年五月，傷輕，故不言。疏《宋世家》：「冬，十一月，襄公與楚成王戰於泓。楚人未濟，目夷曰：『彼衆我寡，及其未濟擊之。』公不聽。已濟未陳，又曰：『可擊。』公曰：『待其已陳。』陳成，宋人擊之，宋師大敗，襄公傷股。國人皆怨公，公曰：『君子不困人於阨，不鼓不成列。』子魚曰：『兵以勝爲功，何常言與！必如公言，即奴事之爾，又何戰爲？』倍則攻，敵則戰，少則守。《孫子》

---

① 少：原作「寡」，據《穀梁傳》僖公二十二年改。

曰：「五則攻之，倍則分之，敵則能戰之，少則能守①之。」按：鄭君曰：「戰當觀敵爲策，倍則攻，敵則戰，少則守。今宋襄違之，不用其臣之謀而敗，故徒善不用賢良，不足以興霸者之功；徒言不知權詐之謀，不足以交鄰國、會遠疆，故《易》譏鼎折足，《詩》刺不用良也。」疏 曹公云：「以五敵一，則三術爲正，二術爲奇。以二敵一，則一術爲正，一術爲奇。已與敵人衆等，善者猶當設奇伏以勝之。少則高壁堅壘，勿與戰也。」人之所以爲人者，言也，傳曰：「爲天下主者，天也。繼天者，君也。君之所存者，命也。」又曰：「於人也，以言受命。」謂天子、諸侯有君道者，言猶命也。君之所以爲君者，以其有命，故能治天下、國家也。人而不能言，何以爲人？傳曰：「爲人君而失其命，是不君也。爲人臣而侵其君之命而用之，是不臣也②。君不君，臣不臣，此天下所以傾也。」言之所以爲言者，信也，傳曰：「五帝不告誓。」信厚③也。又曰：「盟者，不相信也。」故謹信也。不敢以所不信而加之尊者。疏 卑當奉君之命，故不敢疑之。言而不信，何以爲言？《春秋》貴信，故譏臣子專命，遂事棄命也。信之所以爲信者，道也，傳曰：「人之於天也，以道受命。」道出於天，《春秋》以天治君父，以道統仁義，莫不本於天道，以制萬事，故尊君也。以天臨之，則君不驕，重命也。以道次之，則命不苟從，散爲萬事而實合爲一本。故天道者，《春秋》之主宰也。信而不道，何以爲道？傳曰：「《春秋》信道不信邪。」信必本於道，故《春秋》尤貴道，惡邪命，譏隱公、曹世子，許衛輒拒父，魯莊絶母是也。疏《攷異郵》云：「襄公大辱，師敗於泓，徒信，不知權譎之謀，不足以交鄰國、定遠疆

① 守：原作「逃」，據《孫子》四庫本、孫吴司馬法本曹注改。

② 「爲人臣」至「是不臣也」：《穀梁傳》宣公十五年在「爲人君」句上。

③ 厚：原作「原」，據《新序・節士》改。

也。」道之貴者時，其行勢也。《論語》「孔子曰：『可與共學，未可與適道；可與適道，未可與立；可與立，未可與權。』」又曰：「我則異於是，無可無不可。」《孟子》曰：「伯夷，聖之清者也；伊尹，聖之任者也；柳下惠，聖之和者也；孔子，聖之時者也。孔子之謂集大成。集大成也者，金聲而玉振之也。金聲也者，始條理也。始條理者，智之事也；終條理者①，聖之事也。智，譬則巧也；聖，譬則力也。猶射於百步之外也，其至，爾力也；其中，非爾力也。」疏雖合于道，未合於時，《春秋》譏之。如宋公守常訓而敗於楚②，雖反乎道而合於時，《春秋》許之。如築館於外，大夫城杞，會王世子，傳以爲得變之正，是也。晉文曳柴以敗楚，《春秋》猶伯之，伯之但取攘夷之功，不責用兵之詐。今楚強宋弱，必須多謀善將，乃能勝之，守常不變，泥古不通，卒使楚横中國，幸晉文起而攘之，中國乃定。事有反經合道者，此類是也。

二十有三年據《左》、《史》，晉惠卒在本年九月，經書在明年。

春，齊侯伐宋，圍閔。閔，二傳作緡。疏《齊世家》：「六年春，齊伐宋，以其不同盟於齊也。」

伐國不言圍邑，此其言圍，何也？不正其以惡報惡也。前宋伐齊喪，今齊與楚結，乘宋敗而報之，是以惡報惡。《論語》曰：「以直報怨，以德報德。」

夏，五月，庚寅，宋公茲父卒。傳曰：泓之戰，宋公傷焉，七月而死。疏《宋世家》：「夏，襄公病傷于泓而竟卒，子成公壬臣立。」

① 智之事也，終條理者：原脱，據《孟子·萬章章句》補。
② 楚：原作「齊」，據《穀梁傳》僖公二十二年改。

茲父之不葬，何也？據正卒宜葬。失民也。葬者，臣子事，無民則無葬者。襄公失民，故不葬也。其失民，何也？據韓之戰未敗而獲，乃失民。以其不教民戰，則是棄其師也。過而不改，輕用其師。既戰，不審強弱之計、衆寡之分，愎司馬子反之諫而以三軍之命爲戲，是不教而戰也。《論語》：「以不教民戰，是謂棄之。」輕用其師，與鄭棄師同也。爲人君而棄其師，其民孰以爲君哉？輕用其民，置之死地。不從則棄命，從之則喪身辱國，人不願爲之民，故奪其葬詞，如鄭棄師，狄之也。

秋，楚人伐陳。紀楚禍也。以後陳從楚。**疏**此楚成得臣也。稱人者，僖世大夫將，猶例稱人也。

冬，十有一月，杞子卒。《左傳》作成公。**疏**《杞世家》：「德公十八年卒，弟①桓公姑容立。」

二十有四年杞桓公元年。據《左》、《史》，晉文公入國在此年春，經書在明年，緩一年乃書。晉始書多緩例。

春，王正月。

夏，狄伐鄭。此周與狄同伐也。獨言狄者，爲天王諱也。襄王不忍小忿，與夷狄伐懿親，旋爲狄伐出奔鄭，恥辱大，故爲之諱也。**疏**《鄭世家》：「滑聽命，已而反與衛，鄭於是伐滑。周襄王使伯犕請滑。鄭文公怨惠王之亡在櫟，而文公父厲公入之，而惠王不賜厲公爵祿，又怨襄王之與衛滑，故不聽襄王請而囚伯犕。王怒，與翟人伐鄭，弗克。冬，翟攻伐襄王，襄王出奔鄭。」

秋，七月。

---

① 弟：原作「子」，據《史記·杞世家》改。

冬，天王出居于鄭。劉子云：文公時，「天子失道，出居于鄭」。

天子無出，據「天王居于狄泉」不言出。出，劉子說：「《春秋》出天王，不爲不尊上。」失天下也。劉子說：「天王有弟大叔之難，出亡，居于鄭，不得入。」疏《左傳》：使告難于魯，于晉，于秦。其明年春，「秦伯師于河上，將納王」。「晉侯辭秦師而下。三月甲辰，次于陽樊。右師圍温，左師逆王。夏四月丁巳，王入于王城，取太叔于温，殺之于隰城。戊午，晉侯朝王，王享醴，命之宥。」「與之陽樊、温、原、攢茅之田。晉於是始啓南陽。」按：失天下，起晉伯，一見例。大叔逐王自立，王辟居于鄭。言出，明不能烝乂母弟，保守四海，失天下，當絶也。狄泉不出者，狄泉纂統，非立後乃失，故其辭不同。居者，據諸侯出奔不言居。居其所也。據居于狄泉、居于鄆，是安居得所之詞。雖失天下，言出。莫敢有也。據公居于鄆。鄆，内邑。此言居鄭，如王邑然，鄭不敢有其國也。《禮》：「君適其臣，升自阼階，示民①不敢有其室也。」「天子適諸侯，必舍於其祖廟。」按：王者無外，雖失京師，而諸侯國皆王土，故出與居兼言之也。言此以明無外之義。疏《晉世家》：「二年春，秦軍河上，將入王。趙衰曰：『求霸莫如入王尊周。周、晉同姓，晉不先入王，後秦入之，毋以令于天下。方今尊王，晉之資也。』三月甲辰，晉乃發兵至陽樊，圍温，入襄王於周。四月，殺王弟帶。周襄王賜晉河内陽樊之地。」

晉侯夷吾卒。卒在去年，於此乃書者，緩之也。不言晉文入晉者，爲晉文諱也。有所見，則不復見，從略也。疏《晉世家》：「十四年九月，惠公卒，太子圉立，是爲懷公。子圉之亡②，秦怨之，乃求公子重耳，欲納之。子圉之立，畏秦之伐

① 民：原脱，據《禮記·坊記》補。
② 亡：原作「立」，據《史記·晉世家》改。

也，乃令國中諸從重耳亡者與期，期盡不到者盡滅其家。狐突之子毛及偃從重耳在秦，弗肯召。懷公怒，囚狐突。突曰：『臣子事重耳有年數矣，今召之，是教之反君也，何以教之？』懷公卒殺狐突。秦繆公乃發兵送内重耳，使人告欒、郤之黨爲内應，殺懷公於高梁，入重耳。重耳立，是爲文公。晉文公重耳，晉獻公之子也。自少好士，年十七，有賢士五人：曰趙衰、狐偃舅犯、賈佗、先軫、魏武子。舅犯，文公舅也。」

二十有五年晉文公元年。

春，王正月，丙午，衛侯燬滅邢。有伯，中國不言滅。此言滅者，無伯之辭也。方伯一見滅國。衛見滅邢，明衛爲方伯也。邢遷于陳儀，故以後陳儀爲衛邑。日者，中國滅例日。疏《公羊》：「何以名？絶之也。曷爲絶之？滅同姓也。」《左氏》：「衛侯燬滅邢，同姓也。」三傳皆同。

燬之名，何也？據齊侯滅萊不名。不正其伐本而滅同姓也。《曲禮》：「諸侯不生名」，「滅同姓名」。諸侯生不名，名者有死道，《春秋》誅殺之罪也。疏邢、衛同姓，又魯同姓，爲中國，因此一見名例以示義。《春秋》見者不再見，楚爲夷狄，故略之，不更以同姓名見義。後儒以滅同姓不皆名，疑燬爲衍字，不知此義三傳所同，又文見《曲禮》，必不至誤。同姓有親親之義，滅之則絶其祀。絶先公之祀，失庇根之道，以爲有王者作，此皆誅絶之罪也。

夏，四月，癸酉，衛侯燬卒。疏《衛世家》：「文公卒，子成公鄭立。」

宋蕩伯姬來逆婦。疏經文八年書「司城來奔」，《左傳》云：「蕩意諸，公子蕩之孫①。」此年逆婦，下至文八年，共十六年，則意諸當以幼爲卿。如伯姬歸壽而生意諸，則經五十一年乃見公孫壽，則壽當近九十矣。攷宋卿氏蕩者，桓族公孫

① 公子蕩之孫：原作「公孫壽之子」，據《左傳》文公八年改。

之子始以蕩爲氏。此何以先稱蕩？子以母氏也。伯姬嫁于司城蕩，生子壽，其孫意諸以蕩爲氏。經追書蕩氏，如惠公仲子、僖公成風之類。逆婦，爲壽娶婦，壽生意諸。壽成八年見經，成十五殺山，伯姬曾孫也。

婦人既嫁不踰竟，宋蕩伯姬來逆婦，禮：親迎。姬來逆女，非正也。書者，大夫卑，不接內，由伯姬言之猶可，故《公羊》以爲兄弟辭，蕩伯姬亦不同書也。非正也。與朝子同，皆婦人專事，不從夫。再發傳，伯姬，大夫妻，疑尊卑有異。其曰婦，何也？據紀逆言女，婦姜有譏文。緣姑言之之辭也。班氏云：「外屬小功以上，亦不得娶也。《春秋傳》①：『譏娶母黨也。』」伯姬内女，今所逆在姪，行不言婦，疑如單伯爲媒氏。言此，譏不親迎。娶母黨書逆不書求，與杞伯姬書求不書逆互相起，明適人不拘諸侯、大夫，同不得娶母黨。

宋殺其大夫。此宋殺其大夫之始。言大夫不言名姓，尊也。君爲公，其大夫當爲卿。曹不言名姓，無大夫之國，卑也。此不言大國，尊也。惟方伯大夫乃例以名氏見。疏 宋殺大夫不名者二，此與文七年是也。此不稱人，文七年稱人，傳曰：「稱人以殺，誅有罪也。」然則此當云：不稱人，累上之辭也。

其不稱名姓，據孔父目，以下殺大夫，皆不名氏。疏 方伯之卿比于天子大夫，故稱大夫見名。大國大夫尊爲卿，經書大夫，故例不名氏。宋卿爲卿，不曰殺其卿而曰大夫，由内言之也。天子卿不名，故宋卿亦不名也。以其在祖之位，孔父因爲孔子遠祖，故特氏字。尊之也。梅福説：「此言孔子故殷後也。」疏 顔注：「謂宋所殺者亦孔父之後留在宋者，於孔子爲祖列，故尊而不名也。」按：此殺《左傳》不言其人，宋亦無孔氏爲卿者，知傳本謂孔氏爲祖，因問而答，非謂此殺爲祖，舊説皆誤。

---

① 傳：原作「説」，據《白虎通·嫁娶》改。

秋，楚人圍陳，納頓子于頓。此如齊、魯平莒之事，陳爲方伯，頓所屬卒正也。頓子有罪，陳侯出之，楚子求諸侯，自託於伯禮，故伐陳納頓。以陳治頓，又以楚治陳也。疏頓，陳屬國。

納者，大國乃言納，納頓在圍陳後，疑與常納異。內弗受也。與常納同。圍，一事也。在陳。納，一事也。在頓。《公羊》：「何以不言遂？兩之也。」而遂言之，納在楚，當再言楚，不言，與遂事同例，明納即在圍。蓋納頓子者，陳也。據襄①四年，「陳人圍頓」也。頓，陳屬國。納君之權，陳實主之，故楚伐陳以求納。圍陳、納頓與伐楚、救江同。疏一説納當爲出，謂頓子之出由陳也，故伐以納之。

葬衛文公。方伯葬例月，時者，爲滅同姓，兼失禮晉文，以致子孫之禍，故同小國。

冬，十有二月，癸亥，公會衛子、莒慶盟于洮。衛在喪稱子。朔倍殯不言子者，誅之。疏此以洮、向二盟起君與大夫班次也。《王制》：大國之卿，位如小國之君。衛，次國，其卿與莒子尊同，特互見之，以明君先於臣之義。

莒無大夫，據會盟，小國大夫通稱人。其曰莒慶，何也？凡小國大夫通不見經，見則有所起。以公之會據二伯主會，通稱人。此在內，以公主之。目之也。據接內則得録之也。在洮會公，與如國同，故得以名見。

二十有六年衛成公元年。

春，王正月，己未，公會莒子、衛甯速盟于向。大夫在會以前稱人，此名者，志大夫專權之漸也。莒敘衛上，小國君尊於次國大夫。疏己未去癸亥五十五日，中當有閏月。公皆在，而衛、莒互易其君臣，衛本大於莒，又以在喪稱

① 襄：原作「哀」，據《穀梁傳》襄公四年改。

子言之，皆以決嫌疑也。

公不會大夫，據公會齊、晉大夫，皆諱公避敵；會方伯大夫，皆不言會。其曰甯速，**疏** 甯速，衛正卿，穆仲靜之子，武公曾孫跪之孫。《公羊》作遬。莊六年甯跪見《左傳》①。速謚莊子。何也？**疏** 甯速上當有會字，因上文誤删。不問莒慶者，莒無大夫，疑因公進之。衛有大夫，疑可會，故問其敵。以其隨莒子，齊、晉大夫不序小國君下，以其尊也。方伯以下，大夫乃獨序小國君下，以卑不敵小國君也。可以言會也。有莒子，則公會莒子，甯速在會不嫌。衛序莒下者，大國臣不敵小國君，示有上下，且親莒子，明甯速隨盟。

齊人侵我西鄙，公追齊師至嶲，弗及。嶲即酅，紀季邑也。

人，微者也。侵，淺事也。公之追之，非正也。據公子伐邑猶譏。事淺人微，公輕自追，失應敵道。不諱公者，恥辱淺。至嶲，據「公追戎於濟西」不言至。急辭也。據至，未畢詞，故爲急。弗及者，據追戎不言弗及。弗與也，弗當爲不字之誤也。據内言弗，外言不也。可以及而不敢及也。據言弗及，猶不及。其侵也曰人，其追也曰師，將卑師衆，侵宜稱師。侵、追異詞，故問。以公之弗及，大之也。《公羊》：「其言至嶲弗及何？侈也。」變人言師，以大其事。公追微者，畏不敢逼，恥重辱深，故言師以殺恥。弗及，據言不及。内辭也。《春秋》正名，凡言弗者，皆可以辭；言不，則譏文。内諱惡，變不言弗，弗爲善，無譏文，如「弗克葬」言弗之比。

① 左：原脱，據《左傳》莊公六年補。

夏，齊人伐我北鄙。上追畏不敢及，故再見伐。齊在魯西北。

衛人伐齊。洮之盟故也。

公子遂如楚乞師。劉子説：「季子卒後，邾擊其南，齊伐其北，魯不勝其患，將乞師於楚以取全耳①。故傳曰：『禍之起，必自②此始也。』」**疏**遂，莊公子，卒稱仲遂，十五見經，因弑君疏之。據《左氏》，有臧文仲爲介。不書者，與重也。

乞，重辭也。《公羊》：「乞師者何？卑辭也。曷爲以外内同若辭？重師也。」文義較《傳》爲詳。何重焉？據賻金不言乞。重人之死也③，財物可以乞假於人，身命非以爲賜之物，故重而言乞。非所乞也。惟財物乃有乞道。乞人以死與以死乞人，皆非也。師出不必反，戰不必勝，《公羊》：「曷爲重師？師出不正反，戰不正勝也。」按：正篆與必字相似而誤，當以必爲是。故重之也。戰者凶事，出不必反，如秦師殽戰；戰不必勝，三十六敗是也。有死亡之慮，故重之。言乞，不如財物言求而已。

秋，楚人滅夔，以夔子歸。夔，楚同姓也。滅同姓何以不名？楚夷狄，待之略，方稱楚人，不名也。**疏**夔在秭歸，爲中國者，待楚以方伯，因用狄道乃狄之，非以地狄也。

夔，國也。梁州國，以備卒正之數。梁、崇、鄀、巴、庸、夔、蜀，共見七國。不日，中國日。微國也。地在

① 耳：原作「身」，據《説苑・尊賢》改。
② 自：原脱，據《説苑・尊賢》補。
③ 也：原脱，據《穀梁傳》僖公二十六年、日新本、鴻寶本補。

荆州，爲楚屬國，與沈、頓、胡在中國者不同，微國以遠而微之，在中國稱小國。**以歸，**據晉①人執季孫以歸言執。**猶愈乎執也。**夷狄辟執中國，故言以歸不言執。夔遠，不日。

冬，楚人伐宋，圍閔。據《左傳》，此子玉、子西之師也。稱人者，文以下乃稱大夫。

伐國不言圍邑，此其言圍，何也？以吾用其師，據《左傳》，臧孫乞師，「見子玉而道之伐齊、宋」。**目其事也，**據上乞師，下言以也。師本爲魯出，乃用以圍宋，因用其師，故録之詳。以夷狄連犯二大國，惡之也。**非道用師也。**道用師者，本爲魯伐齊，於道中別出伐宋。非者，惡之也。惡之，故日其圍。

公以楚師伐齊，取穀。桓公子在楚求納，非獨爲魯事也。蓋子玉以求諸侯。**疏**《楚世家》：「三十九年，魯僖公來請兵以伐齊，楚使申公叔侯將兵以伐齊，取穀，置桓公子雍焉。」

以者，據二伯救難不言以。**不以者也。**言以正用師之道。**民者，君之本也。**《孟子》曰：「民爲貴，社稷次之，君爲輕。是故得夫丘民而爲天子，得夫天子爲諸侯，得夫諸侯爲大夫。」使民，謂不當使而使也。師者，古人所重，不得已而用之，今以假人，是輕使之也。**使民以其死，非其正也。**傳曰：「古者被甲嬰冑，非以興國，則以征無道。」今假師以伐人復讎，非用師之正，故言以。

公至自伐齊。傳例：取邑不致。以從邑爲内辭，不致也。從内又惡事，致者，危之。

惡事不致，據以夷狄伐大國，爲惡事。**此其致之，何也？**據成宋亂亦不致。**危之也。**以蠻夷遠國

---

① 晉：原作「楚」，據《穀梁傳》昭公十三年「晉人執季孫意如以歸」改。

伐鄰近大國，招禍深怨，危亡之道。

二十有七年

春，杞子來朝。杞桓公也。稱子者，伯、子、男一等。然子專爲夷狄之稱，故《左氏》以爲用夷禮。

夏，六月，庚寅，齊侯昭卒。疏《齊世家》：「孝公十年卒，孝公弟潘因衛公子開方殺孝公子而立潘，是爲昭公。昭公，桓公子也。」

秋，八月，乙未，葬齊孝公。日葬，猶待以大國禮。晉文未起，猶以齊爲伯也。弟潘争立，殺嗣子，亦以危之。

乙巳，公子遂帥師入杞。日不繫月，如下壬申公朝。春來成而秋入之，魯之於小國亦甚矣！故稱子，託於用夷禮以殺恥，所以爲魯諱也。疏乙巳，九月三日也。日不繫月，公子遂不臣。日入，惡入者，内入爲滅也。目遂，起下弒也。

冬，楚人、陳侯、蔡侯、鄭伯、許男圍宋。此楚主諸侯之始也。陳、蔡、鄭、許，終春秋，從楚最篤。前同言楚在中，辟齊也；此稱爵，著其實以明貶也。人楚，貶楚子，亦以辟夷狄實主中國。疏《晉世家》：「四年，楚成王及諸侯圍宋，宋公孫固如晉告急。先軫曰：『報施定霸，於是在矣。』狐偃曰：『楚新得曹而初婚於衛，若伐曹、衛，楚必救之，則宋免矣。』於是晉作三軍。趙衰舉郤縠將中軍，郤臻佐之；使狐偃將上軍，狐毛佐之，命趙衰爲卿；欒枝將下軍，先軫佐之；荀林父御戎，魏犨爲右，往伐。冬十二月，晉兵先下山東，而以原封趙衰。」

楚人者，據趙盾序諸侯下。楚子也。據下言諸侯。其曰人，何也？問在諸侯上，以何貶？人楚子，所以人諸侯也。以人主諸侯，知貶在諸侯。《春秋》惡楚，以楚子而在諸侯之上，所不忍言，故變文以貶之。疏《公羊》以爲貶楚子，又一説。其人諸侯，何也？圍宋不宜貶。不正其信夷狄而伐中國也。劉子說：「文公時，上無明①天子，下無賢方伯，強楚主盟，諸侯倍畔。」**疏**凡在圍，陳、蔡、鄭、許之君皆不葬，貶之也。

十有二月，甲戌，公會諸侯盟于宋。言諸侯，外楚子也。公實與楚圍宋，散言，不使公會楚子。

二十有八年此年專敘晉事，凡二十八，《春秋》之最詳者。因楚強，亟欲晉之抑之，故録之詳。

春，晉侯侵曹，晉侯伐衛。劉子云：「文公伐原，得温，于是諸侯歸之，遂侵曹伐衛，爲踐土之會、温之盟。後南破強楚，尊事周室，遂成霸功，上②次齊桓，本信由伐原也。」**疏**《晉世家》：「五年，晉文公欲伐曹，假道於衛，衛人弗許。還自河南度，侵曹，伐衛。正月，取五鹿。二月，晉侯、齊侯盟于斂盂。衛人請盟，晉人不許。衛侯欲與楚，國人不欲，故出其君以説晉。衛侯居襄牛。」

再稱晉侯，據齊桓侵蔡、伐楚，不再出齊侯。忌也。**疏**忌當作异，謂兩之也。一師故言遂，二師則再出晉侯。以其二師，故入曹在伐衛後。

公子買戍衛。不卒戍，刺之。内諱殺大夫言刺。**疏**《晉世家》：「公子買守衛。楚救衛，不卒戍。」按：買，字子叢，系未詳，因殺絶後于魯。據《左》、《史》，楚救衛在刺買之先。

先名後刺，據公子偃先刺後名。殺有罪也。據言不卒戍，知有罪。公子啟曰：公子啟，先師也。按：《繁露》、《説苑》皆有公扈子説《春秋》之文，扈與啟字近，疑此公子啟即公扈子之誤。語皆解經釋例之文，非當時人。不卒戍者，據刺公子偃，不言事。可以卒也。據言不皆可詞。君命戍衛者，從晉也。因楚救不敵，棄戍歸

---

① 明：原脱，據《説苑・敬慎》補。

② 上：原脱，據《新序・雜事》補。

國而棄君命，故非之也。可以卒而不卒，譏在公子也，《春秋》貴命，戍衛輔助同姓，有協正之美，故曰可以卒，而不卒，是棄君命也。刺之可也。公子偃刺不言罪，此言不卒戍，棄君命，故言可刺。直言其事而善惡見，《春秋》不加貶絶之義也。

楚人救衛。終春秋，衛不從楚。言救者，不許救之辭。稱人，貶楚子。衛篤信中國，惟此因晉伐救之，使楚得市恩於衛者，晉爲之也，故言救也。疏《晉世家》：「五年春，晉文公欲伐曹，假道於衛，衛人弗許。還，自河南度，侵曹，伐衛。正月，取五鹿。二月，晉侯、齊侯盟於斂盂。衛侯請盟，晉人弗許。衛侯欲與楚，國人不欲，故出其君以説晉。衛侯居襄牛，公子買守衛。楚救衛，不卒。」①

三月，丙午，晉侯入曹，執曹伯，畀宋人。

入者，内弗受也。惡曹不能拒外難。日入，據或不日。晉入者也。言日以謹其事，惡入者之強，不日，兼責其國。以晉侯而斥執曹伯，據執衛侯言人。惡晉侯也。據人衆辭。執諸侯，伯討當稱人，目君則諸侯相執之詞，惡之也。執大夫，伯討言爵，以君尊，上得執下。畀，據晉人執戎蠻子歸于楚言「歸于」。與也。畀，與也。以上與下之辭。其曰人，何也？據歸于楚不言人，言人疑貶宋公也。不以晉侯畀宋公也。以下奉上曰歸，以上與下曰畀。五等，公尊而侯卑，因晉升爲二伯，在宋公上，故得言畀。然《春秋》實與而文不與，猶稱侯；今若直言晉侯畀宋公，是以侯臨公，失尊卑之序，故降宋稱人，以成晉侯之尊，此名爵之例也。疏《晉世家》：「晉侯圍曹。三月丙午，晉師入曹，數之，以其不用釐負羈言，而用美女乘軒者三百人也。令軍毋入釐負羈宗家以報德。」

① 「疏」下原脱此一百零九字，據鴻寶本補。

夏，四月，己巳，晉侯、齊師、宋師、秦師及楚人戰于城濮，楚師敗績。晉在齊上，主兵，且成晉伯也。齊、宋，大國也。不及秦，秦，中國也。三國皆大夫也。楚不言得臣，臣不敵君，貶稱人也。城濮，衛地，因救衛而戰也。序三師，明陳、蔡、衛、鄭、曹、許及魯同從楚也。**疏**劉子云：「城濮之戰，文公謂舅犯曰：『吾卜戰而龜熸，我迎歲，彼背歲；彗星見，彼操其柄，我操其標；吾又夢與荆王搏，彼在上，我在下。吾欲無戰，子以爲何如？』舅犯對曰：『卜戰龜熸①，是荆人也；我迎歲，彼背歲，彼去我從之也；彗星見，彼操其柄，我操其標，以埽則彼利，以擊則我利；君夢與荆王搏，彼在上，君在下，則君見天而荆王伏其罪也。且吾以宋、衛爲主，齊、秦輔我，我舍天道，獨以人事，固將勝之矣。』文公從之，荆人大敗。」又云：「晉文公與荆人戰，君問咎犯，咎犯對曰：『服義之君，不足于信；服戰之君，不足于詐。君其②詐之而已矣。』君問于雍季，雍季對曰：『焚林而田，得獸雖多，而明年無復也；乾澤而漁，得魚雖多，而明年無復也。詐猶可以偷利，而後無報。』遂與荆王戰，大敗之。及賞，先雍季而後咎犯。侍者曰：『城濮之戰，咎犯之謀也。』君曰：『雍之言，萬世之謀也；咎犯之言，一時之權也。寡人既行之矣。』」《晉世家》：「楚圍宋，宋復告急晉。文公欲救則攻楚，爲楚嘗有德，不欲伐也。欲釋宋，宋又嘗有德於晉，患之。先軫曰：『執曹伯，分曹、衛地以與宋，楚急曹、衛，其勢宜釋宋。』文公從之，而楚成王乃引兵歸。楚將子玉曰：『王遇晉至厚，今知楚急曹、衛而故伐之，是輕王。』王曰：『晉侯亡在外十九年，因日久矣，果得反國，險阸盡知之，能用其民，天之所開，不可當。』子玉請曰：『非敢必有功，願以閒執讒慝之口也。』楚王怒，少與之兵。于是子玉使宛春告晉。」「己巳，與楚兵合戰，楚兵敗，得臣收餘兵去。」

楚殺其大夫得臣。此因敗而殺也。此成得臣，楚無大夫，故不氏也。楚僭王，臣不曰公子、大夫。以公子、大夫言

---

① 龜熸：原作「熸龜」，據《說苑·權謀》乙。

② 君其：原脱，據《說苑·權謀》補。

者，所謂「物從中國」也。稱國，外之也。夷狄不言有罪，無罪殺得臣，起不能與晉爭。**疏**《晉①世家》：「子玉之敗而歸，楚成王怒其不用其言，而貪與晉戰，讓責子玉，子玉自殺。晉文公曰：『我擊其外，楚誅其内，内外相應。』於是乃喜。」

衛侯出奔楚。不名者，猶未失國也。所以成叔武之志。**疏**《衛世家》：「成公三年，晉欲假道於衛救宋，成公不許，晉更從南河渡救宋。徵師于衛，衛大夫欲許，成公不肯。大夫元咺攻成公，成公出奔。晉文公伐衛，分其地予宋，討前過無禮及不救宋患也。」

五月，癸丑，公會晉侯、齊侯、宋公、蔡侯、鄭伯、衛子、莒子，盟于踐土。劉子說：「文公時，上無明②天子，下無賢③方伯，強楚主會，諸侯背畔，天子失道，出居于鄭。文公于是憫中國之微，任賢養士。四年，政治内定，則舉兵而伐衛，執曹伯，還敗強楚，威震天下。明王法，率諸侯而朝天子，天下莫敢不服，天下曠然平定，周室尊顯。故曰：大功之效，在於用賢積道，浸章浸明。」**疏**按：此亦晉伯也。不疑者，文功淺，初伯致王，與桓反。衛子，叔武也。在鄭下者，未成君，宜末序。叔武，弟也。稱子者，明君有絶道，己無立志也。在莒上者，莒，小國也。雖降序，不踰等，故衛子在方伯末，宋子在大國末。蔡從楚，惟此三盟從中國。衛方適楚，蔡即會晉，起其義也。大國言齊、宋，次國言魯、衛、陳、蔡、鄭，小國言莒。陳、許不序者，不在，故下陳如會，言圍許也。諸侯因楚敗，反從中國也。

諱會天王也。據下言王所也。時王在踐土，諸侯因王在而往會。不諱，當言公會天王、諸侯于踐土。此先

---

① 晉：原作「楚」，據《史記・晉世家》改。

② 明：原脱，據《説苑・敬慎》補。

③ 賢：原脱，據《説苑・敬慎》補。

録會盟，若諸侯自相會盟，而別言王所，使王自至踐土，朝爲遂事，以避會天王之嫌。疏《晉世家》：「甲午，晉師還至衡雍，作王宮于踐土。初，鄭助楚，楚敗，懼，使人請盟晉侯。晉侯與鄭伯盟。五月丁未，獻楚俘于周，駟介百乘，徒兵千。天子使王子虎命晉侯爲伯，賜大輅，彤弓矢百，玈弓矢千，秬鬯一卣，珪瓚，虎賁三百人。晉侯三辭，然後稽首受之。周作《晉文侯命》：『王若曰：父義和，丕顯文、武，能慎明德，昭登於上，布聞在下，維時上帝集厥命于文、武。恤朕身，繼予一人永其在位。』于是晉文公稱伯。癸亥，王子虎盟諸侯於王庭。晉焚楚軍，火數日不息，文公嘆。左右曰：『勝楚而君猶憂，何？』文公曰：『吾聞能戰勝安者唯聖人，是以懼。且子玉猶在，庸可喜乎？』」

陳侯如會。公在言會。前從楚伐宋，此因楚敗乃來，故後至。後至，故責之，較蔡、鄭猶深，卒而不日也。

如會，據「鄭伯乞盟」言乞盟。外乎會也，已會後，陳侯始如。外猶外之。外于會，謂夷狄之也。蔡、鄭來，陳不來，惡之深，故卒不日，從夷狄例。於會受命也。受伯之命。劉子說：「晉文公會諸侯而盟曰：『吾聞國之亂，不由聲色，必由姦利。好樂聲色者，淫也；貪姦者，惑也。夫淫惑之國，不亡必殘。自今以來，勿以美妾疑妻，勿以聲色妨正①，勿以姦情害公，勿以貨利示下。其有之者，是謂伐其根素，流於華葉。若此者，有患無憂，有寇無弭。不如言者，盟示之。』于是君子聞之曰：『晉侯其知道乎！其不王者，猶無佐也。』」疏按：陳侯後至，再申命。言此者，與乞盟起。

公朝于王所。劉子說：「諸侯會天子，則以方明爲主。《覲禮》云：方明，木也。其形四方六面，上玄下黃，東青南赤，西白北黑。方明者，上下四方，神明之象也。」疏王所者，踐土也。所爲安居，言所，非其所也。

---

① 正：原作「政」，據《說苑・反質》改。

朝不言所，據公朝王言如京師，朝二伯言如齊、晉。下歸言京師，此亦當言公如京師也。言所者，據變京師之文而言王所者，起王失所，故言所非也。非其所也。據不曰京師也。京師常文，言京師，則與朝于王城同。不見致王意，故言王所。天子以天下爲家，諸侯有於行在朝王之禮。諸侯會王于踐土，《春秋》諱其事，使若自會盟，王適來，因相率朝王，疑于實非會王，故言王所，以起王在踐土，諸侯實會王。

六月，衛侯鄭自楚復歸于衛。諸侯歸不言所自，惟此言之，與大夫同辭，所謂「君不君」也。殺①叔武不言殺者，爲叔武諱，叔武志在讓國也。疏衛侯得歸，甯武子之力也。衛，《春秋》有兩逐君，皆得歸。

自楚，據曹伯歸不言自宋。疏據《左傳》，此時衛侯在陳，不在楚。又言「晉人執衛侯」，非楚力，猶以自楚書者。楚有奉焉爾。晉，楚敵也。楚新敗，不能敵晉。衛侯不在楚而以楚言者，惡其從楚。復者，内歸言復。復中國也。據自楚復，從夷狄入中國也。衛未嘗從楚，故言復以起之，内從外夷狄也。歸者，據下有復入也。歸其所也。據入，不善；歸，善詞也。衛從楚反國言復，喜其得脱于夷。言歸，安之于國，傳曰「歸爲善」是也。凡歸于楚不言復者，皆從楚之國。鄭之名，據許其反國，宜不名。失國也。奔不名，歸乃名。以其殺叔武罪之，與鄭忽同。雖反正，失社稷，猶貶。

衛元咺出奔晉。傳曰：「以是爲訟君也。」君歸臣出，明衛侯誤殺弟。

陳侯款卒。諸侯例日。不正者，不日而月、時者，惡也。有惡當誅，不復言正不正也。不葬者，惡其從楚圍宋，引援

① 殺：原作「歸」，據鴻寶本改。

夷狄，亂中國。凡會齊之衛、陳、鄭三君，皆不葬也。不日者，踐土不早至，較蔡、鄭從楚尤深，故惡之不日也。

秋，杞伯姬來。杞伯姬來，入杞之怨釋矣。

公子遂如齊。如齊所以釋取穀之憾也。

冬，公會晉侯、宋公、蔡侯、鄭伯、陳子、莒子、邾子、秦人于温。邾至此會盟乃言子。陳敘鄭下，未成君也。在莒上者，次國也。秦不稱大夫者，諸侯大會不言大夫，且時會大夫猶不名也。温，衛邑。桓會有宋子，晉文有陳子。

諱會天王也。劉子説：「文公納王後三年，遂再會諸侯，以朝天子，天子錫之弓矢秬鬯，以爲方①伯。」疏 温即河陽也。會即天王守也。會不書天王而別出天王守文者，是諱没會天王之事，故别以守主之。

天王守于河陽。《王制》：「天子五年一巡守。歲二月，東巡守，至于岱宗②，柴而望，祀山川。覲諸侯，問百年者就見之。命大師陳詩，以觀民風；命市納賈，以觀民之所好惡，志淫好辟；命典禮考時月，定日，同律、禮、樂、制度、衣服，正之。山川鬼神有不舉者爲不敬，不敬者君削以地；宗廟有不順者爲不孝，不孝者君絀以爵；變禮易樂者爲不從，不從者君流；革制度衣服者爲畔，畔者君討；有功德於民者，加地進律。五月，南巡守，至於南嶽，如東巡守之禮。八月，西巡守，至于西嶽，如南巡守之禮。十有一月，北巡守，至于北嶽，如西巡守之禮。歸假於祖、禰，用特。天子將出，類乎上帝，宜乎社，造乎禰。諸侯將出，宜乎社，造乎禰。」劉子云：「天子曰巡守，諸侯曰述職。巡守者，巡其所守也。述職者，述其所職也。春省耕，補不足也；秋省斂，助不給也。」「入其境，土地辟除，敬老尊賢，則有慶，益其地。入其境，土地荒蕪，遺老失賢，掊克在

---

① 方：原作「二」，據《新序・善謀》改。

② 至于岱宗：原脱，據《禮記・王制》補。

位，則有讓，削其地。一不朝者黜其爵，再不朝者削其地，三不朝者則六師移之。」

全天王之行也。劉子說：「晉文公敗楚城濮，再會諸侯，召天子而朝之。」「上無明王，桓、文能執伯道，攘夷狄，安中國，雖不正猶可，蓋《春秋》實與而文不與之義也。」疏據言王所，知非實守。「晉侯會諸侯于温，欲率之朝周。力不能，恐其有畔者」，故言「天王守于河陽」。爲若將守而遇諸侯之朝也，班氏云：「王者巡守，諸侯待于境，諸侯以守蕃爲職者也。《祭儀》曰：『王者巡守，諸侯待于境也。』」守在朝先，若實守，因而相朝。爲天王諱也。疏《晉世家》：「冬，晉侯會諸侯于温，欲率之朝周。力未能，恐其有畔者，乃使人言周襄王守于河陽。壬申，遂帥諸侯朝王于踐土。孔子讀史記至文公，曰：『諸侯無召王。王守河陽者，《春秋》諱之也。』」水北爲陽，水陰以陰爲陽。山南爲陽。山陽以陽爲陽。温，温在河北。河陽也。據在水陽，故以河陽名，異名同實也。疏《地理志》河内郡温下云：「故國，己姓，蘇忿生所封也。」

壬申，公朝于王所。温，河陽。王所，京師。四者異名同實也。小諸侯言温，大天子言河陽，自天子言王所，自諸侯言京師。王所常居爲王城，王所暫住爲王所。言所，非其所也。言京師者，自臣下目之之辭。

朝於廟，禮也。據來朝不地。於外，非禮也。據朝公于外，譏。獨公朝與？據諸侯同會。諸侯盡朝也。據王所即温，知盡朝。其日，據上不日。以其再致天子，故謹而日之。朝例時，日者譏其甚。主善以内，於外雖非禮，而朝爲善事，故得以魯主之。變召言朝，使魯主其事，故獨言公朝，内内之義也。目惡以外。齊人歸衛俘，使齊主之，外外之義也。言曰公朝，據公如京師，朝言如，不言朝。逆辭也，逆，迎也，即爲若將守而遇諸侯之朝之義。言公逆王，朝之。而尊天子。桓不敢致王，會王世子以尊天子。晉文致王犯順，猶自託尊王，故《春秋》許其外楚，不許其尊周，此之謂也。**會于①温言，**據會即守，所不言河陽。**小諸侯。**會事在一邑。温，河陽邑。小温所以小諸侯。**疏**舊作「會于温，言小諸侯」，今從俞氏改訂。**温，**據與河陽異出。**河北地，**據會、守同地，知在河北。**以河陽言之，**據同地宜言守于温。**大天子也。**守不獨于一邑，故以河陽言之。包温於河陽，明天王尊大。**日繫於月，月繫於時。**常例。**壬申，公朝于王所，其不月，**言冬而不月，則日上無所繫。**失其所繫也，**日無所繫，猶臣不統於君。**以爲晉文公之行事爲已傎矣。**梅福説：「晉文召天王」，「不顧順逆」。此謂失伯道也。**疏**此日不繫月之例也。《春秋》月、日各自爲例，多不相繫，皆當以此推之。

晉人執衛侯，歸之于京師。傳曰：「以晉侯而斥執曹伯，惡晉侯也。」京師者，河陽也。天子所居爲京師，非城名也。城名王城也。天子無外，天下皆爲其邑，不如諸侯有專地，故言京師而已。内公言師，天子言京師。京，大也，天子故大之，亦如諸侯爲上，天子曰大上也。内師可言如，故京師亦言如也。傳曰：「京，大也。師，衆也。言周②，必以大、衆言之。」

此入而執，據衛侯已歸，又無出文。**其不言入，何也？**據執曹伯，言晉侯入曹。**不外王命於衛也。**時晉侯與天王同在温，晉入執，如受命而執之。**歸之于京師，**據歸曹伯不言之。**緩辭也，**據之，緩辭。**斷在京師也。**斷在京師者，以天子主之也。晉執人於天子之側，有專制之嫌。伯討須稟命而行，不能自專，故以王主之也，所以抑臣扶君也。成十五年斷在晉侯者，伯在外，得自制事，故主晉也。此王在，故言之也。

---

① 于：原作「以」，據《穀梁傳》僖公二十八年、鴻寶本改。

② 周：原作「天子」，據《穀梁傳》文公九年改。

衛①元咺自晉復歸于衛。上言「衛侯自楚復歸于衛」，此言「衛元咺自晉復歸于衛」，君臣同辭也。大夫不言復歸，惟咺言之，辭同諸侯，所謂「臣不臣」也，所以惡晉侯也。疏《衛世家》：「成公三年，晉侯欲假道于衛以救宋」，「徵師于衛」，「成公不肯。大夫元咺攻成公，成公出奔晉。文公伐衛，分其地與宋」。「衛成公遂出奔陳。二歲，如周求入，與晉文公會。晉使人鴆衛成公，成公私于周主鴆，令薄其鴆，得不死。已而周爲請晉文公，卒入之衛，而誅元咺。」

自晉，晉有奉焉爾。據執君而臣歸，與自楚同。**復者，**據自楚乃言復。**復中國也。**據楚言復歸，責晉入人國，執其君以助其臣，制人之上下，與楚無異。**歸者，**據當言入。**歸其所也。**其君已執，無與爲難，言歸，易辭也。善、不善同言歸，美惡不嫌同辭也。疏君臣同辭，晉楚同辭，功罪淺深之故可見矣。此與上自楚文相起。

諸侯遂圍許。劉子說：「文公霸功既立，期至意②得，湯、武之心作而忘其衆，一年三用師，且弗休息，遂進而圍許，兵亟弊而不能服，罷諸侯而歸。自此蕩怠政事。」圍許者，許從楚也，故踐土不敘許。疏《晉世家》：「丁丑，諸侯③圍許。」

遂，據上無諸侯目。**繼事也。**據公致圍許，知會溫諸侯。疏諸侯有遂事，言遂，譏其一年三用師。

曹伯襄復歸于曹。衛侯言自，此不言自者，諸侯之正辭也。衛侯自楚，與元咺相起。疏《晉世家》：「曹伯臣或説晉侯曰：『齊桓公合諸侯而國異姓，今君爲會而滅同姓。曹，叔振鐸之後；晉，唐叔之後。合諸侯而滅同姓，非禮也。』晉

---

① 衛：原作「晉」，據《穀梁傳》僖公二十八年改。

② 意：原作「竟」，據《説苑・敬慎》、日新本、鴻寶本改。

③ 諸侯：原作「遂」，據《史記・晉世家》改。

侯說，復曹伯。」

復者，復中國也。據以上二復字如此解。天子免之，據「斷在京師」，歸是天子免之。因與之會。謂因遂會諸侯，圍許。其曰復，據此後事與上二事不同，有天子之命，不宜以復中國言之。通王命也。曹伯實未至曹，故言復者，如從晉歸，起奪晉之權，以申王命也。言歸者，以王命通之。王者無外，雖在許，可言歸也。言復非以狄京師，特狄晉，以使之不得制其事而獨通王命也。凡復皆言自，此不言自者，辟京師也。

遂會諸侯圍許。

遂，據歸而會當言曹伯會。繼事也。言遂，明實未歸國。會溫，天王說晉，許曹伯歸，因得會。《春秋》言復以通王命，言遂以起未復。

二十有九年陳共公元年。

春，介葛盧來。公不在，來未見公，故冬更來。

介，疑與白狄同異。國也。據言介人，又言葛盧，知非狄。此與蕭叔來朝公相起。介、蕭同爲附庸，下云「介人侵蕭」是也。二朝公，皆不在。一云朝公，一云來。葛盧，未知君臣。微國之君，據微國無大夫，蓋犁來之比。未爵者也。未爵，故無五等之目。傳以縉爲微國，縉言子，已受爵者，此以介爲微國，未受爵。然則連帥以下，與附庸同得稱微國也。其曰來，據犁來言朝，本爲朝來。卑也。卑謂不能三十里，不能行朝禮。下於犁來，與白狄等。疏卑謂卑國也。卑與微異，謂附庸與進夷狄未至於中國者。能來，則以微國待之，不曰卑。

公至自圍許。圍許以後事致。朝王所非本意，故不致之。

夏，六月，公會王人、晉人、宋人、齊人、陳人、蔡人、秦人，盟于翟泉。劉子說：「文公怠於政事，翟泉之會不親至，信衰誼闕，如羅不補，威武詘折不信，則諸侯不朝，鄭遂叛，戎狄內侵，衛遷于帝丘。」**疏**按：稱人，微者也，晉侯不親主，故微之也。秦在蔡下，亦外方也。衛不在者，元咺不敘也。鄭、許不敘者，不服也。齊在宋下，齊以下大夫也。晉文圍許，不服，乃盟王人，以求諸侯。年老志衰，不能自致，故諸侯多以大夫會之。月者，惡盟以其盟王人，故不與以信詞。

秋，大雨雹。劉子說：「盛陽雨水，溫煖而湯熱，陰氣脅之不相入，則轉而爲雹；盛陰雨雪，凝而冰寒，陽氣薄之不相入，則散而爲霰。故沸湯之在閉器而湛於寒泉，則爲冰，雪之消，亦冰解而雪散，此其驗也。故雹者陰脅陽也，霰者陽薄陰也，《春秋》不書霰者，猶月食也。僖公末年信用公子遂，遂專權自恣，將至於弒君，故陰脅陽之象見。僖公不寤，遂終專權，後二①年弒子赤，立宣公。」

冬，介葛盧來。前來，公未在，故再來，起「介人侵蕭」。

三十年

春，王正月。

夏，狄侵齊。劉子說：「晉侯信衰誼闕。」「夷狄內侵。」**疏**言狄侵者，起晉侯伯衰，始於翟泉。

秋，衛殺其大夫元咺衛不見公子、公孫，見咺起其當國，與公孫剽同。因咺立之乃見，非是，不見。**疏**《衛世家》：「已而周爲請晉文公，卒入之衛，而誅元咺，衛君瑕出奔。」瑕，《左傳》字子適，系未詳。按：陳曙峯《譜》：「叔武、子適、子儀皆文公子，成公弟。」

① 「二」下原衍「十」字，據《漢書・五行志》、鴻寶本刪。

稱國以殺，據逐君被殺，疑有罪。罪累上也，據不去大夫，衛侯歸不言自京師，罪在上。以是爲訟君也。據衛君有罪，訟而弗勝。衛侯在外，據下歸。其以累上之辭之言之，何也？據甯喜、陳乞目賊，疑不當歸罪衛侯，此周、冶殺之，非衛侯自殺。待其殺而後入也。晅奉晉拒衛侯，使殺之乃歸。疏《左傳》：「衛侯使賂周歂、冶厪，曰：『苟能納我，吾使爾爲卿。』周、冶殺元晅及子適、子儀，公入。」

及公子瑕。據瑕已立，不應言及。疏瑕，《世家》以爲出奔，記實也。《左傳》以爲殺，緣經言之。奔而以殺科之，如鄭段，不言殺則爲二事，不能言及也。

公子瑕累也，以晅主之，則瑕從累文，故奔而言及。以從累文，失道之人不復責以臣禮也。以尊及卑也。瑕本未命大夫，晅因叔武已死，援而立之，已踰三年，於晅有君臣之義。《春秋》反以晅及瑕者，據其始事言之。晅以臣訟君，《春秋》所惡，絶其君臣之文，録其權勢所歸，皆以扶陽抑陰，尊君卑臣也。

衛侯鄭歸於衛。《公羊》：「此殺其大夫，其言歸何？歸惡乎元晅也。」按：名者惡之，歸，易辭，明晅殺而後入也。

晉人、秦人圍鄭。劉子說：「秦、晉圍鄭，以其無禮而附於楚。」使燭之武説秦君，圍乃解。「燭之武可號善謀矣，一言存鄭而安秦。鄭君不早用善謀，所以削國也。困而覺焉，所以得存。」圍鄭者，鄭從楚也。劉子云：「翟泉不親至」，「鄭遂叛」。故圍之也。疏《鄭世家》：「四十三年，晉文公與秦穆公共圍鄭，討其助楚攻晉者，及文公過時之無禮也。初，鄭文公有三夫人，寵子五人，皆以罪早死。公怒，概逐羣公子。子蘭奔晉，從晉文公圍鄭。時蘭事晉文公甚謹，愛幸之，乃私於晉，以求入鄭爲太子。」「晉文公欲入蘭爲太子，以告鄭。鄭大夫石癸曰：『吾聞姞姓乃后稷之元妃，其後當有興者。子蘭母，其後也。且夫人子盡已死，餘庶子無如蘭賢。今圍急，晉以爲請，利孰大焉？』遂許晉，與盟，而卒立子蘭爲太子，兵乃罷去。」

介人侵蕭。介、蕭皆附庸微國，不專記事。此記者，一見例。明十九國，魯史雖附庸小國，猶專記其事。《春秋》非不記事，此以明筆①削例也。獨於此記者，因上有二朝，故記之。《春秋》記事不周②十九國，惟此及狄滅温、滅邢、梁亡四事而已。稱人者，人不如名。以好曰名，以惡曰人，因善惡以定名。

冬，天王使宰周公來聘。下聘非禮，三公尊，又不可當行人，故著言宰，譏以尊使卑。公猶不親往，大夫如京師，又不周乎如，譏周以惡内也。疏周公再見皆繫宰，下出奔乃不言宰。

天子之宰，冢宰，天子居喪攝政之官。今已出喪，猶言宰，以尊使卑，著其舊爲冢宰以明之。行人，大夫也。通於四海。《春秋》不言官，天子三公，齊、晉在外，周公在内，統臨天下，故言官。

公子遂如京師，遂如晉。劉子説：大夫出疆不專命。「公子遂擅生事，《春秋》譏之，以爲僖公無危事也。」疏此非實如也。以遂事譏者，緣經制義也。以尊遂卑猶不可，明無專制之道。

以尊遂乎卑，遂本因晉伯受命如晉，中當越周境，不可以不朝，故如京師。致其本意，當以晉遂京師。《春秋》卑不踰尊，故主如京師而遂晉也。此言不敢叛京師也。此爲内臣如晉之始。至晉當過周，若言如晉，嫌使從京師過而不如京師，是叛上也。《春秋》謹始，因其過周，加以入文，未見而言如，以明不叛之義，所以爲尊親諱也。

三十有一年

疏此與公伐秦上下一見。

---

① 明筆：原倒作「筆明」，據文意乙。

② 周：原作「問」，據文意擬改。

春，取濟西田。此分曹田，惡事也，何以書？曹爲魯屬，晉初爲伯，得進退諸侯。《王制》：「諸侯有功，取於閒田以禄之。其削①地者，歸之閒田。」此如曹有罪，魯有功，晉奪曹地以爲閒田，今又加之於魯，以爲賞功之辭，故地土出入，經皆以田目之。**疏**濟西，曹田。前公追戎於濟西，起其爲曹也。言田者，外取内邑言田，外歸内邑亦言田。此曹取内邑，以前後言如晉，若晉畀之。

公子遂如晉。再如晉，拜曹田也，且起上爲晉出也。不再言如京師者，已見不再見。

夏，四月，四卜郊，不從，乃免牲，猶三望。劉子説：「信鬼神者失謀，信日者失時。夫賢聖②周知，能不時日而事利。敬法令，貴功③勞，不卜筮而身吉。謹仁義，順道理，不禱祠而福。故卜數擇日，潔④齋戒，肥犧牲，飾⑤圭璧，精祠祀，而終不能除悖逆之禍。以神明有知而事之，乃欲以背道妄行，而以祠祀求福，神明必違之。天子祭天地、五嶽、四瀆，諸侯祭社稷，大夫祭五祀，士祭門户，庶人祭其先祖。聖王⑥承天心，制禮分也。凡古之卜日者，將以輔⑦道稽疑，示有

---

① 削：原作「奪」，據《禮記・王制》改。
② 聖：原作「賢」，據《説苑・反質》改。
③ 功：原脱，據《説苑・反質》補。
④ 潔：原脱，據《説苑・反質》補。
⑤ 飾：原作「飭」，據《説苑・反質》改。
⑥ 王：原作「人」，據《説苑・反質》改。
⑦ 輔：原作「補」，據《説苑・反質》改。

所先①，而不敢自專也。非欲以顛倒之惡，而幸安全之。」

夏四月，不時也。傳曰：「子不忘三月卜郊，何也？郊自正月至於三月，郊之時也。」疏郊，春事也。四卜入夏，爲不時。四卜，非禮也。傳曰：「我以十二月下辛卜正月上辛，如不從，則以正月下辛卜二月上辛，如不從，則以二月下辛卜三月上辛，如不從，則不郊矣。」免牲者，傳曰：「全曰牲。」「卜免牲②者，吉則免，不吉則否。」爲之緇衣纁裳，有司玄端，奉送至於南郊。免牲之禮。免牛亦然。傳曰：「傷曰牛，未牲曰牛③，其牛一也，其所以爲牛者異。有變而不郊，故卜④免牛也。已牛矣，其尚卜免之，何也？禮與其亡也，甯有，嘗置之上帝矣，故卜而後免之，不專也。卜之不吉，則如之何？不免。安置之？繫而待六月上甲始庀牲，十月上甲始繫牲，十一月、十二月，牲雖有變，不道也。」乃者，據改卜不言乃。亡乎人之辭也。疏亡乎人，若曰不由人。禮：三卜不從，則不郊。卜不已，至四卜，是其心急欲郊，卜不得已而罷。言乃，譏其黷，於事天可已而不已。猶者，可以已之辭也。疏郊尊而望卑，郊卜而望不卜，蓋從事也。今既不郊，尊者不行，則卑者可從，止，乃復三望，譏其卑不從尊。凡傳言猶，皆可已之辭。

秋，七月。

---

① 先：原作「承」，據《説苑・反質》改。
② 「牲」下原衍「免牲」二字，據《穀梁傳》哀公元年删。
③ 未牲曰牛：原脱，據《穀梁傳》哀公元年補。
④ 卜：原脱，據《穀梁傳》哀公元年補。

冬，杞伯姬來求婦。

婦人既嫁不踰竟，此譏來也。再發傳者，爲求婦起例。杞伯姬來求婦，非正也。譏與外事也。伯姬有夫則從夫，無夫則從子，專來求婦，非禮也。婦不言求，言求，譏之也。當有媒妁，不親求也。且以譏娶母黨。疏此書求與蕩伯姬逆婦相起，一見不再見。

狄圍衛。疏記狄禍，晉伯衰也。

十有二月，衛遷于帝丘。劉子說：晉侯衰弱，「戎狄內侵，衛遷于帝丘」。疏《地理志》東郡濮陽下云：「衛成公自楚丘徙此。故帝丘，顓頊之墟。」

三十有二年

春，王正月。

夏，四月，己丑，鄭伯捷卒。疏不葬，從楚與圍宋也。陳、蔡、鄭三國皆不葬。《鄭世家》：「四十五年，文公卒，子蘭立，是爲繆公。」

衛人侵狄。疏狄有亂，衛乃侵之。言侵，淺事也。初，遷都以避之，此因難乃侵，侵狄以求盟。

秋，衛人及狄盟。疏不地者，侵狄而盟，盟在狄竟可知。言及，外狄也。與狄和，不侵伐者八年。

冬，十有二月，己卯，晉侯重耳卒。疏《晉世家》：「九年冬，晉文公卒，子襄公歡立。」

三十有三年晉襄公歡元年，鄭繆公蘭元年。

春，王二月，秦人入滑。傳曰：「秦伯將襲鄭。」又曰：「秦越千里之險，入虛國，不能守。」蓋秦本千里襲鄭國，遇犒而止，乃反師入滑。滑與鄭近，晉與國也。【疏】《秦本紀》：「鄭人有賣鄭于秦曰：『我主其城門，鄭可襲也。』」「三十三年春，秦兵遂東，更晉地，過周北門。」「兵至滑，鄭販賣賈人弦高持十二牛將賣之周，見秦兵，恐死虜，因獻其牛，曰：『聞大國將誅鄭，鄭君謹修守禦備，使臣以牛十二勞軍士。』秦三將軍相謂曰：『將襲鄭，鄭今已覺之，往無及已。』滅滑。滑，晉之邊邑也。當是時，晉文公喪尚未葬。太子襄公怒曰：『秦侮我孤，因喪破我滑。』遂墨衰絰，發兵遮秦兵于殽，擊之，大破秦軍。」

滑，國也。入者，内弗受，責滑也。不日，惡秦者，從下狄之見。【疏】滑稱伯，晉與國。此滅也，秦滅而不能有，故以入目之。月者，卑國也。

齊侯使國歸父來聘。此記齊國氏之始。國、高爲齊上卿，所謂天子之守，《春秋》終始無大惡，故經藉齊以見三卿之制。國、高與齊終始，爲二正卿，下卿則歷見崔、慶、欒、陳四姓以配之。世卿不譏國、高，譏崔氏者，以崔亂而國、高治也。【疏】與齊通者，晉伯衰也。二伯強弱與此相起。歸父，國莊子；父懿仲，子國佐。

夏，四月，辛巳，晉人及姜戎敗秦師于殽。劉子說：「好戰之臣，不可不察也。羞小恥以搆大怨，貪小利以亡①大衆，《春秋》有其戒，先軫是也。」先軫以秦不假道要結于殽，「大結怨搆禍于秦。接刃流血，伏尸暴骨，糜爛國家，十有餘年，卒喪其師衆，禍及大夫，憂累後世。故好戰之臣，不可不察也。」言及者，外姜戎也。姜戎亦夷狄，嫌其與晉同中國，故外之。【疏】劉子云：「秦地。」

不言戰而言敗，何也？據外敗先言戰。**狄秦也。**據「晉人敗狄於箕」，不言戰。【疏】三傳於不見國風之國皆以爲夷狄。以梁、荆、徐、揚四州入于二南，凡二南所轄之地皆以爲夷狄。凡雍、冀、兖、青、豫五州，則皆以見于

---

① 亡：原作「忘」，據《說苑·敬慎》改。

國風，謂之中國。此《春秋》中分天下之大例也。魯、衛、陳、鄭爲内方伯，在中國。楚在荆，吴在揚，蔡遷於徐，秦寓於梁，此四者三傳皆爲夷狄，職此故也。秦所居乃王畿故都，以爲狄，就本封言之，不就王畿言之。此存西京、開南服之大例也。其狄之，何也？據韓不狄秦。秦越千里之險，入虚國，滑。進不能守，不久留。退敗其師徒，師還，敗于殽。亂人子女之教，無男女之别。此事不見於《左傳》，當是入滑時事。秦之爲狄，自殽之戰始也。因留守王畿，初猶不待以狄。自此以後，《春秋》乃從梁州本封狄之。【疏】必以爲自此始者，圍鄭不言及，與晉列數，以後以晉及之。

秦伯將襲鄭，劉子説：「秦人遣兵襲鄭，不假道於晉。」班曰：「襲者，行不假途，掩人不備。《春秋傳》曰：『秦伯將襲鄭。』入國掩人不備，行不假塗，人銜枚，馬韁勒，晝伏夜行爲襲也。諸侯入人家國，宜告主人，所以相尊敬，防兼并也。」百里子與蹇叔子加子者，尊之。諫曰：「千里而襲人，未有不亡者也。」秦伯曰：「子之冢先爲之椁。木已拱矣，木已拱，言其當早死也。何知？」師行，百里子與蹇叔子送其子而戒之曰：「女死，必於殽之巖唫《公羊》作嶔巖。之下，《公羊》又云：「是文王之所以避風雨者也。」我將尸女於是。」師行，百里子與蹇叔子隨其子而哭之，秦伯怒曰：「何爲哭吾師也？」二子曰：「非敢哭師也，哭吾子也。我老矣，彼不死，則我死矣。」《公羊》此下有弦高事，與《左傳》同。晉人與姜戎要而擊之殽，匹馬倚輪無反者。晉人者，據人不敗師。晉子也。據師敗于人，知非微者。其曰人，何也？據禦襲無敗道。微之也。據人敗之。【疏】不以子稱者，二伯在喪不稱子，所以異方伯也。傳言晉子，從在喪之稱，以明釋殯耳。經雖在喪，不言子也。何爲微之？據狄秦。不正其釋殯而主乎戰也。班氏說：「子夏問：『三年之喪，既卒哭，金革之事無辟者，禮與①？』孔子曰：『周公、伯禽則有爲爲之也。今以三年之喪從其利者，則吾不知也。』」禮：金革不辟，謂危事也。晉子用先軫，以小忿背殯從戎，結怨于秦，故深譏之。

癸巳，葬晉文公。疏桓、文同稱，而《春秋》惡文。蓋桓二十餘年積威養晦，乃能服楚；文公一駕，而城濮之功多於召陵。桓公屢盟數會，遲暮始會宰周公；文公一會，而温之事斂乎葵丘。然功多而罪鉅，事數而道慎，召天王，執諸侯，亂人君臣之分，務於大戰以爭功，仁信非桓之比也。

日葬，危不得葬也。大國葬例日，故大國日多，有無時者。桓、文二伯，《春秋》所貴，備日所以美之。傳以爲危者，以晉初記葬文，禮待不純於伯，故從次國說之，以日爲危也。疏晉子釋殯而主戰，晉、秦相仇，兵連數世不解。楚因秦力愈強，中國愈衰，晉伯因以不振，禍積於微，故深危之。

狄侵齊。因晉有喪事。疏再言侵齊，齊亦弱也。

公伐邾，取訾樓。以報升陘。疏伐取不貶者，直書而罪惡見，故亦不日也。

秋，公子遂帥師伐邾。疏此專兵也，故釀弒禍。大夫之專，皆僖之過也。君取而臣又伐，惡亟也。

晉人敗狄于箕。箕，晉地。此狄伐晉，《左傳》：「八月戊子，晉侯敗狄於箕，郤缺獲白狄子。」此蓋白狄也。疏不言戰，中國敗夷狄不言戰，同内辭也。

冬，十月，公如齊。疏月如，危往也。晉侯新卒，改事齊，有危道也。

① 與：原作「也」，據《白虎通・喪服》改。

十有二月，公至自齊。月致，危致也。下接公薨，不忍蒙，猶隱之之詞也。

乙巳，公薨于小寢。

小寢，非正也。《左》：「薨于小寢，即安也。」

隕霜不殺草。劉子説：「今十月，周十二月。于《易》，五爲天位，爲君位，九月陰氣至，五通於天位，其卦爲《剝》，剝落萬物，始大殺矣，明陰從陽令而後殺也。今十月隕霜而不能殺草者，君誅不行，舒緩之應也。是時公子遂專權，三桓始世官，天戒若曰：自此之後，皆將爲亂矣。文公不寤，其後遂殺子赤，三家逐昭公。」又：「隕霜不殺草，爲嗣君失秉事之象也。其後卒在臣下，則災爲之生矣。異故言草，災故言菽，重殺穀。一曰：菽，草之難殺者也，言殺菽，知草皆死也；言不殺草，知菽亦不死。」

未可殺而殺，舉重也。爲殺菽發傳。可殺而不殺，舉輕也。《韓非子》説：「魯哀公問於仲尼曰：『《春秋》之記曰：冬十一月，隕霜不殺菽。何爲記此？』仲尼對曰：『此言可以殺而不殺也。夫宜殺而不殺，桃李冬實。天失道，草木猶干犯之，而況君乎？』」疏《攷異郵》云：「僖公即位，隕霜不殺草，臣威強也。李、梅冬實，梅①、李大樹，比草爲貴，是君不能伐也。定公即位，隕霜不殺菽。菽者，稼最強，季氏之萌。」

李、梅實。劉子説：「周十有二月，今十月也。李、梅當剝落，今反華實，近草妖也。先華而後實，不書華，舉重者也。陰成陽事，象臣專君作威福。一曰：冬當殺，反生，象驕臣當誅，不行其罰，故冬華。華者，象臣邪謀有端而不成，至於實，則成矣。是時僖公死，公子遂專權，文公不寤，後有子赤之變。一曰：君舒緩甚，奥氣不藏，則華實復生也。」

① 梅：原脱，據緯書集成本《攷異郵》補。

實之爲言猶實也。

晉人、陳人、鄭人伐許。**疏**陳、鄭皆貳於晉者，今從晉伐許，以起晉襄繼伯也。言人，大夫也。不出名氏者，權猶在諸侯也。文以後乃出名氏，大夫專兵也。

補疏《春秋》編年，隱、桓、定、哀四公分二十九年，共五十八年；莊、僖、襄、昭各三十二年，倍全卦之數，共一百二十八年；其中閒文、宣、成三箇十八年，共五十四年，共成二百四十年，惟多閔公二年耳。

穀梁春秋經傳古義疏卷五

文公 文世齊不爲伯，吴未起，時勢則晉、楚爲二伯；一中國，一夷狄，經例一如楚攝齊事者，然不以夷狄治中國，故傳與以伯辭也。

元年 **疏**《魯世家》：「釐公三十三年卒，子興立，是爲文公。」《年表》：「文公元年，周襄王二十六年，齊昭公七年，晉襄公二年，宋成公十一年，衛成公九年，陳共公六年，蔡莊公二十年，鄭穆公二年，燕襄公三十二年，秦穆公三十四年，楚成王四十六年，曹共公二十七年。」

春，王正月，公即位。**疏** 未葬即位，殯然後即位也。

繼正即位，正也。**疏** 經例有正、變，傳道此者，明必先通正例，然後知變。隱無正以見讓，繼正之變。莊、閔、僖繼弑，不即位爲正。桓書即位，變。

二月，癸亥，日有食之。劉子説：「先是大夫始執國政①，公子遂如京師，後楚世子商臣弑父，齊公子商人弑君，皆自立，宋子哀出奔魯，楚滅江、滅六②，大夫公孫敖、叔彭生並專會盟。」

天王使叔服來會葬。班氏云：「諸侯薨，世子告喪于天子，天子遣其大夫會其葬而謚之。」**疏** 按：服者，字也。

---

① 政：原脱，據《漢書·五行志》補。

② 此二句：《漢書·五行志》作「晉滅江，楚滅六」，廖氏據顔注改「晉」爲「楚」。

叔者，長幼偁也。一説同《公羊》，以爲王子虎。言王子下必繫名，君前臣名也。天子大夫不名，故不言王子。因不氏，知王子也。服實字，《春秋》稱字者但以伯仲見，單言實字，避名、字並見之例也。此兼言實字者，下言名，名、字同見，故舉實字以起字皆實字。儀父名見經，故亦實字。或説同《左傳》，則此當同爲内史，内史舉字，天子之大夫也。

葬曰會，喪曰奔，急詞也；葬曰會，緩詞也。其志，據《禮》五月葬，同盟至，會葬必多，此乃初志。重天子之禮也。因天子賜謚之禮，特書以見之。王也，此王有天，以起下之無天。列國會葬，僅于定、哀書小國者，常事不書也。

夏，四月，丁巳，葬我君僖公。重其賜謚，得書之。獨于文書者，謚由天子賜，故會葬在前。

薨稱公，舉上也。葬我君，接上下也。僖公葬而後舉謚，天子會葬賜謚，乃稱謚。謚所以成德也，於卒事乎加之矣。再發傳者，因上會葬之文，再明之。

天王使毛伯來錫公命。劉子云：「天子使叔服來會葬，毛伯錫命。」「文上得天子。」**疏**魯爲方伯，世子襲位皆當如周受命，不如，皆來錫。文于元年書者，起世子還圭①之禮。錫不言數者，錫方伯命可知也。桓命乃加命。

禮有受命，《王制》曰：「爵人于朝，與衆共之。」劉子云：「爵人于朝，刑人于市，古之道義也。」**疏**班氏云：「爵人于朝，示不私人以官，與衆共之義也。封諸侯于廟者，示不自專也。明法②度皆祖之制③也，舉事必告焉。

---

① 圭：原作「主」，據《禮説・考工記》改。

② 法：原作「德」，據《白虎通・爵》改。

③ 「制」上原衍「義」字，據《白虎通・爵》删。

《王制》曰：『爵人于朝，與衆共之。』《祭統》曰：古者明君，爵有德必于太廟，君降立于阼階，南鄉，所命北面，史由君右執策命之。」**無來錫命。** 繼立童子，乃來錫命。公壯，不當來錫。 疏 班氏云：「世子三年喪畢，上受爵于天子何？明爵者，天子之所有，臣無自爵之義。童子而受爵命①者，使大夫就其國命之。明王者不與童子爲禮也。」「世子上受爵命，衣士服，謙不敢自專也。」**錫命非正也。** 再發傳者，與錫死有異，即位受錫，正也，故傳但譏之。 疏 錫爲九錫，命爲九命，經、傳多合言之。今合錫、命，分訂爲十八級，如今九品之分正、從。九錫命爲二伯，一品七錫爲方伯，二品五錫爲卒正，三品三錫爲連帥，四品一錫爲屬長，五品九命爲百里國，從五七命七十里國，六品五命五十里國，七品三命三十里附庸，八品一命方十里附庸，九品自三錫以下通不見于經。故大國卿從七錫，次國卿從五錫，小國卿從三錫，天子公九錫，卿七錫，大夫五錫，元士三錫。八州之國，惟魯録之詳，見連帥三錫之國，外州則自三錫以下通不見經。先師所謂「三命以上，乃書于經」是也。

晉侯伐衛。 據《左傳》，晉侯朝王，此先且居、胥臣伐衛也。其目晉侯者，權在諸侯也。此有諸侯不言者，略之。有取有獲，不言者，亦略之也。 疏 討其不朝。定以後，唯此一伐衛。與衛伐相起。

叔孫得臣如京師。 世子繼世，當自朝于天子，受爵命。來錫，乃使大夫，如譏失臣禮，不待貶絶而罪惡見。 疏 此内臣如京師之始。公通不朝天子，言大夫，以譏公也。

衛人伐晉。 内方伯不言伐晉，衛何以言伐？其篤從中國，可以言，内衛也。唯齊、秦與狄言伐晉。 疏 狄圍衛，晉不能救。及與狄盟，又不朝，因討之。孔達用陳謀，故報之。

---

① 爵命：原作「命爵」，據《白虎通·爵》乙。

秋，公孫敖會晉侯于戚。戚，衛邑也。晉侯在戚，伐衛也。伐衛不言伐，衛服而會也。晉侯在戚，則諸侯莫不在戚。不言者，略之也。疏《左傳》以爲疆戚田，蓋伐衛所取戚邑之田。

冬，十月，丁未，楚世子商臣弑其君髡。劉子云：商臣貪忍，楚子欲廢之，「遂興師作亂，圍王宮。王請食熊蹯而死，不可得也，遂自經」。疏《年表》：「成王欲殺太子立職，太子恐，與傅潘崇殺王。王欲食熊蹯死，不聽。自立爲王。」世子于君有君父之義，言其君者，《春秋》朝廷之治，故以君爲重，舉重也。

日髡之卒，楚卒皆日，傳據以爲說者，謂初卒當由漸進也。疏此日以謹弑，下日以明進，皆不爲正①不正。

所以謹商臣之弑也。般弑不日。此以子弑父，天倫大變，較以臣弑君尤重，雖在夷狄，君子謹之。蔡不日，此日者，中國與夷狄異辭以相起也。夷狄不言正不正。據楚卒皆日，吳卒皆月，爲二等，明有所區別；不如中國以日別正不正，或日或不日。疏中國大國、次國君以日明正不正。劉子云：「有正君者無亂國。」《春秋》絶亂屬，惡不正。又雖不正，已受命而立，《春秋》君之，特于卒，則不正以正之。小國唯曹言正不正，夷狄與小國同，不以日見正不正。楚以下日者，少進也。

公孫敖如齊。晉已伯，則齊不主會盟。經言齊，何也？以齊、晉爲二伯之正，楚、吳不過攝之而已。貴者不後，待之以初，所以《春秋》禮待皆得也。疏《左傳》以爲即位歷聘。

二年

---

① 不爲正：原脱，據日新本、鴻寶本補。

春，王二月，甲子，晉侯及秦師戰于彭衙，秦師敗績。此秦伐晉也。不言伐者，由地知。此一詳言，以下皆略，以其亟也。**疏** 秦、晉自殽之後，凡十二交兵，秦不記事，惟一言入鄀，一言來聘，一言滅庸，一言會蜀，一弟出奔而已。晉伯皆及秦，不以主客書。《晉世家》：「秦使孟明伐晉，報殽之敗，取晉汪以歸。」

丁丑，作僖公主。班氏説：「祭所以有主何？言神無所依據，孝子以主係①心焉。《論語》：『哀公問社于宰我，宰我對曰②：『夏后氏以③松，松者，所以自悚動；殷人以柏，柏者，所以自迫促；周人以栗，栗者，所以自戰栗。』所以用木爲之者，木有終始，又與人相似也。蓋題之以爲記，欲令④後世可知也。方尺，長一尺二寸。孝子入宗廟之中，見木主，亦當盡敬也。」**疏** 作主功程淺。日者，重之也。先君之主至重，如先君也。

作，據作門觀言新作。作丘甲、作三軍言作，與此作主異。爲也，與作丘甲、作三軍同爲造作。爲僖公主也。爲僖公立主。立主，明作主時。喪主于虞，據當在前年四月。班氏云：「孝子既葬，日中反而祭，謂之虞，

---

① 係：《五禮通考·吉禮六十二》、《太平御覽·禮儀部十》引《白虎通》同，《論語正義·八佾》引莊述祖輯本《白虎通》作「繼」。

② 宰我對曰：原脱，據《白虎通·宗廟》補。

③ 「氏」下原脱「以」字，據《白虎通·宗廟》補。

④ 令：原脱，據《白虎通·宗廟》補。

其主用桑①。念親已没，棺柩已去，悵然失望，彷彿哀痛，故設②桑主以虞，所以慰孝子之心。虞以安神也。」所不用祭者，方與神接。三代俱用桑。疏虞，安也，以安神。天子九虞，諸侯七，大夫三。《檀弓》曰：「虞而立尸，有几筵。」按：桑木猶哀也，喪主取之。吉主于練，當在前年十一月。班氏云：「《士虞禮》記曰：『喪主不文，吉主皆刻而謚之。』蓋禘祫時别昭穆也。」作僖公主。據恒事不書，此當爲吉主。譏其後也。班氏説：「僖公薨，十六月乃作主。」疏按：後三月乃作。作主、壞廟有時日，禮則有一定期限。於練焉壞廟。鄭君説：「凡袝已，復于寢。練而後遷廟。」按：壞廟，遷新主于廟。練祭後，主仍反于寢，必三年喪畢，歸于其廟，而後祫祭于太祖。明年春，禘于羣廟。壞廟之道，易檐可也，改塗可也。易檐、改塗，小加修飾。新主入廟，有從新改舊之意。諸侯五廟，然則壞唯同昭穆二廟，一祖廟，一新廟也。

三月，乙巳，及晉處父盟。此如晉之始，爲記晉大夫主會之始，起下六年殺。不氏，使若内外皆微者也。不言公，據日知公。處父伉也，伉者，以臣伉君。禮：君在而臣代君，大國大夫尊，與次國君相嫌，相嫌則辟。故君會大國大夫，乃去氏，次國不以伉爲嫌。爲公諱也。如晉不見晉侯，恥辱深，故諱之。疏《左傳》：「晉人使陽處父盟公以恥之。」何以知其與公盟？據「及宋人盟于宿」，内卑也。以其日也。據「公及晉侯盟」日。疏《左傳》：「公如晉。」不地者，盟在晉；地，則公如見也。何以不言公之如晉？據不言處父來，知在晉。下盟

---

① 「日中反而祭」至「其主用桑」：見《春秋穀梁傳注疏》范寧《集解》，《白虎通·宗廟》作「孝子既葬，日中反虞」。

② 設：原脱，據《白虎通·宗廟》補。

晉侯，言如晉也。所恥也。《左傳》：「適晉不書，諱也。」盟于晉都，晉君不出，卑公已甚。出不書，反不致也。據三年書如又致。使若公不適晉，內微者與處父盟然。疏公如有盟會，無所起，書如言致而已，不言會盟。又詳則書事，不言如，略乃言如，言未必至晉。不如，如不至晉也。

夏，六月，公孫敖會宋公、陳侯、鄭伯、晉士縠，盟于垂斂。討衛也。齊不與會者，惰也。討衛，衛服，故下會有衛。此中國之諸侯也。疏士縠九年見殺。伯者大夫始專會盟，至襄三年而諸侯失政。不日者，以臣會君，不以信許之，疾始之義也。月者，不以信許之。

內大夫可以會外諸侯。據公盟處父不出公，知內臣亦不可會諸侯。《春秋》內魯外諸侯，故內外異事。諸侯，謂大國宋。疏按：言「內大夫可以會外諸侯」，見外大夫不可以主外諸侯也，譏士縠主盟也。盟例日，不日者，大夫始主盟，惡之，不日也。

自十有二月不雨，至于秋七月。劉子說：「文公即位，天子使叔服來會葬，毛伯錫命。又會晉侯于戚。公子遂如齊納幣。又與諸侯盟。上得天子，外得諸侯。」疏夏侯勝曰：「天久陰不雨，臣下有謀上者。」文公之篇末不雨者三，卒致仲遂逆謀，嗣子遘禍，此其效也。沛然自大。躋僖公主，大夫始專事。

歷時而言不雨，據僖一時過，書不雨。文不憂雨也。不憂則若忘其事，故歷四時乃書，是不勤雨也。不憂雨者，無志乎民也。以文與僖比，僖善而文不善，故其辭如此。

八月，丁卯，大事于太廟，躋僖公。大事者，祫祭也。班氏說：「作主後六月，又吉禘于大廟而致僖公，《春秋》譏之。經①曰：『大事于大廟，躋僖公。』」疏周公稱太廟。

大事者何？據言有事。大是事也。據有大蒐、大饑。著祫、嘗。著，謂言大以顯著之，非犆。嘗，秋曰嘗。《王制》：「天子犆礿，祫禘，祫嘗，祫烝。諸侯礿則不禘，禘則不嘗，嘗則不烝，烝則不礿。諸侯礿犆，禘一犆一祫。」嘗、烝皆祫，經烝、嘗獨言者，祫可知也。此不言嘗，言「大事于大廟」者，所謂以周公臨之爲不可，故著祫、嘗。不以周公臨之，不言大事，言嘗而已。祫祭者，祫謂合祭，與犆祭對文。言祭者，指四時祭，有祫有犆。毁廟之主《王制》：「諸侯五廟，二昭二穆，與大廟爲五。」按：禮：親盡則毁，除二昭二穆，則隱以上爲毁廟。陳于大祖②，周公爲大祖，大祖稱大廟。言大廟者，以周公臨之也。未毁廟之主四親：桓、莊、閔、僖。皆升，合祭于大祖。大祖以下之主，各依昭穆爲次，同合食于大廟。犆祭則但未毁之主來，已毁之主不來。凡經言大廟者，皆以周公臨之。疏按：《禮説》言已毁、未毁皆合食爲祫，爲大事，而無已毁不至，公但祭未毁之説。今以已毁不至者爲犆祭，經所書有事是也，又《禮》有日祀月享，三年世祭之文，各有等次，諸書各言一端，非全文。躋，升也。僖爲禰廟，言躋之爲升也。先親而後祖也，以僖禰閔。文受國于僖，僖受國于閔，君以受國爲重，僖于閔有臣子之義，今升僖公，是以禰爲祖，以祖爲禰也。逆祀也。先禰後祖，故曰逆祀。「舊説僖公，閔公庶兄，故文公升僖公之主于閔公之上。然僖公雖長，已爲臣矣。閔公雖少，已爲君矣。臣不可先君，猶子不可先父，故以昭穆祖父爲喻。」疏《集解》引舊

---

① 經：原脱，據《漢書·五行志》補。

② 祖：原作「廟」，據《穀梁傳》文公二年改。

説。逆祀，則是無昭穆也。國君以傳國爲昭穆，不拘世次，閔公在西，則僖在東，各爲昭穆。今逆祀則改閔于東，移僖于西，昭穆淆亂，失其舊次，故曰無昭穆也。無昭穆，則①是無祖也。先親而後祖，是暱禰忘祖也。班氏云：「大事者，祫祭也。躋釐公者②，先禰後祖也。」無祖，則無天也。祖，父之天也。無祖近禰，是無天也。故曰：文無天。此舊傳文也。無天者，後二王去天，明文無天。前二王不去天，明因逆祀，乃貶。是無天而行也。傳曰：「爲天下主者，天也。」《春秋》以天統天王，天子以王統二伯，以二伯統八方伯，以八方伯統六卒正。又曰：「人之于天，以道受命。」「不若于道③者，天絶之。」逆祖失乎天倫，故于文去天以絶之。君子不以親親害尊尊，親親者，閨門之事也。尊尊者，朝廷之治也。閨門恩掩義，故尊不奪親；朝廷義掩恩，故親不敵尊。《春秋》明王道，乃朝廷之治，故不以親奪尊。母親而父尊，父親而祖尊，魯親而周尊，譏躋僖公，許莊絶母，許衛輒拒父，不以魯敵周，皆不以親害尊之義也。此《春秋》之義也。親親者，僖爲文父；尊尊者，閔爲僖君，臣、子一例。文于僖有祖道，尊尊親親，人道之大，二者不廢，不以親親而害尊尊也。

冬，晉人、宋人、陳人、鄭人伐秦。報彭衙之役。疏此皆大夫，不氏稱人者，至此猶不以大夫專征伐也。

公子遂如齊納幣。譏喪娶也。直書其事而惡見，不待貶絶者也。

---

① 則：原脱，據《穀梁傳》文公二年補。
② 躋釐公者：原作「僖」，據《漢書·五行志》改。
③ 道：原作「天」，據《穀梁傳》莊公元年改。

三年

春，王正月，叔孫得臣會晉人、宋人、陳人、衛人、鄭人伐沈。沈潰。此晉與楚争伯也。沈，近楚之中國也，後滅于蔡，與胡、頓同見。沈，中國也。潰不日者，未同會盟也。滅日者，以同盟會也。**疏**中國諸侯皆在，唯齊不至。小國略而不書。

夏，五月，王子虎卒。天子之子爲王子，與諸侯之子稱公子同。公子視大夫，則王子亦同公卿。主書者，起王子尊也。此王子正卒也。不日者，明非列土諸侯。不卒者，此因事乃卒，並以起奪猛也。

叔服也。據舉實字，知下有卒名。**疏**儀父舉實字，下名卒克，此上舉叔服實字，知卒者即叔服。此不卒者也。何以卒之？據王臣不外交不卒。以其來會葬，事在元年。我卒之也。此説同《公羊》。因其新來會葬，乃得卒之。尹更始説：「王子虎爲魯主，此爲會葬，事異，故重引之。」或曰：此説同《左氏》。**疏**《古今人表》：「内史叔服。」《史記》：周命王子虎策命晉爲伯。若内史，則不能執重以守矣。以其嘗執重以守也。與冢宰執政同。襄王出奔于鄭，虎以王子居内以守。重，謂天子位也。**疏**《路史》云：「襄王未復國，王子虎嘗爲之居守。」蓋主此義。

秦人伐晉。但言伐而不言取，略之也。**疏**《晉世家》：「秦穆公大興師伐我，渡河，取王官，封殽尸而去。晉恐，不敢出，遂城守①。」

---

① 城守：原作「守城」，據《史記·晉世家》乙。

秋，楚人圍江。遠國不書，因下救乃書之。疏晉與楚争伯，晉擾于秦，不能救江之亡。以此相起，以見殽之誤，所以不能勝楚也。

雨螽於宋。劉子說：「先是宋殺大夫而無罪，有暴虐賦斂之應。」疏《洪範》招災本不以事爲據，《春秋》所以書者，既已成災，天心較著，因而自省愈不可緩也。

外災不志，此何以志也？據王後。故宋義已見。曰：災甚也。據言雨也。内災言螽，外螽不志，外因甚乃志。螽以雨，見異也，甚災，故志之。其甚奈何？茅茨盡矣。班氏曰：「《穀梁傳》曰：上下皆合，言甚。」案：著于上，見于下，謂之雨。螽多，上下皆見，爲雨，而所食則不惟禾稼，雖茅茨亦盡，故從大災書之。著于上，見于下，謂之雨。此謂上下皆合也。其例與雪、雹同，故言雨也。疏《公羊》以爲異，雨爲死螽。說詳《起起廢疾》及陳壽祺《五經異義疏》。

冬，公如晉。《王制》：「比年一小聘，三年一大聘，五年一朝。」去年朝，今又朝，晉召之也。疏此記如晉之始。晉爲伯，公始朝晉也。去年如晉未書，今乃書之。

十有二月，己巳，公及晉侯盟。如晉言盟，起處父之盟伉也。疏《春秋》異同之端多在一簡，因其相近，足以相起也。

晉陽處父帥師伐楚，救江。氏處父于盟後，起前因公去氏。外大夫帥師書名自此始，大夫始專征伐也。不言使，不與使也，使如私行。以下君將稱爵，大夫將稱名，以下將稱人，凡稱人爲貶，凡言人皆將。疏《左傳》：「伐楚，以救江①，門于方城，遇息公子朱而還。」

此伐楚，其言救江，何也？據邢人、狄人伐衛，不言救江。江遠楚近，楚大江小，楚大地廣，故邊竟近中國。伐楚所以救江也。言此明不能救江之故，所以釋貫管仲不受江黄，以救之難。

四年

春，公至自晉。正月不存公。傳曰：「中國不存公也。」**疏**公初如晉，言如又致，備其文以起處父盟。出入不書也。

夏，逆婦姜于齊。**疏**齊不專記事，因內及之。

其曰婦姜，據宣致乃言婦，莊姜逆言女。爲其禮成乎齊也。劉子說：「《禮》：大夫以上②，不問舅姑在否，皆三月見宗廟，然後成婦禮。」按：婦者，成婦之稱。公成昏于齊，故在齊便稱婦。其逆者誰也？據不言其人。親逆而稱婦，據禮家親迎言婦也。叔姬不與夫婦辭。或者公與？疑言婦則爲公自逆詞。何其速婦之也？據莊自逆不言婦。曰公也。公親逆，已成昏于齊，故不曰女。**疏**據不目其人，知爲公。大夫逆必目人，親逆乃不目也。其不言公，何也？據莊如齊逆女，言公不言婦。非成禮于齊也。爲公諱，不言公逆。莊書公者，不取仇女，不譏先通。曰此又一說。上以稱婦爲成昏于齊，故在齊稱婦。此以稱婦爲譏娶母黨。婦，據文、

---

① 以救江：原脫，據《左傳》文公三年補。

② 上：原作「下」，據《禮記正義·曾子問》孔疏引服虔、賈逵語改。

宣、成三公夫人皆稱婦。有姑之辭也。據内女來求婦，逆婦，婦皆對姑而言，謂姑與婦皆同姓也。稱婦以起取母黨，不以爲親逆之稱。其不言氏，何也？婦、姑皆氏姜，故不言氏以起其同姓。貶之也。文姜不言姜氏，哀姜不言姜，去姓，如大夫不氏，貶也。何爲貶之也？據女子在家制于父，無貶夫人之道。夫人與有貶也。所以譏之者，即在母黨。其事由姓氏而起，去氏即知譏在同姓。姓在夫人，欲貶同姓，不得不去氏以貶夫人也。**疏**按：夫婦一體，榮辱共之。共伯姬賢，不肯辟火，至于葬，則崇婦以及夫，明同榮也。此則同貶，明同辱也。

狄侵齊。狄何以侵齊？晉使之也。何以不言晉？諱之也。諱之則何以言狄？狄侵齊，齊大國，不使狄深入，故言侵。不言晉，爲二伯諱也。**疏**齊自僖二十九年後，至成五年，方與諸侯會盟，共四十五年，後晉、齊乃同見盟會中。言狄侵者五，言亦狄侵者二，皆晉主之也。至于鞌之戰，乃實見晉伐齊。

秋，楚人滅江。不日，微國。時者，遠也。主書者，閔之也。救而不能存，譏晉也。江人會桓書，從晉不書者，爲晉諱也，因諱乃救。**疏**《楚世家》：「穆王三年，滅江。」

晉侯伐秦。**疏**《晉世家》：「晉伐秦，取新城，報王官役也。晉趙衰成子、欒貞子、咎季子犯、霍伯皆卒。趙盾代趙衰執政。」

衛侯使甯俞來聘。嘉能用甯俞，免晉患也。言聘以起蔡不聘，言甯俞以起世卿，世卿則有喜弑，譏世卿也。**疏**方伯于方伯遣大夫聘而已。相會于其竟曰會，所以次尊卑，不使與二伯同也。

冬，十有一月，壬寅，夫人風氏薨。傳曰：「夫人卒葬之，我可以不卒葬之乎？」**疏**妾母在孫世氏不見，如見，當從母以子氏之例。言僖公風氏卒，以僖用致夫人，故經書如夫人之例，而特于外之弗夫人見其義，秦人歸僖成風之襚是也。《春秋》不能改實，而于別條起例有如此者。

五年

春，王正月，王使榮叔歸含且賵。言王，如舉國辭。疏去天者，文無天，且譏兼使也。王，襄王也。月者，譏兼事且起早晚也。

含，一事也。含以送死，在始死。賵，一事也。賵以佐生，在將葬。兼歸之，二事遲早不同，以一人使二事。非正也。兼使之事，如卿出列聘，未嘗不可；若一人同使一國，兼二事，則不可。其曰且，據歸數邑不言且。志兼也。言且以起兼之非也。其不言來，據歸賻言來。不周事之用也。以一人兼二使，其來意不誠，故不言使。宰咺言來者，過在臣，不及事，不言來。此過在君，奪其使，不言來也。賵以早，而含已晚。不周與不及不同。不周事，不言來，如未嘗來也，故不言。使，但不及事者，言使。疏國有遠近，不責早晚。諸侯五日而殯，斂在殯前，嗣子以含斂之。外聞喪歸含，受之以葬，以備乘車之實。含雖不責及事，而含與賵時去五月，禮當二使，今兼之，失禮，故以早晚不中譏之；所謂「不周事之用也」，不責其不及事，責其不周事。説詳《釋范》、《起①起廢疾》。

三月，辛亥，葬我小君成風。傳曰：「夫人卒葬之，我可以不夫人卒葬之乎？」疏成者，字也。風，氏也。以字配氏，不以夫人許之也。會葬乃賜謚，先葬而後會葬者奪其謚，不與之詞也。

王使毛伯來會葬。來言會葬，以起逆祀去天也，文無天。

會葬之禮于鄙上。班氏云：「葬于城郭外何？生死別處，終始易居。《易》曰『葬之中野』，所以絶孝子之思也。傳曰：『作樂于廟，不聞于墓；哭泣于墓，不聞于廟。』所以于北方者何？就陰也。《檀弓》曰：『葬于北方，北

---

① 起：原脱，據《起起穀梁廢疾》補。

首，三代之達禮也。』」《禮》曰：『冢人掌兆域之圖，先王之葬居中，以昭穆爲左右，羣臣從葬①，以貴賤序。』」會葬在葬後者，奪成之謚也。禮：會葬以賜謚。已葬乃會葬，起成風非謚也。會葬于鄗上，言會葬當至鄗。會在葬前，起賜謚之禮；會在葬後，起會葬必如鄗上。**疏** 一説：成，謚也。因其來會遲，柩已至鄗，乃至，譏晚也。因其會葬在葬後，乃于葬稱謚也。

夏，公孫敖如晉。如，有所事。恒事書如而已，不出外。**疏** 此大夫如晉之始。文世四記大夫如齊，五記大夫如晉，明兼事二伯，以起宣之如齊，不如晉，爲齊所立也。

秦人入鄀。鄀，梁州國也。《世本》以爲地在若水，昌意降居若水，此爲其後。言秦入鄀，明秦爲梁州伯也。不言滅庸與盟蜀，皆秦有，以鄀、梁、巴、庸、蜀、夔、麋皆在梁州，秦統之。**疏** 楚有鄀邑，楚常遷鄀，見于《左傳》，與此不同。

秋，楚人滅六。《杞世家》：「皋陶之後。」《世譜》不言，故不能詳其世。**疏**《楚世家》：「穆王四年，滅六、蓼，皋陶之後。」《地理志》六安國六下：「故國，皋陶後，偃姓，爲楚所滅。」城濮以後，楚滅江、六，猶外州國也。至于九年，則伐鄭矣。

冬，十月，甲申，許男業卒。許初爲鄭卒正，在王畿内。記卒葬，異于魯屬，内外之別也。**疏** 許六記卒，皆葬，與内屬國異也。自僖以後，皆月卒時葬。僖以上不卒，有滅文也。

六年《年表》：「秦穆公薨。殉葬以人，從死②者百七③十人，君子譏之，故不言卒。」**疏** 秦穆賢君，不書卒，三傳無説，

---

① 羣臣從葬：原作「不羣臣公葬」，據《白虎通·崩薨》改。
② 死：原脱，據《史記·十二諸侯年表》補。
③ 七：原作「一」，據《史記·十二諸侯年表》改。

《史記》此文足以補之。緣康公以下書卒當自穆公始，因其殉葬用人，故不卒之，所以謹殉葬之事也。

春，葬許僖公。許葬皆時，以明小國例時，以有定起無定也。

夏，季孫行父如陳。二伯方伯國多三年一聘。若專使，則事不給，故可以兼使。又《禮》有列聘，如季聘故事。譏不兼者，謂在一國，遲早不同，不以一人兼二事。至于常聘，則不拘也。上方譏兼事，此即明兼事，辨同異，明是非也。疏録季孫行父，起三家之本。書聘，以明列聘之禮。

秋，季孫行父如晉。此兼使也。再出大夫，明兼使也。兼使不言遂，言遂者非君命，其人自生事，故曰大夫不遂。疏去年大聘，今又大聘，譏亟也。

八月，乙亥，晉侯驩卒。疏《晉世家》：「襄公卒，太子夷臯少，晉人以難故，欲立長君。趙盾曰：『立襄公弟雍。好善而長，先君愛之，且近于秦，秦故好也。立善則固，事長則順，奉愛則孝，結舊好則安。』賈季曰：『不如其弟樂。辰嬴嬖于二君，立其子，民必安之。』趙盾曰：『辰嬴賤，班在九人下，其子何震之有？且爲二君嬖，淫也。爲先君子，不能求大而出在小國，僻也。母淫子僻，無威；陳小而遠，無援。將何可乎？』使士會如秦迎公子雍。賈季亦使人召公子樂于陳。」

冬，十月，公子遂如晉，葬晉襄公。劉子説：「諸侯五月而葬，同會畢至。」葬大國，親者也，使人非正，卿來會葬，非禮。疏如晉會葬，事二伯之禮。事二伯以會葬，大夫如例時，以葬之月加于如上者，見以葬如也。不日者，危靈公立，有秦師送雍。

晉殺其大夫陽處父。據《世家》，殺在葬前，《左氏》以爲九月殺是也。何以敘在葬後？使與狐射姑出奔連文，起非晉殺也。

稱國以殺，殺大夫不稱人。罪累上也。晉，狄之，累在君。襄公已葬，據子在喪中，不命。其以累上之辭言之，據事乃賈季使人殺之。何也？不以新君爲嫌者，一年不二君也，知累在襄公。君漏言也。據狐夜姑殺之。漏言，此狐夜姑所殺，本兩下相殺也，歸殺于君，若君使殺之詞。上泄則下闇，闇同暗，上不密，下恐得禍，故不敢盡言。下闇則上聾，下不陳獻，則孤立于上，不知善惡。且闇且聾，無以相通。劉子云：「公叔子曰：『上嚴則下闇，下闇則上聾，聾闇不能相通，何國之治也？順針縷者成帷幕，合升斗者實倉廩，并小流而成江海。明主者，有所受命不行，未嘗有所不受也。』」夜姑，殺者也。據下夜姑出奔。夜姑之殺奈何？問其實事。曰：晉將與狄戰，據《左氏》爲「蒐于夷，舍二軍」，事在六年；「趙成子、欒貞子、霍伯、臼季皆卒也」。使狐夜姑爲將軍，《左傳》作「將中軍」。趙盾佐之。陽處父曰：「不可。古者君之使臣也，法古。使仁者佐賢者，不使賢者佐仁者。仁讀爲「仁而不佞」之佞，謂才技也。夜姑才技過人，乃偏裨之器，非大將才。今趙盾賢，《左傳》作「趙盾能」。夜姑仁，其不可乎？」《公羊》作「夜姑民衆不悅，不可使將」。襄公曰：「諾。」謂夜姑曰：「吾始使盾佐女，今女佐盾矣。」襄公明謂爲處父之意，傳不言者，從可知。《公羊》：「處父出，夜姑入，君謂夜姑曰：『陽處父言曰：夜姑民衆不悅，不可使將。』」夜姑曰：「敬諾。」襄公死，處父主竟上事，主竟上迎逆事。夜姑使人殺之。兩下相殺不志，志者，此兩下相殺，《春秋》歸獄于上，乃書。疏《左氏》：「賈氏怨陽子之易其班也，而知其無援于晉也。九月，賈季使續鞫居殺陽處父。」君漏言也，故以累上言之。故士造辟而言，辟當爲膝，密謀不可使聞。疏辟當爲膝，據王引之說。詭辭而出，出，不語人以所言。曰：用我則可，用之，則曰：「斯謀斯猷，爲我后之德。」歸美于君。不用我則無亂其德。不聽，則不致取禍殺身。諫其君以殺其身，知者不爲也。

晉狐夜姑出奔狄。《公羊》：「晉殺其大夫陽處父，則夜姑曷爲出奔？夜姑殺也。」**疏** 趙盾廢賈季，以其殺陽處父。十月，葬襄公。十一月，賈季奔狄。殺陽處父後出奔，起殺處父。狐偃之子，狐氏止于此。

閏月不告月，猶朝于廟。 班氏云：「月有閏餘何？周天三百六十五度四分度之一，歲十二月，日過①十二度，故三年一閏，五年再閏，明陰②不足，陽③有餘也。故讖④曰：『閏者陽之餘。』」

不告月者何也？ 據《禮》有告朔，無告月。**不告朔也。** 據言閏月，知告月即告朔。班諸侯以月吉，告朔于廟，特牲以事死，故國君朔朝宗廟，存神受正也。**不告朔，則何爲不言朔也？** 據閏月亦有朔日，可目朔也。**閏月者，附月之餘日也，** 積餘分以成閏，十九年七閏，以爲一率。**積分而成于月者也。** 以奇零之數積餘成月，故歸于有閏之終。**天子不以告朔，** 謂王立門中，不出南門外，與常月不同。**疏**《玉藻》云：「天子聽朔于南門之外。」凡聽朔，必以特牲告其帝及神，然後頒于諸侯。戴德云：「天子告朔于諸侯，率⑤天道而敬⑥行之，以示威⑦

---

① 過：原作「通」，據《白虎通·日月》改。
② 陰：原作「陽」，據《白虎通·日月》改。
③ 陽：原作「陰」，據《白虎通·日月》改。
④ 讖：原作「議」，據《白虎通·日月》改。
⑤ 率：原作「幸」，據《大戴禮記·虞戴德》改。
⑥ 敬：原作「放」，據《大戴禮記·虞戴德》改。
⑦ 威：原作「成」，據《大戴禮記·虞戴德》改。

也。」禮：天子聽朔于南門之外，閏月則立門中，聽月不出門。《春秋》云：「閏皆在十二月之後。」《左氏》云「歸餘于終」，《周禮》云「終月」，是蓋十二月告朔，常禮也。閏月則多此一月，其年已告十二朔，正朔只十二，故云告月而不出南門之外，但立于其中耳。而喪事不數也。「喪事不數」，謂以年計者，閏爲餘；喪以期計者，必在期時。《公羊》以爲喪數閏者，謂以月計者，如葬與大功、小功以月爲計，則不能不數月。二傳各言一端，相合乃成全義，非有異同也。猶之爲言可以已也。爲告月乃朝廟，既①不告朔，則朝廟可已。舍大存細，故譏猶也。與不郊而望同。**疏**《異義》以喪數閏，鄭駁以爲不數閏，二説岐異，非也。按：經義以閏歸年終，不據中氣。漢以下據中氣，閏月與各月相參見。西漢時偶用此法，後不通行。百世以後，當有改用此法者。以閏月在終，乃爲餘閏，不與正月相雜也。

七年

春，公伐邾。不于此月者，不同月。

三月，甲戌，取須句。《公羊》以爲「使若他人然」。爲内諱再取也。

取邑不日，此其日，何也？據僖公二十二年，「公伐邾，取須句」不日。不正其再取，故謹而日之也。僖二十二年，公已伐邾，取須句。過而不改，于此故録日以志之。前取而失不書者，外取内邑不書。

遂城郚。**疏**齊邑遷紀者也。因取邾邑並取郚。

遂，繼事也。**疏**言遂，判前後爲二事。郚，齊邑，而我取而城之也。言遂起非邾也。

夏，四月，宋公壬臣卒。不日者，貶之如小國，不能報父仇也。不葬者，太子爲禦所殺也。**疏**《宋世家》：「十

---

① 既：原作「即」，據文意改。

七年，成公卒。成公弟禦殺太子及大司馬公孫固而立爲君。宋人共殺禦而立成公少子杵臼，是爲昭公。」

宋人殺其大夫。大夫者何？公子禦也。言大夫而不氏名，大夫尊也。不言名氏，無以知殺者爲誰。下會晉大夫不名，不嫌，不爲趙盾也。**疏**傳曹殺大夫不名，言大夫而不稱名姓，無大夫也。以此推之，宋有大夫，言大夫而不稱名氏，非大夫也。傳又以齊大夫爲貴，蓋宋、齊、晉如公，其卿即比天子之卿，例不當名，以其貴，不名之。小國大夫卑，例稱人不名，不名以卑之。《春秋》殺大夫不名者，大國見宋，小國見曹，其閒方伯大夫無不名，此定例也。經大夫不言名氏，大夫即無名氏，其名氏可攷譜帙記載而知之。

稱人以殺，殺大夫不名，不知指固，指禦？**誅有罪也。**言誅，討罪之辭。此指公子禦而言。傳曰：「公子之重視大夫。」「大夫命①以視公子」，言大夫即氏公子之辭也。殺大夫不名，此爲正說。或以爲衆，爲祖諱，爲非其罪，皆後師推衍之說。

戊子，晉人及秦人戰于令狐。以此事言之，隙由晉起，秦實爲主，晉實爲客。以晉先秦者，大小不同。**疏**《晉世家》：「靈公元年四月，秦康公曰：『昔文公之入也無衛，故有呂、郤之患。』乃多與公子雍衛。太子母繆嬴日夜抱太子以號泣于朝，曰：『先君何罪？其嗣亦何罪？舍適而外求君，將安置此？』出朝，則抱以適趙盾所，頓首曰：『先君奉此子而屬之子，曰：此子才，吾受其賜；不才，吾怨子。今君卒，言猶在耳，而棄之，若何？』趙盾與諸大夫皆患繆嬴，且畏誅，乃背所迎而立太子夷皐，是爲靈公。發兵以拒秦送公子雍者。趙盾爲將，往擊秦，敗之令狐。」

晉先蔑奔秦。不言出者，時逆公子雍，本在秦也。有軍位，乃在秦軍不反，故以奔言之。蔑雖爲盾所誤，不可輕去

① 命：原作「名」，據《穀梁傳》莊公二十二年范寧《集解》改。

國也。疏《晉世家》：「先蔑、士會出奔秦。」本在秦也，無所謂奔。已戰而晉勝，國已有君，當反國。今怨趙盾不入，使如在軍中而逃。

不言出，據奔則言出。在外也。先蔑先受命使秦也。輟戰而奔秦，《左傳》敘晉三軍，先蔑乃將下軍，是有軍位。奔在戰後，不歸，乃奔敵國。以是爲逃軍也。傳：「逃義曰逃。」責蔑奔秦也。疏此《春秋》變實加損之例也。本不在軍，亦無所謂逃，因不歸國，以逃軍待之，所謂《春秋》以輕爲重也。

狄侵我西鄙。狄何以侵我西鄙？爲齊所使也。何以知爲齊使？以伐我西鄙者皆齊也。齊自城濮後不與諸侯盟會，晉數侵伐之，不思自修和諸侯，又于此使狄侵我，故狄之，謹始也。疏晉伯以後，齊侵我西鄙自此始。單出狄侵我西鄙自此始，故譏之也。《左傳》：晉以事讓酆舒。蓋齊侯之伐我，經特目之。

秋，八月，公會諸侯、晉大夫，盟于扈。此亦新城以趙盾主諸侯同盟也。言大夫而不名氏，大夫尊也。不名者，公不會大夫也。據《左傳》，盟者齊侯、宋公、衛侯、鄭伯、許男、曹伯，會晉趙盾，盟于扈。疏扈，晉地。晉大夫再專會盟諸侯矣，故略諸侯不敘也。晉大夫，盾也。不名，亦略之。月者，亦略之。

其曰諸侯，據新城列數諸侯。疏大國稱公，小國稱伯、子、男。以其諸侯目之何？我爲侯，故以侯目之。或曰：舉中也。略之也。按：棐林大之，故數；此略之，故不數。以大夫主諸侯，抑之，故不列數也。疏《晉世家》：「秋，齊、宋、衛、鄭、曹、許君皆會趙盾，盟于扈，以靈公初立故也。」

冬，徐伐莒。徐不稱人，反其狄道也。疏徐自此至昭四年乃見。

公孫敖如莒莅盟。劉子說：「公孫敖專會盟。」疏此言如莒，以起下之奔莒。

莅，位也。其曰位，何也？前定也。其不日，前定之盟不日也。疏再發傳者，小國同也。

二伯、方伯屬國莅盟同例，公子友①、叔孫婼如齊，叔還如鄭，敖如莒是也。

八年

春，王正月。

夏，四月。

秋，八月，戊申，天王崩。疏《周本紀》：「三十二年，襄王崩，子頃王壬臣立。」

冬，十月，壬午，公子遂會晉趙盾，盟于衡雍。此扈之大夫，何以扈不名而此名？以爲遂可以會之也。不以大夫主諸侯之辭。疏以遂會盾，列國不數也。衡雍，晉地。趙盾，衰之子，專政起弒，後分晉國。以大夫主大夫，故日也。

乙酉，公子遂會雒戎，盟于暴。四日不能再出。不言遂者，兼使命也。二事兼使再出，大夫季孫行父如陳，如晉是也。自生事，乃言遂。疏季孫行父明兼聘之禮，此明兼盟之禮。

公孫敖如京師，不至而復。丙戌，奔莒。大夫奔例日。此奔上繫事，有罪則不日，有罪而日，則謹之也。疏《左傳》：「穆伯如周弔喪②，不至，以幣奔莒，從己氏焉。」

不言所至，據公子遂言至黃乃復。未如也。未如，乃不言所至。未如則未復也。據復由如。先既

---

① 友：原作「反」，據鴻寶本改。

② 喪：原作「葬」，據《左傳》文公八年改。

未如，則復無屬。未如而曰如，實未如，《春秋》託言其如。不廢君命也。《春秋》貴命，臣棄君命，大惡也。內臣廢命，爲親者諱，使若以奉命如京師，不使臣得廢命。未復而曰復，實未復，《春秋》託言其復。不專君命也。受命如京師，未復命而奔，是專君命也。未復言復，是不專君命也。其如非如也，其復非復也。唯奔莒之爲信，如、復皆虛，唯奔莒乃爲事實。以奔爲信，如、復則加損之辭。故謹而日之也。不言出，如在外也。如京師爲葬襄王，故再使叔孫得臣。疏謹爲惡之。無罪日，有罪而日，特著其惡事也。

螽。劉子說：「時公伐邾，取須句，城郚。」

宋人殺其大夫司馬，司徒、司馬、司空，大國三卿也。不言司徒，司徒攝冢宰，周天子言宰，宋王後，言司馬、司空，互文見義也。大國三卿，故司馬、司空並見。次國二卿命于天子，當是司空命于其君。司馬，公子卬也。昭公之黨鮑殺卬，而以華孫代之。司馬主兵，常專兵權也。疏《左傳》：「大司馬公子卬也。」襄夫人所殺。卬，昭公之黨也。

司馬，《王制》：大司徒、大司馬、大司空爲三公。疏《王制》司馬之職，雜見于司徒、司寇條下。官也。據天子乃稱官，宋王者後，故亦稱官。諸侯有三卿者，分三事也。五大夫下天子，《王制》曰：「天子九①卿。」疏班氏說：「司馬主兵，司徒主人，司空主地。王者受命爲天地人之職，故分職以置三公，各主其一，以效②其功。」《別名記》曰：『司徒典民，司空主地，司馬順天。』天者施生，所以主兵何？兵者，爲謀除害也，所以全其生，衛其養③也，故兵稱天。

---

① 九：原作「三」，據《禮記・王制》改。

② 效：原作「執」，據《白虎通・封公侯》改。

③ 養：原作「死」，據《白虎通・封公侯》改。

寇賊猛獸，皆爲除害者所①主也。《論語》：『天下有道，則禮樂征伐自天子出。』司馬主兵，不言兵言馬者，馬②，陽物，乾之所爲，行兵用焉。不以傷害爲文，故言馬也。司徒主人，不言人言徒者，徒，衆也，重民衆。司空主地，不言土言空者，空尚主之，何況于實？以微見著。」**其以官稱，**不言公子卬，而氏司馬。**無君之辭也。**君前臣名，君有若亡，故曰無君之辭。襄夫人以戴氏之族殺卬，宋君不能救之，經故以無君待之也。下同。疏《左傳》：「司馬握節以死，故書以官。」以事實記。《傳》以爲無君者，由經意説之也。

宋司城來奔。司城，司空也。《左氏》：「宋以武公廢司空。」既殺司馬，又逐司城，則六卿皆鮑黨矣。疏《左傳》：「司城蕩意諸來奔，效節于府人而出，公以其官逆之。」「亦書以官。」亦就事實説之。

司城，《王制》曰：「司空執度度地。居民山川沮澤，時四時，量地遠近，興事任力。」疏按：《王制》説詳《王制釋義》。司城即司空。稱司城者，宋因辟諱改，名從主人也。**官也。其以官稱，無君之辭也。來奔者不言出，**據外奔言出。**舉其接我也。**言來，則出已明。諸侯有分土，無分民。今自其國至魯，但之魯而出，可知宋之大夫殺不名者，以尊也。司馬、司城者，大夫之別名，亦以尊，可不明言名氏也。天子三公：司徒、司馬、司空，諸侯三公亦司徒、司馬、司空。經于宋見二官，所以三卿與三公同職，爵有尊卑，職則同也。獨司馬、司空，不見司徒者，以司徒爲仁者守，司馬、司空爲二伯，故獨見二官也。經以無君目官，因此可以見三公、二伯之職也。

九年

---

① 者所：原脱，據《白虎通・封公侯》補。

② 馬：原脱，據《白虎通・封公侯》補。

春，毛伯來求金。不稱使者，天子當喪不稱使。禮：天子居喪，諒陰三年，使冢宰攝政。故三年中不言使，則不稱天王。《論語》曰：「子張問曰：『高宗諒陰，三年不言。何謂也？』子曰：『古之人皆然。君薨，百官總己以聽于冢宰三年。』」

求車猶可，求金甚矣。**疏** 荀子①説見求車，頃王事。

夫人姜氏如齊。公同如齊也。不奔天王喪而同婦人如齊，譏之也。

二月，叔孫得臣如京師。大夫如時，月者以葬之。月加于如，見以葬如也。公不自行，乃使大夫在公行後者，如叔孫私行。劉子云：「山川汙澤、陵陸丘阜、五土之宜，聖人就其勢②，因其使，不失其性。高者黍，中者稷，下者秔③。蒲葦菅蒯之用不乏，麻麥黍粱④亦不盡，山林禽獸、川澤魚鼈茲殖，王者京師四通而致之。」如京師會葬，傳曰：「周人有喪，魯人有喪，周人弔，魯人不弔。周人曰：『固吾臣，使人可也。』魯人曰：『吾君也，親之者也，使大夫則不可也。』周人弔，魯人不弔，以其下成、康爲未久也。」**疏** 按：京師如大上至尊，言京師，起西周。

京，大也。師，衆也。據夫人如師。言周，必以衆與大言之也。據河陽稱京師，京師非城名。天

---

① 荀子：原作「劉子」，桓公十五年「春，二月，天王使家父來求車」，廖氏引荀子之説，並無引用劉向之説，據改。

② 就其勢：原作「執其實」，據《説苑·辨物》改。

③ 秔：原作「稅」，據《説苑·辨物》改。

④ 粱：原作「稷」，據《説苑·辨物》改。

子六師，又統天下，故言京師。不地者，王者無外，無定居，天子所在，六師從之，故言六師而已。

辛丑，葬襄王。劉子説：「周襄王失道。」辛丑，二月之日。七月而葬，言月以明葬時。

天子志崩，不志葬。據惠王不志葬。舉天下而葬一人，其道不疑也。《禮》：「天子七月而葬，同軌畢至。」天下諸侯當親往會葬，舉天下葬一人，無可疑，則不以葬見也。諸侯畢至，有王事，有禮不備；天子崩，諸侯殯後當往會葬，或不如時，故以葬見。志葬，據景王志葬。危不得葬也。據有王子朝之亂。日之，據匡王不日。甚矣，其不葬之辭也！據襄王出奔，失天下，滅國不葬，故日以危之，並起狩河陽。以南陽之地賜晉，周愈弱。

晉人殺其大夫先都。稱人以殺，殺有罪也。殺有罪，則何以書？譏專殺也。葵丘之盟，曰：「無專殺大夫。」疏討其殺先克也。事詳《左傳》。

三月，夫人姜氏至自齊。月者，謹之也。不可致公，故致夫人也。

卑以尊致，致爲告廟，唯君行之。夫人出不辭，反不告，卑于君也。今夫人與君同出，禮當致公，今乃以卑者致。病文公也。公不奔喪而自至齊，不可以公致，故致夫人。致夫人，亦所以病公也。《王制》曰：「天子將出，類乎上帝，宜乎社，造乎禰。」班氏説：「王者將出，辭于禰，還格于祖禰者，言辭禰之禮，尊親之義也。」「獨見禰何？辭從卑，不敢留尊者之命，至禰不嫌不至祖也。《尚書》：『歸格于藝祖。』出所以告天何？示不敢專也。非出辭反面之禮也。與告廟異①義。還不告天者，天道無内外，故不告也。《尚書》『歸于藝祖』不言告於②天，天不告也。」疏婦人既嫁不踰竟，卑以尊致，失禮之尤，故更譏也。何休以爲得禮，失之矣。

晉人殺其大夫士縠及箕鄭父。此與弑及同爲累辭。疏與先都之殺一也。別書者，譏之。

稱人以殺，誅有罪也。疏事詳《左傳》。鄭父，據三郤不言及。累也。鄭父，大夫也。不去氏者，大國大夫尊于次國卿。同得以氏見者，釋所以言及之意，與弑及同。

楚人伐鄭。僖公三年以後，至此再言伐鄭。鄭初從楚，城濮以後從晉，楚不敢争。晉君少而楚争鄭，自此多事矣。

疏《年表》：「楚伐鄭。」《左傳》：「范山言于楚子曰：『晉君少，不在諸侯，北方可圖也。』楚子師于狼淵以伐鄭。」

公子遂會晉人、宋人、衛人、許人救鄭。晉率諸侯救鄭。此晉趙盾、宋華耦、衛孔達、許大夫也。稱人者，至此會伐猶不列也。傳不言善救者，楚稱人已明。

夏，狄侵齊。狄者何？晉也。避二伯相伐，故以狄言之。以狄近于晉，晉師多有狄在也。疏《春秋》託狄之禍，多在于内州大國，小國不言之，外州國無之。凡稱子之國，無有夷狄之名，不以夷狄相託也。莊以上託之戎，僖以下託之狄。王者之化，自西而北也。陳、蔡、吴、楚、秦、莒、邾、滕、薛、杞，皆不言戎狄侵伐。

秋，八月，曹伯襄卒。不日者，小國不言正不正，略之也。疏《曹世家》：「三十五年，共公卒，子文公壽立。」

---

① 「異」上原衍「異」字，據《白虎通・三軍》删。

② 告於：原脱，據《白虎通・三軍》補。

九月，癸酉，地震。劉子說：「春秋地震，爲在位執政太①盛也。」又：「先是時，齊桓、晉文、魯釐二伯賢君新沒，周襄王失道，楚穆王弑父，諸侯皆不肖，權傾于下，天戒若曰：臣下強盛者將動爲害。後宋、魯、晉、莒、鄭、陳、齊②皆弑君。」

疏又曰：「地動者，臣不臣也，臣下大貴也。」《穀梁》說：「大臣盛，將動有所變。」《集解》引。

震，據震雹，雷也。動也。據震在地下，知地動。地不震者也，雷能震動地，無地取動也。震，《攷靈曜》說：「地恒動不止，而人不覺。」故曰不動。《管子》：「天道虛，地道靜。」故謹而日之也。地震大異，故日。《春秋》大異日，地震、日食、災、雷震、隕星是也；小異月。

冬，楚子使萩來聘。萩專政也。《春秋》本不狄楚，因僭王狄之。書萩，與秦術③、吴札相起。

楚無大夫，據夷狄無大夫，凡子國無大夫。其曰萩，何也？無大夫而見大夫，皆不氏，吴札、秦術是也。以其來，我褒之也。不氏者，漸進也。前稱人，此進稱名。

秦人來歸僖公、成風之襚。前歸含、賵獨成風，知此非兼。**疏**成風之喪五年矣，五年而來襚，明非襚也。秦自殽後不同盟會，言襚，明不襚者；襚不稱人，稱人，非襚也。不襚而言襚，託之秦，以正非夫人也。若曰雖秦猶知非夫人，則中國可知也。

秦人弗夫人也，僖薨已十年，歸成風繫僖公，母以子氏，知秦不以爲夫人。即外之弗夫人而見正

---

① 太：原脱，據《漢書・劉向傳》補。

② 晉、莒、鄭、陳、齊：原作「鄭、莒、齊、陳」，據《漢書・五行志》改。

③ 術：原作「述」，據《穀梁傳》文公十二年改，下同。

焉。內以夫人卒葬之而無貶道，諸侯皆用夫人禮，惟託之秦，以妾母録之，以外之不以爲夫人而見正。**疏**聘、襚一也。楚已稱萩，秦狄稱人，此小大之分也。述聘乃與萩比。

葬曹共公。曹卒皆葬。

十年

春，王三月，辛卯，臧孫辰卒。臧文仲也。卒，子臧孫許①立。日卒，正也。非卿日卒者，賢者，特著之。**疏**臧氏爲魯賢大夫，與叔氏同，故書之。

夏，秦伐晉。秦者，狄之也。**疏**晉伐秦，取少梁，秦亦取晉之北徵。

楚殺其大夫宜申。楚殺大夫無稱人之例，略之也。夷狄大夫有罪、無罪不足道也。**疏**宜申二見，此闕宜申也。不氏者，楚無大夫之辭也。不氏而言大夫者，號從中國也。宜申謀弑穆王，有罪而殺。不言者，楚殺通不言人。

自正月不雨，至于秋七月。劉子說：「先是公子②遂會四國而救鄭。楚使越椒來聘。秦人歸襚。有炕陽之應。」

歷時而言不雨，文不閔雨也。不閔雨者，無志乎民也。無志于民，失所以爲君，故《春秋》惡文公。

及蘇子盟于女栗。蘇子，天子之卿也。劉子、尹子、單子皆大會，此何以不言其人？爲天王諱也。天王崩，諸侯

---

① 臧孫許：原作「紇武仲」，據《春秋釋例》、《春秋集注》改。

② 子：原脫，據《漢書・五行志》補。

不奔喪，新王立，又不朝，天子弱，求諸侯，乃使卿于外，故略之，使如微者盟然。疏不言其人，爲内諱也，内諱盟王臣也。頃王新立而求盟于諸侯，失天下也。不日者，不待貶絶而罪惡見。不日，惡盟，不敢以日謹不信，故不日也。

冬，狄侵宋。宋睦于晉，狄何爲來侵之？即下楚、蔡也。宋，中國大國，蔡從夷狄而伐之，惡之，故言狄伐也。疏《春秋》見戎狄侵伐之國，略與記災同。凡記災之國志夷狄侵伐，宋一見示例也。

楚子、蔡侯次于厥貉。次者，有畏也。楚强何以言次？以上已言侵也。蔡本在中國，篤從楚，入于夷狄，狄之不可見，則先言狄侵，而後以次見。以侵宋爲即楚、蔡之師，次以待之也。疏蔡從楚，翟泉以後十四年始見于此。自城濮後十四年，楚子乃特見于是。以楚子先蔡侯，夷狄主會之辭也。諸侯從者多矣，獨見蔡者，決蔡于外以示例。不會者，以夷狄從夷狄也。

十有一年

春，楚子伐麇。麇，《公羊》作圈，荆州國。楚伐《春秋》不志，志者，起滅麇也。

夏，叔彭生會晉郤缺于承匡。劉子説：「叔彭生專盟會。」此亦略言之。會者不獨二大夫。疏《春秋》凡内不言如，皆以私待之，故會盟帥師皆不言如。劉子以專盟會，明盟會、帥師非大夫所得專。

秋，曹伯來朝。疏來朝常事，不志，志者，曹伯未畢喪而行嘉禮，衰麻不可以接冠冕，故譏之，且不合五年之期。

公子遂如宋。此聘王者後之例。雖稱公，不統方伯，故公不言如，唯其禮秩在方伯上而已。

狄侵齊。齊，伯者之後也。桓以弱齊，用管仲一匡天下，尊周室。昭承餘業，不自修業，自踐土以後，不與諸侯通而怠于政事，遂使晉以狄人四侵之而不能振，《春秋》言其事，深痛之，故于其卒也不葬。疏齊，伯國也。狄四侵齊，起狄强，所謂南北狄交侵中國，直書其事而意見。

冬，十月，甲午，叔孫得臣敗狄于鹹。劉子説：「時周室衰微，三國爲大，可責者也。天戒若曰：不行禮義，大爲夷狄之行，將至危亡。其後三國皆有篡弒之禍，近下伐上①之痾也。」

不言帥師而言敗，何也？據季友敗莒言帥師。直敗一人之辭也。據獨出得臣，知敗者亦一人。一人而曰敗，何也？據敗必稱師。以衆焉言之也。據「晉人敗狄」，狄，衆辭。傳曰：《公羊》引此文不言「傳曰」。「長狄也，此長狄也。不言敗長狄者，夷狄接内，舉大名。劉子説：「孔子曰：『汪芒氏之君守封嵎②之山，其神爲釐姓，在虞夏爲防風氏，商爲汪芒氏，周爲長狄氏，今爲大人。』弟兄三人佚宕中國，《詩》：「内奰于中國，覃及鬼方。」中國爲禹州，海外爲鬼方③。瓦石不能害。叔孫得臣，最善射者也。射其目，身不受金刀，惟七竅可殺，故射必于目。身横九畝，《山經》海外之説，儒者動以爲疑。長狄既見于經，三傳同有是説，《禹書》所傳不虚。開闢日久，異族非化則絶，又如斷髮文身之俗，久而禁絶，故今中外人民形體惟一。雖有五種之分，惟是性情形色略有不同，以此種族得中和之氣，如五帝、五方小有不同，無大異也。斷其首而載之，眉見於軾。」班氏云：「《穀梁傳》曰：長狄弟兄三人，一者奔齊，一者奔魯，一者奔晉。皆殺之，身横九畝，斷其首而載之，眉見于軾。何以書？記異也。」疏《山海經》所言海外異族，長短、大小、形狀與中國詭異；今地球盡通，昔日異形皆無所見。此有數説：一由于自變，洪荒初，氣不免詭怪，開闢日久，形體亦革，一也；一由于絶，如長狄三人入中國行者皆死，居

---

① 近下伐上：原作「逆上伐下」，日新本、鴻寶本作「近上伐下」，據《漢書・五行志》改。

② 守封嵎：原作「字封男」，據《説苑・辨物》改。

③ 鬼方：原作「中國」，據《繙譯名義敘》「鬼方之指海邦」改。

者亦久而見滅,《詩》所謂「周餘黎民,靡有孑遺」,惟存中和之類,二也; 一由緣飾,如彫題、鑿齒、穿胸之類,非實生形,乃由俗設,可以禁絶之也; 一由異狀,如伏羲、神農,古帝之牛首蛇身,皆謂其形體偶爾相似,今相人書中常有之,非果牛首蛇身,後人誤解,四也。然則何爲不言獲也? 據言獲莒挐。曰: 古者不重創,重傷,二傷也,譏其已射目,又斷首。不禽二毛。頭有頒白爲二毛。疏 三傳皆有此説,而所釋不同,蓋古師説也。故不言獲,爲内諱也。敗乃獲。言敗不言獲,爲内諱。其之齊者,王子成父殺之,成父,齊大夫。疏《魯世家》:「齊①惠公二年,鄋瞞伐齊,齊王子成父獲其弟榮②如,埋其首于北門。」則未知其之晉者也。以非經事,師説偶遺。《魯世家》:「晉之滅潞,獲喬如弟棼如。」疏 晉、齊、魯三國,即劉子之所謂三國也。

十有二年

春,王正月,郕伯來奔。齊已滅郕,猶有郕伯者,食采也。來奔,爲齊所逐,不得食采也。月者,謹滅郕也。郕,不同會盟之國,故月之。

杞伯來朝。卒正來朝,常事,不書。書者,不合五年之期。

二月,庚子,子叔姬卒。疏 按: 禮待母女弟與女子子有差等。《詩》曰:「問我諸姑,遂及伯姊。」《左氏》云: 凡嫁女于大國,姊妹則上卿送之,公子則下卿送之。是禮制一也。其曰子叔姬,據叔姬歸紀不言子。貴也,據季子言子。公之母姊妹也。叔者,兄弟辭; 子,貴稱,知

---

① 齊: 原脱,據《史記·魯世家》補。

② 榮: 原作「棼」,據《史記·魯世家》改。

同母姊妹。因同母姊妹，故未嫁而書，親親之義也。後説因許嫁諸侯而書，尊尊之義也。其一傳《喪服》有《大傳》、《閒傳》、《服問》、《小記》、《三年問》、《喪服四制》，共六篇，魯學，《春秋》當與之同。即以舊傳言，亦惟一家一本而已。曰：此説同《公羊》。許嫁以卒之也。據未嫁不卒。此不繫國，未嫁姊妹，在室如兄弟，叔姬因許嫁于諸侯，尊同，乃卒之。男子二十而冠，禮經文。冠而列丈夫，冠後乃爲丈夫。三十而娶。《易》坎爲中男，以三十計，長男則四十，少男則十六。班氏曰：「《春秋穀梁傳》：『男二十五繫心，女十五許嫁，感陰陽也。』」**疏**陳壽祺云：「今《穀梁傳》無此文，蓋《穀梁》説也。」按：傳文今本所無者多，不必皆師説。傳有五家，今存一家，故有佚傳也。説詳《大義》「佚傳」條下。女子十五而許嫁，二十而嫁。《易》離爲中女。以二十爲定，長女則三十，少女則十四。尹更始説：「男三十而娶，女十五許嫁，笄，二十而嫁。」劉子説：「夫天地有德，合則生氣有精矣；陰陽消息，則變化有時矣。時得而治矣，時得而化矣，時失而亂矣。是故人生而不具者五：目無見，不能食，不能行，不能言，不能施化。故三月達眼，而後能見；七月生齒，而後能食；期年臏合，而後能行；三年顋合，而後能言；十六精通，而後能施化。陰窮反陽，陽窮反陰，故陰以陽變，陽以陰變。故男八月而生齒，八歲而毁齒，二八十六而精化小通；女七月而生齒，七歲而毁齒，二七十四而精化小通。不肖者精化始至矣，而生氣感動，觸情從欲，故反施亂也。」**疏**按：此今文説也，《左氏》不同。又按：《易》有長男長女、中男中女、少男少女之説，男四十、女三十爲長男、長女，男三十、女二十爲中男、中女，男十六、女十四爲少男、少女。先師經説從中立制，故曰：「三十而娶，二十而嫁。」長者過此，少者不及，非執一拘定如此。《左氏》與今《公羊》、《穀梁》説各明一義，實則相同，舊解強爲分别，各欲自成一家，此説萬不能通者也。

夏，楚人圍巢。巢，徐州國也。圍之而服楚，故下爲楚射吴子也。疏文世楚伐滅國五：江、六、巢、庸、麇①，皆在外州；中州小國楚不見滅文，中國兵事惟一見伐鄭，一見次厥貉而已。

秋，滕子來朝。卒正朝，常事，不志。志者，不合五年之期。

秦伯使術來聘。秦何以稱伯？字也。外諸侯何稱字？曰：寰内諸侯稱伯，以天子卿士待之，與鄭相起也。何爲以寰内伯之？存西周也。平王東遷，棄成周之地于秦，《春秋》存西周，不忍文、武舊都棄于秦也。周初都西周，又建中土，以朝諸侯。天子所至言京師，《春秋》稱東周爲京師者，以爲天子駐蹕之所，其所都仍在西周也。鄭在東都畿内，稱伯，以鄭爲冀州方伯，入爲天子卿士，從天子大夫例，不名稱字；使秦亦如鄭，入爲天子卿士，稱字。以東周例西周，是宗廟、宫闕猶存，秦特西周一卿士，不敢據王舊都而君之也。此鄭、秦以方伯不稱侯而稱伯之精義。秦爲方伯，乃記卒葬。雍州既爲王畿，何以又立方伯？曰：秦爲梁伯，入爲留守，與鄭爲冀伯入爲卿士同。鄭、秦同爲伯，同爲王臣，一守一從。字稱仲、叔，鄭、秦以伯見者，立子以長，故皆以伯言之也。疏劉子云：「秦地，于天官東井、輿鬼之分野也。其界自弘農以西，京兆、扶風、馮翊②、北地、上郡、西河、安定、天水、隴西，南有巴、蜀、廣漢、犍爲、武都，西有金城、武威、張掖、酒泉、敦煌，又西南有牂牁、越嶲、益州，皆宜屬焉。」

冬，十有二月，戊午，晉人、秦人戰於河曲。河千里一曲，河九曲，爲九州。《詩》：「彼汾一曲。」《河圖括

---

① 麇：原作「麋」，據《穀梁傳》文公十一年、日新本、鴻寶本改。

② 馮翊：原脱，據《漢書・地理志》補。

地象》詳九曲所至之文，即《禹貢》導水之説。疏《晉世家》①：「康公伐晉，取羈馬。晉侯怒，使趙盾、趙穿、郤缺擊秦，大戰河曲，趙穿最有功。」秦師遁。「晉六卿患隨會之在秦，常爲晉亂，乃佯令魏壽餘反晉降秦。秦使隨會之魏，因執會以歸。」

不言及，據「晉人及秦人戰于令狐」。秦、晉之戰已亟，據令狐猶言及，知以亟故。疏文世記秦事詳，凡九見，而晉、秦交兵者六焉，外來禭、入鄀、來聘三事而已。故略之也。晉不言及，狄晉也。自殽後狄秦。晉、秦不言及，與白狄不言及同，因其亟戰，故略之，同夷狄。

季孫行父帥師城諸及鄆。此取之莒也。不言取，邊鄙之邑一彼一此，諱言失，故略之。大夫專兵。

稱帥師，據内城何必帥師？言帥師，則非城矣。非城而託之于城，此莒伐我圉諸，帥師救諸，因遂取諸、取鄆。言有難也。設爲有難之辭，實則非城，乃取邑。

十有三年疏《楚世家》：「穆王十二年卒，子莊王侶立。」是爲莊王。不卒之者，反其狄道也。

春，王正月。

夏，五月，壬午，陳侯朔卒。不葬者，背殯出會。經不葬其父，更去其葬以責之。疏《陳世家》：「十八年，共公卒，子靈公平國②立。」

邾子籧篨卒。不日卒正。文世不日，前日以明進，此進已明，故從卒正例記之，不日也。邾無月卒者，進不進當明，不以月疑之也。七卒，三時、四日。

---

① 晉世家：原作「秦本紀」，據《史記》改。

② 國：原作「圉」，據《春秋》宣公十年、《史記·陳世家》、鴻寶本改。

自正月不雨，至于秋七月。劉子說：「先是曹伯、杞伯、滕子來朝，郕伯來奔，秦伯使術來聘，季孫行父城諸及鄆。二年之間，五國趨之，內城二邑。炕陽失衆。」疏「一曰不雨，五穀皆熟，異也。文公時，大夫始專盟會，公孫敖會晉侯，又會諸侯盟于垂隴。故不雨而生者，陰不出氣而私自行，以象施不由上出，臣下作福而私自成。一曰不雨近常陰之罰，君弱也。」世①室屋壞。班氏云：「《穀梁》經曰：世室，魯公伯禽之廟也。周公稱太廟，魯公稱世室。」疏按：世，今本作大。此從《五行志》班引校改。作大者，《左氏》也。不日者，不可以日計也。

世室屋壞者，據「新延廄」，不言壞。有壞道也，屋久必壞，非人壞之，故先言屋壞，不言壞屋也。譏不修也。宗廟有歲修之道，久不修，並至于壞，譏怠也。故《春秋》修舊不譏。大室，猶世室也②。疏據班固所見本當作「世室，猶大室也」。周公曰太廟，梅福說：「昔成王以諸侯禮葬周公，而皇天動威，雷風著變。」班氏云：「廟者，貌也，象先祖之尊貌也。所以有屋何？所以象生者之居也。」伯禽曰大室，諸侯五廟，二昭二穆，與太祖之廟而五。周公爲大廟，魯公親盡當去，因其初封不遷，附于大廟之室，不爲別立廟，故曰室。而廟雖百世，猶五數也。羣公曰宫。羣公，四親廟也。正廟，故言宫。武宫、僖宫、桓宫、仲子宫皆別立者，不在五廟中。疏據言武宫、桓宫、僖宫、新宫也。禮：宗廟之事，班氏云：「王者所以立宗廟何？曰：生死殊路，故敬鬼神而遠之。緣生以事③死，敬亡若事存，故但欲立宗廟而祭之。此孝子之心所以追養繼孝也。」君親割，夫人親舂，《祭統》：「是故

---

① 世：《穀梁傳》文公十三年作「大」，下「世室屋壞者」句同。

② 也：原脱，據《穀梁傳》文公十三年補。

③ 事：原作「遂」，據《白虎通·宗廟》改。

君子之齊也，專致其精明之德也，故散齊七日以定之，致齊三日以齊之。定之之謂齊，齊者，精明之至也，然後可以交于神明也。是故先期旬有一日，宫宰①宿夫人，夫人亦散齊七日，致齊三日。君致齊于外，夫人致齊于内，然後會于大廟。君純冕立于阼階，夫人副褘立于東房。君執圭瓚祼尸，大宗執璋②瓚亞祼。及迎牲，君執紖，卿、大夫從。士執芻，宗婦執盎從夫人，薦涚水。君執鸞刀，羞嚌③，夫人薦豆。此之謂夫婦親之。」疏親春説詳「御廩災」下。敬之至也。《祭統》：「是故孝子之事親也，有三道焉：生則養，没則喪，喪畢則祭。養則觀其順也，喪則觀其哀也，祭則觀其敬而時也。盡此三道者，孝子之行也。既内自盡，又外求助，昏禮是也。故國君取夫人之辭曰：『請君之玉女，與寡人共有敝邑，事宗廟社稷。』此求助之本也。夫祭也者，必夫婦親之，所以備外内④之官也。」爲社稷之主，而先君之廟壞，極稱之，志不敬也。《王制》：「祭器未成，不造燕器。」非有造意作爲，惟失于修理，故急著之，以明其失。

冬，公如晉。夫至晉而言如，從告廟之辭言之也。有别事，獨目晉者，從重也。

衛侯會公于沓。沓，衛邑。公如晉，過衛，不言如衛。如者朝也，唯二伯乃言如。傳例：會者外爲主。公適衛，會由公起意，不曰公會衛侯，而曰衛侯會公，衛得内辭也。《春秋》除二伯會，凡方伯下言會者，皆外爲主；言及者，皆内爲

---

① 宰：原作「卒」，據《禮記·祭統》改。
② 璋：原作「圭」，據《禮記·祭統》改。
③ 嚌：原作「齊」，據《禮記·祭統》改。
④ 外内：原作「内外」，據《禮記·祭統》乙。

主。必于此異文。不言公及衛侯者，言及皆外地，言會皆內地。又以見二伯與方伯禮文不同，以起其餘也。更見如晉有會別國之事，略不盡言耳。**疏**《左傳》：「衛侯會公于沓，請平于晉。」是衛于晉有兵事也，公皆成之，故下「同盟于新城」。

狄侵衛。狄者何？晉也。公方會衛，又如晉，不可以言晉伐，故諱之。又以下言同，宜有所辟。**疏**晉伐諸侯，常用狄師。善事則舉晉，惡事則目狄，主名有異同，其實則一也。

十有二月，己丑，公及晉侯盟。盟在晉都也。凡公如，多有事不言，此言者，因會盟三國，且起處父伉也。**疏**文世公三如晉，有三盟。以此可見，如多有盟也。

還自晉。

還者，據致言至。事未畢也。據下言至自晉，知事未畢。言還者，起不在晉。言未畢，爲晉事出，雖會鄭伯，不敢以爲遂事。自晉，據致言自晉。事畢也。據與致言自晉同是事畢。爲晉事出，還在鄭國也。文公不事晉，先齊侯潘卒一年，文公、衛侯、鄭伯皆不期而來；齊侯已卒，諸侯果會晉大夫于新城。

鄭伯會公于棐。棐，鄭邑也。公還，經鄭，鄭伯會公，如衛侯會沓，此爲遂事也。**疏**《左傳》：「鄭伯會公于棐，亦請平于晉，公皆成之。」

十有四年**疏**《周本紀》：「頃王六年崩，子匡王班立。」

春，王正月，公至自晉。月者，久之。不以會致者，大如晉也。

邾人伐我南鄙。伐方伯，譏邾也。

叔彭生帥師伐邾。報上伐。

夏，五月，乙亥，齊侯潘卒。不葬者，失德也。昭公，桓公子，爭立不正，既立，不修桓公業，有事諸侯以擯楚尊王。自踐土一盟，凡諸侯之事皆不與焉，而狄人四侵之，不能禦。此不交諸侯而自惰之所致，故《春秋》終惡其敗先人之業，致此夷狄交伐。故此十九年中，齊國不專記事，唯大夫記内如、狄侵而已。卒而去葬，特著其過。疏《齊世家》：昭公立十九年，子舍立。此不正者，其日之何也？其不正前見矣。

六月，公會宋公、陳侯、衛侯、鄭伯、許男、曹伯、晉趙盾。癸酉，同盟于新城。此會有陳、許，以下十二同盟，至昭十三，八十六年中皆無陳、許，絶二國于夷狄也。同盟皆記災，記戎狄侵伐之國。大國齊、晉、宋，次國魯、衛、鄭，小國曹、莒、邾、滕、薛、杞、小邾，十三國爲同盟，不見中國夷狄；外會詳楚、秦、吴、蔡、陳、許，五方伯、一卒正，餘均不言，略之也。疏新城，鄭地。自此同盟至襄三年，凡中國，無論大小，不雜外州國及十九國外者，多言同盟。桓爲尊周，晉爲外楚，二伯消息升降之道也。盟下日者，同月也。

同者，據鄟①陵不言同。有同也，據自齊伯以來，諸侯累盟皆謂同。惟有外州國及不敘事者，則雖有盟，只以會見，不許以同盟也。不然，則以事見，如伐秦、城杞是也。貴是同盟，故三傳皆以同盟爲説也。同外楚也。此會言同盟之始，以下言盟者，必言同也。此中國之伯，外尚有夷狄，二伯之辭也。《春秋》隱、桓、莊五十年無伯，《春秋》之始也。莊、閔、僖、文五十年，楚伯未盛，不言同盟，以天子、諸侯皆在是也。文十四年至昭十三年，晉主中國，楚主夷狄，言同，分中外之界也，言同盟起外吴、楚。昭十三年以後，至哀十四年，不言同，無伯之辭，《春秋》之終也。疏晉之

---

① 鄟：原作「幽」，《穀梁傳》莊公十六年、二十七年諸侯會盟於幽皆言「同」。考之《春秋》，諸夏盟會不言「同」者僅爲昭公二十六年「鄟陵」之盟，據改。

同盟無蔡，則蔡已入之夷狄會矣。新城以下不言陳、許，以爲由此會以後，遂以二國歸夷狄也。

秋，七月，有星孛入于北斗。劉子說：「君臣亂于朝，政令虧于外，則上濁三光之精，五星盈縮，變色逆行，甚則爲孛。北斗，人君象；孛星，亂臣類，篡弑之表也。《星傳》曰：『魁者，貴人之牢。』又曰：『彗星見北斗中，大臣、諸侯有受誅者。』一曰魁爲齊、晉。夫彗星較然在北斗中，天之示人顯矣，史之有占明矣，時君終不改寤。是後，宋、魯、莒、晉、陳、鄭六國咸弑其君，齊再弑焉。中國既亂，戎狄並侵，兵革縱横，楚乘威席勝，入諸夏，六侵伐，一滅國，觀兵周室。晉外滅二國，内敗王師，又連三國之兵，大敗齊師于鞌，追亡逐北，東臨海水，威陵京師，武折大齊。皆孛星炎之所及，流至二十八年。《星傳》又曰：『彗星入北斗，有大戰。其流入北斗中，得名人；不入，失名人。』宋華元賢，名大夫，大棘之戰，華元獲于鄭，傳舉其效云。」疏 劉子曰：「北斗貴星，人君之象也。茀星，亂臣之類，言邪亂之臣將並弑其君。」《集解》引。

孛之爲言猶①茀也。劉子云：「孛星者，非孛星，惡氣之所生也，内不有②大亂，則外有大兵。其所以孛孛曖曖③者，亂之象也，不明之表，又參然孛焉，兵之類也，故聖人名曰孛。孛者，猶有所妨④弊，有所傷害也。」**其曰入**據孛于大辰及東方，皆不言入。**北斗，**此言入者，明斗有規郭，入其魁中也。**斗有環域也。**因有環域，乃言入。東方泛言，故不言入。疏 不日者，孛日久，不以日計也。

---

① 猶：原脱，據《穀梁傳》文公十四年補。

② 有：原脱，據《唐開元占經·彗星占》補。

③ 曖曖：原作「達達」，據《唐開元占經·彗星占》補。

④ 妨：原作「防」，據《唐開元占經·彗星占》改。

公至自會。

晉人納捷菑于邾，弗克納。捷菑失嫌也。

是郤克也。據納蒯聵言趙鞅。**疏**《左傳》作趙盾，《公羊》作郤缺，當時或三卿並將，各言一軍，或各據所聞，經無明文，三傳各異，然其説則同。此小節，不足爲異。其曰人，何也？不稱師，猶當言將。微之也。據以下人皆貶辭。何爲微之也？疑以弗克微之。弗，內辭。長轂五百乘，長轂，兵車。五百乘，動衆也。不言帥師，不許有師也。**疏**據晉有四千乘，傳亦謂邾、魯爲千乘之國。晉言五百乘者，出軍之數，五百乘則五萬人，不爲不多矣。緜地千里，邾在魯南，晉在曲沃，以地望計之，千餘里。過宋、鄭、宋近魯，徐州國。鄭近晉，冀州國。滕、薛，據此則滕、薛在魯西北。敻入千乘之國，邾卒正，有千乘者，計所統徵晉三十國之數也。卒正統三十國，故以小邾、濫附庸見焉。**疏**據《左傳》，邾賦四百乘，所賦者四百乘，則計其自徵于小國軍數，當得近千矣。邾本國只得百乘，然統三十國，百里者四，七十里者八，五十里者十六強，其兵數統計當得一千三百乘，合七卒正，共得九千一百，合之方伯，爲萬乘矣。欲變人之主。欲出貜且，立捷菑也。至城下，據言邾，是已至城下。然後知，知謂知貜且正，捷菑不正，而自退。邾，小國，晉弗克納，是晉自退。何知之晚也！譏其不審而輕于舉兵。以弗言者，許悔過也。弗克納，未伐而曰弗克，何也？據伐齊納糾言伐。克，能也。不能納，是力自屈于伐，然後可言弗克。弗克其義也。郤克至邾，知捷菑不正，自反而去，非以兵力見屈，故不言伐。而義不能勝，故言弗克，以譏其失。捷菑，晉出也；晉納之，知晉出。貜且，齊出也。劉子云：「貜且，齊出也。」顔師古云：「文公之子。」貜且正也，據貜且卒，知已立。納不正，知貜且正。捷菑不正也。「弗克納」言弗，內辭，不納得內，是不正可知。疏主書，譏晉不慎于始而許其悔過，亦惡惡疾始，善善樂終之意。

九月，甲申，公孫敖卒于齊。卒于外例地國，卒于本國乃地地。踰竟以國爲重，不舉其邑名。諸侯在外，踰竟不日，此日者，内外異辭也。桓、昭在外，皆日也。

奔大夫不言卒，而言卒，何也？大夫國體，重其死，乃言①卒。此已奔，無與于國，故無取于志，如慶父不卒是也。去三桓，《春秋》許之。爲受其喪，不可不卒也。爲十五年歸喪，録其本也。其地，據大夫卒，不地。於外也。已踰竟，則地國。

齊公子商人弑其君舍。商人于舍爲叔父。封君之子不臣諸父而臣昆弟②，已立，故稱君。疏《齊世家》：「舍之母無寵于昭公，國人莫畏。昭公之弟商人以桓公死争立而不得，陰交賢士而愛百姓，百姓悦。昭公卒，子舍立，孤弱，即與③衆十月即墓上弑齊君舍，而商人自立爲懿公。懿公，桓公之子也，其母曰密姬。」言此以著齊桓嗣子之禍。

舍未踰年，其曰君，何也？與弑成君同。疏奚齊言君之子。成舍之爲君，《春秋》決嫌明疑，不能言齊子、其子也。疏按：未踰年不繫父，當云齊子，或云其子。言齊子，則不能加于其臣；言其子，則嫌爲弑者之子，故傳無弑。未踰年君正稱，所以別嫌疑也。奚齊繫之于父，言君之子，如父在之辭；舍則以成君目之，皆以辟不明也。《異義》：《公羊》説以奚齊爲正，繫于父；《左氏》以已葬稱君，舍爲已葬。皆不得經意。所以重商人之弑也。

---

① 言：原脱，據鴻寶本補。

② 不臣諸父而臣昆弟：原作「盡臣諸父昆弟」，據《儀禮・喪服》改。

③ 與：原作「興」，據《史記・齊世家》改。

舍正，得立，不予以君辭，嫌不正，不正而弑，則商人之罪輕；故成舍之君，以重商人之罪。**商人其不以國氏，何也？**據州吁以國氏，知商人嫌者。以下見弑知嫌。**不以嫌代嫌也。**舍未踰年，未成君，嫌也。商人弑舍自立，二者皆有嫌辭。成舍之爲君，所以辟舍之嫌也；商人不去公子，所以辟商人之嫌也。其君已正，乃以嫌起弑者之罪，上下皆嫌，上成其君，下成其臣，然後弑罪明而君臣正。舍未能成君而成之，則不能不使得臣商人也。**舍之不日，何也？**據弑君例日。**未成爲君也。**不日以起實未成君，明其不以嫌代嫌之意。

宋子哀來奔。劉子說：「宋子哀出奔」，元年日食之應。**疏**《左傳》以「宋子哀爲蕭封人，以爲卿，不義宋公而出，遂來奔。」與祭仲爲祭封人，鄭以爲卿，文義相同。然則子哀者，宋之監者也。周初封三監以監殷，則監制原從王後而起。《王制》于方伯立監，而王後無其文，當據《左傳》文以補之者也。

其曰子哀，**疏**一説以子哀爲世子。君在言世子，君卒乃言子。**失之也。**謂師説失傳，《公羊》所謂「無聞焉爾」。**疏**一説失之謂失國也。傳以稱官爲無君之辭，世子不言世，亦無君之辭，言若宋公已卒，其子出奔然。鮑結黨逐世子，宋公不寤，卒有被弑之禍。弑君皆有所見，此亦見也。

冬，單伯如齊。如齊者，以王命請子叔姬也。齊弑舍，魯人請叔姬歸，在道淫，齊乃執之。不書子叔姬歸齊者，常事唯言如，有所譏乃出其事。**疏**按：此與莊世單伯别一人。字伯者，長也，如秦、鄭皆字伯。

齊人執單伯。使臣出疆，以國事執，稱行人，明上累之，下不辱其官。執以私罪，則不言行人。公罪寬而私罪嚴，所以責之也。

私罪也。據不言行人。**單伯淫于齊，**據與叔姬同執，知淫于齊。此非送女，道淫，蓋請叔姬歸而道淫，齊人怒乃執之。**齊人執之。**人，衆辭，討有罪也。主書者，以魯使人不慎，貽羞國家。

齊人執子叔姬。**疏**《公羊》師説以爲子叔姬新嫁于齊。按：九月齊方弑舍，子叔姬嫁于舍，則舍已弑；嫁于懿公，則九月方弑舍自立，不能急于婚魯。《左氏》、《世家》以子叔姬爲舍母，是也。

叔姬同罪也。據與單伯同執，知罪同。不言及者，非夫婦男女之際，不可言及。再出齊人，使若異罪然。

十有五年

春，季孫行父如晉。不合三年之數。

三月，宋司馬華孫來盟。華孫者何？華孫如仲孫，謂華耦也。稱孫者，明爲督之孫。弑賊子孫當討，此華氏初見經，前弑不氏以辟，此之再見，再見而初言孫，明此爲華氏子孫，以起督之不氏，以辟不討賊再見之義也。説詳《左傳補證》。**疏**齊言仲孫不名湫，宋言華孫不稱耦，惟大國大夫尊，故有不名之例。

司馬，官也。五官司馬爲雎鳩。其以官稱，官稱謂不名。經無舉官之例，惟宋司馬、司城見。無君之辭也。華孫不名，如齊仲孫。**疏**鮑殺公子卬，以華孫主兵、主司馬，以起其代卬也。宋公不能治其國，華孫故不從恒辭。不日者，來盟不日。來盟者何？前定也。不言及者，以國與之也。①再發傳者，王者後也。來盟惟二伯、方伯，不言小國者，小國無大夫，絶使文，故不言來盟也。唯齊、宋、衛、鄭、楚言來盟。

夏，曹伯來朝。天王喪未三年，行朝禮。《左氏》以爲私者，葬已而後朝聘，以修王命②，不譏也。志之以明葬後踰年可朝也。此與邾人、牟人、莒人來朝相比。

---

① 「也」下原衍「不言其人，亦以國與之也」十字，據《穀梁傳》文公十五年删。

② 王命：原作「五命」，據《左傳》文公十五年改。

齊人歸公孫敖之喪。不言來。大夫喪，不與其接内也，當使其家自主之。**疏**大夫卒于外言歸，喪于竟内不言。

六月，辛丑，朔，日有食之，鼓，用牲于社。劉子説：「後宋、齊、莒、晉①、鄭八年之閒五君殺死，楚滅舒蓼。」

單伯至自齊。

大夫執則致，據「意如至自晉」，致。致則名，據意如、婼致皆去氏。此其不名，何也？·據如至皆稱單伯，不名。天子之命大夫也。天子所命大夫爲監者，天子大夫例稱字，不如内大夫致則名。且伯舉字，故不去氏也。據是，則見于諸侯不純臣也。

晉郤缺帥師伐蔡。戊申，入蔡。新城之盟不敘蔡，此討之也。蔡近楚，受楚禍深，不與中國通，《春秋》夷之，以其爲徐州伯，楚屬，得以夷狄治之。夷之從小夷，故不書事，自此至成八年，乃以欒書侵書，不記事，唯記中國侵入之而已。日入，滅辭也，安心從楚，待之如亡國。**疏**《蔡世家》：莊公甲午立三十四年卒，子蔡文公申立。是年晉入蔡。

秋，齊人侵我西鄙。上言狄侵，此何以目齊？上之狄之謹始，且以此之齊起彼狄非狄也。晉伐齊諱之，齊伐我初亦諱之也。其曰人，微之也。

其曰鄙，鄙，《周禮》所謂都鄙，《左傳》「越國鄙遠」。《春秋》之世，列國屬地稱爲鄙，故秦、楚鄙地有在山東者。遠之也。其遠之何也？·據哀公世不遠。不以難介我國也。文世外諸夏，内本國。

① 晉：原作「魯」，據《漢書·五行志》改。

季孫行父如晉。齊自僖二十九年以後不與諸侯盟會。前伐我，經書狄，此又伐我，故往愬于晉，故下爲扈之盟，謀伐齊也。自成公以後，齊乃從晉。

冬，十有一月，諸侯盟于扈。《左傳》：「晉侯、宋公、衛侯、蔡侯、陳侯、鄭伯、許男、曹伯盟于扈。尋新城之盟，且謀伐齊也。」不言諸侯，言諸侯必言同盟也。不言同盟，有陳、蔡、許而無齊、魯，故不言也。疏其曰諸侯，略之也。不言公者，爲齊難，公未行也。齊賂晉侯，故不克而還。

十有二月，齊人來歸子叔姬。月者，隱之也。

其曰子叔姬，據公弟雖賢不言子。貴之也。有罪猶貴之，親之也。其言來歸，何也？據以來屬齊人，歸屬子叔姬，與出異文。父母之於子，公姊妹以父母言之者，明公當念父母心恩養之，不可使失所也。雖有罪，猶欲其免也。婦人有七出之道也。班氏云：「君不爲臣隱，父獨爲子隱何？以爲父子一體，榮辱相及。故《論語》曰：『父爲子隱，子爲父隱，直在其中。』」桓寬説：「父母之于子，雖有罪猶匿，其①不欲服②罪。子爲父隱，父爲子隱，未聞父子之相坐。」從律，有親屬得相容隱之令。疏按：內女出言來歸，此未成婦道而出，故變文言歸，如無罪然，所以釋叔姬之罪也。

齊侯侵我西鄙，扈之盟不能伐齊，取賂而還，故齊人又伐我也。遂伐曹，入其郛。因我事伐曹，討其來朝也。遂，繼事也。

---

① 其：原作「豈」，據《鹽鐵論·周秦》王利器校語改。

② 服：原作「無」，據《鹽鐵論·周秦》改。

十有六年**疏**《年表》曹下云：「齊入我郛。」

春，季孫行父會齊侯于陽穀，齊侯弗及盟。齊師至陽穀，使行父行成。陽穀，内邑。**疏**據下曰不視朔，公有疾，與齊平，使季文子會齊侯，齊侯不肯盟。

弗及者，據莒人言不肯。内辭也。據公追弗及，弗爲内辭。行父失命矣，據下遂復盟得盟，知此失命。齊得内辭也。行父受命而不能專對，二國之交不睦，至改命使遂，盟乃得成。言弗，責行父也，如齊侯欲盟而行父不可盟者然。《論語》曰：「不能專對。」又曰：「使乎！使乎！」

夏，五月，公四不視朔。《傳》曰：「常事曰視，非常曰觀。」

天子告朔于諸侯，《三朝記》云：「周衰，天子不班朔於天下。」諸侯受乎禰廟，禮也。公四不視朔，據不視朔者，可以視也。公不臣也，據不奉天子之朔。以公爲厭政以甚矣。據言四也。一不視猶譏，五月四不視，唯正月視，甚其怠慢。

六月，戊辰，公子遂及齊侯盟于師丘。大夫盟例日。

復行父之盟也。行父失命不得盟，齊師至師丘，更使遂爲之盟。**疏**《左傳》：「公使襄仲納賂于齊侯，故盟于郪丘。」

秋，八月，辛未，夫人姜氏薨。

毁泉臺。劉子説：「泉臺在囿中，公母姜氏嘗居之，有蛇孽。」「公母薨，公惡之，乃毁泉臺。夫妖孽應行而自見，非見而爲害也。文不改行循正，共御厥罰，而作非禮，以重其過。後二年薨，公子遂弒文公之二子惡、視，而立宣公。文公夫人大歸于齊。」

喪不貳事，《王制》曰：天子達庶人，喪不貳事。**疏** 鄭君説：「貳之言二也。」此謂未葬以前，當惟①喪事是謀，不應兼及外事。葬已後，禮稍除。**貳事，**喪未葬而毀臺。**緩喪也，**禮當守殯，更爲他事，不以喪爲急，毀臺猶譏，則背殯出會者可知。從小以謹大者。按《王制》天子達庶人，喪不貳事云云，鄭注截庶人字下屬，以爲庶人乃不貳事。傳以説諸侯，知非庶人禮，且庶人則不能不貳事也。**以文爲多失道矣。**躋僖公，不憂雨，以夫人禮待妾母，喪又貳事，故曰多失道。**自古爲之，**《公羊》以爲先祖爲之。**今毀之，**《公羊》以爲即郎臺。不書者，見者不再見。**不如勿處而已矣。**《公羊》處作居。**疏** 桓譚説以爲揚先君之惡。子爲父隱，但當勿處，不可毀以彰惡。

楚人、秦人、巴人滅庸。巴、庸者，梁州國。秦者，梁州伯。此秦取庸，何爲以楚主師？楚大爲伯，統夷狄，故以楚先秦也。事實秦主之，經則以楚主之也。**疏** 梁亡，秦滅之。入鄀，秦滅之。滅庸，盟蜀皆有秦在。知巴、庸、蜀皆在梁矣。夔、麇②楚滅，以楚有梁地也。《春秋》秦自殽以後，戰伐攻取皆在梁州，不在東諸侯，《左傳》所云「知秦之不復東征矣」。秦與晉仇，與楚和，分滅庸地。自此以後，楚、秦連結，晉伯衰而楚氛熾。不日者，從夔例，微國不日，遠乃時之。《春秋》蜀、庸、夔、巴，今四川地。

冬，十有一月，宋人弑其君杵臼。弑者，鮑也，不言鮑者，不葬，賊未討。下有鮑卒，知鮑也。宋人，猶言舉國皆鮑黨，宋公不知，卒有弑禍。不葬者，賊未討。不日者，如未成君然，所謂無君也。**疏**《宋世家》：「九年，昭公無道，國人不附。昭公弟鮑革賢而下士。先，襄公夫人欲通于公子鮑，不可，乃助之施于國，因大夫華元爲右師。昭公出獵，夫人王姬

---

① 惟：原作「爲」，據文意改。

② 「麇」，原作「麋」，據《穀梁傳》文公十一年改。

使衛伯攻殺昭公杵臼。弟鮑革立，是爲文公。」

十有七年

春，晉人、衛人、陳人、鄭人伐宋。據《左傳》，此晉荀林父、衛孔達、陳公孫寧、鄭石楚。疏《宋世家》：「文公元年，晉帥諸侯伐宋，責以弑君。聞文公定立，乃去。」案：荀林父以諸侯伐宋討弑，宋及晉平。此大夫也，人之者，不能討也。

夏，四月，癸亥，葬我小君聲姜。文公之母。疏九月而葬。《左氏》云：「有齊難，是以緩。」

齊侯伐我西鄙。師丘已盟，此再伐我，惡齊也。

六月，癸未，公及齊侯盟于穀。及，内爲志。穀，魯邑，爲齊所得，故言及，又致也。

諸侯會于扈。此十五年會扈之諸侯，晉、宋、衛、蔡、陳、鄭、許、曹也。不敘者，略之。取賂而還，諸侯無功也。不言同盟，以有陳、蔡、許也。三會之，皆不列數。晉無伯道，故諸侯叛之即楚。疏《左傳》：「又會諸侯于扈，將爲我討齊，皆取賂而還。」

秋，公至自穀。離會致地，參國以上乃以會致，在内不致。穀爲侵地，故外取邑不志。下城穀者，侵地歸反也。

冬，公子遂如齊。拜穀之盟也。

十有八年

春，王二月，丁丑，公薨于臺下。《魯世家》：「十八年二月，文公薨。」「襄仲殺子惡及視而立俀，是爲宣公。」

臺下，非正也。公寢疾，當于路寢正終，今在臺下，比小寢猶失禮。泉臺下也。

秦伯罃卒。此秦康公也。穆公何以不卒？因其用殉不卒。于此卒康公，以見穆公之削也。秦初卒。疏秦初卒時，起狄秦也。終一日者，非真夷也。五卒皆時。徐彥云：「《穀梁傳》作秦伯偃。」《秦本紀》①：「康公立十二年卒，子共公立。」

夏，五月，戊戌，齊人弒其君商人。劉子云：「懿公之爲公子也，與邴歜之父争田，不勝。及即位，乃掘而刖之，而使歜爲僕。奪②庸織之妻，而使織爲參乘。公游于申池，二人浴于池，歜鞭抶織，織怒，歜曰：『人奪女妻，而不敢怒。一抶女，庸何傷？』織曰：『孰與刖其父而不病奚若？』乃謀殺公，納之竹中。」疏《齊世家》：「懿公立，驕，民不附。齊人廢其子而迎公子元于衛，立之，是爲惠公，桓公子也。其母衛女，曰少衛姬，辟齊亂，故在衛。」弒舍而立，四年遇弒。按：不葬者，賊未討。

六月，癸酉，葬我君文公。世子弒而葬者，其事已明也。舉謚而不言會葬者，一見已明也。

秋，公子遂、叔孫得臣如齊。何爲同行？同謀賂齊以行弒也。疏《魯世家》：「文公有二妃：長妃齊女哀姜，生子惡及視；次妃敬嬴，嬖愛，生子俀。俀私事襄仲，襄仲欲立之，叔仲曰：『不可。』襄仲請齊惠公，惠公新立，欲親魯，許之。」齊弒而聘之，同弒者也。

使卿爲使。舉上客，卿。而不稱介，大夫爲介。介卑，不書。疏據出使但言正使，不言大夫。介者下大夫，下大夫不見也。不正其同倫而相介，同爲正卿而同使于齊，非同使也。公卒，同謀立宣，直言而惡見。故

---

① 本紀：原作「世家」，據《史記》改。

② 奪：原作「辱」，據《說苑・復恩》改。

列而數之也。不言及，以起二人同惡相濟。倚齊弑赤而立宣，歸賂于齊，皆二人謀也。

冬，十月，子卒。班氏曰：「既葬稱子者，即尊之漸也。」**疏**般曰，此不日者，閔不即位有所見，宣即位無所見。故曰，傳曰：「有所見則①日。」

子卒不日，據子般日。故也。故，弑也。不稱弑，諱也。日例有月者，明不日也。時者，變之甚也。**疏**《魯世家》：「冬十月，襄仲弑子惡及視而立倭，是爲宣公。」

夫人姜氏歸于齊。劉子說：子赤齊出，夫人姜氏子也。**疏**《魯世家》：「歸齊，哭而過市，曰：『天乎！襄仲爲不道，殺適立庶。』市人皆哭，魯人謂之哀姜。魯由此公室卑，三桓強。」

惡宣公也。子卒，夫人歸，知以子卒歸。宣公母頃熊，異姓媵也。宣公長，弑子赤，大歸夫人姜，以尊妾母。有不待貶絶而罪惡見者，《春秋》決嫌明疑，以釋人惑，常于嫌得者見不得，人所素明，不加貶絶，故曰美惡不嫌同辭。凡其事美惡易見，則無事褒貶以見義，故如恒辭。唯是非不定，美惡相嫌，則加貶絶以解疑惑。夫人姜氏大歸，不加貶絶而罪惡見者也②。有待貶絶而惡從之者。夫人歸于齊，此必加貶絶而後罪惡從之者也。哀姜大歸，宣自立其妾母熊氏爲夫人。姪娣者，姪娣，同姓女三人，二國異姓六人。不孤子之意也。恐一人無子，故備姪娣。又孤，獨也，謂有子不得以自私。一人有子，三人緩帶。劉子云：「禮：天子十二，諸侯九，大夫三，士二。」恐一人無子，故備姪娣。又宣公姪娣之子公子遂殺嫡立庶，以妾子而逐適母，謂有子不得以自私。**疏**班氏曰：

---

① 「則」下原衍「不」字，據《穀梁傳》莊公三十二年删。

② 「也」下日新本、鴻寶本有「書夫人歸，惡宣公也」八字。

「諸侯一娶九女，重國廣①繼嗣也。九者，法地有九州，承天之施，無所不生也。一娶九女，亦足以承君施。九而無子，百亦無益也。《王度記》曰：『諸侯一娶九女。』《春秋公羊傳》曰：『諸侯娶一國，則二國往媵之，以姪娣從。姪者，兄之子也；娣者，女弟也。』」「必一娶②者，妨淫佚也。」「備姪娣從者，爲其不相妒嫉。一人有子，三人共之，若己生之。」「姪娣年雖少，猶從適人者，明人君無再娶之義也。還待年于父母③之國者，未任答君子也。」一曰就賢也。

季孫行父如齊。爲遂、得臣所使。

莒弑其君庶其。稱國以弑，莒無大夫也，衆弑君之辭。稱人則爲如大國稱氏名之例。不日者，卒正始卒不日也。不葬者，夷狄全不葬，且莒無謚也。莒始卒其君，下皆月。此時者，莒小夷也。吴卒皆月，楚卒皆日。疏事詳《魯語》。《春秋》中部。補疏文、宣、成三十八年，取九數，二九十八，合上經、下經之數。三公五十四年，合桓公十八年，合七十二侯之數。

① 廣：原脱，據《白虎通·嫁娶》補。
② 一娶：原作「娶一」，據《白虎通·嫁娶》乙。
③ 父母：原作「君子」，據《白虎通·嫁娶》改。

穀梁春秋經傳古義疏卷六

宣公宣公弒立，故不卒大夫。其時齊不會諸侯，以晉、楚爲二伯，楚强晉弱，故急存中國。**疏**《魯世家》：「文公次妃敬嬴，嬖愛，生子俀。」「襄仲殺惡及視而立俀，是爲宣公。」按：宣世不言公如楚，仍以齊、晉爲二伯也。楚强齊弱，齊不盟會諸侯。何以不伯楚而貶齊？齊、晉爲二伯之正，《春秋》存之也。宣世公如齊，不如晉，非晉失伯歟？晉主諸侯同盟，不言如楚，仍伯晉可知。宣公藉齊之力以弒立，專心事齊，特著如齊，以明其事耳。

元年《年表》：「周匡王五年，齊惠元年，晉靈十三年，宋文三年，陳靈六年，衛成二十七年，蔡文四①年，鄭穆二十年，曹文十年，杞桓二十九年②，秦共元年，楚莊六年。」

春，王正月，公即位。公以子赤，故畏齊討，背晉，專心事齊。十八年中，五如齊，不一如晉。大夫七如齊，歸父一如晉而已。**疏**終公世，與晉交涉者三見，與齊交涉者二十餘見，公專心事齊也。

繼故而言即位，據子卒不日爲故，繼故正，宜不言即位。與聞乎故也。劉子云：「宣公者，文公之弟③

---

① 「四」下原衍「十」字，據《史記·十二諸侯年表》、鴻寶本刪。

② 杞桓二十九年：鴻寶本在「楚莊六年」下。

③ 「弟」上原衍「子」字，據《新序·節士》及石光瑛校語刪。

也。文公薨，文公之子赤立，宣公殺子赤而奪之國，立爲魯侯。」**疏**劉説見《新序》①。

公子遂如齊逆女。言如，復繫逆女，譏逆女也。宣弒而遂逆女，起遂與弒也，與翬同，故卒疏之。翬不卒者，罪尤重也。**疏**凡弒君而言逆女者，皆爲與弒之人，如翬與遂是也。

三月，遂以夫人婦姜至自齊。傳曰：「大夫不以夫人，以夫人，非正也。刺不親迎。」月者，兼譏喪娶也。**疏**謹之則月，再甚則日。

其不言氏，據「僑如以」猶言姜氏婦，言夫人必舉姓氏，貶乃去之。喪未畢，方練逆女，未畢三年喪。故略之也。宣弒，懼齊討，結婚以綏師，故急於成婚。以衰麻接冠冕，禮數略，故去氏以略之。其曰婦，據文夫人至不言婦。緣姑言之之辭也。言婦者，以譏三世娶齊，譏娶母黨也。**疏**娶母黨。內三言婦，外二言婦，逆婦、求婦是也。緣姑言，兼譏齊也。遂之挈，據逆氏公子。由上致之也。凡大夫致皆去氏。致者告廟，君前臣名，告於廟，故去氏。例夫人、大夫不致，不親迎，乃致大夫、夫人，皆譏也。大夫執乃致，閔之，故致也。

夏，季孫行父如齊。目季孫，責之也。不去，不討，受賊命而使，亦宣之徒也。不繫事者，首惡於遂也。亟如齊，譏之也。**疏**《左傳》以爲納賂以請會。

晉放其大夫胥甲父于衛。蔡放大夫公孫獵稱人，此不稱人者，無罪之辭也。兩見放。**疏**不書奔而書放者，示君臣之義。

---

① 新序：原作「五行志」，據《新序·節士》改。

放，據與殺同舉國，奔猶舉下。**猶屏也。**不用其人而立其後，古之道也。**疏**班氏曰：「諸侯之臣諍不行得去者何？所以屈①尊申卑，孤惡君也。去曰『某質性頑鈍』，言愚不任用，請退避賢②。如是，君待之以禮，臣待放；如君不以禮待，遂去。君待之以禮奈何？曰：『予熟思夫子之言，未得其道，今子不且留。聖人之制，無塞賢之路，夫子欲何之？』則遣大夫送於郊。必三諫者，以爲得君臣之義。必待于郊者，忠厚之至也。冀君覺寤能用之。所以必三年者，古者臣下有大喪，君三年不呼其門，所以順于己所不合耳。」又「君欲罪之③，可得也。」又「《援神契》曰：『三諫，待放復三年，盡惓惓也。』所以言放者，臣爲君諱，若曰有罪放之也。所諫事已行者，遂去不留。凡待放者，冀君用其言耳。事已行，災咎將至，其無爲留。臣待放于郊者，君不④絶其禄者，示不欲去也，道不合耳。以其禄三分之二與之，一留與其妻與長子，使得祭其宗廟。賜之環則返，賜之玦則去，明君子重恥也。」**稱國以放，**蔡放稱人。**放無罪也。**蔡獵有罪，此爲無罪。放與殺同，稱人有罪，稱國無罪。**疏**宣世晉大夫除六卿之外，見經者有郤、胥、先。先亡于宣十三年，胥亡于成十八年，郤亡于成十七年。大國大夫尊，例得見經。又時有升降，故不嫌多見。《左傳》：「晉人討不用命者，放胥甲父于衛，而立胥克。」

公會齊侯于平州。子赤齊出，宣弒赤，賂齊田⑤。宣公立，故爲此會。**疏**平州、陽州皆齊地名。

---

① 屈：原作「去」，據《白虎通·諫諍》改。
② 「賢」下原衍「路」字，據《白虎通·諫諍》删。
③ 之：原脱，據《白虎通·諫諍》補。
④ 不：原脱，據《白虎通·諫諍》補。
⑤ 田：原作「來」，據鴻寶本改。

公子遂如齊。已與齊會，往拜成，並許賂田也。公子遂與弒，故往約之。一年之中，大夫三如齊，罪之也。

六月，齊人取濟西田。哀世齊取讙、闡，不言田。此言田者，託於諸侯之閒田也。取不月，月者非取，乃賂也。

疏《年表》：「齊惠公元年，取魯濟西田。」

內不言取，據許田言假。言取，與殺子糾同。授之也，授者，上無伐文，知以地與之。以是爲賂齊也。劉子云：「宣公殺子赤而立，子赤，齊出也，故懼而以濟西田賂齊。」**疏**自正月至此七記事，皆記宣弒結齊之事，中惟記一晉放大夫，所以惡宣之弒也。

秋，邾子來朝。宣弒立，方有喪而行嘉禮，非也。傳曰：「衰麻非可接弁①冕。」卒正朝，得正不志。宣唯志此朝，不使朝惡人也。**疏**不月者，其事可見，不假月以起之。

楚子、鄭人侵陳，文十七年伐宋，鄭從晉，因魯取賂，故受盟于楚。稱鄭人，貶之也，惡從楚。陳新受盟于晉，文十七年從伐宋，故從侵之。

遂侵宋。宋弒昭公，晉討之，受盟于晉，楚因侵之。**疏**楚有蔡、許之師，獨目鄭者，以其新從楚也。

遂，繼事也。先侵陳，後侵宋，陳近宋遠也。合序者，起其強。

晉趙盾帥師救陳。此救陳、宋也。何以言救陳不言救宋？不許其救宋也。宋弒君，晉討之，受賂而還。以爲楚

---

① 弁：原作「冠」，據《穀梁傳》莊公元年改。

討其罪，晉不得救之。趙盾專兵，此弒之先見者也。正卿專政，不討賊，故從重也。疏《年表》①：「晉趙盾救陳、宋，伐鄭。」

善救陳也。救宋不言，獨言救陳，以陳當救。救，善辭，不許以救宋也。

宋公、陳侯、衛侯、曹伯會晉師于棐林，伐鄭。棐林，鄭地。文、宣之際，中國五年之中五弒君。以晉靈之行，以一大夫立于棐林，拱手指揮，諸侯同至，此楚所以強也。

列數諸侯而會晉趙盾，據上趙盾帥師，知師即盾。大趙盾之事也。大夫例數②諸侯末，今列數諸侯而殊會盾，以盾主諸侯，伯權在盾，諸侯不能自強，故以大夫主之。其曰師何也③？據大夫尊于師。疏齊侯不足乎揚，乃言齊師。以其大之也。諸侯不會大夫，會出盾，則尊卑不敵。師者衆辭，大之，故言師。于棐林，據伐不地。地而後伐鄭，據會伐不先地。疑辭也。會而後議伐，非前定，故曰疑詞。此其地何？據大之不宜以疑詞。則著其美也。趙盾一出，諸侯景從。地棐林，明盾能得諸侯，故同來者衆，會于棐林以伐鄭。如會于別地則嫌疑，鄭地則不嫌疑也。疏《左傳》：「楚蔿賈救鄭④，遇于北林，囚晉解揚，晉人乃還。」

冬，晉趙穿帥師侵崇。再書穿帥師，起穿弒也；侵崇惡事，救陳善事，穿惡盾善，亦起穿弒而盾不弒也。盾復

---

① 年表：原作「晉世家」，據《史記·十二諸侯年表》改。
② 數：鴻寶本作「敘」。
③ 也：原脱，據《穀梁傳》宣公元年補。
④ 鄭：原作「陳」，據《左傳》宣公元年改。

見，穿不復見，亦起穿弑而盾不弑也。此皆弑之先見者。疏《公羊》以崇爲天子邑，《左氏》以崇爲近秦國。按：華陽爲梁州，近西京畿地，《左氏》以爲秦屬國，是也。《公羊》以爲天子邑者，以其近王畿言之，今以爲梁州國。

晉人、宋人伐鄭。晉再伐鄭。何以獨敘宋？以宋不可以伐鄭也。何以稱人？貶之也。宋有罪不討，討而與之伐鄭，以晉失伯者之道，故貶之也。疏時陳、衛、曹皆從楚，獨目宋以貶之。《左傳》：「晉人伐鄭，以報北林之役。」

伐鄭，所以救宋也。宋在，不得言救宋。傳以救宋爲言，以此之「人」宋，即前之所以不言救宋也；《春秋》不許以救宋而更與之伐鄭，以晉意伐，所以救宋也。①

二年宣公篇事實三傳皆同，無異者，師説、禮制小有參差而已。

春，王二月，壬子，宋華元帥師及鄭公子歸生帥師戰于大棘，宋師敗績，獲宋華元。劉子云：「《星傳》曰：『彗星入北斗，有大戰。其流入北斗中，得名人；不入，失名人。』宋華元，賢名大夫，大棘之戰，華元獲於鄭，孛于北斗之效也。」疏按：此鄭伐宋也。不言伐者，戰不言伐也。大棘，宋地。歸生，《左傳》字子家，一見經，此戰下弑。鄭非七穆不見公子，此非七穆而亦見者，以起弑也。疏《宋世家》：「四年春，楚命鄭②伐宋。宋使華元將，鄭敗宋，囚華元。華元將戰，殺羊以食士，其御羊羹不及，故怨，馳入鄭軍，故宋師敗，得囚華元。宋以兵車百乘、文馬四百疋贖華元。未盡入，華元亡歸。」

獲者，不與之辭也。獲者惡辭，敗績言獲，得衆甚美，故不與鄭獲之。言盡其衆，以救其將也。據

---

① 此段注文原脱，據日新本、鴻寶本補。

② 楚命鄭：原作「鄭命楚」，據《史記·宋世家》改。

經先言敗績，而後言獲者，明華元得衆心。軍敗而後見獲，不如晉侯不言敗而見獲。以三軍敵華元，據言師敗績，三軍謂師。班氏云：「國必三軍何？所以戒非常，伐無道，尊宗廟，重社稷，安不①危亡也。何以言有三軍也？法天地人也。以爲五人爲伍，五伍爲兩，四兩爲卒，五卒爲旅，五旅爲師，五師爲軍。萬二千五百人爲一軍，三軍三萬七千五百人也。傳曰：一人必死，十人不能當；百人必死，千人不能當；千人必死，萬人不能當；萬人必死，橫②行天下。雖有萬人，猶謙讓自以爲未足，故復加二千人，因法月數。月者，羣陰之長也。十二月足，爲窮盡陰陽，備物成功，萬二千③亦足以征伐不義，致天下太平也。《穀梁傳》曰：『天子有六軍，諸侯上國三軍，次國二軍，下國一軍。』諸侯所以有一軍者，諸侯，藩屏之臣也。任兵革之重，距一方之難，故得有一軍也。」華元雖獲，不病矣。鄭新從楚，受命伐宋，言此與獲晉侯相起。疏 去年冬宋與晉伐鄭，今年鄭伐宋，各爲一事。

秦師伐晉。著晉、秦之禍，楚之所以強，中國所以弱也。疏《左傳》：「以報崇也。」

夏，晉人、宋人、衛人、陳人侵鄭。晉使趙穿以兵伐鄭，報伐宋，鄭改從晉。疏 不言魯者，時公從齊，齊不與晉盟會，且與楚通也。

秋，九月，乙丑，晉趙盾弑其君夷皋。不葬者，賊未討。疏《晉世家》：「趙盾使趙穿迎襄公弟黑臀于周而立之，是爲成公。成公者，文公少子，其母周女也。」

---

① 不：原脱，據《白虎通·三軍》補。

② 橫：原作「權」，據《白虎通·三軍》改。

③「千」下原衍「五百人」三字，據《白虎通·三軍》删。

穿弑也。據盾後見，知非盾弑。以前言穿帥師，知穿弑。穿，盾從弟，爲盾弑君。盾不弑而曰盾弑①，何也？據穿弑不自主。以罪盾也。目趙盾，過在下也。其以罪盾，何也？據公子比猶不主之。曰：靈公朝諸大夫而暴彈之，觀其避丸也。**疏**《晉世家》：「靈公壯，侈，厚斂以彫牆。從臺上彈人，觀其避丸也。宰夫胹熊蹯不熟，靈公怒，殺宰夫，使婦人持其屍出棄之，過朝。趙盾、隨會前數諫②，不聽；已又見死人手，二人前諫。隨會先諫，不聽。靈公患之，使鉏麑刺趙盾。盾閨③門開，居處節，鉏麑退，歎曰：『殺忠臣，棄君命，罪一也。』遂觸樹而死。」趙盾入諫，不聽；出亡，至于郊。劉子云：「趙宣孟將之絳，見翳桑下有卧餓人，不能動，宣孟止車，爲之下飡，自含而哺之。餓人再咽而能視，宣孟問：『爾何爲饑若此？』對曰：『臣居于絳，歸④而糧絶⑤，羞行乞而憎自致，以故致此。』宣孟與之壺飡脯二朐，再拜頓首受之，不敢食。問其故，對曰：『向者食之而美，臣有老母，將以貢之。』宣孟曰：『子斯食之，吾再與汝。』乃復爲之簞食，以脯二束與錢百，去之絳。居三年，晉靈公欲殺宣孟，置伏士于房中，召宣孟而飲之酒。宣孟知之，中飲而出。靈公令房中士急追殺之。一人追急，既及宣孟，向宣孟之面，『今固是君耶！請爲君反死。』宣孟曰：『子名爲誰？』及是，且對曰：『何以名爲？是夫桑下餓人也。』遂鬬死，宣孟得之以

---

① 弑：原脱，據《穀梁傳》宣公二年補。
② 諫：原作「陳」，據《史記·晉世家》、鴻寶本改，下同。
③ 閨：原作「闔」，據《史記·晉世家》改。
④ 「歸」上原衍「歸」字，據《説苑·復恩》删。
⑤ 糧絶：原作「絶糧」，據《説苑·復恩》乙。

活。此所謂得惠也。故惠君子，君子得其福；惠小人，小人盡①其力。夫德一人活其身，而況置惠于萬人乎？」趙穿弑公，而後反趙盾。以此見盾與弑謀。史狐書賊，曰：首趙盾與責許世子，此《春秋》特起之義，以明孝子忠臣之至，不必有所承也。《左氏》以爲晉史狐先書之，而《傳》同其説，知先師亦用《左氏》説。其言事實、禮制皆同于《左傳》，特必因弟子問事乃言事，不如今之説《左傳》以事爲主耳。「趙盾弑公。」弑君者不必以弑赴，盾亦不必以自弑赴。《春秋》見忠臣之道，故首盾耳。晉史書曰「趙盾弑公」，《左傳》作「弑其君」，文字偶異。《孟子》：「晉之《乘》，楚之《檮杌》，魯之《春秋》，一也。」盾曰：「天乎！天乎！子無罪，孰爲盾而忍弑其君者乎？」爲猶謂也。史狐曰：「子爲正卿，大國三卿，盾執政，將中軍。入諫不聽，出亡不遠。至郊，未踰境，似有所待。君弑，反不討賊，不討穿，又同族，是同謀。則志同，盾、穿同罪。志同則書重，二人同罪，不能並書，故從其重書盾。非子而誰？」語與《左氏》同。故書之曰此謂《春秋》承晉史之文書之。「晉趙盾弑其君夷皋」者，《左傳》弑君稱臣者，臣之罪也。過在下也。劉子云：「趙穿弑君，趙盾時爲貴大夫，亡不出竟，還不討賊，故《春秋》責之，以盾爲弑君。」劉子引公扈子曰：「爲人臣而不知《春秋》，則陷于弑逆之罪而不知。」司馬遷云：「爲人臣子而不通于《春秋》之義者，則必陷簒弑之誅、死罪之名。」其實皆以爲善爲之，不知其義，被之空言而不敢辭。」**疏**按：臣子弑其君父，大惡也，不可虚以加人。而《春秋》盾、止不弑，乃以空言被之，一受弑君之罪而不能改者，由不知《春秋》臣子之道也。曰：盾、止未弑而《春秋》加以弑文，此所謂從輕而重之。曰者，解經所以加弑之義。

① 盡：原作「有」，據《説苑・復恩》改。

於盾也，見忠臣之至；於許世子止，見孝子之至。趙盾憂勸公家，世所謂忠臣；許止哀悔自責，世所謂孝子。忠孝①之人，其與亂臣賊子不可同年而語，徒以不盡其道，遂坐弑逆之罪。然則臣子有毫釐未盡其道，皆足以爲弑逆之階。觀二人，徒忠而弑君，徒孝而弑父，則欲免乎弑逆而爲忠孝之至者，必有鑒於此而克盡其道，庶純乎忠孝，不至空被惡名也。《春秋》責賢者備，所謂定嫌疑、明是非，以立臣子之大防也。

冬，十月，乙亥，天王崩。疏《周本紀》：「匡王六年崩，弟瑜立，是爲定王。」

三年《年表》：「周定王元年，晉成公黑臀元年。」

春，王正月，郊牛之口傷。傳曰：「我以六月上甲始庀牲，十月上甲始繫牲，十一月②、十二月，牲雖有變，不道也，待正月然後言牲之變。」劉子說：「近牛禍也。是時宣公與公子遂謀共殺子赤而立，又喪娶，區霿昏亂。亂成于口，幸有季文子得免于禍，天猶惡之，生則不享其祀③，死則災燔其廟。」疏按：此記牛禍之始。言正月，記時也。至此記災，以順行言，則世降災愈重，天怒甚；以逆行言，則先承天怒，而後及小災。

之口，據食角不言之。緩辭也，言之皆緩辭。傷自牛作也。傳曰：「牛傷，不言傷之者，傷自牛作也，故其辭緩。」別祭不詳祭肉，唯郊雖傷牛，必致者，畏天命也。《春秋》尊天，若以天不饗④其食，畏之，畏之，故志之。

---

① 孝：原作「臣」，據文意改。

② 十一月：原脱，據《穀梁傳》哀公元年補。

③ 祀：原作「祝」，據《漢書·五行志》改。

④ 饗：據文意當作「饗」。

改卜牛。牛死，乃不郊。傳曰：「未牲曰牛。」已死曰牛，有天王喪，以不郊爲變者。禮：有喪止宗廟，不止郊祭。不敢以父母之喪廢事天地之禮，禮：在喪不祭，唯祭天爲越紼而行事。事之變也。既已卜牛，所卜之新牛又死，非人力之所能。乃者，據三望言猶。亡乎人之辭也。「亡乎人」謂不存人，言公意急欲郊，以牛死不郊，非公意。

猶三望。傳曰：「猶之爲言可以已也。」有天王喪而言郊者，喪不廢郊，越紼而行禮也。既不郊，望可已矣。疏《公羊傳》云：「三望者何？望祭也。然則何祭？祭泰山、河、海。曷爲祭泰山、河、海？山川有能潤于百里者，天子秩而祭之。觸石而出，膚寸而合，不崇朝而遍雨乎天下者，泰山耳。河海潤千里。」

葬匡王。天王五葬，唯此特危之，淺也。危定王。疏葬，危之也。在位六年，事不見經。

楚子伐陸渾戎。劉子云：「楚子伐陸渾戎，觀兵周室。」此與昭十七年晉荀吴滅陸渾戎相起。陸渾近晉，楚伐至此，寇深矣。疏《周本紀》：定王元年，楚莊王至，楚兵乃止。不言觀兵，不使楚得邇王也。《春秋》使齊、晉伐楚，不以楚伐伯國，尤不使近王也。

夏，楚人侵鄭。文世楚見一伐鄭之文而已。宣世五伐鄭，一圍鄭，一伐陳，一入陳，一伐宋，一圍宋，一敗晉，滅蕭、滅舒蓼猶其小事，蓋宣世爲楚最盛之時，傷中國之無伯也。

秋，赤狄侵齊。赤狄，近晉之狄也。此晉侵齊，因有狄在，假狄言之。前言狄，此後言赤狄者，先略而後詳也。疏《左氏》於狄侵齊六七見，皆無傳者，以非實狄也。齊成以後，乃服于晉。

宋師圍曹。宋所伐圍小國皆朝于我者，以宋與我同州，青州有二王後也。青州有二王後，所以魯入三頌。疏惡其侵鄭，不從晉。《左氏》：「報武氏之亂。」

冬，十月，丙戌，鄭伯蘭卒。此不正也。其不正，于不葬接見之。此晉所納也。《春秋》卒皆日，貴賤嫌，則辭不同以避嫌也。疏《鄭世家》：「穆公立二十二年卒，子夷立，是爲靈公。」

葬鄭穆公。不月者，起七穆世卿專政之禍也。鄭自宣以後通不見異姓，大夫所見皆七穆。稱公子者，去疾、喜、發、騑、嘉、及歸生、鰌，皆穆公之子。稱公孫者，輒、舍之、蠆、夏、段、黑，皆穆公之孫。以氏見者，良、游、國、罕、駟，皆七穆之子孫。

四年《年表》：「鄭靈公夷元年。」

春，王正月，公及齊侯平莒及郯。莒人不肯。與齊同平之。月者爲取向出。莒者，卒正也。郯者，連帥也。莒、郯有事，則郯小于莒，可知齊爲二伯，魯爲方伯。同時見四等之尊卑，大國、次國、小國、微國悉備，以此明上下相制，諸侯建五長之禮也。

及者，內會二伯，當言會以尊之。內爲志焉爾。因下取向，故以內主其事。二伯主四州，方伯主治一州，皆得主之。平者，問與輸平同異。成也。與輸平同。不肯者，言不肯者，以肯爲變，不肯爲常。可以肯也。《春秋》以尊治卑，莒、郯不和，二伯、方伯平之。和鄰事，大美事也，莒人乃恃強不肯，非也，故言不以責之。

公伐莒，取向。向，內邑也。前爲莒人所取，後乃取而城之，又失于莒，今乃取之。失不書者，爲內諱。

伐猶可，傳言伐、言取，所惡也。傳言可而曰猶者，雖較可，非常法。取向，甚矣。伐已不正，取向尤甚。

莒人辭，不受治也。治，討也。莒人辭，不受其治。傳曰：「治人不治，則反其知①。」公不反，忿怒而伐之，已非

① 知：原作「治」，據《穀梁傳》僖公二十二年改。

其道，取邑，則惡矣。伐莒，義兵也。義兵者，假義以爲名。莒恃強陵鄭，方伯治之，是也。**疏**《孟子》曰：「《春秋》無義戰，彼善於此，則有之矣。」取向，據内取邑不日公，此獨目公。非也，不諱公，非之也。此内邑也，不得取者，無義事取之猶可；因義而取，《春秋》不許也。乘義而爲利也。《春秋》貴義惡利，常法也。專心爲利，攻城取地，直言其事，不加貶絶。唯乘義爲利，其事近義，其心爲利，義利一淆，是非不辨，故《春秋》必爲之著其善惡。内取邑，諱，不日公。目公者，刺之也①。

秦伯稻卒。記卒者，本方伯也。時者，起狄之也。滕狄之稱子，秦不子者，起方伯也。方伯稱侯，秦稱伯者，與鄭相起也。秦在西京，雍州伯；鄭在東京，冀州伯。劉子云：周東西通王畿，故二國稱伯。下外諸侯一等，而王臣爵秩加外臣一等，伯即侯。故狄之不稱子，與吴、楚、滕異也。《春秋》八伯，四侯、二伯、二子。侯爲常稱，伯爲王畿，子爲夷狄也。狄之猶名者，猶與中國通，有禮，至成以後惡愈積，乃純狄之不名。**疏**《秦本紀》②：「共公五年卒，子桓公立。」

夏，六月，乙酉，鄭公子歸生弑其君夷。歸生不弑而首之者，志重也，與趙盾同。劉子云：「楚人獻黿於鄭靈公。公子家見公子宋之食指動，謂公子家曰：『我如是，必嘗異味。』及食大夫黿，召公子宋而不與。公子宋怒，染指于鼎，嘗之而出。公怒，欲殺之。公子宋與公子家謀先，遂弑靈公。子夏曰：『《春秋》者，記君不君、臣不臣、父不父、子不子者也，

---

① 「《春秋》貴義惡利」至「刺之也」：鴻寶本在「《春秋》不許也」下。

② 本紀：原作「世家」，據《史記》改。

此非一日之事也，有漸以至焉。』」疏《鄭世家》：「元年春①，楚獻黿。」「夏，弑靈公。鄭人欲立靈公弟去疾，去疾讓②曰：『必以賢，則去疾不肖③；必以④順，則公子堅長。』堅者，靈公庶弟，去疾之兄也。于是乃立子堅，是爲襄公。襄公立，將盡去繆氏。繆氏者，殺靈公子公之族家也。去疾曰：『必去繆氏，我將去之。』乃止。皆以爲大夫。」按：不葬者，不討賊。

赤狄侵齊。兩言赤狄，先略而後詳。齊，大國，赤狄再侵之，與下白狄相起，蓋晉使之。

秋，公如齊。

公至自齊。不如晉而如齊，起專事齊也。

冬，楚子伐鄭。楚前後皆人，此獨稱子者，美之也。鄭有弑君之罪，許得討之。獨見楚者，專其討也。疏《鄭世家》：「楚怒鄭受宋賂縱⑤華元，伐鄭。鄭背楚，與晉親。」

五年《年表》：「秦桓公元年。」

春，公如齊。比歲如齊，譏亟，以明弑者畏人。不月者，事明。

夏，公至自齊。宣公五如齊，不如晉；成公四如晉，不如齊，明二公所事異。又以起成以下齊不爲伯。

---

① 春：原作「秦」，據《史記·鄭世家》改。
② 去疾讓：原脱，鴻寶本作「去疾」，據《史記·鄭世家》補。
③ 肖：原作「當」，據《史記·鄭世家》、鴻寶本改。
④ 「以」下原衍「去疾」二字，據《史記·鄭世家》、日新本、鴻寶本删。
⑤ 縱：原作「贖」，據《史記·鄭世家》改。

秋，九月，齊高固來逆子叔姬。書接内者，畏齊，親之。月者，非禮，謹始也。【疏】此夫婦辭，故言高固。蕩伯姬，《公羊》以爲蕩氏母，故以蕩目之也。

諸侯之嫁子於大夫，主大夫以與之。據王姬下嫁之禮推之。來者，接内也。據齊人歸公孫敖喪不言來。不接内，不言來。不正其接内，大國大夫與次國君尊近，會伉禮，則去氏。今逆子叔姬，貴矣！親與公爲禮，論賓主之誼，講甥舅之親，君臣無辨，且與齊君同禮，是不正也。故不與夫婦之稱也。逆當言女。解並見莊十七年。

叔孫得臣卒。凡弑君而立，其世不卒大夫，卒者，皆其黨也。宣世之卒，遂與叔孫得臣是也。不日，惡之也。遂日，從疏之見。得臣，公孫茲子，叔牙①孫。經於得臣始稱叔孫，僖十六年立，文元年始見經，共七見。子僑如立。【疏】此不卒，正者也。卒者以明不日惡，且以起三家世專魯政也。

冬，齊高固及子叔姬來。爲國事書言及内。及内，明不爲内女書也。

及者，據鄫季姬及鄫子。及吾子叔姬也。《春秋》内女適大夫者不書來，不接内也。及者，以内及外也。此固得内辭，言及，以尊及卑也。禮：歸寧必夫婦同行。經書女，不言其夫，爲女事來，故主女。爲使來者，内女適大夫者，來不書。此書者，明爲使事。書高固新娶于我，齊因使來魯，挾叔姬同行。來不繫事者，譏其使而以私事，因女，故不言使也。不使得歸之意也。大夫妻不言來。言及，明高固有重事，得及叔姬。歸寧，當獨言女。出高固而言及，不許歸寧。

---

① 叔牙：原作「慶父」，據《春秋左傳正義》文公元年杜注改。

楚人伐鄭。去年稱楚子，此言人者，不與之之辭也。不能去亂臣而争諸侯，故人之。疏《左傳》：「楚子伐鄭，陳及楚平。」

六年

春，晉趙盾、衛孫免侵陳。劉子云：「韓厥曰：『靈公遇弑，趙盾在外，吾先君以爲無罪，故不誅。』」疏盾六見經，以下不見。

此帥師也，其不言帥師，何也？據前言帥師。不正其敗前事，元年救陳也。故不與帥師也。此侵陳，敗其前事之功。陳從晉，鄭新有楚軍，不救鄭而侵陳，故非之。疏言趙盾，再見也。説詳《公羊》。《左傳》：「侵陳，陳即楚故也。」

夏，四月。

秋，八月，螽。劉子云：「先是時，宣伐莒取向，後比①再如齊，謀伐萊。」疏月者，災甚也。

冬，十月。

七年疏《杞世家》：「共公八年卒，子德公立。」不言卒。

春，衛侯使孫良夫來盟。據《左氏》，孫氏爲正卿，甯氏爲次卿。經見孫、甯，起逐君之禍。良夫成三年又來聘盟，詳記孫氏。至襄二十六年入戚畔，而孫氏絶于衛。

---

① 比：原作「此」，據《漢書·五行志》改。

來盟，前定也。不言及者，以國與之。不言其人，亦以國與之。不日，前定之盟不日。公事齊，不與晉。諸侯同盟會，衛侯使人來盟，結黑壤之會也。爲事晉，故以國許之。

夏，公會齊侯伐萊。從齊伐萊，事齊專也。**疏**《左傳》：「不與謀也。」爲齊所使，從而伐萊。

秋，公至自伐萊。萊，兖州國，以備卒正之數。《尚書》所謂「萊夷」，不言夷者，以中國待之。

大旱。劉子云：「是夏，宣與齊伐萊。」

冬，公會晉侯、宋公、衛侯、鄭伯、曹伯于黑壤。此盟也，不言同盟者，諱賂也。無陳、蔡、許，從楚也。**疏**《左傳》：「盟于黄父，公不與盟，以賂免，故黑壤之盟不書，諱之也。」

八年

春，公至自會。公初會晉，因衛爲之請也。以後又專事齊，兼貳於楚。

夏，六月，公子遂如齊，至黄乃復。據卒垂，蓋有疾而還。黄，齊地。從内至外，地外地；從外至内，地内地。此有疾也，不言疾，不以家事辭王事。大夫如例時，月者，取卒之月加于復之上，見以疾返也。

乃者，亡乎人之辭也。禮：大夫受命而出，雖死，以尸將事。今遂本欲奉命如齊，因疾重而還，失禮違命。《春秋》貴命，託於不得已，故曰「亡乎人」；言遂本不欲還，以有疾而復，明非其本意。復者，據公如晉乃復。事畢也，據復者，反命於君之辭。不專公命也。遂未畢事而反，如事畢之文言復，使爲復命，傳曰「使若反命而後卒」是也。

辛巳，有事于太廟。仲遂卒于垂。**疏**遂卒，子歸父立。垂，内地也。遂，不日者也，此何以蒙上日？曰①：遂非辛巳卒，以此日聞赴也。遂辛巳以前卒，辛巳赴至，公在祭中，聞之而不去樂，至明日猶祭，故曰譏宣也。連書二日，中不容有閒事。有閒事，則一日也。

爲若反命據復，反命也。而後卒也。據卒垂，地在外也，在外未反。此公子也，據上言公子遂。其曰仲，不言公子而氏仲。如以仲爲字加于名上，則季友先言公子也。何也？班氏説：「所以有氏者，所以貴功德，賤伎力。或氏其官，或氏其事，聞其氏即可以知其德，所以勉人爲善也。或氏王父字者，所以别諸侯之後，爲興滅繼絶也。王者之子稱王子，王者之孫稱王孫，諸侯之子稱公子，公子之子稱公孫，公孫之子，各以其王父字爲氏。」疏之也。傳曰：「不言公子、公孫，疏之也。」**疏**按：稱公子，親之也，以仲氏之，則疏矣。何爲疏之也？據上言公子，不疏。是不卒者也。宣公弑逆，而臣子不討之，故與桓、莊不卒大夫同，言先君無臣子也。翬在桓世不卒，于卒去公子，知不卒。遂與宣共弑子赤，有罪，例不卒。**疏**《春秋》内臣與弑者不卒。《春秋》魯臣之不卒者，單伯、翬、結、柔、溺五人是也。以奔而不卒者，臧孫紇、公子慶父、公子慭是也。單伯之不卒，以王臣不卒之，不純待以臣禮也。翬、柔不卒者，桓不卒大夫也。溺、結不卒者，莊不卒大夫。隱卒微者而桓不卒大夫，明以罪不卒也。不疏，則無用見其不卒也。若書公子，則與正卒者同，故去公子以見之。則其卒之，何也？據翬不卒。以譏乎宣也。據與叔弓卒去樂同，知譏在宣。其譏乎宣，何也？疑與宣弑。聞大夫之喪，叔弓與仲遂皆卿，非大夫。言

① 曰：原脱，據日新本、鴻寳本補。

大夫以包卿。則去樂卒事。據「籥入，聞叔弓卒，去樂卒事」，譏失禮。主書者，反命後卒，一也；疏起不卒，二也；譏宣公，三也。其地，卒在外也。不日卒者，惡也，與得臣同。「壬申，公子嬰齊卒于貍蜃①」，卒在外，善無罪，故日。此不日，祭祀日聞其喪，非卒在辛巳。

壬午，猶繹。此與昭十五年「叔弓卒，去樂卒事」事相起。

猶者，可以已之辭也。據叔弓卒，不言繹，許之得正。經言猶者，皆可已而不已。疏《檀弓》：「仲尼曰：『卿卒不②繹，非禮也。』」繹者，據郊言猶三望。祭之旦日之享賓也。據壬午，知明日禮有繹以享賓。

萬入，去籥。鄭君說：「去籥，藏之也。」「萬而言入，則去者不入，藏之可知。」萬無聲，籥有聲。因有大夫喪禮，當去樂，惡其有聲者而用無聲者，故去籥，所謂爲之變。據事書之而美惡見，所謂不待貶絶者也。

以其爲之變，變爲去籥，之指仲卒。譏之也。若不知其非禮猶可言，知其不可而爲之，故特譏之。

戊子，夫人熊氏薨。傳云：「夫人卒葬之，我可以不夫人卒葬之乎？」鄭君說：「文夫人姜氏大歸於齊，故宣公立己妾母爲夫人。」疏上言夫人姜氏大歸，則爲妾母無疑。妾母，不卒葬者也。因其有弒惡之禍而書之。

晉師、白狄伐秦。中國用師不言夷狄，此何以言白狄？一見以明晉師多用夷狄也。何用見有夷狄？以晉爲二伯，同夷狄伐國，善則目晉，惡則目夷狄，由白狄可以起赤狄與狄也。不言及，狄晉也。晉與狄伐秦，後成九年，伐秦又與白

---

① 蜃：原作「辰」，據《穀梁傳》成公十一年改。

② 不：原脱，據《禮記・檀弓下》補。

狄伐晉。疏《晉世家》「六①年，伐秦，虜秦將赤。」《左傳》敘晉用兵多，有夷狄在師。

楚人滅舒蓼。中國自莊以下不言滅國。楚無世不言滅國，著夷狄之強也。楚滅國凡十四見。言人，貶之。舒蓼者，楚之與國也。滅書，以見州卒正之數，且以惡楚。疏《楚世家》：「莊王十三年，滅舒蓼。」一見。

秋，七月，甲子，日有食之，既。劉子云：「先是楚商臣弒父而立，至於莊王遂彊。諸夏大國唯有齊、晉，齊、晉新有簒殺之禍，內皆未安，故楚橫行，八年六侵伐而一滅國。伐陸渾戎，觀兵周室；後又入鄭，鄭伯肉袒謝罪；北敗晉師于邲，流血色水；圍宋九月，析骸而炊之。」疏此晦日食也。

冬，十月，己丑，葬我小君頃熊。雨，不克葬。頃者，謚也。婦人無謚，從夫之謚，別謚非禮也。

葬既有日，禮當卜葬，葬日從先君而定，不當從己改。不爲雨止，以諸侯之尊，雨具可備。既卜日，葬當敬慎其事，不可因小事而止。禮也。《王制》曰：「三年之喪，自天子達於②。庶人縣封，葬不爲雨止，不封不樹，喪不貳事。」許慎引《穀梁》說：「葬既有日，不爲雨止。」劉子云：「《易》曰：『古之葬者，厚衣之以薪，藏之中野，不封不樹。後世聖人易之以棺槨。』棺槨之作，自黃帝始。黃帝葬于橋山，堯葬濟陰，丘隴皆小，葬具甚微。舜葬蒼梧，二妃不從。禹葬會稽，不改其列。殷湯無葬處。文、武、周公葬于畢，秦穆公葬于雍橐泉宮祈年館下，樗里子葬于武庫，皆無丘隴之處。此聖帝、明王、賢君、智士遠覽獨慮無窮之計也。其賢臣、孝子亦承命順意而薄葬之，此誠奉安君父，忠孝

---

① 六：原作「七」，據《史記・晉世家》改。

② 於：《禮記・王制》無此字，且阮刻十三經注疏本將「天子」、「庶人」分屬上下句，廖氏改之，並於下疏駁之。

之至也。夫周公，武王弟也，葬兄甚微。孔子葬母於防，稱古墓而不墳，曰：『丘，東西南北之人也，不可不識也。』爲四尺墳，遇雨而崩。弟子修之，以告孔子，孔子流涕曰：『吾聞之，古者不修墓。』蓋非之也。延陵季子適齊而反，其子死，葬於嬴、博之間，穿不及泉，斂以時服，封墳掩坎，其高可隱，而號曰：『骨肉歸復于土，命也，魂氣則無不之也。』夫嬴、博去吴千有餘里，季子不歸葬。孔子往觀，曰：『延陵季子於禮合矣。』故仲尼孝子，而延陵慈父，舜禹忠臣，周公弟弟，其葬君親骨肉皆微薄矣，非苟爲儉，誠便於體也。宋桓司馬爲石槨，仲尼曰：『不如速朽。』」疏按：縣封、不封不樹、不爲雨止，鄭君以爲庶人禮，失傳旨矣。**雨，不克葬，**據言不克葬者，可克葬。時在冬月，雨小，未至不可葬，怠緩喪事，以雨自托耳。**喪不以制也。**譏不早爲之備也。冬十月，今九月也，非大雨之時，冬大雩已見譏。雨小，不爲雨具，不克葬，譏其怠也。《士喪禮》有潦車載蓑笠。疏《異義》引《公羊》説：「雨，不克葬，爲天子、諸侯也。卿大夫臣賤，不能以雨止也。」按：雨有大小，地有遠近平險，當各就本事立説。不爲雨備，偶因小雨而止，示慢也；雨大涉險以葬，示忍也。《公羊》與《傳》各言一端，合觀乃得其全義。冬無大雨，譏之是也。

庚寅，日中而克葬。庚寅，剛日也。禮：内事以柔日。既已卜日，乃不葬，言庚寅非其日也，故曰「有日，不爲雨止」。此與葬定公相比。

而，據葬定公言乃。**緩辭也，**據言日中，時當早，辭緩。**足乎日之辭也。**禮：日中葬，行虞禮。此日中葬，尚及反虞。定公日下昃乃葬，則過日中，失時，故言乃，傳曰「急辭也」是也。

城平陽。平陽，水名。

楚師伐陳。言師者，師愈乎人。討陳與晉平也，陳因討與楚平。不敘從國者，略之也。疏文世不言伐陳，宣世一伐、一入。

九年**補疏**宣九年爲《春秋》之中，前一百二十年，後一百二十年，其奇零之數，惟閔公二年耳。

春，王正月，公如齊。月如，危往也。公有生母之喪，故危之。宣大逼姜氏而自尊妾母爲夫人，則當以夫人禮責其子。出會無王事，故危之。**疏**按《異義》：《公羊》以妾母喪，不得出朝會；《左氏》以爲得出朝會。許從《左氏》，鄭從《公羊》。按：經有月以危往，則明不得也。宣妾母如適，即以爲夫人，不應又言妾禮。出又無王事，譏之是也。

公至自齊。事齊專也。此與襄二年夏「夫人姜氏薨」、三年「公如晉」相起。

夏，仲孫蔑如京師。宣五如齊，孟孫一如京師，直書而惡見。

齊侯伐萊。

秋，取根牟。根牟，國也。取者，易辭。

八月，滕子卒。《左氏》以爲滕昭公。從隱七年至此百一十七年，不卒者至多矣！至此乃卒，宣以後乃正卒小國也。月者，小國始卒，不日也。不名，用狄道。

九月，晉侯、宋公、衛侯、鄭伯、曹伯會于扈。陳侯不會，故討之。月者記時，爲下卒見月也。不言同盟，公不在，又晉侯卒。

晉荀林父帥師伐陳。晉侯會扈而荀林父伐陳者，於會命之也。因晉侯有疾，故使人也。**疏**《晉世家》：「七年，成公與楚莊王爭強，會諸侯于扈。陳畏楚，不會。晉使中行桓子伐陳，因救鄭，與楚戰①，敗楚師。是年，成公卒，子景公立。」荀氏始見專政，起下敗楚。僖二十八年，晉作三行，林父將中行，故其後爲中行氏。《史記・趙世家》索隱：「晉大夫逝

---

① 戰：原作「争」，據《史記・晉世家》改。

敖生桓伯林父。」

辛酉，晉侯黑臀卒于扈。九月無辛酉。不葬者，不討穿，失德也。疏《晉世家》：「成公卒，子景公立。」

其地，據外諸侯卒不地。於外也。據卒在國不地。其日，據曹伯卒於會不日。未踰竟也。知非踰竟者，踰竟當地國。扈，會地，不言會者，内屬國，卒乃言會、師。此晉侯自卒于封内，故辟内不言會，言地。凡未踰竟者地地，踰竟則地國，卒于齊、楚是也。疏按：襄七年鄭伯卒于操，此年晉侯卒于扈，文正與襄二十六年許男卒于楚同，恐後人謂操、扈是國，故于疑似之際，每爲發傳。

冬，十月，癸酉，衛侯鄭卒。疏《衛世家》：「三十五年，成公卒，子穆公遬立。」不葬，殺叔武，又失國。

宋人圍滕。此朝我之國。宋何爲伐之？宋與同州，故朝我之國亦事宋也。曹、莒、邾、滕、薛、杞、小邾，宋無伐圍者，惟莒、薛、杞而已。滕二見伐圍，一言執，小邾一言執。伐喪稱人，貶之也。

楚子伐鄭。稱楚子，許其伐鄭也。

晉郤缺帥師救鄭。疏《鄭世家》：襄公五年，晉以楚伐來救，敗楚師。郤缺三見，起下殺三郤。

陳殺其大夫泄冶。劉子云：「三諫而不用則去，不去則身亡。身亡者，仁人不爲也。」疏《陳世家》：「十四年，靈公與其大夫孔寧、儀行父皆通於夏姬，衷其衣以戲於朝。泄冶諫曰：『君臣淫亂，民何效焉？』靈公以告二子，二子請殺泄治，公弗禁，遂殺泄冶。」

稱國以殺其大夫，殺無罪也。劉子云：「陳靈公不聽泄冶之諫而殺之，曹羈三諫曹君①，不聽而去，

① 曹君：原脫，據《說苑·正諫》補。

《春秋》序之俱賢，而曹羈合禮。」**疏**此記殺大夫，下言弒君、殺夏徵舒、楚子入陳，記陳亂之本末。泄冶之無罪如何？問①其事實。陳靈公通於夏徵舒之家，劉子云：「陳女夏姬，夏徵舒之母。」公孫寧、儀行父亦通其家。或衣其衣，或衷其襦，以相戲於朝。劉子云：「公孫寧、儀行父與陳靈公皆通于夏姬，或衣其衣，衷其襦，以相戲于朝。」泄冶聞之，入諫曰：「使國人聞之，則猶可；使仁人聞之，則不可。」諸書所記文字語句不同，各以己意説之，古書之體如是。君愧於泄冶，不能用其言而殺之。劉子云：「陳靈公行僻而言失，泄冶曰：『陳其亡矣！吾驟諫君，君不吾聽而愈失威儀。夫上之化下，猶風靡草，東風則草靡而西，西風則草靡而東，任風所由，而草爲之靡。是故人君之動，不可不慎也。夫樹曲木者，惡得直影？人君不直其行，不敬其言，未有能保帝王之號，垂顯令之名者也。《易》曰：夫君子居其室，出其言，善則千里之外應之，況其在邇者乎？居其室，出其言，不善則千里之外違之，況其在邇者乎？言出於身，加于民，行發於邇，見於遠。言行，君子之樞機。樞機之發，榮辱之主也，君子之所以動天地，可不慎乎？天地動而萬物變化。《詩》曰：慎爾出話，敬爾威儀，無不柔嘉。此之謂也。今君不是之慎，而縱恣②焉，不亡必弒。』靈公聞之，以泄冶語爲妖言③而殺之。後果弒于徵舒。」

十年《年表》：「晉景公元年，衛穆公元年。」

春公如齊。

---

① 問：原作「聞」，據文意改。

② 「恣」下原衍「欲」字，據《説苑・君道》删。

③ 言：原脱，據《説苑・君道》補。

公至自齊。

齊人歸我濟西田。公事齊，故來歸田。

公娶齊，元年，夫人婦姜至自齊。齊由以爲兄弟，禮：婚姻爲兄弟之親。反之。因公如齊乃反可知。不言來，據歸皆言來。公如齊受之也。據公至後書歸。

夏，四月，丙辰，日有食之。劉子云：「後陳夏徵舒弑其君，而楚滅蕭，晉滅二國，王札子殺召伯、毛伯。」疏此食晦日也。

己巳，齊侯元卒。元，桓公子。桓公嫡庶之禍至此乃止，禍延四世。此不正者，其日之何也？商人弑，國人迎而立之，有正辭也。疏《齊世家》：「十年，惠公卒，子頃公無野立。」

齊崔氏出奔衛。《異義》許慎引《穀梁》説：崔氏，譏世卿也。班氏説：「大夫不世位者，股肱之臣，任事者也。爲其尊權擅勢，傾覆國家；又慮子孫庸愚，不任輔政，妨塞賢路。」「諸侯世位，大夫不世位，定法也。以諸侯南面之君，體陽而行，陽道不絶。大夫人臣北面，體陰而行，陰道有①絶。以男生内嚮，有留家之義；女生外嚮，有從夫之義。此陽不絶，陰有絶之效也。」按：國、高亦世卿，不譏國、高者，因崔舉族以出，下有弑事，藉以見意。國、高爲正卿，則崔爲下卿，可知齊但記三卿。雖見六族，有交替之義，合之則只三卿也。疏《齊世家》：「初，崔杼有寵于惠公，惠公卒，國、高畏其逼也，逐之，崔杼奔衛。」

氏者，據出奔皆名。舉族而出之之辭也。所謂譏世卿也。不名而以氏，以明世卿之禍耳。劉子云「崔

---

① 有：原脱，據《白虎通・封公侯》補。

氏專」，故後崔杼專國，有弒君之禍。此光弒之前見者也。**疏**《左傳》以崔氏爲即崔杼，下去弒君五十一年。《左傳》：弒君以後，杼猶專齊，則于出奔時尚幼可知。蓋因其父有寵于惠公，父卒，杼立，尚幼，齊人因怨其父之寵而逐之，崔幼，故舉族而出。經因此書氏，以爲譏世卿耳，非有異也。故《齊世家》亦同《左》說。

公如齊。公奔喪而大夫會葬，非禮也。禮：大國卿弔喪，公會葬。此因宣爲齊所立，故事齊過禮。**疏**禮：大國有喪，卿弔，公會葬。成十年晉侯獳卒，公如晉；襄二十九年楚子昭卒，公在楚，皆會葬之事。此奔喪爲非禮。小國于魯三見奔喪、會葬之事。定十五年公薨，邾子來奔喪，如此年之公奔齊喪，爲非禮。襄三十一年滕子會葬；定十五年滕子會葬，皆如公于晉、楚之事。內事齊、晉、楚三大國，故外三見奔喪、會葬之禮，以相起也。

五月，公至自齊。天王之喪，魯不奔不賻，而爲齊奔喪，悖也。春書「公如齊，公至自齊」，曾未數月，又書「公如齊」，「公至自齊」，備書，所以貶也。月者，起六月歸父又如齊。**疏**自此至昭二十七年共八十五年，乃再見「公如齊」，以齊失伯也。齊失伯，故伯楚，於襄、昭之世再見「公如楚」。《左傳》言齊朝晉，天王錫命，齊稱舅氏，升楚爲伯，故同盟不言陳。

癸巳，陳夏徵舒弒其君平國。劉子云：「靈公與二子飲酒于夏氏，召徵舒。公戲二子曰：『徵舒似汝。』二子亦曰：『不若其似公也。』徵舒疾此言。靈公罷酒出，徵舒伏弩廄門，射殺靈公。公孫寧、儀行父出奔楚。」**疏**《陳世家》：「十五年，靈公與二子飲于夏氏。公戲二子曰：『徵舒似汝。』二子曰：『亦似公。』徵舒怒。靈公罷酒出，徵舒伏弩廄門，射殺靈公。孔寧、儀行父皆奔楚，靈公太子午奔晉。徵舒自立爲陳侯。徵舒，故陳大夫也。夏姬，御叔之妻，舒之母也。」

六月，宋師伐滕。大國伐小國皆方伯。宋在青州，小國宜事之也。月者，去年圍，今又伐，惡亟也。

公孫歸父如齊。此會大國葬也。不月者，會葬禮使大夫，大夫如京師則月，非禮也。**疏**歸父，仲遂子，字子家，六見經。除臧氏、叔氏，僖以下惟見三桓，餘皆不見矣。

葬齊惠公。齊，大國也，以上葬例日，此何以時？失伯也。不日則何以不月？初見，特去日月以明之。自此以下，不言公如齊者八十年，故特時葬以貶之。以下齊無日葬矣。

晉人、宋人、衛人、曹人伐鄭。七年，鄭與晉盟鄢陵。

秋，天王使王季子來聘。宣公弑逆，大惡，《春秋》削小國之朝，而乃獨記王之聘，何也？曰：此不志者也。志者，因天王之聘止於此也。自是，王與魯久無往來，如石尚所謂周之不行禮於魯久是也。疏《左傳》：「秋，劉康公來報聘。」

其曰王季，據季字，與王札不同。王子也。據蔡叔、紀季、許叔皆列國公子。疏王札子爲當上，王季爲王子，正稱也。殺非臣下事，目札子則是當上，非謂氏王也。其曰子，據列國公子不言子。尊之也。據子叔姬言子，同母姊妹。此言子，同母弟也。聘，問也。傳曰：「聘諸侯，非正也。」按：以後天王不言來聘。疏隱世王五使魯，桓五使魯，莊二，僖一，文五，宣一，成、襄、昭無，定一，哀無。隱、桓詳，政在天子也。莊、僖略，失天下也。文詳，起無天也。文世五使，未躋僖以前二使，有天已下二使，無天求金，有喪不稱王。宣、成以下，失天下，政在大夫。悉略之。聘，隱二，桓三，莊一，僖一，宣一，八見。

公孫歸父帥師伐邾，取繹。劉子云：邾子，齊出。公比與交兵，臣下懼，致水災。疏十一年，歸父伐莒；十四年，會齊侯于穀；十五年，會楚子于宋，大夫專，見魯政下逮也。

大水。劉子云：「宣公弑子赤而立，子赤，齊出也，故懼，以濟西田賂齊。邾子貜且亦齊出也，而宣比與邾①交兵。臣下畏齊之威，創邾之禍，皆賤公行而非其正也。」

① 邾：原脱，據《漢書·五行志》補。

季孫行父如齊。劉子云：「宣公區①霿昏亂，亂成于口，幸有季文子得免于禍。」疏爲伐邾，故二卿再如齊。《左傳》作「初聘于齊」。

冬，公孫歸父如齊。大夫三年一聘二伯，今一年公再如齊，大夫三如，非禮也。

齊侯使國佐來聘。報聘也。平邾事。此子也，稱侯者，大國也。言子，則同方伯。宋得稱子者，爵公，尊已明。齊、晉以侯爲二伯，故禮制與方伯不同，故不稱使。凡言子者，自出言子。疏一說：譏齊侯也。禮：在喪不言，無言使者矣。因其使，稱侯也。

饑。傳曰：「二穀不升②謂之饑。」

楚子伐鄭。討從晉，與楚平。稱子者，因賢進之，以下多言楚子。十一年「楚入陳」，十二年圍鄭、滅蕭，十三年伐宋，十四年圍宋。宣世楚莊最強。

十有一年

春，王正月。

夏，楚子、陳侯、鄭伯盟于夷陵。夷狄盟不書，以有鄭見例。中國言同盟，夷狄不言同者，外之也。中國同盟，方伯見魯、衛、陳、鄭；夷狄盟，見楚、蔡、吴、秦。此不敘外州而敘中國者，外州可不言，傷中國之從夷也。以陳親楚，雖以侯先伯，從楚尤篤，亦因陳近楚，中國同盟外之故也。疏時陳、鄭新從楚，蔡、許舊不敘。夷陵，楚地。

---

① 區：原作「愚」，據《漢書·五行志》、日新本、鴻寶本改。

② 升：原作「熟」，據《穀梁傳》襄公二十四年改。

公孫歸父會齊人伐莒。四年平莒、郯不得，因伐莒取向。此再出齊人，明爲前事會二伯、方伯之師以討卒正。

秋，晉侯會狄于欑函。欑函，狄地。中國離會夷狄不書，書者非會，起下滅狄。疏此謀滅狄也。會之示親，然後以兵取之，爲下滅三國起文。

不言及，據公及戎盟言及。外狄也①。離而殊會，所以異之於諸夏。疏《左傳》以爲衆狄盟。

冬，十月，楚人殺陳夏徵舒。劉子云：「楚子舉兵誅徵舒，定陳國，立午，是爲成公。」月者，與丁亥同月。疏劉子云：「楚莊王欲伐陳，使人視之。使者曰：『陳不可伐也。』莊王曰：『何故？』對曰：『其城郭高，溝壑深，蓄積多，其國寧也。』楚王曰：『陳可伐也。夫陳，小國也，而蓄積多，蓄積多則賦斂重，則民怨上矣；城郭高，溝壑深，則民力罷矣。』興師伐之，遂取陳。」

此入而殺也。據不地不言其入。疏《左傳》：「遂入陳，殺夏徵舒。」其不言入，何也？孔奐殺在滅陳後。外徵舒于陳也。《春秋》賊臣已出奔與已討同例。外徵舒于陳，如陳已討其罪而逐之，故不從入。後殺繫陳者，明爲陳②討。其外徵舒于陳，何也？據公子招不外于陳。徵舒有罪，夷狄亦得討之。明楚之討有罪也。言其入陳納罪人之實。不外則先言入，爲内弗受，是不許楚討之辭，故外之，使楚得討。下乃言入、納，分別其功過。

丁亥，楚子入陳。自新城同盟至此，陳爲楚入，經遂以楚爲伯，以陳爲所屬之國。以夷狄治夷狄，故楚見入陳，滅

① 「狄」下石經本、余本有「也」字，據補。
② 陳：原作「臣」，據日新本、鴻寶本改。

陳，納陳大夫，執陳行人，圍陳。楚子出，敘從蔡下。定以下，猶敘從楚，皆宋①、衛、鄭所無，以宋、衛、鄭爲中國，不許楚治之也。陳以下不與晉同盟，言逃歸，外之于會。疏《楚世家》：「莊王十六年，伐陳，殺夏徵舒。夏徵舒②弑其君，故誅之也。破陳，即縣之。」因申叔時諫，乃復國。

入者，内弗受也。日入，惡入者也。日以謹其惡。**何用弗受也？**據討有罪，義當受。**不使夷狄爲中國也。**傳曰：「《春秋》以貴治賤，以賢治不肖，不以亂治亂。」劉子云：《春秋》外夷狄。按：楚子有賢行，討徵舒，得誅亂之義，人皆賢之。《春秋》言入，明不討之者。《春秋》決嫌疑，常於嫌得者見不得也。先外徵舒，不使以討賊爲辭，然後拒之，不使憂中國，以亂治亂也。疏《春秋》中外之分嚴，可以中國治夷狄，而不以夷狄治中國。陳雖有外辭，然《春秋》猶存之，不如蔡不存。

納公孫寧、儀行父于陳。不言出奔，絶之也。二臣從君于昏，有罪當誅，目其事，著其罪也。疏《左傳》：「故書曰『楚子入陳，納公孫寧、儀行父于陳』，書有禮也。」指入陳言，不謂納得禮。

納者，内弗受也。大夫不言納，言納一見例，所以惡楚子。**輔人之不能民**「不能民」，不能和民而治，謂納君，如「衛侯自楚復歸于衛」，不言納以惡之。疏此爲一事。**而討，**而讀如；討，謂討罪，如夏徵舒。疏此與上文别爲一事。**猶可；**猶者，不足之辭。以上二事尚得正，中國不能，夷狄爲之，尚在可許之例。**入人之國，**所謂縣陳也。雖復之，然初乃滅也。**制人之上下，**言納二大夫，是陳侯討其罪，逐之之辭。楚以兵力納之，如陳侯不得

---

① 宋：原作「末」，日新本作「未」，據鴻寶本改。

② 夏徵舒：原脱，據《史記·楚世家》補。

行其志者然。上下，君臣也。使不得其君臣之道，經之書納，是使陳上下不相安。不可。凡納奔臣，皆不正，而納惡臣，使人不能討，全失伯道。楚子賢，又徵舒有罪，嫌其得正，故著其惡事，所以惡夷狄，明伯者之正道。

十有二年

春，葬陳靈公。二十一月乃葬。俟討賊，然後葬之也。《春秋》之例，殺弒者以討賊許之，雖久必葬。討不以其罪，雖討不葬，里克、甯喜是也。葬以明非滅國。**疏**《陳世家》：「成公元年冬，楚莊王爲夏徵舒殺靈公率諸侯伐陳，謂陳曰：『無驚，吾誅徵舒而已。』已誅徵舒，因縣陳而有之，羣臣畢賀。申叔時使于齊來還，獨不賀。莊王問其故，對曰：『鄙語有之：牽牛徑人田，田主奪之牛。徑則有罪矣，奪之牛，不亦甚乎？今王以徵舒爲賊弒君，故徵兵諸侯，以義伐之，已而取之，以利其地，則後何以令于天下？是以不賀。』莊王曰：『善。』乃迎陳靈公太子午于晉而立之，復君臣如故，是爲成公。孔子讀史記至楚復陳，曰：『賢哉，楚莊王！輕千乘之國而重一言。』」

楚子圍鄭。此有從國，不言者，略之，且諱以中國從夷狄也。此入鄭，不言入者，鄭爲中國，故爲之諱，言圍而已。鄭受楚禍極矣！經以書圍爲至極之辭，不如陳、蔡言入、言滅、言執行人，不言執其君。昭四年會于申，以後鄭不見事楚之文，與陳、蔡迴①殊，此中外分别之大例也。**疏**《晉世家》：「楚莊王圍鄭，鄭告急于晉。晉使荀林父將中軍，隨會將上軍，趙朔將下軍，郤克、欒書、先穀、韓厥、鞏朔佐之。六月，至河，聞楚已服鄭，鄭伯肉袒與盟而去，荀林父欲還。先縠曰：『凡來救鄭，不至不可，將率離心。』卒度河。楚已服鄭，欲飲馬于河爲名而去。楚與晉軍大戰。鄭新附楚，畏之，反助楚攻晉。晉軍敗，走河，爭度，船中人指甚衆。楚虜我將智罃。歸而林父曰：『臣爲督將，軍敗當誅，請死。』景公欲許之，隨會曰：『昔文公

① 迴：原作「迴」，據日新本、鴻寶本改。

之與楚戰城濮，成王歸殺子玉，而文公乃喜。今楚敗我師，又誅其將，是助楚殺仇也。』」《鄭世家》：「莊王以鄭與晉盟來伐，圍鄭三月，鄭以城降楚。楚王入自皇門，鄭襄公肉袒牽羊以迎，曰：『孤不能事邊邑，使君懷怒，以及敝邑，孤之過也。敢不惟命是聽。君王遷之江南，及以賜諸侯，亦惟命是聽。若君王不忘厲、宣王，桓、武公，哀不忍絶其社稷，錫不毛之地，使復得改事君王，孤之願也，然非所敢望。敢布腹心，惟命是聽。』莊王爲卻三十里而後舍。楚羣臣曰：『自郢至此，士大夫亦久勞矣！今得國舍之，何如？』莊王曰：『所爲伐，伐不服也。今已服，尚何求乎？』卒去鄭。」

夏，六月，乙卯，晉荀林父帥師及楚子戰于邲，晉師敗績。劉子云：「楚莊王既服鄭伯，敗晉師，將軍子重三言而不當。莊王歸，過申侯之邑，申侯進飯，日中而王不食，申侯請罪，莊王喟然嘆曰：『吾聞之：其君賢者也，而又有師者王；其君中君也，而又有師者霸；其君下君也，而羣臣又莫若君者亡。今我，下君也，而羣臣又莫若不穀，不穀恐亡。且世不絶聖，國不絶賢①，天下有賢而我獨不得，若吾生者，何以食爲？』故戰服大國，義從諸侯，戚然憂恐，聖知不在乎身，自惜不肖，思得賢佐，日中忘食，可謂明君矣。」又曰：「楚入鄭，鄭伯肉袒謝罪。北敗晉師于邲，流血色水。」疏《鄭世家》：「晉聞楚伐鄭，舉兵救鄭。其來持兩端，故遲。」比至，乃敗。

績，據敗在績上。敗或不言績。**功也。**據績在敗下。自敗其功績，與敗義别。**功，事也。**《孟子》曰：「其事則齊桓、晉文。」**日其事，敗也。**《春秋》記載，以勝敗定功罪，戎政宜如是也。晉敗曰晉師敗績者，晉自敗其績，非楚能敗之也，與鄭棄其師同文。《春秋》重師慎戰，傳曰：「以不教民戰，則是棄其師也②。」又曰：「何以惡給？

---

① 世不絶聖，國不絶賢：原作「世不絶賢」，據《説苑・君道》改。

② 則是棄其師也：原作「是謂棄之」，《論語・子路》同，據《穀梁傳》僖公二十三年改。

曰：棄師之道也。」國之大事在兵戎，師敗則死，民弱，國無以自立，故譏晉惠而不葬宋襄，皆從鄭棄師例也。**疏**《楚世家》：「夏六月，晉救鄭，與楚戰，大敗晉師河上，遂至衡雍①而歸。」

秋，七月。

冬，十有二月，戊寅，楚子滅蕭。蕭，蕭叔之國也，後爲宋之別邑。日者，中國附庸，謹之，同中國國也。**疏**有伯不滅中國，此言滅蕭，一見例。《左傳》：「冬，楚子伐蕭，宋華椒以蔡人救蕭。」楚人圍蕭，蕭潰。

晉人、宋人、衛人、曹人同盟于清丘。齊桓獨伯，以後則晉與楚並伯，故傳于晉以同盟外楚。同盟皆有內在，此無內，何以言同？著之也。大會乃言同盟，此四國何以言同盟？亦著之也。晉新敗于楚，中國之魯、陳、鄭皆從楚，中國微危，故急言同盟以著之也。同盟言四國，以爲齊、魯、陳、鄭、許皆從楚，宋、衛、曹篤從中國也。**疏**從晉唯宋、衛；從楚，陳、蔡、鄭、許。稱人，微之也。新敗同盟，同外楚也。晉二同盟。《左傳》：「晉原穀②、宋華椒、衛孔達、曹人同盟于清丘。」「卿不書，不實其言也。」

宋師伐陳。宋兵事皆在青州。此何以伐陳？陳，方伯也。小國乃必在青州。楚復陳，陳爲楚守，宋討陳，爲清丘之盟故。

衛人救陳。此背清丘之盟也。以救言，善之也。陳新有楚禍，中國不能救，新附于楚，力未能拒楚，君子當助之。

---

① 衡雍：原作「雍衡」，據《史記·楚世家》乙。

② 穀：《左傳》宣公十二年、日新本、鴻寶本作「縠」。

宋伐失時，故許衛得救之也。疏《左傳》：「宋爲盟故伐陳，衛人救之，孔達曰：『先君有約言焉：若大國討①，我則死之。』」

十有三年

春，齊師伐莒。

夏，楚子伐宋。楚已得陳、鄭，又争宋，以其救蕭。疏文世言次屈貉，託于狄伐宋。此乃直言伐宋，下且圍宋矣。

秋，螽。劉子云：「公孫歸父會齊伐莒。」按：劉子以爲因上事得此災。

冬，晉殺其大夫先穀。穀，先軫子也。此討有罪，何爲稱國以殺？狄晉也。何爲狄之？無君臣之道也。穀奔翟，謀伐晉，罪在穀也，因而族之，其族何罪？不言晉殺先氏而以穀目者，族誅非所忍言也，狄晉以惡誅族。疏《晉世家》：「先穀以首計而敗晉軍河上，恐誅，乃奔翟，與翟謀伐晉。晉覺，乃族穀。」先氏見三人：先蔑、先都、先穀。此誅族而加殺文者。

十有四年

春，衛殺其大夫孔達。因其救陳，晉討而自殺，以説于晉。自殺而以國殺爲文者，衛以殺説也。故稱國，以累上言之。疏《左傳》：「孔達縊而死，衛人以説于晉而免。遂告于諸侯。」此自殺而加殺文者。

夏，五月，壬申，曹伯壽卒。卒正不日，日者，進之也。篤從中國，賢乃進之。疏《曹世家》：「文公二十三年

---

① 若大國討：原作「大國若討」，據《左傳》宣公十二年乙。

卒，子宣公彊①立。」

晉侯伐鄭。討其從楚，邲戰助楚也。不言戰圍者，蒐焉而還。**疏**《晉世家》：「五年，伐鄭，爲助楚也。是時楚莊王彊，以挫晉兵于河上也。」

秋，九月，楚子圍宋。月者，與下平月相起，記其久也。**疏**《楚世家》：「莊王二十年，圍宋，以殺楚使也。」《宋世家》：「十六年，楚使齊過宋，宋有前仇，執楚使。九月，楚莊王圍宋。」

葬曹文公。

冬，公孫歸父會齊侯于穀。此言會齊，下言會楚，公貳于楚也。歸父心專主外會，且謀去三桓也。

十有五年《年表》：「曹宣公廬②元年。」

春，公孫歸父會楚子于宋。孟獻子因楚伐宋懼，請公薦賄，求所以自免。會者，外主之。去年冬方會齊侯于穀，今春又會楚子于宋，明楚強，晉失伯也。此與昭九年「叔弓會楚子于陳」相比。楚強，內往會于所侵伐之國。

夏，五月，宋人及楚人平。劉子云：「楚圍宋九月，析骸而炊之。」按：月者，謹其久，至于九月也。**疏**《楚世家》：「圍宋五月，城中食盡，易子而食，析骸而炊。宋華元出告以情，莊王曰：『君子哉！』遂罷兵去。」《宋世家》：「十七年，楚圍宋，五月不解。」按：晉又失宋，唯衛從晉。

平者，成也，善其量力而反義也。據宋及楚，以宋主之也。宋力盡而與楚盟，言平，以反義許之，惡傷

---

① 彊：原作「疆」，據《史記·曹世家》改。

② 廬：原作「彊」，《史記·曹世家》同，據《史記·十二諸侯年表》、《左傳》改。

人也。故曰：「《春秋》重人。」**人者，**據平時君在。**衆辭也。平稱衆，**據平皆言人。**上下欲之也。**爭戰人所苦，言平以衆辭，君臣同欲之。**外平不道，**據平皆內。**以吾人之存焉道之也。**謂歸父與其事，故言平。亦如外釋不志，以公之與之盟，志之。

六月，癸卯，晉師滅赤狄潞氏，以潞子嬰兒歸。楚圍宋而晉滅國，譏之也。二伯不單言滅國，言滅國皆方伯辭，以二伯、王臣不能取人之國以自廣。晉未失伯，何以言滅？赤狄猶可言，中國不可言，實則晉所滅國，一見赤狄以示例而已。夷狄滅不志，志者，以中國進之也，如中國自相滅。疏《左傳》：「六月癸卯，晉荀林父敗赤狄于曲梁。辛亥，滅潞。」

滅國有三術：說見下。**中國謹日，**中國者，中國同盟之國，滅則日，陳、蔡、許、邢、沈、頓、胡、繒八國是也。不分中國、夷狄，滅皆日。疏按：諸侯葬，大國例日，次國月，小國時，當由此而推得之。**卑國月，**卑國者，中國之青州微國而不能與會盟，夷狄而未能同中國也。中國卑國，則降而月之；夷狄卑國，則進而月之，如譚、遂、甲氏、萊、徐、陸渾戎①是也。**夷狄不日。**不日，謂時也。夷狄，謂州、弦、温、江、黄、項、厲、六、庸、舒蓼、舒鳩、舒庸、巢，皆外州微國之遠者也。疏《春秋》月不爲正例，此以日、時定中國、夷狄、卑國。中國、夷狄皆有以消息，其閒雖三術，實二例而已。按：從夷狄進日者唯嬰兒，從中國而時者唯繒，故于此二條發傳也。**其日**據夷狄不日。**潞子**言子，進之在七等之首。**嬰兒，賢也。**莒潰日，傳曰：「莒雖夷狄，猶中國也。」賢，故從中國例。甲氏不言子，此言子者，潞子離夷狄而歸中國，以此得之，《春秋》謂之潞子，以致其意。名者，失地名。

---

① 陸渾戎：原作「賁陸戎」，據《穀梁傳》昭公十七年改。

秦人伐晉。「魏顆敗秦師于輔氏。」不書者，略之。疏《年表》：「晉、秦伐我。」

王札子殺召伯、毛伯。劉子云：札子殺二卿，天王不能誅，故宣榭災。按：外諸侯殺、弑必有名，此何以不名？内外異例，故别異之。疏札，《左傳》作捷，名也。札子，猶言子。札，王子也。不言王子札者，起當上也。不言王札者，王臣必氏，以子起王子也。《左傳》：「王孫蘇與召氏、毛氏争政，使王子捷殺召戴公及毛伯衛，卒立召襄。」

王札子者，據殺事不繫大夫。當上之辭也。不言天王，乃王札子主之。以王札子當天子，故曰當上之辭也。使以别事，不爲當上。疏王札子與王季子同文。季字，母弟，札名。長庶言子，皆王子。殺召伯、毛伯，不言其，何也？據當上，當言其大夫。兩下相殺也。據不言其大夫，知兩臣相殺。兩下相殺，不志乎《春秋》。昭八年陳招殺陳偃師，十三年楚棄疾殺比，皆非兩下相殺，正辭。此其志，何也？據兩下相殺，或累言君，或竊諸盜，不以兩下累言。矯王命以殺之，據書，知非兩下相殺；據當上，知矯王命也。非忿怒相殺也，以私忿自相殺，私事不志乎《春秋》。故曰：以王命殺也。以王命殺之，是謂當上。以王命殺，則何志焉？據雖以王命，終是兩下相殺，可不志。爲天下主者，天也；據天在王上也。《春秋》王爲天下主，諸侯爲一國主，以王主諸侯，以諸侯主一國，王無所主，歸本于天，天主王，故爲天下主。《春秋》以天治王，孔子曰：「畏天命。」又曰：「五十而知天命。」繼天者，君也；據王在天下也。《春秋》王者承天，故以天加王。曰天王者，如臣事君；曰天子者，如子事父，王子①、天子有臣子之義。繼天者，如子繼父，臣繼君而爲治也。君之所存者，命也。

① 王子：原作「王于」，據日新本、鴻寶本改。

傳曰：「人之所以爲人者，言也。人而不言，何以爲人？」故《春秋》貴命也。又曰：「人之于天也，以道受命；于人也，以言受命。」孔子曰：「畏大人。」爲人臣而侵其君之命而用之，是不臣也；劉子云：「湯問伊尹曰：『三公、九卿、大夫、列士，其相去何如？』伊尹對曰：『三公者，知通于大道，應辯而不窮，辯于萬物之情，通于天道者也；其言足以調陰陽，正四時，節風雨，如是者，舉以爲三公。故三公之事，常在道也。九卿者，不失四時，通于溝渠，修隄防，樹五穀，通于地理者也，能通不能通，能利不能利，如此者，舉爲九卿。故九卿之事，常在于德也。大夫者，出入與民同衆，取去與民同利，通于人事，行猶舉繩，不傷于言，言之于世，不害于身，通于關梁，實于府庫；如是者，舉爲大夫。故大夫之事，常在于仁也。列士者，知義而不失其心，事功而不①獨專賞，忠政強諫，而無有姦詐，去私立公，而言有法度；如是者，舉以爲列士。故列士之事，常在于義也。故道德仁義定而天下正，凡此四者，明王臣而不臣。』湯曰：『何謂臣而不臣？』伊尹對曰：君之所不名臣者四：諸父臣而不名，諸兄臣而不名，先王之臣臣而不名，盛德之士臣而不名，此之謂大順也。』」命者，上所以治天下之具也。臣而竊之以殺人，是臣而弄君柄，以臣伐君，是不臣。爲人君而失其命，是不君也。君所以治者，命而已。失其命，使臣得奪之，是失其所以爲君者，故曰不君。君不君，臣不臣，劉子云：「《春秋》者，記君不君、臣不臣、父不父、子不子者也，此非一日之事也，有漸以至焉。」此天下所以傾也。《論語》：「齊景公：『信如君不君，臣不臣，父不父，子不子，雖有粟，吾得而食諸？』」春秋禍亂之起，由于君臣失馭。

秋，螽。劉子云：「宣亡熟歲，數有軍旅。」

---

① 不：原脱，據《説苑·臣術》補。

仲孫蔑會齊高固于無婁。事齊，故重高固。

初稅畝。班氏説：「殷周之盛，《詩》、《書》所述，要在安民，富而教之。故《易》稱：『天地之大德曰生，聖人之大寶曰位。何以守位曰仁，何以聚人曰財。』財者，帝王所以聚人守位，養成羣生，奉順天德，治國安民之本也。故曰：『不患寡而患不均，不患貧而患不安。蓋均亡貧，和亡寡，安亡傾。』是以聖王域民，築城郭以居之，制廬井以均之，開肆市以通之，設庠序以教之，士、農、工、商，四民有業。學以居位曰士，闢土殖穀曰農，作巧成器曰工，通財鬻貨曰商。聖王量能授事，四民陳力受職，故朝亡廢官，邑無敖民，地亡曠土。」「五家爲鄰，五鄰爲里，五里爲族，五族爲黨，五黨爲州，五州爲鄉。鄉，萬二千五百户也。鄰長位下士，自此以上，稍登一級，至鄉而爲卿也。於是①里有序而鄉有庠。序以明教，庠以行禮，而視化焉。春令民畢出在壄，冬則畢入於邑。其《詩》曰：『四之日舉趾，同我婦子，饁彼南畝。』又曰：『十月蟋蟀，入我牀下。嗟我婦子，聿爲改歲，入此室處。』所以順陰陽，備寇賊也。」**疏**「習②禮文也。春將③出民，里胥平旦坐於右塾，鄰長坐於左塾，畢出然後歸，夕亦如之。入者必持薪樵，輕重相分，斑白不提挈。冬，民既入，婦人同巷，相從夜績，女工一月得四十五日。必相從者，所以省費燎火，同巧拙而合習俗。男女④有不得其所者，因相與歌詠，各言其傷。是月，餘子亦在于序室。八歲入小學，學六甲五方書計之事，始知室家長幼之節。十五入大學，學先聖禮樂，而知朝廷君臣之禮。其有秀異者，移鄉學於庠序；庠序之異者，移國學于少學。諸侯歲貢少學之異者于天子，學于大學，命曰造士。行同能偶，則别之以射，然後爵命焉。孟春

---

① 是：原脱，據《漢書・食貨志》補。
② 習：原脱，據《漢書・食貨志》補。
③ 將：原作「秋」，據《漢書・食貨志》改。
④ 女：原作「子」，據《漢書・食貨志》改。

之月，羣居者將散，行人振木鐸，徇于路以采詩，獻之大師，比其音律，以聞于天子。故王者不窺牖户而知天下。此先王制土處民、富而教之之①大略也。故孔子曰：『道千乘之國，敬事而信，節用而愛人，使民以時。』故民皆勸功樂業，先公而後私。其《詩》曰：『有渰凄凄，興雲祁祁，雨我公田，遂及我私。』民三年耕，則餘一年之蓄。衣食足而知榮辱，廉讓生而争訟息，故三載考績。孔子曰『苟有用我者，期月而已可也，三年有成』，成此功也。三考黜陟，餘三年食，進業曰登；再登曰平，餘六年食；三登曰泰平，二十七歲，遺九年食。然後王②德流洽，禮樂成焉。故曰『如有王者，必世而後仁』，繇此道也。周室既衰，暴君汚吏慢其經界，繇役横行，政令不信，上下相詐，公田不治。故魯宣公初税畝，《春秋》譏焉。於是上貪民怨，災害生而禍亂作。陵夷至于戰國，貴詐力而賤仁誼，先富有而後禮讓。」

初者，始也。謂著爲令。**古者什一，**《孟子》曰：「夏后氏五十而貢，殷人七十而助，周人百畝而徹，其實皆什一也。」**藉而不税。**《王制》：「古者公田藉而不税，市廛而不税，關譏而不征。」《孟子》曰：「助者，藉也。」龍子曰：『治地莫善于助，莫不善於貢。』」藉，借也。謂借民力治公田，不税民之私也。言藉者，改周之文，從殷之質。**初税畝，**此初税畝與成元年作丘甲、哀十二年用田賦相比。**非正也。**據古不税，此税之，不正。**古者三百步爲里，名曰井田。井田者，九百畝，**《王制》：「方一里者，爲田九百畝。方十里者，爲方一里者百，爲田九萬畝。方百里者，爲方十里者百，爲田九十億畝。方千里者，爲方百里者百，爲田九萬億畝。」**公田居一。**《孟子》曰：「井

---

① 之：原脱，據《漢書·食貨志》補。

② 王：景祐本《漢書·食貨志》作「至」。

九百畝，其中爲公田。八家皆私百畝，同養公田。」私田稼不善，則非吏；公田稼不善①，則非民。《孟子》曰：「公事畢，然後敢治私事。」初税畝者，非公之去公田，而履畝《王制》云：「凡四海之内，斷②長補短，方三千里，爲田八十萬億一萬億③畝。方百④里爲田九十億畝，山陵、林麓、川澤、溝瀆、城郭、宫室、塗巷三分去一，其餘六十億畝。」又云：「古者以周尺八尺爲步，今以周尺六尺四寸爲步。古者百畝，當今東田百四十六畝三十步。古者百里，當今百二十一里六十步四尺二寸二分。」十取一也，以公之與民爲已悉矣。劉子云：「是時民患力役，民懈于公田，于是税畝。税畝者，就民田畝擇其美者税什一。」古者公田爲居，井竈葱韭盡取焉。《食貨志》：「理民之道，地著爲本。故必建步立畝，正其經界。六尺爲步，步百爲畝，畝百爲夫，夫三爲屋，屋三爲井，井方一里，是爲九夫。八家共之，各受私田百畝，公田十畝，是爲八百八十畝，餘二十畝以爲廬舍。出入相友，守望相助，疾病相救，民以和睦，而教化齊同，力役生産可得而平也。民受田，上田夫百畝，中田夫二百畝，下田夫三百畝。歲耕種者爲不易上田，休一歲者爲一易中田，休二歲者爲再易下田，三歲更耕之，自爰其處。農民户人已受田，其家衆男爲餘夫，亦以口受田如比⑤。士工商家受田，五口乃當農夫一人。此謂平土可以爲法者也。若山陵藪澤原陵淳鹵之地，各以肥磽多少爲差。有賦有税。税謂公田什一及工商衡虞之入也。賦貢車馬甲兵士徒之役，充實府庫賜予之用。税給

① 則非吏公田稼不善：原脱，據《穀梁傳》宣公十五年補。
② 斷：原作「絶」，據《禮記・王制》、鴻寶本作改。
③ 億：原作「一」，據《禮記・王制》、鴻寶本改，下同。
④ 方百：原作「一」，據《禮記・王制》、鴻寶本改。
⑤ 比：原作「此」，據《漢書・食貨志》、鴻寶本改。

郊社宗廟百神之祀，天子奉養百官禄食庶事之費。民年二十受田，六十歸田。七十以上，上所養也；十歲以下，上所長也；十一以上，上所強也。種穀必雜五種，以備災害。田中不得有樹，用妨五穀。力耕數耘，收穫如寇盜之至。還廬樹桑，菜茹有畦，瓜瓠果蓏殖於疆①易。雞豚狗彘毋失其時，女修蠶織，則五十可以衣帛，七十可以食肉。在壄曰廬，在邑曰里。」

冬，蝝生。劉子云：「蝝，螟始生也，一曰蝗②始生。是時民患力役，解于公田，宣是時初税畝。税畝者，就民田畝擇美者税其什一，亂先王制而爲貪利，故應是而蝝生，屬蠃蟲之孽。」

蝝據言螟，不言蝝。非災也。冬而蝝始生，不成災。其曰蝝，據不成災不志。非税畝之災也。非當爲幸。書蟲災皆在秋時，蝝在夏末，冬無爲蝝。秋而税畝，冬而蝝生，言天人相應之速也。雖不成災，猶志之，以明天災之速。謂天之愛魯，幸之也。劉子云：楚莊王三年無災則憂，以爲天之棄也。**疏**《公羊》云：「蝝生不書，此何以書？幸之也。幸之者何？猶曰受之云爾。」《左傳》：「冬，蝝生，饑，幸之也。」二傳皆作幸，此本作非，幸、非字畫相近，不知者據上非災而改。

饑。此蟲災也。其在蝝下者，承蝝言之也。蝝初生，亦有損于穀。

十有六年

---

① 疆：原作「彊」，據《漢書・食貨志》、日新本、鴻寶本改。

② 蝗：原作「螟」，據《漢書・五行志》改。

春，王正月，晉人滅赤狄甲氏及留吁。劉子云：「晉滅二國。」二伯不言滅國，僖二年滅夏陽①者，晉未伯也，以下晉不見滅國，以二伯不可言滅也。此再言滅，以爲夷狄，乃一見之。月者，進之也。中國滅夷狄不志，志者以進，從卑國例。**疏**《晉世家》：「七年，晉使隨會滅赤狄。」

夏，成周宣榭災。成周，王居也。劉子云：「傳曰：『成周，東周也。』」又曰：「以爲十五年王札子殺召伯、毛伯，天子不能誅，天戒若曰：不能行政令，何以禮樂爲而藏之？」

周災不志也。**疏**也，當爲地。其曰宣榭，何也？劉子云：外災不言宮觀，略之也。以樂器之所藏《王制》：「樂正崇四術，立四教，順先王《詩》、《書》、《禮》、《樂》以造士。春、秋教以《禮》、《樂》，冬、夏教以《詩》、《書》。」目之也。《公羊》：「何言乎宣榭災？樂器藏焉。」班氏說：「榭者所以藏樂。宣，其名也。」目宣榭者，黜武樂。子曰：「樂則韶舞。」又「子謂《韶》：『盡美矣，又盡善也。』謂《武》：『盡美矣，未盡善也。』」

秋，郯伯姬來歸。反曰來歸，見絶于夫家也。**疏**此與成五年「杞叔姬來歸」同。

冬，大有年。有年不書，惟桓、宣書大有年者，以爲天富淫人也。

五穀大熟爲大有年。

十有七年據《左傳》、《世家》，晉郤克如齊，頃公母笑之，在此年。《春秋》傳以敘鞌戰，前附二年末范注乃以爲經脱「季孫行父如齊」，誤矣！

---

① 夏陽：原作「下陽」，據《穀梁傳》僖公二年改。

春，王正月，庚子，許男錫我卒。日卒，起爲外卒正。

丁未，蔡侯申卒。**疏**《蔡世家》：蔡文侯立二十年卒，景侯固立。丁未，有日無月，譏其失繫而從楚也。

夏，葬許昭公。日卒時葬，小國正也。許卒日葬時，小國爲定例，以有定起無定。蔡而同許者，是貶從小國例，大國無時葬者；知日、月、時三等，爲三等國分屬之。傳「中國日，卑國月，夷狄時」，可推也。

葬蔡文公。蔡，方伯也，以方伯而下同許之不月，貶之也。相比而意見。**疏**從此至成八年乃見。

六月，癸卯，日有食之。劉子云：「後邾支解繒子，晉敗王師于貿戎，敗齊于鞌。」

己未，公會晉侯、衛侯、曹伯、邾子，同盟于斷道。大國不言齊、宋，次國不言陳、鄭，小國何以言同盟？存中國也。齊、楚結盟，陳、鄭從楚，魯、衛爲齊所侮，求晉報之。言此以起鞌之戰也。

同者，有同也，同外楚也。齊桓爲伯，天下諸侯皆在，此齊一匡天下，如鄭莊公故事。晉伯，《左傳》以爲用平禮；本傳于桓同盟以爲尊周，于晉同盟皆云外楚，以晉與楚分伯諸侯，中國統中國，夷狄統夷狄，中分天下，狎主齊盟。桓會可以敘江、黄，爲偏至辭；至于晉，則不敘外國，雖陳，猶外之于同盟，故晉禮待不如桓公也。**疏**此晉三同盟。中國乃言同盟，同盟不見之國皆從楚者。宣世楚彊，同盟僅五國存之也。

秋，公至自會。二會晉也。公厭三桓，思結晉以去之，故與晉會。明年，使歸父如晉，謀去三桓也。

冬，十有一月，壬午，公弟叔肸卒。宣不卒大夫，赤①無臣子也。前卒遂、得臣，起逆黨，故疏之。此記肸，

---

① 赤：原作「般」，據《穀梁傳》文公十八年廖注「宣公長，弒子赤」及宣公下廖注「宣公弒立，故不卒大夫」改。

非之者也。故稱弟。一榮一辱，以示法而已。《春秋》公子不爲大夫者不卒，此卒者，特進之。不爲大夫，故以親舉之曰弟。

其曰公弟叔肸，據季友言字不言弟。賢之也。叔字，肸名。內臣卒，當以名，此兼稱字者，賢而進之，與季友同也。進則何以不單言字？君前臣名，上繫君，不可字，且與不名正例相混，故名字並見。季友在僖世不可言弟，故但言公子。其賢之何也？據其行事不見經，與季友不同，是未爲大夫。宣弒而非之也。據師說。事實如此，師因弟子問事，乃言之。非之，則胡爲不去也？據衛專出奔。桓元年，傳曰：「百姓不能去。」曰：兄弟也，何去而之？董子云：「公子無去國之義。」班氏說：「親屬諫不得放者，骨肉無相離之義也。」臣三諫不聽則去，子不得去。延陵得去者，非母①弟；鱄得去者，所傷在己。《春秋》褒其有信，特取之耳。與之財，則曰：「我足矣。」不受宣之財粟，以其爲不義也。織屨而食，自食其力，與衛專同。終身不食宣公之食。此非大夫而卒之者，以其賢也。如非賢，則大夫猶不得卒，何況未食禄者？以後言叔氏者，爲賢者録子孫也。特稱叔字，以著叔之爲肸後。《春秋》因賢肸而卒之也。君子以是爲通恩也，心非宣公，不討不去，閨門以恩掩義也。劉子云：「延陵季子曰：『爾殺吾君』，『吾又殺爾，是父子兄弟相殺無已時也』。」「君子謂其不殺爲仁」，蓋謂通義也。以取貴乎《春秋》。劉子云：「肸，宣公之同母弟也。」公子肸，「其仁恩厚矣，其守節固矣，故《春秋》美而貴之。」《春秋》絶亂源，不正之君已立而弑，以弑君罪之者，所以塞奸賊之路也。弑君賊本所宜討，但其事久已成，又有骨肉之恩，《春秋》不許其傷恩，以親討之，故季札、魯肸皆取其通恩不殺也。

十有八年《年表》：「蔡景侯固元年。」

① 母：鴻寶本作「兄」。

春，晉侯、衛世子臧伐齊。二伯不相伐，凡目伐者，非二伯之辭也。齊伐晉者，晉失伯；晉伐齊者，齊失伯也。齊自踐土以後數十年不會盟諸侯，《春秋》以下貶之爲方伯，言滅國，不言公如，明皆爲方伯，非二伯辭也。臧後立爲定公。伐齊獨敘二國者，以從楚者多。又公事齊，方伯從齊、楚，卒正畏齊，故惟以衛行也。**疏**《晉世家》：「九年，晉伐齊，齊使太子彊爲質于晉，晉爲罷兵。」

公伐杞。內三用兵于杞，以下不見矣。以上二見皆言入杞，此①言伐，輕于入。此有所得，爲下晉城杞、晉悼夫人疆杞田見也。公伐杞，明公不助齊、晉也。

夏，四月。

秋，七月，邾人戕繒子于繒。繒自僖十六年再見于此。前見邾人用之，此言邾人戕之，兩見前後皆受禍于邾人，何也？以繒爲邾所屬之國，一卒正統六連帥，故邾得治之也。小國不言滅國，莒得言滅繒者，亦以繒小，故得言滅。執、戕、滅三見，皆魯屬卒正爲之，則繒之爲連帥，爲卒正所統明矣。不日、繒不卒者，月以謹之。

戕猶殘也，捝殺也。劉子云：「邾支解繒子。」**疏**君殺于鄰國曰殺，陳佗是也。殺非其殺道曰戕，繒子是也。

甲戌，楚子呂卒。始卒楚子。**疏**《楚世家》：「二十三年，楚莊王卒，子共王審立。」

夷狄不卒，據文以上楚不卒，襄以上吳不卒。卒，少進也。據楚只此記卒，吳襄二年始卒。卒而不日，據莒、夷狄皆不日。楚、吳皆夷狄，楚早出，賢行多；吳晚出，賢行少；以楚較吳，楚爲優。故楚日吳月，爲二等，

---

① 此：原作「皆」，據鴻寶本改。

各以其國爲斷，不關本君。日，少進也。日而不言正不正，據楚皆日，吳皆月，楚雖不正，亦日。簡之也。中國言正不正，録之詳。夷狄賤惡，不復言正不正，故但以日、月定二夷優次，不復各隨本君攷之。不葬者，《春秋》之例，凡中國書葬，夷狄不書葬者，亦不卒卒者。大夷惟吳、楚，小夷惟莒。秦非實夷狄，得葬之也。楚卒皆日，吳卒皆月，始一時；秦卒皆時，終一日也。

公孫歸父如晉。劉子云：「時三桓子孫①始執國政，宣公欲誅之，恐不能，使②大夫公孫歸父如晉謀③。」歸父，遂之子也。卒不疏者，歸父無後，嬰齊繼嗣，故獨貴嬰齊，且以起歸父奔非其罪也。

冬，十月，壬戌，薨于路寢。公不事晉，此使歸父如晉者，欲去三桓也。託于三桓執國，不事晉而事齊，欲因以除去三桓，故終公之世，惟此一事與晉交。

正寢也。解見前。疏《魯世家》：「宣公卒，子成公黑肱立，是爲成公。」《魯世家》：「季文子曰：『使我殺適立庶失大援者，襄仲。』襄仲立宣公，公孫歸父有寵④。宣公欲去三桓，與晉謀伐三桓，會宣公卒，季文子怨⑤之，歸父奔齊。」

歸父還自晉。至檉，遂奔齊。致之挈，由上致之也。

---

① 子孫：原脱，據《漢書·五行志》補。
② 使：原作「治」，據《漢書·五行志》改。
③ 「謀」下原衍「之」字，據《漢書·五行志》、日新本、鴻寶本删。
④ 有寵：原作「不然」，據《史記·魯世家》改。
⑤ 怨：原作「恐」，據《史記·魯世家》改。

還者，事未畢也。自晉，事畢也。解見文十三年。與人之子人謂公子遂，子謂公孫嬰齊也。魯人逐歸父而世嬰齊，明逐不以罪也。故赦不疏而嬰齊氏仲。守其父之殯，時宣未葬，故曰守殯。捐殯而奔其父之使者，喪不貳事，逐父使，失禮。是以奔父也。劉子云：「歸父未反，宣公薨。三家譖歸父于成公，成公父喪未葬而逐其父之臣，使奔齊。」《論語》：「子曰：『三年無改於父之道，可謂孝矣！』」三家專政，宣公謀去之，事未成而薨，成公當繼成其事，乃父方死而逐其父之使，是失道也。」

至檉，遂奔齊。此以謀逐三桓見逐也。何以見爲三桓所逐？僖以後公子無得氏者，三家執政而公族亡，以此見之也。疏 檉，内地。凡自外言至，皆内地。奔齊者歸父，與齊有舊，魯不事晉，公已薨，不敢如晉也。不日者，不可以日計。

遂，繼事也。凡言遂，皆大夫自專，無君命，由此推之可見也。

穀梁春秋經傳古義疏卷七

成公成世晉、楚爲二伯，齊、魯、衛、鄭爲晉屬中國方伯，秦、陳、蔡、吴爲楚屬夷狄方伯。齊本二伯，以鞌戰後退爲方伯，故以下不言公如齊，而言公如楚。

疏《魯世家》：「宣公卒，子黑肱立，是爲成公。」

元年《年表》：「周定王十七年，齊頃九年，晉景十年，宋文二十一年，陳成九年，蔡景二年，衛穆十年，鄭襄十五年，秦桓十四年，楚共王審元年，曹宣公五①年，杞桓公四十七年。」

春，王正月，公即位。

二月，辛酉，葬我君宣公。葬在即位後，殯然後即位也。

無冰。劉子云：「時公幼弱，政舒緩也。」疏一曰：「無冰，天下異也。」時楚横行中國，王札子殺召伯、毛伯，晉敗天子之師於貿戎，天子皆不能討。

終時無冰則志，據桓無冰在春終。此未終時而言無冰，何也？二月時未終，而言無冰，恐三月將有冰。終無冰矣，丑月寒令尚燠，此月無冰，知無冰。加之寒之詞也。謂此月最寒也。寒不甚，則於時終紀無冰；寒甚，則於二月紀無冰。

---

① 五：原作「十二」，據《史記·十二諸侯年表》改。

三月，作丘甲。作丘甲，畏齊也。季孫有報齊之志，故作甲以圖報。【疏】班氏説：「自黄帝有涿鹿之戰以定火災，顓頊有共工之陳以定水害。唐虞之際，至治之極，猶流共工，放讙兜，竄三苗，殛鯀，然後天下服。夏有甘扈之誓，殷、周以兵定天下矣。天下既定，戢臧干戈，教以文德，而猶立司馬之官，設六軍之衆，因井田而制軍賦。地方一里爲井，井十爲通，通十爲成，成方十里；成十爲終，終十爲同，同方百里；同十爲封，封十爲畿，畿方千里。有税有賦。税以足食，賦以足兵。故四井爲邑，四邑爲丘。丘，十六井也，有戎馬一匹，牛三頭。四丘爲甸。甸，六十四井也，有戎馬四匹，兵車一乘，牛十二頭，甲士三人，卒七十二人，干戈備具，是爲乘馬之法。一同百里，提封萬井，除山川沈斥，城池邑居，園囿術路，三千六百井，定出賦六千四百井，戎馬四百匹，兵車百乘，此卿大夫采地之大者也，是謂百乘之家。一封三百一十六里，提封十萬井，定出賦六萬四千井，戎馬四千匹，兵車千乘，此諸侯之大者也，是謂千乘之國。天子畿方千里，提封百萬井，定出賦六十四萬井，戎馬四萬匹，兵車萬乘，故稱萬乘之主。戎馬車徒干戈素具，春振旅以搜，夏拔舍以苗，秋治兵以獮，冬大閲以狩，皆于農隙以講事焉。五國爲屬，屬有長；十國爲連，連有帥；三十國爲卒，卒有正；二百一十國爲州，州有牧。連帥比年簡車，卒正三年簡徒，羣牧五載大簡車徒，此先王爲國立武足兵之大略也。周道衰，法度墮，至齊桓公任用管仲，而國富民安。公問行伯用師之道，管仲曰：『公欲定卒伍，修甲兵，大國亦將修之，而小國設備，則難以速得志矣。』于是乃作内政而寓軍令焉，故卒伍定虖里，而軍政成虖郊。連其什①伍，居處同樂，死生同憂，禍福共之，故夜戰則其聲相聞，晝戰則其目相見，緩急足以相死。其教已成，外攘夷狄，内尊天子，以安諸夏。齊桓②既没，晉文接之，亦先定其民，作被廬之法，總帥諸侯，迭爲盟主。然

---

① 什：原作「計」，據《漢書·刑法志》改。

② 桓：原作「威」，據《漢書·刑法志》改。

其禮已頗僭差，又隨時苟合以求欲速之功，故不能充王①制。二伯之後，寖以陵夷，至魯成公作丘甲，哀公用田賦，搜狩治兵大閱之事皆失其正。《春秋》書而譏之，以存王道。于是師旅亟動，百姓罷敝，無伏②節死難之誼。孔子傷焉，曰：『以不教民戰，是謂棄之。』故稱子路曰：『由也，千乘之國，可使治其賦也。』而子路亦曰：『千乘之國，攝虖大國之間，加之以師旅，因之以饑饉，由也爲之，比及三年，可使有勇，且知方也。』治其賦兵，教以禮誼之謂也。」「『齊桓晉文之兵，可謂入其域而有節制矣，然猶未本仁義之統也。故齊之技擊不可以遇魏之武卒，魏之武卒不可以直秦之鋭士，秦之鋭士不可以當桓、文之節制，桓、文之節制不可以敵湯、武之仁義。』故曰：『善師者不陳，善陳者不戰，善戰者不敗，善敗者不亡。』若夫舜修百僚，咎繇作士，命以『蠻夷猾夏，寇賊姦軌』，而刑無所用，所謂善師不陳者也。湯、武征伐，陳師誓衆，而放禽桀、紂，所謂善陳不戰者也。齊桓南服强楚，使貢周室，北伐山戎，爲燕開路，存亡繼絶，功爲伯首，所謂善戰不敗者也。楚昭王遭闔廬之禍，國滅出亡，父老送之。王曰：『父老反矣！何患無君？』父老曰：『有君如是，其賢也！』相與從之。或奔走赴秦，號哭請救，秦人憐之，爲之出兵。二國并力，遂走吴師，昭王反國，所謂善敗不亡者也。」

作，爲也。顔師古云：「別令人爲丘作甲也。士、農、工、商四類異業，甲者③非凡人所能爲，而令作之，譏不正也。」**丘爲甲也。**《周禮》：「九夫爲井，四井爲邑，四邑爲丘。」丘，十六井。甲，鎧也。使一丘之民皆作甲。**丘甲，國之事也。**禮：百工皆官掌之。**丘作甲，非正也。**丘，農民，不與工作之事。**丘作甲之爲非正，**

① 王：原作「兵」，據《漢書·刑法志》、日新本、鴻寶本改。
② 伏：原作「仗」，據《漢書·刑法志》改。
③ 甲：原作「人」，據《漢書·刑法志》顔注改。

何也？古者立國家，百官具，如《周官》，如董子《官制象天》①篇所言。農工皆有職以事上。古者有四民：劉子云：「《春秋》曰：『四民均，則王道興而百姓寗，所謂四民者，士、農、工、商也。』」班氏説：「聖王域民，築城郭以居之，制廬井以均之，開市肆以通之，設庠序以教之。士、農、工、商，四民有業。學以居位曰士，闢土殖穀曰農，作巧成器曰工，通財鬻貨曰商。聖王量能授事，四民陳力授職，故朝無廢官，邑無敖民，地無曠土。理民之道，地著爲本。」有士民，有商民，通四方之貨者。疏《王制》：「有圭璧金璋，不粥于市。命服命車，不粥于市。宗廟之器，不粥于市。犧牲，不粥于市。戎器，不粥于市。用器不中度，不粥于市。兵車不中度，不粥于市。布帛精麤不中數，幅廣狹不中量，不粥于市。姦色亂正色，不粥于市。錦文珠玉成器，不粥于市。衣服飲食，不粥于市。五穀不時，果實未熟，不粥于市。木不中伐，不粥于市。禽獸魚鼈不中殺，不粥于市。」有農民，農民專播殖耕稼者。有工民。《王制》：「凡執技論力，適四方，贏股肱，決射御。凡執技以事上者，祝、史、射、御、醫、卜及百工。凡執技以事上者，不貳事，不移官，出鄉不與士齒。」夫甲，非人人之所能爲也。工民事，非農與商所能。丘作甲，非正也。書者，譏公盡民利，惟務強民，亂農功之業。

夏，臧孫許及晉侯盟于赤棘。魯以三家爲三卿，臧孫非卿也，何以書？内詳大夫也。詳内略外，如外州見卒正，内則見連帥也。按：許，辰之子，字宣叔。此初與晉盟，宣公世事齊，因齊傲，季孫乃主從晉，故有此盟。疏赤棘，晉近地。《左傳》：晉侯會楚公子罷，亦于赤棘。罷既已涖盟，又盟于赤棘，當與此事同。

秋，王師敗績于貿戎。先舉王師，後言敗績，自敗之辭也。不言敵，乃敗績正例。

---

① 官制象天：原作「立官象天」，據《春秋繁露》改。

不言戰，據魯諱敗言戰。莫之敢敵也。言戰則必列及，是敵也。爲尊者諱敵，不諱敗；傳曰：「爲尊者諱恥。」據王師不言戰而言敗績，《春秋》尊周也。尊以敵爲辱，故諱敵，不諱敗。爲親者諱敗，不諱敵，傳曰：「爲親者諱疾。」據魯言戰不言敗，《春秋》親魯也。親則以敗爲隱，故諱敗，不諱敵。尊尊親親之義也。《春秋》尊周親魯，尊之不敵，愈以見尊，凡周與列國異文者皆尊周；親之不敗，愈以見親，凡内與外異文者皆親魯。此經之大例也。然則孰敗之？據貿戎，地如自敗文。晉也。劉子云：「周室多禍，晉敗其師于貿戎。」疏 據趙穿侵崇也。不言崇言貿戎者，辟晉敗之也。《春秋》爲賢者諱過，二伯爲賢，故諱敗王師。言侵者，侵天子地不明，可言；敗王師，則不可言也。

冬，十月①。

季孫行父秃，髮少。晉郤克眇，目眇。衛孫良夫跛，足疾。曹公子手僂，身曲。同時而聘②于齊。四國同盟于齊，二伯、方伯、小國同聘于大國也。齊使秃者御秃者，使眇者御眇者，使跛者御跛者，使僂者御僂者。御音③迓，迎也。于齊臣中擇有同疾者相迓，以爲笑。疏 據此可見，古人不以形貌爲資格。蕭同姪子疏《左傳》作蕭同叔子。處臺上而笑之，聞於客，婦人不檢至此，齊侯縱之也。客不説而去，相與立胥閭而語，移日不解。謀所以報齊，謀久不決。齊人有知之者，曰：「齊之患，

---

① 「十月」下日新本有「《集解》以爲此脱『季孫行父如齊』六字」。
② 聘：原作「盟」，據《穀梁傳》成公元年改。
③ 音：原脱，據《春秋穀梁傳注疏》成公元年范寧《集解》補。

必自此始矣！」傳謹禍患之始。言此者爲下鞌戰。攷聘齊不在此年，傳先言此事附經，時因冬無事，故繫於其下，今仍之。《集解》以爲經脱「季孫行父如齊」六字，則誤矣！**疏**《齊世家》：「頃公六年春，晉使郤克于齊，齊使夫人帷中而觀之。郤克上，夫人笑之。郤克曰：『不是報，不復涉河！』歸，請伐齊，晉侯弗許。齊使至晉，郤克執齊使者四人河内，殺之。八年，晉伐齊，齊以公子強質晉，兵去。」

二年成編事實，三傳全同，大事細微皆合。惟邾①、入運、甲午晦三事小有異同。然各説一義，不爲大異也。

春，齊侯伐我北鄙。宣事齊篤，成立而與晉盟，故伐魯之貳於晉。**疏**已開隙於四國，猶復伐人，齊以強自驕縱，故取敗。

夏，四月，丙戌，衛孫良夫帥師及齊師戰于新築，衛師敗績。劉子云：「齊頃公，桓之子孫也，地廣民衆，兵強國富，又得霸者之餘尊，驕蹇怠傲②，未嘗肯出會同諸侯，乃③興師伐魯，反敗衛師於新築。」按：齊大衛小，衛雖爲主，當以齊及衛。此何以先衛？齊失伯之辭。伯者不與中國戰，言戰亦失伯之辭。衛爲次國，亦當有二軍，見四大夫，但

---

① 邾：疑當作「鄟」。據成公六年經云「取鄟」，《穀梁傳》以鄟爲國，《公羊傳》以鄟爲邾婁之邑，廖氏「疑邾屬國」。

② 傲：原作「敖」，據《説苑・敬慎》改。

③ 乃：原作「及」，據《説苑・敬慎》、日新本、鴻寶本改。

詳主將，故略之，以内見四大夫起之也。**疏** 齊伐衛也。以客①及之者，遇齊伐我之師，故客②齊也。

六月，癸酉，季孫行父、臧孫許、叔孫僑如、公孫嬰齊帥師會晉郤克、衛孫良夫、曹公子手，及齊侯戰于鞌，齊師敗績。劉子云：「齊頃輕小慢大之行甚。俄而，晉、魯以往聘，以使者戲，二國怒，歸求黨與助，得衛與曹，四國相輔，期戰於鞌，大敗齊師，獲齊頃公，斬逢丑父。於是懼然大恐。賴丑父之欺，奔逃得歸。」按：内將見一卿，此見四卿，明凡師皆四卿，舉主將一人而已。臧孫在叔孫上者，佐上軍也。不言孟孫者，一卿居守也。晉之將帥非一人，此何以但目郤克？舉其主將，上下軍士燮、欒書可不言。凡帥師皆同，非獨晉爲然。**疏** 嬰齊，文公孫，叔肸子，四見經。手，《左》作首，曹一見公子公孫手。會言郤克，起下殺三郤。《齊世家》：「十年春，齊伐魯、衛。魯、衛大夫如晉請師，皆因郤克。晉使郤克以車八百乘爲中軍將，士燮將上軍，欒書將下軍，以救魯、衛，伐齊。六月壬申，與齊侯兵合靡笄下。癸酉，陳於鞌。逢丑父爲齊頃公右。頃公曰：『馳之，破晉軍會食。』射傷郤克，血流至履。克欲還入壁，其御曰：『我始入，再傷，不敢言疾，恐懼士卒，願子忍之！』遂復戰。齊急，丑父恐齊侯得，乃易處，頃公爲右，車絓于木而止。晉小將韓厥伏齊侯車前，曰『寡君使臣救魯、衛』，戲之。丑父使頃公下取飲，因得亡，脱去，入其軍。晉郤克欲殺丑父。丑父曰：『代君死而見僇，後人臣無有忠其君者矣！』克舍之，丑父遂得亡歸。」

其日，據日在會上。或曰日其戰也，凡敗皆日。或曰義得相通，則可并存其説。日其悉也。悉謂詳。内二軍將佐四人，不如常例，但目主將。曹無大夫，其曰公子，何也？據無大夫，不言公子。以吾之

① 客：原作「克」，據鴻寶本改。
② 客：原作「克」，據文意改。

四大夫在焉，小國之上卿位當大國之中，內既見二佐之臧孫、嬰齊，則曹之卿自得敘也。**疏**次國二軍，何以同時見四大夫？二軍四卿，一將一佐，一見以示例也。魯方伯，位同天子之卿，其卿同天子大夫，其大夫同天子之士，三卿、九大夫詳於內，得見十二人也。舉其貴者也。不使內詳見四大夫而外乃言人，與外卑者共行戰。

秋，七月，齊侯使國佐如師。君不使乎大夫，此其行使乎大夫者，特以貶齊。**疏**不言來盟，言如師而後盟者，非前定之盟，如師乃議之也。內大夫在曰師。

己酉，及國佐盟于爰婁。齊自晉文會盟後，至此四十餘年不與諸侯相通盟會。此言盟，齊受盟於晉，齊爲方伯之辭也。

鞌去國五百里，國，都城也。鞌爲齊地，已五百里，合計齊地不止方千里矣。《左傳》云：「今大國多數圻。」齊、晉同也。爰婁去國五十里，知五百里、五十里者，以地圖考之。壹戰緜地五百里，從鞌至爰婁。**疏**案：以上說本事，以下兼說襄十八年同圍齊事。焚雍門之茨，雍門，齊城門。茨，蓋也。《詩》：「牆有茨。」**疏**《左傳》襄十八年「伐雍門之萩」。按：《左》于此戰不詳此事。侵車東至海。侵車，侵伐之車。言時侵齊，乃至海。《左傳》襄十八年「東侵及濰，南及沂」，此戰未嘗至海。君子聞之，曰：兼指三事而言。「夫甚！」甚之辭焉，此戰于鞌，乃盟于爰婁。襄十八年，焚雍門之茨，侵車至海。言因齊之敗，逼之甚。齊有以取之也。頃、靈二君皆有以取之。齊之①有以取之，何也？此但問本事。敗衛師于新築，侵我北鄙，魯、衛，周同姓

---

① 之：原脱，據《穀梁傳》成公二年補。

二方伯。敖郤獻子，又得罪于大國。獨目郤克，舉其大者。齊有以取之也。以驕敖致敗，驕爲國之大戒。劉子云：「明主有三懼：一曰處尊位而恐不聞其過，二曰得意而恐驕，三曰聞天下之至①言而恐不能行。何以識其然也？越王與吳人戰，大敗之，兼有九夷。當是時也，南面而立，近臣三，遠臣五，令羣臣曰：『聞吾過而不告者，其罪刑。』此處尊而恐不聞其過者也。昔者晉文公與楚人戰，大勝之。燒其軍，火三日不滅，文公退而有憂色，侍者曰：『君大勝楚，今有憂色，何也？』文公曰：『吾聞能以戰勝而安者，其唯聖人乎！若夫詐勝之徒，未嘗不危也，吾是以憂。』此得意而恐驕也。昔者，齊桓公得管仲、隰朋，辨其言，説其義，正月之朝，令具太牢，進之先祖，桓公西面而立，管仲、隰朋東面而立，桓公贊曰：『自吾得聽二子之言，吾目加明，耳加聰，不敢獨擅，願薦先祖。』此聞天下之至言而恐不能行者也。」爰婁在師之外。謂國佐方來求盟，未入師中，而郤克與之約也。郤克曰：「反魯、衛之侵地，前後所取於二國之邑，下汶陽田是也。取不見經，爲内諱，且見者不再見。以紀侯之甗來，兵敗皆有所賂，戎捷、衛寶、郜鼎是也。紀侯甗，蓋齊滅紀所得。以蕭同姪子之母之母二字疑衍。爲質，前爲所笑，故欲以爲質。

【疏】據此，則質子《春秋》常事，傳言「交質子不及二伯」者，經義如此，故《春秋》於交質之事絶不一書。使耕者皆東其畝，《詩》言阡陌曰「衡從其畝」，言四方屬地曰「南東②其畝」。曰南畝，無西北之文。曰南畝，謂南極之地尚農粒食。「南東其畝」亦謂東、南方皆成田畝。東其畝，齊在晉東方，地雖屬齊，晉收其田畝之賦税，故《左傳》「盡東其畝」，則是鄙我也。鄙謂外屬，如今泰西屬國。戰國，秦、楚屬地有在山東者是也。秦如滅鄭，則以鄭爲鄙，所謂「越國鄙遠」是

① 至：原作「忠」，據《説苑・君道》改。
② 南東：原作「東南」，據《詩・信南山》乙，下同。

也。**疏**《齊世家》：「晉軍追齊侯至馬陵，齊侯請以寶器謝，不聽，必得笑克者蕭桐叔子，令齊東畝。」然後與子盟。」要約四事，然後與盟，齊爲晉所屬。國佐曰：「反魯、衛之侵地，**疏**《衛世家》：「孫良夫救魯伐齊，復得①侵地。」以紀侯之甗來，則諾。許其二事。以蕭同姪子之母爲質，「之母」二字疑因下文而衍，上文無二字，《左傳》、《公羊》亦無。則是齊侯之母也；齊侯之母猶晉君之母也，晉君之母猶齊侯之母也。戰而執人之母，非禮。齊、晉二伯如兄弟，故曰「猶晉君之母」。《孝經》曰：「愛親者不敢惡於人，敬親者不敢慢於人。」**疏**《史記》：高祖謂項羽曰：「吾翁即若翁。」即用此傳之義。使耕者盡東其畝，則是終土齊也。土齊，謂以齊爲晉屬邑，土齊即割地，地雖在齊，晉收其賦稅。舊説謂利戎車，《詩》「衡從其畝」，以阡陌言，則縱橫因地自然，斷無有東西、無南北之理，且利戎車亦主客相同，盡改田畝，事極難行，於晉無大利，不知畝無東法也。按：《周官》：以土圭土地中。土，度也。不可！駁其二事。請壹戰。壹戰不克，請再。再不克，請三。三不克，請四。四不克，請五。以五言之，經有五卜。五不克，舉國而授！」舉國而授，則不得但許其四事。於是而與之盟。國佐不屈，魯、衛畏而爲之請晉，因而與之盟。

八月，壬午，宋公鮑卒。**疏**《宋世家》：「二十二年，文公卒，子共公瑕立。」日者，不正，前見矣。

庚寅，衛侯速卒。**疏**《衛世家》：「十一年穆公卒，子定公臧立。」

取汶陽田。田者閒田，非本封，可以出入。故土地出入，皆托之田以避諱之。若實邑本封，先君受之天子，不敢言

---

① 復得：原作「得復」，據《史記·衛世家》乙。

歸、取。此分齊侵地，不言齊，諱會四國伐取田。疏《公羊》：「汶陽田者，鞌之賂也。」自此以後，齊貶爲方伯，楚升爲二伯。齊爲兖州，衛爲冀州，鄭爲豫州，魯爲青州，此内方伯也。外則陳屬荆州，故陳不與中國盟。公不如齊。《年表》：「與晉伐齊，齊歸我汶陽之田。」

冬，楚師、鄭師侵衛。伐衛以救齊。疏《左傳》：「冬，楚師侵衛，遂侵我，師于蜀。」「魯請盟，楚人許平。」

十有一月，公會楚公子嬰齊于蜀。此蜀在青州，魯近地。《左傳》：「楚①於是有蜀之役。」劉子説亦從《左傳》。此無别事而下再舉地，非一地矣。何以再地皆目蜀？蜀爲近地，爲匱盟，故同以蜀言之，以爲盟非梁州之蜀也。例：公不會大夫，此不諱者，楚無大夫，與莒人同，故不諱也。按：下②蜀，今四川，蜀也。《尚書》「庸、蜀、羌、髳、微、盧、彭、濮」，今地多在四川。攷《春秋》以秦爲梁州伯，故記秦事多在梁州，如梁亡，楚、秦、巴滅庸，秦入鄀，皆在梁州。此蜀亦在梁。攷自殽以後秦師東道不通，未嘗至山東，則匱盟之蜀有秦，必在梁州無疑。梁州之國，經見梁、巴、鄀、庸、蜀、夔、崇七國，備七卒正之數。疏會不月，以盟之月加於會之上，見會盟。楚大夫正言盟會始此，楚新爲二伯也。

楚無大夫，據椒、宜申不氏。此稱公子，貴同大夫。疏楚以上，大夫不專兵，會盟皆目君，自此始言大夫專兵、會盟。其曰公子，傳曰「號從中國，名從主人」也。時楚稱王，嬰齊稱王子，經用内外繙譯，稱之爲公子。疏嬰齊，穆王子，莊王弟，字子重。五見經，兩伐鄭，伐莒，伐吴。何也？據處父猶不氏。嬰齊亢也。亢謂專與諸侯同盟。傳於大國大夫言亢，如處父是也。楚新升爲二伯，大夫尊爲卿，得與公相敵，故得氏公子、有大夫矣。

---

① 楚：原作「我」，據《左傳》宣公十八年改。

② 下：原脱，據鴻寶本補。

丙申，公及楚人、秦人、宋人、陳人、衛人、鄭人、齊人、曹人、邾人、薛人、繒人盟于蜀。此蜀者何？梁州國。何以見非前蜀？以秦不與伐我而與會盟，知不在魯也。何爲以蜀言之？二州皆有蜀。諸侯潛盟于梁州，畏晉，託以爲在山東。城下之盟，《左傳》所謂匱盟也。疏《年表》：「竊與楚盟。」楚在上者，主盟會，新爲二伯也。齊爲二伯，何以序鄭、曹之間？新貶爲方伯，故使在方伯之末、卒正之上也。何以不序乎宋下陳上？宋、齊相連，則貶意不明，故特殿方伯之末以起之。繒及敘者，夷狄主會，故得敘微國曹以下君也。以齊稱人，則從同也。不致者，會夷狄則不致也。

楚其稱人，何也？據楚爲伯，會諸侯當言公子。疏《左傳》：「公及楚公子嬰齊、蔡侯、許男、秦右大夫説、宋華元、陳公孫甯、衛孫良夫、鄭公子去疾及齊大夫盟于蜀。」於是而後公得其所也。《公羊》所謂稱人則不嫌也。公諱會大國大夫，不諱會小國大夫。前會以公會嬰齊，嬰齊亢矣，此貶嬰齊，稱人所以抑其亢，以公盟人，則公獨尊，故曰得所。其人諸國，何也？匱盟也。疏《左傳》：「卿不書，匱盟也。於是乎畏晉而竊與楚盟，故曰匱盟。」蓋楚伐魯、衛，公與嬰齊會于師。楚得齊、魯、衛，乃與秦約，大盟會于蜀，山東諸侯皆從楚，秦而往盟之。當時既屬竊盟，在經亦諱以中國從夷狄會，故以二蜀託爲一地也。會與盟同月，如雞澤同月，無間事。則地會不地盟；雞澤會地，盟不再地。不同月，則地會地盟。叔孫豹會與盟不同月，又非有間事，故再地宋。此其地會地盟，何也？此無間事，又同月。但會言蜀，下不再須地。以公得其所，申其事也。此説經意。兩言蜀，本起非一事；從「得所」言之，則若本一地者然；不地，疑會盟繼事，嬰齊亢意不顯，故地以起一事。今之屈，向之驕也。向氏公子驕亢，嫌嬰齊實如中國稱公子，今故貶稱人。因後之貶，以起前之實非公子，爲奪其王號，故氏公子而後亢意見也。有前之尊驕，不能不有今之卑屈，正名號之義也。

三年《年表》：「宋共公元年，衛定公臧元年。」晉侯再立六卿，楚申公巫臣奔晉。

春，王正月，公會晉侯、宋公、衛侯、曹伯伐鄭。伐不月，月者著之。何爲著之？冬十一月盟于蜀，正月即伐鄭，蓋晉知其匱盟也。蜀之會，公及宋、衛、曹皆在會，諸侯盡從楚，晉侯討鄭而四國協從。盟楚稱人，伐鄭稱爵，進中國而惡夷狄也。**疏**《年表》：「魯會晉、宋、衛、曹伐鄭。」獨言宋、衛，明前會秦、陳、鄭皆楚黨，晉唯有魯、宋、衛、曹者，《春秋》惟三國篤從晉。不序邾、薛、繒，成世猶略小國也。伐鄭，及鄭平也。

辛亥，葬衛穆公。日葬者，伐鄭，衛侯背殯而出，故日以危之①。

二月，公至自伐鄭。月者，危蜀之匱盟。公冬方與鄭同盟，楚主盟，春正月即同晉伐鄭，晉若不知蜀盟者，故危而致，又月，危之甚。

甲子，新宮災，三日哭。劉子云：「時三桓子孫始執國政，宣公欲誅之，恐不能，使大夫公孫歸父如晉謀。未反，宣公死。三家譖歸父於成公。成公父喪未葬，聽譖而逐其父之臣，使奔齊，故天災宣宮，明不用父命之象也。」**疏** 一曰三家親而亡禮，猶宣公殺子赤而立。亡禮而親②，天災宣廟，欲示去三家也。

新宮者，據僖禰廟言西宮。禰宮也。《公羊》：「宣公之宮也。」劉子云：宣謀殺子赤，喪娶，天惡之，生則不享其祀，死則燔其廟。按：喪至此二十八月，喪方畢，主新入廟，故以新言之。不言西者，初入廟，故以新言之。災尤重，言新以起之。三日哭，哀也。其哀，禮也。《禮・檀弓》：「有焚③其先人之室，則三日哭。」班氏說：

---

① 之：原脱，據日新本、鴻寶本補。

② 亡禮而親：原作「親而無禮」，據《漢書・五行志》、日新本、鴻寶本改。

③ 焚：原作「災」，據《禮記・檀弓》改。

「災三日哭，所以然者，宗廟先祖所處，鬼神無形體，曰今忽得天火①，得毋爲災所中？故哭也。」迫近不敢稱謚，據桓宮、僖宮災毁廟，言謚。恭也。班氏説：西宮，《穀梁》以爲宣宮，不言謚，恭也。其辭恭不稱謚。且哀，三日哭。以成公爲無譏矣。嘉其得禮，餘言災，皆有譏辭。

乙亥，葬宋文公。宋卒在衛先，何以葬在衛後？七月乃葬，緩也。何以緩？既背殯，且厚葬也。**疏**《宋世家》：「始厚葬。君子謂華元不臣矣。」

夏，公如晉。公如晉，明晉伯中國。成不言如齊，齊降也。成十年言如，晉存中國，伯也。晉於此再立六卿，不書，爲之諱。成世見趙、荀、士、欒、郤、韓六姓，以起立六卿，六卿專政也。再立六卿，不可見。何以見？十五人，大國三卿、九大夫，共十二人，成世晉共見十五大夫，及未見經之胥、魏，不下十六七人，以有升降更代也。六族中，惟韓只見韓穿，餘皆同姓同時爲大夫，蓋六族十二人，例得同姓並見也。大國三軍，三卿爲帥，三上大夫爲佐，此晉國三軍之制也。用新軍，則三卿三②上大夫爲帥，三中③大夫、三下④大夫爲佐，則十二人之數備也⑤。其有居守之卿大夫，則臨時改命別人以攝代軍政。

---

① 火：原作「災」，據《白虎通·災變》改。
② 三：原作「二」，據鴻寶本改。
③ 三中：原作「二上」，據鴻寶本改。
④ 三下：原作「二中」，據鴻寶本改。
⑤ 則十二人之數備也：鴻寶本作「乃合十二會數，且晉新軍亦三軍也」。

經於成公篇詳晉大夫，以明大國軍制也。疏《晉世家》：「十二年冬，齊頃公如晉，欲上尊晉景公爲王，景公讓不敢①。晉始作六軍②，韓厥、鞏朔、趙穿、荀騅、趙括、趙旃皆爲卿。」

鄭公子去疾帥師伐許。從晉伐許。此初伐許，爲鄭卒正。凡經言伐者，多起方伯卒正之例。鄭七穆如魯三桓，魯紀三桓，詳公子、公孫之卒，終《春秋》，鄭雖不紀卒，七穆見經者五大夫、六公孫，公孫之子孫以王父字爲氏者，如良、游、罕、駟、國五族，詳録世系，與魯之紀三桓相同，他國無此例。疏去疾，穆公子，字子良，後爲良氏，經書良霄是也。

公至自晉。

秋，叔孫僑如帥師圍棘。《公羊》：「棘者何？汶陽之不服邑也。其言圍之何？不聽③也。」

大雩。不月者，七月也，七月非雩時，故不月以譏之。疏《春秋》凡七月不言七月者九見，說詳定九年。

晉郤克、衛孫良夫伐廧咎如。此不獨衛從，但敘衛者，內衛也。非有所見，不録。不言帥師者，不許其伐也。

冬，十有一月，晉侯使荀庚來聘。荀庚，下大夫也。以前不書晉聘，以下不書天王聘，此亦升降之道也。疏荀庚始見，荀林父子。

衛侯使孫良夫來聘。良夫，衛上卿也。特書以見例。

丙午，及荀庚盟。爲鞌戰，晉、衛皆來聘。何以不同日盟？尊二伯，故先之。別尊卑，明貴賤，《春秋》之大義也。

---

① 敢：原作「受」，據《史記·晉世家》改。

② 軍：原作「卿」，據《史記·晉世家》改。

③ 聽：原作「服」，據《公羊傳》成公二年改。

《王制》：「次國之上卿位當大國之中，中當其下，下當其上大夫。」疏庚，林父子，中行宣子。

丁未，及孫良夫盟。《春秋》決嫌明疑，晉大衛小，晉卿先於衛是也。特以大國之大夫與次國之上卿相比，尊卑同也。尊卑同，則得以大國先之，特相比以見例。

其日，據來盟不日。公也。據盟日皆公。來聘據前宣盟直言來盟，此先出來聘，明正爲聘使。而求盟，此遂事也。知求盟者，聘先盟後，事由外起也。疏《公羊》：「聘而言盟者，尋舊盟也。」二國本有盟，因聘尋求盟耳。不言及者，據前宣言來盟不言及。以國與之也。前定，如一國之人皆盟之。不言其人，據聘盟言及不言人。亦以國與之也。聘盟之例亦如來盟，前定也。不言求，據陳言乞盟也。兩欲之也。時晉、衛勝齊伐鄭，齊侯自治，懼而求盟。

鄭伐許。狄鄭也，不正其一年再伐。許前與楚伐衛喪，與夷狄交伐中國也。於此狄者，修襄公事也，起悼公三伐，揚父惡。

四年

春，宋公使華元來聘。華，世卿也。魯、鄭公族世卿皆詳公子、公孫，明其世系。宋華、樂、宣、皇，不言公子、公孫者，戴公之後，在《春秋》初也。魚、向、蕩，桓公之後，桓族必不書，故異姓略之也。

三月，壬申，鄭伯堅卒。疏《鄭世家》：「十八年，襄公卒，子悼公濆立。」

杞伯來朝。禮：五年一朝。志者，不合五年之數。

夏，四月，甲寅，臧孫許卒。日卒，正也。臧孫，大夫也。卒者賢之，日者亦賢之也。疏子紇繼立。

公如晉。《年表》：「公如晉，晉不敬」，公怒去，「背晉合于楚」。

葬鄭襄公。疏《鄭世家》：「悼公元年，鄦公惡鄭於楚，悼公使弟睔于楚自訟。訟不直，楚囚睔。於是鄭悼公來與晉平，遂親。睔私于楚子反，子反言歸睔于鄭。」

秋，公至自晉。

冬，城鄆。劉子云：「城鄆①以強私家。」

鄭伯伐許。三伐許矣。鄭在喪不稱子者，《春秋》伯、子、男爲一等，鄭以伯爲方伯，貴賤相嫌，故不稱鄭子。在喪不能改父之惡，復用師伐許，諸侯怒而憎之，懼而爲蟲牢之盟。疏《五經異義》：《公羊》以不言子爲譏，《左氏》以不言子爲王事。許從《左氏》，鄭從《公羊》，紛紛争辨，皆非也。《公羊》鄭忽傳「貴賤不嫌」、句。「同辭」，句。本明鄭在喪不稱子義。說《公羊》自董子以下，皆誤解。故許據《公羊》說，《異義》所引皆後來師說，多失本義，如以《穀梁》爲夏田，《公羊》夏不田之類是也。今皆明本義以正之。

五年《年表》：「鄭悼公元年，公如楚。」

春，王正月，杞叔姬來歸。《大戴·本命》「婦有七去」：「不順父母去，爲其逆德也；無子去，爲其絶世也；淫去，爲其亂族也；妒去，爲其亂家也；有惡疾去，爲其不可與共粢盛也；口多言去，爲其離親也；盜竊去，爲其亂義也。」《禮·雜記》：「諸侯出夫人，夫人比至于其國，以夫人之禮行。」「使者曰：『寡君不敏，不能從而事社稷宗廟，使臣某敢告于執

---

① 鄆：原脱，據《漢書·五行志》補。

事。』」「主人對曰：『某之子不肖，不敢避誅，敢不敬須以俟①命。』使者退②，主人拜送之。如舅在稱舅，舅没稱兄，無兄則稱夫③。主人之辭曰：『某之子不肖。』如姑姊妹皆稱之。」班氏說：「出婦之義，必接以賓客之禮，君子絶愈于小人之交。《詩》云：『薄送我畿。』」鄭君說：「嫁于天子，雖失禮，無出道，遠之而已。」天子、諸侯無子不出。

婦人之義，嫁曰歸，以夫爲家，專其志也。反曰來歸。諱出言歸，明絶于夫家。外出言歸，夫人歸于齊是也。

仲孫蔑如宋。劉子云：「蔑專會。」疏 報前聘。書以明下伐。大夫如宋二。

夏，叔孫僑如會晉荀首于穀。劉子云：「首專會。」方見荀庚，又言荀首，荀氏有二大夫矣。疏 荀首一見。荀首，林父弟，别食知邑，其後爲知氏。

梁山崩。劉子云：「山者，陽之位，君之象也。水者，陰之表，民之象也。崩者，壞沮也。壅者，不得其所也。天戒若曰：人君擁威重，道將崩壞，下亂④，百姓將失其所矣。哭然後流，喪亡象也。」「梁山在晉地，自晉始而及天下也。後晉暴殺三卿，厲公以弑。湨梁之會，天下⑤大夫皆執國政。其後孫、甯出衛獻，三家逐魯昭，單、尹亂王室。」《穀梁集解》引許慎說：「山者陽位，君之象也。」象君權壞。此爲晉記災也。不言晉，爲天下記災，「名山大川不以封」也。此與日食、地震同義。

① 俟：原作「傷」，據《禮記·雜記》改。
② 退：原作「迎」，據《禮記·雜記》改。
③ 夫：原作「於」，據《禮記·雜記》改。
④ 下亂：《漢書·五行志》同，《唐開元占經·山崩》作「不治」。
⑤ 天下：原作「諸侯」，據《漢書·五行志》改。

不日，何也？據「沙鹿崩」，言日。高者有崩道也。沙鹿卑陷乃日。有崩道，則何以書也？山崩常事。曰：梁山崩，《公羊》：「梁山者，河①上之山。」壅遏河三日不流。班氏説：「《穀梁傳》：壅河三日不流，晉君率羣臣②哭之，乃流。」按：此記災也，故不日。晉侯召伯尊而問焉。伯尊來，遇輦者，輦者不辟，《王制》云：「道路，男子由右，婦人由左，車從中央。父之齒隨行，兄之齒雁行，朋友不相踰。輕任并，重任分，斑③白者不提挈。君子耆老不從行，庶人耆老不徒食。」使車右下而鞭之。輦者曰：「所以鞭我者，其取道遠矣。」言本欲速，今下車鞭人，則失時。若以鞭人時行路，雖不辟，而取道可遠。疏《韓詩外傳》有「不知事而行，可乎」七字。伯尊下車而問焉，因其言異，敬而問之。曰：「子有聞乎？」對曰：「梁山崩，壅遏河三日不流。」從晉來，知其事。伯尊曰：「君爲此召我也。爲之奈何？」問禳禱之術。輦者曰：「天有山，天崩之。天有河，天壅之。言此者，主天也。《春秋》記災，明天道，以正人事也。凡記災，皆爲天也。雖召伯尊，如之何？」伯尊由忠問焉。《韓詩》忠作私。前不告者，辟人也。輦者曰：「君親素縞，降服也。有災則降服。帥羣臣而哭之，哭之則憂災。既而祠焉，祠之則有禮。斯流矣。」

① 河：原作「梁」，據《公羊傳》成公五年、日新本、鴻寶本改。《公羊傳》唐石經本、鄂本、閩本同，監本、毛本作「江」。

② 羣臣：原作「臣羣」，據《漢書・五行志》乙。

③ 斑：原作「班」，據《禮記・王制》、鴻寶本改。

神感而河自流。伯尊至，君問之曰：「梁山崩，壅遏河三日不流，爲之奈何？」伯尊曰：「君親素縞，帥羣臣而哭之，既而祠焉，斯流矣。」《年表》：「梁山崩。伯宗隱其人而用其言。」劉子云：「四瀆者，何謂也？江、河、淮、濟。四瀆何以視諸侯？能蕩滌垢濁焉，能通百川于海焉，能雲雨千里焉，爲施甚大，故視諸侯也。山川何視子男也？能出物焉，能潤澤焉，能生雲雨，爲恩①多。然品類以百數，故視子男也。」孔子聞之曰：「伯尊其無績乎！攘善也。」譏其不薦輦者也。**疏**績或作續，《韓詩》作後。《韓詩》曰：「君問伯尊何以知之，伯尊不言受輦者，詐以自知。」

秋，大水。劉子云：「時成公幼弱，政在大夫，前者一年再用師，明年復城鄆以強私家，仲孫蔑、叔孫僑如顓會宋、晉，陰勝陽。」

冬，十一月，己酉，天王崩。不葬者，不危也。**疏**《周本紀》：「定王二十一年崩，子簡王夷立。」按：定王二十一年五記王，朝事一稱天王。

十有二月，己丑，公會晉侯、齊侯、宋公、衛侯、鄭伯、曹伯、邾子、杞伯，同盟于蟲牢。晉同盟始此。同盟所以外楚，然則兩伯之辭也。何以兩見晉、齊？晉主盟，而齊來受盟，則齊非二伯矣。齊非二伯，何以敘諸侯之上？貴者無後，待之以初，存齊爲伯之辭也。鄭伐許，諸侯憎惡，故爲此盟。齊下於晉，故來盟。《春秋》無二伯相會盟正辭。晉、齊相會者，齊已失伯；晉、楚相見者，楚非正伯也。**疏**據《左傳》，此會當無宋公，《左傳》經亦有，當同誤衍。

六年《年表》：「周簡王元年。」據《左氏》、《世家》，此年晉遷于新田。不書。外遷不書，凡書者，皆有所起。

---

① 恩：原作「功」，據《說苑・辨物》改。

春，王正月，公至自會。月者，公出在外，聞天王喪，不急奔弔，乃安然反國，有危道也。

二月，辛巳，立武宮。魯五廟，舊典也。立者，別爲之，不在五廟内，故有別祭。

立者，據立，篡國辭。不宜立也。舊説武公之廟毀久矣，故傳曰「不宜立也」。宗廟之事，名器所重，非禮者皆曰，功築不日，日者謹之甚，大惡也。

取鄟。鄟，青州連帥，《公羊》以爲邾邑，當是邾屬。經見二十一連帥，故書之。疏不日者，内之小國也。

鄟，不知國、邑。國也。據取繒，知國。内諱滅國，言取。疏《左氏》云「取鄟，言易也」，與《傳》同。《公羊》以爲邾邑，疑邾屬國。

衛孫良夫帥師侵宋。晉爲蟲牢之盟，宋辭以難，故晉、衛侵之。侵有晉、鄭、夷狄，但目衛者，與下相起。疏《左傳》：蟲牢之盟，「宋公使向爲人辭以難」；「三月，晉伯宗、夏陽説、衛孫良夫、甯相、鄭人、伊雒之戎、陸渾、蠻氏侵宋。」據此，是諸侯之侵宋有戎狄也。善事則舉中國，如衛是也；惡事則舉夷狄，如戎狄諸侵伐是也。

夏，六月，邾子來朝。朝時，此其月者，爲天王喪也。有天王及父母之喪，不行嘉禮，兵事危不譏，吉禮乃譏。又不能徧譏，譏一以起其餘也。

公孫嬰齊如晉。不如京師弔葬而如晉，不貶絶而罪惡見。疏《左傳》：「如晉，受命伐宋。」

壬申，鄭伯費卒。不葬者，其父前與楚伐人喪，故楚今亦伐其喪。因有師，去其葬，父伐喪，去其子。葬者，國、君一體也。

秋，仲孫蔑、叔孫僑如帥師侵宋。蔑前聘宋，因宋辭蟲牢之盟，故晉使侵宋。魯、衛同伐宋矣。疏同倫相介，譏。此何以不言譏？軍制也。軍制何以見二卿？二卿、二軍，一言以示例也。鞌之戰言四大夫，此何以言二卿？不言佐也。搴言季孫、叔孫，此何以言仲叔？曰：「一子守，二子從。」三卿可以皆將，不必司徒居守也。

楚公子嬰齊帥師伐鄭。前鄭與楚伐衛喪，今楚亦伐其喪，故不葬。《春秋》未葬以前爲伐喪，既葬不以伐喪言之。此去葬，明被伐時未葬。**疏**楚大夫帥師始此。成世楚伐鄭三見，二臣、一君。

冬，季孫行父如晉。爲賀還也。言此以明事大國之禮。**疏**《左》：「賀還也。」

晉欒書帥師救鄭。善之者，楚伐鄭喪，晉有憂中國之志，救之，不求勝楚。晉三軍六卿，獨目欒書者，中軍帥，舉重也。**疏**《年表》：「使欒書救鄭，遂侵蔡。」《左傳》：欒書救鄭，楚師還，晉師亦還。

七年《年表》：「晉以巫臣始通于吴而謀楚。」

春，王正月，鼷鼠食郊牛角。① 劉子云：「近青祥，亦牛旤也，不敬而傋②霿之所致也。昔周公制禮樂，成周道，故成王命魯郊祀天地③，以尊周公。至成公時，三家始專政，魯將從此衰。天愍周公之德，痛其將有敗亡之禍，故于郊④祭而見戒云。鼠，小蟲，性盜竊，鼷又其小者也。牛，大畜，祭天尊物也。角，兵象，在上，君威也。鼷鼠食至尊之牛角，象⑤

---

① 「角」下原衍「改卜牛鼷鼠又食其角乃免牛」十二字，據阮刻十三經注疏本《穀梁傳》删。

② 傋：原作「區」，據《漢書・五行志》改。

③ 天地：原作「上帝」，據《漢書・五行志》改。

④ 郊：原作「將」，據《漢書・五行志》改。

⑤ 「鼷又其」至「牛角象」：原作「鼷鼠食至尊之牛角。物也。角，兵象，在上，君威也。又其小者也。牛，大畜，祭天尊物也」，文句錯亂，據《漢書・五行志》補改。

季氏乃陪臣盜竊之人，將執國命①以傷君威而害周公之祀也。改卜，鼷鼠又食其角，天重語之②也。成公怠慢昏亂，遂君臣更執于晉。至于襄公，晉爲溴梁之會，天下大夫皆奪君政。其後三家逐昭公，卒死于外，幾絶周公之祀。」

不言日，據口傷言之。日當作之。急辭也，據言之，緩辭。過有司也。備災不盡，牛自傷，不由鼷食，故言之，以免有司之過也。言過者，小失也。郊牛日展觓角而知傷，展道盡矣，《祭義》：「古者天子諸侯必有養獸之官，及歲時齊戒沐浴而躬朝之。犧牷祭牲必於是取之，敬③之至也。君召牛，納而視之，擇其毛而卜之，吉，然後養之。君皮弁素積，朔月、月半君巡牲，所以致力，孝之至也。」其所以備災之道不盡也。有司展祭牛而即知傷，是展祭之道盡；不能防災禦患，致使牛傷，故言之以顯有司之過。

改卜牛，鼷鼠又食其角。

又，據上食不言又。有繼之辭也。據又雩繼上辛雩。已食再食，故言又。其，據上言郊牛角，此言其。緩辭也。與言之同。言郊牛急，當改牛。曰亡乎人矣，言災出非常，乃人君之所致，全由天生，非人力所能挽。非人之所能也④，乃天災，備之已盡，猶如此。所以免有司之過也。初食由不謹，後食乃天災，所以免有司之過，專責君也。

---

① 國命：原脱，據《漢書・五行志》補。

② 語之：原作「之語」，據《漢書・五行志》乙。

③ 敬：原作「孝」，據《禮記・祭義》改。

④ 也：原作「矣」，據《穀梁傳》成公七年改。

乃免牛。此不以郊爲譏。喪不廢郊，敬天之至，不敢以家事辭也。

乃者，據「改卜牛」不言乃。亡乎人之辭也。據乃，難辭。原其事于天，非人力。免牲者，爲之緇衣纁裳，君爲緇衣纁裳，降服也。有司玄端，三卿也。玄端亦懼災之意。奉送至于南郊。南郊者，郊天之地也。送牛于此，亦反之于天，示不敢專也。此卜郊不吉，不郊乃免牲之禮。免牛亦然。牛雖傷，亦于南郊免之，敬之至也。免牲不曰不郊，免牲可，言不郊，近于不敬。言免牲，則不郊見。**疏**據牛死言不郊。僖三十一年、哀元年皆亦不言郊。免牛亦然。説詳僖三十一年。

吴伐郯。書此見吴之侵中國也。郯伯姬，魯婚姻之國，吴伐之而從吴。下晉人來伐，討其從吴也。**疏**夷狄伐小國不書，書者，爲下諸侯伐郯。《地理志》東海郯下云：「故國，少昊後，盈姓。」《左傳》：「季文子曰：『中國不振旅，蠻夷入伐，而莫之或恤，無弔者也。』」

夏，五月，曹伯來朝。朝時，此其月者，天王喪，未再祥也。諸侯爲天子斬衰三年，衰麻而行吉禮，非也。

不郊，猶三望。免牛不言不郊，言者爲三望起。猶者，可以已之辭也。

秋，楚公子嬰齊帥師伐鄭。再伐鄭。時陳、蔡、許從楚伐鄭，不敘三國者，爲中國諱也。楚稱王子，經書公子者，從我言之。此中外異名例。

公會晉侯、齊侯、宋公、衛侯、曹伯、莒子、邾子、杞伯救鄭。此齊侯從晉侯伐之始，以方伯從二伯也。去年救獨言欒書，此諸侯同至，大之也。故鄭服而以會致。

八月，戊辰，同盟于馬陵。晉、齊同盟再見矣。進邾、莒、杞，始列會盟。時晉屬齊、魯、衛、鄭，楚屬秦、陳、蔡、吴。言同，以外楚也。疏以前小國不救莒，至此乃敘莒，故《左傳》以莒服言之。六卒正見會盟，有次序也。

公至自會。以會致者，重同盟。

吴入州來。書此，見吴之叛楚也。州來，徐州國，舊屬于楚，吴強而取之，所謂「蠻夷屬于楚者，吴盡取之」，巫臣之謀也。以下楚爲吴所弱，後吴以州來遷蔡，故經以蔡爲徐州伯，以夷狄待之，不與同盟也。

冬，大雩。

雩不月而時，據八、九月。言秋者七月。非之也。譏不時，故以時見。冬無爲雩也。說詳定元年。

衛孫林父出奔晉。劉子云：「定公惡林父，林父奔晉。」疏此以戚奔也。不言以邑叛，爲晉、衛諱。據《世家》、《左傳》皆言以地。按：林父，良夫子，諡文子。《左傳》曰：「是先君宗卿之嗣也。」孔疏：「武公至林父八世。」

八年

春，晉侯使韓穿來言汶陽之田，歸之于齊。劉子云：齊侯敗鞌之後，「弔死問疾，七年不飲酒、不食肉，外金石絲竹之聲，遠好女之色，出會與盟，卑①下諸侯。國家内得行仁義，聲聞震乎諸侯。所亡之地弗求而自爲來，尊寵不武而得之。可謂能詘免變化以致之。故福生隱約，而禍生于得意，此得失之效②也。」疏按：韓氏始見，後分晉國。《藝文類聚》引劉子《誡子書》云：「董生有云『弔者在門，賀者在閭』，言有憂則恐懼敬事，敬事則必有善功而福至也。又云『賀者在門，弔者在閭』言受福則驕奢，驕奢則禍至，故弔隨而來。齊頃公之始，藉霸者餘威，輕侮諸侯，虧蹇跛之客，故被鞌之禍，遁

---

① 卑：原脱，據《説苑·敬慎》補。
② 效：原作「致」，據《説苑·敬慎》改。

服而亡，所謂賀者在門，弔者在閭也。兵敗師破，人①皆弔之，恐懼自新，百姓愛之，諸侯皆歸其所奪之邑，所謂弔者在門，賀者在閭也。」

于齊，緩辭也，言之，皆緩辭。晉以田歸齊者，齊爲方伯，有功，則二伯得加地，取于閒田以禄之。二伯相敵，則無此辭。不使盡我也。爲之請歸，不使晉制命于我，故以緩辭言之。疏成世言晉大夫，一姓皆同時見二人或三人，惟韓見一人而已。

晉欒書帥師侵蔡。據《左傳》，時有侵楚、侵沈之事，不書者，辟獲。疏從此至襄八年，間十八年乃見書被侵，不記別事。《左傳》：「侵蔡，遂侵楚，獲申驪。楚師之還也，晉侵沈②，獲沈子揖③。」

公孫嬰齊如莒。聘而娶也。魯聘屬國，如二伯聘魯儀。疏《左傳》：「逆也。」

宋公使華元來聘。謀婚事。婚禮有六，經見納幣、親迎而已，餘不見者，略之。此何見來聘？詳録伯姬也。疏華氏始于桓二年，終于昭二十二年，世執國政，宋族之最久者。華聘已定，事已成矣，更使壽納幣，明非重事。壽未爲卿，亦以此起之。

夏，宋公使公孫壽來納幣。壽，桓公孫，蕩意諸父，蕩伯姬之孫也，讓卿于子。何以書？來納幣，賢之也。宋不見公子、公孫，此何以獨見壽者？以見公孫壽之父子之賢也。壽讓位于其子以存宗，蕩意諸能死事，父子皆賢，壽讓尤美，

---

① 人：原脱，據《藝文類聚·人部七》補。
② 晉侵沈：原脱，據《左傳》成公八年補。
③ 揖：原作「楫」，據《左傳》成公八年改。

故賢之，如衛孫鱄、魯叔肸，皆以不爲卿而見經也。賢者子孫宜有後澤，覆其宗，故《春秋》爲之諱，不氏蕩也。疏 班氏說：「人君及宗子無父母，自定娶者，卑不主尊，賤不主貴，故自定之也。《昏禮經》曰：『親皆没，己躬命之。』」納幣使大夫，正也。稱使，諸侯之婚自主之。納幣不書，書者，詳録伯姬也①。劉子說：婚禮不稱主人。諸女之辭託之于母與公族，而經目宋公，使命辭窮，必託之君也。紀履緰不言使者，小國不言使。同姓見二卿。

晉殺其大夫趙同、趙括。 劉子云：「屠岸賈得幸于靈公。景公時，賈爲司寇，欲討靈公之賊，盾已死，欲誅盾之子趙朔，曰：『盾雖不知，猶爲②賊首。賊臣弑君，子孫在朝，何以懲罪？請誅之。』韓厥曰：『靈公遇弑，盾在外，先君以爲無罪，故不誅。今將誅其後，是非先君意而妄誅之，謂之亂臣。有大事而君不聞，是無君也。』賈不聽，厥告朔，趣亡。朔不肯，曰：『子不絶趙祀③，子死不恨。』厥諾，稱疾不出。賈不請，擅與諸將攻趙氏于下宫，殺趙朔等，皆滅其族。趙朔妻，成公姊，有遺腹，走公宫匿。」疏《晉世家》：「誅趙同、趙括，族滅之。韓厥曰：『趙衰、趙盾之功豈可忘乎？奈何絶祀？』乃復令趙庶子武爲趙後，復與之邑。」按：《趙世家》說與劉子同，《晉世家》同《左傳》，以朔早死，殺者同、括。《趙世家》以爲有朔，則經無緣不書，是《晉世家》得其實，《趙世家》爲趙史之文，虛美諱惡，事不足據也。

秋，七月，天子使召伯來錫公命。 公立已八年，來錫命者，因事加服。經三見錫命，一初立，一追命，及此是也。

---

① 「也」下日新本、鴻寶本有「因其詳之，所以書者也」九字。
② 爲：原作「有」，據《新序·節士》改。
③ 祀：原作「嗣」，據《新序·節士》改。

禮有受命，無來錫命，錫命非正也。曰天子，何也？據言天王。曰見一稱①也。《公羊傳》曰：「元年春，王正月，正也，其餘皆通矣。」傳曰：「獨陰不生，獨陽不生，獨天不生，三合焉然後生。故曰：母之子也可，天之子也可，尊者取尊稱焉，卑者取卑稱焉。」班氏説：「或稱天子，或稱帝王何？以爲接上稱天子者，明以爵事天也；接下稱帝王者，明位號天下至尊之稱，以號命臣下也。」又云：「天子者，爵稱也。爵所以稱天子者，王者父天母地，爲天之子也。」「帝王之德有優劣，所以俱稱天子者，以其俱命于天，而主治五千里以内也。」天子②始終于此，故曰③見一稱也。

冬，十月，癸卯，杞叔姬卒。書者，女子大歸喪，與未嫁同服期。且因歸喪，猶氏杞者，見從一而終之義。

晉侯使士燮來聘。此伐郯爾，因其過我，故言聘，如因伐秦而朝京師者。然晉、郯相去千餘里，主將士燮不能伐，聘後帥師，在一時之内。

叔孫僑如會晉士燮、齊人、邾人伐郯。齊稱人，避士燮之尊。郯在魯東，小國，晉無緣伐之，伐之者，以吴故。郯從吴，爲魯患，魯畏吴，告于晉，合諸侯而伐郯，以擯吴也，故前書吴伐。不然，則夷狄伐小國，不書也。疏晉始通吴，欲以獘楚，吴強，亦自忌之，故郯小國亦争之。

---

① 稱：原作「尊」，據《穀梁傳》成公八年改。
② 子：原作「王」，據文意「始終于此」改。
③ 曰：原無，據文意擬補。

衛人來媵。傳曰：「一人有子，三人緩帶。」案：媵以三女，備姪娣。班氏説：「不①取兩娣，博②異氣也。娶三國女何？廣異類也。恐一國血脈相似，俱無子也。」「二國來媵，誰爲尊者？大國爲尊。國同以德，德同以色。所以不聘妾者，人有子孫，欲尊之，義不可求人爲賤。《春秋》書來媵，可求人爲士，不可求人爲妾。士即尊之漸，賢③不止于士，妾雖賢，不得爲嫡。」疏《春秋》内衛，首目之。同姓魯、衛最親，凡諸侯之事，多目舉親，故媵則首衛也。

媵，淺事也，不志。據杞伯以下皆不志。此其志，何也？以伯姬之不得其所，故盡其事也。不得其所謂災死，賢伯姬死得其所，故盡録之。女惟伯姬適大國王後，故詳録之。疏嫁一女而三國來媵，一嫁事而十七書之，使《春秋》盡録，當日之事豈當千萬倍于此？于此見《春秋》削者多矣！

九年

春，王正月，杞伯來逆叔姬之喪以歸。言歸者，明前見出于杞。叔姬不再繫杞者，統于夫，言杞伯可知。《公羊》：「杞伯何爲來逆叔姬之喪？内辭也，脅而歸之也。」

傳曰：此傳亦專説杞伯姬，非總例。蓋大傳有綱領，亦有細節，非一本也。「夫無逆出妻之喪而爲之也。」爲，爲之服。禮：出妻不歸，葬不服。今既迎喪，則必爲之服，違禮傷教。書「杞伯來」，見其脅于魯，躬自逆，所以深責之。

---

① 不：原脱，據《白虎通·嫁娶》補。

② 博：原脱，據《白虎通·嫁娶》補。

③ 賢：原作「次」，據《白虎通·嫁娶》改。

公會晉侯、齊侯、宋公、衛侯、鄭伯、曹伯、莒子、杞伯，同盟于蒲。同者外楚。外楚者，以楚爲二伯，故外之；以晉獨主中國，晉爲主，齊、魯、衛、鄭來盟，中國皆在是也。疏蒲，衛邑。伯者會盟諸侯，不敢有其地，而有主文，以二伯尊承天子也。非王事，乃有以地主見者。

公至自會。凡盟皆爲有貳者，因汶陽田，故諸侯貳，故爲此會以尋馬陵之盟。將會吴人，吴人不至。

二月，伯姬歸于宋。不言逆，逆者微。履緰書者，一見不再見。月者，詳録伯姬，伯姬賢而不得其所，故詳録之，且以明詳略例也。

夏，季孫行父如宋致女。劉子云：「伯姬者，魯宣公女，成公妹也，其母曰繆姜。嫁伯姬于宋，恭公不親迎，伯姬迫于父母之命而行。既入宋，三月廟見，當行夫婦之道，伯姬以恭公不親迎，故不肯聽。宋人告魯，魯使大夫季文子于宋，致命于伯姬。還復命，公享之。繆姜出于房，再拜曰：『大夫勤勞于遠道，辱送小子，不忘先君，以及後嗣，使地下而有知，先君猶有望也。敢再拜大夫之辱。』」疏按：女者，在塗之稱。女已嫁三月猶言女者，見伯姬不行夫婦之禮。班氏說：「娶妻不先告廟者，示不必安也。昏禮請期，不敢必也。婦入①三月然後祭于廟，舅姑既没，亦婦入②三月然後奠菜于廟。三月一時，物有成者，人之善惡可得知也，然後可得事宗廟之禮。《曾子問》曰：『女未廟見死，歸葬於女氏之黨，示未成婦也。』《左氏》說：天子、諸侯不親迎。今學主親迎也。」

致者，據内女獨此言致。不致者也。據「用致夫人」。疏《左氏》有致女禮，當以補《禮經》之闕。蓋女嫁

---

① 入：原作「人」，據《白虎通・嫁娶》改。

② 婦入：原脫，據《白虎通・嫁娶》補。

三月廟見，成婦于夫家，則女家自當使人往致命。且三月不廟見，則女子當反，亦必有人往受之。此所以有致禮。但雖有其禮，而經不書，書者則爲變也。婦人在家制於父，既嫁制於夫。伯姬已嫁，當制于夫，不當以父制之。如宋致女，致，致命也。如宋致命，已嫁猶以父命制也。是以我盡之也。宋公前失禮，宜自責以解於伯姬。不以夫禮臨之，乃求解於魯，宋公失夫道，魯失父道。不正，故不與内稱也。内稱謂言伯姬，外乃稱女。言女起不廟見。不言伯姬，不使内得制之。逆者微，故致女。明致爲不親迎。詳其事，賢伯姬也。劉子云：「夫婦者，人倫之始也，不可不正也。傳曰：『正其本，則萬物理，失之毫釐，差之千里。』是以本立而道生，源治①而流清。故嫁娶者，所以傳重承業，繼續先祖，爲宗廟主也。夫家輕禮違制，不可以行。」

晉人來媵。晉者，同姓之大國。言親則舉衛，言大則舉晉，一定之辭也。伯姬一事，詳録。中國諸侯，夫家王後，母家魯，媵者二伯大國與親者之衛，同盟國晉、齊、宋、魯、衛皆在，此所以詳録伯姬之辭，如《碩人》之詩矣。疏伯姬已行，乃來媵，待年於父母國之禮。

媵，淺事也，不志。此其志，何也？以伯姬之不得其所，故盡其事也。嫁後來媵，所謂待年者也。先以名通，待年於夫人父母之國。此不同行，是嫁時不定同往。晉，同姓國。疏再發傳者，時在嫁後，嫌義異，又以同姓故。

秋，七月，丙子，齊侯無野卒。疏《齊世家》：頃公朝晉而歸。「弛苑囿，薄賦斂，振孤問疾，虚積聚以救民，民

① 治：原作「始」，據《古列女傳·召南申女》改。

亦大說。厚禮諸侯。竟頃公卒，百姓附，諸侯不犯①。十七年，頃公卒，子靈公環立。」

晉人執鄭伯。爲鄭伯會楚子成於鄧。不言以歸者，鄭伯如晉，在晉執之，與在會伐者不同。疏《鄭世家》：「成公三年，楚共王曰：『鄭成公孤有德焉。』使人來與盟，成公私與盟。秋，成公朝晉，晉曰：『鄭私平于楚。』執之，使欒書伐鄭。」

晉欒書帥師伐鄭。欒書再帥師。不以諸侯從之者，亦狄之；如楚大夫執人君以伐人國，如夷狄也。疏《年表》：「晉執鄭成公，伐鄭。」

不言戰，以鄭伯也。據楚執宋公以伐宋言以。爲晉諱，不言以。疏伐不言戰，戰蓋衍字。伯下當有諱字，誤脱耳。爲尊者諱恥，尊謂周也。《春秋》尊周。傳曰：「尊者諱敵不諱敗。」恥猶敵也，不尊則不諱恥。爲賢者諱過，《春秋》賢二伯，賢謂二伯也。過謂過行，非賢所宜有。楚言以，晉不言以，楚夷狄，晉二伯也。晉賢，故《春秋》升之爲二伯，有過失則諱之。此惡事，故不言也。爲親者諱疾。《春秋》親魯，親謂魯也。傳曰：「親者諱敗不諱敵。」疾猶病也，謂辱也。疏晉爲賢，鄭在中國，又同姓，亦親例也。

冬，十有一月，葬齊頃公。齊葬例日，月者，從方伯例，爲鞌戰受盟朝晉、楚，敗爲方伯也。《春秋》以葬起其國之尊卑。

楚公子嬰齊帥師伐莒。庚申，莒潰。不言入莒而反云莒潰，自潰之辭，如梁亡、鄭棄其師。

其日，據沈潰不日。莒雖夷狄，據稱子，不葬，無謚，又不言朝。疏《左氏》以莒爲夷狄。猶中國也。

①「犯」下原衍「者」字，據《史記·齊世家》删。

爲魯屬國，會盟不殊，《春秋》待之如中國。大夫潰莒而之楚，潰者，上下不相得，魚爛之詞。楚師方來，莒臣叛而奔楚，莫與楚鬥。是以叛①其上爲事也。潰，叛也。國曰潰，邑曰叛。國有難，臣當效死勿去。安食其食，有難而叛之，失臣道矣。疏據《左氏》，莒因城惡爲楚所入，非大夫叛莒從楚。經言潰，傳以叛上爲說者，惡其無備，故加叛辭，以爲惟欲叛上從夷秋，乃可以不自備耳，所以深惡之也。惡之，惡莒大夫無臣道。故謹而日之也。中國潰日，外夷潰不日。莒日潰，以中國待之。

楚人入鄆。鄆，内邑，時爲莒有，經不許莒有，仍用内辭，如曰②鄆爲内邑，楚因伐莒之師入鄆者然。以鄆爲屬莒，當言遂，不再出楚人，所以爲内諱也。

秦人、白狄伐晉。不言及，秦狄也。晉前同白狄伐秦，不言及，狄晉也。疏侵我多有戎狄，經多略之不言，此爲一見例。

鄭人圍許。時鄭伯執于晉，伐許以示不急君，則公孫申之謀也。

城中城。《春秋》兩言「城中城」，皆修魯國城。

城中城者，非外民也。據城西郛，知中城非外邑。因畏楚師，城内城爲自固計，城中城是有棄外城之志。不知愛民以自強，恃城自固，故非其外民。

十年《年表》：「齊靈公元年。」

---

① 叛：《穀梁傳》成公九年作「知」，廖注以叛爲說，故仍其舊。

② 曰：原作「莒」，據鴻寶本改。

春，衛侯之弟黑背帥師侵鄭。晉命也。稱弟者，内衛例。《春秋》方伯從楚唯蔡最深，唯衛專心事晉，不從夷狄，故《春秋》内衛而惡蔡也。内衛，故稱弟，嘉其能外楚也。疏或云：黑背，公孫剽之父也。其父專兵，其子行弒，此《春秋》之先見，故盡其親以譏之。凡稱弟兄之例，惟衛一言兄，兩言弟，齊一見年，陳一見黄，宋一見辰，秦一見鍼，鄭一見夷，大國晉、外方伯蔡、吴、楚暨小國皆無之。

夏，四月，五卜郊，不從，乃不郊。《郊特牲》：「卜郊，受命於祖廟，作龜於禰宫，尊祖親考①之義也。卜之日，王立于澤，親聽誓命，受教諫之義也。獻命庫門之内，戒百官也。大廟之命，戒百姓也。」《春秋》魯郊非禮也，不加譏貶者，不待貶絶而罪惡見者也。《王制》曰：「天子祭天地，諸侯祭社稷，大夫祭五祀。天子祭天下名山大川，五嶽視三公，四瀆視諸侯。諸侯祭②名山大川之在其地者。」據此，知《春秋》不許魯郊也。或曰：魯天子之禮，成王賜周公者，此别説，非《春秋》義也。何以言之？成王賜天子禮樂，當全賜之，今以爲譏六羽而許郊天，是許其大而吝其細也。郊，大事，不待貶絶而罪惡見。六羽，小事，必貶絶而後罪惡見。以不許六佾之僭，知不許郊天之僭也。曰：郊既以不譏爲譏，而郊之失禮復有譏文，似乎惟譏失禮而不譏得禮。曰：非也。郊而得禮，祀天嚴肅，雖僭猶敬；郊而失禮，僭又不敬，故重譏之，所謂重罪也。《春秋》此爲一大例，所謂不待貶絶、不勝譏者是也。疏五亦卜者，禮意甯有，示不敢專耳。

夏四月，不時也。郊，春事；四月，不時。五卜，據禮，卜以三爲制。五卜已入五月，猶繫四月者，卜月也。強也。不吉而強卜，至于五。乃者，亡乎人之辭也。言其卜多，志在必郊，至于五卜乃止。此亦天止

① 考：原作「親」，據《禮記・郊特牲》改。
② 祭：原作「祀」，據《禮記・王制》改。

之，非人力也。

五月，公會晉侯、齊侯、宋公、衛侯、曹伯伐鄭。齊世子光稱世子，此何以稱晉侯？以爲晉侯獳也。州蒲已立爲君，何以仍繫之景公？不許州蒲得立之辭。國有大事，君不能行事，子奉君命攝行，如王世子，可也。晉侯有疾，世子當侍疾，不得出伐，鄭又非急事，有君更立君，失君臣父子之道，大惡，故正絶，不使州蒲以子代父。然則何以見其義？景公之不葬，所以絶州蒲也；伐不月，月者謹之也；晉前執人君、伐人國，今又立太子，急伐以求利，大惡，月以起之也。疏《鄭世家》：「四年春，鄭患晉圍，公子如乃立成公庶兄繻爲君。其四月，晉聞鄭立君，乃歸成公。鄭人聞成公歸，亦弒君繻，迎成公。晉兵去。」

齊人來媵。齊，大國，異姓。來媵，夸美之辭。三媵十二女，非諸侯之制，經何以言之？但言來媵于我，不必其如宋也。且宋，王後也，用其禮樂，備十二女之文，亦可也。疏齊女媵敬嬴異姓，齊亦異姓。伯姬歸宋一年始來媵，此不從適待年者。

丙午，晉侯獳卒。按：卒無月。不葬者，因太子代爲君，絶之，且爲公在晉送葬諱之，故不葬也。疏《晉世家》：「十九年夏，景公病，立其太子壽曼爲君①，是爲厲公。後月餘，景公卒。」

秋，七月，公如晉。月者，訃在晉久，起送葬也。方伯爲二伯禮得送葬，因諸侯不在，故言月以謹之。

冬，十月。冬，葬晉景公，不書者，爲公送葬諱。疏《魯世家》：「十年，成公如晉。景公卒，因②留成公送葬，魯諱

---

① 此下原衍「壽曼爲君」四字，據《史記·晉世家》删。
② 因：原作「固」，據《史記·魯世家》改。

之。」

十有一年《年表》：「晉厲公壽曼元年。」

春，王三月，公至自晉。傳曰：「中國不存公。」如、往月，致月，危之也。公如晉，困于喪事，九月乃得歸，危之，故皆月，且以起病辱。

晉侯使郤犨來聘。己丑，及郤犨盟。厲公新立，使卿出列盟諸侯，使不貳事于盟而修先君之好。先聘而後盟。在喪盟聘，不譏者，不親出，且王事也。**疏**郤犨起下殺。

夏，季孫行父如晉。報郤犨聘。

秋，叔孫僑如如齊。齊已降，公不如齊，大夫何以書如齊？大夫如，不皆大國，不嫌也。此爲公謀婚，起通穆姜，結齊歡，將以逐季孟也。**疏**僑如後奔齊，以此起之。

冬，十月。《宋世家》：「華元善楚將子重，又善晉將欒書，兩盟晉、楚。」《左傳》：「晉士燮會①楚公子罷、許偃，癸亥，盟于宋西門之外」，以合晉、楚之成。不書者，諱中國不能治夷狄，而爲二伯之辭也。

十有二年

春，周公出奔晉。《公羊》：「周公者何？天子之三公也。王者無出②，此其言出何？自其私土而出也。」**疏**書聘言宰周公，此何以不言宰？宰者冢宰，天子在喪所特設之官，出喪則罷，故奔不言宰。聘已出喪，何以言宰來聘？舉其貴者，

---

① 會：原脱，據《左傳》成公十二年補。

② 出：《公羊傳》成公十二年作「外」。

且以見三公不宜出聘也。

周有入無出，據下王子奔不言出，天子無客禮，天下皆其統。奔不言出，至公、卿、大夫各有采①地，則不同此例。此推天子與王子立説。其曰出，言出，絶于周。僖公篇「出居于鄭」，此「出奔晉」，兩言出。上下上，天子；下，公卿。一見之也。「天王出居于鄭」，上一見，此下一見。瑕、朝奔不言出，知一見例。言其上下之道無以存也。上下，君臣也，皆失其道，君不君，臣不臣也。上雖失之，謂經書出。下孰敢有之？謂經言居。《郊特牲》：「天子無客禮，莫敢爲主焉。君適其臣，升自阼階，不敢有其室也。」即僖傳所云：「雖失②天下，莫敢有也。」下出言居，與内公居鄆同，鄭不敢有其國而外王。今上下皆失之矣。下言奔，寰内諸侯各有封地，分域以外，非其所有，故言奔也。**疏**上字衍文。「皆失之」，謂言出并言奔也。

夏，公會晉侯、衛侯於瑣澤。厲公新與楚盟，而爲此會以聽成。諸侯會者多，獨言魯、衛者，不信也。

秋，晉人敗狄于交剛。交剛，夷狄地也。從夷狄名則不傳，從中國名乃發傳。

中國與夷狄不言戰，據外敗先言戰。皆曰敗之。與内同，所謂内中國，外夷狄；内其國，外諸夏也。夷狄不日。凡夷狄相敗不日，中國敗夷狄亦不日，此中國、夷狄異辭例。

冬，十月。有晉、楚交聘莅盟之事，不書者，爲中國諱。晉侯與楚公子罷盟于赤棘，與元年臧孫許盟地同。

---

① 采：原作「菜」，據日新本、鴻寶本改。

② 「失」下原衍「其」字，據《穀梁傳》僖公二十四年删。

十有三年

春，晉侯使郤錡來乞師。言乞者，我不欲之辭，所謂「摟諸侯以伐諸侯」。晉新與楚成，乃謀所以報秦，以私忿徵兵，非也。成世詳言乞師，以起前後之乞師皆不言也。疏郤錡起下殺三郤。

乞，重辭也。古之人重師，故以乞言之也。言乞師，譏晉并譏内。中國乞師得敘，内以師從，下伐秦是也；夷狄乞師則不敘，楚是也。疏成公篇詳敘乞師。

三月，公如京師。如，朝也。傳曰：「用見魯之不朝周也。」魯，方伯，朝天子，齊、晉、楚。京師，東周洛陽。稱京師，以爲行在。

公如京師不月，據朝王所時。如、往例時。月非如也。外如月者，有危。京師無危道，月之，起非如也。非如而曰如，據上乞師，下會伐秦，知非實如。不叛京師也。終春秋之世，魯君不如京師，過而不朝，損天威，失臣禮。言如，使内不叛也。秦在周西，伐秦必經京師。公以伐往，因其過言朝，以申天子之尊，明臣子之義。

夏，五月，公自京師，遂會晉侯、宋公、衛侯、鄭伯、曹伯、邾人、滕人伐秦。伐不月，月者危也。伐秦重事，從伐加等而月之。疏《晉世家》：「厲公初立，欲和諸侯，與秦桓公夾河而盟。歸而秦倍之，與翟謀伐晉。三年，使吕相讓秦，因與諸侯伐秦。至涇，敗秦于麻隧，虜其將成差。」

言受命，不敢叛周也。遂，繼事辭，如公爲朝往至京師，奉王命伐秦。遂事由京師起，使如受命伐秦也。

曹伯廬卒于師。劉子云：「曹宣公與諸侯伐秦，卒于師。曹人使子臧迎喪，使公子負芻與太子留守，負芻殺太子而自立。」疏《曹世家》：「宣公十七年卒，弟成公負芻立。」

傳曰：「閔之也。卒于師。會皆魯屬國，以魯主之也，故不地而曰師、會。魯當爲之主，故曰閔之。不日，踰竟也，踰竟，無論大國、小國，同不日。公、大夫在師曰師，此公在師，故言師。在會曰會。」據杞伯卒于會，公在會。大夫在稱師者，齊國佐如師是也。公與大夫在，則地師、會，以我與事，有哀弔之義。內不在，則地地，晉侯卒于扈，不言師、會是也。

秋，七月，公至自伐秦。不以前事致者，起非實朝。不朝周，從伯國遠伐秦，進退失道，月者以起其危。【疏】如、致皆月者，明如非實如，則致有危道也。凡如、致月者，皆重事。

冬，葬曹宣公。劉子云：「子臧見負芻之當①立也，宣公既葬，子臧將亡，國人將從之。負芻立，是爲曹成公②。成公懼，告罪，且請子臧，子臧乃反，成公遂爲君。」

葬時，正也。再發傳者，曹無不葬之例，而卒以不日爲正，乃皆葬，疑有別例，故特明之。小國以時爲正。

十有四年《年表》：「曹成公負芻元年。」

春，王正月，莒子朱卒。莒始書卒。以下通月者，小夷也；不葬者，夷狄也。《穀梁》夷狄之不葬在「三不葬」之外。

夏，衛孫林父自晉歸于衛。劉子云：「林父奔晉，晉侯使郤犨爲請還，定公欲辭，定姜曰：『不可，是先君宗卿之嗣也，大國又以爲請，而弗許，將亡。雖惡之，不猶愈于亡乎？君其忍之！夫安民而宥宗卿，不亦可乎？』定公遂復之。」

---

① 當：原作「自」，據《新序·節士》改。

② 負芻立，是爲曹成公：原在「成公遂爲君」下，據《新序·節士》改。

疏言自晉，晉請之也。歸者善辭，其歸之道，由君召之也。不言復者，中國也，且大夫不以復歸爲文。

秋，叔孫僑如如齊逆女。逆女輩、遂皆與弒，此何以見僑如？僑如卑公室，亦輩、遂之徒也。疏此逆女目僑如者，僑如通穆姜，娶齊女以自固其寵，後又奔齊，言此以起之。

鄭公子喜帥師伐許。爲晉伐楚黨。喜，穆公子，字子罕，後爲罕氏，經書罕達、罕虎是也。疏爲許所敗，不書者，略之。鄭伯伐，不書者，亦略之。

九月，僑如以夫人婦姜氏至自齊。月者，譏不親迎。以「僑如以夫人」起其與穆姜通，欲卑公室也。疏言婦者，有姑之辭。成公母稱姜，亦齊女。此譏娶母黨，所謂「三世内娶」。

大夫不以夫人，有尊卑男女之别。禮：大夫覲，猶譏之。無「以夫人」之道也。以夫人，非正也，據以者，不以者也。刺不親迎也。以臣代君逆婦，不可獨言夫人，言臣則必言以，直書其事而罪惡見。僑如之摯，大夫不致，由夫人致之。由上致之也。一事不再譏。書者，起夫人與僑如通，由不親迎所致。

冬，十月，庚寅，衛侯臧卒。劉子云：「定公卒，立敬姒之子衎，是爲獻公。居喪而慢①。定姜既哭而息，見獻公之不哀也，不内食飲，曰：『是將敗衛國，必先害善人。天禍衛國，吾不獲鱄也，使主社稷也。』孫文子自是不敢舍其重器于衛。」疏《衛世家》：「定公十二年卒，子獻公衎立。」

秦伯卒。不名者，狄之也。殽以後狄秦，前二卒猶名，以後不名者，推而遠之，益以疏也。秦本中國，居王舊京，殽以後與晉爲仇，助楚亂中國，爲惡日甚，遂與中國絶，故至成世再遠之，不名也。前猶使人聘，此後與魯絶，不專記事，純狄

① 慢：原作「嬉」，據《古列女傳·衛姑定姜》改。

之。**疏**《秦本紀》①：「桓公立二十七年卒，子景公立。」

十有五年《年表》：「衛獻公衎元年，秦景公元年，晉三郤讒殺伯宗。」

春，王二月②，葬衛定公。**疏**嗣君獻公無道，出奔，釀弒逐之禍，君臣大變也。

三月，乙巳，仲嬰齊卒。公子遂之子，公孫歸父之弟也。下有仲孫嬰齊，知此是公孫者。魯無仲氏，遂前氏仲，知其子也，稱公孫。別一人名偶同。**疏**《公羊》：「公孫嬰齊則何爲謂之仲嬰齊？爲兄後也。爲兄後則何爲謂之仲嬰齊？爲人後者爲之子。爲人後者爲之子，則其稱仲何？孫以王父之字爲氏。然則嬰齊孰③後？後④歸父也。」按：後歸父之說，傳與二傳皆同，以仲嬰齊爲公孫嬰齊亦同。傳以明罪人子孫宜絶，《公羊》以明爲後之義，不同耳。

此公孫也，據孫氏王父，知爲仲遂子。其曰仲，何也？據仲，疏之。此無惡事也，同時有兩嬰齊，一繼一絶，故特目仲，以明爲遂絶之。子由父疏之也。據遂言仲遂。父弒君，不言公子，明當討也。子卒不稱公孫，明罪及子孫，不當使之在朝。於卒疏者，因其世而討之。**疏**仲氏以下不見，絶之也。記遂與歸父、嬰齊之卒，以其世卿也。

癸丑，公會晉侯、衛侯、鄭伯、曹伯、宋世子成、齊國佐、邾人，同盟于戚。據《世家》，成非世子

---

① 本紀：原作「世家」，據《史記》改。

② 二月：原作「正月」，據《穀梁傳》成公十五年改。

③ 孰：原作「曷爲」，據《春秋公羊傳注疏》宣公八年徐疏改。

④ 後：原脱，據《春秋公羊傳注疏》宣公八年徐疏補。

也。其曰宋世子者，譏易樹子也。宋公欲立成，故使會諸侯，爲世子之儀，故世子之也。後卒致殺太子，成得立。宋公不葬，蓋爲此也。《春秋》不言公子者，父在，子不爲政，非世子不見也。陳太子禦寇經言公子，此非太子，經言太子，此加損之例也。疏《左傳》：「會于戚，討曹成公也。」

晉侯執曹伯，歸于京師。劉子云：曹伯殺太子而自立，晉侯執之，歸于京師，將見子臧于周而立之。子臧亡奔宋。按：言執者，伯討辭。晉凡六言執諸侯。疏《曹世家》：「成公三年，晉厲公伐曹，虜成公以歸，已復釋之。」

以晉侯而斥執曹伯，據「執衛侯」稱晉人。惡晉侯也。《春秋》以貴治賤，以侯執大夫，伯討也。執諸侯以稱人爲伯討，弑殺稱人，有罪之辭。《孟子》曰「民爲貴，君爲輕」是也。以侯執伯，諸侯相執之辭，惡晉侯執曹伯，非曹有罪也。不言「之」，據「晉人執衛侯歸之于京師」言「之」。急辭也，與「執戎蠻子歸于楚」同。斷在晉侯也。詞急，明晉歸後猶與事，不專屬天王。爲下反子臧而安曹國張本。疏河陽執在天子側，故不使晉主之。此晉自執，故使晉自斷，不言「之」也。

公至自會。

夏，六月，宋公固卒。此正也。其不日何也？月卒日葬，以起不葬。疏《宋世家》：「十三年，共公卒。華元爲右①師，魚石爲左②師。司馬唐山攻殺太子肥，欲殺華元，華元奔晉，魚石止之，至河乃還，誅唐山。乃立共公少子成，是爲平公。」按：《左傳》唐山作蕩山。

---

① 右：原作「左」，據《史記·宋世家》改。
② 左：原作「右」，據《史記·宋世家》改。

楚子伐鄭。前有宋西門之盟，此又伐鄭者，楚無信也。宋華元合晉、楚之成，息兵三年，楚首敗之，謀由子反，所以不免也。疏子反伐鄭，晉不報楚，事在《左傳》。

秋，八月，庚辰，葬宋共公。

月卒日葬，非葬者也。經卒稱宋公，舉上也。葬後言宋公，舉下也。舉上，故其正不正於卒言之。舉下，故其繼嗣之事於葬見也。宋公殺太子肥，立少子成，經諱其事不書，故不葬，以起其爲無臣子也。此其言葬，何也？月卒爲夷狄，不日，不日者不葬。日葬，危不得葬，皆不葬者也。以其葬共姬，不可不葬共公也。宋公易樹子，共姬同有罪焉。不葬宋公，夫有貶絶，則恥辱及于婦，夫婦一體，榮辱所同，故傳曰：「夫人與有貶也。」葬共姬，則其不可不葬共公，何也？夫人之義不踰君也，據隱夫人亦不葬。爲賢者崇也。《春秋》方賢伯姬，若不葬宋公，著其嫡庶之亂，則伯姬不能正，所謂女而不婦者也。諱其惡而葬共公，以爲賢伯姬起，所謂「成人之美，不成人之惡」也。由賢婦而推以録夫，共公是也；以臣録君，季札是也；以友録友，曹羈是也；以父録子，曹會是也；以君録臣，楚椒是也。

宋華元出奔晉。此未至晉，以晉言者，致其從晉也。華元者，華督之後。督不氏，此乃氏，著其討賊，以明華之當討也。疏唐山攻殺太子肥，將殺元，元乃奔晉。晉非仇國。

宋華元自晉歸于宋。未至于晉，何爲以自晉言之？以與魚石復入相起也，且以著其討賊之實。疏華元在河上，魚石自止之，歸而逐石殺山，見華元之功。

宋殺其大夫山。山者，蕩伯姬之曾孫，公孫壽之子蕩澤也。何以不氏？爲蕩氏諱也。蕩伯姬子孫皆賢，蕩山覆其宗，故《春秋》爲之諱也。疏華元至河，魚石止之，還，誅蕩山。華督弒君不氏，後稱華孫，以明討賊之義。此①殺太子亦賊也，其例當絶，爲伯姬諱，故不言蕩。華、蕩皆不氏，一見于前，一見于後，兩相比以見例。

宋魚石出奔楚。魚石、蕩山皆桓族，一有氏，一無氏，明爲蕩諱之。疏魚石，公子目夷之後，桓族。宋不見公子、公孫，別氏以後乃見。經魚一見，奔後絶於宋。魚石止元，元請討罪人，許之，入而討山，魚石畏討，出奔楚。晉，楚敵也。

冬，十有一月，叔孫僑如會晉士燮、齊高無咎、宋華元、衛孫林父、鄭公子鰌、邾人，會吴于鍾離。會例時，此月者，爲盟也，不言盟者，諱之也。以吴敵中國，起吴之強，以諸侯而下盟吴，爲中國諱也。鍾離，徐州國。疏《魯世家》：「十五年，與吴王壽夢會于鍾離。」吴始會中國。大夫會皆名，始此。

會又會，據不言盟，又不言同，楚無此例。**外之也。**《公羊》：「曷爲外也？《春秋》内其國而外諸夏，内諸夏而外夷狄。王者欲一乎②天下，曷爲以内外之辭言之？言自近者始也。」疏會以上皆同盟之國，楚以同盟外之，吴後起，變文殊會，與王世子同，明其夷狄僭號，諸侯不可與之會也，故言殊以別異之。内自内，外自外，因其殊會，故大夫以名氏見。鰌一見，世③系未詳。

許遷于葉。因楚敗盟，故鄭逼許，浸淫以有鄢陵之戰，此其先見也。疏《年表》：「許畏鄭，請④徙葉。」

---

① 此：原作「故」，據日新本、鴻寶本改。
② 乎：原作「平」，據《公羊傳》成公十五年改。
③ 世：原無，據文意擬補。
④ 請：原作「諸侯」，據《史記·十二諸侯年表》改。

遷者，猶得其國家以往者也。其地，許復見也。鄭伐許不已，避鄭，遷于葉。**疏**《左傳》：「許靈公畏偪于①鄭，請遷于楚。辛丑，楚公子申遷許于葉。」

十有六年《年表》：「宋平公元年。」

春，王正月，雨，木冰。劉子云：「冰者，陰之盛而水凝者也。木者少陽，貴臣卿大夫之象。此是人將有害，則陰氣脅木，木先寒，得雨而成冰也。」是時叔孫僑如出奔，公子偃②誅死。**疏**「一曰：時晉執季孫行父，執③公，此④執辱之異也⑤。」

雨而木冰也，《公羊》同。劉子云：「陰氣脅木，木先寒，故得雨而成冰也。」志異也。《穀梁》說：「雨木冰者，木介甲胄，兵之象⑥。」傳曰：據此足見舊傳不但說大綱總例，於細事異聞皆有之，如長狄及此是也。「根枝折。」或說以爲災。根枝折，枝爲冰所壓折，根因過寒而死。《尚書》「凶短折」，物死爲折。月者，小異也。大異日，小異月，此非雨例也。

---

① 偪于：原脱，據《左傳》成公十五年補。
② 偃：原作「彊」，據《漢書·五行志》改。
③ 執：原作「止」，據《春秋穀梁傳注疏》成公十六年楊疏引劉向語、日新本、鴻寶本改。
④ 此：原作「比」，據《春秋穀梁傳注疏》成公十六年楊疏引劉向語改。
⑤ 之異也：原脱，據《春秋穀梁傳注疏》成公十六年楊疏引劉向語補。
⑥ 木介甲胄，兵之象：原作「木冰，介、甲胄之象」，據《春秋穀梁傳注疏》成公十六年范寧《集解》改。

夏，四月，辛未，滕子卒。滕子之不名，用狄道絶之也，非其本無名也。成以前以狄狄滕，成以後以狄狄秦，故前卒滕子不名，以後乃名；前卒秦伯名，後卒秦伯不名也。《春秋》始終有一不名之國，滕、秦從此世交代。小國始卒不日，至此日者，少進也。以後五卒皆日矣。按：本傳以滕爲用狄道不名，《公羊》以秦用狄道不名，二傳各言一端，實一事也。此世内滕子，如莒夷狄，猶中國之比。

鄭公孫喜帥師侵宋。前楚敗盟伐鄭，晉不救，楚又以汝陰之田求成于鄭，鄭叛晉，故伐宋。晉救宋，因有下戰。

疏據《左傳》，互有勝負。不言，略之。

六月，丙寅，朔，日有食之。劉子云：「後晉敗楚師於鄢陵，執魯侯①。」

晉侯使欒黶來乞師。乞師爲救宋，内因僑如事至于後期，故戰不言公。後有執行父事。《春秋》有彙敘之例，如成世獨詳乞師是也。**疏**按：成世詳見晉國大夫，共見八族十五人。據《左傳》，尚有見《傳》不見經人。郤氏同姓有三卿五大夫，蓋當時晉僭天子，立十二卿。經不爲之諱者，大國尊，有三卿、九大夫，上大夫如次國之卿，例得書于經，故不爲之諱。

甲午，晦，晉侯及楚子、鄭伯戰于鄢陵，楚子、鄭師敗績。**疏**《晉世家》：「厲公六年春，鄭倍晉與楚盟，晉怒。欒書曰：『不可以當吾世而失諸侯。』乃伐鄭。厲公自將，五月渡河。聞楚兵來救，范文子請公欲還。郤至曰：『發兵誅逆，見彊辟之，無以令諸侯。』遂與戰。癸巳，射中楚共王目，楚兵敗于鄢陵。」《鄭世家》：「十年，盟于楚。晉厲公怒，發兵伐鄭。楚共王救鄭。晉、楚戰于鄢陵，楚兵敗，晉射傷楚共王目，俱罷而去。」

---

① 魯侯：原作「曹伯」，據《漢書·五行志》改。

日事，據戰大事，例日①。遇晦曰晦。日而晦者，著以傳著也。據言朔，知亦言晦也。泓言朔，鄢陵言晦，晦、朔爲月之終始，録之以謹始終之義也。日食言朔不言晦者，日食，朔日事，不可言晦。疏《公羊》以晦爲異，與劉子説同。四體偏斷曰敗，據敗言師，此言楚子，知有瘡。此其敗則目也。泓戰宋公身傷不言，此言者，以中國傷夷狄則著之，以夷狄傷中國則諱之。此在中外異詞例。疏師説相傳傷目，此非經例，所推而知。楚不言師，據敗績例言師。君重于師也。據君將不言師，言君傷，則師敗可略。疏《春秋》兩言晦，《左氏》説皆晦日，《公羊》説皆記異，不書晦，《穀梁》一同《左傳》，一同《公羊》。蓋以「己卯晦，震夷伯廟」云記雷震之異，則以晦爲冥晦，與《公羊》家説同，鄢陵言晦與泓戰言朔同以爲晦日。《左氏》推己卯爲月晦。劉子云：「甲午，正晝皆暝②，陰爲陽③，臣制君也。成公不寤，其冬季孫殺公子偃。季氏專魯始于僖公，成於成公，此其應也。」則此條亦從《公羊》説。當時學有五家，故説有不合于傳者。

楚殺其大夫公子側。劉子云：「楚共王與晉厲公戰於鄢陵之時，司馬子反渴而求飲，豎陽穀持酒而進之。子反曰：『退！酒也。』陽穀曰：『非酒也。』子反又曰：『退！酒也。』陽穀曰：『非酒也。』子反受飲之，醉而寢。共王欲復戰，使人召子反，子反辭以心病。於是共王枉駕入幄，聞酒臭，曰：『今日之戰，所恃者司馬也，司馬至醉如此，是亡吾國而不恤吾衆也。吾無以復戰矣！』於是乃誅子反以爲戮，還師。夫陽穀之進酒，非以妬子反，忠愛之而適足以殺之。故曰：『小忠，大忠

① 日：原脱，據日新本、鴻寶本補。
② 皆暝：原作「昏晦暝」，據《漢書·五行志》改。
③ 陽：原脱，據《漢書·五行志》補。

之賊也；小利，大利之殘也。」疏攷楚見十二公子，圍、比、棄疾三人爲弑見，側、壬夫、申、追舒四人以殺見，結、由殺于白公，在春秋後，十二人中以善終者，嬰齊、貞、午，三人而已。楚例不見公孫，以氏見者，六族而已。得臣以戰敗見殺。側，嬰齊弟，字子反，一見經。

秋，公會晉侯、齊侯、衛侯、宋華元、邾人于沙隨，不見公。劉子云：成公幼，謀伐鄭也。不言盟，以公不與盟。疏韋昭說：「晉將伐鄭，使欒黶乞師于魯。公如會，僑如通於成公母穆姜，欲去季、孟氏而取其室。姜氏送公，使逐季、孟，公以難告，請反而聽命。姜怒，公子偃、公子鉏趨過指曰：『不可，此皆君也。』公懼，待于壞隤，儆守備而後行，故不及戰。郤犫受僑如之賂，爲之譖魯於晉侯，曰：『魯侯後至者，待于壞隤，將待勝者也。』晉侯怒，不見公。」

不見公者，據宋公言弗遇，平丘公不與盟，內言不與，此異。可以見公也。言不者，皆可辭。可以見公而不見公，此與平丘公不與盟相比。譏在諸侯也。《公羊》：「何爲不恥？公幼也。」時公幼，諸侯依不與童子爲禮之例不見公。案：公即位成君十七年，不可復言童子。故言不見，以責諸侯受僑如之譖而拒公也。

公至自會。平丘執後乃致公，此公未歸，何爲致之？所以雪不見之恥也。公不與會而同于伐鄭，伐鄭後，乃執季孫而止公，故於此先致公，以避君臣同止之事。公雖不見諸侯，而安然得歸，則下之執專爲行父也。

公會尹子、晉侯、齊國佐、邾人伐鄭。言尹子者，以王命臨之也。既託晉爲二伯，又見王臣者，示二伯所以尊天子命也。尹子者，尹氏也，不言氏者，盟會從正辭，不可以氏在諸侯之上，故子之也，且以見氏爲貶。尹子，卿也。稱子者，天子卿。

曹伯歸自京。劉子云：「曹人數請于晉，晉侯謂：『子臧反國，吾歸爾君。』於是子臧反國，晉乃言于天子，歸成公于曹，子臧遂以國致成公。成公爲君，子臧不出，曹國乃安。子臧讓千乘之國，可謂賢矣！」

不言所歸，據衛侯言歸于衛。歸之善者也。不言歸于曹，與内致同文，非失國辭。出入不名，據朔出入名。以爲不失其國也。據爲出國常文，與見執異辭。爲公子喜時在内也，故異言之。歸爲善，衛侯歸于衛是也。自某歸次之。若曹伯自晉歸于曹是也。此言失國之例。

九月，晉人執季孫行父，舍之于苕丘。劉子云：「僑如貨晉大夫，使執季孫行父而止之。」《漢書·朱博①傳》龔勝等説：「《春秋》之義，姦以事君，常刑不舍。魯大夫叔孫僑如欲顓公室，譖其族兄季孫行父于晉，晉執囚行父以亂魯國，《春秋》重而書之。」疏 執不月，月者，因公在重之，故月也。

執者不舍，而舍，據意如言以歸。疏 沙隨與平丘相比見義，彼不言舍，則此爲異。公所也。劉子云：「晉執季孫行父，又執②公。」《公羊》：「執未有言舍之者，此其言舍之何？仁之也，曰在招丘，悕矣。執未有言仁之者，此其言仁之何？代公執也。其代公執奈何？前此者，晉人來乞師而不與，公會晉侯，將執公，季孫行父曰：『此臣之罪也。』於是執季孫行父。成公將會厲公，會不當期，將執公，季孫行父曰：『臣有罪，執其君；子有罪，執其父，此聽失之大者也。今此臣之罪也，舍臣之身而執臣之君，吾恐聽失之爲宗廟羞也。』於是執季孫行父。」據《左傳》言「公還，待於鄆」，經于十二月乃致公，故劉子以爲公見止也。疏 顔師古説：「晉受僑如譖而止公。」按：公所者，公在是也，如王所

---

① 朱博：原作「朱雲」，據《漢書》改。

② 執：原作「止」，據《漢書·五行志》改。

然。言舍者，臣舍于君，明公在苕丘見執也。《魯世家》：「宣伯告①晉，欲誅季文子。文子有義，晉人弗許②。」執者致，而不致，據凡執皆致。公在也。公在鄆，待季文子歸而歸。文子賢，平子惡，故異辭。君臣一體，如公同在苕丘者然。疏 公還鄆不致，下乃致公會，致猶上致之。此不致，是公同在苕丘之辭。何其執而辭也？據舍爲省釋之詞，執當言以歸，意如在平丘言以歸，此乃言舍。猶存公也。季子，社稷臣。爲僑如欲壞公室，以賂求晉殺之，公雖歸，猶待于鄆。言舍，如君臣同在之辭，故目苕丘以存公也。疏 猶者，公實不在苕丘也，與猶存遂、楚同。存意，謂經致存行父意。疏 一說當作意如，上衍存字，下脱如字。謂意如言以歸，不存。公亦存也，據下臣會君致，言臣所舍，知君在也。疏 一説：亦爲不字之誤。謂意如言以歸者，以意如執即致君，下又致意如。石經、余本「也」作「焉」③。無君之辭。公存也。傳存乃在之誤。言所以存公者，因公在苕丘也。疏 一説：意如惡，經不存之，以與公忤，君臣不同志，後有逐君之事。文子賢，君因其公忠體國，爲奸人所陷，不忍自歸，待其歸而後與同返。二事相同，賢否各異，故經異文以起，下傳云「意如惡。」卒何以日？亦以不賢而惡之也。

冬，十月，乙亥，叔孫僑如出奔齊。劉子云：「繆姜者，齊侯之女，魯宣公之夫人，成公之母也。聰慧而行亂，故謚曰繆。初，成公幼，繆姜通于叔孫宣伯，名僑如。僑如與繆姜謀去季、孟而擅魯國。晉、楚戰于鄢陵，公出佐晉。將行，姜告公：『必逐季、孟。是背君也。』公辭以晉難，請反聽命。又貨晉大夫，使執季孫行父而止之，許殺仲孫蔑，以魯事晉

---

① 告：原作「賂」，據《史記·魯世家》、鴻寶本改。

② 許：原作「行」，據《史記·魯世家》改。

③ 焉：原脱，據《春秋穀梁傳注疏》成公十六年《校勘記》、日新本、鴻寶本補。

爲内臣。魯人不順僑如，盟而逐之。僑如奔齊，魯遂擯繆姜于東宮。」**疏**晉人赦季孫，知僑如奸狀，故魯人得盟而逐之。僑如，得臣子，宣五年立，九見經。奔齊，召其弟豹于齊，立之。

十有二月，乙丑，季孫行父及晉郤犨盟于扈。僑如奔，晉與内盟，平其難。扈，晉邑，當與苕丘近。盟言行父，致言公，如君臣同在，故曰存公。**疏**郤犨受僑如之賂而譖公，僑如出亡，乃與之盟。目郤犨，起其殺也。

公至自會。公以伐鄭出，當致伐，不當致會，此致會者，謂扈盟也。臣執，君待于境，更使人請於晉。《論語》：「君使臣以禮，臣事君以忠。」不再致，行父盟目臣，致目君，皆君臣同執之辭也。

乙酉，刺公子偃。二刺皆在公子，以明刺禮，亦以見公室之弱也。僖以下，公子二刺一奔，惟遂乃得二世，見三桓之專也。**疏**韋昭說：「穆姜送公，使逐季、孟，公以難告，曰：『請反而聽命。』姜怒，公子偃、公子鉏趨過指之，曰：『女不可，是皆君也。』」公惟申儆而行，是以後期。

大夫日卒，正也。君弒、卒，皆以日明正不正。大夫卒、殺、奔，皆以日明正與惡，其例一也。臧孫紇出奔，以日言正不正。先刺後名，據買先名後刺。殺無罪也。劉子云：「季氏殺公子偃。」**疏**顔師古說：「公子偃，宣公庶子，成公弟。公子與僑如之謀，故見誅。」按：韋說是，偃未嘗與謀，因姜氏之言，疑誤殺之，故傳以爲無罪。若與謀，則有罪矣。

十有七年

春，衛北宫括帥師侵鄭。括，衛成公曾孫。一國三卿，前見孔氏，此又見北宫氏者，達既見殺，故以北宫爲下卿也。以下常見北宫氏者，孫、甯既絶，以北宫爲正卿也。

夏，公會尹子、單子、晉侯、齊侯、宋公、衛侯、曹伯、邾人伐鄭。尹子、單子皆王卿。王臣見四卿：

尹、單、劉、蘇，四稱子者是也，皆與大盟會。單伯與單子同氏，子爲卿，伯在字例，爲大夫。**疏**自此以下，齊侯不出與諸侯會盟。至襄十八年，因有圍齊之事。

六月，乙酉，同盟于柯陵。《左傳》以爲「尋戚之盟」者，就同盟説之。楚之同盟者，則秦、陳、蔡、吴。

柯陵之盟，謀復伐鄭也。傳曰：「何以知其盟復伐鄭也？以其後會之人盡盟者也。」**疏**《左傳》：「楚子重救鄭，師于首止，諸侯還。」

秋，公至自會。致伐則不恥，致會則恥。**疏**三郤專政，順臣執君，公怨之，故心不周于伐鄭。

不曰至自伐鄭也，據京城盟復伐，以伐致。傳曰：「已伐而盟，復伐則以伐致。」所謂「不得意，致伐」也。此盟復伐，以不伐致。**疏**「也」上當有「何」字，誤脱。公不周乎伐鄭也。據蕭魚得意致會，公以此伐爲得意，故致會。周謂始終其事也。何以知公之不周乎伐鄭？據下伐鄭，公在。以其以會致也。據致會不欲再伐。何以知其盟復伐鄭也？據致會，疑已服鄭。以其後會之人盡盟者也。據冬會伐鄭。此盟諸侯皆在，惟尹子不在耳。不周乎伐鄭，則何爲日也？據渝盟不日。言公之不背柯陵之盟也。言公意雖不欲再伐，以有此盟，不欲背之，故許以信辭而日。

齊高無咎出奔莒。劉子云：齊靈公夫人通于慶剋。時，公出會諸侯于柯陵，高子、鮑子處内守。國佐將召慶剋而詢之，夫人譏之，公怒，逐高子、國佐，二人奔莒，更以崔杼爲大夫。**疏**《左氏》云：「君子違，不適仇國。」莒非仇國，亦以見之。

九月，辛丑，用郊。郊者，祭天也。《王制》：「天子祭天。」魯，諸侯，不得祭天，因周公有大功，成王賜以天子禮樂，得祭天。周祭天不日，牲用騂。魯卜，吉則郊，不吉則否，牲不用騂，以辟天子也。

夏之始，可以承春，據四月、五月郊不言用。雖譏失時，猶可祭。用夏正，周之夏四月卯、五月辰，以夏正言之，猶爲春。以秋之末承春之始，蓋不可矣。據此言用，知不可。傳曰：「郊自正月至于三月，郊之時也。夏四月郊，不時也。夏五月郊，不時。」以下文同此傳。周九月屬申，于夏正爲七月，乃秋始矣。中間巳、午、未三月爲過時。九月用郊，用者，據四月、五月郊不言用。不宜用也。與用致夫人同，皆譏詞。九月，失時尤久，故言用。宮室不設，不可以祭；《王制》云：「大夫祭器不假。祭器未成，不造燕器。」「庶羞不踰牲，燕衣不踰祭，服寢不踰廟。」衣服不脩，不可以祭；《孟子》曰：「牲殺器皿衣服不備，不敢以祭。」《祭統》：「凡天之所生、地之所長，苟可薦者，莫不咸在，示盡物也。外則盡物，內則盡志，此祭之心也。是故天子親耕于南郊，以共齊盛；王后蠶于北郊，以共純服。諸侯耕于東郊，亦以共齊盛；夫人蠶于北郊，以共冕服。天子、諸侯非莫耕也，王后、夫人非莫蠶也。自致其誠信，誠信之謂盡，盡之謂敬，敬盡然後可以事神明，此祭之道也。」車馬、器械不備，不可以祭；有司一人不備其職，不可以祭。「夫祭者，必夫婦親之，所以備外內①之官也。官備則具備，水草之菹、陸産之醢，小物備矣；三牲之俎、八簋之實，美物備矣；昆蟲之異、草木之實，陰陽之物備矣。凡天之所生、地之所長，苟可薦者，莫不咸在，示盡物也。外則盡物，內則盡志，此祭之心也。」祭者，薦其時也，薦其敬也，薦其美也，非享味也。《郊特牲》：「恒豆之菹，水草之和氣也。其醢，陸産之物也。加豆，陸産也。其醢，水物也。籩豆之薦，水土之品也。不敢用常褻味而貴多品，所以交于神明之義也，非食味之道也。」《祭統》：「夫祭者，非物自外至者也，自中出生于心也。心怵而奉之以禮，是故惟賢者能盡祭之義。賢者之祭也，必受其福，非世所謂福也。福者，備

① 外內：原作「內外」，據《禮記・祭統》乙。

也。備者，百順之名也，無所不順者之謂備。言内盡于己，而外順于道也。忠臣以事其君，孝子以事其親，其本一也。上則順于鬼神，外則順于君長，内則以孝于親，如此之謂備。唯賢者能備，能備然後能祭。是故，賢者之祭也，致其誠信，與其忠敬，奉之以物，道之以禮，安之以樂，參之以時，明薦之而已矣，不求其爲。此孝子之心也。祭者，所以追養繼孝也。孝者，畜也，順于道，不逆于倫，是之謂畜。是故孝子之事親也，有三道焉：生則養，没則喪，喪畢則祭。養則觀其順也，喪則觀其哀也，祭則觀其敬而時也。盡此三道者，孝子之行也。」

晉侯使荀罃來乞師。有約不言乞師，言乞師，起公不周伐。**疏**荀罃，知武子。

冬，公會單子、晉侯、宋公、衛侯、曹伯、齊人、邾人伐鄭。陳、蔡、許不敘者，從楚也。諸侯侵伐，齊侯多不自出。使人者，以其本大國也。

言公不背柯陵之盟也。公不欲再伐鄭，傳曰：「何以知其盟復伐鄭也？以後會之人盡盟者也。」公不欲從伐而不敢倍盟，起公篤于中國，晉失伯者之德。

十有一月，公至自伐鄭。以伐鄭致者，起前不周事也。月者，以起先致公而後卒嬰齊之義。

壬申，公孫嬰齊卒于貍蜃。魯以三家爲三卿，以外皆大夫。然則嬰齊何以卒？賢者之子孫，其身又有賢行也。《公羊》：「公會晉侯，將執公，嬰齊爲之請。」《左傳》詳其求季文子是也。《左傳》云：「還自鄭，至于貍脤①。」此同公行反，在塗病卒也。同時有兩公孫嬰齊，《左傳》稱此爲子叔嬰齊，或偶名同，或由字誤音轉，不可知。**疏**韋昭説：嬰齊，叔孫

---

① 脤：原作「蜃」，《穀梁傳》同，據《左傳》成公十七年改。

肸之子①也。

十一月無壬申，據十二月丁巳朔，知十一月無壬申。壬申，乃十月也。致公而後録，《公羊》：「待君命而後卒大夫。」同公出伐楚，十月至魯竟而卒，不以當時卒，必公入乃卒之。臣子之義也。臣不先君，故先致公而後卒之也。其地，據不地國。未踰竟也。踰竟地國，卒於齊是也。未踰竟乃地地，垂與此是也。

十有二月，丁巳，朔，日有食之。劉子云：「後楚滅舒庸，晉弑其君，宋魚石因楚奪君邑，莒滅鄫，齊滅萊，鄭伯弑死。」

邾子貜且卒。邾以上正例不日，襄以後乃例日。

晉殺其大夫郤錡、郤犨、郤至。不言及者，尊卑敵也。一國三卿，晉何以同姓見三卿？晉國尊也。二伯比于公，一公三卿、九大夫，大夫五錫，例得見經，例有十二人，故同時一姓有三卿大夫也。言此以起族大之禍。晉鄢陵三軍將佐：欒書、士燮、郤錡、荀偃、韓厥、郤至，荀罃居守，郤犨、欒黶乞師，士匄、欒鍼，同時見經者，已八人矣。**疏**《晉世家》：「厲公多外嬖姬，歸，欲盡去羣大夫而立諸姬兄弟。寵姬兄曰胥童，嘗與郤至有怨，及欒書又怨郤至不用其計而遂敗楚，乃使人間謝楚。楚來詐厲公曰：『鄢陵之戰，實至召楚，欲作亂，内子周立之。會與國不具，是以事不成。』厲公告欒書，欒書曰：『其殆有矣！願公試使人之周微考之。』果使郤至於周。欒書又使公子周見郤至，郤至不知見賣也。厲公驗之，信然，遂怨郤至，欲殺之。八年，厲公獵，與姬飲，郤至殺豕奉進，宦者奪之，郤至射殺宦者。公怒，曰：『季子欺予！』將誅三②郤，未發

---

① 之子：原脱，據《國語·魯語》韋注「子叔聲伯，魯大夫，宣公弟叔肸之子公孫嬰齊也」補。

② 三：原作「二」，據《史記·晉世家》、日新本、鴻寶本改。

也。郤錡欲攻公，曰：『我雖死，公亦病矣。』郤至曰：『信不反君，智不害民，勇不作亂。失此三者，誰與我？我死耳！』十二月壬午，公令胥童以兵八百人襲攻殺三郤。胥童因以劫欒書、中行偃于朝，曰：『不殺二子，患必及公。』公曰：『一旦殺三卿，寡人不忍益也。』對曰：『人將忍君。』公弗聽，謝欒書等以誅郤氏罪，曰：『大夫復位。』二子頓首曰：『幸甚，幸甚！』」郤以後不見，誅①郤族也。三郤同爲大夫，見以非禮過盛誅。

自禍於是起矣。劉子云：「晉暴殺三卿，厲公以弑。」疏自當作晉，字之誤也。傳曰：齊之禍自此起矣，與此同。《五行志》劉說：「周單襄公與晉郤錡、郤犫、郤至、齊國佐語，告魯成公曰：『晉將有亂，三郤其當之虖！夫郤氏，晉之寵人也，三②卿而五大夫，可以戒懼矣。高位實疾顛，厚味實腊毒。今郤伯之語犯，叔迂，季伐；犯則陵人，迂則誣人，伐則掩人。有是寵也，而益之以三③怨，其誰能忍之？』」

楚人滅舒庸。成世言滅者，惟此一見。中國有伯不言滅，楚無世不滅，所以夷之。舒當屬揚州。劉子云：「楚滅舒庸」，日食之應。疏宣八年，取舒蓼矣。此又取其庸，上繫舒，以別於蜀庸也。言滅者，有小夷君存。

十有八年

春，王正月，晉殺其大夫胥童。此與三弑及相起。殺大夫不月，月者，以弑之月加于殺上，見同月也。據《世家》、《左傳》，胥童皆以去年閏月殺，何以書於正月？見弑與殺一事也。孔父先死言弑及，此言殺者，惡也。此欒、荀殺之，何

① 誅：原作「罷斥」，據日新本、鴻寶本改。
② 三：原作「二」，據景祐本改。
③ 「三」下原衍「迂」字，據《漢書・五行志》刪。

爲稱國以殺？道君爲亂，君之弑由童致之，童之殺亦由君致之也。胥氏以後不見。疏《晉世家》：「厲公使胥童爲卿。閏月乙卯，厲公游匠驪氏，欒書、中行偃以其黨襲厲公，囚之，殺胥童，而使人迎公子周於周而立之。」

庚申，晉弑其君州蒲。日無月者，上繫於正月。先殺童而後弑者，童之殺，君爲之也，不如孔父者，君之弑，童爲之也。兩列其文，皆稱國者，君臣自相弑殺之文，所以正君臣之道也。疏《晉世家》：「悼公元年正月庚申，欒書、中行偃弑厲公，葬之以一乘車。厲公囚六日死，死十日庚午，智罃迎公子周來，至絳，刑雞與大夫盟而立之，是爲悼公。辛巳，朝武宮。二月乙酉，即位。悼公周者，其大父捷，晉襄公少子，不得立，號爲桓叔，桓叔最愛。桓叔生惠伯談，談生悼公周。周之立，年十四矣。悼公曰：『大父、父皆不得立而避難于周，客死焉。寡人自以疏遠，毋幾爲君。今大夫不忘文、襄之意而惠立桓叔之後，賴宗廟、大夫之靈，得奉晉祀，豈敢不戰戰乎？大夫其亦助寡人！』于是逐不臣者七人，修舊功，施德惠，收文公入時功臣後。」

稱國以弑其君，據欒書弑。小國稱國，爲衆辭，大國君無道，當言人。臣之惡，當目①名、氏。疏《晉世家》：晉欒書、中行偃弑其君厲公。**君惡甚矣。**因外嬖，故欲去羣大夫而立之。胥臣謀在盡誅欒、荀。大臣無罪書殺，更立所嬖，此大惡也。欒、荀弑之，亦由胥童之殺。然則州蒲之弑，蓋胥童主之，故不目欒氏也。疏《春秋》貴仁，晉侯以私意一朝而殺三卿，又欲盡去大夫，失君道，大臣離散，起而爲弑，非臣弑之，乃自殺也。

齊殺其大夫國佐。劉子云：「國佐殺慶剋。靈公與國佐盟而復之，孟子又愬而殺之。」疏《國語》云：「柯陵之會，單子云：『國子立于淫亂之國，而好盡言，以招人過，怨之本也。唯善人能受盡言，齊其有乎！』」

---

① 目：原作「日」，據日新本、鴻寶本改。

公如晉。爲晉悼新立，公往朝之。

夏，楚子、鄭伯伐宋。納魚石也。疏成世二見伐宋。

宋魚石復入于彭城。劉子云：「楚伐①宋，取彭城以封魚石。」疏劉子云：「宋後爲齊、楚、魏所滅，三分其地。魏得其梁、陳留，齊得其濟陰、東平，楚得其沛。故今之楚彭城本宋也，《春秋經》曰『圍宋彭城』。」《地理志》：宋地，房、心之②分野。

復者，此與欒盈相比，彼言入于晉、入于曲沃，皆惡辭，以外大夫歸入無言復者。衛元咺以大夫而從諸侯之辭者，惡其無君，並惡晉也。復中國也③。出奔楚，楚爲夷狄，此正辭。其有自夷狄歸入而不言復者，所自國無罪之辭。自中國歸而有復者，中國亦如夷狄也。疏《宋世家》：「平公三年，楚共拔宋之彭城，以封宋左④師魚石。」《地理志》楚國彭城下云：「古彭祖國。」

公至自晉。

晉侯使士匄來聘。悼公新立，於諸侯有加禮。疏同年見二士。晉子未踰年，三見不稱子。二伯不稱子，別于方伯也。案：自此年後，晉見欒、荀、士、韓、趙、魏六族，所謂六卿專晉也。郤氏亡於成十七年，胥氏亡於成十八年，先氏亡於

① 伐：原脱，據《漢書·五行志》補。

② 宋地房心之：原脱，據《漢書·地理志》補。

③ 復者，復中國也：本經無傳，此爲廖氏擬補。

④ 左：原作「右」，據《史記·宋世家》改。

宣十三年，狐氏亡於文六年，里、干、陽、箕皆衹一見。

秋，杞伯來朝。傳同時累見也。此下月者，明有喪，謹之。**疏**終《春秋》，杞國五朝：莊二十七年、僖二十七年、文十二年、成四年、成十八年，皆時；一稱子，四稱伯。

八月，邾子來朝。朝時，此其月者，邾有喪，未期而來朝，非禮也。三年之喪，達乎天子庶人。古者有喪，君三年不呼其門。《王制》曰：天子無事相朝，正也。凡有事，則不相朝，故於此譏之也。

築鹿囿。因數有難，往來費重，國用不足而虞利也。

築不志，此其志，何也？山林藪澤之利，所以與民共也，虞之，非正也。

己丑，公薨于路寢。**疏**《魯世家》：「十八年，成公卒，子午立，是爲襄公。是時襄公三歲也。」

路寢，正也。男子不絕婦人之手，以齊終也。說見前。

冬，楚人、鄭人侵宋。助魚石也。獨出鄭者，起爭鄭，時陳、蔡、許皆從楚也。**疏**楚宣世最強，成世三見伐鄭，兩見伐宋，滅舒庸，入鄆，而只以鄢陵戰敗也。

晉侯使士魴來乞師。因救宋乞師。**疏**既見士匄，又見士魴，士氏有二大夫矣。成世詳録晉卿。

十有二月，仲孫蔑會晉侯、宋公、衛侯、邾子、齊崔杼，同盟于虚朾。虚朾，宋地。悼初立，合諸侯盟，救宋。不日，悼公賢，有信辭也。齊君不自行而使人者，以大國不同方伯也。**疏**《晉語》：「始合諸侯于虚朾以救宋，使張老延君譽於四方，且觀道逆者。呂宣子卒，公以趙文子爲文也，而能恤大事，使佐新軍。三年，公始合諸侯。四年，諸侯會於雞丘，於是乎布命、結援、修好，申盟而還。令狐文子卒，公以魏絳爲不犯也，使佐新軍。使張老爲司馬①，使范獻子爲候奄。公譽達于戎，五年，諸戎來請服，使魏莊子盟之，於是乎始復霸。四年，會諸侯於雞丘，魏絳爲中軍司馬，公子揚干亂行於曲梁，魏絳斬其僕。公謂羊舌赤，曰：『寡人屬諸侯，魏絳戮寡人之弟，爲我勿失。』赤對曰：『臣聞絳之志，有事不避難，有罪不避刑，其將來辭。』言終，魏絳至，授僕人書而伏劍。士魴、張老交止之。僕人授公，公讀書曰：『臣誅于②揚干，不忘其死。日君乏使，使臣狃中軍之司馬，臣聞師衆以順爲武，軍事有死無犯爲敬，君合諸侯，臣敢不敬？君不説，請死之。』公跣而出，曰：『寡人之言，兄弟之禮也。子之誅，軍旅之事也，請無重寡人之過。』反役，與之禮食，令之佐新軍。」

丁未，葬我君成公。

---

① 馬：原作「徒」，據《國語·晉語》改。

② 于：原作「子」，據《國語·晉語》、日新本、鴻寶本改。

穀梁春秋經傳古義疏卷八

襄公《魯世家》：襄公午立，是時三歲。襄世晉、楚爲二伯，齊、魯、衛、鄭爲晉屬方伯，秦、陳、蔡、吴爲楚屬方伯，故襄世通不言公如齊而一言如楚，以二伯禮事楚也。

元年《年表》：「周簡王十四年，晉悼公元年，齊靈十年，宋平四年，陳成二十七①年，衛獻五年，蔡景二十年，鄭成十三年，曹成六年，杞桓六十五年，秦景五年，楚共十九年，吴壽夢十四年。」

春，王正月，公即位。元年者，君之始年。先言元年，而後言公即位者，即位以年決者也。

繼正即位，即位猶繼立也。**正也。**凡兩君授受，必言繼立，乃見終始之義。故以書即位爲正，不書即位爲變。

仲孫蔑會晉欒黶、宋華元、衛甯殖、曹人、莒人、邾人、滕人、薛人圍宋彭城。此宋事以晉主之，伯辭也。薛初會盟，襄世詳録小國，故録之，次滕。不序齊，不從也。疏《宋世家》：「四年，諸侯共誅魚石，而復歸彭城於宋。」按：殖，相之子，俞之孫，謚惠子。

繫彭城于宋者，據彭城爲楚取，不當再繫之宋。疏《左傳》：「圍宋彭城，非宋地，追書也。」**不與魚石正**

---

① 七：原作「九」，據《史記・十二諸侯年表》、鴻寶本改。

也。《公羊》：「楚已取之，曷爲繫之宋？不與諸侯專封也。」魚石雖入彭城，猶繫于宋，不使魚石有彭城。楚雖封之，外之，不與其封也。正當爲封，慶封吳已封之，猶繫齊，亦不與其封也。此華元圍彭城以討魚石，晉以宋五大夫之在彭城者歸。彭城降，不言以魚石歸者，略之也。

夏，晉韓厥帥師伐鄭。此即圍宋諸侯之兵也。伐鄭者，討其從楚侵宋也。疏晉悼公伐鄭，兵于洧上，鄭城守，晉人去。

仲孫蔑會齊崔杼、曹人、邾人、杞人，次于鄫。此所謂東諸侯也，國皆在今山東。會鄫，助晉伐鄭也。不言衛者，從韓厥者也。疏據《左傳》，晉命鄫師侵楚及陳。不書者，略之也。鄫，《公羊》作合，則與繒别也。

秋，楚公子壬夫帥師侵宋。救鄭也。時陳、蔡、鄭、許皆從楚。不敘，不使中國從夷狄，有所見乃敘。疏襄世，楚有吳禍，亦少衰矣。其兵事言宋者四，陳二，鄭五，于夷狄則伐吳者三，滅舒鳩者一。襄二十七年，息兵以後，則侵伐不見矣。《年表》：「晉伐鄭，敗我，兵于洧上，楚來救。」按：壬夫，子反弟，字子辛。五年，經書殺。

九月，辛酉，天王崩。有天王喪，不奔喪，受小國朝、大國聘，非禮也。不諱者，公幼，不恥，責在大臣也。疏《周本紀》：「十四年，簡王崩，子靈王泄心立。」

邾子來朝。此因襄公初立來朝。書此以明小事大之禮。疏有天王喪，不月者，事易明。

冬，衛侯使公孫剽來聘。衛不言公子、公孫，言剽者，與瑕同，言將爲君之辭也。衛公孫一見剽，公子一見瑕。疏剽，黑背①子，穆公之孫。衛公子、公孫一見瑕、剽，專衛，故後有簒禍。言剽以明不正。

① 背：原作「臂」，據《春秋》成公十年改。

晉侯使荀罃來聘。此彙見之例也。晉大國，衛次國，郲小國。凡君新立，大國聘敵國以上之禮，小國朝卒正以下之禮。經見三等，爲大國、次國、小國之例也。**疏**有天王喪而來聘，不待貶絶而罪惡見。

二年

春，王正月，葬簡王。月者，危之甚。四月而葬，速葬。周事凡二記，一錫命，一周公奔。

鄭師伐宋。晉，衛篤從之，宋爲次。楚，蔡篤從之，陳、鄭爲次。楚強，蔡、陳篤從楚。晉、楚爭宋、鄭，故宋、鄭亦自相仇也。**疏**《左傳》：「楚令也。」

夏，五月，庚寅，夫人姜氏薨。齊姜，成公夫人也，襄嫡母，服三年也。

六月，庚辰，鄭伯睔卒。伐喪，使人不時葬。衛因喪來伐，故不葬也。**疏**《鄭世家》：「十四年，成公卒，子惲立，是爲釐公。」

晉師、宋師、衛甯殖侵鄭。衛獨言名、氏者，起伐喪報怨。

其曰衛甯殖，據晉、宋言師。如是而稱于前事也。前衛有喪，鄭伐之。特目甯殖，苟志于伐人喪者，人亦伐其喪，變文以起其施報。《論語》曰：「以直報怨，以德報德。」**疏**此《春秋》報施之禮。

秋七月，仲孫蔑會晉荀罃、宋華元、衛孫林父、曹人、郲人于戚。不言同盟，不以盟見，鄭未服也。常會非大盟不言同。不言齊，未從也。齊強，來去無常。不言郲①、滕、薛，亦未從也。戚，衛孫氏邑。不以衛主之，伯者會

---

① 郲：疑衍文，本傳言「郲人」。

也。疏爲謀服鄭。會例時，此月者，譏内有喪而貳事也。故已葬則不月也。

己丑，葬我小君齊姜。不言諸侯之會葬者，夫人，略之也。

叔孫豹如宋。

冬，仲孫蔑會晉荀罃、齊崔杼、宋華元、衛孫林父、曹人、邾人、滕人、薛人、小邾人于戚。不言同盟，不以盟見者，鄭未服，故但以會言。疏小邾初列會盟，附庸，故居末，不卒。襄世詳録小國，故於此世十六見。

遂城虎牢。劉子云：「鄭畔①中國而附楚，襄與諸侯共城鄭虎牢以禦楚。」虎牢置城設戍，所以逼鄭也。

若言中國焉，據彭城繫宋，下言戍鄭虎牢，皆有鄭字。外城有國辭，此不繫鄭言城，如城杞。内鄭也。内鄭如内桓。師以内辭言之。鄭得内辭，所以外陳于楚也。疏據内邑言城，鄭本中國，近世内中國，外夷狄，使虎牢如内城，内鄭以外楚也，所以孤黨惡而存中國。取之不言取，爲中國諱也。

楚殺其大夫公子申。申乃右司馬，楚之下卿多受小國賂，以逼子重、子辛，故殺之。稱公子，號從中國也。疏系未詳。《左傳》成六年，「以申、息之師救蔡」，一見經。

三年

春，楚公子嬰齊帥師伐吴。詳吴、楚之事，明楚所以敗中國，以夷攻夷也。疏《吴世家》：「自吴太伯作吴，五

① 畔：原作「略」，據《漢書·五行志》、日新本、鴻寶本改。

世而武王克殷，封其後爲二：其一虞，在中國；其一吴，在夷蠻。十二世而①晉滅中國之虞。中國之虞滅二世，而夷蠻之吴興。大凡從太伯至壽夢十九世。王壽夢二年，楚之亡大夫申公巫臣怨楚將子反而奔晉，自晉使吴，教吴②用兵乘車，令其子爲吴行人，吴於是始通于中國。吴伐楚。十六③年，楚共王伐吴，至衡山。」按：嬰齊以後不見。四伐一會，凡五見。

公如晉。未至都而言如，告禰之辭也。**疏**朝晉與朝楚相起，明晉、楚分伯中外也。

夏，四月，壬戌，公及晉侯盟于長樗。長樗，晉地也。晉侯在外，公以朝禮見，又盟于長樗。朝、盟以地，外辭。**疏**在内，如蕭叔來朝公之比。内不地，外乃地。

公至自晉。得見乎晉侯，又在晉地，可以致晉也。

六月，公會單子、晉侯、宋公、衛侯、鄭伯、莒子、邾子、齊世子光。己未，同盟于雞澤。日在會下，會、盟同月，不于下月嫌異月。《晉語》：「三年，始合諸侯。四年，合諸侯④于雞澤」，「公譽⑤達于戎」。**疏**齊世子光，大國適子，《周官》所謂公之孤、大國之孤；敘邾下，所謂執皮帛以繼子男之後。

同者，據盟不必言同。有同也，同爲虚字，義與克同。經言同盟，同圍齊，同下必有實字，與克義相同。**疏**

---

① 而：原作「爲」，據《史記·吴世家》、鴻寶本改。
② 教吴：原脱，據《史記·吴世家》、鴻寶本補。
③ 六：原作「八」，據《史記·吴世家》、鴻寶本改。
④ 合諸侯：《國語·晉語》作「諸侯會」。
⑤ 公譽：原脱，據《國語·晉語》補。

《周禮》大同之制，以會同定爲禮名，以時而分。按：《尚書》言「四海會同」，《詩》言「會同有繹」，皆非禮名，不過爲合聚之通稱，如《禹貢》是也。又《詩》則專爲田獵而詠，《論語》之言會同，亦指巡狩、朝聘而言，非單舉二時。傳以同爲虛字。王者之制，故不合于《周禮》也。同外楚也。外楚，與楚分伯。此言同，特以外陳爾。齊失伯，爲方伯。楚爲二伯，則陳爲外州方伯以補其缺，故文以後同盟陳不在，凡屬楚之國，亦通不在也。疏以外楚，明晉北伯。晉分伯，不如齊桓一匡也。楚強，數會諸侯，公如楚，如二伯之儀，是楚伯也。《春秋》外之，不許其伯，故于楚不言同盟，惟晉言同盟，統有二伯辭。時諸侯雖有從楚之事，皆不言同以奪之。

陳侯使袁僑如會。陳自宣十二年以後，十年盟蜀一見。自盟蜀至此，二十年乃見，蔽于楚地。疏《陳世家》：「成公二十九年，陳倍楚盟。」故明年楚伐我。

如會，據經言屈完如師①。外乎會也。此中國同盟，時陳已外屬于楚，不可以同盟。故其來會雖早，經不可以與諸侯同書言同盟，故以如會言之，此外之之辭。疏陳自宣時從楚，不與中國會盟。晉悼復伯，畏晉，乃初如會，不能實心，猶懷觀望，先使臣來，後又逃盟，外之于會，所以深責之。於會受命也。外州不得與中國同盟，故以如會言，如屈完如師，受中國之約束而去，此爲用夏變夷之法。疏袁僑本同會諸侯，《春秋》不使同會，故言如會，外之，使如在會受諸侯之命而已，不敢與會事也。僖二十八年外陳侯，此兼外其使。

戊寅，叔孫豹及諸侯之大夫，及陳袁僑盟。戊寅非六月，大夫不臣諸侯，故不以日繫月。劉子云：「雞澤之會，諸侯盟，大夫又盟。後爲溴梁之會，諸侯在而大夫獨相與盟，君若綴旒，不得舉手。」

---

① 「師」下原衍「一」字，據日新本、鴻寶本删。

及以及，據例言會以會，殊會以外吴。與之也。言及者，以内及外，是内本國，外諸夏。及以及，是内中夏而外夷狄。此殊及本以外陳，叔孫爲本國，諸侯爲諸夏，陳爲夷狄。傳以與爲言者，與殊會對言，殊會爲外之，則殊及自爲與之。吴爲真夷，陳乃中國出在外者，故與吴不同，吴殊會，陳殊及也。疏據及，内爲志。及以及，内外汲汲于是盟，蓋譏大夫。《公羊》：「曷爲殊及陳袁僑？爲其與袁僑盟也。」諸侯以爲可與，則與之；此依經立説，袁僑後至，諸侯以爲可盟，則自盟之。不可與，據陳附楚，如蔡。則釋之。如以爲不可與盟，則不盟可也。據陳侯如會不再盟。鄭使人，言乞盟。諸侯盟，上已未同盟。又大夫相與私盟，時諸侯以袁僑後至，不屑與盟，而使大夫盟之。據溴梁獨大夫盟，宋大夫盟，諸侯不在，故此曰私盟。是大夫張也。君方盟，而大夫又盟，是諸侯以專盟之柄授大夫，則不如不盟。以下大夫專盟，是諸侯使之耳。疏君盟，大夫又盟，是大夫敵君也。故雞澤之會，諸侯始失正矣，「正」當爲「政」。《論語》：「孔子曰：『天下有道，則禮樂征伐自天子出；天下無道，則禮樂征伐自諸侯出。』」按：有道，謂《春秋》以前；無道，入莊世，二伯主之。「自諸侯出，蓋十世希不失矣。」按：莊至哀爲九世，而《春秋》終，蓋閔不數，以附莊公也。「自大夫出，五世希不失矣。」按：從襄至哀四世，而《春秋》終。「陪臣執國命，三世希不失矣。」按：定世陪臣強，二世《春秋》終。「天下有道，則政不在大夫。」按：二伯專政以尊天下，乃周、召遺事，猶可言。獨大夫專政，古無其事。「天下有道，則庶人不議」，謂不作《春秋》。大夫執國權。《郊特牲》：「天子微，諸侯僭，大夫強，諸侯脅。於此相貴①以等，相覿②以貨，相賂以利，而天下之禮亂矣。」劉子云：「尊君卑臣，以勢使之

① 貴：原作「責」，據《禮記・郊特牲》改。
② 覿：原作「親」，據《禮記・郊特牲》改。

也。夫失勢則權傾，故天子失道則諸侯尊矣，諸侯失政則大夫起矣，大夫失官則庶人興矣。由是觀之，上不失而下得者，未之有也。」曰袁僑，據湨梁曰大夫，宋曰諸侯大夫，不出名氏。異之也。據陳侯不在，不異袁僑，譏不明。異之，歸惡諸侯，大夫功罪不相蒙，賞罰各有所施。

秋，公至自晉。惡事不致，致者，不使及後盟也。

冬，晉荀罃帥師伐許。伐許以孤鄭也。不敘諸侯之師者，小伐之也。成十五年遷葉，專心事楚，六年乃一見，踰十三年又以伐見，踰八年以伐鄭見。

四年《左傳》：冬，有莒人伐繒，臧孫救繒，敗于狐駘。事與《檀弓》同，知莒有滅繒之志，非僅立甥而已。

春，王三月，己酉，陳侯午卒。不言楚伐陳，不許其有不伐喪之美。疏《陳世家》：「成公三十年，楚共王伐陳。是歲成公卒，子哀公弱立。楚以陳喪，收兵去。」

夏，叔孫豹如晉。去年公如晉，冬又同盟，今大夫如晉，報知武子也。

秋，七月，戊子，夫人姒氏薨。襄公之母也，莒女也。言夫人小君者，與成風同。傳曰：「夫人卒葬之，我可以不①卒②葬之乎？」知非夫人者，文、宣、成夫人皆齊女。

葬陳成公。時葬者，不許楚有不伐喪之美。

八月，辛亥，葬我小君定姒。九年之中三有夫人之喪，二姜皆有逆文，以此起定姒非夫人。定，謚也，以夫人

---

① 以不：原作「不以」，據《穀梁傳》僖公八年乙。
② 「卒」上原衍「夫人」二字，據《穀梁傳》僖公八年删。

禮，則有諡。

冬，公如晉。妾母有服，公以夫人之喪葬之而行朝禮，非也。不月者，其事易見，不以月見例也。疏《魯世家》：「四年，公朝晉。」

陳人圍頓。頓者，豫州卒正，陳嘗納、圍、伐之。疏按：中外各州卒正，經皆有起文，如陳之有圍頓、伐頓、納頓之文是也。以外當由此推之。

五年《年表》：「陳哀公弱元年。」

春，公至自晉。中國不存公。

夏，鄭伯使公子發來聘。吴、秦一見盟聘，外之也。鄭亦一見者，方伯下等，略之。疏發，穆公子，子産之父子國也。後爲國氏，國參是也。鄭前從楚，此聘者，服晉，從中國也。方伯當來聘，惟此一見，示例而已。

叔孫豹、繒世子巫如晉。巫者，莒公子也。繒子無子，有女嫁于莒，取外孫爲後。如晉，因魯以求立，覿晉，並求屬魯也。非繒世子，其言世子者，順其意也，如宋世子成①、陳世子禦寇之比。疏去冬莒伐繒，魯救敗，此以巫覿，當是莒、繒平，以巫後繒。

外不言如，而言如，據外世子相如不書。爲我事往也。《左傳》：「書曰：『叔孫豹、鄫太子巫如晉。』言比諸魯大夫也。」往謂書如，言因豹而言如。巫屬魯，比于大夫，卑如介然，故不言及以異之。疏不言及者，繒世子不書者，故不言及。及，施于例書者。巫如不書，從我大夫則書之，故曰「爲我事往」。繒，微國，不能同盟，其世子卑，

---

① 成：原作「咸」，據《穀梁傳》成公十五年改。

故内臣得加之。

仲孫蔑、衛孫林父會吴于善稻。衛、吴皆同姓。衛，中國；吴，夷狄。此何以不殊會？吴以同姓之義不再外之。何以不言及？言及則外吴，且殊衛，故衛同内辭也。疏不及林父，内衛也。衛篤心中國，不從夷，故内之不及，亦不殊矣。繒世子、衛孫林父同時不言及，而其義異也。

吴謂善伊，謂稻緩，方言不同，吴謂伊緩，中國曰善稻。此從中國，蓋譯也。號從中國，名從主人。《王制》云：「五方之民，言語不通，嗜欲不同。達其志，通其欲，東方曰寄，南方曰象，西方曰狄鞮，北方曰譯。」此東方曰寄之事。疏此繙譯例。通今古，識絶域，皆須繙譯，故傳著之。

秋，大雩。劉子云：「先是宋魚石奔楚，楚①伐宋，取彭城以封魚石。鄭畔于中國而附楚，襄與諸侯共圍彭城，城鄭虎牢以禦楚。是歲鄭伯使公子發來聘，使大夫會吴于善稻。外結二國，内得鄭聘，有炕陽動衆之應。」

楚殺其大夫公子壬夫。壬夫元年侵宋。楚殺不言有罪無罪，略之也。襄世再殺大夫，楚所以弱也。

公會晉侯、宋公、陳侯、衛侯、鄭伯、曹伯、莒子、邾子、滕子、薛伯、齊世子光、吴人、繒人于戚。不言同盟，有吴在。《左傳》以爲盟于戚。見繒者，起下滅。凡不常在會盟而特序者，以起見滅也。疏不殊會吴者，成陳善事，吴能信中國，使得同也。倆人以不殊，不可狄之。繒不能會盟，敘于吴下，不敘者也。繒，中國，在吴下稱人，以吴從中國例，因同姓先進之。敘繒者，繒、莒同會，起下滅而晉復之。

公至自會。會夷狄不致，此致者，并吴也。傳曰：「中國有善事則并焉，無善事則異之。」善吴從中國以攘楚，故進

① 楚：原脱，據《漢書·五行志》補。

從中國。

冬，戍陳。不言其人，實諸侯同戍也，使如内戍之。疏上會已序諸侯，此但主魯而已。

内辭也。傳曰：「主善以内。」戍陳者，留兵以制陳也。言戍者，惡楚，使若助陳拒楚，以存中國。戍陳與戍鄭虎牢相起。疏「古者有分土，無分民。」陳困于楚，不能自守，諸侯相帥而戍之，得變之正，故主内也。歸粟于蔡，得正，亦主内。

楚公子貞帥師伐陳。諸侯戍，而楚救之。言伐者，内陳而外楚也。時唯蔡、許從楚。疏貞，莊王子，字子囊，後爲囊氏，六見經。

公會晉侯、宋公、衛侯、鄭伯、曹伯、莒子、邾子、滕子、薛伯、齊世子光救陳。列敘諸侯，唯蔡、許不至，晉强楚弱也。晉、楚争陳，晉救陳者，内中國而外夷狄也。疏《左傳》：「會于城棣以救之。」

十有二月，公至自救陳。月者，危也。晉强復伯，救陳無危，言月，著其善也，與葵丘日同，爲著其美。陳久屬于楚，以中國爲從夷狄辭，今能屬于内，《春秋》之所欣許者也。

善救陳也。中國伯弱，不能攘楚，陳乃蔽于夷，晉悼能勤諸侯以救陳，故陳改從中國。晉之伯，救陳之力也，月以善之。

辛未，季孫行父卒。賢大夫也，歷相三世，忠于公室。行父，季文子也。行父文六年見經，至此五十四年十六見經。子宿立。疏《魯語》：「季文子相宣、成，無衣帛之妾，無食粟之馬。仲孫它諫曰：『子爲魯上卿，相二君矣，妾不衣帛，馬不食粟，人其以子爲愛。且不華國乎？』文子曰：『吾亦願之。然吾觀國人，其父兄之食麤而衣惡者猶多矣，吾是以不敢。

人之父兄食麤衣惡，而我美妾與馬，無乃非相人者①乎！且吾聞以德榮爲國華，不聞以妾與馬。』文子以告孟獻子，獻子囚之七日。自是子服之妾衣不過七升之布，馬餼不過稂莠。文子聞之，曰：『過而能改者，民之上也。』使爲上大夫。」

六年

春，王三月，壬午，杞伯姑容卒。杞僖世初本無名，至此乃有名，至此始以同盟待之，即所謂三世異辭。襄時詳小國也。疏《杞世家》：「桓公十七年卒，子孝公匄立。」

夏，宋華弱來奔。劉子云：「宋公聽讒，逐其大夫華弱。」劉説見《五行志》。

秋，葬杞桓公。日卒時葬，起杞爲王者後。言子言伯，亦起爲王者後，雖序小國末，而禮有加焉。

滕子來朝。此滕子初朝也。晉伯盛，卒正事方伯謹。疏《春秋》以記朝見屬國尊卑親疏，故屢見不一，各爲所見。曹、滕、小邾五記來朝，曹、滕爲同姓，卒正之首也。邾、杞七言朝，杞爲王後，邾于魯近也。小邾五見，降于邾也。郯二見，鄫、葛、牟、蕭各一見。以此起其尊卑親疏也。

莒人滅鄫。滅者，皆方伯討罪之詞，小國不言滅，言滅以起非常之事。疏《春秋》小國不言滅國，惟此一見，故知爲非如常滅之，如常則不見也。

非滅也。據不日，下言取鄫也。疏非以兵力滅之，滅之中有詭道焉。中國日，沈、頓、胡，中國與盟會者則日。卑國月，近國未與會盟者月之。夷狄時。在外州國。傳曰：「滅國有三術：中國謹日，卑國月，夷狄時。」鄫，中國也，據内臣列數。鄫世子會戚儷人，來朝，能會盟，有中國辭也。而時，據例日，夷狄乃時。非滅

---

① 者：原脱，據《國語·魯語》補。

也。據不日，知非實滅。家有既亡，國之本在家，立異姓是亡家。國有既滅，國既改姓，是滅也。滅而不自知，據下言繒實已亡滅，辭乃如未亡滅，不知其實。由別之而不別也。繫姓本以相別異，有姓而自亂之，是別而不別。莒人滅繒，據繒，中國；莒，夷狄。以夷狄滅中國，正言之。非滅也，據夷狄實滅中國，則當有所辟，不辟亦起非滅。疏《左傳》言其事甚詳，本傳則單就立甥爲説，義各有取，非有異同也。非①立異姓以莅祭祀，莒是繒外孫，繒無子，當立公族爲後，乃因愛立女子之子。魯爲方伯，晉爲二伯，不能正其事，相與立之，《春秋》惡之，故言滅也。滅亡之道也。鬼神不享非類，以異姓主祭祀，是宗廟不血食矣。此與滅國之毀宗廟無異。外孫雖有血氣之屬，《周禮》以父主母，故特明其事以絶之。疏莒有取繒志，懼于大國，因以子後之。其子立，則繒爲莒有矣。《左氏》以爲實滅，就事實言之。二傳以爲非滅，就經意言之。言滅不言滅，其實相同。

冬，叔孫豹如邾。如邾者，聘邾也。方伯聘卒正，如二伯聘方伯之禮。書者，晉伯盛，魯待卒正以禮。疏内臣如以多少見尊卑。二十一見如晉，十九見如齊，二伯也。五見如宋，宋亦大國也。楚雖爲伯，只一見，略之也。陳不如者，二如以見諱奔。衛一見，示例也。莒、邾、滕、牟各一見，小國略之。曹不見。

季孫宿如晉。《左傳》：「晉人以鄫故來討，曰：『何故亡鄫？』季武子如晉見，且聽命。」按：莒滅鄫，而晉討于魯，魯亦與其謀也。下言取鄫，是因晉討而復之。疏行父之子也。父喪未終而如晉，非禮也。三家世卿專魯執政，嗣位之始，結大國以自固。

---

① 非：原脱，據阮刻十三經注疏本《穀梁傳》補，《校勘記》云：「非，責也。」

十有二月，齊侯①滅萊。萊者，兖州國，起齊爲兖州伯也。二伯不言滅國，齊言滅萊，貶之也。**疏** 二伯、王臣②不能滅人自益，爲方伯有之，此貶齊之辭也。莊世何以言滅譚、滅遂？十三年以前，齊未伯之辭，特著之以見，以後不言滅也。僖十七年，何以言滅項？衆滅之之辭。此萊夷，託之中國，因是以起齊未爲二伯，爲兖州方伯，故滅萊自廣。月者，卑國。萊近齊國。

七年

春，郯子來朝。郯子與盟會，連帥之等也，不言朝；言朝者，一見以相起也。于此志者，且起晉強，吴不制郯。**疏** 郯爲連帥上等，因莒不言朝，故兩言朝。

夏，四月，三卜郊，不從，乃免牲。傳曰：全曰牲。已變不郊，故卜免牲。按：郊，祭天也。《王制》：「天子祭天地。」魯方伯，不得祭天，周公有大勳，成王賜以天子禮樂，故得郊。周郊常以正月上丁。魯郊必卜用辛者，下天子也。《五經異義》曰：「《春秋公羊》説：禮郊及日皆不卜，常以正月上丁也。魯與天子并事變禮，今成王命魯使卜，從乃郊，不從即不郊，以下天子也。魯以上辛郊，不敢與天子同也。」按：此義與本傳同。

夏四月，不時也。傳曰：「郊自正月至于三月，郊之時也。」「子不志三月卜郊，何也？郊自正月至于三月，郊之時也，我以十二月下辛卜正月上辛，如不從，則以正月下辛卜二月上辛，如不從，則以二月下辛卜三月上辛，如不

---

① 侯：原作「人」，據《穀梁傳》襄公六年改。

② 臣：原作「伯」，據鴻寶本改。

從，則不郊矣。」三卜，禮也。據三卜不書。此書，以不時也。三卜至二月止，此多二月①。乃者，亡乎人之辭也。不由人也。四月可以不郊，志在于②郊，猶復③卜之，至于不從，事免。言事者，譏其得已不已，免非其心，責其牘也。

小邾子來朝。襄世詳録小國，故記小邾詳，又起附庸亦朝也。**疏**小邾五言朝，降于邾之七朝。據《左傳》，以爲穆公。

城費。起下墮費，季孫專也。郈不言城，互見也。

秋，季孫宿如衛。衛與魯最親，一見如衛者，一見以明例。此報公孫剽之聘義也。**疏**内大夫往方伯言如。如衛，聘也，與下孫林父來相起。魯用三家，逐昭公。衛用孫、甯，逐獻公。言此以見大夫專政之禍。孔子曰：「魯、衛之政，兄弟也。」此弑逐之先見者也。

八月，螽。劉子云：「先是，襄公興師救陳，滕子、郯子、小邾皆來朝。夏，城費。」劉説見《五行志》。月者，災甚也。

冬，十月，衛侯使孫林父來聘。聘者不月，月者，以盟之月加于聘之上，見以聘盟也。孫氏逐君，目之，明執國政。**疏**衛四聘魯，止于此。兩見孫氏，一見甯氏、公孫剽，皆有所起。

壬戌，及孫林父盟。聘而求盟，專也。受命出聘，不受命相盟，無君也。故聘盟皆譏。壬戌，公也，不出公，諱盟

---

① 月：原作「已」，據日新本、鴻寶本改。
② 于：原作「不」，據日新本、鴻寶本改。
③ 復：原作「後」，據鴻寶本改。

大夫。

楚公子貞帥師圍陳。前言伐，此言圍，師久也。楚失鄭，乃争陳，陳陰與楚平，楚乃去。疏《陳世家》：「哀公三年，楚圍陳，復釋之。」

十有二月，公會晉侯、宋公、陳侯、衛侯、曹伯、莒子、邾子于鄬。會于鄬，以謀救陳。疏不言同盟，以兵車往，爲救陳，不盟也。

鄭伯髡原如會，未見諸侯。丙戌，卒于操。疏《鄭世家》：「五年，鄭相①子駟朝釐公，釐公不禮。子駟怒，使厨人藥殺釐公，赴諸侯曰：『釐公暴卒。』立釐公子嘉，嘉時年五歲，是爲簡公。」

未見諸侯，其曰如會尚在竟内，地操可也，不必言如會。何也？據袁僑如會，後得盟也。致其志也。從晉者，鄭伯之意也。鄭伯將會中國，如其志，言如會。疏致亦成之。鄭伯志從中國，善事，故急成之，所謂「君子成人之美」也。禮：疏文見《曲禮》。禮義同爲例，謂《春秋》之例如此。凡傳言禮，而爲《春秋》例甚多。諸侯不生名。生名則是大辟之罪。名，死道也。疏經例：諸侯以爵見，生不名，大夫乃生名。此其生名，何也？據曹伯卒于會，序會不名，卒乃名。卒之名也。因下卒名，非有貶絶。疏據吴子門巢卒，名在門上。卒之名，則何爲加之如②會之上？據曹伯卒乃名。見以如會卒也。據吴子門巢卒也。如會，外乎會，新從中國。言如會，以此卒也。其見以如會卒，何也？據如會無危道，不如門巢。鄭伯將會中國，故致志言如會。

---

① 相：原作「伯」，據《史記·鄭世家》、鴻寶本改。

② 之如：原作「乎」，據《穀梁傳》襄公七年改。

其臣欲從楚，君臣異心，君正而從邪。**疏**據《左傳》，因僖公失禮于諸臣見弒，不爲諸臣欲從楚。傳以從楚立説者，因經致其志，在會中國，而以事見弒，是其臣志可知，故以從夷責之也。不勝其臣，不勝，故見弒。不能自主，失權之過也。故君當自治，不可使大夫專權。弒而死。劉子云：「鄭伯弒死。」顔師古云：「子駟使賊弒，以瘧疾赴。」其不言弒，何也？據弒大惡，内乃諱。不使夷狄之民子駟安心從楚，中國大夫如夷狄之民。齊陽生不言弒，與此同。加乎中國之君也。傳曰「汲鄭伯」，在中國也。劉子云：「鄭僖公富有千乘，貴爲諸侯，治義不順人心，而取弒于臣者，不先得賢也。及簡公用子産、裨諶、世叔、行人子羽，賊臣除，正臣進，去強楚，合中國，國家安寧，二十餘年，無強楚之患。」其地，于外也。據在内不地。其日，據許男卒于師，不日。未踰竟也。據晉侯卒于扈，未踰竟，日也。日卒時葬，正也。據蔡侯肸從夷不葬，此以正卒待之，爲中國諱也。

陳侯逃歸。自此以後，待之如蔡，十年不見，十七年因宋伐乃録之，不專録事。《年表》：「楚圍我，爲公亡①歸。」

以其去諸侯，陳侯以楚圍，陰與楚平，楚乃歸。晉徵諸侯，畏而至，晉將討之，乃逃而反。故逃之也。傳曰：「逃歸陳侯」，「存中國也」。背盟逃去，書逃以責之。已盟而去，不書。書者，陳侯雖盟，心不專而逃之。鄭伯未會而心向中國，致其志，言如會。以陳、鄭相起，貴其志。又其來也，則汲引之；其去也，則逃去之，皆以存中國也。

八年《年表》：「鄭簡公嘉元年。」

春，王正月，公如晉。月者，危也。鄬之會，公未歸，又隨晉侯如晉。方會，又帥人朝，惡之，故月也。

① 亡：原作「丘」，據《史記・十二諸侯年表》改。

夏，葬鄭僖公。賊未討書葬，爲中國諱。凡弒不書弒者四，皆葬，惟楚一不葬。疏《鄭世家》：「簡公元年，諸公子謀事，欲誅相子駟，子駟覺之，反盡誅諸公子。」

鄭人侵蔡，獲蔡公子濕。鄭侵蔡者，晉使之也。簡公立，從父志，專心事晉也。鄭旋釋之，歸國後事見二十年。蔡以後十二年乃見，此因鄭而録之。疏獲凡六見，内一，秦一，吴二，鄭二，皆在末等。齊、晉、楚、宋，大國，乃不言獲。濕，莊公子，《左傳》稱司馬燮。蔡大夫九見公子、公孫，蔡爲方伯，至此乃見大夫者，略之也。濕兩見經，二十年見殺。

人，微者也。侵，淺事也。言人、侵者，舉微、淺。而獲公子，公子貴矣。以貴者淺事而見獲。獲，大敗。公子病矣。病公子，所以譏蔡侯也。蔡從夷，以夷待之。鄭新從中國，故扶鄭夷蔡，以申中國。疏外獲志者，多以小獲大、外獲内，以見小不可忽也。大國大師通不言獲。

季孫宿會晉侯、鄭伯、齊人、宋人、衛人、邾人于邢丘。齊以下皆大夫也，偁人，獨鄭伯見者，爲獻蔡捷親往也。疏《左傳》：「齊高厚、宋向戌、衛甯殖。」不言同盟，《左》以爲命朝聘之數。

見魯之失正也，「正」當爲「政」。雞澤同見，此獨見魯。公在，據公如晉。而大夫會也。權在大夫也。《春秋》之例，公不會大夫，凡公會大夫，會皆目大夫，不出公。此會有諸侯而出大夫，明大夫專。不言宿如晉，君行卿從，傳曰「義者行」也。

公至自晉。起公在會。

莒人伐我東鄙。魯與滕、薛無侵伐之事，杞不伐我，惟曹、莒、邾有兵事。魯好侵奪近邑以自封殖，故近者有兵事，遠者無兵事，不争也。疏據《左傳》，此爲疆鄫田。

秋，九月，大雩。劉子云「時作三軍，季氏盛」之應。

冬，楚公子貞帥師伐鄭。討其伐蔡也。疏鄭因楚伐而服于楚。不言楚、鄭盟者，諱之也。時陳、蔡、許從楚，不言者，亦諱也。晉前已得陳、鄭，鄬會陳侯逃歸，此伐鄭從楚，又失二國也。

晉侯使士匄來聘。大國聘次國，明晉悼有禮也，與下季孫如相起。

九年

春，宋災。劉子云：「先是宋公聽讒，逐其大夫華弱，出奔魯。」

外災不志，凡外州之國，通不志災。此其志何也？內得志災。然衛、陳、鄭一見示例。宋屢志災。故宋也。故宋，以宋爲王者後，大國，稱公。不同衛、鄭只一記而已。齊大國，得二記災。宋王後，尤詳。此尊卑升降之數，新周、故宋、王魯，皆《詩》三頌師説，《春秋》先師亦多用之，如《公羊》是也。本傳不用新周、王魯，惟言故宋。以宋爲王後，稱公，經傳有明文。

夏，季孫宿如晉。報士匄之聘也。不必三年一聘者，伯者求諸侯，禮數繁也。

五月，辛酉，夫人姜氏薨。宣公夫人也。文、宣、成夫人皆齊女。疏據《左傳》，「穆姜薨于東宫。」不地者，傳所謂「夫人不地」也。此與哀姜薨于齊同爲有罪。

秋，八月，癸未，葬我小君穆姜。九年三志薨葬，以起定姒爲妾母。疏此成公之母，薨在成公夫人之後，婦先姑而薨，故《公羊》有不知宣夫人、成夫人之説。

冬，公會晉侯、宋公、衛侯、曹伯、莒子、邾子、滕子、薛伯、杞伯、小邾子、齊世子光伐鄭。不月者，陳①逃歸，從楚也。鄭因楚伐從楚，晉爭之。疏《年表》：「晉帥齊、宋、魯、衛、曹伐鄭。」

十有二月，己亥，同盟于戲。戲，鄭地。此悼初伐也。

不異言鄭，異鄭，言及鄭伯同盟。疏據言同盟，不若得袁僑、國佐異之。喜②得鄭也。據同外楚，喜得如同志，不異之以起疑。不致，據蕭魚致會。恥不能據鄭也。伐而後盟，致伐，是盟復伐，非得鄭辭。致會，則下鄭復從楚，有恥，嫌不能有鄭，故不致之。

楚子伐鄭。前鄭同盟，楚來伐，鄭又從楚也。

十年

春，公會晉侯、宋公、衛侯、曹伯、莒子、邾子、滕子、薛伯、杞伯、小邾子、齊世子光，會吳于柤。吳在柤召諸侯同伐楚，諸侯因往會之，遂以諸侯之師滅傅陽。疏不言同盟，有吳，殊會，外之。公爲本國，諸侯爲中夏，吳爲夷狄，三等，故以二會字别之，所謂殊會也。

會又會，據戚不再言會。外之也。傳曰：「中國有善事，則并焉；無善事則異之，存之也。」外之，外于是會也。若不外，則嫌以中國從夷狄之師。殊之，使若中國自會，吳來與之。

夏，五月，甲午，遂滅傅陽。伯不言滅，此言滅者，衆辭也。傳陽，楚屬國。夷狄例時，遂者不日。言日者，使

---

① 不月者陳：日新本、鴻寶本作「不序陳者」。

② 喜：《穀梁傳》襄公九年作「善」，廖注以「喜」爲釋而改經。

若二事然。疏《地理志》楚國傅陽下云：「故偪①陽國。」蓋在今安徽。

遂，吴滅當言吴，不當言遂。直遂也。直諸侯遂事，非吴自從會滅之。其曰遂何也？宜列數諸侯。不以中國從夷狄也。吴、楚相仇，吴滅傅陽以報楚也。若敘諸侯而滅，是以中國從吴也。蔡以吴善之，吴以中國則異之，中外之別也。

公至自會。

會夷狄不致，會吴是會夷狄。惡事不致，滅傅陽是惡事。此其致何也？據戲盟猶不致。存中國也。二事非常例，兼爲存中國。中國謂中國諸侯。有善事，則并焉；據戚不殊會吴者，蓋以戍陳善事，可使吴從之。無善事則異之，據會柤滅國，非善事，故殊外之。存之也。亡言存，存其國；未亡言存，存其道。許夷狄從中國，憂中國，不許中國從夷狄。滅夷狄，存中國之道。汲鄭伯，鄭，同盟國，方來，汲引之。不見諸侯，猶致其志，來者不拒也。逃歸陳侯，陳侯，不同盟者，欲去，雖已盟，猶逃之。往者不追，所以待夷狄之道。此謂楚事也。楚所争唯陳、鄭，于此明來去之義。致柤之會，外之也。此謂吴事，外之，則如公會中國不會吴。會中國致，吴會不致，致亦外吴。存中國也。楚、吴皆夷狄，初但外楚，吴强，經又外吴。疏三事，前二爲外楚，後一事爲外吴，皆以存同盟之中國也。

楚公子貞、鄭公孫輒帥師伐宋。鄭從楚伐宋。楚侵伐不言從國，存中國也；此不言陳、蔡言鄭輒者，因下

① 偪：原作「傅」，據《漢書·地理志》改。

殺，鄭旋從晉，可言。疏輒，穆公子去疾之子，字子耳，後爲良氏。

晉師伐秦。不救宋而伐秦，譏之也。疏《年表》：「荀罃伐秦。」報去年侵。荀罃將，不言名氏者，貶之也。不言戰敗，略之也。

秋，莒人伐我東鄙。再伐矣，爲下執莒子張本。

公會晉侯、宋公、衛侯、曹伯、莒子、邾子、齊世子光、滕子、薛伯、杞伯、小邾子伐鄭。齊世子初在小邾下，此在滕上者，以年進之。晉悼伯，諸侯全序；其所不序，皆從楚之國，陳、蔡、鄭、許是。疏此悼公初駕也。

冬，盜殺鄭公子斐、公子發、公孫輒。傳曰：「《春秋》有三盜：微殺大夫謂之盜。」斐當國執政，發爲司馬，輒爲司空，此鄭三卿也。同時而殺三卿，亡國之道也，故以盜言之。晉亦同時殺三卿，然只郤氏，晉卿多，故不稱盜，以此異。疏《鄭世家》：「三年，相子駟欲自立爲君，公子子孔使尉止殺相子駟而代之。子孔又欲自立。子産曰：『子駟爲不可而誅之，今又效之，是亂無時息也。』于是子孔從之而相鄭簡公。」斐，《左》作騑，穆公子，字子駟，後爲駟氏，駟弘是也。

稱盜以殺大夫，《公羊》：「大夫相殺稱人①，賤者窮諸盜。」據《左傳》，時有劫君之事。殺者非君，又三卿同殺，故以盜言之。弗以上下道，據上殺下當言鄭，言大夫，爲上下辭。疏子駟前弑僖公，罪人也，發、輒從之，亦罪，故不言大夫。惡上也。簡公爲君三年不能討賊，子孔劫之，將自立，非子産，則身殺國亡不可知。失爲君之道，故書盜殺，言上之失權也。疏上謂君，鄭伯也。鄭伯不能討賊，諸大夫自相殺，失權不能自保，直書其事而罪惡見，故

① 稱人：原脱，據《穀梁傳》文公十六年補。

不以君臣正辭而下窮于盜。盜無名氏，不繫于鄭，不得爲人之辭。賤①殺者，即所以賤鄭伯也。

戍鄭虎牢。戍者三見，僖買戍衛，襄五年戍陳，此戍鄭。凡戍，皆伯者争諸侯之事。疏《地理志》：河南②郡成皋下云：「故虎牢，或曰制。」

其曰鄭虎牢，據城不繫鄭。決鄭乎虎牢也。前城不繫，恐不明，故于此繫以決之。疏據戍陳不繫邑。虎牢，鄭險塞，前城以禦楚，此因伐鄭戍之以待楚。戍陳在陳，戍鄭兵在虎牢，故決鄭于虎牢。得虎牢則得鄭，明前城虎牢之功。

楚公子貞帥師救鄭。言救，明鄭服楚，非善之。疏《鄭世家》：「四年，晉怒鄭與楚盟，伐鄭，鄭與盟。楚共王救鄭，敗晉兵。簡公欲與晉平，楚又囚鄭使者。」

公至自伐鄭。不恥者致伐。

十有一年

春，王正月，作三軍。劉子云：「公作三軍，有侵陵用武之意，諸侯不和，伐其三鄙，被兵十有餘年，因之饑饉。」又云：「時作三軍，季氏盛。」顔師古云：「魯本立上下二軍，皆屬于公，有事則二卿遞帥之。季氏欲專其人③，故增立中軍，

---

① 賤：原作「賊」，據日新本、鴻寶本改。
② 南：原作「内」，據《漢書·地理志》改。
③ 人：原作「任」，據《漢書·五行志》顔注、日新本、鴻寶本改。

三卿①各主其一。」**疏** 攷軍制須合天下全計之。天子尊矣，而諸侯有五長、二伯、方伯、卒正、連帥、屬長是也。諸侯又自有五等，百里、七十里、五十里、三十里、二十里。除附庸不數，自天子至于五十里，共得九等。以九等之不同，而舊説只以四等説之，且其説除天子以外，則乃百里、七十里、五十里之制，而五長之制全佚。今權據《爵國》篇之説而詳攷之。

作，爲也。據作主知新作。古者天子六師，諸侯上國三軍，次國二軍，小國一軍②。上國以下十字據班氏引傳補。《司馬法》：「萬有二千五百人爲軍。」天子六軍，諸侯三軍。軍數詳見《爵國》篇。萬二千五百人爲一軍，小國方五十里之數也。天子當四百倍，大國千乘當四十倍，百里國百乘者亦四倍之。舊説以小國之數通于天子、諸侯，誤甚。王六軍，軍數雖較五十里有加，實則四百倍之。《爵國》篇以爲天子六軍，萬二千五百人爲一軍，故經稱天子爲京師。大國三軍，二伯三軍，百里國亦三軍。二伯卿七錫，百里國七命，大小懸殊，禮數有合處。次國二軍，方伯二軍，七十里國亦二③軍。小國一軍，卒正一軍，五十里國亦一軍，其將皆命卿。凡兵賦田地所出，天子、諸侯大小，所出實數詳細規制，《爵國》篇言之詳矣。今以乘數簡明之法言之，天子萬乘，諸侯大者千乘、六百乘、三百乘，百里國百乘，方七十里五十乘，方五十里者二十五乘，小國較天子少四百倍，而古者以一萬二千五百人之小國立數，非言軍皆萬二千五百人也。今又依經、傳之文，以師、軍分別立説，大者以軍言，小者以師言，如天子六軍，二伯三軍，方伯二軍，卒正一軍，而連帥、屬長皆包于此，不再見。至于百里國稱三師，七十里稱二師，五十里國稱一師，略爲區分以別之。**疏** 按：軍數皆準于卿，一卿將一軍。齊、晉、宋，大國，三卿，故有三軍。陳、蔡、衛、鄭與魯爲次國，二卿，故二軍。

---

① 三卿：原脱，據《漢書·五行志》顏注補。

② 諸侯上國三軍，次國二軍，小國一軍：《穀梁傳》襄公十一年作「諸侯一軍」。

③ 二：原作「一」，據鴻寶本改。

許、曹以下爲小國，一命卿，一軍。屬長以下無命卿，有一軍。卿變而軍實不能變，故皆有一軍。《春秋》據卿言軍，故小國無大夫者亦無師也。然曹、莒、邾、虞言師者，紀其實也。小國言大夫，不氏，與大國、次國不同。言小國師，與大國、次國同者，大夫不同，據無大夫師同者，師實不異，故與大、次國同。**作三軍**，經之軍字當與天子、大國相比。名位不同，禮亦異數。天子六軍，則大國但三軍，以辟天子。故《左傳》以晉舍新軍爲合禮。晉地數圻，軍數實多于天子。然不敢與天子同，方伯又當避二伯。魯地雖大，不止千乘，然當避二伯，不得與之同。當日分軍，必別有儀文禮制，無論兵軍多寡，不得踰此制。至于臨陣分合、營制，通不拘泥，各隨所便矣。**非正也。**《魯語》：「季武子爲三軍，叔孫穆子曰：『不可。天子作師，公帥之以征不德。元侯作師，卿帥之以承天子。諸侯有卿無軍，帥教衛以贊元侯。自伯、子、男有大夫無卿，帥賦以從諸侯。是以上能征下，下無姦慝。今我小侯也，處大國之間，繕貢賦以共從者，猶懼有討。若爲元侯之所，爲以怒大國，無乃不可乎？』弗從，遂作中軍。自是齊、楚伐討於魯，襄、昭皆如楚。」**疏** 晉爲二伯元侯，攷《左傳》，其出軍無定數，有守有戰，有分兵。然而言軍數，則以三爲斷。大國既言三，則次國只應得二。此立三軍，是僭諸公也，《魯語》言之甚詳。

夏，四月，四卜郊，不從，乃不郊。凡四五月、九月郊者，皆因卜而吉者也。卜吉則言郊，不吉則言不郊。

夏四月，不時也。四卜，非禮也。非時強卜，譏黷也。三月三卜不從，可以已已。至四月猶卜，非也。

鄭公孫舍之帥師侵宋。前從楚伐，此獨伐。伐宋，所以致晉師也。**疏** 舍，穆①公子喜之子子展也，二見經。下入陳。

---

① 穆：原作「定」，據《左傳》成公十六年改。

公會晉侯、宋公、衛侯、曹伯、齊世子光、莒子、邾子、滕子、薛伯、杞伯、小邾子伐鄭。齊世子在曹下，進也。此二駕也。

秋，七月，己未，同盟于京城北。京城，鄭邑。不言盟于鄭，鄭未服也。同者，並外陳、蔡也。疏 京，《左》作亳。

公至自伐鄭。

不以後致，據蕭魚致後會。盟後復伐鄭也。據下伐鄭也。傳曰：「已伐而盟復伐，則以伐致；盟不復伐，則以後①會致。」傳「後」衍字。

楚子、鄭伯伐宋。目楚子、鄭伯，兼言二國。因爭得鄭，故言鄭也，不言陳、蔡。疏 自宣元年至此，鄭從楚伐宋者凡五見，事不皆見，一見以明之。宣元一，成十八年二見，哀十年一，共此凡五見。

公會晉侯、宋公、衛侯、曹伯、齊世子光、莒子、邾子、滕子、薛伯、杞伯、小邾子伐鄭，此悼公三駕也，得鄭。疏 據《左傳》，鄭人行成，有入盟、出盟之事。不言者，爲美辭。會于蕭魚。蕭魚，鄭地。鄭與會也。不言盟，信辭。《春秋》惡盟。疏 《晉語》：「十二年，公伐鄭，軍②于蕭魚。鄭伯嘉來，納女工③妾三十人，女樂二八，歌鐘二肆，及寶鎛，輅車十五乘。」

---

① 後：《穀梁傳》襄公十九年無此字，未知廖氏所據何本。

② 軍：原作「會」，據《國語·晉語》改。

③ 工：原作「上」，據《國語·晉語》改。

公至自會。晉侯自此不出，下皆大夫會矣。

伐而後會，伐重于會。不以伐鄭致，據京城北致伐。得鄭伯之辭也。傳曰：「盟不復伐，則以會致。」

楚人執鄭行人良霄。鄭已從晉，楚怒，執其行人，所謂公罪也。**疏**《鄭世家》：「簡公欲①與晉平，楚又囚鄭使者。」

行人者，據執或不言行人。挈國之辭也。傳曰：「稱行人，怨接于上也。」《左傳》「書曰行人，言使人也」，與《傳》同意。**疏**良霄，穆公庶子公子去疾字子良，子公孫輒字子耳，良霄，輒之子也。良爲七穆之一。霄襄三十年見殺，良氏經衹見霄一人。

冬，秦人伐晉。爲楚救鄭。不言晉敗績者，略之也。**疏**《年表》：「我使庶長鮑伐晉救鄭，敗之櫟。」

十有二年

春，王三月，莒人伐我東鄙，圍邰。劉子云：「襄慢鄰國，莒伐其東。」伐我二十見，通不月，此月者，莒，魯屬也。四年之中，三來伐我方伯，深入圍邰，失尊傷重，故月之也。

伐國不言圍邑，據上再伐，不言圍邑。舉重也。據國重于邑，此言圍者，因伐鄙可言圍，伐國則不言圍邑。

取邑不書圍，據取須句不言圍，明此未取。安足書也。據取重于圍也，此言圍，爲下救邰張本也。

---

① 欲：原脱，據《史記·鄭世家》補。

季孫宿帥師救郚，受命救郚。如私行者，惡專兵也。

遂入鄆。鄆，内邑。莒伐我所取也。

遂，繼事也。二事相接續。受命而救郚，始事爲受命，使不兼也。不受命而入鄆，後事知起意非受命。惡季孫宿也。大夫無遂事，皆由君命。此專入，故以遂言之，所以譏季孫。

夏，晉侯使士魴來聘。士氏何以數來聘？爲魯事也。晉如天子公，其卿亦如天子卿。天子大夫不名，晉卿何以名？内外之别也。

秋，九月，吴子乘卒。卒者，以同盟會也。此王者，以子卒之。王尊偁，子卑號，夷狄雖大曰子，此以中國治之也。不卒，卒少進。不日，日少進。不葬者，惡其王號，加之誅滅之罪也。**疏**《吴世家》：「二十五年，王壽夢卒。」司馬遷説：吴、楚之君稱王，《春秋》書之曰子，變其實，號從中國也。

冬，楚公子貞帥師侵宋。失鄭，又争宋。從者，陳、蔡、許。自此以後，經不見伐宋矣。**疏**據《左傳》有秦，不言秦者，略之，亦如有蔡、許、陳不言也。且荆州之國皆在，不言，下一言隨侯以見例也。

公如晉。《魯世家》：「十二年，公朝晉。」

十有三年《年表》：「吴諸樊元年。」

春，公至自晉。不合五年之禮，因事往也。

夏，取邿。邿，近邾小國。《左傳》云：「邿亂，分爲三。師救邿，遂取之。」《公羊》以爲邾邑者，是邿舊爲邾所取也。

《春秋》之例，邑有爲國，國有爲邑者，各隨所見言之。**疏**知郜國者，《地理志》東平①國亢②父下云：「詩亭，故詩國。」詩、郜同音異字也。

秋，九月，庚辰，楚子審卒。共王也。日卒，少進也③。**疏**《楚世家》：「三十一年，共王卒，子康王招立。」

冬，城防。得時也，時則書④。修舊不書，書者，爲臧孫請緩録之。與齊有隙，起下圍成。**疏**《左傳》：「於是將早城，臧孫請俟畢農事⑤，禮也。」防者，成氏邑。

十有四年《左傳》此年天子錫齊侯命，稱舅氏名環。蓋貶爲方伯，故公不如齊而如楚也。

春，王正月，季孫宿、叔老會晉士匄、齊人、宋人、衛人、鄭公孫蠆、曹人、莒人、邾人、滕人、薛人、杞人、小邾人，會吴于向。外吴也。向，内邑。叔老非卿介也，會見卿介，示例也。大夫獨出晉、鄭者，蓋以晉主會，鄭新從會，故獨言名氏也。晉悼大夫三會，始出鄭，再出衛，三出宋，三有大夫，國大夫專，故漸出之。會不月，月者，謹會夷狄也。以諸侯會吴，吴強而諸侯弱也。再會足矣！**疏**不言同，有吴。蠆，穆公孫，公子偃之子子蟜也，後爲游氏，游吉、游速是也。

---

① 平：原作「萊」，據《漢書·地理志》改。
② 亢：原作「元」，據《漢書·地理志》改。
③ 也：原脱，據鴻寶本補。
④ 書：原無，據文意擬補。
⑤ 畢農事：原作「農畢」，據《左傳》襄公十三年改。

二月，乙未，朔，日有食之。劉子云：「《春秋》二百四十二年，日食三十六。襄公尤甚，率三歲有奇而一食。」

「後衛大夫孫、甯共逐獻公，立公孫剽。」

夏，四月，叔孫豹會晉荀偃、齊人、宋人、衛北宮括、鄭公孫蠆、曹人、莒人、邾人、滕人、薛人、杞人、小邾人伐秦。伐秦以報櫟之役也。不月，月者，道遠，諸侯皆在，事重，故月之。此衛大夫有名氏，悼大夫再大會，由鄭及衛也。疏《秦本紀》：「是時晉悼公爲盟主。十八年，晉悼公強，數會諸侯，率以伐秦，敗秦軍，秦①軍走，晉兵追之，遂渡涇，至棫林而還。」按：偃，庚子，中行獻子。

己未，衛侯②出奔齊。劉子云：「獻公暴虐，慢侮③定姜，卒見逐走。出亡至竟，使祝宗告亡，且告無罪于廟。定姜曰：『不可。若令無，神不可誣。有罪，若何告無罪也？且公之行也，舍大臣而興小臣謀，一罪也；先君有冢卿，以爲師保，而蔑之，二罪也；余以巾櫛事先君，而暴妾④使余，三罪也。告亡而已，毋告無罪也。』」疏《衛世家》：「獻公十三年，公令師曹教宮妾鼓琴，妾不善，曹笞之。妾以幸惡曹於公，公亦笞曹三百。十八年，獻公戒孫文子、甯惠子食，皆往。日旰不召，而去射鴻于囿。二子從之，公不釋射服與之言。二子怒，如宿。孫文子子⑤數侍公飲，使師曹歌《巧言》之卒章。師曹又

---

① 敗秦軍秦：原脱，據《史記·秦本紀》補。

② 「侯」下原衍「衎」字，據《穀梁傳》襄公十四年删。

③ 侮：原脱，據《古列女傳·衛姑定姜》補。

④ 妾：原脱，據《古列女傳·衛姑定姜》補。

⑤ 子：原脱，據《史記·衛世家》補。

怒公之嘗笞三百，乃譖之，欲以怒孫文子，報衛獻公。文子語蘧伯玉，伯玉曰：『臣不知也。』遂攻出獻公。獻公奔齊，齊置衛獻公於聚邑。孫文子、甯惠子共立定公弟秋爲衛君，是爲殤公。」

莒人侵我東鄙。四伐矣。季文子卒後，莒四伐我，襄失道也。

秋，楚公子貞帥師伐吴。吴、楚交兵之始，與中國五會矣，楚乃伐之。以爲禍始貞，以後不見貞，七見皆兵事。

疏 據《左》、《史》，此伐吴敗楚，獲楚公子。不書者，凡獲而書者皆中國，外州大夫獲不書也。吴、楚兵連，以致楚亡，此先見也。

冬，季孫宿會晉士匄、宋華閱、衛孫林父、鄭公孫蠆、莒人、邾人于戚。戚，衛邑。宋大夫有名氏，悼大夫三大會，由小及大也。齊、曹、滕、薛、杞、小邾不序。齊不序，起伐我。獨序莒、邾，起下執。**疏**《左》：「謀定衛也。」不言同盟。

十有五年

春，宋公使向戌來聘。宋四聘魯，三見華氏，惟此一見向氏。**疏** 向，公子向父之後，桓族也。終《春秋經》，皆見世卿，而不言公子、公孫，與魯、鄭殊。魚氏出奔後，向氏爲左師。

二月，己亥，及向戌盟于劉。聘盟不地，于劉因下誤衍。**疏** 一説：劉，内地。如公與晉侯盟于長樗之比。

劉夏逆王后于齊。夏者，名也。不稱劉子，臨王后，名從正稱也。劉夏即劉卷之父，後儒因夏名，遂以夏爲士，誤甚。**疏** 劉，畿采地。稱子者，卿也。下劉文公亦稱劉卷。

過我，據不言來、不稱子，非接内也。言逆，非内主之，起祭公内主之也。故志之也。爲主則言歸，過我則言逆，主書以起祭公即謀逆事之非也。不言使者，逆者微，故奪其使不言也。靈王不記事，記此以見之。

夏，齊侯伐我北鄙，圍成。劉子云：襄慢，齊伐我北鄙，百姓騷動。伐不言圍，爲救大之也。疏齊侯驕蹇，不會諸侯。自此至十八年，六見伐我之文，因此以致同圍齊，與頃公敗鞍之事同也。

公救成，至遇。言至遇者，不敢進也。疏《年表》：「齊伐我。」

季孫宿、叔孫豹帥師城成郛。既言公救矣，何以復言二卿？二卿專也。既齊師已退矣，何以更言帥師？以師爲役也。疏圍成，郛有壞者，故城之也。下齊又圍成，此城以自固。

秋，八月，丁巳，日有食之。劉子云：「先是晉爲雞澤之會，諸侯盟，又大夫盟，後爲溴梁之會，諸侯在而大夫獨相與盟，君若綴旒，不得舉手。」八月無丁巳，此食晦日，七月晦也。

邾人伐我南鄙。劉子云：「襄慢鄰國，是以邾伐其南」，「百姓騷動」。季文子卒後，襄慢鄰國，莒四伐其東，齊伐其北，邾伐其南，四郊多壘，卿大夫之辱也。

冬，十有一月，癸亥，晉侯周卒。疏《晉世家》：十五年，冬，悼公卒，子平公彪即位。

十有六年《年表》：「晉平公彪元年。」

春，王正月，葬晉悼公。自成公十八年至此十五年，爲晉悼復伯之事。悼公幼而明斷，舉賢任才，三駕而楚不能與争，無城濮、鄢陵之勞，無滅譚、滅遂之失，無執衛、執曹之舉，先以謙德，不令而從，其才德在桓、文之上。然能服諸侯，而不能杜大夫之漸；能得鄭，而不能掩失陳之責；能駕楚，而不能掩通吴之非。盟會之權，非大夫敢干也。蕭魚以後，凡三大會，士匄、荀偃賓主之，則悼之失也。疏月者危。悼以下伯衰也，故平、昭、頃三公皆月。晉五葬，一日、四月也。

三月，公會晉侯、宋公、衛侯、鄭伯、曹伯、莒子、邾子、薛伯、杞伯、小邾子于溴梁。疏晉平公初會也。自此至昭十年，共二十六年，紀晉平伯也。不序齊，以伐我，爲下圍齊。

戊寅，大夫盟。劉子云：「晉爲溴梁之會，天下大夫皆奪君政。」「獨相與盟。」顏師古云：「諸侯皆在，而叔孫豹、晉荀偃、宋向戌、衛甯殖、鄭公孫蠆及小國大夫盟。」

溴梁之會，諸侯失正矣。雞澤諸侯盟，因袁僑來，乃私盟。傳曰：「始失政。」始者，未甚之辭。疏「正」讀作「政」，下「正在大夫」同。諸侯會，據雞澤，會諸侯已盟。而曰大夫盟，據雞澤，因袁僑來盟。此君會而大夫專盟。正在大夫也。雞澤初失政，此大夫執政專盟。諸侯在，而不曰諸侯之大夫，據雞澤諸侯在，言諸侯之大夫。宋之盟，不在猶繫。大夫不臣也。大夫有無君之心，如宋大夫以官偁。君在不盟而臣下盟，是政在大夫。不繫諸侯者，大夫有無君之心，故不繫也。孔子曰：政在大夫，「五世希不失矣」。

晉人執莒子、邾子以歸。討其伐我也。在會，公愬于晉，晉乃執之。偁人執，有罪之辭。疏《左傳》：「以我故，執邾宣公、莒犂比公，且曰：『通齊、楚之使。』」

齊侯伐我北鄙。再伐也。晉執莒、邾，齊又來伐。齊強，不從晉，故下圍齊。疏《年表》：「齊伐我。」

夏，公至自會。公未歸國，已見伐至者，危之也。

五月，甲子，地震。《年表》：「地震。」

叔老會鄭伯、晉荀偃、衛甯殖、宋人伐許。叔老，大夫也。前從季孫見，此特見者，以內大夫可會外諸侯也。疏《左傳》：「夏六月，次于棫林。伐許，次于函氏。」

秋，齊侯伐我北鄙，圍成。上「城成郛」懼齊，此言圍以明之。成在魯北境，叔孫邑也。

大雩。

冬，叔孫豹如晉。爲齊故請師也，以起下圍齊之役。

十有七年

春，王二月，庚午，邾子瞷卒。邾至此乃日，故下皆從日。**疏**此卒于國，不書其歸者，略之也。一説卒于晉，不言晉者，爲中國諱也。惟諸侯卒于楚者乃地楚，所以惡楚也。

宋人伐陳。宋伐陳，從晉命以撓楚也。《年表》：「宋伐陳。」**疏**據《左傳》，陳敗，司徒卬獲于宋。不書者，略之也。

夏，衛石買帥師伐曹。曹人愬于晉，爲下晉執石買張本。**疏**據《左傳》，因孫蒯事而伐曹。不見孫蒯者，非卿也。見石氏，録賢者後，且明世卿也。石碏四世孫成子稷見《左》成二年傳。買，稷子共子也。碏有大功於衛，世爲衛大夫，子曼姑哀三年見經。衛襄以前詳孫、甯，但一見殺；孔達以下詳石氏、北宫氏、世叔氏、公叔氏、公孟氏、齊氏、趙氏者，孫氏已絶，故詳録之。

秋，齊侯伐我北鄙，圍桃。《年表》：「齊伐我北鄙。」伐不言圍，言圍者，取之也。

齊高厚帥師伐我北鄙，圍防。《左傳》本無齊字，與上圍桃合爲一事。**疏**《左傳》：「齊高厚圍臧孫紇于防」，「齊人獲臧堅」。不書者，爲内諱也。

九月，大雩。

宋華臣出奔陳。因前伐陳，故奔陳。**疏**爲殺華吴，因國人逐瘈狗而奔。班説詳《五行志》。

冬，邾人伐我南鄙。不服晉，起下再執。**疏**《左傳》：「爲齊故也。」

十有八年

春，白狄來。白狄在冀州，不言朝。來者，來助我拒齊，從晉命也。狄言白，白者録之詳，以善事言白，非善事，狄之而已。疏《春秋》言來者七，直來曰來。仕於魯者，祭伯是也。以事至魯，記來者。祭公來，實來是也。來朝不言朝者，介葛盧、齊仲孫及白狄皆爲魯事來，諱言之，故直曰來而已。非不能朝，不言朝也。

夏，晉人執衛行人石買。因其伐曹執之。疏《左傳》：「晉人執衛行人石買于長子，執孫蒯于純留，爲曹故也。」

稱行人，據或不言行人。疏按：石買前伐曹，此稱行人者，不當因其來而討之是也。又伐曹必有受命，故稱行人。怨接于上也。上，君也。怨其君，所謂公罪，怨君而執其臣也。不言行人，皆以私罪，執單伯是也。

秋，齊侯伐我北鄙。六伐我矣。恃強，不與諸侯交，又累伐我，下敗自取之也。

冬，十月，公會晉侯、宋公、衛侯、鄭伯、曹伯、莒子、邾子、滕子、薛伯、杞伯、小邾子同圍齊。月者，齊強，諸侯皆在，所傷多。二伯不能和協以抗夷狄，而私自爭戰，所傷甚多，《春秋》謹爲月之，以相譏也。疏《齊世家》：「靈公二十七年，晉使中行獻子伐齊。齊師敗，靈公走入臨菑。晏嬰止靈公，靈公弗從，曰：『君亦無勇矣！』晉兵遂圍臨菑，臨菑城守不敢出，晉焚郭中而去。」

非圍據《世家》言圍臨菑，則實已圍矣。傳言非圍者，據下致言。而曰圍，據下釋同義，此當脱同字。伐言國，圍言邑；言圍，小而邑之。齊有大焉，大與病對文，謂本大國。疏齊舊爲東伯，伐齊是伐伯者。言圍，抑之如邑，奪伯者詞，使得伐也。義見下。亦有病焉。病辱義見下。非大齊本爲大國。而足同與？言如非大國，則不足以當諸侯之同圍。今十一國同乃圍之，是大齊，乃言圍耳。諸侯同罪之也，使非有罪，則諸侯不同心伐之；同伐，是諸侯皆以齊爲不道。齊不會諸侯而六伐我，皆有罪也。亦病矣。諸侯同罪，病辱大也。此明有大、有病之義。謂言同，亦非純大之。齊舊伯，與夷狄交伐我，惡之，言圍，貶也。言同，以明舊伯而病齊，義亦見焉。疏成二年傳云：「焚雍門之茨①，侵車東至海。君子聞之，曰：『夫甚！』甚②之辭焉，齊有以取之也。」兼説此事。鞍戰與此圍同，皆齊侯驕蹇所致。《公羊》：「則其言同圍齊何？抑齊也。曷爲抑齊？爲其亟伐也。或曰爲其驕蹇，使世子處乎諸侯之上也。」

曹伯負芻卒于師。傳例：「公、大夫在師曰師。」不日，與廬卒同。疏《曹世家》：「二十三年，成公卒，子武公勝立。」

閔之也。諸侯踰竟卒當國，此宜言卒于齊，言師者，明主公也。曹爲魯屬，魯爲喪主，有保護之恩，故曰閔之。桓會詳卒，不言師，安之如內。晉侯卒于扈，非魯屬，不言師、會。

楚公子午帥師伐鄭。因諸侯伐齊事，出師以爭鄭。從者，陳、蔡、許。疏午一見。《年表》：「楚伐鄭。」

十有九年《年表》：「曹武公勝元年。」

春，王正月，諸侯盟于祝柯。不日，惡盟。圍齊之後，諸侯又相盟。祝柯，齊地。

晉人執邾子。因上伐再執。

公至自伐齊。從齊至也。

《春秋》之義，已伐而盟復伐者，所伐之國，平而來盟。其國不服，別從大國。則以伐致；據「盟于

① 茨：原作「萩」，據《穀梁傳》成公二年改。

② 甚：原脱，據《穀梁傳》成公二年、鴻寶本補。

京城北」，以伐致也。盟不復伐者，從中國，不事夷狄。則以會致。據蕭魚之會以會致。**疏**按：此爲鄭專例。以鄭爲中國，陷于楚，故急争之，不與陳、蔡同。得之則喜，不得則憂，皆所以内中國，外夷狄也。若齊爲大國，則不在此例矣。祝柯之盟，盟復伐齊與？據下復伐與「盟于京城北」以伐致同，疑起下復伐也。曰：非也。據盟不日，知以辟惡事，不爲下復伐齊。然則何爲以伐致也？據皋鼬以會致也。曰：與人同事，人謂邾子。致伐爲辟邾事，非爲伐齊。或執其君，謂晉執邾子。或取其地。謂魯取邾田。盟惡，從惡事不致之例，故以伐致，辟惡盟也。

取邾田，自漷水。魯與邾原以漷爲界，漷水移，魯後取邾田，以漷爲界。

軋辭也。軋，委曲也。言自者，謂委曲隨漷水。其不日，據内盟例日。惡盟也。惡盟謂同會而執君取地，惡，故不致。晉前執邾，旋釋之，歸又伐魯，魯愬于晉，晉又執之，魯大夫乘是而取其地。有罪治之，是也；乘義爲利，則非也。

季孫宿如晉。如晉謝伐齊。

葬曹成公。

夏，衛孫林父帥師伐齊。林父先至，晉及諸侯在後。七月至穀，聞有喪而還。獨出林父，強專兵，起下逐君也。

疏晉約諸侯大夫伐齊，爲二十三年齊伐衛張本。

秋，七月，辛卯，齊侯環卒。劉子云：「靈公娶于魯，聲姬生子光，以爲太子。夫人仲子與其娣戎子皆嬖于公。

仲子生子牙，戎子請以爲太子代光，公許之。仲子曰：『不可①！光之立也，列于諸侯矣。今無故而廢之，是專黜諸侯，以犯不祥。』以死争，公終不聽，遂逐太子光而立子牙。」疏《齊世家》：「二十八年，靈公疾，崔杼迎故太子光而立之，是爲莊公。莊公殺戎姬。五月壬辰，靈公卒，莊公即位，執太子子牙于句瀆之丘，殺之。八月②，崔杼殺高厚。」

晉士匄帥師侵齊，至穀，聞齊侯卒，乃還。疏穀，魯邑。

還者，事未畢之辭也。詳見前。受命而誅生，死無所加其怒，《春秋》之義，別生死，殊人鬼，王者之法施于其生，不施于死，故有功者死不追錫，有罪者死不伐喪。許慎引舊説云：「死可追錫，如有罪，可追刑耶？」是也。不伐喪，善之也。據譏宋公伐喪也。善者，因其專命，不純許之。善之，則何爲未畢也？善之則當以事畢詞，不畢，嫌當進師也。君不尸小事，傳曰「尊不親小事」，如觀魚之類。此臣下事，君不自主之。臣不專大名，傳曰「卑不尸大功」，如專命退師，此大事，不伐喪大名，此當歸命待君，而反則歸美于君，臣無專制之嫌。善則稱君，凡善當使君主之，不可竊擅美名。過則稱己，惡事則代君受過。尊君親上，致身以事君，忠愛之至也。班固説：「善稱君，過稱己，何法？法陰陽共殺共生，陽名生，陰名殺。臣有功，歸于君，何法？法歸明③于日也。」則民作讓矣。《祭義》：「天子有善，讓德于天。諸侯有善，歸諸天子。卿大夫有善，薦于諸侯。士庶人有善，本諸父母，存諸長老。禄爵慶賞，成諸宗廟，所以示順也。」士匄外專君命，行止自由，不稟命而行。將在軍專命，本爲

---

① 曰不可：原作「不可曰」，據《古列女傳・齊靈仲子》乙。
② 月：原作「日」，據《史記・齊世家》改。
③ 歸明：原作「明歸」，據《白虎通・五行》乙。

危事，不伐喪，善事，無危。此當歸美于君，待君命而行。故非之也。不伐喪，善事。善事，故不許使不善不責之矣。《春秋》本于嫌得者見不得，如此之類是也。然則爲士匄者宜奈何？問其進退不可，道將何從？宜墠帷埽地曰墠。將哭齊，故設帷。而歸命乎介。傳曰：「已牛矣，其尚卜免之，何也？禮，與亡也，寧有，嘗置之上帝矣，故卜而後免之，不敢專也。」按：因介反命，君止之乃止，則君有卹喪之美，臣有將順之道。今不待命遂行，則臣專大名而廢棄君命，君不能以禮相責，而反有專命之譽。故嚴繩之，不使得遂，所以申君命，明臣節也。《公羊》說以此爲使在外聞君喪之禮。

八月，丙辰，仲孫蔑卒。蔑，孟獻子也，魯下卿。劉子云：「魯孟獻子聘于晉，宣子觴之①。三徙，鍾石之懸，不移而具。獻子曰：『富哉！』宣子曰：『子之家孰與我家富？』獻子曰：『吾家甚貧，惟有二士，曰顔回、茲無靈者，使吾邦家安平，百姓和協。惟此二者耳，吾盡于此矣。』客出，宣子曰：『彼君子也，以養賢爲富；我鄙人也，以鍾石金玉爲富。』孔子曰：『獻子之富，可著于《春秋》。』」疏 蔑，公孫敖之孫，穀文伯之子，謚獻子。宣九年始見經，至此四十六年卒，十見經，子速立。

齊殺其大夫高厚。劉子云：「靈公逐太子光，立牙爲太子，高厚爲傅。靈公疾，高厚微迎光。及公薨，崔杼立光而殺高厚。」疏 國、高，齊之賢大夫。殺高厚者崔杼。國、高弱而崔、慶彊，積有弑君之禍。以累上之辭言之，所以惡光也。《世家》：八月殺。

鄭殺其大夫公子嘉。前殺三卿。子孔有罪，不稱人以討之者，討之不以其罪也。又分其室，故稱國以討，不去其官。事詳《左傳》。疏 嘉，穆公子，字子孔，後爲孔氏。鄭七穆，印氏、豐氏俱不見經，孔氏惟公子嘉見經。

---

① 之：原脱，據《新序·刺奢》、鴻寶本補。

冬，葬齊靈公。不日而時。前已失伯，又新爲諸侯所圍，驕蹇失尊，有取敗之道，故不日。疏光殺牙而立。起不伐喪之美。立二十八年，前二十四年從晉，後四年不同會盟。

城西郛。據「城中城」，知西郛，城西郭也。疏《左傳》云：「懼齊也。」①

叔孫豹會晉士匄于柯。柯，齊地也。會柯，齊與晉平，不言齊者，成其不伐喪也。會者多矣，獨見內晉者，餘略不言也。此公會也，不言公者，公不會大夫。

城武城。不能自強，則多城何益？凡城皆譏也。疏同時二城，不累數者，二事也。西郛內，武城外，又郛與城不同也。懼齊，故城。

二十年《年表》：「齊莊公光元年。」

春，王正月，辛亥，仲孫速會莒人盟于向。速，蔑子也，未畢喪而出盟。爲前伐我，盟及莒平也。疏向本莒邑，宣四年取者。魯、莒結好，自是十五年不交兵。

夏，六月，庚申，公會晉侯、齊侯、宋公、衛侯、鄭伯、曹伯、莒子、邾子、滕子、薛伯、杞伯、小邾子，盟于澶淵。外楚言同盟，此大盟，皆中國，何以不言同？爲齊服也。齊服則何以不言同？前言同圍，有外齊之嫌，如此言同，是同圍外之矣。自此至昭十三年，乃一見同盟。疏澶淵，宋地。因從齊乃盟，惟陳、蔡、許三國不至。

秋，公至自會。

---

① 「疏」及以下六字原脱，據日新本、鴻寶本補。

仲孫速帥師伐邾。祝柯既執邾子，又取其田，報亦足矣。又澶淵方同盟，盟乃伐之，譏之也。疏未畢喪而使，非也，爲前伐我報之。

蔡殺其大夫公子濕。蔡不專記事，此專記者，討從楚之人也。二公子主從楚，故前獲，此又出①奔楚。疏蔡十二年不見。濕見獲者，蔡大夫惟以公子、公孫見，外朝吴一人而已。《左傳》：「蔡公子燮欲以蔡之晉，蔡人殺之。公子履，其母弟也，故出奔楚。」

蔡公子履出奔楚。訴于楚也。一説楚當爲晉，因下文奔楚而誤。蔡大夫奔楚一，陳二，晉一，王朝一。疏履亦莊公子，燮之母弟。

陳侯之弟光出奔楚。董②子云：「陳慶虎、慶寅蔽君之明。」謂二慶專陳，暴蔑其君而棄其親。奔楚，起下歸。疏《左傳》：「慶虎、慶寅畏公子黄之逼。」「公子黄出奔楚。」

諸侯之尊，兄弟不得以屬通。其弟云者，親之也。舉其親。親而奔之，惡也。譏陳侯聽二慶而逐親者也。弟，母弟。凡弟奔皆譏君也。

叔老如齊。襄世不言公如齊，何以言大夫如？大夫如者多非朝文，故不嫌也。疏澶淵同盟後與齊通也。「叔」以單字爲氏，與叔孫不同。

---

① 「出」下原衍「出」字，據鴻寶本删。

② 董：原作「劉」，據《漢書·五行志》改。

冬，十月，丙辰，朔，日有食之。劉子云：「後齊崔杼弑其君，宋殺太子，北燕伯出奔，鄭大夫自外入①而篡②位。」

季孫宿如宋。報向戍之聘。

二十有一年

春，王正月，公如晉。疏月者，危往也。敗師及取田不危，此月者，公在晉，内受叛人，故危之。

邾庶其以漆、閭丘來奔。邾無大夫，書者，以地故也。内取邑志，此亦取邑也，録其地，故必舉其人。來奔者，畔也。不諱者，公不在也。

以者，不以者也。再傳爲以地奔内。來奔者不言出，據外奔言出奔。舉其接我者也。據來已出竟，因内言，内不言出。漆、閭丘據城漆，知二邑。不言及，據牟婁、防兹③言及。小大敵也。「城諸及防」，傳曰：「以大及小。」城無尊卑，以大小相及；大小相同，則不言及也。

夏，公至自晉。言公至，起大夫受叛人也。

秋，晉欒盈出奔楚。劉子云：大夫專權，「欒盈亂晉」。按：盈自晉奔楚，後從楚至齊，從齊入晉。不言奔齊，爲齊諱。奔楚者，楚、晉敵也。疏《晉語》：「平公六年，箕遺及黄淵、嘉父作亂，不克而死。公遂逐羣賊，謂陽畢曰：『自穆侯

① 入：原脱，據《漢書·五行志》補。

② 篡：原作「纂」，據《漢書·五行志》改。

③ 兹：原作「故」，據鴻寶本改。

以至于今，亂兵①不輟，民志不厭，禍敗無已。離民且速寇，恐及吾身，若之何？』畢對曰：『本根猶樹，枝葉益長，本根益茂，是以難已也。今若大其柯，去其枝葉，絶其本根，可以少閒。』公曰：『子實圖之。』對曰：『圖在明訓，明訓在威權，威權在君。君掄賢人之後有常位於國者而立之，亦掄逞志虧君以亂國者之後而去之，是遂威而遠權。民畏其威而懷其德，莫能勿從。若從，則民心皆可畜。畜其心而知其欲惡，人孰偷生？若不偷生，則莫思亂矣。且夫欒氏之誣晉國久也，欒書實覆宗弑厲公以厚其家，若滅欒氏，則民威矣！今吾若起瑕、原、韓、魏之後而賞立之，則民懷矣！威與懷各當其所，則國安矣！君治而國安，欲作亂者誰與？』君曰：『欒書立吾先君，欒盈不獲罪，如何？』陽畢曰：『夫正國者不可以暱于權，行權不可以隱于私。暱于權，則民不導；行權隱于私，則政不行。政不行，何以導民？民之不導，亦無君也。則其爲暱與隱也，復害矣，且勤身，君其圖之！若愛欒盈，則明逐羣賊，而以②國倫數而遣之，厚箴戒圖以待之。彼若求逞志而報于君，罪孰大焉？滅之猶少。彼若不敢而遠逃，乃厚其外交而勉之，以報其德，不亦可乎？』公許諾，盡逐羣賊，而使祁午及陽畢適曲沃逐欒盈，欒盈出奔楚。遂令于國人曰：『自文公以來，有力於先君而子孫不立者，將授立之，得之者賞。』

九月，庚戌，朔，日有食之。 劉③子云：「日之爲異，莫重于食，故《春秋》日食則書之也。日食者，下凌上、臣侵君之象也。日食數④者，其亂衆。日食稀者，其亂亦稀。」又云：「晉欒盈將犯君，後⑤入于曲沃。」班、劉同。**疏** 比月而

---

① 亂兵：原作「兵亂」，據《國語・晉語》、日新本、鴻寶本乙。
② 以：原作「知」，據《國語・晉語》改。
③ 劉：原作「董」，據《唐開元占經・日占》改。
④ 數：原作「衆」，據《唐開元占經・日占》改。
⑤ 後：原脱，據《漢書・五行志》補。

食，或云合食，無此。蓋蒙氣所致，聖人兩存之，疑以傳疑也。

冬，十月，庚辰，朔，日有食之。劉子云：日食，襄公尤甚，「後楚屈氏譖殺公子追舒，齊慶封脅君亂國。」班固云：説同仲舒。楊士勛云：「《漢書·高祖本紀》有頻月日食。」疏按：精曆法者謂日無頻月食之事，蓋蒙氣所致。書食以見曆官之失。

曹伯來朝。疏終《春秋》，曹伯四朝：桓九世子朝、文十一、成七、襄二十一，共四朝也。成七年月，以有天子喪。

公會晉侯、齊侯、宋公、衛侯、鄭伯、曹伯、莒子、邾子于商任。商任之會，謀錮欒氏也。楚殺巫臣之族而勤于奔命，晉錮欒氏，終有曲沃之難。人君動當以禮。疏《左傳》「錮欒氏」不言同盟者，晉一國私事，不足以言同。

庚子，孔子生。《公羊》同。先師記此，以明三世之例。

二十有二年

春，王正月，公至自會。疏月致，有危也。前取邾田，又受其叛人，今乃與會，有危道也。

夏，四月。

秋，七月，辛酉，叔老卒。此非卿也，不卒，卒者，賢者子孫，宜有後于魯國。魯自文以後三桓專政，爲三卿。三卿以外，經但記臧氏、叔氏世系，以其賢也。此年以上詳于臧氏，紇出奔以後，但詳叔氏，至哀六年而止，交代之例也。疏文公子叔肸惠伯，子公孫嬰齊，聲伯也，嬰齊子叔老始以叔氏書，齊子也。叔老三見經。

冬，公會晉侯、齊侯、宋公、衛侯、鄭伯、曹伯、莒子、邾子、滕子、薛伯、杞伯、小邾子于沙隨。不言同盟，不許之也。謀錮之亟，卒致曲沃之難，晉失君矣。疏三年三會，爲有欒氏之亂，故勤諸侯。

公至自會。

楚殺其大夫公子追舒。追舒之罪，爲觀起所誤也。大臣不謹，爲小人所誤，致身殺名裂，足以爲戒矣！疏事詳《左傳》。追舒，莊王子，字子南，後爲子南氏。按：記公子始于穆王，嬰齊、側、壬夫皆穆王子，貞、午、追舒皆莊王子，圍、比、棄疾皆共王子，結、申皆平王子。公子十二見，不見公孫，惟一見囊瓦。公子申疑是穆王子。

二十有三年

春，王二月，癸酉，朔，日有食之。董子云：「後衛侯入陳儀，甯喜弒其君剽。」班固云：劉説同仲舒。

三月，己巳，杞伯匄卒。晉悼夫人之兄弟，平公之舅氏。疏《杞世家》：「孝公十七年卒，弟文公益姑立。」

夏，邾畀我來奔。邾無大夫，不書，書者，以其來接我也。卒正唯曹、莒、邾三國見大夫。

葬杞孝公。日卒時葬，正也。

陳殺其大夫慶虎及慶寅。據《左傳》，此「屈建從陳侯圍陳，陳人城」，「役人相命，各殺其長」，而乃殺之。不言楚殺慶樂及二慶叛者，皆爲陳諱，不以楚制陳也。疏事詳《左傳》。

稱國以殺，據此乃殺于役人，非君命殺之。罪累上也。前受二慶之譏逐弟，又不能制二慶而叛，乃借楚力圍而殺之。不許以正辭，以失君道也。及慶寅，據趙同、趙括不言及。慶寅累也。「及公子瑕」，傳曰：「由尊及卑也。」慶寅，下大夫也。下大夫不氏，氏者，因其同族而氏之。言及則不嫌也，尊同則不言及。

陳侯之弟光自楚歸于陳。稱弟者，未失其弟也。歸，安之也。自楚不言復者，光無罪，故不以夷狄言之。自楚，楚有奉，起楚殺二慶。疏二慶之誅、光之復，楚皆專之；《春秋》書法如此，若陳人之自殺之、自復之，不與楚之專制也。

晉欒盈復入于晉，入于曲沃。言入于晉，何以又言入于曲沃？如「盟于師，盟于召陵」。經書晉而曰繫曲沃以讀之，故兩見其文。晉從中國外之，曲沃從晉外之。據《世家》，實自齊入，經不書自齊者，避齊助亂臣，故就其初奔楚而書復入。復者，復中國也，從夷狄來中國也。良霄不再言入，此再言入者，良霄從許入，許中國也；此從楚入，從夷狄入中國，又從中國入曲沃，入又入，外之也。晉拒之，曲沃亦得拒之。楚招納中國畔人爲亂，故重外之，不使如中國。疏《齊世家》：「莊公使欒盈閒入晉曲沃爲内應，以兵隨之，上大行，入孟門。欒盈敗，齊兵還①，取朝歌。」

秋，齊侯伐衛，報十九年衛從晉伐也。已同盟會而匿怨伐人，譏齊也，不貶絶而罪惡見也。遂伐晉。助欒盈也。助亂從楚，譏之也。

八月，叔孫豹帥師救晉，次于雍渝。言救，善之也。月者，惡其不救，觀隙而動，持兩端也。

言救後次，據聶北先次後救。非救也。據救不言次，與聶北同。齊侯專命，先次後救，次後乃追，録其本意。豹奉命，故先通君命，而後言救，君臣之分也。主書者，譏其不速進。

己卯，仲孫速卒。孟莊子也，蔑之子，十九年立，三見經。

冬，十月，乙亥，臧孫紇出奔邾。《論語》：「臧武②仲以防求爲後於魯，雖曰不要君，吾不信也。」經不書以防，爲臧氏諱。别有書以者，其義可通。疏紇，許之子，字武仲。臧氏，魯大夫，因賢乃詳記之。隱世記公子彄，以下見辰、許、紇，詳其三世，自此以下不見。

---

① 還：原脱，據《史記・齊世家》、鴻寶本補。

② 武：原作「文」，據《論語・憲問》改。

其日，據慶父不日。正臧孫紇之出也。正謂得正，如「正與夷卒」之正也。君臣以義合，不合則去。《春秋》凡殺、奔同例，殺、奔正者日，不正者不日，與正卒同。蘧伯玉曰：先師也，弟子有蘧伯玉。**疏**與衛蘧瑗別一人。「不以道事其①君者，其出乎？」言必不出也。臧孫賢者，爲三家排擠出奔，日之，明其無罪。《論語》：「柳下惠爲士師，三黜。人曰：『子未可以去乎？』曰：『直道而事人，焉往而不三黜？枉道而事人，何必去父母之邦？』」

晉人殺欒盈。《晉語》：「居三年，欒盈晝入爲賊。」

惡之，從夷狄以入本國，據地爲亂，大惡，同于弒逆。弗有也。謂外之于楚，不言大夫，失其所繫，賤之也。

齊侯襲莒。襲不書，書者一見例。齊大莒小，以大襲小，齊侯病矣。此與齊侯、鄭伯如紀相起，以見如紀亦襲紀也。此伐晉之師也。用兵踰二時，伐三國，譏之也。襲者，還師，乘莒不備，謀襲之也。不言取莒，不得志也，獲杞梁。

二十有四年

春，叔孫豹如晉。《晉語》：「魯襄公使叔孫穆子來聘，范宣子問焉，曰：『人有言曰「死而不朽」，何謂也？』穆子未對。宣子曰：『昔匄之祖，自虞以上爲陶唐氏，在夏爲御龍氏，在商爲豕韋氏，在周爲唐杜氏。周卑，晉繼之，爲范氏，其此之謂乎②？』對曰：『以豹所聞，此之謂世禄，非不朽也。魯先大夫臧文仲，其身没矣，其言立于後世，此之謂死而不朽。』」

---

① 其：原脱，據《穀梁傳》襄公二十三年補。

② 乎：原作「也」，據《國語・晉語》改。

仲孫羯帥師侵齊。劉子云：重犯强齊，故大水①饑，穀不成。按：羯未畢喪帥師，非也。此爲晉報齊，受晉命也。帥師不止羯，言羯，譏使之非也。

夏，楚子伐吴。楚與吴交争，卒致敗覆。此其先見者也。《左傳》：「楚子爲舟師以伐吴，不爲軍政，無功而還。」

秋，七月，甲子，朔，日有食之，既。

齊崔杼帥師伐莒。疏《左傳》：齊侯聞有晉師，使如楚乞師，杼送之，遂伐莒，侵介根。崔杼主之，專兵也。此弑君之先見。

大水。劉子云：「先是襄慢鄰國，是以邾伐其南，齊伐其北，莒伐其東，百姓騷然，又犯强齊也。」

八月，癸巳，朔，日有食之。劉子云：「比食又既，象陽將絶，夷狄主中國之象也。後六君弑，楚子果從諸侯伐鄭，滅舒鳩，魯往朝之，卒主中國，伐吴討慶封。」班固云：劉説同仲舒。

公會晉侯、宋公、衛侯、鄭伯、曹伯、莒子、邾子、滕子、薛伯、杞伯、小邾子于夷儀。此中國十三國全序也。晉爲伯，宋爲王後，齊時爲方伯，與魯、衛、鄭爲四方伯，曹、莒、邾、滕、薛、杞爲六卒正，小邾爲附庸，爲伐齊，特不見齊，中國全在之辭也。夷儀，衛地。再會夷儀，齊不至者，爲上伐晉也。疏《左傳》：「會于夷儀，將以伐齊，水，不克。」

冬，楚子、蔡侯、陳侯、許男伐鄭。此救齊也。不言救者，不與楚救也。楚伐中國，不序從者，中國序者，備序諸侯，以所不序者皆從楚也。中國列會盟者，二大國、四方伯、六卒正、一附庸，十三國于夷儀全見十二國，惟齊不見，以所序不言同盟。

---

① 水：原作「小」，據《漢書・五行志》、日新本、鴻寶本改。

起所不序，此互文消長之道也。三國從楚久，故一敘之。外例見之國，惟吳、秦不敘而已。疏《年表》：「楚與齊通，率陳、蔡伐鄭救齊。」《左傳》：「冬，楚子伐鄭以救齊」，「諸侯還救鄭」。

公至自會。

陳鍼宜咎出奔楚。奔楚，楚逋逃也。陳從楚，臣奔楚，楚制人之上下也。奔目楚，外之也。疏《左傳》：「陳人復討慶氏之黨，鍼宜咎出奔楚。」

叔孫豹如京師。魯聘于周者十，不繫事者止于此。公不朝而使大夫，凡十見，皆譏之也。

大饑。劉子云：「大水，饑，穀不成，其災甚也。」占同前大水。案：襄公立二十四年，今無一年之蓄，至於大饑。書大饑者，著其無備災之道也。

五穀不升爲大饑。大水，穀不成，不言麥苗、麥禾，穀全災。一穀不升謂之嗛，嗛，不足也。不志者，一穀災不志。嗛，《韓詩外傳》作餒。二穀不升謂之饑，據大水，無麥禾，言饑也。三穀不升謂之饉，四穀不升謂之康，康讀同荒，《韓詩外傳》作荒。五穀不升謂之大侵。侵一作祲，經作饑，傳作侵，聲之淫也。大侵之禮，《周禮·大司徒》「七曰眚禮」也。君食不兼味，《曲禮》：「歲凶，年穀不登，君膳不祭肺，馬不食穀，大夫不食粱，士飲酒不樂。」疏班氏云：「宰所以徹膳何？陰陽不調，五穀不熟，故王者不爲盡味而食之。《禮》曰：『一穀不升，不備鶉鷃。二穀不升，不備鳧雁。三穀不升，不備雉兔。四穀不升，不備囿獸。五穀不升，不備三牲。』」臺榭不塗。《玉藻》：「土功不興。」傳曰：毀廟改塗。塗謂修飾，如丹刻之功是也。弛侯廷道不除，《曲禮》：「馳道不除。」按：《曲禮》作「馳道不除」，《韓詩外傳》作「道路不除」，《家語》亦云「力役不興，馳道不修」。然則弛當作馳，侯、廷二字衍文也。弛侯或云弛廢省侯之事，廷道不除爲一事。百官布而不制，布，布衣。《玉藻》：「年不順成，君衣布①搢本。」不制，不造作也。《玉藻》：「大夫不得造車馬。」鬼神禱而不祀，《羅匡解》「大荒，有禱無祭」，謂不用樂用牲，但禱祀而已。《韓詩外傳》云：「一穀不升謂之餒，二穀不升謂之饑，三穀不升謂之饉，四穀不升謂之荒，五穀不升謂之大侵。禮：君食不兼味，台榭不飾，道路不除，百官布而不製，鬼神禱而不祀。」與此傳同。疏《後漢書·樊宏傳》引作「五穀不登，謂之大侵。大侵之禮，百官備而不製，羣神禱而不祀」。此大侵之禮也。劉子云：「古者有災謂之厲。君一時素服，使有司弔死問疾，憂以巫醫。匍匐以救之，湯粥以養之。善者必先乎鰥寡孤獨，及病不能相養，死無以葬埋，則葬埋之。有親喪者，不呼其門。有齊衰大功，五月不服力役之征。有小功之喪者未葬，不服力役之征。其有重尸多死者，急則有聚衆，童子擊鼓苣火，入官宮里用之。各擊鼓苣火，逐官宮里。家之主人，冠，立于阼。事畢，出乎里門，出乎邑門，至野外。此匍匐救厲之道也。師大敗亦然。」疏《墨子·七患》云：「一穀不收謂之饉，二穀不收謂之旱，三穀不收謂之凶，四穀不收謂之餽，五穀不熟謂之大侵。歲饉，則仕者大夫以下，皆損祿五分之一；旱，則損五分之二；凶，則損五分之三；餽，則損五分之四；饑，大侵，則盡無祿，稟②食而已矣。故凶饑存乎國，人君徹鼎食③五分之三④，大夫徹懸，士不入學，君朝之衣不革制，諸侯之客、四鄰之使饔飧而不盛，徹⑤驂騑，塗不芸，馬不食粟，婢妾不衣帛，此告不足之至也。」

---

① 衣布：原作「布衣」，據《禮記·玉藻》乙。
② 稟：原作「廩」，據《墨子·七患》改。
③ 鼎食：原脱，據《墨子·七患》補。
④ 三：原作「五」，卷子本、正統道藏本、吴鈔本《墨子·七患》同，據正德本改。
⑤ 徹：原脱，據《墨子·七患》補。

二十有五年

春，齊崔杼帥師伐我北鄙。報孝伯之師。疏《左傳》：「春，齊崔杼帥師伐我北鄙。」

夏，五月，乙亥，齊崔杼弑其君光。劉子云：「齊人弑其君，魯襄公援戈而起，曰：『孰謂臣而敢弑其君乎？』師懼曰：『夫齊君治之不能，任之不肖，從一人之欲，以虐萬夫之性，非所以爲君也。其身死，自取之也。』「其臣無道，君亦不足惜。」疏《齊世家》：「丁丑，崔杼立莊公異母弟杵臼，是爲景公。景公母，魯叔孫宣伯女也。景公立，以崔杼爲右相，慶封爲左相。」

莊公失言，俞樾說：言，道也。莊公失道。淫于崔氏。劉子云：齊侯通于崔杼妻，以崔子之冠賜侍人，崔子慍，射齊侯。《年表》：「齊崔子以莊公通其妻，弑之，立其弟，爲景公。」以下崔氏絶于齊，乃見慶氏，如以慶繼崔，爲下卿者然。

公會晉侯、宋公、衛侯、鄭伯、曹伯、莒子、邾子、滕子、薛伯、杞伯、小邾子于夷儀。衛侯，剽也。夷儀，衛滅邢之邑。晉聽孫林父爲伐，衛請與盟，衛殤公會晉平公，平公執殤公與甯①，而又復入衛獻公。疏《左傳》：「晉侯濟自泮，會于夷儀，伐齊，以報朝歌之役。齊人以莊公説，使隰鉏請成，慶封如師」，「晉侯許之」。

六月，壬子，鄭公孫舍之帥師入陳。日入，惡入者。鄭伯在會，大夫專兵入陳，惡之也。去年，陳從楚伐鄭，報其事也。疏事詳《左傳》。

秋，八月，己巳，諸侯同盟于重丘。不同月也。齊成，故盟。復舉諸侯，中有閒事也。再言同盟，中國之十

---

① 甯：原作「宋」，據《史記·衛世家》改。

三國皆至矣。稱諸侯者，以本爵皆侯也。

公至自會。

衛侯入于夷儀。衛侯，衎也。諸侯三會夷儀，衛俱在，衛衎乃得入。惡諸侯也，故外之，不言復歸也。疏《衛世家》：「十二年，甯喜與孫林父争寵相惡，殤公使甯喜攻孫林父。林父奔晉，復求入故衛獻公。獻公在齊，齊景公聞之，與衛獻公如晉求入。晉爲伐衛，衛請與盟，衛殤公會晉平公，平公執殤公與甯喜，而後入衛獻公。」

楚屈建帥師滅舒鳩。襄世有伯，不言滅國。楚一見舒鳩，齊六年一見萊，十年晉與諸侯一見傅陽，晉、齊、楚三國各一見滅而已。疏此三滅舒邑矣。僖世徐取舒，至此楚盡取之。鳩繫于舒，明其種族與舒蓼、舒庸同。

冬，鄭公孫夏帥師伐陳。公孫舍之入陳，公孫夏又伐陳，著大夫之專，故有良霄之禍。疏《年表》陳下：「鄭伐我。」夏，公子騑之子子西也。

十有二月，吴子謁伐楚，門于巢，卒。巢，楚邊竟小國。疏《年表》：「吴伐我，以報舟師之役，射殺吴王諸樊。」《地理志》廬江郡居巢，應劭曰：「《春秋》：『楚人圍巢。』」

以伐楚之事門于巢，卒也。據不言門巢，先言伐楚，見巢爲楚竟上小邑，與伐國圍邑同，故繫巢于楚。于巢者，據伐圍不言于也。外乎楚也。據巢非楚邑，言于巢，如國，外之于楚。門于巢，乃伐楚也。伐楚必經巢門，後乃得伐楚。不言巢，嫌卒楚；不言伐，嫌爲巢事。言門以紀實，言伐以致其意。諸侯不生名，《曲禮》：「諸侯不生名。」失地名，滅同姓名，蓋常事生不名。取卒之名加之伐楚之上者，據與「鄭伯髡原如會」名同。見以伐楚卒也。據名在伐楚，地雖在巢，本意因伐楚。其見以伐楚卒，何也？據未至楚，又卒于巢也。古者言古，法古也。《春秋》傷世變，援古以治今也。大國謂吴，大國。過小邑，小邑謂巢。過謂假道伐人也。小邑必飾城而請罪，飾城，修守備，防暗襲。請罪，大國過，如爲己來。敬天者，敬其怒也。禮也。以小事大，禮當飾請大國致其命，由城外過，不入城也。吴子謁伐楚，致其意。至巢，過巢國。入其門，巢不飾城請罪而啟門，無備，致吴子得入。門人射吴子，以兵入城門，人懼滅，射之。有矢創，創，傷也。中矢有創。反舍而卒。師行三十里，反于其前日所止宿地而卒，是卒于巢也。言伐楚，遂其志耳。古者雖有文事，文事蓋謂盟會，衣裳之會也。必有武備，謂雖文事，猶有武備，如孔子頰谷之會有備也。非巢之不飾城而請罪，使吴子得入。非吴子之自輕也。傳曰：「不狎敵。」伐國而輕入人邑，無備致創，非之也。疏《左傳》：「十二月，吴子諸樊伐楚」，「門于巢」，「牛臣隱于短牆以射之，卒」。

二十有六年《年表》：「吴餘祭元年。」

春，王二月，辛卯，衛甯喜弒其君剽。此不弒殤公，其言弒之者，已納獻公而殺殤公之父與子，則亦以弒道也。但言殺子叔與角，則不見甯氏之罪也。不葬者，賊未討。下有殺文，不以討賊許之者，討非其罪也。疏《衛世家》：時殤公執于晉，未歸。《左傳》：「辛卯，殺子叔及太子角。」不稱殤公，不言弒，以甯氏所殺者剽之父黑背及其太子角，而經以弒君科之也。

此不正，其日何也？據剽來聘，孫、甯逐君立之，不宜日也。疏一云此未正，弒當言殺，乃以弒正言之。《左氏》曰：「書曰：『甯喜弒其君。』言罪之在甯氏也。」殖也立之，據十四年衎出，十六年甯殖伐許，是殖立剽也。喜也君之，據立踰十三年，喜繼爲大夫也。殖逐獻公，將死，屬喜納獻公以自贖，故喜弒剽納獻公也。正也。其父立之，其子君之，不得以不正爲解。《春秋》君雖不正，已立，不許其臣子以不正討之者，所以塞禍亂，防弒逆也。下惡獻公，故于此正其罪。疏既殺其父，又殺其子，納君，使剽不得歸，大惡，非言弒不足以盡之也。

衛孫林父入于戚以叛。以者，不以者也。叛，直叛也。戚者，林父之私邑。甯氏弒君納獻公，林父不從，故叛，起其逐君也。疏孫氏，衛正卿，言叛，絶于衛也。以下孫氏不見。

甲午，衛侯衎復歸于衛。復者，復中國。惡之，起狄夷儀諸侯也。疏《衛世家》：「獻公亡在外十二①年而入。」

日歸，據歸不日。見知弒也。據踰四日，衎使剽弒而後入。日歸，以見衎主之。不言衎主之者，不以衎君剽也。衎正而剽不正。

夏，晉侯使荀吳來聘。謀討衛也。疏偃，中行穆子父②。

公會晉人、鄭良霄、宋人、曹人于澶淵。澶淵之會以討衛。晉人，趙武也，宋人，向戌也。不稱名氏者，公不會大夫也。鄭言良霄者，起餘皆大夫，貶稱人也。良霄不在宋下者，以言良霄不可以在人下也。何以不在晉上？起晉人實大夫也。先宋以明尊卑之號，後晉以起皆大夫也。故良霄可以在宋上，而不可以在晉上也。

秋，宋公殺其世子痤。劉子云：「宋公聽讒，殺太子痤。」疏事詳《左傳》。

晉人執衛甯喜。私罪也，稱人，用伯討執罪之辭也。弒君賊不復見，此復見者，以執見討罪之辭也。疏《左傳》：衛從會于澶淵，晉人執甯喜，因之于士弱氏。

---

① 二：原作「三」，據《史記·衛世家》改。

② 父：原作「子」，據《左傳》襄公二十六年杜注「吳，荀偃子」改。

八月，壬午，許男甯卒于楚。踰竟不日，此日者，明許卒皆日，無變例。又皆葬，始終無異，以見外卒正例。

疏 一説傳：諸侯卒，踰竟不日。此日者，蓋《春秋》決嫌明疑，已見者不復見。若扈與師會，踰竟、不踰竟未明，故日、不日以別之。此地楚，踰竟已明，故復日也。許爲外卒正，言卒皆日以起之，不以言正不正。許篤從楚，日卒之者，存中國也。蔡侯東不日，失國，貶之也。《左傳》：「許靈公如楚，請伐鄭，曰：『師不興，孤不歸矣！』八月，卒于楚。」

冬，楚子、蔡侯、陳侯伐鄭。此因許男請師卒，故伐鄭。自此以後，經不見伐鄭矣。**疏**《年表》：「率陳、蔡伐鄭。」不序許，有喪也。

葬許靈公。許凡卒與葬，卒皆日，葬皆時，以爲外卒正之制。

二十有七年《年表》：「衛獻公後元年。」

春，齊侯使慶封來聘。崔、慶專齊，明崔黨也，爲下來奔張本。齊五記來聘，大國也，終于此。二弟年、二國、一崔氏。**疏** 齊國三卿，記慶來聘，以慶爲下卿，繼崔之位也。奔後見殺，乃出欒氏。

夏，叔孫豹會晉趙武、楚屈建、蔡公孫歸生、衛石惡、陳孔奂、鄭良霄、許人、曹人于宋。傳曰：「中國不侵伐夷狄，夷狄不入中國，無侵伐八年，善之也。晉趙武、楚屈建之力也。」不言盟，以有楚在也。晉、楚交主中國，二伯之詞也。自此至昭公三年而盟敗，楚獨主諸侯，故曰無侵伐八年也。此會楚先晉，以晉先者，抑楚也。知楚先者，以從楚之國先序①也。不言宋大夫，宋爲主，向戌成其事也。**疏** 蔡公孫歸生，程氏《分紀》：「文公子公子朝生歸生，後爲朝氏。歸生生朝吴。」事詳《左傳》、《晉語》。

① 序：原作「晉」，據鴻寶本改。

衛殺其大夫甯喜。《衛世家》：「獻公後元年，誅甯喜。」

稱國以殺，罪累上也。甯喜弒君，疏喜，殖子，謚悼子。《左傳》曰：「九世卿族，一舉①而滅之。」以下甯氏不見，故以北宮、世叔二氏見之。其以累上之辭言之，何也？據弒君賊不復見，有罪也。嘗爲大夫，據言大夫也。討賊不言大夫。與之涉公事矣。據晉執。喜出使爲行人，獻公賂甯喜，使弒剽，入國。弒君之罪，獻爲主謀。既與喜共事，則不得以罪討之。故奪其討賊辭，以殺無罪大夫責獻公。甯喜由君弒君，由君謂因衎而弒剽，喜弒君由衎主使。而不以弒君之罪罪之者，據偁國累上，不葬剽也。惡獻公也。使人受賂以弒君，又倍而殺之，大惡。故縱從其弒惡歸首獻公。不以獻公主之，當如鄭厲公者。弒大惡，獻不君剽，言喜弒以目大惡，喜弒即獻弒，其罪乃盡也。

衛侯之弟專出奔晉。劉子云：「專者，獻公弟子鮮也。賢，定姜欲立之而不得。」獻公出奔，賴其力得反國。叔肸名、字並見，專不字者，專，喜之徒，不全許之也。

專，喜之徒也。據喜殺而奔，知喜之徒黨也。凡殺後奔，非其徒則殺之者。專之爲喜之徒何也？據偁弟親之。已雖急納其兄，謂獻公。與人之臣人謂剽，臣謂喜。謀弒其君，獻公因殖之悔，謀復國于喜。喜不信公，欲盟專爲信，專不得已而與盟，喜因弒君而納獻公也。是亦弒君者也。出奔在弒後，明爲喜徒，有從惡之罪。專其曰弟何也？據專有罪，不當舉親。專有是信者，專信人，《春秋》貴信，故言弟。君賂不入

① 舉：原作「朝」，據《左傳》襄公二十五年改。

乎喜而殺喜，許賂而後入，既入，惡其事，倍約而殺之。是君不直乎喜也。倍約無信，同惡相濟。但以其事曲直論之，不復言正義也。故出奔晉，織絇邯鄲，邯鄲，晉地。織絇，不仕也。終身不言衛。劉子說：弟鮒云：「宣公殺子赤而鮒非之，宣公與之祿，則曰：『我足矣，何以兄之食爲？』織屨而食，終身不食宣公之食。其仁恩厚矣，其守節固矣。是以《春秋》美而貴之。」與此略同也。專之去，合乎《春秋》。《春秋》貴信惡詐，專能守信，故美之也。專與人謀弒君，是亦弒者，取其信而惡其弒，但美其一，去之，信而已。言奔，譏其爲喜徒；言弟，美其有信。雖與弒，有信，猶取之。設教之義不求全，《春秋》之義唯節取。

秋，七月，辛巳，豹及諸侯之大夫盟于宋。

湨梁之會，諸侯在而不曰諸侯之大夫，大夫不臣也，湨梁，傳曰大夫，無君也。晉趙武恥之。據湨梁荀偃主盟。趙武賢者，故恥不臣之事。豹云者，據雞澤言叔孫，湨梁不出名氏，此君不在，乃獨名。恭也。據致乃名。君前臣名，言豹，公在之辭。公不在而曰豹，不忘君命，是臣恭也。諸侯不在而曰諸侯之大夫，據與湨梁異。大夫臣也，據湨梁言不臣。其臣，據繫于君。恭也，據内以不氏爲恭，外則以繫君爲恭也。晉趙武爲之會也。獨美趙武，擯屈建也。

冬，十有二月，乙亥，朔，日有食之。劉子云：「自二十年至此歲，八年之間，日食七作，禍亂將重起，故天仍見戒也。」

二十有八年

春，無冰。劉子云：「先是公作三軍，有侵陵用武之意，於是鄰國不和，伐其三鄙，被兵十餘年，因之以飢饉，百姓怨望，臣下心離，公懼而不敢行誅伐，楚有夷狄行，公有從楚心，不明善惡之應。」「曰無冰，天下異也。」「時，天下諸侯之大夫皆執國權，君不能正。漸將日甚，善惡不明，誅罰不行。周失之舒，秦失之急，故周無寒歲，秦無燠年。」

夏，衛石惡出奔晉。惡，買子悼子，甯喜之徒也，同出奔晉。疏《左傳》：「衛人討甯氏之黨，故石惡出奔晉。」又云：「立其從①子圃以守石氏之祀。」昭元年，會于虢，《公羊》作石惡，字誤也。

邾子來朝。

秋，八月，大雩。劉子云：「比年晉使荀吳，齊使慶封來聘。是夏，邾子來朝。襄有炕陽自大之應。」

仲孫羯如晉。

冬，齊慶封來奔。《齊世家》：「慶封已殺崔杼」，「爲相國，專權。三年十月，出獵」，「慶舍發甲圍慶封宮，四家徒共擊破之。慶封還，不得入，奔魯。齊人讓魯，封奔吳。吳與之朱方，聚其族而居之，富于在齊」。

十有一月，公如楚。劉子云：「襄公朝荆，至淮，聞荆康王卒，欲還」，以叔孫昭伯勸，乃行。如者，朝二伯之辭，自宣十年後，不書公如。齊以鞌之戰失伯，故宣十年至昭二十七年，乃再見如齊。《左傳》：襄十四年，王賜齊侯命，稱舅氏。是楚伯，以齊爲方伯也。齊爲方伯，則升楚爲二伯，故公不如齊者八十五年。襄、昭之世，再見如楚，則以晉、楚爲二伯，齊、魯、衛、鄭爲晉所屬之方伯，秦、陳、蔡、吳爲楚所屬之方伯。故文以下，同盟不言陳。疏爲宋之盟也。如楚皆月，爲朝夷狄也。公如皆伯辭，中國如齊、晉是也；外如楚②，夷狄主中國也，故如爲二伯之辭。

十有二月，甲寅，天王崩。不葬靈王，無危也。疏《周本紀》：「二十七年，靈王崩，子景王立。」二十七年唯記

---

① 從：原作「仲」，據《左傳》襄公二十八年改。

② 楚：原作「處」，據日新本、鴻寶本改。

逆后、會單子，餘不志者，王室危也。

乙未，楚子昭卒。董子説：「楚子昭卒之二年，與陳、蔡伐鄭而大克。其明年，楚屈建會諸侯而張①中國，卒之三②年，諸侯朝于楚。楚子卷繼之，四年而卒，其國不爲③侵奪而顧強盛，何與？楚子昭蓋諸侯之可者也，天下之疾其君者皆赴愬而乘之。兵四五出，嘗以衆擊少④，以專擊散。先卒四五年，中國内亂，齊、晉⑤、魯、衛之兵分守，大國襲小⑥，諸夏再會陳⑦儀，齊不肯往。吴在其南，而二君弒；中國在其北，而齊、衛弒其君。慶封劫君亂國，石惡之徒聚而成羣，衛衎據陳儀而爲諼⑧，林父據戚而以叛，宋公殺其太子，中國之行，亡國之跡也。譬如于文、宣之際，中國五年之中，五弒君，以晉靈之行，以一大夫立于棐林，拱揖指揮，諸侯莫敢不出，此猶隰之有泮也已。」**疏** 乙未與甲寅不同月，蓋閏月也。不言閏，不數閏也。

二十有九年

---

① 張：原作「伯」，據《春秋繁露·隨本消息》改。
② 三：原脱，據《春秋繁露·隨本消息》補。
③ 爲：原作「惟」，據《春秋繁露·隨本消息》改。
④ 以衆擊少：原作「以少擊衆」，據《春秋繁露·隨消息》改。
⑤ 晉：原脱，據《春秋繁露·隨本消息》補。
⑥ 小：原脱，據《春秋繁露·隨本消息》補。
⑦ 陳：原作「夷」，據《春秋繁露·隨本消息》改，下同。
⑧ 爲諼：原作「知弒」，據《春秋繁露·隨本消息》改。

春，王正月，公在楚。楚如、致皆月。

閔公也。傳曰：「中國不存公。」楚以喪事留公送喪。正月無君，閔公在夷狄，危而存之也。

夏，五月，公至自楚。齊、晉不皆致，楚必致者，外夷狄也。疏公如齊十，三繫事。如齊十①，九致；如晉十五，十二致；如楚二，皆致。

喜之也。致君者，殆其往而喜其反，此致君之意義也。此爲楚發傳也。言如者，朝也。齊、晉二伯有朝禮，故不皆致皆月。楚方伯又夷狄，強爲魯朝之，故皆致也，致皆月也。

庚午，衛侯衎卒。《衛世家》：獻公後三年卒，「子襄公惡立。」

閽殺②吴子餘祭。哀四年傳曰：「稱盜以殺③君，不以上下道道也。內其君而外弑者，不以弑道道也。」此非外弑者，故亦言殺也。吴卒皆月，此時者，獨不稱君，略之，從小夷例。殺如字。疏《周禮》：「宫者使④守內。」非受刑而宫者。或云與傳異義，非是。

閽，據哀四年言盜。門者也，據閽從門，守門人號。寺人也。受宫刑爲寺人，司啟閉。不稱名姓，據卑亦以國氏。閽不得齊于人。刑餘之人不繫名姓，賤之如盜也。《禮》：刑人「屏之四方」，「不與士齒」。不稱

① 十：原作「三」，據鴻寶本改。
② 殺：《穀梁傳》襄公二十九年作「弑」。
③ 殺：《穀梁傳》哀公四年作「弑」。
④ 使：原脱，據《周禮・掌戮》補。

其君，據弑例言君。閽不得君其君也。《王制》曰：「不及以政，亦①弗故生。」班氏云：「古者，刑殘之人，公家不出，大夫不養②，士與遇于途不與語，投諸磽确之地，與禽獸爲伍。」禮：君不使無恥，無恥，是惡人也，不使與君近，君當近賢士，褻御之人亦須選擇，無恥則易於導惡爲禍。不近刑人，刑人，受宫刑者也。近，謂不③屏之四方，授以職事。《鹽鐵論》：「古者君子不近刑人，刑人非人也，身放逐，辱及後世，故無賢不肖莫不恥之也。」不狎敵，敵謂戰征之事。吴子門于巢，爲巢人所射而卒，傳譏其狎敵是也。不邇怨。怨謂上有所刑罪之人，如齊商人、魯子般，皆死于有怨之人，是其戒也。賤人，非所貴也；賤人，閽者。貴謂有職守，爲親近之職。貴人，非所刑也；班氏云：「刑不上大夫。」賤者已刑，則不可復使近之。疏《異義》：「戴説：刑不上大夫。古《周禮》説：士尸肆諸市，大夫尸肆諸朝。是大夫有刑。」許君按云：「《易》：『鼎折足，覆公餗，其刑渥，凶。』無刑不上大夫之事，從《周禮》説。」鄭駁云：「凡有爵與王同族大夫以上，適甸師氏，令人不見，是以云刑不上大夫。」按：許、鄭强分古今，非也。貴人有大罪則殺，小惡黜之，不加以生刑。今古一原，是相同。刑人，非所近也。《王制》曰：「刑人於市，與衆棄之。是故公家不蓄刑人，大夫不養，士遇之於途弗與言也。屏之四方，唯其所之，不及以政，亦弗故生也。」《周禮》

① 亦：原作「示」，據《禮記·王制》改，下同。
② 養：原作「義」，據《白虎通·五刑》改。
③ 不：原在「授」上，據日新本、鴻寶本改。

說：「劓①者使②守關，宫者使守内」，「刖者使守囿，髡者使守積」。按：關、囿、積皆在外，在内之宫，必自守宫，不用强横陰賊之人，今古同。**舉至賤**不繫國，無名氏，賤乎賤者也。**而加之吴子，**據在吴子上。**吴子近刑人也。**《周禮》：閽用宫，非刑人，如今制，多自淨。《春秋》因其弊而爲之救也。**閽殺吴子餘祭，仇之也。**刑餘之人不能不怨于上，當屏之遠方。使守門相近，舊忿易生，倏然以弑，故禮禁近刑人也。

仲孫羯會晉荀盈、齊高止、宋華定、衛世叔儀、鄭公孫段、曹人、莒人、邾人、滕人、薛人、小邾人城杞。「城緣陵」不言杞，爲桓諱，專封王後也。此不諱者，未遷修舊，不譏也。前城不言杞，不列舉諸侯，此再城，故經屢數以明之，前後一見也。疏 段，穆公孫，子豐之子，即公子平後，爲豐氏。儀，僖侯八世孫文子，别爲世叔氏。世或作太，古通。儀，《公羊》作齊，誤。孫、甯既絶，故以北宫、世叔爲卿。盈，罃子，知悼子。按：《左傳》杜注：罃長子知朔。「盈，朔弟也。盈生而朔死。」

古者天子封諸侯，其地足以容其民，其民足以滿城以自守也。《王制》曰：「凡居民，量地以制邑，度地以居民，地邑民居，必參相得也。無曠土，無游民，食節事時，民咸安其居，尊君親上，然後興學。」班氏曰：「聖王量③能授事，四民陳力受職，故朝無廢官，邑無敖民，地無曠土。理民之道，地著爲本。」**杞危而不能自守，**民少，故不能守城。**故諸侯之大夫相帥以城之，**政在大夫，故相帥爲之。**此變之正也。**昭三十二年城成

① 劓：原作「墨」，據《周禮・掌戮》改。
② 使：原脱，據《周禮・掌戮》補。
③ 量：原作「貴」，據《漢書・食貨志》改。

周，傳同。禮：大夫不憂諸侯，大夫城，非正也。《春秋》溴梁以後，諸侯失權，政在大夫，代諸侯行事，伯道幸以不墜。《春秋》託伯於大夫，許其爲美善之事，而不許其争執，故城成周則許之，執宋幾則不許之是也。

晉侯使士鞅來聘。晉聘魯十一見，大國詳之。內大夫如晉二十，來聘只及其半，大略而小詳也。

杞子來盟。杞稱子，如貶之然。弱不能自存，貶以起城之也。城緣陵後二貶之，以起爲城杞也。稱子皆爲城之，起前不見杞，故再稱子。疏杞伯會盟十七見，皆稱伯，則伯者正稱也。外稱伯者十一見，凡稱伯者二十八，稱子者三，則伯正而子變也。《春秋》凡卒正爵，有伯以後皆有定，唯杞有伯以後乃無定，見杞不與餘國同也。杞本王後，例稱公。稱伯者，敘卒正末，從卒正稱也。稱子者，貶之也。以其從伯貶子，見其從公貶伯也。郳、滕、薛有伯以後不變者，變則不足以見其正，故畫一之。杞爵本尊，又居末，貶以起其餘也。

吳子使札來聘。劉子云：「延陵季子者，吳王之子也。嫡同母昆弟四人，長曰遏，次曰餘祭，次曰夷昧，次曰札，札即季子。季子最小而賢，兄弟皆愛之，既除喪，將立季子，季子辭曰：『曹宣公之卒也，諸侯與曹人不義曹君，將立子臧，子臧去之，遂不爲也，以成曹君。君子曰：能守節矣。君義嗣也，誰敢干君？有國，非吾節也，札雖不才，願附子臧，以無失節。』固立之，棄其室而耕，乃舍之。遏曰：『今若是迮①而與季子，季子必不受。請無與子而與弟，弟兄②迭爲君，而致諸侯乎季子。』皆曰：『諾。』故諸兄爲君者皆輕死爲勇，飲食必祝曰：『天若有吴國，必疾有禍予③身。』故遏也死，餘祭立；餘祭

---

① 迮：原作「作」，據《公羊傳》襄公二十九年改。
② 兄：原脱，據《新序·節士》、鴻寶本補。
③ 予：原作「于」，據《新序·節士》、鴻寶本改。

死，夷昧立；夷昧死，而國宜之季子也，季子使而未還。僚者，長子之庶兄也，自立爲吴王。季子使而還，至則君事①之。闔之子曰王子光，號曰闔閭，不悦曰：『先君之所爲不與子而與弟者，凡爲季子也，將從先君之命，則國宜之季子也。如不從先君之命而立子，我宜當立者也，僚惡得爲君？』於是使專諸刺僚而致國季子。季子曰：『爾殺我君，我受爾國，是吾與爾爲亂也。爾殺我兄，吾又殺爾，是父子兄弟相殺終身無已也。』去而之延陵，終身不入吴國，故號曰延陵季子。君子以其不受國爲義，以其不殺爲仁，是以《春秋》賢季子而尊貴其君也。」【疏】《吴世家》：「餘祭四年，使季札聘魯。」

吴其稱子，何也？據下稱國狄之。**善使延陵季子，**《吴世家》：「季子封於延陵，故號曰②延陵季子」。一云：季子逃之延陵，終身不入吴國，故以所居氏之，以其避吴亂也。目季子，所以貴之也。**故進之也。**因賢季子而尊貴其君也。因曹羈而崇其友，因伯姬而葬其夫，因曹臧而褒其子，因季子而尊其君，皆録賢也，君臣、父子、夫婦、朋友與有榮焉。同聲相應，同氣相求。」孔子曰：「德不孤，必有鄰。」故兼進之。**身賢，**如秦伯、楚子。**賢也。**《春秋》賢秦伯，録其使。吴、楚乃稱子，有褒文。**使賢，亦賢也。**吴子賢不足録，而能使季子，則亦以賢許之。唯賢而後能使賢也。凡臣之賢皆歸美于君，傳曰美歸君，過歸己是也。故賢吴子而稱子。**延陵季子之賢，尊君也。**因其賢，乃尊其君而稱子。**其名，**不氏，從小國例。**成尊于上也。**言「子」之國，無大夫見則不氏，今若驟進季子而字之，則其君不能使，如齊高子然，反足以掩蔽其君，故不氏，使吴子以君臨之。吴子新子，尊未成，可以抑季子以成之，不可進季子以伉之也。

---

① 事：原脱，據《新序・節士》補。

② 曰：原作「以」，據《史記・吴世家》、鴻寶本改。

秋，七月，葬衛獻公。月者，危襄也。

齊高止出奔北燕。疏《燕世家》：「惠公元年，齊高止來奔。」《地理志》廣陽薊下云：「故燕國，召公所封。」昭公篇：北燕伯奔齊，高止納北燕伯。此爲張本。

其曰北燕，據燕不言南。從史文也。《孟子》：「孔子曰：『其文則史。』」《春秋》據魯史制作也。二燕南小北大，又召公後，宜以北爲主，南燕不加南；今主南外北者，南燕近魯，在青州，爲屬國，故魯史内南外北，孔子從而不改，示有徵也。疏《春秋》據史而作，筆削之例專明詳略，加損之例變易事實，正名之例依物肖形，從史之例仍而不改。凡《春秋》事實，其有史書不然而可以起例者則變之，如許世子弑之類；苟無所起，則因仍舊文，不敢改作。《論語》所謂闕疑，又云「述而不作」是也。如楚圍弑君，以瘧赴，而《春秋》不言弑；陳殺太子禦寇，不言太子之類，皆依史舊文，不能加損，特于别見以起其實而已。蓋實事從史，史既不言，則爲無徵，雖有聞見，不能據一己之傳聞，改百國之實録。既取徵信，且明傳疑，不能以大惡之名直加于人，而但于别文隱見其義，使人讀而寤其賊主名；弑君不名，而弑賊可以起而見；弑不言弑，而弑亦可起而見。此《春秋》之大旨也。趙盾、崔杼，史有舊文，苟非舊文，不敢直指。凡弑皆有主名，經或言人，則以明君之過，是曰累上，如欒書之類，故諱者多而虚加者少。此罪疑爲輕之意。

冬，仲孫羯如晉。

三十年

春，王正月，楚子使薳罷來聘。外方伯國蔡不聘者，外之，秦、吴各一見者，示例。楚六見者，大夷也。莊世稱荆人，文世稱椒，此世則氏薳，漸進之序也。疏宋盟以後初來聘。月者，喜之也。晉、楚相争，中國塗炭，宋盟息兵，《春秋》所善，楚來聘，則内安而外諸侯皆無兵事，故喜而月之。按：來聘惟此一月。

夏，四月，蔡世子般弑其君固。陳弑哀公不書，此書者，陳猶中國，蔡不同盟。不言陳弑，爲中國諱，不使楚得討之。言蔡弑，以般罪重，成楚子之討之也。疏《蔡世家》：「景侯爲太子般娶婦于楚，而景侯通焉。太子弑景侯而自①立，是爲靈公。」

其不日，據固正，宜日。子奪父政，「政」當爲「正」。因其子弑，奪父正，不日。是謂夷之。夷在東方，《禹貢》「淮夷徐戎②」，因其爲徐方伯，故夷之。疏以夷待之，故不日。中國無父子之禍，惟楚有之，故《春秋》夷之也。不言狄者，蔡近楚，專心事楚，《春秋》惡之，禮待不及他國。因其父子之禍，如商臣，擯之如楚屬國，不使中國有父子之禍也。蔡在方伯例，有伯以來，不過會盟中國四五至，故《春秋》絕獻舞，不記其事者；近百年中，二君不言卒葬，不記災；內臣不言如蔡；蔡大夫不言使，不言來聘，不言與中國聘，不言涖盟、來盟。凡會盟從楚，序皆在諸侯之先，其事或二十餘年一見，皆因中國及之，不自專記事。此其禮制之卑于陳、衛、鄭三國方伯者，因其從楚，夷之也。其曰夷者，國在內也。晉、鄭曰狄，國在北。衛曰戎，國亦在北。

五月，甲午，宋災，伯姬卒。劉子云：「先是，宋公聽讒而殺太子痤，應火不炎上之罰也。」

取卒之日據外災不日，內女卒例日。襄九年，宋火；定十六年，成周宣榭災，不日是也。加之災上者，見以災卒也。見伯姬因災而卒也。此與吳子門巢、鄭伯如會皆以卒月日加于其事之上，見即以事卒同也。其見以災卒，奈何？據二事異。伯姬之舍失火，舍，居也。劉子云：「宋伯姬者，魯宣公女，成公之妹也。」「既

① 「自」下原衍「且」字，據《史記·蔡世家》刪。
② 戎：原作「州」，據《尚書·費誓》改。

嫁于共公十年，共公卒，伯姬寡三十五年。至景公時，伯姬之宫夜失火。」左右曰：「夫人少辟火乎？」伯姬曰：「婦人之義，傅母不在，宵不下堂。」劉子曰：「左右曰：『夫人少避火。』伯姬曰：『保傅①不至，夜不下堂，待保傅來也。』保母至矣，傅母未至也。」左右又趨之。班氏云：「國君取大夫之妾②、士之妻年老無子而明于婦道者又禄之，使教宗室五屬之女。大夫士皆有宗族，自于宗子之室學事人也。女必有傅姆何？尊之也。」《白虎通》：「婦人所以有師何？學事人之道也。」「學一時，足以成矣。與君有緦麻之親者，教于公宫三月；與君無親者，各教于宗廟宗婦之室。」左右又曰：「夫人少辟火乎？」傅母已至，火又近，再趣之。伯姬曰：「婦人之義，保母不在，宵不下堂。」遂逮乎火而死。劉子曰：「左右又曰：『夫人少避火。』伯姬曰：『婦人之義，傅母之不至，夜不下堂。越義求生，不如守③義而死。』遂逮乎火而死。」婦人以貞爲行者也，劉子曰：「婦人之義，一往而不改，以全貞信之節。忘死而趨生，是不信也；貪貴而忘賤，是④不貞也；棄義而從利，無以爲人。」**疏** 劉子曰：「魯師春姜曰：『夫婦人以順從爲務，貞懿爲首，故婦人事夫有五：平旦纚笄而朝，則有君臣之嚴；沃盥饋食，則有父子之

① 傅：原作「侍」，據《古列女傳·宋恭伯姬》改。
② 妾：原作「妻」，據《白虎通·嫁娶》改。
③ 守：原作「求」，據《古列女傳·宋恭伯姬》改。
④ 是：原脱，據《古列女傳·梁寡高行》補。

敬；報反而行，則有兄弟之道；必①期必誠，則有朋友之信；寢席之交②，而後有夫婦之際也。』」伯姬之婦道盡矣！詳其事，據宋災不志災。內女有主，不志卒。賢伯姬也。劉子云：伯姬寡，至景公時，逮乎火而死。《春秋》詳録其事，爲賢伯姬，以爲婦人以貞爲行者也，伯姬之婦道盡矣！按：《列女傳》所言楚昭貞姜、齊孝孟姬③事與此略同。

天王殺其弟佞夫。劉子云：「景王二年，儋括欲弑王而立王弟佞夫。佞夫不知，景王并殺佞夫。及景王死，五大夫争權，王室亂。」按：凡稱弟者，殺無罪之詞。有罪者先疏之，不舉弟。此目弟，明佞夫之無罪也。

傳曰：諸侯且不首惡，況於天子乎？秦以千乘不容母弟，傳猶譏之。天王有萬乘之尊，殺無罪之弟，故加等甚之。**疏**諸侯不甚，天子甚之也。君無忍親之義，傳曰：「緩追逸賊，親親之道。」按：禮有議親、議貴之典，佞夫有罪，猶當三宥。不得已，或放之，或廢之。今衰麻在身，因臣下之事，牽引母弟，使操刃殺之，佞夫無必死之罪，而天王有忍親之心。天子、諸侯所親者，唯長子、母弟耳。據殺則目君也。親長子者，明承重也。天子、諸侯爲長子服三年，因承重加服之，不與庶子同。**疏**經凡殺庶子猶公子，或國或人，不目君，唯世子目君，以傷親責之也。稱母弟，明恩也。同母貴弟，與庶孽不同。因其親貴，待有加禮。經凡殺孽弟，稱公子而已，不目君，唯母弟目君，故傳曰：「所親者，唯長子、母弟。」天王殺其弟佞夫，據未三年，不稱王。甚之也。稱王，目以甚之。

---

① 必：原作「受」，據《太平御覽・禮儀部二十》改。
② 交：原作「敬」，據《太平御覽・禮儀部二十》改。
③ 姬：原作「姜」，據《古列女傳》改。

在喪殺弟，無人心，起爲争立事，因急言天王以甚之。

王子瑕奔晉。佞夫之徒也。不言出者，王子不言出，惟有采邑者乃言出。**疏**此所謂「緩追逸賊」也。即使有罪，逐之已足，操刀殺之，則忍矣。

秋，七月，叔弓如宋，葬共姬。劉子云：「婦人以從夫爲義，夫貴于朝，妻榮于室，故得蒙夫之謚。」謂共，同宋共公。「或曰夫人有謚，夫人一國之母，修閨門之内，則下化之，故議謚以章其善惡。」據内夫人不從夫謚，則婦人謚兼此二義。**疏**按：大夫如不月，取葬之月加于如上者，見以葬如宋也。

外夫人不書葬，凡大夫言如而繫者，惟如齊四、如晉二、如宋三、如陳滕各一，皆有所見。此其言葬，何也？據紀伯姬以失國葬。吾女也。卒災，故隱而葬之也。卒災，能盡婦道，隱而葬之，賢其事，故禮備也。月者，起其不葬，爲災而葬，非危内也。**疏**按：《公羊》説據月以爲葬夫人，當君會葬，傳不責君葬。外諸侯凡君送葬，皆諱之，則君不會葬。《公羊》説誤也，《異義》許、鄭説皆誤。説詳《古今師説異同攷》中。

鄭良霄出奔許，自許入于鄭。劉子云：「鄭大夫自外入①而篡位。」自許，許有奉也。良有罪，與欒盈同。不言復入者，不以夷狄待許也。

鄭人殺良霄。言人，討賊之詞。

不言大夫，與欒盈同。惡之也。欒盈，傳曰：「弗有也。」大夫出奔與殺同例。既已奔，復入，外之弗有，故不言大夫，以匹夫待之也。此言惡者，因其惡，鄭乃逐之，故以其惡言之也。

---

① 入：原脱，據《漢書・五行志》補。

冬，十月，葬蔡景公。賊未討而葬。

不日卒而月葬，據卒葬皆月，日卒時葬乃正。不葬者也。據賊不討，宜不言葬。卒而葬之，據葬，如賊已討。不忍使父失民於子也。若不言葬，嫌國人盡從般，無恩于景公，則是失民也。故葬，若賊已討然，不使從般弑。

晉人、齊人、宋人、衛人、鄭人、曹人、莒人、邾人、滕人、薛人、杞人、小邾人會于澶淵，宋災故。劉子云：伯姬卒，「諸侯聞之，莫不悼痛，以爲死者不可以生，財物猶可復，故相與聚會于澶淵，償宋之所喪」。《春秋》賢之，不言同盟。

會不言其所爲，其曰宋災故，何也？據會不言所爲。會伐言者，會而後伐，二事也；成宋亂非此比者，成亂異事。此言會，意謂經有故也。**疏** 宋會三繫事，故宋也。不言災故，則無以見其善也。據與常會同，不足以見行禬禮。其曰人，何也？據大會言大夫。人，疑貶之。救災以衆。所謂「以國與之，不言其人」也，知非貶者。城杞猶不貶也。何救焉？據災在五月。更宋之所喪財也。《大宗伯》：「以禬禮哀圍敗。」《大行人》：「致禬以補諸侯之裁。」鄭君云：「同盟者會合財貨，以更其所喪。《春秋》會于澶淵，宋災故，是其類。」澶淵之會，中國不侵伐夷狄，中國者，晉、齊、宋、衛、鄭、曹、莒、邾、滕、薛、杞、小邾、魯是也。侵伐善辭，許之。夷狄不入中國，夷狄，楚、蔡、陳、許是也。入，惡辭，不許之，內中國，外夷狄之義也。伐吴不在此數者，吴，夷狄。無侵伐八年，自此至昭七年，楚與中國無兵事。至八年，乃滅陳。善之也。善宋能主此會，故諸侯德而禬之。晉趙武、楚屈建之力也。廿七年，宋之會謀息兵，諸侯無事，故行禬禮，由此歸功于宋之會。此會楚不在。

三十有一年

春，王正月。

夏，六月，辛巳，公薨于楚宮。禮：羣宮稱宮，不嫌與宗廟同者，上繫楚也。西宮就昭穆之位言之，此宮名楚，實非廟也。

楚宮，公朝楚，好其宮，歸而修之，故名楚耳。劉子云：公專心事楚，「不明善惡」。非正也。據非正寢，較小寢猶甚，與臺下相等。目楚宮者，譏公也。

秋，九月，癸巳，子野卒。未葬稱子某。世子卒在君世不見，君卒然後見，有即尊之漸也。不葬者，無廟無謚，附于祖以享。

子卒日，據子般日，子赤不日。正也。據下言即位，知此日正也。疏君正與故皆日，尊也。子卒正日，故不日未成君禮。下於君大夫正日，惡不日。此猶有臣子之禮。

己亥，仲孫羯卒。疏速庶子，字孝伯，二十三年立，五見經。子貜立。

冬，十月，滕子來會葬。月者，爲下葬出。五月而葬，同盟來會，禮也。禮：諸侯小國于次國君，卿弔，君會葬；于敵國，大夫弔，卿會葬；于小國，士弔，大夫會葬者，禮制如此。至於行禮，每有加損隆殺不同，不能盡拘此例也。

癸酉，葬我君襄公。未葬，故上卒稱子某，與般同。

十有一月，莒人弑其君密州。莒無大夫，稱人者，展輿弑也。莒子生去疾及展輿，既立展輿，又廢之，展輿因國人攻弑莒子。疏唯記卒葬之國乃言弑。史有氏名，削之稱人，《春秋》之例也。

補疏《春秋》再部取法三十二，蓋八自乘之半。再部四公總共一百二十八年，襄公雖三十一年，僖①公三十三年，共數恰合。

① 僖：原作「莊」，據《穀梁傳》改。

穀梁春秋經傳古義疏卷九

昭公昭初年，晉、楚爲二伯，齊、魯、衛、鄭爲晉屬方伯，秦、陳、蔡、吴爲楚屬方伯。自平丘以後，諸侯遂亂，于二十七年以後再見公如齊、晉之文，中國則齊、晉，夷狄則吴、楚，争盟諸侯，非復二伯之古制也。《魯世家》：「三十一年，襄公卒。其九月，太子卒。魯人立齊歸之子裯爲君，是爲昭公。」

元年《年表》：「周景王四年，晉平十七年，齊景七年，宋平三十五年，陳哀二十八年，衛襄三年，蔡靈二年，鄭簡二十五年，曹武十四年，杞文九年，秦景三十六年，楚郟敖四年，吴夷昧三年。」

春，王正月，公即位。

繼正即位，正也。再發傳者，明子野正卒。

叔孫豹會晉趙武、楚公子圍、齊國弱、宋向戌、衛齊惡、陳公子招、蔡公孫歸生、鄭罕虎、許人、曹人于郭。楚在晉下，二伯詞也。招不目弟者，會盟正辭，通于天下，「諸侯之尊，兄弟不得以屬通」也。蔡在會者，以楚在也；次陳下者，陳、蔡、衛三國大夫次序亦不定也。齊在楚下，主晉伯也。郭，《左》作虢。**疏**招，成公子，哀公弟。

二月，取鄆。鄆者，莒之邑也。此伐而取，不言伐者，避下晉之討也。在喪而取，譏公也。公以鄆始，亦以鄆終。

疏《魯語》：「虢之會，諸侯之大夫尋盟未退。季武子伐莒取鄆，莒人告于會，楚人將以叔孫穆子爲戮。晉樂王鮒求貨于穆子，曰：『吾爲子請于楚。』穆子不予。梁其踁謂穆子曰：『有貨以衛身也，出貨而可以免，子何愛焉？』穆子曰：『非女所知也。承君命以會大事，而國有罪，我以貨私免，是我會吾私也。苟如是，則又可以出貨而成私欲乎？雖可以免，吾其若諸侯之事何？夫必將或循之，曰：諸侯之卿有然者故也。則我求安身，而爲諸侯法矣。君子是以患作。作而不衷，將或道之，是昭其不衷也。余非愛貨，惡不衷也。且罪非我之由，爲戮何害？』楚人乃赦之。穆子歸，武子勞之，日中不出。其人曰：『可以出矣。』穆子曰：『吾不難爲戮，養吾棟也。夫棟折而榱崩，吾懼壓焉。故曰雖死于外，而庇宗于内，可也。今既免大恥，而不忍小忿，可以爲能乎？』乃出見之。」

夏，秦伯之弟鍼出奔晉。秦以後不記事，此仕諸晉也。言奔者，惡秦伯。奔晉者，秦、晉仇國。疏《秦本紀》：「景公母弟后子鍼有寵，景公母弟富，或讒之，恐誅，乃奔晉，車重千乘。晉平公曰：『后子富如此，何以自亡？』對曰：『秦公無道，欲待其後世乃反。』」

諸侯之尊，兄弟不得以屬通。再發傳者，以此非内辭。其弟云者，此非來内，因奔乃舉弟。親之也。舉其親，故言弟。來聘言貴者，母弟親貴，兼存以其聘魯，則舉貴。内以貴者爲榮，于其本國則言親，盡其親以著其惡，各隨所重言之也。親而奔之，本仕于晉，經乃以奔言。惡也。有千乘之國，而不能容其母弟，譏秦伯也。不言公子，所謂盡其親以惡之也。奔與殺同等而差輕。疏《春秋》親親之義，鍼仕于晉，以奔言之；段出奔，以克殺言之，皆照常人加等，所以篤倫常，明恩義也。

六月，丁巳，邾子華卒。葬稱悼公。疏日者，襄以後正例日。邾進則日，不進則時，決嫌疑也。

晉荀吴帥師敗狄于大原。此晉伐狄。大原，狄地也。「原者，上平曰原，下平曰隰。」狄邑名則當曰大鹵。

傳曰：舊傳文。中國曰大原，中國以原名，《爾雅》所言是也。夷①狄曰大鹵。方言異名，先師所

① 夷：原脱，據《穀梁傳》昭公元年補。

傳。大原、鹵斥而其地平，故自地形名曰大原，自其鹹斥言之曰大鹵。號號者無定，自我以形象稱之，尊卑、形色之等是也。從中國，大原，地也，非邑，無定名，故從中國辭名之。名名者有定，自彼而定，人、邑之名是也。從主人。號部鼎，傳作物。疏此繙譯之説也，並見襄五年傳中。

秋，莒去疾自齊入于莒。據下卒，入爲君也。不言公子，當國也。自齊，齊有奉焉。齊欲專莒，逐展而納去疾。言入者，内弗受，篡也。疏《左傳》「秋，齊公子鉏納去疾」，故言自齊。去疾，齊出也，故齊立之。

莒展出奔吴。何爲出奔？去疾入而展出，展蓋嫌也。《春秋》不以嫌代嫌，此何爲皆嫌？曰：莒，夷狄小國也。夷狄不言正不正，故亦不言嫌不嫌，略之也。疏《左傳》云「展輿奔吴」，吴出也。

叔弓帥師疆鄆田。春已取鄆，此言疆田者，明盡取其田也，蓋叔弓取以自益。莒有内難，魯乘其事而盡取其田也。

疆之爲言猶竟也。疆不言帥師，言帥師者，取之。諱因亂再取，故以疆言之。疏與莒爲竟。言帥師，明有難。

葬邾悼公。至此乃葬，進也。以下皆日卒時葬。

冬，十有一月，己酉，楚子卷卒。傳曰：「楚公子圍弑其兄之子而代之爲君。」此弑也，不言者，因其討賊諱之，以成其義。陳、蔡弑君，慶封亂政，楚子皆討之。使録其弑，則嫌于不當討，故不書弑而討人之弑，則其罪可知矣。疏《楚世家》：「康王寵弟公子圍、子比、子晳、棄疾。郟敖三年，以其季父康王弟公子圍爲令尹，主兵事。四年，圍使鄭，道聞王疾而還。十二月己酉，圍入問王疾，絞而弒之，遂殺其子莫及平夏。使使①赴于鄭。伍舉問曰②：『誰爲後？』對曰：『寡大夫圍。』伍舉更曰：『共王之子圍爲長。』子比奔晉而圍立，是爲靈王。」

楚公子比出奔晉。書者，爲下歸弒張本。有其末，不得不録其本也。疏比，共王子，懼而出奔③。

二年《年表》：「楚靈王元年，共王子，肘玉。」按：昭篇三傳説多同。舊説所謂不同者，取繒、公子陽生、晉趙陽、蔡侯朱、東國數條而已。今皆合通之，終篇無一異説矣。

春，晉侯使韓起來聘。昭公出奔，晉爲之也。起，季孫同類，聘而與季孫和，結爲黨，故方行聘魯而魯君往，不得如晉者，起爲之也。疏《左》：此爲政而來見，以覘諸侯也。且歷聘列邦，使聘平，曰不以上卿。

夏，叔弓如晉。報韓起也。疏以大夫報上卿，恤所無也。禮有隆殺，不一定。

秋，鄭殺其大夫公孫黑。此有罪也。其不稱人者，鄭略，不稱人也。疏黑，公子騑子子晳。

冬，公如晉，至河乃復。晉方來聘，有嘉禮，乃君往則不得入，季孫則得入，明韓起爲季孫主謀也。疏《魯世家》：「昭公二年，朝晉至河，晉平公謝還之，魯恥焉。」

恥如晉，謂如晉不得入。故著有疾也。據二十三年，經言「有疾，乃復」，傳云：「疾不志」。是至河乃復皆疾，故云「著有疾」。以君制于臣，故託言有疾。昭「乃復」，皆言「至河」，蓋所至不必至河，因如晉不得，託有疾，不敢

---

① 使：原脱，據《史記·楚世家》補。

② 伍舉問曰：原脱，據《史記·楚世家》補。

③ 「奔」下日新本、鴻寶本有「起後歸弒」四字。

渡河而還。

季孫宿如晉。

公如晉而不得入，據至河乃復，是不得入。季孫宿如晉而得入，據言如晉。惡季孫宿也。政在季孫，交結伯國大夫，故浸至于逐君，不待貶絶而罪惡見，不貶絶也。凡不傳者，多無貶絶，宜從此推之。**疏**據《左傳》，晉以少姜非伉儷辭公，《傳》以惡季孫。此晉大夫不欲公朝，故託辭謝之，下逐公、納公可見。

三年

春，王正月，丁未，滕子原卒。以狄道狄秦，故内滕稱名。成世已交代，故以後純名矣。滕自此以後皆名，皆日卒時葬，滕從中國故也。中國小國不從方伯例，因其變夷褒禮之也。成十六年始日，至此始葬，以下皆葬矣。

夏，叔弓如滕。葬襄公，滕子來會葬，故報之。滕以君會葬，魯以大夫報之，薄也。

五月，葬滕成公。《左氏》云：「叔弓如滕葬成公，子服椒爲介，及郊，遇懿伯之忌，敬子不入。」此會葬小國使大夫會，如齊、晉會魯葬之誼。與如莒同月者，急之也。

秋，小邾子來朝。記朝，言能朝也。不卒葬者，邾之附庸也。附庸故敘杞下，不卒葬，因邾進，故録之詳。莒，夷狄，雖卒，猶不得言朝。**疏**《左氏》以爲穆公。《春秋》小邾三朝，僖七、襄七、昭三是也。郳一來朝，莊五年。

八月，大雩。記災①也。

① 災：鴻寶本作「異」。

冬，大雨雹。記異也。

北燕伯款出奔齊。劉子說：大夫專權，「燕逐其君」。名者，罪之也。諸侯失地，名。疏《燕世家》：「惠公多寵姬，公欲去諸大夫而立寵姬宋，大夫共誅姬宋，惠公懼，奔齊。」

其曰北燕，從史文也。解見襄二①十九年。

四年

春，王正月，大雨雪。劉子說：「昭取吴，爲同姓，謂之吴孟子。君行于上，臣非于下。又三家已強，皆賤公行，慢侮之心生。」疏雪，《左傳》作雹。

夏，楚子、蔡侯、陳侯、鄭伯、許男、徐子、滕子、頓子、胡子、沈子、小邾子、宋世子佐、淮夷會于申。劉子說：「楚靈王圍即位，欲爲霸，會諸侯，椒舉如晉，求諸侯。晉侯欲不許，以司馬侯諫而許之。遂爲申之會，與諸侯伐吴，起章華之臺，爲乾谿之役，百姓罷勞怨讟于下，羣臣倍畔于上，公子棄疾作亂，靈王逃亡，卒死于野。故曰：晉不頓一戟②，楚人自亡，司馬侯之謀也。」疏申，楚地。楚主盟，故先蔡，夷蔡也。徐子先滕，亦夷狄也。頓、胡、沈近楚。中國不序，序者，亦以夷狄主會也。淮夷不序，亦以夷狄序之。不序魯、衛、曹三君，辭謝未往也。《楚世家》：「靈王三年六月，楚使使告晉，欲會諸侯。諸侯皆會楚于申。」

楚人執徐子。晉執多，楚只一見。執者，抑楚也。執宋公不明言楚執，此明言執者，爲中國諱執宋，以夷狄執夷，

---

① 二：原脱，據鴻寶本補。

② 戟：原作「矢」，據《新序·善謀》改。

故明見。伯乃言執，楚言執者，託于夷狄伯也。

秋，七月，楚子、蔡侯、陳侯、許男、頓子、胡子、沈子、淮夷伐吳，執齊慶封，殺之。月者，不使懷惡而討，謹以惡之也。蔡自襄二十四年七見從楚。**疏**《吳世家》：「楚靈王會諸侯而以伐吳之朱方，以誅齊慶封。吳亦攻楚，取三邑而去。」

此入而殺，據封于吳。其不言入，何也？入而後執。慶封封乎吳鍾離，其不言伐鍾離，何也？據濫不繫以通濫。不與吳封也。宋彭城不與楚封，與此同義。**疏**《吳世家》：「齊相慶封有罪，自魯來奔吳。吳與慶封朱方之縣①，以爲奉邑，以女妻之，富于在齊。」慶封其以齊氏，何也？據封于吳，宜繫吳。爲齊討也。有罪于齊，故繫齊，如夏徵舒氏陳。靈王使人以慶封令于軍中曰：「有若齊慶封弒其君者乎？」經不言封弒，蓋助崔杼弒光也。慶封曰：「子一息，我亦且一言。」曰：「有若楚公子圍弒其兄之子而代之爲君者乎？」劉子云：「楚恭王多寵子，而世子之位不定。屈建曰：『楚必多亂。夫一兔走于街，萬人追之，一人得之，萬人不復走。分未定，則一兔走使萬人擾；分已定，則雖貪夫知止。今楚多寵子，而嫡位無主，亂自是生矣。夫立太子者，國基也，而百姓之望也。國既無基，又使百姓失望，絕其本矣。本絕則撓亂，猶兔走。』恭王聞之，立康王爲太子。其後猶有令尹圍、公子棄疾之亂也。」**疏**按：即卷卒是也。軍人粲然皆笑。《楚世家》：「楚以諸侯兵伐吳，圍朱方。八月，克之，囚慶封，滅其族。以封徇，曰：『無效齊慶封殺其君而弱其孤，以盟諸大

---

① 縣：原作「地」，據《史記·吳世家》、鴻寶本改。

夫。』封反曰：『莫如楚共王庶子圍弒其君兄①之子員而代之立。』于是楚王使棄疾殺之。」慶封弒其君，按：封，杼黨也，同弒光。書杼者，從重也，賊黨亦當死。而不以弒君之罪罪之者，據討賊不言執。慶封不爲靈王服也，不與楚討也。以其懷惡也。《春秋》之義，用貴治賤，貴爲天子、諸侯也。以天子治諸侯，以諸侯治大夫，故執大夫稱侯，爲伯討。用賢治不肖，《荀子》曰：「賤事貴，不肖事賢，此天下之通義也。有人貴而不能爲人上，賤而羞爲人下，此姦人之心也。」按：賢謂二伯。不肖，惡人也。不以亂治亂也。亂，夷狄也。不許夷狄憂中國也。故討陳猶譏。孔子曰：「懷惡而討，雖死不服，」二語師說所傳。其斯之謂與！」傳引以爲說此事也。謂與，疑詞，不敢直言。疏不書圍之弒君，所以成慶封、蔡般之討也。蔡般罪重，而慶封之事有嫌，故決正其義，不書弒，以正其討。

遂滅厲。厲，徐小國，楚屬，故齊桓伐之。楚滅之者，因吴強，服于吴。不日，微國也，時遠也。《春秋》于楚有夷狄之辭，待之嚴，而于其屬反無夷狄辭者，楚強僭王，而屬國無罪，欲存荆、徐，故寬赦小國。是以于其屬國，不以夷狄待之也。

遂，據「遂滅偪陽」直遂。繼事也。因伐吴之師不日，知繼事也。

九月，取繒。莒前以子爲繒後，隨即有繒，莒之滅繒，易乎人之滅，故不日以起之。晉人來討，又復立繒，此魯又從而取之。不日者，承上滅文，如晉人執虞公者然，以滅文前見也。疏繒，中國也。滅之例日，此月者，失國辭也。前以時滅，此再滅，故仍其前滅，如取邑非國，故不日也。取月滅時，並以明前滅而更立也。魯以事楚之故，因其滅取繒。

---

① 君兄：原作「兄君」，據《史記·楚世家》乙。

冬，十有二月，乙卯，叔孫豹卒。三家卒必書者，文、宣以下録内詳，又明其世卿之患。**疏**豹，得臣子，僑如弟。僑如奔齊，乃立之，十五見經。庶子婼立。

五年

春，王正月，舍中軍。

貴復正也。據言譏，知舍復正。此非正也，言復正者，成人之善也。作、舍言軍，出言師者，出不定合軍數，作、舍則言定數也。**疏**按：二軍或分上下，如晉獻公事是也；或分左右，如清之戰是也。

楚殺其大夫屈申。屈，氏也。楚有氏大夫，此殺無罪也，不以稱人。不稱人爲例者，略之也。屈申一見。**疏**《左傳》：「楚子以屈申爲貳于吴，乃殺之。」

公如晉。楚強有威，無河上之難，昭公惟此得入晉，大夫專也。

夏，莒牟夷以牟婁及防茲來奔。牟婁，杞邑，莒人取之。下叔弓帥師，此叔弓意也。**疏**牟夷二字，名也。牟婁、防茲二名亦皆以二字爲名。

以者，不以者也。來奔者不言出。出當爲叛。三十一年，傳「來奔，内不言叛」是也。此受叛人地，不諱者，君不在也。公出，納叛人，所以惡大夫也。及防茲，據其閭丘不言及。以大及小也。據國以大及小，知此同。莒無大夫，據會盟序大夫，言莒人，經不見大夫字。其曰牟夷，何也？以其地來也。莒，魯屬。凡臨外會盟，通不見大夫，惟稱人。獨繫魯事，乃得稱名，凡魯事皆得名。以地言者，據本事立説。**疏**《左傳》「牟夷非卿而書，尊地也」，與《傳》同。以地來，則何以書也？據莒慶，惡其接内。凡以事來魯，不書也。重地也。

地爲天子所專，諸侯爲天子守土，失土取地皆大惡，故取邑書。以邑奔與取邑同，保其地，則不得不舉其人。

秋，七月，公至自晉。月者，莒人愬于晉，晉欲止公，故危之也。公不在，而內受叛人邑，有危道，故月致以起之漸，至于見逐。疏《左傳》：「莒人愬于晉，晉侯欲止公」，以范獻子之諫，「乃歸公」。

戊辰，叔弓帥師敗莒師于賁泉。劉子說：魯納牟夷，「莒怒，伐魯，叔弓帥師，拒而敗之」。疏叔弓爲三家所使，故獨以專政見。日者，勝內也。

狄人謂賁泉失台，中國言賁泉，夷狄言失台。號從中國，名從主人。賁泉，直泉也，泉從地湧出。賁泉非地名，號從中國言賁泉，知其地。言失台，則不知其地。經地名多由地形方類言之，非盡由舊名。

秦伯卒。秦伯何以不名？葬則不名也。何爲葬則不名？秦之專例，以見其在梁而爲留守，非諸侯所得也。疏《秦本紀》：「景公立四十年卒，子哀公立。后子復來歸秦①。」不名者，狄之也。以後惟記二卒葬，不記事。

冬，楚子、蔡侯、陳侯、許男、頓子、沈子、徐人、越人伐吳。劉子云：吳王使其弟由犒師。徐稱人者，與越從同，不可獨人越也。吳、越交兵之始。疏《吳世家》：「十一年，楚伐吳，至②雩婁。」

六年《年表》：「秦哀公元年。」

春，王正月，杞伯益姑卒。月者，不正也。襄以下卒正正例日。疏《杞世家》：「文公十四年卒，弟平公鬱立。」

葬秦景公。《春秋》夷狄之君不書葬，秦已狄矣，猶書葬者，非實夷也。莒雖猶中國，猶不葬者，真夷也。以葬不葬

---

① 秦：原脱，據《史記・秦本紀》補。

② 至：原脱，據《史記・吳世家》補。

明夷，故不敢假。秦書葬始此。**疏**秦六卒①三葬，自此以下，三卒皆葬，葬皆時。

夏，季孫宿如晉。拜莒田也。

葬杞文公。

宋華合比出奔衛。爲寺人所逐。衛與宋不睦。**疏**事詳《左傳》。

秋，九月，大雩。劉子說：「莒牟夷以二邑來奔，莒怒，伐魯，叔弓帥師，拒而敗之，昭得入晉。外和大國，內獲二邑，取勝鄰國，有炕陽動衆之應。」

楚薳罷帥師伐吳。此楚師敗，不言敗者，略之。薳罷以後不見。**疏**《吳世家》：「十二年，楚復來伐，次于乾谿，楚師敗去。」

冬，叔弓如楚。公將如楚，故叔弓先之。晉討從楚，故不得如晉。**疏**成以下公不如齊，齊失伯也。襄、昭如楚，如楚代齊爲伯者然。

齊侯伐北燕。納北燕伯也。事詳《左傳》。

七年

春，王正月，暨齊平。內言平者四：隱六言鄭輸平，此言暨齊平，宣十年言及齊平，十一年言及鄭平。言平，兩在齊，兩在鄭。**疏**《左傳》：「暨齊平，齊求之也。」

---

① 卒：原作「年」，據鴻寶本改。

平者，成也。暨，據或言及。猶暨暨也。據宋公之弟辰暨奔也。暨者，不得已也。及，我欲之；暨，不得已，由于人求而許之。言此以明功過淺深。以外及内曰暨。《左傳》曰：「齊求之也。」外暨欲盟，故言暨。暨、及，内外辭也。《春秋》盟會必明主客以定功過，故盟會雖多，必分首從。凡言會者，皆外爲主，内勉從之，其功過淺；言及，則内主之，功過深；言暨，則非己所欲，迫脅而已。傳曰：「以外及内曰暨。」然則言暨者，皆内迫脅于外之辭也。

三月，公如楚。楚伯諸侯，故稱如楚；然經意終以齊、晉爲二伯之正，故如楚皆書月。**疏**《魯世家》：「楚靈王就章華臺，召昭公。昭公往賀，賜昭公寶器。已而悔，復詐取之。」公專心事楚。

叔孫婼如齊莅盟。公如楚，大夫如齊莅盟。齊失伯，楚分伯諸侯之辭也。**疏**言如，公命也。如在公行後者，公臨行命之。先君而後臣，《春秋》之序也。

莅，位也。内之前定之辭謂之莅，外之前定之辭謂之來。此爲正月平也。再見傳者，起暨從同。

夏，四月，甲辰，朔，日有食之。劉子說：「先是楚靈王弑君而立，會諸侯，執徐子，滅賴，陳公子招殺世子，楚因而滅之，又滅蔡，後楚靈王亦弑死。」

秋，八月，戊辰，衛侯惡卒。**疏**《衛世家》：「九年，襄公卒」，「乃立元爲嗣，是爲靈公」。

鄉曰衛齊惡①，據元年郭之會。今②曰衛侯惡，此何爲君臣同名也？同名非禮。君子不奪人之名，《春秋》不奪人名，「名從主人」是也。不奪人親之所名，重其所以來也。東國、何忌奪名，皆貶之。王父名子也。班氏説：「三月名之何？天道一時，物有其變，人生三月，目煦亦能咳笑，與人相更答，故因其始有知而名之。故《禮·服傳》曰：『子生三月，則父名之于祖廟。』于祖廟者，謂子之親廟也。明當爲宗廟主也。」

九月，公至自楚。往、如皆月，危之也。公言如者，以小事大之禮，惟施于二伯、京師。此言如，明楚分伯也。楚伯而不以伯許之者，奪夷狄也。終《春秋》，二如楚，譏晉，並譏内也。

冬，十有一月，癸未，季孫宿卒。宿，行父子，襄五年立，十二見經。長子公彌，別爲公鉏氏。少子紇即悼子，未立爲卿，而季孫意如嗣。疏《魯世家》：「七年，季武子卒。」

十有二月，癸亥，葬衛襄公。日者，危之甚。靈公無道。

八年

春，陳侯之弟招殺陳世子偃師。《陳世家》：「三十四年，初，哀公娶鄭，長姬生悼太子師，少姬生偃。二嬖妾，長妾生留，少妾生勝。留有寵哀公，哀公屬之其弟司徒招。哀公有病，三月，招殺悼太子，立留爲太子。哀公怒。」又曰：「招之殺悼太子也，太子之子名吴，出奔晉。」

鄉曰陳公子招，今曰陳侯之弟招，何也？曰：盡其親，所以惡招也。公弟例稱公子，言公

① 惡：《穀梁傳》昭公七年作「侯」。
② 今：原作「此」，據《穀梁傳》昭公七年改。

弟，母弟也，愈親之辭。親而相殺，招惡甚也。兩下相殺，不志乎《春秋》。《春秋》明上下之分，弑、殺書者，君臣相殺，朝廷之禍也，書之以謹兩上相殺。猶道兩下相殺，則分卑事小，忿忿私鬬，無與于王政，不志也。此其志，何也？據世子、臣子一例，同爲下。世子云者，唯君之貳也，說在僖公王世子。云可以重之，存焉，重，傳：重謂統也。志之也。《公羊》云：「言將自是弑君。」班氏：「君在立太子，防篡殺，壓臣子之亂也。故弑世子與弑君同。」「君薨，適夫人無子，有育①遺腹，必待其産立之何？專嫡重正也。《曾子問》曰：『立適以長不以賢何？以言爲賢、不肖不可知也。』」諸侯之尊，兄弟不得以屬通。其弟云者，親之也。親而殺之，惡也。招惡，許楚討之。不盡親，惡猶不顯。

夏，四月，辛丑，陳侯溺卒。此弑也。不言弑者，爲中國諱也。陳、蔡同有弑君之事，楚因討弑，滅二國。蔡重陳輕，陳又中國，故諱之，使若正卒，以避楚之討也。**疏**《陳世家》：「哀公怒，欲誅招，招發兵圍哀公，哀公自經殺。招卒立留爲陳君。」

叔弓如晉。《左傳》以爲賀虒祈也。

楚人執陳行人干徵師，殺之。**疏**《陳世家》：「四月，陳使使赴楚。楚發王聞陳亂，乃殺陳使者。」

稱人以執大夫，執有罪也。爲留所使，是有罪也。因君罪臣。稱行人，怨接於上也。爲留立也，非徵師之私罪。

---

① 育：原脱，據《白虎通·封公侯》補。

陳公子留出奔鄭。陳不見公子，言公子者，留嫌也。不言嫌者，惡招也，蓋如公子比之比。疏《陳世家》：「楚使公子棄疾伐陳，陳君留奔鄭。」按：留，哀公庶子。

秋，蒐于紅。魯自文、宣以來，帥師不言公，皆言大夫。此蒐何以不言大夫？蓋此時魯君所存者唯器與祭，蒐所以祭宗廟也，故屬之于公。然則何以不言公？《春秋》隱之，故不忍書也。

正也。常事不書，且秋蒐得時，則何以書？蓋魯君之不蒐久矣！此蒐雖屬常事，亦常事中之罕見也，故書以明蒐之正也。因蒐狩以習用武事，《郊特牲》：「季春出火，爲焚也。然後簡其車賦而歷其卒伍，而君親誓①社，以習軍旅，左之右之，坐之起之，以觀其習變也。而流示之禽，而鹽諸利，以觀其不犯命也。求服其志，不貪其得。故以戰則克，以祭則受福。」禮之大者也。劉子云：「楚莊王好獵，大夫諫之，莊王曰：『吾獵將以求士也，其榛藂刺虎豹者，吾是以知其勇也；其攫犀搏兕者，吾是以知其勁有力也；罷田而分所得，吾是以知其仁也。』因是道也，而得三士焉，楚國以安。故曰『苟②有志，無非事者』，此之謂也。」艾蘭以爲防，《毛詩傳》曰：「大艾草，以爲防。」置旃以爲轅門，以葛覆質以爲槷，流旁握，《毛傳》作間容握，謂其門廣狹，兩軸頭去旃竿之間，各容一③握。御轚者不得入。《毛詩傳》曰：「或舍其中。褐纏旃以爲門，裘纏質以爲槸④，間容握，驅而入，轚則不得入。左

---

① 誓：原作「書」，據《禮記・郊特牲》、日新本、鴻寶本改。
② 苟：原脱，據《説苑・君道》補。
③ 一：原脱，據鴻寶本補。
④ 槸：原作「摯」，據《毛詩・車攻》、鴻寶本改。

者之左，右者之右，然後焚而射焉。」車軌塵，馬候蹄，車隨塵進，馬蹄相候，言御之善也。疏《列子・湯問篇》説：「御輿輪之外可使無餘轍，馬蹄之外可使無餘地。」《韓非子》云：「驅而前之，輪中繩引而卻之，馬掩跡。」揜禽旅，御者不失其馳，然後射者能中。《孟子》：「王良曰：『吾爲之範我馳驅，終日而不獲一；吾爲之詭遇，一朝而獲十。《詩》曰：『不失其馳，舍矢如破。』』」過防弗逐，不從奔之道也。劉子云：「百姓皆出，不失其馳，不抵禽，不詭遇，逐不出防，此苗①、獮、蒐、狩之大義也。」《毛傳》曰：「田不出防，不逐奔走，古之道也。」面傷不獻，不成禽不獻。禽雖多，天子取三十焉，其餘②與士衆，以習射于射宫。班氏云：「《含文嘉》曰：『天子射熊，諸侯射麋，大夫射虎豹，士射鹿豕。』」《鄉射》記云：「凡侯，天子熊侯，白質；諸侯麋侯，赤質；大夫布侯，畫以虎豹；士侯③布，畫以鹿豕。」射而中，班氏云：「射正何爲乎？曰：射義非一也。夫射者，執弓堅固，心平體正，然後中也。二人争勝，樂以養④德也。勝負俱降，以崇⑤禮讓，故可以選士。」「因射習禮樂，射⑥于堂上何？示⑦

①苗：原作「蒐」，據《説苑・修文》改。
②「餘」下原衍「以」字，據《穀梁傳》昭公八年改。
③侯：原脱，據《儀禮・鄉射禮》、鴻寶本補。
④養：原作「著」，據《太平御覽・工藝部三》引《白虎通》改。
⑤崇：原作「宗」，據《太平御覽・工藝部三》引《白虎通》、鴻寶本改。
⑥射：原脱，據《白虎通・鄉射》補。
⑦示：原作「士」，據《白虎通・鄉射》改。

從上制下也。」**田不得禽，則得禽；田得禽而射不中，則不得禽。**《射義》：「內志正，外體直，然後持弓矢審固。持弓矢審固，然後可以言中。」**疏** 劉子云：「射者必心平體正，持弓矢審固，然後射者能中也。」**是以知古之貴仁義而賤勇力也。**《毛詩傳》曰：「面傷不獻，踐毛不獻，不成禽不獻。禽雖多，擇取三十焉，其餘以與大夫、士，以習射于澤宮。田雖得禽，射不中不得取禽；田雖不得禽，射中則得取禽。古者以辭讓取，不以勇力取。」**疏**《論語》：「射不主皮，爲力不同科，古之道也。」《孟子》曰：「其至，爾力也；其中，非爾力也。」《射義》云：「天子將祭，必先習射于澤。澤者，所以擇士也。」鄭君云：「諸侯將有祭祀之事，與其羣臣射以觀禮。」是則觀其揖讓之禮，即可以選士之賢、不肖也。「戰鬬不可不①習，故于搜狩閑之也。閑之者，貫之也。貫之也者，習之也。凡②祭，取餘獲陳于澤，然後卿大夫相與射。命中者，雖不中，取也；命不中，雖中，不取。何以也？所以貴揖讓之取而賤力之取③也。」《儀禮經傳通解》曰：「鄉之取于國中，勇力之取也；今之取于澤，揖讓之取也。」

陳人殺其大夫公子過。 陳不正見公子，言公子起爲弒事。招畏楚，歸罪于過而殺之。**疏** 稱人以殺，殺有罪也。過者，招之徒也。程公説《分紀》：「成公四子，曰哀公，曰黃，曰招，曰過。」

大雩。

冬，十月，壬午，楚師滅陳。 陳，中國也。夷狄滅中國不可言，曰陳，非中國也。以楚爲伯，以陳攝荊州。文以

---

① 不：原脱，據《儀禮注疏·鄉射禮》鄭注補。
② 凡：原作「已」，據《儀禮注疏·鄉射禮》鄭注改。
③ 取：原作「義」，據《儀禮注疏·鄉射禮》鄭注改。

後，不言同盟。以夷狄治夷狄，故可言滅。若同盟國，則不許。楚以滅也，此夷之，下乃存之何？以其本中國也。宣世言入陳，此言滅陳，不再見滅文，以其初未稱陳也。

執陳公子招，放之于越。殺陳孔奂。澶淵至此八年，楚始滅。滅國不言放、殺大夫，言放、殺，存陳也。招、奂繫陳者，亦存陳也。疏《楚世家》：「八年，使公子棄疾將兵滅陳。」《陳世家》：「九月，楚圍陳。十一月，滅陳。封棄疾爲陳公。」

惡楚子也。傳曰：「一事注①乎志，所以惡楚子。」

葬陳哀公。時葬，正也。

不與楚滅，據滅國不葬，此言滅又葬。閔之也。世子爲招所殺，因而縣陳。中國方伯滅于夷狄，受禍最深，故存之也，亦以陳之復封也。

九年《年表》：「陳惠公吴元年。哀公孫也。」

春，叔弓會楚子于陳。賀楚得陳也。滅國當地邑，如衛陳儀是也。不地邑而地國，存陳也。

許遷于夷。以下許在夷，從葉遷。

夏，四月，陳火。劉子説：「先是，陳侯弟招殺陳太子偃師，皆外事。不因②其宮館者，略之也。」

---

① 注：原作「詳」，據《穀梁傳》昭公十一年改。

② 因：原作「言」，據《漢書・五行志》、鴻寶本改。

國曰災，據宋災。邑曰火。據宣榭言火。火不志，據經不志邑火①。此何以志？楚已縣陳邑，乃志火。閔陳而存之也。劉子云：「八年十月壬午，楚師滅陳。《春秋》不與蠻夷滅中國，故復言陳火。」**疏**不言災者，陳已縣也。言陳者，不許楚滅也。

秋，仲孫貜如齊。記仲孫之如齊，以見公之不如齊也。自襄如楚，二十九年見叔老聘，至此二十一年乃見聘文。此起齊之失伯也。

冬，築郎囿。劉子説：「魯築郎囿，季平子欲速成，叔孫昭子曰：『安用其速成也？以虐其民，其可乎？無囿尚可乎？惡聞嬉戲之游，罷其所治之民乎？』」**疏**禮：諸侯三台、三囿，《春秋》見三台、三囿以起之。冬築囿，書，時也。

十年

春，王正月。

夏，齊欒施來奔。欒施，公孫之子也。齊不見公子、公孫②，故公孫之子乃見。以下欒氏絶于齊，陳氏之謀也。**疏**惠公子公子堅字子欒，堅子公孫竈字子雅，施，子雅之子，字子旗。《公羊》作晳，乃傳鈔字誤，事詳《左傳》，可證。

秋，七月，季孫意如、叔弓、仲孫貜帥師伐莒。已舍中軍，何以見三大夫？叔弓者，意如之佐也。此取郠也，不言者，前取鄆不言伐，此言伐不言取，互見之。月者，危之，爲下平丘會，公不與盟危。**疏**韋昭説：「季平子伐莒取郠，

---

① 火：原脱，據日新本、鴻寶本補。

② 孫：原作「叔」，據鴻寶本改。

莒人愬之于晉。」

戊子，晉侯彪卒。平公以下晉伯愈卑，六卿争權，不恤公室，定、哀遂爲無伯之世矣。疏《晉世家》：「二十六年，平公卒，子昭公夷立。」

九月，叔孫婼如晉。大夫如不月，月者，以葬之月加于如上，見以葬如也。

葬晉平公。昭時晉失伯，故昭時三君正卒皆月。爲失伯，故不以二伯日例言之。

十有二月，甲子，宋公成卒。疏《宋世家》：「四十四年，平公卒，子元公佐立。」

十有一年《年表》：「晉昭公夷元年，宋元公佐元年。」

春，王二月，叔弓如宋。葬宋平公。書葬者，痤賢不如申生，宋無弑立之禍，故書葬。所以起晉侯枉殺賢子，不書葬。

夏，四月，丁巳，楚子虔誘蔡侯般，殺之于申。申，楚地。疏《楚世家》：「十年，召蔡侯，醉而殺之。使棄疾定蔡，因爲陳蔡公。」靈侯如楚，楚殺之，使棄疾居之，爲蔡侯。「楚靈王以般弑其父，誘之于申，伏甲飲之，醉而殺之，刑其士卒七十人。」

何爲名之也？據誘殺戎蠻子不名。夷狄之君誘中國之君而殺之，般，弑君賊，不以討賊言者，不許夷狄爲中國也。故謹而名之也。虔即公子圍也。前言圍，此言虔，名從主人也。戎蠻子以夷狄誘夷狄尚不名。稱時、稱月、稱日，般弑而立，不正者也。當以時卒惡之，此乃日。稱地，據戎蠻不時、不日、不月、不地。謹之也。爲中國被誘致被滅。

楚公子棄疾帥師圍蔡。今公子棄疾圍蔡。言棄疾帥師，起下弑。

五月，甲申，夫人歸氏薨。劉子云：「昭公母歸氏薨，昭不戚，又大蒐于比蒲。」疏按：此劉子用《左傳》說。劉子同《左傳》者多，不盡著之。

大蒐于比蒲。大蒐者，方伯五載大簡車徒，合七卒正而治兵也。說詳《漢書·刑法志》。疏《王制》曰：「無事而不田，曰不敬。」此有喪不廢蒐，非禮也。此不待貶絶而罪惡見者也。

仲孫貜會邾子，盟于祲祥。不日者，惡盟。有夫人喪，邾子不來弔葬而乃盟，不盟公而盟臣，一時公與二夫人皆出，誰與守殯？書以譏昭。昭號知禮，而有文無實，積敝不返，故《春秋》譏之。

秋，季孫意如會晉韓起、齊國弱、宋華亥、衛北宫佗、鄭罕虎、曹人、杞人于厥憖。不言同盟。謀救蔡也。疏罕虎，公子喜孫，公孫舍之子，字子皮，七穆之一，孫達見經。

九月，己亥，葬我小君齊歸。時公不戚，又不廢蒐，所以見公室之卑。

冬，十有一月，丁酉，楚師滅蔡，執蔡世子友以歸，用之。夷狄不治中國。以楚滅蔡，蔡亦夷狄也。以爲夷狄自滅夷狄之辭也。疏《蔡世家》：「十一月，滅蔡，使棄疾爲蔡公。」

此子也，據未踰年，君稱子。其曰世子，何也？據世子繫于父，未立之稱。不與楚殺也。夷狄誘殺中國君，稱子，使若未殺，明不與。一事注乎志，一事四見。蔡以前二十餘年乃見。所以惡楚子也。詳録其事以惡之。疏用者，不宜用也。此爲正例，用以祭鬼，使人爲牲，譏楚也。

十有二年《年表》：「蔡侯廬元年，景侯子。」

春，齊高偃帥師納北燕伯于陽。納者，伯辭也。齊言納者，晉伯弱矣。高偃以臣納君，與晉趙鞅納蒯聵同。

疏《燕世家》：「高偃如晉，請共①伐燕，入其君。晉平公許，與齊伐燕，入惠公。惠公至燕而死。」《左傳》：「齊侯舉矢曰：『寡人中此，與君代興。』」此齊伯之文。

納者，内不受也。燕伯之不名，據奔名款。何也？據「趙鞅帥師納衛世子」名。不以高偃《春秋》臣不納君，以臣納者，惟此及晉趙鞅納蒯聵，齊、晉各一見。衛，次國，納世子；燕，小國，納君，尊卑相敵也。挈燕伯也。高偃以臣納君，君臣同名，無尊卑之分，故不以高偃挈之。疏《公羊》以爲公子陽生，乃一家之説。二傳既有明文，存《公羊》以備異解可也。

三月，壬申，鄭伯嘉卒。疏《鄭世家》：「三②十六年，簡公卒，子定公寧立。」

夏，宋公使華定來聘。此通嗣君也。在喪可聘，以結好。言華氏，以見世卿之禍。

公如晉，至河乃復。以上伐莒取鄆，因臣罪而及君也。疏《魯世家》：「十二年，朝晉至河，晉平公謝還之。」

季孫氏伐莒兩取，皆季孫主之。不使遂乎晉也。罪既出於季氏，又與晉卿比而謝公。言此以責意如也。父子相繼爲惡，書者，皆昭公出奔之先見者也。疏《左傳》：「取鄆之役，莒人愬于晉，晉有平公之喪，未之治也，故辭公，公子慭遂如晉。」

五月，葬鄭簡公。三月而葬，速。

---

① 共：原作「兵」，據《史記·燕世家》改。

② 三：原作「二」，據《史記·鄭世家》改。

楚殺其大夫成虎。成虎一見。**疏**《左傳》：「楚子謂成虎，若敖之餘也，遂殺之。或譖成虎于楚子，成虎知之，而不能行。」

秋，七月。

冬，十月，公子憖出奔齊。三桓以外，二言刺公子，一言出奔，譏之也。僖以後，公子惟遂以二世見，餘皆不見。**疏**事詳《左傳》。憖字子仲，因奔無後于魯。《公羊》作整。趙氏坦曰：「聲之譌。」一見經。以下魯無公子、公孫，三家專，文以後，公子、公孫不振，書此以譏之。

楚子伐徐。徐者，徐州之總名也。楚大徐小，以楚託伯者之辭也。以夷狄伐夷狄，可言也，故稱子，以與晉伐相起。**疏**《楚世家》：「十一年，伐徐以恐吳。靈王次于乾谿以待之。」《左傳》：「楚子狩于州來，次于潁尾，使蕩侯、潘子、司馬督、囂尹午、陵尹喜帥師圍徐以懼吳。楚子次于乾谿，以爲之援。」按：與《楚世家》同。

晉伐鮮虞。方記楚伐，即記晉伐。夷伐夷猶可言，中國伐中國不可言，故狄之也。鮮虞，中國。

其曰晉，據下四言將帥師。狄之也。據舉國，狄詞。其狄之，何也？據下不狄。不正其與夷狄交伐中國，楚、吳伐中國，晉當救之，今乃與其同道，伐取中國土地以自廣，國大至于數圻。故狄稱之也。

十有三年

春，叔弓帥師圍費。此費叛也。不言南氏之叛者，爲内諱也。此不克，不言敗，諱也。下歸費不言者，略之，以起下墮費也。**疏**專詳《左傳》。

夏，四月，楚公子比自晉歸于楚，弑其君虔于乾谿。劉子說：楚與晉、諸侯「爲申之會，與諸侯伐吳，爲章華之台，爲乾谿之役，百姓罷勞怨懟于下，羣臣倍畔于上，公子棄疾作亂，靈王逝，王卒死于野。」疏虔即圍也，後改名虔。

自晉，晉有奉焉爾。晉、楚相仇，助之歸弒。歸而弒，不言歸，據「齊陽生入于齊」言入。歸乃善辭。言歸非弒也。歸，善辭，以明不弒一也①。歸一事也，從外反國。弒一事也，弒非一時反國能辨之事。而遂言之，弒君必在内者。弒大事，不能歸即得弒，明不弒二也。以比之歸弒，主棄疾也。棄疾招比歸，借其名以弒，乃因亂去之。比不弒也。謂比歸，棄疾託以弒耳。若自弒，宜别牘書之。此遂言，明非比親弒。弒君者日，據楚弒例日。不日，此以月書。比不弒也。以此明不日，非以爲正不正，不弒之證三也。疏《楚世家》：「十二年，楚靈王樂乾谿，不能去也。國人苦役。初，靈王會兵于申，戮越大夫常壽過，殺蔡大夫觀起。起子從亡在吴，乃勸吴王伐楚，爲閒越大夫常壽過而作亂，爲吴閒。使矯公子棄疾命召公子比于晉，至蔡，與吴、越兵欲襲蔡。令公子比見棄疾，與盟于鄧。遂入弒靈王太子禄，立子比爲王，公子子晳爲令尹，棄疾爲司馬。先除王宫，觀從從師于乾谿，令楚衆曰：『國有王矣。先歸，復爵邑田室。後者遷之。』楚衆皆潰，去靈王而歸。靈王聞太子禄之死也，自投于車下，而曰：『人之愛子，亦如是乎？』侍者曰：『甚是。』王曰：『余殺人子多矣，能無及此②乎？』」

楚公子棄疾殺公子比。《楚世家》：「乙卯夜，棄疾使船人走呼曰：『王至矣！』二子皆自殺。丙辰，棄疾即位。」

當上之辭也。據如王札子兩下相殺不志，此相殺志，當上也。當上之辭者，謂不稱人以殺，據討

---

① 一也：原脱，據鴻寶本補。

② 此：原脱，據《史記·楚世家》補。

賊，雖一人殺則稱人，衛人殺州吁是也。乃以君殺之也。據殺皆君殺臣之辭。討賊以當上之辭，殺謂殺比不稱人，乃以當上辭。非弑也。非討賊，則非弑明。比之不弑有四，前傳三以歸、弑遂言歸、弑。弑不日。此傳以討賊氏公子，共有四證也。取國者稱國以弑，據州吁、無知氏國。楚公子棄疾殺公子比，據州吁、無知以國氏，弑討之，亦以嫌詞。此討氏公子，非取國也。比不嫌也。據弑、殺皆無嫌詞。嫌者，不正也。比弑有嫌道，不嫌，所以赦比也。然則棄疾主其事，何以亦無嫌詞？《春秋》不以嫌代嫌，謂二人皆有嫌道，故同稱公子，使二人皆不嫌也。《春秋》決嫌疑，維以正代正，以正代不正，不正代正①，不以嫌代嫌。故凡二嫌相比，皆不以嫌言之。棄疾主其事，故嫌也。兩下相殺不志。下札子殺召伯、毛伯，當上爲嫌。此殺公子比，亦以當上嫌之。分別首從，歸惡於棄疾，棄疾雖未弑君，而主弑謀，故以當上嫌之。嫌，故不以代嫌，二嫌當氏。

秋，公會劉子、晉侯、齊侯、宋公、衛侯、鄭伯、曹伯、莒子、邾子、滕子、薛伯、杞伯、小邾子于平丘。晉失諸侯，故同盟終于此。《公羊》云：「諸侯遂亂。」自此以後，凡在會諸侯與楚絶，更無大盟矣！疏 自此至定四年，二十三年，晉、楚交兵，楚有吴禍也。晉少外事，六卿強，各相争。記劉子，起後卒葬。

八月，甲戌，同盟于平丘。言同盟者，所以别中外。自齊桓幽至此十六見，齊二，晉十四。例敘大國三：齊、晉、宋；小國八：許、曹、莒、邾、滕、薛、杞、小邾；内州方伯：魯、衛、陳、鄭；外州四伯不見同盟，楚、蔡、秦、吴是也。疏《左傳》：「晉成虒祁，諸侯朝而歸者皆有貳心。」「七月丙寅，治兵于邾南，甲車四千乘，遂合諸侯于平丘。」「甲戌，同盟于平丘，齊服也。」

① 不正代正：推詳文意，疑當作「不以不正代正」。

同者，有同也，同外楚也。此爲同盟之終，下無大盟矣。凡在盟之人皆爲中國，自此以後，不以楚奸之。鄭被楚禍最深，以下則鄭無交楚之文。惟不見此盟之陳、蔡，定以後，陳猶見從楚，蔡猶見從吴。疏言同盟，如有陳、蔡也。

公不與盟。《魯語》：「平丘之會，晋昭公使叔向辭昭公弗與盟。子服惠伯曰：『晋信蠻夷而棄兄弟，其執政貳也。貳心必失諸侯，豈惟魯然？夫失其政者，必毒于人，魯懼及焉，不可以不恭。必使上卿從之。』季平子曰：『然則意如乎？若我往，晋必患我，誰爲之貳？』子服惠伯曰：『椒既言之矣，敢逃難乎？椒請從。』」

公不與盟者，可以與而不與，據不，外辭。不與者，可以與也。譏在公也。此傳與沙隨不見公相起。公事楚，楚有内亂，諸侯會于平丘，謀誅楚亂臣，昭公不得與盟。言不與與不見公相對。其日，據「公不與盟」，外盟不日。善是盟也。善陳、蔡得歸。

晋人執季孫意如以歸。《魯語》：「晋人執平子。子服惠伯見韓宣子曰：『夫盟，信之要也。晋爲盟主，是主信也。若盟而棄魯侯，信抑闕矣。昔欒氏之亂，齊人閒晋之禍，伐取朝歌。我先君襄公不敢寧處，使叔孫豹發帥敝賦，踦跂畢行，無有處人，以從軍吏，次於雍渝，與邯鄲勝擊①齊之左，掎止晏萊焉，齊師退而後敢還。非以求遠也，以魯之密邇於齊，而又小國也。齊朝駕則夕極於魯國，不敢憚其患，而與晋共其憂，亦曰：「庶幾有益於魯國乎？」今信蠻夷而棄之，夫諸侯之勉於君者將安勸矣？若棄魯而苟固諸侯，君臣敢憚戮乎？諸侯之事晋者，魯爲勉矣。若以蠻夷之故棄之，其無乃得蠻夷而失諸侯之信乎？子計其利者，小國共命。』宣子説，乃歸平子。」疏四討楚，并執季孫。執與以歸並言者，言執、致，晋人之意；

① 擊：原作「繫」，據《國語·魯語》改。

言以歸，以安季孫也。

公至自會。沙隨致後乃執，此執在致先。

蔡侯廬歸于蔡。疏《楚世家》：「平王以詐弑兩王而自立，恐國人及諸侯叛之，乃施惠百姓。復陳、蔡之地而立其後如故，歸鄭之侵地。存恤國中，修政教。」《蔡世家》：「楚平王乃求蔡景侯少子廬，立之，是爲平侯。」

陳侯吳歸于陳。平王初立，欲親諸侯，故復立陳、蔡後。疏《陳世家》：「楚平王初立，欲得和諸侯，乃求故陳悼太子師之子吳，立爲陳侯，是爲惠公。惠公立，探①續哀公卒時年而爲元，空籍五歲矣。」

善其成之非諸侯歸之，乃楚復之。會而歸之，襄以後不言同盟，此言同也，如「曹伯襄復歸于曹」之文。故謹而日之。公未盟而日。此未嘗有國也，據陳、蔡已滅。使如失國辭然者，據與「衛侯衎復②歸于衛」同。不與楚滅也。不與楚滅，故使如失國辭，猶若陳、蔡未滅。言會歸者，不與楚復之也。

冬，十月，葬蔡靈公。諸侯五月而葬，此三十月乃葬者，因其復葬之月起其久。陳早蔡晚，互起。

變之不葬變謂事故，異常。有三：謂共有三例。失德不葬，失德不葬者，如衛朔、蔡肸、晉黑臀、陳侯躍、陳侯款、陳侯朔、齊侯潘、晉侯詭諸、宋公御説、宋公壬臣、衛侯鄭、鄭伯捷、黃、軫。弑君不葬，弑君不葬者十③：齊光、楚商人、晉卓子、夷獆、州蒲、衛剽、鄭夷、宋與夷、捷、杵臼；未踰年君二：齊舍、晉奚齊，皆賊未討，内隱

---

① 探：原作「接」，據《史記・陳世家》、鴻寶本改。

② 復：原脱，據《穀梁傳》襄公二十六年補。

③ 「十」下原有「一」字，下文所舉弑君不葬者共十人，據删。

公、閔公。外賊未討而葬者，魯桓公、蔡固也。夷狄討而言葬者，陳靈①是也。**滅國不葬。**據葬紀季姬、叔姬，不葬紀侯，知滅國不葬也。紀不葬者而葬二姬，明失國不葬也。婦人之義不踰君，而踰君亦明滅國不葬也。葬二姬以起不葬紀侯也。**然且葬之，**陳、蔡已失國，猶葬之。**不與楚滅，**復國知未滅。**且成諸侯之事也。**故不先葬，于歸後葬，以爲諸侯存之，成其事而葬以起之。

公如晉，至河乃復。時執意如，故晉辭公。

吴滅州來。成七年吴入之，至此乃滅。吴三滅國，皆在昭世，皆在徐州。州來，蔡遷之。徐爲州。舉巢，著其執仇也。十三年平丘以後乃見，明晉已失諸侯也。州來，夷也。何以知其夷？以無國名，以地名也。《春秋》中國國有國名，邢地陳儀而言邢，衛地朝歌而言衛，言國則其地名不見。已遷、滅則舉地名而不繫國，如陳儀、朝歌是也。今州來滅言州來，下蔡遷亦言州來，以地名見而無國名，是夷狄，非中國也。夷狄滅不志，志者，嘉吴子報仇也。疏《楚世家》：「吴以楚亂故，獲五率以歸。」《地理志》：「沛郡下蔡，故州來國，爲楚所滅，後吴取之，至夫差遷昭侯于此。後四世，蔡爲楚所滅。」

十有四年《年表》：「楚平五居元年，共王子，抱玉。」

春，意如至自晉。事詳《魯語》。

大夫執則致，致則名。君喜其歸則致之，故名。**意如惡，**專政，不入公于晉。**然而致，**致者，喜其反。惡則執，不必致之。**見君臣之禮也。**大夫有罪，未廢以國事，見執于人，宜有恩禮，故致之。《論語》曰：「君使臣以禮。」不言季孫，傳曰：「致則挈，由上致之也。」

---

① 靈：原作「平」，據《穀梁傳》宣公十二年「葬陳靈公」改。

三月，曹伯滕卒。《春秋》卒正至襄、昭世例皆日，曹獨不日者，曹居卒正長，始見日，故以後不日。滕以下始見不日，故以後日。一進一退，一始一終，比屬而義見，此升降、初終之道也。疏《曹世家》：「二十七年，武公卒，子平公須立。」

夏，四月。

秋，葬曹武公。

八月，莒子去疾卒。莒子不葬者，莒無謚也。《春秋》十九國中吴、莒無謚，以爲夷也，故皆不葬。疏莒文、成以後乃卒者，卒正也。不葬者，夷狄也。《春秋》凡夷狄不葬、卒不日者，小夷也。與吴同月，楚乃日，傳曰「夷狄不卒，卒，少進；卒而不日，日，少進也」是也。

冬，莒殺其公子意恢。意恢，犂比公之子。攷公子、公孫之例，晉①二伯不見；齊一言商人；王後宋一見地、壽；內方伯衛、陳、鄭，衛一見瑕、剽，陳六見，鄭十四見；外方伯秦、蔡、吴、楚，秦、吴不見，蔡九見，楚十二見公子，無公孫；卒正曹、莒爲首，曹一見公子、公孫，莒一見公子而已，邾以下皆不見。疏事詳《左傳》。

言公子而不言大夫，據陳殺公子不稱大夫，爲世子。莒無大夫也。小國無大夫，則以不稱大夫爲正例。大國有大夫，則不言大夫，非公子。曹殺大夫不名，稱大夫，無名氏；有名氏，不言大夫，二者相起見意。莒無大夫而曰公子意恢，據曹無大夫，殺稱大夫，不名。意恢賢也。賢，故舉其名。疏按：曹殺大夫不名，傳曰：「無命大夫也。」經本以曹、莒二國互相起，傳因名就賢立說耳。曹，曹殺稱大夫而不名。莒，莒殺稱名氏而不言

①「晉」上原衍「其」字，據鴻寶本删。

大夫。皆無大夫，傳皆以無大夫説之。其所以無大夫者，其義異也。莒以夷無大夫，吴、楚、秦之比也。曹以屬國無大夫，邾、紀之比也。莒，夷狄，猶中國；曹爲屬國首，故舉以爲例。屬國惟曹、莒録大夫，邾以地録，滕、薛、杞三國全不録矣。一説：曹無大夫，言公孫會；莒無大夫，言公子意恢。賢其身，曹會因其父賢其子孫。

十有五年

春，王正月，吴子夷末卒。吴君卒，起讓也。疏《吴世家》：「四年，餘昧卒，欲授弟季札。季札讓，逃去。於是①吴人曰：『先王初有②命，兄卒弟代立，必致位季子。季子今逃位，則王餘昧後立③。今卒④，其子當代。』乃立王餘昧之子僚爲王。」按：《世家》記年有誤字，四年當爲十七年。

二月，癸酉，有事于武宫。籥入，叔弓卒，去樂卒事。有事，烝也，四親廟合祭太廟。此別祭，不與五廟，故別祀，與仲子同。疏弓，叔老子，襄二十二年立，三十年見經，共十二見。

君在祭樂之中，聞大夫之喪，大夫包卿言之，叔弓非卿。則去樂卒事，去樂者，大夫國體，先君之臣不用樂，示哀痛也。卒焉者，祭爲先君，不以臣下廢之。禮也。不言繹，正也。君在祭樂之中，大夫有變，前見卿禮，此見大夫禮，明君、卿、大夫例皆得同有禮。魯三桓爲三卿，別記臧孫之卒，不卒臧孫，則記叔氏之卒，

---

① 去於是：原作「於是去」，據《史記·吴世家》、鴻寶本乙。
② 有：原脱，據《史記·吴世家》、鴻寶本補。
③ 立：原作「卒」，據《史記·吴世家》、鴻寶本改。
④ 卒：原作「立」，據《史記·吴世家》、鴻寶本改。

又別記有①之卒，然三卿與上大夫、中大夫皆得如卿矣。以聞，可乎？據已在廟中，事嚴，外事宜不以聞。大夫，國體也。《左傳》：君之股肱也。「股肱或虧，何痛如之！」古之人重死，君命無所不通。通，故得書。

夏，蔡朝吴出奔鄭。朝吴者，公子朝之孫，公孫歸生之子也。蔡大夫唯見公子、公孫。言朝吴者，一見例。楚復蔡，以朝吴爲監。出奔者，無忌譖之也。繫之蔡者，朝吴本蔡人也。疏按：襄二十六年，《左傳》：「楚伍參與蔡大師子朝友，其子伍舉與聲子相善。」杜注：「聲子，子朝之子。」又於此傳「歸生聞之」句注云：「歸生，聲子名。」昭十三年，《左傳》杜注：「朝吴，聲子之子。」據此，歸生即公孫歸生也。子朝爲公子，而吴以王父字爲氏也。

六月，丁巳，朔，日有食之。

秋，晉荀吴帥師伐鮮虞。此伐稱將帥師。不狄者，前謹始也。以下皆不狄。

冬，公如晉。公惟五年及此得如晉。

十有六年《公羊》于平丘之會，「諸侯遂亂」。《左傳》于此年云「諸侯無伯」，蓋自不見同盟，遂爲無伯之辭矣。

春，齊侯伐徐。徐在楚、齊之閒。疏《左傳》：「齊侯伐徐。」「二月丙申，齊師至于蒲隧。徐人行成。徐子及郯人、莒人會齊侯，盟于蒲隧，賂以甲父之鼎。叔孫昭子曰：『諸侯之無伯，害哉！齊君之無道也，興師而伐遠方，會之有成而還，莫之亢也。無伯也夫！』」

楚子誘戎蠻子殺之。劉子云「楚殺戎蠻子」，天戒之意。楚子不名者，夷狄輕之。不月、不日、不地，皆外夷狄也。子戎蠻者，進之，在七等之首。

① 有：原脱，據鴻寶本補。

夏，公至自晉。據《年表》，公歸在葬昭公之後，此何以先言至而後言卒？爲内諱也。欲諱其事，故使若公復，而後晉侯卒者然。**疏**《年表》：「公如晉，晉留之葬，公恥之。」《世家》同。

秋，八月，己亥，晉侯夷卒。卒在公至之前，此先致公而後卒者，避送葬之文也。**疏**《年表》：「晉侯卒。六卿強，公室卑矣！」《晉世家》：「六年卒」，「子頃公去疾立」。

九月，大雩。劉子說：「先是昭公母夫人歸氏薨，昭不戚，又大蒐于比蒲。」與五年同占。

季孫意如如晉。此公在晉，季孫相也。何爲先致公而以季孫如晉言之？辟送葬之辭。既先致公，更目季孫之如晉，則公送葬之事隱矣！

冬，十月，葬晉昭公。**疏**葬二伯也。月者，失伯，略之，同次國大夫會葬。月皆在如上，此在如下者，異時也。季孫以九月如，晉侯十月乃葬，不可以冬時加于秋事也。以葬月加于如上者，不異時也。

十有七年《年表》：「晉頃公去疾元年。」

春，小邾子來朝。《左傳》以爲稱公。附庸亦有謚。小邾不卒葬，惟以《左傳》攷之。

夏，六月，甲戌，朔，日有食之。

秋，郯子來朝。郯爲連帥，屬于莒。郯二朝，襄七年及此。**疏**《地理志》東海郡郯下云：「故國，少昊後，盈姓。」

八月，晉荀吳帥師滅陸渾戎。劉子云：「晉滅陸渾戎」，天戒之意。晉不言滅，因陸渾志之。按：夷狄滅不志，志者，以進之。例時、月者，進之如中國也。**疏**《地理志》弘農郡陸渾下云：「春秋遷陸渾戎于此。」

冬，有星孛于大辰。劉子說：「《星傳》曰：『心，大星，天王也。其前星，太子①；後星，庶子也。尾爲君臣乖離②。』孛星加心③，象天子嫡庶將分争也。其在諸侯，角、亢、氐，陳、鄭也；房、心，宋也。後五④年，周景王崩，王室亂，大夫劉子、單子立王猛，尹氏、召伯、毛伯立子朝。子朝，楚出也。時楚強，宋、衛、陳、鄭皆南附楚。王猛卒，敬王即位，子朝入王城，天王居狄泉，莫⑤之敢納。五年，楚平王居卒，子朝⑥奔楚，王室乃定。後楚率六國伐吴，吴敗之于雞父，殺獲其君臣。蔡怨楚而滅沈，楚怒⑦，圍蔡。吴人救之，遂爲伯舉之戰，敗楚師，屠郢都，妻昭王母，鞭平王墓。此皆孛彗流炎⑧所及之效也。」

一有一亡曰有。于大辰者，據北斗言入。**濫于大辰也。**劉子曰：「大辰者，大火也。不曰孛于大火，而曰大辰者，謂濫于蒼龍之體，不獨加大火。」**疏**按：斗有環域，故言入。此無環域，故言于而已。于東方亦同。

楚人及吴戰于長岸。楚、吴皆夷狄，皆爲方伯，經大楚小吴，以楚先見，略合諸侯，有伯辭，故言及以異之。言戰

---

① 太子：原作「大于」，據《漢書·五行志》、鴻寶本改。
② 離：原作「亂」，據《漢書·五行志》、鴻寶本改。
③ 心：原作「星」，據《漢書·五行志》、鴻寶本改。
④ 五：原作「六」，據《漢書·五行志》、鴻寶本改。
⑤ 莫：原作「葬」，據《漢書·五行志》、鴻寶本改。
⑥ 朝：原作「旗」，據《漢書·五行志》、鴻寶本改。
⑦ 怒：原作「怨」，據《漢書·五行志》、鴻寶本改。
⑧ 炎：原作「災」，據《漢書·五行志》、鴻寶本改。

不言敗，楚得内辭也。疏《吴世家》：「公子光伐楚，敗而亡王舟。光懼，襲楚，復得王舟而還。」兩夷狄曰敗，「楚人敗徐于婁林」是也。大夷與小夷曰敗。中國與夷狄亦曰敗。「晉人敗狄于箕」是也。楚人及吴戰于長岸，此楚敗也，當曰吴敗楚于長岸，或曰楚及吴戰于長岸，楚師敗績。進楚子，楚、吴皆夷，《春秋》進楚退吴，楚禮待優于吴，故卒楚日吴月，戰則楚得内辭。故曰戰。于二夷分進退，使楚若中國者然。

十有八年

春，王三月，曹伯須卒。不言正不正，簡之也。疏《曹世家》：「平公四年卒，子悼公午立。」

夏，五月，壬午，宋、衛、陳、鄭災。劉子説：「宋、陳，王者之後，鄭、衛，周同姓也。時周景王老，劉子、單子事王子猛，尹氏、召伯、毛伯事王子鼂。子鼂，楚之出也。及宋、陳、衛、鄭亦皆附于楚，亡尊周室之心。後三年，景王崩，王室亂，故天災四國。天戒若曰：不救周，反縱楚①，廢世子，立不正，以害王室，明同罪也。」疏按：《春秋》之例，方伯以上乃記災，屬國、夷狄雖有災不志。蔡，方伯，不記災，夷之也。宋四記災，故宋也。陳前記災，存陳也。此衛、陳、鄭，三方伯，記災也。

其志，據外災不志。以同日也。同日四國災，尤重，故志。其日，外災不日。亦以同日也。因同日，故日以見災。或曰，此亦師説。人有謂鄭子産曰：子産，公孫僑也。不見經者，凡賢大夫皆不見經，見經者多惡。「某日有災。」某日即謂壬午也。子産曰：「天者神，子惡知之？」度數可以推測，災變則無端

① 楚：原脱，據《漢書・五行志》補。

倪，所謂「天道遠，人道邇，非所及也」，故《春秋》但記災異，不詳占驗也。劉子云：「十九年，龍鬬于鄭時門之外洧淵。近龍孽也。鄭以小國攝乎晉、楚之閒，重以彊吳，鄭當其衝，不能修德，將①鬬三國，以自危亡。是時子產任政，內惠於民，外善詞令，以交三國，鄭卒無患，能以德消變之效也。」是人也，同日爲四國災也。因子產不信其言，同日放四國火以應己說，《左傳》所謂人火也。

六月，邾人入鄅。入者，未滅也。鄅夫人，宋向戌之女。下宋伐邾以復之。疏 鄅，國也。《地理志》東海郡開陽下云：「故鄅國。」

秋，葬曹平公。時葬，正也。

冬，許遷于白羽。

十有九年《年表》：「曹悼公元年。」

春，宋公伐邾。伐邾，爲鄅事也。事詳《左傳》。疏 凡單伐者皆方伯之辭，宋爲王後，不爲牧，何以伐？以宋與魯在內州，故宋不伐外州，小國皆朝魯者也。

夏，五月，戊辰，許世子止弒其君買。未弒而曰弒，加弒以成止之孝也。日弒，據蔡世子般弒不日。正卒也。般實弒，故以比之夷狄，不日。止不去日，知其非弒。正卒，則止不弒也。據非弒，則自以疾卒。不弒而曰弒，據日，知不弒，而經有弒文。責止也。止有不嘗藥之過，自罪以爲弒，故言弒以責之。止曰：「我與夫弒者，此止自責之辭。不立乎其位。」以與其弟虺。此自責

---

① 將：原作「時」，據《漢書·五行志》、鴻寶本改。

之實事。哭泣，歠飦粥，嗌不容粒，未踰年而死。劉子說：「許悼公疾瘧①，飲藥，毒而死。太子止自責，不立其位，與其弟緯②」，「未逾年死，故《春秋》義之」。《檀弓》：「毁不危身，爲無後也。」《曲禮》：「居喪之禮，毁瘠不形，視聽不衰。」《雜記下》云：「喪食雖惡，必充飢。飢而廢事，非禮也。飽而忘哀，亦非禮也。」止哀毁而死，非禮之正。故君子即止自責而責之也。《春秋》疑以傳疑，信以傳信，不敢虚加人以大逆之名。此自因止自以爲弒，故乃以弒言之。疏《左氏》以爲奔晉，記載小異。古書之通例，敘事多以大綱爲主，至于細節，多各以己意自說，故相同者少。

己卯，地震。劉子說：「是時季氏將有逐君之變。其後宋三臣、曹會皆以地叛，蔡、莒逐其君，吴敗中國，殺二君。」

秋，齊高發帥師伐莒。

冬，葬許悼公。

日卒時葬，據與正卒不異。不使止爲弒父也。卒正，則非弒可知。曰：子既生，不免乎水火，母之罪也；母主于養，父主于教，母不能養，使蹈于水火，母之罪也。羈貫成童，不就師傅，《王制》曰：「天子命之教，然後爲學，小學在公宫南之左，大學在郊。天子曰辟雍，諸侯曰泮宫。」此言教世子之法也。《文王世子》：「凡三王教世子，必以禮樂。禮所以修外，樂所以修內。禮樂交錯于中，發形于外，是故其成也懌，恭敬而温文。」父之罪也；劉子云：「孔子曰：『行身有六本。』」「天之所生，地之所養，莫貴乎人。人之道莫大乎父子之親、

① 瘧：原作「虐」，據《新序·節士》、鴻寶本改。
② 緯：原作「偉」，據《新序·節士》、鴻寶本改。

君臣之義。父道聖，子道仁；君道義，臣道忠。賢父之于子也，慈惠以生之，教誨以成之，養其誼，藏其僞，時其節，慎其施。子年七歲以上，父爲之擇明師，選良友，勿使見惡，少漸之以善，使之早化。故賢子之事親，發言陳①辭，應對不背於耳；趣走進退，容貌不背於目；卑體賤身，不背于心。」「無所推而不從命，推而不從命，惟害親者也。」「棄其本者，榮華枯矣②。」疏 班氏云：「天子之太子、諸侯之世子，皆就師傅于外者，尊師重先王之道也。」故《王制》曰：「小學在公宫南之左，大學在郊。」又曰：「王太子、王子，羣后之太子，公、卿、大夫、元士之適子，國之俊選③，皆造焉。」小學，經藝之宫；大學，鄉射之宫。父所以不自教子者，爲渫黷也。又授受之道，當極陰陽變化之事，不可父子相教也。就師學問無方，《文王世子》：「立太傅、少傅以養之，欲其知父子、君臣之道也。太傅審父子、君臣之道以示之，少傅奉世子以觀太傅之德行而審喻之。太傅在前，少傅在後，入則有保，出則有師，是以教喻而德成也。師也者，教之以事而喻諸德者也。保也者，慎其身以輔翼之而歸諸道者也。記曰：『虞、夏、商、周有師保，有疑丞。設四輔及三公，不必備，唯其人。』語使能也。君子曰德，德成而教尊，教尊而官正，官正而國治，君之謂也。」心志不通，身之罪也；心志既通，而名譽不聞，友之罪也；《家語》：「行修而名不彰，友之過也。」《荀子》有此説。名譽既聞，有司不舉，有司之罪也；劉子云：「聲同④，則處異而相應；德合，則未見而相親。賢者立于本朝，則天下之

① 陳：原作「成」，據《説苑·建本》改。
② 榮華枯矣：原脱，據《説苑·建本》、日新本、鴻寶本補。
③ 國之俊選：原脱，據《禮記·王制》補。
④ 聲同：原作「同聲」，據《説苑·尊賢》乙。

豪傑相率而趨之矣。何以知其然也？曰：管仲，桓公之賊也，鮑叔以爲賢于己而進之爲相，七十言而説，乃聽，遂使桓公除報讎之心而委國政焉。桓公無事垂拱而朝諸侯，鮑叔①之力也。」「陳靈殺泄治，而鄧元去陳，自是之後，陳亡于楚，以其殺泄治而失鄧元也。」有司舉之，王者不用，王者之過也。劉子云：「春秋之時，天子微弱，諸侯力政，皆叛不朝，衆暴寡，強劫弱，南夷與北狄交侵，中國之不絶若綫。桓公於是用管仲、鮑叔、隰朋、賓胥無、甯戚，三存亡國，一繼絶世，救中國，攘夷狄，卒脇荆蠻，以尊周室，霸諸侯。晉文公用咎犯、先軫、陽處父，強中國，敗強楚，合諸侯朝天子，以顯周室。楚莊王用孫叔敖、司馬子反、將軍子重，征陳從鄭，敗強晉，無敵於天下。秦穆公用百里子、蹇叔子、王子廖及由余，據有雍州，攘敗西戎。吴用延州來季子，并冀州，揚威于雞父。鄭僖公富有千乘之國，貴爲諸侯，治義不順人心，而取弑于臣者，不先得賢也。至簡公用子産、裨諶、世叔、行人子羽，賊臣除，正人進，去強楚，合中國，國家安甯，二十餘年，無強楚之患。故虞有宫之奇，晉獻公爲之終夜不寐；楚有子玉、得臣，文公爲之側席而坐。遠乎！賢者之厭難折衝也！夫宋襄公不用公子目夷之言，大辱于楚；曹不用僖負羈之諫，敗死于戎，故共惟五始之要、治亂之端，在乎審己而任賢也。國家之任賢而吉，任不肖而凶，案往世而視已②事，其必然也如合符，此爲人君者不可以不慎也。」「損益之驗如此，而人主忽於所用，甚可疾痛也。夫智不足以見賢，無可奈何矣！若智能見之，而強不能決，猶豫不用，而大者死亡，小者亂傾，此甚可悲哀也。以宋殤公不知孔父之賢乎？安知孔父死已必死，趨而救之？趨而救之者，是知其賢也。以魯莊公不知季子之賢乎？安知疾將死，召季子而授之國政？授之國政者，是知其賢也。此二君知能見賢，而皆不能用，故宋殤公以殺死，魯莊公以賊嗣。使宋殤早任孔父，魯莊素用季子，乃將靖鄰國，而況自存

---

① 鮑叔：原作「管仲」，據《説苑・尊賢》改。

② 已：原作「以」，據《説苑・尊賢》改。

乎？」疏班氏云：「諸侯三年一貢士者，治道三年有成也。諸侯所以貢士于天子者，進賢勸善者也。天子聘求之者，貴義也。治國之道，本在得賢。得賢則治，失賢則亂。故《月令》季春之月：『開府庫，出幣帛，周天下，勉諸侯，聘名士，禮賢者。』有貢者復有聘者，以爲諸侯貢士，庸才者貢其身，盛德者貢其名。及其幽隱，諸侯①所遺失，天子之所昭，故聘之也。」許世子不知嘗藥，累及許君也。《孟子》曰：「中也養不中，才也養不才，故人樂有賢父兄也。如中也棄不中，才也棄不才，則賢、不肖之相去，其閒不能以寸。」以此明教世子之法。世子傳位之重，而不知法，所以責許君也。

二十年許公元年。

春，王正月。

夏，曹公孫會自夢出奔宋。劉子說：大夫專權，曹會以地叛。

自夢者，據出奔未有言自者。疏據自宋南里出奔先言叛。專乎夢也。如夢爲會邑者然。曹無大夫，非內辭，不見大夫名氏。其曰公孫，何也？公孫與公子同，皆貴同大夫。疏曹小國，一見公子、公孫，傳皆以爲變例。言其以貴取之，劉子云：「子臧讓千乘之國，可謂賢矣！故《春秋》賢而褒其後。」公孫會者，公子喜時之子也。《春秋》賢喜時能讓國，因賢其父喜時而褒其子會也。班氏曰：「大夫功成未封而死，子得封者，善善及子孫也。」「善善及子孫何法？法春生待夏復長也。惡惡止其身何法？法秋殺不待冬。」會，宣公之孫子臧之子。而不以叛也。據宋公弟辰自南里出奔，先言叛，乃言自。此但記奔，不言以叛，諱其叛言奔，辰言叛也。子臧事見上劉子

① 侯：原作「疾」，據《白虎通・貢士》、日新本、鴻寶本改。

說。疏按：《公羊》云：「賢公子喜時，則曷爲爲會諱？君子之善善也長，惡惡也短，惡惡止其身，善善及其子孫，故君子爲之諱也。」此師說同。

秋，盜殺衛侯之兄輒。劉子云：「盜殺衛侯兄。」天戒之意。

盜，據盜有二。賤也。「微殺大夫謂之盜。」其曰兄，言兄者，一見例。母兄也。據經言弟皆母弟。母兄言兄，不同母，繫于先君曰公子而已。疏衛不言公族，一見公子、公孫，皆起當國。言公弟起剽，父言公兄，亦起其亂也。弟與兄亦對文，如公子、公孫也。目衛侯，據「盜殺陳夏區夫」不繫于君。衛侯累也。據目君與殺同，以衛侯爲盜首，責不能保護之。然則何爲不爲君也？據母弟宜立事。曰：有天疾者，天疾謂天之所棄，謂「瘖、聾、盲、癘、秃、跛、傴，不逮①乎人倫之屬也」。不得入乎宗廟。天所棄，不可以奉宗廟之祀，故不立也。《白虎通》有天疾不可入宗廟說。輒者何也？問輒以何疾廢？曰：兩足不能相過，所謂跛也。孫良夫跛爲大夫者，當是不甚，能成禮。此跛不能成禮，故不立也。疏《左傳》以爲有足疾。齊謂之綦，楚謂之踂，衛謂之輒。通異方之語，以曉學者也。三國異名同實，謂以惡疾名。聞名知其疾。踂、輒同從耴聲，方言以聲爲主，同聲則無以相別。疏俞樾說：「楚謂之踂」四字爲衍文。按：輒，《左氏》作縶，經字文筆小誤，時所或有，踂當作縶。或以爲四字皆衍文，恐非。

冬，十月，宋華亥、向寧、華定出奔陳。華、向之亂，國幾亡，三年乃止。華亥、華定何以不累數而後及向？

① 逮：原作「建」，據《春秋公羊傳注疏》昭公二十年何注改。

向之班先于定也。疏《宋世家》：「十年，元公毋信，詐殺諸公子，大夫華、向氏作亂。」

十有一月，辛卯，蔡侯廬卒。疏《蔡世家》：「立九年卒，靈侯般之孫東國攻平侯子而自立，是爲悼侯。悼侯父曰隱太子友。隱太子友者，靈侯之太子，平侯①立而殺隱太子，故平侯卒而隱太子之子東國攻平侯子而代立。」

二十有一年蔡太子朱元年。

春，王三月，葬蔡平公。

夏，晉侯使士鞅來聘。晉頃公立十四年，惟此一記事見經，權不在公也。疏《晉語》：「范獻子聘於魯，問具山、敖山，魯人以其鄉對。獻子曰：『不爲具、敖乎？』對曰：『先君獻、武之諱。』獻子歸，徧戒其所知曰：『人不可以不學，吾適魯而名其二諱爲笑焉，惟不學也。人之有學也，猶木之有枝葉也。木有枝葉，猶庇廕人，而况君子之學乎？』」

宋華亥、向寧、華定自陳入于宋南里以叛。劉子說：宋三臣以地叛于楚。此華貙劫父以叛而召亡人也。以亡人爲主者，從重也。以臣叛君，三年乃畢，危之也。

自陳，陳有奉焉爾。此華貙召華向而後入。其以自陳言者，陳亦有奉。已奔而入，必言所自。入者，入而叛者，入不言叛。內弗受也。以臣叛君，有罪之辭。其曰宋南里，據入于蕭不言宋。宋之南鄙也。鄙當爲郛字之誤。南里，宋城之南半城，所謂新城也。宋有舊城，後又于南方加城，宋公居舊城，華氏居南城，即于南城叛，故宋城舊鄘以守。以者，據來奔言以。不以者也。據以歸言以，明不得以之，所以罪其專地也。叛，據以邑來奔言以邑，此以下不言邑。按：下繫邑，如以漆閭丘來奔，及《論語》「以防求爲後于魯」是也。直叛也。大夫

① 侯：原作「公」，據《史記·蔡世家》、鴻寶本改。

不得專地，言以邑叛，是得專邑，故《春秋》絶正其義。外其人于邑，以不以繫邑使不專，故但直言以叛而已，不言以邑叛也。疏《公羊》曰：「直來曰來。」言但叛，無餘事也。地猶在國，未以出奔也。

秋，七月，壬午，朔，日有食之。

八月，乙亥，叔輒卒。叔氏，大夫也。叔肸之後，世多賢者。疏叔弓子，字伯張，十五年立，一見經。弟鞅立。

冬，蔡侯東出奔楚。劉子云：「蔡逐其君。」疏按：東，《公羊》、《左氏》作朱，以爲平侯子。本傳作東，以爲即東國。事實前後小異。

東者，據卒于楚，言東國。東國也。據此奔後卒，知一人。疏按：《年表》以魯昭公二十一年爲蔡悼侯東國元年。又注云奔楚，則與本傳説合。攷《世家》，但言平侯之子，不言其名朱。如用《左傳》之説，則平侯之子名朱，立一年，無極以計去之而立東國。朱奔楚，則平侯子朱奔楚在二十二年。此經文作朱之説也。用本傳、《年表》説，則平侯卒，東國即攻殺其君。其名不詳。至于二十一年，東國自以事奔楚，後遂卒于楚。此經文作東之説。事本相同，惟其遲早之間有異耳。東與朱字形近易訛，此作東，下作東國，二傳又作朱，疑不能明，附之傳疑可也。何爲謂之東也？據二名，何以偏舉？王父靈侯般之孫。誘而殺焉，父據《左》、《史》，東國，隱太子友之子。執而用焉，據三傳説此事大處皆同，異者其小節也。奔而又奔之。楚、蔡仇國，奔又奔之。疏《左傳》説則奔者爲平侯子朱，本傳説則東國也。先攻殺平侯子，于此自奔，經下有東國卒楚之文，是三傳同以東國有如楚之事。一以此經當之，一云不見經耳，非有大異同也。曰東，惡之而貶之也。傳曰：「王父名子。」「不奪人親之所名，重其所以來也。」東國忘祖、父之大仇，奔投敵國，無恩于祖、父，故《春秋》奪其君，以起其忘祖、父之大惡。

公如晉，至河乃復。**疏**《魯世家》：「二十一年，朝晉至河，晉謝還之①。」

二十有二年

春，齊侯伐莒。

宋華亥、向寧、華定自宋南里出奔楚。吴助華、向爲亂，晉助宋公，華氏求救于楚，諸侯乃縱其奔楚也。

自宋南里者，據出奔例不言所自。專也。據從叛出奔也。曹會言奔不言叛，此奔、叛兼言。

大蒐于昌間。十一年大蒐在夏，此在春，非時也。

秋而曰蒐，據「八年秋，蒐于紅」。此春也，其曰蒐，何也？據春曰苗。**疏**本國一年四行之，禮則以四名別其時，故名與時相應。至于五年、三年一行之，禮則不四時分名，從其定名言之。以蒐事也。謂大蒐爲禮名，方伯五年一行之，禮不更以四時分細名，直謂之蒐而已，故春、夏皆曰蒐也。

夏，四月，乙丑，天王崩。劉子說：「王有愛子子朝，王陰謀欲立之，田于北山，將因衆誅適子之黨，未及而崩。王三子爭國，王室大亂，其後，子朝奔楚而敗。」景王，襄公二十九年即位，至此二十五年不記事，唯言劉子。

六月，叔鞅如京師，葬景王。譏公不親行而使大夫也。傳曰：「周，吾君也，親之者也。」因其使人而譏之也，不使則不見。叔鞅者，叔輒子，未畢喪而出使，非之也。大夫如不月，月者，以葬之月加于如之上，見以葬如也。月者，危嗣子之亂。

---

① 還之：原作「之還」，據《史記·魯世家》乙。

王室亂。劉子説：「周大夫尹氏管朝事，濁亂王室，子朝、子猛更立，連年乃定。故經曰『王室亂』，又曰『尹氏立王子朝』，甚之也。《春秋》舉成敗，録①禍福，如此類甚衆，皆陰盛而陽微，下失臣道之所致也。」

亂之爲言事未有所成也。據成宋亂，言成之，未有成也。凡二嗣争立，《春秋》必有嫌、正之分。惟此二者皆嫌，故以亂起之，明非常例也。言室者，以一家目之。

劉子、單子以王猛居于皇。劉子説：「五大夫争權，三君更立，莫能正理。」此非會盟，其稱子，何也？從正舉貴也。尹子在會②盟稱子，此及氏者，惡之也。疏《周本紀》：「景王十八年，后太子聖而早卒。二十年，景王愛子朝，欲立之，會崩，子丐之黨與争立，國人立長子猛爲王，子朝攻殺猛。猛爲悼王。晉人攻子朝而立丐，是爲敬王。」

以者，據朝，王立。不以者也。猛爲嫡子，結黨自恣，王欲廢之。當如吴札、曹臧，辟辭以承父志。劉、單貪功搆禍，言以，所以責劉、單也。王猛，據卒言王子。嫌也。據以王氏也。大夫弑君，氏國者嫌也。此以王氏，明不子也。此王世子也，以嫌言之者，不使得世也。何爲不世？太子不賢，君得廢之。即位授受之道，先君之所欲廢，不以世道道，所以使君令行乎臣，父令行乎子也。

秋，劉子、單子以王猛入于王城。王城，西周也。《地理志》河南縣下云：「故郟鄏地。周武王遷九鼎，周公致太平，營以爲都，是爲王城，至平王居之。」

以者，據天王入不言以。不以者也。據以皆惡辭。入者，據天王言入。内弗受也。據入在以下。

---

① 録：原作「論」，據《漢書・劉向傳》改。

② 會：原作「盟」，據鴻寶本改。

朝在成周，猛出奔皇，因入據王城。言入，明得拒之。景王之欲立朝，非正也。其拒猛，何也？曰：先君之易嫡，亂也；臣之逆命，賊也。貪立拒命，結黨搆兵，易生父子之禍，《春秋》絶之，以比之于商臣、蔡般，故曰「臣子大受命」。言居而不言奔者，明其有立道。不言立，亦明其有立道。

冬，十月，王子猛卒。此爲朝殺者也。不言殺者，以卒失嫌，言殺則卒不見。月者，使與王子虎同①也。以未踰年之君同王子，奪其得立之辭也。疏按：《本紀》以爲朝殺之，傳不言殺，言卒者，經諱殺言卒，依經立説也。

此不卒者也。據未踰年王當言崩，降亦當言薨。其曰卒，據大夫乃日卒。失嫌也。言卒，奪其繼立之名也。言王子，亦奪其嫌也。使與王子虎同，不許世及之辭。

十有二月，癸酉，朔，日有食之。

二十有三年

春，王正月，叔孫婼如晉。大夫如月者，皆爲葬事往，此非葬事，月者，危往也。婼賢而見執，危而月之也。

癸丑，叔鞅卒。疏弓子，輒弟，二十一年立，二見經。子詣立。

晉人執我行人叔孫婼。爲邾人愬，故魯取邾。師事不見經，詳《左傳》。

晉人圍郊。劉子説：「周室多禍。」晉伐郊，郊者何？周之邑。曷爲不繫于周？不與朝爲天子也。曷爲不諱？爲討亂也。疏《左傳》：「正月壬寅朔，二師圍郊。癸卯，郊、鄩潰。丁未，晉師在平陰，王師在澤邑。王使告閒，庚戌，還。」

① 「同」下原有「月」字，據鴻寶本删。

夏，六月，蔡侯東國卒于楚。獻武不志卒，此卒者，以初適也而卒，故書卒以終其事。朱奔同獻武，故不卒也。上奔爲朱，平侯子；此東國，般孫，在楚卒，當以朝而卒。不日者，踰竟不日。不葬者，絶之也，從失國例。

秋，七月，莒子庚輿來奔。劉子説：「莒逐其君。」名者，無道也。齊人納郊公，事詳《左傳》。

戊辰，吴敗頓、胡、沈、蔡、陳、許之師于雞甫。胡子髡、沈子盈滅。獲陳夏齧。劉子説：「楚帥六國伐吴，吴敗之于雞甫，殺獲其君臣①。蔡怨楚而滅沈。」「吴敗中國，殺②二君。」又曰：「吴敗中國，殺二君」，地震之意。疏《吴世家》：「僚八年，公子光伐楚，敗楚師，迎楚故太子建母于居巢以歸。因北伐，敗陳、蔡之師。」

中國不言敗，敗必言戰。據外不言戰，夷狄不與中國同。此其言敗，何也？當先言戰，乃言敗。中國不敗，謂言戰後敗。胡子髡、沈子盈其滅乎？不言敗，以中外正辭言之，是胡、沈實見滅于吴之辭也。疏六國皆中國而從楚者，以頓、胡、沈先蔡、陳、許者，使小國親，敗若非陳、蔡、許之師然，《曲禮》所謂「君子不親惡」也。其言敗，釋其滅也。以敗言之，使若所滅非中國之胡、沈；又或實非滅，所以能釋其滅也。獲者，上言滅，下言獲。非與之辭也，滅爲正辭。獲于君非善辭，如晉侯、齊侯是也。上下之稱也。君死曰滅，臣生死皆曰獲。疏《公羊》：「其言滅獲何？别君臣也。君死于位曰滅，生得曰獲，大夫生死皆曰獲。」《左傳》：「書曰『胡子髡、沈子逞③滅，獲陳夏齧』，君臣之辭。」三傳説同。

---

① 臣：原脱，據《漢書・五行志》補。

② 殺：原作「弑」，據《漢書・五行志》改。

③ 逞：原作「盈」，據《左傳》昭公二十三年改。

天王居于狄泉。言居者，王者無外也。班曰：「王者有三年之喪，夷狄有内侵，伐之者，重天誅，爲宗廟社稷也。《春秋》曰：『天王居于狄泉。』」言有内難，急正王號，知外難當誅。疏《周本紀》：「敬王元年，晉人入敬王，子朝自立，敬王不得入，居澤。」班氏曰：「周公遷殷民，是爲成周。《春秋》昭公二十三年，晉合諸侯于狄泉，以其地大成周之城，居敬王。」《地理志》雒陽縣下。

始王也。據王猛卒乃立。其曰天王，據禮：三年畢，乃稱天王。因其居據居鄭言出，地不言出，知因其居而王之。而王之也。《公羊》：「此未三年，其稱天王何？著有天子也。」疏班氏云：「《春秋》曰：『元年春，王正月，公即位。』改元即位也。王者改元，即事天地。諸侯改元，即事社稷。《禮·王制》云：『喪三年不祭，唯祭天地社稷，爲越紼而行事。』」「《尚書》曰『高宗諒闇三年』是也。《論語》曰：『君薨，百官總己①聽于冢宰三年。』緣②孝子之心，則三年不敢當也。故三年除喪，乃即位統事，踐阼爲主，南面朝臣下，稱王以發號令也。故天子、諸侯，凡三年即位，終始之義乃備，所以諒闇三年，卒孝子之道。故《論語》曰：『古之人皆然，君薨，百官總己以聽于冢宰三年。』所以聽于冢宰三年何？以爲冢宰職③在制國之用，是以由之也。故《王制》曰：『冢宰制國用。』」《春秋》有經禮，有變禮。天子三年，然後稱王，經禮；故未三年，則變禮焉。此與定公事同。已踰年，新即位，言天王，言公辭，使若成君。偶居于此，天下不可一日無君，故言居以繫天下之心。

---

① 百官總己：原脱，據《白虎通·爵》補。
② 緣：原脱，據《白虎通·爵》補。
③ 職：原脱，據《白虎通·爵》、鴻寶本補。

尹氏立王子朝。劉子說：「子朝，楚出也。時楚強，宋、衛、陳、鄭①皆南附楚。王猛既卒，敬王即位，子朝入王城，天子居狄泉，莫之敢納。五年②，楚平王居卒，子朝奔楚，王室乃定。」尹氏稱氏者，惡事貶之也。獨言尹氏者，舉重也。奔言召伯、毛伯者，紀實也。立，不使衆詞。**疏**敬王未立之先，朝入成周以叛，殺王子猛，皆不書，不以猛君朝也。天王已立，然後言立朝，有君而後治亂臣也。

立者，據上言以居。不宜立者也。據立晉。朝之不名，謂氏王子，不但稱朝。何也？據「衛人立晉」名，不氏公子。別嫌乎尹氏之朝也。衛人立晉，知衛公子，故名不嫌。尹氏目一人，不氏，若非王子，嫌別有所立。《春秋》有正有變，多由別嫌而起。

八月，乙未，地震。劉子說：「周景王崩，劉、單立王子猛，尹氏立王子朝。魯季氏逐昭公，黑肱叛邾，吳殺其君僚，宋五大夫、晉二大夫皆以地叛。」**疏**《年表》：「地震。」

冬，公如晉，至河，公有疾，乃復。昭公以事楚之故，晉人不入。楚人彊而得意，一年再合諸侯，伐彊吳，爲齊討亂臣，遂滅厲，魯得其威以取繒③，其明年入晉，無河上之難。先晉昭之卒一年，諸侯無伯，楚國内亂，臣弑其君，諸侯會于平丘，謀誅楚亂臣，昭公不得與盟，大夫見執。吳大敗楚之黨六國于雞甫，公如晉，得大辱，《春秋》爲之諱，而言有疾。

---

① 鄭：原脱，據《漢書·五行志》補。
② 五年：原脱，據《漢書·五行志》補。
③ 繒：原作「緰」，據《穀梁傳》昭公四年、日新本改。

疾不志，此其志，何也？據「公子遂如齊，至黃乃復」不言①疾。釋不得入乎晉也。言有疾，以釋不得入之恥。前不言疾，此言疾者，不得入晉之終，下又因此出奔，恥辱大，故言有疾，且因此有疾以起前之皆有疾也。

二十有四年《年表》：「蔡昭侯申元年，悼侯弟。」

春，王二月，丙戌，仲孫貜卒。**疏** 羯子，謚僖子，襄三十一年立，四見經。子何忌立。

婼至自晉。

大夫執則致，致則挈，由上致之也。不執則不致，卑不敵尊也。執則致，喜其反也。大夫，國體也，君執，則待之宜有恩禮。

夏，五月，乙未，朔，日有食之。劉子説：「自十五年至此，十年閒天戒七見，人君猶不寤。後楚子殺戎蠻子，晉滅陸渾戎，盜殺衛侯兄，蔡、莒之君出奔，吴滅巢，吴公子光弑王僚，宋三臣以邑叛其君，佗如仲舒。」

秋，八月，大雩。班曰：劉子説與十六年同占。

丁酉，杞伯郁釐卒。**疏**《杞世家》：「平公十八②年卒，子悼公成立。」

冬，吴滅巢。楚屬國，前射吴子卒。昭世吴三言滅國，類見之例，皆在徐州，揚州則不見也。經言滅，有國辭。史以邑言之者，邑有君，如宿、郜也。**疏**《吴世家》：「公子光伐楚，拔居巢、鍾離。初，楚邊邑卑梁氏之處女與吴邊邑之女爭桑，二女家怒相滅，兩國邊邑長聞之，怒而相攻，滅吴之邊邑。吴王怒，故遂伐楚，取二邑而去。」「楚乃恐而城郢。」

---

① 言：原作「如」，據日新本、鴻寶本改。

② 八：原作「六」，據《史記·杞世家》改。

葬杞平公。日卒時葬，正也。

二十有五年

春，叔孫婼如宋。言婼如宋，起婼患之，故公孫後書。婼卒，宋公亦以無公道卒也。叔孫婼、叔倪皆患于公，不得國權，故公見逐。

夏，叔倪會晉趙鞅、宋樂大心、衛北宮喜、鄭游吉、曹人、邾人、滕人、薛人、小邾人于黄父。謀王室輸粟。平丘以後無大會，此言黄父者，爲尊周著之也。不盟者，天子事不可言盟也。平丘以後，召陵以前，三見合諸侯，皆爲王室也。

有鸜鵒來巢。劉子説：「有蜮有蜚不言來者，氣所生，謂眚也；鸜鵒言來者，氣所致，所謂祥也①。鸜鵒，夷狄穴藏之禽，來至中國，不穴而巢，陰居陽位，象季氏將逐昭公，去宫室而居外野也。鸜鵒白羽，旱之祥也；穴居而好水，黑色，爲主急之應也。天戒若曰：既失其衆，不可急暴；陰將持節陽以逐爾，去宫室而居外野矣。昭公不寤，而舉兵圍季氏，爲季氏所敗，出奔于齊，遂死于外野。」此黑祥，傳所謂之眚也。疏《魯世家》：「師己曰：『文、成之世，童謡曰：鸜鵒來巢，公在乾侯。鸜鵒入處，公在外野。』」

一有一亡曰有。來者，據蜮、蜚言有不言來。來中國也。許慎引《穀梁》説：「夷狄之鳥來②中國。」

---

① 氣所致，所謂祥也：原作「非氣所生，謂祥也」，據《漢書·五行志》改。

② 來：原脱，據《周禮·考工記》疏引《五經異義》、漢魏遺書本《五經異義》「鸜鵒」條補。

「鸛鵒不渡濟，非中國之禽，故曰來。」與「復中國也」同。鸛鵒穴者，言巢，不巢。而曰巢，劉子說：「鸛鵒，夷狄①穴藏之鳥，來至中國，不穴而居巢，陰居陽位。」或曰：增之也。增讀爲橧。于穴中駕巢，穴而又巢也。《公羊》云：「宜穴又巢也。」此橧爲駕巢之說。疏 一說：增如《論衡·儒增》篇之增，謂加之也。《左氏》云：「書所無也。」但論其有亡而已，足爲異，不必更言巢，此因但有不足爲異，又增言巢以大之。

秋，七月，上辛，大雩。季辛，又雩。七月雩，不言月，言月，非雩也。雩不言日，言日，非雩也。一月不再雩，再雩，非雩也。起逐季氏也。疏《公羊》云：「又雩，非雩也，聚衆以逐季氏也。」《左傳》同。

季者，據上言上，當言下。有中之辭也。言上下，不見有中，故言季。上卿、下卿，無中也。又，有繼之辭也。據「鼷鼠又食其角」。

九月，乙亥，公孫于齊。《魯世家》：「季氏與郈氏鬬雞，季氏芥雞羽，郈氏金距。季平子怒而侵郈氏，郈昭伯亦怒平子。臧昭伯之弟會僞讒臧氏，匿季氏，臧昭伯囚季氏人。季平子怒，囚臧氏老。臧、郈氏以難告昭公。昭公九月戊戌伐季氏，遂入。平子登臺請曰：『君以讒不察臣罪，誅之，請遷沂上。』弗許。請囚于鄪，弗許。請以五乘亡，弗許。子家駒曰：『君其許之！政自季氏久矣，爲徒者衆，衆將合謀。』弗聽。郈氏曰：『必殺之。』叔孫氏之臣戾謂其衆曰：『無季氏與有，孰利？』皆曰：『無季氏是無叔孫氏。』戾曰：『然，救季氏。』遂敗公師。孟懿子聞叔孫氏勝，亦殺郈昭伯。郈昭伯爲公使，故孟氏得之。三家共伐公，公遂奔。己亥，公至于齊。」

孫之爲言猶孫也，諱奔也。劉子說：「大臣操權柄，持國政，未有不爲害者也。昔晉有六卿，齊有田、

① 夷狄：原脫，據《漢書·五行志》補。

崔，衛有孫、甯，魯有季、孟，嘗掌國事，世執朝柄。終後田氏取齊；六卿分晉；崔杼弒其君光；孫林父、甯殖出其君衎，弒其君剽；季氏舞八佾于庭，三家者以雍徹，並專國政，卒逐昭公。」「《春秋》舉成敗，録禍福，如此類①甚衆，皆陰盛而陽微，下失臣道之所致也。故《書》曰：『臣之有作威作福，害于而家，凶于而國。』孔子曰『禄去公室，政逮大夫』，危亡之兆。」

次于陽州。陽州，齊地。不至齊者，大夫拒之也。

次，止也。未至齊。下言唁于野井，公在野井也。公如，不録其所至。此言次者，因在外詳録之。

齊侯唁公于野井。不言來者，野井，齊地。疏《齊世家》：「魯昭公避季氏難，奔齊。齊欲以千社封之，子家止昭公，昭公乃請齊伐魯，取鄆以居昭公。」

弔失國曰唁。失國與喪皆曰唁，慰藉之也。公國未滅，不勝其臣而出，未爲失國。苟能入之，則竟入矣。言唁，明爲奸臣所蔽，不敢自主，齊侯一公也。唁公不得入于魯也。唁當言失國，以不得入言者，見唁者謝公不肯入之也，下傳曰「既爲君言之，不可者意如也」是也。

冬，十月，戊辰，叔孫婼卒。君在外，則不卒大夫，致君而後卒大夫是也；此之卒者，爲求納君，因其賢乃卒也。疏《魯世家》：「齊子將②曰：『叔孫昭子求納其君，無病而死。』」婼，豹庶子，謚昭子，四年立，六見經，子不敢立。

十有一月，己亥，宋公佐卒于曲棘。諸侯卒于封内不地，地者，謀納公。宋卒皆日，唯文七年、成十五年月。

---

① 如此類：原作「類如此」，據《漢書・劉向傳》乙。

② 子將：原作「高張」，據《史記・魯世家》改。

疏《宋世家》：「十五年，元公爲魯昭公避季氏居外，爲之求入魯，行道卒，子景公頭曼立。」

邡公也。邡當爲訪，訪謀也。言宋公所以卒于曲棘者，欲謀納公。宋公與婼皆求納公，當同時而卒，蓋天絶昭公。劉子云：「諸侯奔走不得保其社稷者，不可勝數。」皆有所見也。疏《魯世家》：「宋公爲魯如晉，求内之，道卒。」

十有二月，齊侯取鄆。公元年取鄆，出奔居鄆同言取，亦譏公也。取不月，月者以其爲公取，故月以謹之。

取，據此乃圍，非取。易辭也。據取皆不言帥師。疏據《左傳》明年乃取，此乃圍耳。言取者，急欲公之得所，不使内得據之久而後取也。内不言取，據内取于外言取，外取内邑不言取。以其爲公取之，據下自齊居鄆。故易言之也。故不言圍而言取。

二十有六年《年表》：「宋景公頭曼元年。」

春，王正月，葬宋元公。月者，記葬宋之終，爲子危也。宋十二卒，六葬六不葬。壬臣，無子也；與夷、捷、杵臼，賊未討也；御説背殯；茲父失德也。六葬：繆公日，危讓也；文公日，背殯會楚也；共公日，不葬者也；莊公月，危捷弑也；平公時，正也。《春秋》凡言葬者皆有廟。

三月，公至自齊，居于鄆。天子無外，出言居。諸侯君一國，于其境内言居。此言居，下言在者，鄆，内邑；乾侯，外邑，居安而在危，存之乃言在也。致、居不月，此月者，謹始也。疏《魯世家》：「二十六年春，齊伐魯，取鄆而居昭公焉。夏，齊景公將内公，令無受魯賂。申豐、汝賈許齊臣高齕、子將粟五千庾。子將言于齊侯曰：『羣臣不能事魯君，有異焉。宋元公爲魯如晉，求内之，道卒；叔孫昭子求内其君，無病而死。不知天棄魯乎？抑魯君有罪於鬼神也？願君且待。』齊景公從之。」

公次于陽州，據遜齊未至齊國，次陽州而已。其曰至自齊，言居者，如以鄆爲國然。何也？據下致言乾侯，不言晉。以齊侯之見公，據如晉未見晉侯，故不言晉。可以言至自齊也。君重于國，見君可以言自。居于鄆者，據至者，至國都文。公在外也。言至，至國辭，不應以鄆主之。以鄆主致，是公以鄆爲國，在外之詞。未至國，在鄆不致，至國乃致也。據與「天王居于狄泉」同言居者，未失國辭。在内不言居，在外乃言居。至自齊，據居于外不致。道據在外不致。義不外公也。公猶在鄆，不敢外。鄆，魯邑。公居魯地，言至自齊，不必别言居，明公以遜居鄆，與常出不同。既已出奔，猶以至齊言之者，臣子無外君父之義。疏《左傳》云「言魯地也」，與《傳》同。

夏，公圍成。不言取，圍而不能取也。成在魯北，欲取以自益。

非國不言圍，據圍邑當先言伐。所以言圍者，以大公也。以公在行閒，故崇大其事言圍。

秋，公會齊侯、莒子、邾子、杞伯，盟于鄟陵。自桓以後，齊不主會諸侯矣。此何以言齊主會？著齊之更伯也。何以著之？爲謀納公也。自是以後，晉失諸侯，齊更伯，故因内事著之也。疏不日者，不信也。盟納公，齊爲高張所蔽，不能納，故不以信詞許。

公至自會，居于鄆。

公在外也。不别國致會致，言居，皆在外詞。至自會，據與在國同。道據在外不致。義不外公也。

再發傳者，上致自齊未至，此至自會，故更明之。

九月，庚申，楚子居卒。前名棄疾，此名居，所謂二名也。疏《楚世家》：「十三年，平王卒」，「乃立太子軫，是爲昭王」。居，棄疾。前名棄疾，此名居，名從主人也。

冬，十月，天王入于成周。劉子曰：「『成周者何？東周也。』然則天子之寢奈何？曰：亦三。承明繼體守文之君之寢，曰左右之路寢。謂之承明何？曰：承乎明堂後者也。故天子、諸侯三寢立而名實正，父子之義章，尊卑之事別，大小之德異矣。」劉子云：「初，雒邑與宗周通封畿①，東西長而南北短，短長相覆爲千里。至襄王以河内賜晉文公，又爲諸侯所侵，故其分地小。」疏《年表》②：「知櫟、趙鞅納王于王城。」《鄭世家》：「定公如晉。鄭與晉謀，誅周亂臣，入敬王于周。」《周本紀》：「晉率諸侯入敬王于周，子朝爲臣，諸侯城周。十六年，子朝之徒復作亂，敬王奔于晉。十七年，晉定公遂入敬王于周。」

周有入，《春秋》諸侯出入皆惡名，以歸爲善，以入爲篡。天子無外，不可言歸，言歸則有外。成周，城名。入成周，從城起義，上有天王，言特入此城，非篡辭也。無出也。言出，則是失天下辭。入不月，月者，大之也，大天王之入，以正君道也。

尹氏、召伯、毛伯以王子朝奔楚。劉子說：「楚平王居卒，子朝奔楚，王室乃定。」

遠矣，楚在郢，去成周遠。非也。楚莫能誅之。奔，據王之子弟不言出，此有召、毛，當言出。直奔也。此從王子，不言出。《春秋》周臣凡失道者言出，絶之也。罪大不言出，以其罪重，見絶已明。直奔謂周不有之，直奔而已。不言出，如在外辭也。所謂「美惡不嫌同辭」。

---

① 封畿：原作「畿封」，據《漢書・地理志》乙。

② 年表：原作「晉世家」，據《史記・十二諸侯年表》改。

二十七年《年表》：「楚昭王軫元年。」

春，公如齊。正月不存公，猶在内之辭，不敢外公也。至于乾侯，不在内，乃存之。疏自宣十年至此八十五年，乃見如齊，齊復伯也。

公至自齊，居于鄆。

公在外也。三至公。再發傳者，與前不同，此實如齊，又傷之也。疏《左傳》「言在外也」同。

夏，四月，吴弑其君僚。劉子説：「吴公子光弑王僚。」「吴王壽夢有四子：長曰謁；次曰餘祭；次曰夷昧；次曰季札，號曰延陵季子，最賢，三兄皆知之。於是王壽夢薨，謁以位讓季子，季子終不肯當。謁乃爲約①曰：『季子賢，使國及季子，則吴可以興。兄弟相繼。』飲食必祝曰：『使吾早死，令國及季子。』謁死，餘祭立；餘祭死，夷昧立；夷昧死，次及季子。季子②時使，不在。庶兄僚曰：『我亦兄也。』乃自立爲吴王。季子使還，從事如故。謁子光曰：『以吾父之意，則國當歸季子；以繼嗣之法，則我適也，當代之君。僚何爲也？』於是乃使專諸刺僚，殺之，以讓季子。季子曰：『爾殺吾君，吾受爾國，則吾與爾爲共篡也。爾殺吾兄，吾又殺汝，則是昆弟父子相殺無已時也。』卒去之延陵，終身不入吴國。」疏不言光者，吴無大夫。又曰：吴弑君，地震之意。

楚殺其大夫郤宛。宛，楚賢大夫，聽讒殺之，故有危亡之禍。不言有罪無罪者，略之也。疏《楚世家》：費無忌讒郤宛。郤宛一見。

---

① 謁乃爲約：原作「爲謁」，據《説苑・至公》改。

② 子：原脱，據《説苑・至公》補。

秋，晉士鞅、宋樂祁犂、衛北宫喜、曹人、邾人、滕人會于扈。此大會，不言盟者，爲成周不可以盟也。疏《左傳》：「會于扈，令成周，且謀納公也。宋、衛皆利納公，固請之。范獻子取貨於季孫。」

冬，十月，曹伯午卒。卒正例不日。疏《曹世家》：「九年，曹悼公朝宋，宋囚之。曹立其弟野，是爲聲公。悼公死于宋，歸葬。」

邾快來奔。邾無大夫。季氏逐公。前以地書來，此不以地，何以書之？以見其甚也。畀我庶其以地，今又納叛人，甚之，故書以見其罪也。

公如齊。

公至自齊，居于鄆。公三如齊，一同盟鄟陵。齊强魯弱，不能納公，公又改計如晉。言此以見大夫專權之禍。三國皆政在大夫，納公非大夫所喜，君不能自主，所謂「不得舉手」。湨梁以後，政在大夫，此非一朝一夕之故也。

二十有八年

春，王三月，葬曹悼公。月者，危也。

公如晉，次于乾侯。乾侯，晉邑也。齊不能納，乃速求于晉。次，止也。疏《魯世家》：「二十八年，昭公如晉，求入。季平子私于晉六卿，六卿受季氏賂，諫晉君，晉君乃止，居①昭公乾侯。」

公在外也。公如晉。至國不主國，不言所次。此言次，因公在外，以外爲家，故隨所在言次，明公不得入乎晉也。晉大夫受季孫賂，不入公，以此見大夫專，諸侯不能爲政。

---

① 居：原脱，據《史記·魯世家》補。

夏，四月，丙戌，鄭伯寧卒。疏《鄭世家》：「十三年，定公卒，子獻公蠆立。」

六月，葬鄭定公。傳曰：「時葬，正也。」然則月者，故也，爲危之也。

秋，七月，癸巳，滕子寧卒。日卒時葬，從方伯例矣。

冬，葬滕悼公。

二十有九年《年表》：「鄭獻公蠆元年。」

春，公至自乾侯，居于鄆。如晉，未見晉侯，故以乾侯致。如晉不得意，故返鄆。

齊侯使高張來唁公。疏《魯世家》：「二十九年，昭公如鄆。齊景公使人賜昭公書，自謂主君。昭公恥之，怒而去乾侯。」言來者，公在鄆，魯地也。

唁公不得入于魯也。公如晉，齊侯怒公，不爲公謀，使高張來謝公，故曰「唁不得入」也。以唁言者，起非實。

公如晉，次于乾侯。再如，不得志。齊之高張、晉之荀櫟①，一也。

夏，四月，庚子，叔倪卒。公在外，不卒大夫。此卒者，無公乃卒之也，與叔孫婼同以無公乃書卒。疏倪，鞅子，二十三年立。

---

① 櫟：原作「躒」，據《穀梁傳》昭公三十一年改，下同。

季孫意如曰：「叔倪無病而死。不死於病，如天奪之魄。此皆無公也，二十五①年，宋公卒。傳云：「郈公也。」無讀爲譕，謂謀納公也。皆者，承上宋公、叔孫婼。是天命也，叔孫婼求納公，無病而死；叔倪求納公，無病而死，故曰皆也。昭公失道，天之所絶，故倪死而鄆潰。傳曰：「不若于道者，天絶之也。」非我罪也。」求納昭公者，二叔死，宋公卒，鄆潰。傳曰：「天之所廢，誰能興之？」逐君本季氏之罪，而上亦失道。傳言此者，明君當若于道。

秋，七月。

冬，十月，鄆潰。邑不言潰，言潰者，國之也。潰後，齊即據鄆。

潰之爲言上下不相得也。解見前。言此明内外同，又起國鄆。上下不相得則惡矣，《春秋》重民，不相得而潰叛，是上失民也。失民爲大惡。亦譏公也。下不能事上，上不能使下，同譏。亦，累及公之辭。昭公出奔，至此乃不在魯，故以出奔言之。出奔于乾侯，故下存公，地乾侯也。民如釋重負。昭公無道，大蒐窮兵見逐，非盡下失道，上亦有以招之。

三十年

春，王正月，公在乾侯。言在，存公也。言居，在内辭，非存也。言乾侯不國者，不忍言也。公久居乾侯，地之，使如内地然者，臣子詞也。

---

① 五：原作「四」，據《穀梁傳》昭公二十五年改。

中國不存公。據在，晉不言在，楚言在。存公，正月無事，書公在，存公也。故也。鄆未潰之前猶以鄆存公，鄆潰，公乃絶于魯，故謂變也。逐君與弒同等。

夏，六月，庚辰，晉侯去疾卒。晉大國，卒皆日者，禮備也。雖不正，從前見不正也，十三卒而七不葬，弒亂多而失德廣也。五葬：二時①，二月，一日。文日葬者，危背殯戰也。悼月葬者，危伯衰也。**疏**《晉世家》：「晉頃公卒，子定公午立。」晉卒皆日，唯夷吾時，未爲伯，義不正也。

秋，八月，葬晉頃公。不及時而葬，速葬也。**疏**月者，伯衰也。

冬，十有二月，吴滅徐。徐子章羽奔楚。班氏曰：「徐，故國，盈姓。至春秋時，徐子章禹爲吴所滅。」徐者，州舉之。荆後言楚，徐始終不易名者，如梁亡。荆，楚爲伯；梁、徐以秦爲伯，故州舉之，不易名也。于此以州滅，下記蔡遷州來，以見蔡之爲徐州伯也。昭世吴三滅國，皆在徐州，以此終之。滅不志，志者因進之；不月，月者亦進之。**疏**《吴世家》②：「闔廬三年，吴王闔廬與子胥、伯嚭將兵伐楚，拔舒，殺吴亡將二公子。光謀欲入郢，將軍孫武曰：『民勞，未可。待之。』四年，伐楚，取六與灊。」

三十有一年《年表》：「晉定公元年。」

春，王正月，公在乾侯。正月以存君，故于正月必詳公所在。**疏**《左傳》：「公在乾侯，言不能外内也。」

季孫意如會晉荀櫟于適歷。言會者，起受賂，同惡相濟也。公如晉，不得入，季孫乃會其大夫，不待貶絶而罪

---

① 二時：原在「五葬」上，據鴻寶本改。

② 吴：原脱，據《史記・吴世家》補。

惡見者也。**疏**《魯世家》：「三十一年，晉欲内昭公，召季平子。平子布衣跣行，因①六卿謝罪。六卿爲言曰：『晉欲内昭公，衆不從。』晉人止。」言意如會荀櫟，起同謀也。同惡相濟，撫君善，助奸人。

夏，四月，丁巳，薛伯穀卒。薛自莊三十一年至此，百五十年乃卒，莊世不卒者也。薛敘小國末，至此乃正卒，能同盟，故名。日者，以起正卒之。下從時例。

晉侯使荀櫟唁公于乾侯。方會意如，即來唁公，明爲季孫謀謝公也。不言來者，乾侯晉地，晉自主之，故不言來。

唁公不得入于魯也。絶公，不助之也。曰：「既爲君言之矣，君，晉君。言以魯侯意告晉君，起公未見晉侯。不可者意如也。」見櫟亦如季孫，故有三家分晉之事。

秋，葬薛獻公。

冬，黑肱以濫來奔。劉子云：「黑肱叛邾②」，地震之意。納叛臣也，書者，公在外，罪三家也。

其不言邾黑肱，《公羊》所謂「口繫邾婁」，口言邾而文無邾。何也？據師讀有邾。「邾庶其以漆閭丘來奔」，知此亦言邾。別乎邾也。別于邾，通濫也。言小邾，亦別于邾。其不言濫子，何也？據言小邾子也。通濫事見《公羊傳》。**疏**按：《公羊》言叔術讓國事，引公扈子云：「公扈子者，邾婁之父兄也。習乎邾婁之故，言曰：

---

① 因：原作「同」，據《史記・魯世家》改。

② 邾：原脱，據《漢書・五行志》補。

『惡有言人之國賢若此者乎？』誅顔之時天子死，叔術起而致國于夏父。」公扈子，先師，劉子曾用其説也。非天子所封也。天子所封乃言子，邾小國，猶有濫、有小邾，則大國多此類矣。班説：「大夫功成未封而死①，子得封者，善善及子孫也。」來奔，據晉、宋言以叛，不言奔。內不言叛也。據宋辰言自蕭出奔，先言叛。此言來奔，不言叛，諱内受叛人，但録其奔而已。

十有二月，辛亥，朔，日有食之。劉子説：「時吴滅徐，蔡滅沈，楚圍蔡，吴敗楚入郢，昭王走出。」

三十有二年

春，王正月，公在乾侯。

取鬫。不言公，内取也，不繫國也。《地理志》泰山郡剛下云：「故闞②。」

夏，吴伐越。《吴世家》：「五年，伐越，敗之。」吴、越始交兵。

秋，七月。

冬，仲孫何忌會晉韓不信、齊高張、宋仲幾、衛太叔申、鄭國參、曹人、莒人、邾人、薛人、杞人、小邾人城成周。此大會，且中國諸侯也，何以不言同盟？爲王室事也。疏國參，公子發孫，公孫僑子産之子，七穆之一。國袛一見。《曹世家》：「聲公五年，平公弟通弑聲公代立，是爲隱公。」按：此無陳、蔡、許三國。

① 死：原脱，據《白虎通·封公侯》補。
② 闞：原作「鬫」，據《漢書·地理志》改。

天子微，諸侯不享覲。天子之在者，惟祭與號。據歸脤與稱天王。故諸侯之大夫相帥以城之，此變之正也。前于城杞發傳，踰三十四年再發傳者，明大夫之事，五世希不失，此執政之終也。

十有二月，己未，公薨于乾侯。**疏**《魯世家》：「三十二年，昭公卒于乾侯。魯人共立昭公弟宋，是爲定公。」《孔子世家》：「孔子年四十二，魯昭公卒于乾侯，定公立。」

穀梁春秋經傳古義疏卷十

定公定、哀爲孔子所立之世，王法初立，由家及國，故詳内略外，内孔子而外魯。魯與夷狄、諸夏同辭，故詳録小國遠夷之君，内而不外。魯無疆鄙，諸侯伐哀者皆不鄙。定初與哀末異文者，時有漸久，文有差等故也。**疏**定四年以後，晉失諸侯，齊復伯，齊争諸侯，内與宋、衛、鄭皆從之。晉、吴不見從國，楚一見從國，吴三國無盟。定世詳于①滅中國，四見滅會盟小國。

元年《年表》：「周敬王十一年，晉定公三年，齊景公三②十九年，宋景公八年，衛靈公二十六年，陳惠公二十五③年，蔡昭公十年，鄭獻公五年，曹隱公元年，杞悼公九年，秦哀公二十八年，楚昭王七年，吴王闔廬六年。」

春，王。《春秋》多微辭，以其事易明，不待貶絶而可見，故此世不言貶譏。**疏**《魯世家》：「昭公卒於乾侯，魯人共立昭公弟宋，是爲定公。」

不言正月，據隱、莊雖三月繫事，以正月謹始。定無正也。定即位在六月，正月尚爲昭公餘年，故無正月也。定之無正，何也？據禮踰年即位，定既稱元年，是已即位。正月爲即位出，宜如桓終于外、莊有正月。昭

① 于：原作「一」，據鴻寶本改。
② 三：原作「二」，據《史記·十二諸侯年表》、鴻寶本改。
③ 五：原作「一」，據《史記·十二諸侯年表》、鴻寶本改。

公之終，非正終也；不如桓公于薨年喪，至正月已殯。昭喪至，猶稱公，未正終也。疏禮：即位必于尸柩之前，明有所受。孝子事親，未殯以前以人道，未敢遽死之也；既殯以鬼道，明終始也。昭公喪至猶稱公，與始死同禮。戊辰以下爲定年，是未終此年，故曰非正終。定之始，非正始也。正月非定始，始于六月戊辰。疏戊辰以前，猶是昭公之年，截六月以下爲年，故非正始。昭無正終，故定無正始。一年二君，兩失之也。禮：先君既殯，新君踰年即位。先君正終于前年十二月晦，後君正始于元年正月朔。昭薨，踰年而喪柩未至，定公當奔喪迎柩，于喪至，行始死之禮。乃拘于踰年即位之禮，聞訃即行即位。既喪至，復行始死之禮，受册于尸柩之前，其是非甚微。《春秋》正喪至始死之禮，以明踰年即位之變，則昭終戊辰，定始于戊辰，故終始皆不正也。不言即位，據稱元年，是踰年即位正禮。稱元年，則即位在正月，何以退在六月下？喪在外也。喪在外，無所稟承，不可言即位也。定實即位，《春秋》不言者，正其義，以明授受之道。疏禮：既殯，受遺册殯宮之前。明年正朔，乃臨朝正即位，改元受賀。昭雖踰年，而喪在外，無所稟承，則當以明年仍爲先君之年，俟喪至殯後，踰年乃即位。以此推之，則先君薨在十二月二十五日以後，本年不能殯，則亦俟再踰年乃即位。終始皆據歲除元朔爲斷，終始之義也。

三月，晉人執宋仲幾于京師。京師者，成周也，不曰成周者，起其爲尊者所執。月者，執事得義，而于尊所嫌得執，故月以決之也。疏言執者，伯討辭。

此其大夫，據上言韓不信。疏其當爲晉字之誤也。其曰人，何也？據執大夫稱人貶，疑幾有罪，從人，衆辭。微之也。據人貶之。何爲微之？據仲幾不與城功，有罪得執。不正其執人於尊者之所也，京師，天子所治，宋不治城，當告天子治之。以大夫執大夫，同類相迕，非以貴治賤之義，《春秋》之所譏也。不與大夫之伯討也。《春秋》之義，大夫不憂諸侯。因諸侯失政，不得不假託于大夫，于善事則許之，亦如天子失權，許諸侯也。然許諸侯伯討，而不許大夫伯討，大夫卑也。《春秋》以天子討諸侯，以諸侯討大夫。今以大夫討大夫，既非貴治賤，又不得爲賢治不肖，故不許之也。

夏，六月，癸亥，公之喪至自乾侯。

戊辰，公即位。昭、定同言公，所謂一年二君也。公爲生，君稱故，君于子世當稱謚，即位後言昭公是也。喪至言公，是生禮事之。一年二君，名號不正，所謂無正終，無正始也。

殯，據戊辰越癸亥五日，諸侯五日而殯。喪至之儀，如始死，故踰年猶以殯言之。然後即位也。據宣公未葬，成公踰年即位言正月，是殯後即位之舊典。殯後受册，踰年乃即位臨朝。定實聞訃，即于元年正月。據踰年之禮即位，既喪至，又循舊典受册。《春秋》明變禮，特著其受册之實事，以見正月之無所承。禮：踰年乃即位，殯則未踰年，著其急也。殯後以急可言，正月之急不可言。其曰「殯然後即位」者，因其爲之變而譏之也。定無正，見無以正也。戊辰以前，先君未終，則正乃先君之正，非定所有，言殯而定之無正明。踰年不言即位，如莊、僖繼弑。疏 一說踰年，行即位之禮，而定正月不言。是有故公也；故公謂繼弑，即所謂有恩于先君。疏 一說：有猶存也。昭公雖薨，喪未至，與未薨同。有先君，故不言即位。言即位，如桓、宣。疏 戊辰言即位。是無故公也。即所謂無恩于先君。疏 一說：《春秋》存昭公，以定正終也。殯後先公已終，以鬼道事。無者，《春秋》無之，以始定也。所以退即位于戊辰者，將以終昭公，始定公也。即位，授受之道也。先君舉國而授之，後君必尸前受册，乃有授受道。疏 經書即位，但以明授受而已，如後世史文所云某即位是也。故《左傳》敘事，凡新君繼立，皆以即位言之，不據新舊久暫，乃杜氏以爲行禮之名。然則每君只一行禮耶？何以餘年皆不書也？知其誤解矣。先君無正終，則後君無正始也；即位以前既截戊辰以後爲定年，是昭無正終；戊辰以前①猶是昭年，故定無正始。先君有正終，桓弑在外，喪歸，本年爲桓年，是正終。則後君有正始也。莊于踰年正月即位，有正始。戊辰，公即位，據即位在正月，不日。謹之也。著其日，以明終始之斷。定之即位，不可不察也。乃即位之變例。《春秋》正其終始之際，其義甚微，非詳察之，不見其微旨。公即位，何以日也？據書即位，不日。戊辰之日，然後即位也。定雖正月即位，既殯，亦行受册之禮，《春秋》因其受册，名爲即位。殯後即位，乃有所承受也。癸亥，公之喪至自乾侯，何爲戊辰之日然後即位也？據喪至，則尸柩之前即可即位，不必至戊辰。正君乎國，《公羊》引沈子曰作「定君乎國」，然則「正君乎國」即正棺兩楹間之變文。然後即位也。據宣公未葬，成公言即位。沈子曰：《公羊》引沈，上有子字。二傳同引沈子說，是二傳同先師。秦以前，家法大同也。「正棺乎兩楹之間，周人殯不于兩楹之間，師據孔子殯禮爲說耳。

疏 班固說：「夏后氏殯于阼階，殷人殯于兩楹之間，周人殯于西階之上何？夏后氏教以忠，忠者厚也，曰：生吾親也，死亦吾親也。主人宜在阼階。殷人教以敬，曰死者將去，又不敢客也。故置之兩楹之間，賓主共夾而敬之。周人教以文，曰死者將去，不可又得，故賓客之。《檀弓》曰：『夏后氏殯于阼階，殷人殯於兩楹之間，周人殯于西階。』」然後即位也。」殯後可以即位，乃踰年之禮。此正月即位②不可；言戊辰即位，託于殯後可以即位。以踰年、殯後二禮相合，故以成公爲比。內之大事，日。據

① 前：原作「年」，據鴻寶本改。
② 位：原脱，據日新本、鴻寶本補。

君夫人薨葬、大夫卒葬、祭、戎、盟、災皆日。即位，君之大事也，據比祭、盟、戎、災尤重。其不日，何也？以年決者，不以日決也。即位所以正年。言元年，不必言日。此則其日，何也？據於喪至後言即位；二君意已明，不必日。著之也。不日，意不顯。何著焉？問褒貶所在。踰年謂喪雖新至，薨已踰年。即位，以喪至而論，則未嘗踰年。此因薨期謂之踰年而書即位。疏 先君殯後，必踰年即位，乃正禮。厲也。厲，殺也。傳曰：「始厲樂矣。」禮必踰年，此以喪至計，僅六日耳，以爲殺不及禮，故著日以明之。於厲之中，又有義焉。本爲減殺，然減之中又有分别。「大鴻臚眭生説：諸侯踰年即位，乃奔喪。《春秋》之義，未踰年君死，不成①以人君禮。言王者未加其禮，諸侯亦不得共其禮，于王者相報也」。未殯，以前之日。雖有天子之命，猶不敢，實則已殯，猶不出疆，但内事可與。以未殯言者，從本事言之。況臨諸臣乎？若未殯，則決不能以即位書。疏 傳曰：「柩在堂上②，孤無外事。」劉子云：「凡奔喪，近者先聞先還，遠者後還。諸侯未葬，嗣子聞天子崩，不奔喪③。王者制禮，緣人心爲之節文，孝子之心，不忍去棺柩，故不使奔也。」著日以明雖踰年，猶必殯後乃即位；未殯，雖踰年，亦不即位。著日有二義。周人有喪，魯人有喪，謂同在已殯未葬之時。周人弔，魯人不弔。弔謂奔喪。禮：臣奔君之喪。周人曰：「固吾臣也，使人可也。」班固云：「天子聞諸侯薨哭之何？慘怛發中，哀痛之至也。

---

① 成：原作「臣」，據《通典·禮四十》引《五經異義》、漢魏遺書本《五經異義》「諸侯踰年即位乃奔喪」條改。

② 上：原脱，據《穀梁傳》僖公九年補。

③ 崩不奔喪：原作「喪不奔」，日新本作「不奔喪」，據《五經通義》、鴻寶本改。

使大夫弔之，追遠重終之義也。故《禮·檀弓》曰：『天子哭①諸侯，爵弁純衣。』又曰：『遣大夫弔，詞曰：皇天降災，子遭離之。嗚呼哀哉！天王使某弔。』」周使人弔葬歸賵，無譏詞。魯人曰：「吾君也，親之者也，奔喪，親者也。故邾子來奔喪不譏。小國事大國，如諸侯事天子之儀。使大夫則不可也。」内臣如京師，皆譏文。故周人弔，魯人不弔，此謂兩有喪，則臣不奔君喪，君子不奪人之親。以其下成、康爲未久也。無使人代弔之禮。《尚書·周書》終于《顧命》，以爲周道之盛，成、康未久，猶存古禮。至春秋，則朝守禮廢，魯無朝王之事，故但譏使人而已。疏 天王崩，魯使大夫，非禮。于此見其義。君，至尊也，君，天子。去父之殯謂已殯，與外事。而往弔猶不敢，傳所謂倍殯是也。《春秋》之例，未葬之前，雖有天子之命，不能倍殯而出。況未殯而臨諸臣乎？已殯不從天子命，未殯而臨諸臣②，以至重明至輕也。疏 班固云：「天子大斂之後稱王者，明臣民不可一日無君也。故《尚書》曰：『王麻冕黼裳。』此大斂之後也。何③以知不從死後加王也？以上迎子釗不言迎王也。王者既殯而即繼體之位何？緣臣民之心，不可一日無君也。故先君不可見，則後君繼體矣。故《尚書》曰『王再拜興對』，『乃受銅瑁』，明爲繼體君也。緣終始之義，一年不可有二君。故《尚書》曰：『王釋冕，反喪服。』吉冕受銅，稱王以接諸侯，明已繼體爲君也；釋冕藏銅反喪服，明未稱王以統事也。不可曠年無君，故踰年乃即位改元。元以名年，年以紀事，君統事見矣，而未發號令也。」鄭君說：「《孝經》資于事父以事君，言能爲人子乃能爲人臣也。《服問》：『嗣子不得爲天

① 哭：原作「災」，據《白虎通·崩薨》、《禮記·檀弓》改。
② 推詳文意，「臨」上疑奪「不」字。
③ 何：原作「此」，據《白虎通·爵》、鴻寶本改。

子服。』此則嫌欲速不一于父也。《喪服四制》曰：『門内之治，恩掩義；門外之制，義斷恩。』此言在父則爲父，在君則爲君也。《春秋》莊三十二①年，子般卒，時父未葬也。子者，繫于父之稱也。言卒不言葬，未成君，猶繫于父，則當從『門内之治，恩掩義』。禮者在于所處，此何以私廢公，以卑②廢尊也？」

秋，七月，癸巳，葬我君昭公。「葬于墓③道南。孔子之爲司寇，溝而合諸墓。」葬稱謚，卒事也。即位可以在葬前，内事可與，特不與外事而已。疏 事詳《左氏》。殯以喪至，如初喪，葬則不待五月者，喪已踰年也。不言于道南，諱以逐君自旌也。

九月，大雩。

雩月，據月八、九。雩之正也。《玉藻》：「至于八月不雨，君不舉。」秋大雩，秋者謂七月。秋三月，經凡八、九月雩者言月，七月雩言秋而已，以明八、九雩正，七月雩不正也。非正也。據時，未可。冬大雩，非正也。傳曰：「冬無爲④雩。」秋大雩，雩之爲非正，何也？據至于七月不雨，志。毛澤未盡，毛，土所生；澤，地之潤。毛未盡，澤未盡，草木猶榮。人力未竭，救旱之術未窮。未可以雩也。譏時之早。雩月，雩之正也。月之爲雩之正，何也？據螽災，甚之乃月也。其時窮，過秋則冬，時無可待。人力盡，救旱

① 二：原脱，據《駁五經異義》「諸侯踰年即位乃奔喪」條補。
② 卑：原作「年」，據《駁五經異義》「諸侯踰年即位乃奔喪」條補。
③ 墓：原脱，據《左傳》定公元年補。
④ 「爲」上原衍「爲」字，據《穀梁傳》成公七年删。

之術窮。然後雩，雩之正也。何謂其時窮，人力盡？是月不雨，則無及矣；周八、九月，今六、七月也。至是無雨，則禾麥無獲，冬雖得雨，無補于飢荒也。是年不艾，則無食矣。一年不艾，雖國有備，而民甚饑荒，憂民望雨，故必爲之雩。是謂其時窮，謂無及。人力盡也。謂無食。雩之必待其時窮、人力盡，何也？疑旱雩愈見勤雨也。雩者，爲旱求者也。劉子云：雩者，哀號祝禱而已。求者，請也。據求金。古之人重請。據求皆譏也。何重乎請？據禱雨舊典，事在爲民。人之所以爲人者，讓也，《春秋》弑殺奔逐之禍多起于争，争爲亂階，欲絶亂原，務須明讓。故《春秋》貴讓，善隱公，賢衛武、曹臧、吴札三公子。**疏**人有讓志則禍亂不生。惡利，譏求，重乞。《孟子》曰：「王何必曰利？亦有仁義而已矣！王曰：『何以利吾國？』大夫曰：『何以利吾家？』士庶人曰：『何以利吾身？』上下交征利，而國危矣。萬乘之國，弑其君者必千乘之家。千乘之國，弑其君者必百乘之家。萬取千焉，千取百焉，不爲不多矣！苟爲後義而先利，不奪不饜。」是之謂也。請道去讓也，請者，不與而求之；讓者，已與而辭之，二者相反。則是舍其所以爲人也，争，則大者弑亂，小者忿殺，無以自立。是以重之。重之以存人道也。焉①請哉？據雨非人所主。請乎應上公。應，其氏；上公，人鬼之稱也。上公爲人鬼之稱者。許慎《異義》云：「故知社是上公，非地祇。」《左氏》云：古者五長生爲上公，鬼爲貴神。古之神人有應上公者，**疏**或云應龍也。《山海經》曰：「大荒東北隅中，有山名凶犁土②邱。應龍處南極，殺蚩

① 焉：原屬上，據阮刻十三經注疏本《穀梁傳》改。
② 土：原作「上」，據《山海經·大荒東經》改。

尤與夸①父，不得復上。故下數旱，而爲應龍之狀，乃得②大雨也。」按：董子《求雨》篇：春爲大蒼龍，夏爲大赤龍，季夏爲大黄龍，秋爲大白龍，冬爲大黑龍。土龍致雨，蓋本應龍説也。鄭氏《駁異義》云：「今人亦云雷曰雷公，天曰天公，豈上公也？」通乎陰陽，君親帥諸大夫道之而以請焉。雩祭，君與大夫親往禱求，重其事，故必志也。夫請者，請于神人，當修誠以見，不能使人。非可詒託而往也，必親之者也，是以重之。劉子云：湯時不雨，以六事自責，天乃雨也。請雨爲民也，非自爲也。秋雩因災也，非生事也。傳猶以不月爲譏者，所以申明貴讓之義也。請而猶如此，則餘者可知，所謂「深切著明也」。

立煬宫。鄭君説：「煬公，伯禽之子。」煬公之宫，季氏主之。《春秋》譏毁泉臺、在喪大蒐。以逐君立廟自旌，不待貶絶而罪惡見，故不日、月也。疏《左傳》以爲「昭公出，季平子禱于煬公，九月立煬宫。」

立者，據「攷仲子之宫」，言攷。不宜立者也。據立晉言立。煬，先君已祧之廟，非禮而立君廟，其惡與立不正君同。疏《魯世家》：煬公，伯禽子。

冬，十月，隕霜殺菽。劉子説：「周十月，今八月，于卦爲《觀》，陰氣未至君位而殺，誅罰不由君出，在臣下之象。是時季氏逐昭公，君死于外，定公得立，故見天災以視君也。」月者，記時也。疏月者，記月因時乃見異。此不爲例者。

未可以殺而殺，舉重；可殺而不殺，舉輕。解見僖三十三年。其曰菽，據不殺言草。舉重也。菽，豆也，當冬乃生，不畏霜殺。今霜殺菽，則凡物皆病矣。菽微物而得重辭者，因其時令也。疏班氏云：「元

① 夸：原作「夷」，據《山海經·大荒東經》改。
② 得：原脱，據《山海經·大荒東經》補。

帝永光元年三月，隕霜殺桑。九月二日，隕霜殺稼。」與春秋時定公「隕霜殺菽」同。

二年按：定世三傳事實皆同，以近世文明，故應無異説。晉趙陽當從《左》作衛，校者誤改爾。此外無不同者。

春，王正月。定世無伯，齊、晉分主中國，吴、楚分主夷狄，天下分裂，《公羊》所謂「諸侯遂亂」。

夏，五月，壬辰，雉門及兩觀災。劉子説：「此皆奢僭①過度者也。先是逐昭公，昭公死于外，定公即位，不能誅季氏，又用其邪説，淫于女樂，而退孔子。天戒若曰：去高顯而奢僭者。一曰：門者，號令所由出也，今舍大聖而縱有②罪，亡以出號令矣。京房《易傳》曰：『君不思道，厥妖火燒宫。』」劉向治《穀梁春秋》，數其禍福，附以《洪範》。

其不曰雉門災及兩觀，何③氏云：「雉門、兩觀皆天子之制，門爲其主，觀爲其飾。」何也？據殺、弑及不親。災自兩觀始也，據以兩觀親災，知災始也。不以尊者親災也。據「新④作雉門及兩觀」。親尊者，此當言災雉門及兩觀。先言雉門，據當言兩觀災及雉門。尊尊也。尊得及卑，卑不得及尊，故孔父先死而言及，不以卑先尊也。不以兩觀及門者，尊之。以記災明人事。**疏**因其僭天子，故辟目雉門。以兩觀及雉門，則雉門爲輕，避僭天子也。

---

① 僭：原作「侈」，據《漢書·五行志》改。

② 有：原作「其」，據《漢書·五行志》、鴻寶本改。

③ 何：原作「班」，據《春秋公羊傳注疏》定公二年何注改。

④ 新：原作「親」，據《穀梁傳》定公二年、日新本、鴻寶本改。

秋，楚人伐吴。此囊瓦之師。吴有滅楚之志，猶不①輕舉伐之，故稱人貶之。不言圍、獲，略之也。

冬，十月，新作雉門及兩觀。班氏云：「門必有闕者，所以飾門，别尊卑也。闕者何？闕，疑也。」按：《釋宫》：「觀謂之闕。」賈疏以其有教②象可觀，又或謂之象魏。《周禮》：「正月之吉，乃懸法于象魏。」《古今注》：「闕，觀也。古者每門樹兩觀于前，所以標表宫門也。其上可居，登之可遠望。人臣將朝，至此，則思其闕，故謂之闕。」

言新，有舊也。據作主不言新，此先以災見。作，據「新延廄」不言作。爲也，據作主。有加其度也。據「作三軍」新立一軍爲三。修舊不書，書者，譏其加度，愈見其僭禮。此不正，其以尊者親之，何也？據災猶不以尊親③有，知不正宜同。雖不正也，於美猶可也。新作美飾之事，以尊親之，亦主善以内之意。災事惡，惡不可近，亦目惡以外之意也，亦以災因天譴，作由人力，可以言「雉門及兩觀災」，不可以言雉門及兩觀作也。

三年

春，王正月，公如晉，至河乃復。晉無難公者，何以言至河乃復？以公之不屑如晉也。何爲不屑？以晉失伯，故不朝之。**疏**自此遂不如晉，晉失伯之辭也。齊争伯而晉衰，所謂「晏子以其君顯」也。昭五至河，不得入，不月。此月，以已後不如晉謹之。

三月，辛卯，邾子穿卒。小國不專記事，但記卒葬，因大國事及之。**疏**卒正例日。

---

① 不：原脱，據日新本、鴻寶本補。

② 教：原作「數」，據《周禮注疏·大宰》賈疏改。

③ 親：原作「新」，據日新本、鴻寶本改。

夏，四月。

秋，葬邾莊公。六月乃葬，緩。疏日卒時葬，小國正例。邾二葬皆時。

冬，仲孫何忌及邾子盟于拔。言及，内爲主。不日，數渝，惡之。此未踰年稱子也。邾稱子，在喪稱子，不嫌從同。鄭伯在喪不稱子，嫌也。疏按：《左傳》作郯。以後不見莒，不見小邾。

四年

春，王二①月，癸巳，陳侯吴卒。《陳世家》：「二十八年，惠公卒，子懷公柳立。」不言其事，略之也。疏《曹世家》：「隱公四年，聲公弟露弒隱公代立，是爲靖公。」不見經。曹弒不書，爲同姓諱也。卒正但言莒、薛弒，餘不言，爲之諱也。

三月，公會劉子、晉侯、宋公、蔡侯、衛侯、陳子、鄭伯、許男、曹伯、莒子、邾子、頓子、胡子、滕子、薛伯、杞伯、小邾子、齊國夏于召陵，侵楚。平丘以後，不言同盟矣，此何詳敘諸侯？《左傳》：晉失諸侯，天下無伯。晉失道，而楚亦弱也。然則此何以詳敘諸侯？以伐楚而詳，内中國而外夷狄也。四伯分而天下裂，不惟無王，並無伯矣。《春秋》自城濮以後，晉爲中國伯，楚爲夷狄伯，狎主齊盟，齊附于晉，吴尚未顯。自此以後，齊、吴並起，而天下分裂。蔡自晉文三會後，唯此乃會中國也。蔡在先者，主兵；又陳子末序，以年讓二國。會而後侵，疑詞也。言會，外疑之不能伐楚，故蔡求吴。侵不月，月者，大侵楚，諸侯皆在，從重而月之也。諸侯皆君，齊獨大夫，起齊爲伯，如以大夫主諸侯，如趙盾故事也。以天下諸侯侵楚，楚亦失伯也。疏《蔡世家》：「昭侯十年朝楚，留楚三年；歸乃之晉，請與晉伐楚。十

---

① 二：原作「正」，據《穀梁傳》定公四年改。

三年春，與衛靈公會召陵。」《地理志》汝南南頓下云：「故頓子國①，姬姓。」女陰下云：「故胡國。」

夏，四月，庚辰，蔡公孫姓帥師滅沈，以沈子嘉歸，殺之。蔡不言滅，一見滅文，以起其爲方伯之辭；因其所滅，知其屬于何州。衛、鄭如是，陳、蔡亦如是者，以初本中國也。劉子說：「蔡怨楚而滅沈，楚怒②，圍蔡，吴人救之，遂爲伯莒之戰。」**疏**公姓，《公羊》作歸姓。生、姓通假，疑與襄二十七年會蔡③公孫歸生爲一人。按：《傳》與《左》皆無歸字，又相去四十一年，疑《公羊》歸爲衍字。《蔡世家》：「夏，爲晉滅沈。」《杞世家》：「周武王時，侯伯尚千餘人。及幽、厲之後，諸侯力攻相并，江、黄、胡、沈之屬，不可勝數，故弗采著于傳上④。」

五月，公及諸侯盟于臯鼬。不言同盟者，天下諸侯皆在，不可言同也。《春秋》晉合諸侯終于此，《左氏》所云「晉于是失諸侯」也。**疏**再地臯鼬，别爲盟也。言諸侯者，避劉子也。

後而再會，據已伐而盟。復伐以伐致，不復伐以會致。公志於後會也。據公以會致。志于盟，不志于侵楚。後，志疑也。内外諸國同在，而疑于伐楚，蔡乃請吴救。抑中國以起吴，無伯之辭也。**疏**蔡請侵楚，晉人辭之，實未侵也；未侵而曰侵，致其意。天下諸侯皆在是而侵楚，楚亦病矣。此全見十九國，以下天下無伯，無五國累數者矣。

---

① 國：原脱，據《漢書・地理志》補。

② 怒：原作「怨」，據《漢書・五行志》、日新本、鴻寶本改。

③ 蔡：原作「宋」，據《穀梁傳》襄公二十七年改。

④ 傳上：嚴氏本、日新本作「上傳」，據《史記・杞世家》、鴻寶本乙。

杞伯成卒於會。襄以後小國正例日，不日，踰竟也。傳曰：「閔之也。」杞，魯屬。言會，公主之也。疏《杞世家》：「悼公成卒，子隱公乞立。七月，隱公弟遂弒隱公自立，是爲釐公。」弒不書弒，略之。

六月，葬陳惠公。子背殯出會。葬者，陳爲楚所滅，復仇也。月者，正例。

許遷于容城。諸侯遷之。于中國四遷矣，葉、夷、白羽、容城。

秋，七月，公至自會。傳：「《春秋》之義也，已伐而盟。復伐，則以伐致；盟不復伐，則以會致。」以會致，疑侵也。內外皆疑，而畢序諸侯者，所序愈詳，其心愈散，無伯之詞也。以月致者，大會至此終，故月以謹之。

劉卷卒。葬者必日卒，此不日，明例不葬，並明例不卒也。因賢乃卒葬，故卒不日以明之。此一見例。

此不卒據尹氏卒以譏世卿，王子卒別爲一例，惟見此卿卒。而卒者，據寰內諸侯卒皆有所起。賢之也。劉子，卿也。卿尊同于方伯，故得卒之。然則見四卿但卒劉子，所有周公、祭①公爵尊仍不卒；此卒而又葬，雖其尊可卒，乃因其賢而卒之。疏卒者，賢之也。奉王猛，拒子晁。王猛卒，又奉敬王，以正王室。猛不正，何賢乎爾？于猛之爭立則嫌之，所以使父命行乎子，以尊君父，此許衛輒之例也。于劉之拒朝則賢之，追其持正之功，所以孤亂黨，此許里克弒奚齊之意也。然則何以不于其事賢之？方欲責猛，不以進劉，故于其卒焉賢之也。寰內諸侯也，《王制》曰：「天子之縣內諸侯，禄也；外諸侯，嗣也。」劉爲天子上卿，得六錫，本封百里。疏班氏云：「諸侯入爲公、卿、大夫，得食兩②采邑否？曰：有能然後居其位，德加于人然後食其禄，所以尊賢重有德也。今以盛德入輔佐，得兩食

---

① 祭：原作「蔡」，據日新本、鴻寶本改。

② 兩：原脱，據《白虎通·京師》補。

之。」「公、卿、大夫食采者，示與民同有無也。」非列土諸侯，據外諸侯乃卒葬。此何以卒也？此卒爲一見例。疏《王制》曰：「天子三公之田視公侯」，「以爲閒田」。據内諸侯不卒，此一説與上義别。班氏云：「禄者，録也。上以收録接下，下以名録謹以事上。」天王崩，昭二十二年書主會諸侯，爲王官伯。爲諸侯主也。《公羊》「我主之也」，與此説同。尹氏，天子崩，諸侯往奔喪，禮以二公分率東方、西方諸侯入門左右，《顧命》所言是也。禮：二伯乃天子之老，《春秋》之于齊、晉，故因尹有二伯率八伯之禮而卒之，以起二伯之舊。疏知爲諸侯主者，以其志葬。《左氏》：「昔吾主范氏，今子主趙氏。」

葬杞悼公。小國不專記事，但記卒葬，以備譜牒之文。

楚人圍蔡。召陵以後，蔡折而入于吴，吴強爲伯，蔡專心附之。楚怒蔡滅沈。言人，貶囊瓦。疏《蔡世家》：「楚怒，攻蔡。」從吴以後，記事乃詳。自平丘同盟之後，凡在會之國，以後于楚無盟會之文。晉同盟不書陳、蔡。

晉士鞅、衛孔圉帥師伐鮮虞。不救蔡而伐同姓，譏之也。疏自此以後，晉師皆獨出，無從國。衛敘在齊下，無從晉之文。

葬劉文公。王臣四卒皆不葬，此葬爲一見例①，賢之也。寰内諸侯尊，應得葬。禮：天子之卿視侯，得與外諸侯同也，然内外之分，例應不葬。此因賢之，託一葬以起不葬之例。

冬，十有一月，庚午，蔡侯以吴子及楚人戰于伯舉，楚師敗績。劉子説：「蔡滅沈，楚怒，圍蔡。吴人救之，遂爲伯舉之戰，敗楚師，屠郢都，妻昭王母，鞭平王墓。」按：楚大吴小，何以言戰？從蔡録之。吴稱子，楚稱人，抑楚

---

① 例：原作「内」，據鴻寶本改。

以其無道。此吴客楚主，不以楚及吴者，亦從蔡言之。蔡爲夷狄，屬楚久矣！何爲以中國言之？蔡之所以爲夷狄，楚故也。疏《蔡世家》：「昭侯使其子爲質于吴，與共伐楚。冬，與吴王闔廬遂破楚入郢。」

吴其稱子，何也？據凡侵伐皆稱國。以蔡侯之以之，據長岸但言戰。楚大吴小，二夷之稱。此言敗績，不以吴臨楚，從蔡辭。舉其貴者也。據子。稱侯、稱人、稱師，從中國。疏凡以者，皆小以大，卑以貴。稱子，此吴爲伯，蔡以徐附之之辭也。蔡侯之以之，則其舉貴者，何也？據雞父敗蔡從狄國辭。此乃因蔡而進。吴信中國而攘夷狄，中國齊、晉欲攘之，而其事不能大有懲刱如吴。吴進矣。《春秋》于蔡有夷狄之辭，傳以中國爲言者，蔡本中國兄弟之國，爲困于楚，故以夷狄待之。吴與蔡同姓，能攘楚，是《春秋》所急許者，故進之。疏《春秋》用夏變夷，吴能信中國而伐其同類，是以夏變夷，有出類離羣之美，故進之也。其信中國而攘夷狄，奈何？問其事。言奈何者，皆詳實事。子胥父誅于楚也，《楚世家》：爲太子取婦事。挾弓持矢而干闔廬，闔廬曰：「大之甚！大，《新序》作士，《公羊》同。勇之甚！」爲是欲興師而伐楚。與子胥復仇。子胥諫曰：「臣聞之，君《公羊》作諸侯。不爲匹夫興師。國君以社稷爲重，兵不以報恥，故不以匹夫家事行師。且事君猶事父也，臣子于君父一義。虧君之義，復父之讎，臣弗爲也。」雖復父仇，有虧君義，傷君益父，忠臣弗爲。於是止。劉子云：「如子胥者，可謂不以公事趨私矣。」蔡昭公朝於楚，楚爲伯，方伯皆有朝禮。此同《左氏》。《年表》在定元年。有美裘，正是日，正，當也。囊瓦求之，昭公不與。爲是拘昭公於南郢，數年疏《蔡世家》：「昭侯十年，朝楚昭王，持美裘二，獻其一于昭王而自衣其一。楚相子常欲之，不與。子常譖蔡侯，留之楚①三年。蔡侯知之，乃獻其裘于子常，子常受之，乃言歸蔡侯。蔡侯歸。」然後得歸。歸乃用事乎漢，曰：「苟諸侯有欲伐楚者，寡人請爲前列焉。」疏《年表》：「蔡侯歸，如晉，請伐楚。」楚人聞之中有召陵滅沈事，傳統言之。而怒，爲是興師疏《公羊》有「使囊瓦將」四字。而伐蔡。冬圍蔡是也。蔡請救于吳，先請救于晉，晉畏楚，乃轉求吳也。子胥曰：「蔡非有罪，以裘故見拘。楚無道也。君若有憂中國之心，則若此時可矣！」爲救蔡。蔡中國，楚夷狄。疏按：《左傳》敘事。凡二傳經説禮例，皆託之名卿大夫，二傳則直以《左傳》、時人之言爲經説；至于説事實，則不更與禮制經例相干。此條所言，即解經稱人、稱子之故，頗與《左傳》相近。此不以空言説經也。爲是興師而伐楚。劉子曰：「敗楚人于伯舉，以成霸道，子胥之謀也。故《春秋》褒而美之。」疏《吳世家》：「九年，闔廬謂胥、武曰：『始子之言郢未可入，今果如何？』二子對曰：『楚將子常貪，而唐、蔡皆怨之。王必欲大伐，必得唐、蔡乃可。』闔廬從之，悉興師，與唐、蔡西伐楚，至于漢水。楚亦發兵拒吳，夾水陳。吳王闔廬弟夫概欲戰，闔廬弗許。夫概曰：『王已屬臣兵，兵以利爲上，尚何待焉？』遂以其部五千人襲，楚兵大敗，走。于是吳王遂縱兵追之。比至郢，五戰，楚昭王亡出郢，奔鄖。鄖公弟欲弒昭王，昭王與鄖公奔隨，而吳兵遂入郢。子胥、伯嚭鞭平王之尸以報父仇。」何以不言救也？據晉言救。救，大也。據下狄之，未可同于中國，故不言救。

楚囊瓦出奔鄭。言囊瓦之奔，所以深罪之也。謀人國，主人軍，貪賂敗師，不死而又逃。録奸貪之狀，以示用人

① 楚：原作「處」，據《史記·蔡世家》、日新本、鴻寶本改。

者之不可苟。囊瓦已去，楚所以更興歟！疏鄭自昭四年會申以後，楚無交兵之文，惟召陵侵楚一見。

庚辰，吴入楚。終春秋世，吴無從國。定四年以後①，晉與吴同。劉子說：「吴王闔廬與荆人戰于伯舉，大勝之，至于郢郊，五敗荆人。闔廬之臣五②人進諫曰：『大深入遠報，非王之利，王其返乎！』五將鍥頭，闔廬未之應，五將之③頭墜于馬前④。闔廬懼⑤，召伍子胥而問焉，子胥曰：『五臣者懼也。夫五敗之人，其懼甚矣，王姑少追焉。』遂入郢，南至⑥江，北至方城，方三千里，皆服于吴矣。」疏不譏伍胥者，許復仇也。《異義》：「凡君非理殺臣，《公羊》説子可復仇，故子胥伐楚，《春秋》賢之。」與《傳》同也。《左氏》説：「君，天命也，不可復仇。」據《公》、《穀》，以爲可復仇者，就子胥説之。《左氏》以爲不可復仇者，就鄖公言之。然臣有罪，則不可復仇。禮本以受誅不受誅爲斷，非有異也。

日入，據「於越入吴」不日。易無楚也。無楚者，不有楚也。中國滅日，楚猶夷狄，滅楚事重，故日。日入，滅之也。易無楚者，壞宗廟，徙陳器，撻平王之墓。《年表》：「吴、蔡伐楚，入郢，昭王亡，伍子胥鞭平王墓。」疏《楚世家》：「入郢，辱平王之墓，以伍子胥故也。」《春秋》有罪而死不追誅，言此，譏之也。何以不言滅

---

① 後：原作「從」，據鴻寶本改。
② 五：原作「子」，據《説苑·指武》改。
③ 之：原作「三」，據《説苑·指武》改。
④ 前：原脱，據《説苑·指武》補。
⑤ 懼：原作「恨」，據《説苑·指武》改。
⑥ 至：原脱，據《説苑·指武》補。

也？據壞、徙，滅也。欲存楚也。楚滅陳，存中國，滅如未滅，故言存，夷狄與中國異辭。言欲存楚者，不明加滅文，特因其善，略致存意。其欲存楚奈何？楚亂中國，滅之宜也。問因何致存。昭王之軍敗而逃，父老送之，曰：「寡人不肖，亡先君之邑，父老反矣，何憂無君？寡人且用此入海矣。」《孟子》曰：「太王居邠，狄人侵之，去之岐山之下居焉。邠人曰：『仁人也，不可失也。』從之者如歸市。」似此矣。父老曰：「有君如此，其賢也！以衆不如吴，以必死不如楚。」相與擊之，一夜而三敗吴人，復立。楚因秦救乃立，歸功楚人者，若内外夾攻，賢楚昭，故歸功之。劉子云：「子胥將之吴，辭其友申包胥曰：『後三年，楚不亡，吾不見子矣。』申包胥曰：『子其勉①之！吾未可以助子，助子是伐宗廟也，止子是無以爲友。雖然，子亡之，我存之。』于是乎觀楚一存一亡也。後三年，吴師伐楚，昭王出奔。申包胥不受命，西見秦伯曰：『吴無道，兵強人衆，將征天下，始于楚。寡君出奔，居雲夢，使下臣告急。』哀公曰：『諾！固將圖之。』申包胥不罷朝，立于秦庭，晝夜哭，七日七夜不絶聲。哀公曰：『有臣如此，可不救乎？』興師救楚。吴人聞之，引兵而還。昭王反復，欲封申包胥，辭曰：『救亡②非爲名也。功成受賜，是賣勇。』辭不受。遂退隱，終身不見。」此謂善敗者不亡，昭王之謂也。疏「子得爲父報仇者，臣子之于君父，其義一也。忠臣、孝子所以不能已，以恩義不可奪也。故父之仇不與共天，兄弟之仇不

① 勉：原作「知」，據《説苑·至公》改。
② 亡：原作「之」，據《説苑·至公》改。

與①共國，朋友之仇不與同朝。」「子夏曰：『居兄弟之仇如之何？仕不與同國，銜②君命遇之不鬬③。』父母以義見殺，子不復仇，爲往來不止也④。」何以謂之吴也？據上進以子。狄之也。反其狄道，因其行事而爲之進退。越善事言越，兵事言於越，亦是此義。疏言狄之者，本非狄也。本狄不言狄之，直稱狄而已，如戎、狄、蠻、夷是已。何謂狄之也？據同一事不必進退。君居其君之寢而妻其君之妻，大夫居其大夫之寢而妻其大夫之妻，蓋有欲妻楚王之母者，劉子云：「伯嬴者，秦女，楚平王之夫人，昭王之母也。當昭王時，楚與吴爲伯舉之戰，吴勝楚，遂入郢，昭王亡，吴王盡妻其後宫。次至伯嬴，持刃曰：『妾聞天子者，天下之表也；公侯者，一國之儀也。天子失制，則天下亂；諸侯失節，則國危。夫婦之道，人倫之始，王化之端，是以明王之制，使男女不親授受⑤，坐不同席，食不共器，殊椸枷，異巾櫛，所以别之也。若諸侯外淫者絶⑥，士、庶人外淫者宫割。夫然者，以爲仁失可復以義，義失可復以禮，男女之喪，亂無興焉。夫造亂亡之端，公侯之所絶，天子之所誅也。今君王棄儀表之行，縱亂亡之欲，犯誅絶之事，何以行令訓民？且妾聞生而辱，不若死而榮。若使君王棄其儀表，則無以監國；妾有淫端，

①與：原脱，據《白虎通·誅伐》補。
②銜：原作「微」，據《白虎通·誅伐》改。
③鬬：原作「辭」，據《白虎通·誅伐》改。
④爲往來不止也：原作「爲死不怨也」，據《白虎通·誅伐》改。
⑤受：原脱，據叢刊本《古列女傳·楚平伯嬴》補。
⑥絶：原作「放」，據《古列女傳·楚平伯嬴》改。

則無以生。一舉而兩辱，妾以死守之，不敢承命①。』吴王慙，遂退舍。」不正。乘敗人之績而深爲利，居人之國，「取向」，傳曰：「伐莒，義兵也。取向，非也。」「不正乘敗人之績而深爲利」與此同。《春秋》尚仁惡戰，乘勝以爲利，傷仁②道，故狄之。故反其狄道也。吴本狄國，因事善，乃進之稱子。無禮是夷狄之常，故反其狄道而稱吴。秦救至，吴去，昭王復入。按：不書者，入者得而不得之辭，猶存楚也。

五年《年表》：「陳懷公柳元年，曹靖公路元年。」

春，王三月③，辛亥，朔，日有食之。劉子説：「後鄭滅許，魯陽虎作亂，竊寶玉、大弓，季桓子退仲④尼，宋三臣以邑叛。」

夏，歸粟于蔡。蔡棄楚，從中國，急收之。從此至哀元年從楚乃見。

諸侯無粟，諸侯相歸粟，正也。解見莊二十八年。蔡與諸侯同侵楚，今新有敗楚功，諸侯助其餉。孰歸之？據不言國。諸侯也。據「諸侯盟于皋鼬」謀伐楚。不言歸之者，據「城緣陵」言諸侯。專辭也，緣陵有散辭，故言諸侯。言諸侯者，諸侯不同也。此伐楚，又歸粟，得正，故以專辭言内歸之，則諸侯歸之可知也。又以歸粟各專其事，不如城功，諸侯同致力也。義邇也。主善以内也。傳曰：「不以難邇我。」今歸粟義，故得邇我也。

---

① 命：原脱，據《古列女傳·楚平伯嬴》補。

② 仁：原作「人」，據鴻寶本改。

③ 三月：四庫本、《左傳》同，阮刻十三經注疏本《穀梁傳》、《公羊傳》作「正月」。

④ 仲：原作「孔」，據《漢書·五行志》改。

於越入吳。舊説：「於越，夷言也。」《春秋》凡夷之言於越，從内稱則言越。舉之則從中國，侵伐則從主人也。疏《吳世家》：「十年春，越聞吳王之在郢，國空，乃伐吳。吳使別兵擊越。楚告急秦，秦遣兵救楚擊吳，吳師敗。闔閭弟夫概見秦越交敗吳，吳王留楚不去，夫概亡歸吳而自立爲吳王。闔閭聞之，乃引兵歸，攻夫概，夫概敗奔楚。楚昭王乃得以九月復入郢，而封夫概于堂谿，爲堂谿氏。」「十一年，吳王使太子夫差伐楚，取番。楚恐而去郢，徙鄀。」在上言於越，爲舉之；在下言越，因從中國録之。此在繙譯名號例中。

六月，丙申，季孫意如卒。意如，宿孫，昭七年立，六見經。子斯立。疏《魯世家》：「定公五年，季平子卒。陽虎私囚季桓子，與盟，乃捨之。」日者，惡前見。又，定、哀之世其辭微。

秋，七月，壬子，叔孫不敢卒。謚成子，昭二十五年立，一見經。子州仇立。

冬，晉士鞅帥師圍鮮虞。《左氏》：「報觀虎①之役也。」疏四年，圍鮮虞。六卿專，欲廣地自強，故失諸侯。

六年疏《年表》：「周王子朝之徒作亂，故王奔晉。楚徙都鄀。」

春，王正月，癸亥，鄭游速帥師滅許，以許男斯歸。録鄭滅許，以許歸屬于鄭之辭也。鄭因楚敗乃滅許。《春秋》有伯之世，中國不滅國。于定四年蔡滅沈，六年鄭滅許，十四年陳滅頓，十五年楚滅胡；沈、頓、胡、許四見會盟之國，同滅于定世，見諸侯之無伯也。疏《楚世家》：「十二年，楚恐，去郢，北徙都鄀。」按：日者，許，中國。名者，失地絶之。滅者，滅之于容城。後許復見，鄭以後不見從晉之文，敘在齊下。

二月，公侵鄭。僖以下，不言公侵伐，權在大夫也。此目公者，政在陪臣，不可言，故目公也。侵時，月者，危之也。

① 觀虎：原作「虎觀」，據《左傳》定公五年乙。

陪臣執政，月以大之。**疏**《左傳》：「公侵鄭，取匡，爲晉討鄭之伐胥靡也。」從宣至此八十年，公不親將。

公至自侵鄭。鄭因魯復許國。致不月者，公實未行也。

夏，季孫斯、仲孫何忌如晉。如晉者，魯當事晉也。傳曰：「不正其同倫相介①，故列數之。」時齊據鄆與讙、龜陰，告圍鄆也。**疏**《左傳》：「季桓子如晉，獻鄭俘也。陽虎強使孟懿子往報夫人之幣②。」

秋，晉人執宋行人樂祁犁。稱行人，怨在上也。晉六卿執政，無志于諸侯，故執宋行人。**疏**《左》：「樂祁曰：『諸侯惟我事晉。』」言執行人，晉愈失諸侯矣。

冬，城中城。劉子云：「先是定公自將侵鄭，歸，城中城。」

城中城者，再城。三家張也。因昭公之難。或曰：非外民也。同成公九年傳。

季孫斯、仲孫忌帥師圍鄆。並見二卿者，二軍之制。此下常言二卿矣。**疏**忌者，何忌。言忌者，貶之也，從蔡侯東例。圍鄆者，齊取鄆，居公，公薨後不反鄆，故告晉而圍鄆。

七年《年表》：「劉子迎王，晉入王③。」

春，王正月。

---

① 介：原作「見」，據《穀梁傳》文公十八年改。
② 幣：原作「聘」，據《左傳》定公六年、鴻寶本改。
③ 「王」下原衍「城」字，據《史記・十二諸侯年表》刪。

夏，四月。

秋，齊侯、鄭伯盟于鹹。齊不盟諸侯久矣！今盟鄭者，得鄭也。疏盟，伯者之事也。自皋鼬以下，無諸侯大盟。會晉無盟字，齊有盟。會盟于鹹，齊欲得諸侯，鄭欲報魯，故相會于鹹。下晉士鞅伐鄭，討其盟齊，徵其會也。

齊人執衛行人北宫結以侵衛。齊執衛行人，齊復伯之辭也。齊伯，則晉失伯矣，又執衛行人，欲得衛也。疏《年表》：「齊侵衛，伐魯①。」

以，重辭也。解見僖二十一年。衛人重北宫結。衛欲背晉從齊，恐國人不從，僞使齊執結以侵衛，因侵而與之盟。

齊侯、衛侯盟于沙。此衛爲齊屬之辭。齊有盟，晉無盟矣。疏因侵而盟，乃同伐晉。沙，晉地也。下士鞅伐衛，討此盟也。

大雩。不月，七月也。雩而不得大雨，故九月復雩。

齊國夏帥師伐我西鄙。定世伐我不言鄙，此言鄙者，爲陽虎事。疏《魯世家》：「七年，齊伐我，取鄆，以爲魯陽虎邑以從政。」

九月，大雩。劉子説：「先是定公自將侵鄭，歸而城中城。二大夫帥師圍鄆。」

冬，十月。

① 魯：原作「晉」，據《史記·十二諸侯年表》改。

八年

春，王正月，公侵齊。報西鄙之役。恃晉以抗齊，月者，危之也。齊近晉遠，齊強晉弱，恃遠交以樹怨近鄰，危，故月之也。

公至自侵齊。危之也。不月者，同月也，同月不再出月。疏《年表》齊：「魯伐我，我伐魯。」

二月，公侵齊。月者，重危之。二月再出師，重勞民，欲以樹怨于大國，危之甚也。

三月，公至自侵齊。三月兩侵，兩致窮兵結怨，故下齊又伐西鄙。

公如，往時致月，危致也；往月致時，危往也；宣九年月如時致。凡月者，危之也。往月致月，惡之也。一時再侵齊，輕舉亟動，失爲國之道，故惡之。再發傳者，爲立世例也。莊世言往月致月爲有懼，此言惡之者，莊世初致月猶懼耳，此久致，以見危則月有加，故起義爲惡之也。

曹伯露卒。疏《曹世家》：「靖公四年卒，子伯陽立。」時者，惡之也。露弑兄而立，惡其弑也。弑不書，不言隱公卒，略之也。

夏，齊國夏帥師伐我西鄙。瓦師，救我者也。不言救者，內不言救，言會晉師，意已明。

公會晉師于瓦。皋鼬以後，晉無從國，不大會諸侯。晉有會無盟，此失伯之辭也。疏據《左氏》，此士鞅、趙鞅之師也。瓦，宋地。不言趙鞅者，公不會大夫也；會之，謀拒齊。諸侯從齊者衆，故獨會公。

公至自瓦。盟會凡三人以上①，致則言會，以三成衆，離會則致地，以二人會不足爲會。

秋，七月，戊辰，陳侯柳卒。「蔡侯東國②卒于楚」地楚。此卒于吴，何以不地吴？閔之也。楚何以地？楚大吴小，陳貴于蔡；不言陳朝吴，諱之深，故不書。蔡可言卒楚，陳不可言卒吴也。疏《陳世家》：「四年，吴復召懷公。懷公恐，如吴。吴怒其前不往，留之，因卒吴。陳乃立懷公之子越，是爲湣公。」

晉士鞅帥師侵鄭，遂侵衛。晉以下不言帥諸侯，晉失伯也。衛、鄭從齊，故伐之。疏討鄭、衛與齊盟。遂，繼事，專兵也。

葬曹靖公。《春秋》曹國九卒九葬，無不葬者，起爲小國例也。始卒日者，起卒正之首也。以後不日者，一見已明，下從正例。以曹不日，見餘卒正月之爲進也。壽日者，進之也。

九月，葬陳懷公。月者，爲危之也，《春秋》之終也。凡大國葬皆月，《春秋》陳十一卒八葬：款不葬，惡從楚也；躍不葬，爲嗣子危；朔不葬，背殯出會也。

季孫斯、仲孫何忌帥師侵衛。受趙鞅之命而侵衛。季孫逐君，晉大夫右之，故聽命抗齊侵衛。詳録三家之權，欲反其權于諸侯也。疏《左傳》：「師侵衛，晉故也。」

冬，衛侯、鄭伯盟于曲濮。衛、鄭盟者，盟從齊也。晉已無盟，此猶有盟者，由齊得有盟也。疏曲濮，衛地也。衛、鄭因晉侵同盟，從齊抗晉。時六卿強，侵奪鄭地，故思從齊侯也。

---

① 上：原作「下」，據《穀梁傳》定公十年廖注「參盟以上乃致」改。

② 國：原脱，據《穀梁傳》昭公二十三年補。

從祀先公。不言閔、僖者，不斥言以諱惡也。不日者，善事不謹。**疏**《左氏》：「陽虎欲去三桓。」「冬十月，順祭先公而祈焉。辛卯，禘于僖公。」

貴復正也。據言從，知復正。凡言公，皆于太廟行事，不言太廟者，見者不再見。此惡事，陽虎主之。其以復正言者，經意如此，不關事實也。三傳説經，有言事實，有言經意者，如「舍中軍」、「從祀先公」均惡也，而傳以復正言之，因有其事，以明其制，不必更記其事之美惡，此經義所以閒與事實不合也。推之，盾、止未弑而書弑，招、圍弑而不書弑，皆此例也。

盜竊寶玉、大弓。《王制》曰：「仕于家者，不與士齒。」劉子説：「陽虎作亂，竊寶玉、大弓。」**疏**《魯世家》：「八年，陽虎欲盡殺三桓適，而更立其所善庶子以代之。載季桓子，將殺之，桓子詐而得脱。三桓共攻陽虎，陽虎居陽關。」《論語》曰：「陪臣執國命，三世希不失矣。」稱盜者，陪臣也，微，不得與士齒。稱盜不稱人，詳陪臣之禍，欲反其權于天子也。

寶玉者，封圭也。大弓者，武王之戎弓也。周公受賜，藏之魯。寶玉謂夏后氏之璜；大弓，封父之繁弱，皆魯始封之分器，受于周者。非其所以與人而與人，謂之亡。梁亡是也。謂失亡。非其所取而取之，謂之盜。傳曰「春秋三盜」，此其一也。**疏**《年表》：「陽虎欲伐三桓，三桓攻陽虎，虎奔陽關。」

九年**疏**《年表》：「陳湣公越元年，曹伯陽元年。」

春，王正月。

夏，四月，戊申，鄭伯蠆卒。鄭卒皆日，方伯也。鄭自平丘同盟以後，與楚、吴全無會盟、侵伐、交接之文，惟召陵從侵楚、囊瓦奔鄭一見，此内鄭例也。**疏**《鄭世家》：「十三年卒，子聲公勝立。當是時，六卿強，侵奪鄭①，鄭遂弱。」

得寶玉、大弓。**疏**《魯世家》：「九年，魯伐陽虎，虎奔齊，已而奔晉趙氏。」

其不地，何也？據有盜之者宜地。寶玉、大弓在家則羞，據盜者陪臣。重寶爲陪臣所竊，可恥。不目，羞也。諱，故不言所得之地。惡得之？問其實地。得之堤下。當是師説所傳。或曰：陽虎以解衆也。因其竊國寶，故追之急，已乃棄此以餌追師，得寶，則追者之心解散也。

六月，葬鄭獻公。月者，終《春秋》葬月也。鄭卒皆日，鄭以伯爲方伯，貴賤不嫌同辭，故卒皆日也。鄭十二卒八葬。捷不葬者，晉納蘭也；夷不葬者，不討賊故；不葬費、睔，爲伐喪。莊爲忽、厲危，捷不葬，以下皆月矣。

秋，齊侯、衛侯次于五氏。齊得衛以伐晉。**疏**次，不進也。五氏，晉地。魯、衛已從齊，與齊、衛討晉。無鄭者，鄭在喪中。

秦伯卒。時卒，狄秦。以上五卒皆時。**疏**《秦本紀》②：「哀公立三十六年卒。太子夷公③，夷公早死，不得立，立夷公子，是爲惠公。」

冬，葬秦哀公。以上三十六年，不記事，但記卒葬。

十年《年表》：「鄭聲公勝元年。鄭益弱。秦惠公元年。」

---

① 「鄭」下原衍「地」字，據《史記·鄭世家》、日新本、鴻寶本删。

② 本紀：原作「世家」，據《史記》改。

③ 「公」下原衍「立」字，據《史記·秦本紀》删。

春，王三月，及齊平。此魯從齊也。平者，蓋敗乃爲戒。以下不言公及者，外公也。平例時，此月者，不信也，爲頰谷起。

夏，公會齊侯于頰谷。疏《齊世家》：「四十八年，景公與魯定公好會頰谷。犂鉏曰：『孔丘知禮而怯，請令萊人爲樂，因執魯君，可得志。』景公害孔丘相魯，懼其霸，故從犂鉏之計。方會，進萊樂，孔子歷階上，使有司執萊人斬之，以禮讓景公。景公慙，乃歸魯侵地以謝而罷去。」

公至自頰谷。致地例。三傳同。

離會不致，據參盟以上乃致。何爲致也？據離會無危道，不如大盟會。離讀如儷，匹也。好會離則不致，穀與瓦致，以兵事也。危之也。據危如大盟會。危之則以地致，何也？據危如大會，當以會致。穀、瓦致者，兵事。爲危之也。據有兵事如瓦、穀，故致地，重危之，明危在頰谷也。其危奈何？據好會無危道。曰：頰谷之會，孔子相焉。爲司寇也。兩君就壇，會必築壇，故于隙地。兩相相揖。齊人鼓譟而起，鼓譟者，鳴鼓而聲譟。欲以執魯君。于會執魯君，如鄫子故事。孔子歷階而上，西階也。不盡一等，讓君也。而視歸乎齊侯，曰：君在堂上，孔子在階下，相去遠，故以目旻①之而言。「兩君合好，夷狄之民辟齊人。或曰：萊人也。何爲來爲？」命司馬止之。司馬，魯卿，所謂「義者行」也。齊侯逡巡而謝曰：逡巡，不安貌。「寡人之過也。」謝孔子。退而屬其二三大夫曰：屬，告也。「夫人率其君

---

①「旻」，鴻寶本作「視」。

與之行古人之道，夫人，孔子也。古人禮讓之道。二三子獨率我而入夷狄之俗，何爲？」以萊人于會要相執，此夷狄之俗也。罷會，已會後。齊人使優施優，俳優，施，其名也。舞于魯君之幕下。孔子曰：「笑君者罪當死。」蓋優學爲魯侯，故曰笑君。使司馬行法焉，命司馬斬之。孔子所謂「智者慮」，司馬則勇者也。首足異門而出。首足異門，不使相屬，重罪也。齊人來歸鄆、讙、龜陰之田者，蓋爲此也。魯用孔子，齊畏威德，歸田以求和。因是以見雖有文事，會盟。必有武備，司馬，「義者行」也。孔子於頰谷之會見之矣。劉子説：「聖王之治天下，先文德而後武功。凡武之興，爲不服①也，文化不改，然後加誅。夫下愚不移②，文德之所不能化，而後武力加焉。」俞樾説：見當爲㝵，本謂孔子得之矣。從㝵脱寸，乃誤爲見。

疏《孔子世家》：「由中都宰爲司空。」

晉趙鞅帥師圍衛。討其從齊伐晉。疏單敘晉師，失諸侯也。

齊人來歸鄆、讙、龜陰之田。劉子説：「定公、孔子爲頰谷之會，齊人來歸鄆、讙、龜陰之田。」按：言齊歸田，如魯新有功，齊伯奉天子命，禄以閒田。疏言歸田，則邑可知。言鄆、讙、龜陰田者，不許邑也。鄆者，齊爲公取不反者。

叔孫州仇、仲孫何忌帥師圍郈。叔孫在孟孫上。仲，下卿也。疏詳録陪臣專，欲反其權于大夫也。言帥師，有難也。

---

① 服：原作「明」，據《説苑・指武》改。

② 移：原作「肖」，據《説苑・指武》改。

秋，叔孫州仇、仲孫何忌帥師圍郈。墮郈也。二卿帥師不能墮，明郈強也。私家專政之禍久矣！

宋樂大心出奔曹。宋與曹相仇。疏《左傳》：「子明言于公曰：『右師將不利戴氏，不肯適晉，將作亂也。』乃逐桐門右師。」

宋公子地出奔陳。爲魋奪馬事出奔。公子地，辰之兄，皆宋公母弟。不稱弟，不以屬通，從正稱也。辰勸地：出奔，君必反之。地奔，辰請反地，公不許，故辰亦奔。宋與陳相仇，故辰又奔陳。疏地，元公子。宋不見公子、公孫，見公孫壽者，起其讓，爲蕩氏也。此稱公子，言失其弟，以與辰相起。其下事明，故言弟也。

冬，齊侯、衛侯、鄭游速會于安甫。三國從齊。疏齊地也。傳：「搴①去齊國五百里。」齊得衛、鄭，故爲安甫之會。

叔孫州仇如齊。如齊者，如會也。會不與，蓋後會也。

宋公之弟辰暨宋仲佗、石彄出奔陳。暨者，不得已也。言暨者，仲佗、石彄使之也。時宋公子辰、公子地、仲佗、石彄四大夫皆在陳。疏辰以母弟出奔，事與鄭段大異。使鄭段亦同此書出奔，則鄭伯之惡不顯。事小而情重，則不得不從重科之，書以克，所以顯其處心積慮成于殺之惡也。

十有一年

---

① 搴：原脱，據《穀梁傳》成公二年補。

春，宋公之弟辰及仲佗、石彄、公子地自陳入于蕭以叛。① 劉子云：「宋三臣以邑叛」，五年日食之應。按：蕭前滅于楚，此乃爲宋邑者，諸侯爲宋取之，以歸于宋也。故前爲附庸，後爲宋邑也。疏班氏云：「《左傳》宋公子地有白馬駟，公嬖向魋欲之，公取而朱其尾鬣以予之。地怒，使其徒抶魋而奪之。魋懼將走，公閉門而泣之，目盡腫。公弟辰謂地曰：『子爲君禮，不過出竟，君必止子。』地出奔陳，公弗止。辰爲之請，弗聽。辰曰：『是我迋吾兄也，吾以國人出，君誰與守？』遂與其徒出奔陳。明年以俱入于蕭以叛，大爲宋患，近馬禍也。」

宋公之弟辰，據地亦母弟，不言弟。未失其弟也。據不言復入，中國辭。疏辰以迋兄自去，近于有信，如公子鱄，故稱弟盡其親，譏宋公嬖佞人以逐兄弟也。辰罪不如段有事罪明，故但譏宋公也。及仲佗、石彄、公子地，據出言曁，入言及。疏《春秋》之例，三大國與衛同不言公子、公孫，言皆變例，有所起。晉全不言，齊一言商人，宋一見地，壽、衛一見瑕、剽，皆有別義。然則惟陳、鄭、蔡、楚四國正言之，鄭七族以外二見公子；楚有公子，無公孫；蔡公子、公孫外但見朝吴。此又名，異也。以尊及卑也。謂以辰及仲佗、石彄耳。不以及其兄，地有奪馬罪，辰無罪，使其入，當召復其位，故以辰同出之人在先。按：事由公子地，不以地先仲佗、石彄二大夫者，二大夫與辰同出，地先奔，故異之。自陳，據入或不言自。陳有奉焉爾②。陳、宋相仇，地因奔陳。又招佗、彄挾辰出奔，故助之入蕭。入于蕭以叛，入者，據不失弟，宜言歸。內弗受也。言入，非善辭。疏宋，大國。大國三卿，同時

---

① 「及仲佗」至下文「宋公之弟辰」：阮刻十三經注疏本《穀梁傳》無，《春秋穀梁傳注疏》定公十一年《校勘記》以之爲衍文，此爲廖氏據補。

② 爾：原作「耳」，據《穀梁傳》定公十一年改。

見五大夫出奔，則大夫當在十人以上矣。宋，大國，三卿、九大夫當得十二人，經于此特詳之。以者，不以①也。叛，據以地奔曰叛。奔當②言國，此言叛，不言國。直叛也。據地無君命以叛，言外之于國也。不出而言叛，身未出竟。據居于邑，使若國然。直叛猶言未出，以據地而叛之，不言出也。

夏，四月。

秋，宋樂大心自曹入于蕭。因事出奔。因辰入蕭，乃亦反宋入蕭。疏《左傳》：「秋，樂大心從之，大爲宋患，寵向魋故也。」

冬，及鄭平。傳曰：「不言及③者，以國與之也。」言「及鄭平」，與「及齊平」同，齊乃平之國也。蓋鄭使人如齊，齊使之反至魯盟，始叛晉也。

叔還如鄭涖盟。傳曰：「不言其人，亦以國與之④也。」前定盟。于此兩見鄭，因齊盟我，故我亦遣使盟鄭。涖盟者，前定也。前定者，新平鄭，内大夫一如鄭。疏《世本》：「叔弓生定伯閱，閱生西巷敬叔，叔生成子還。」還是叔弓曾孫。杜云「叔詣曾孫」，誤。

十有二年《年表》魯：「齊來歸女樂五十，季桓子受之，孔子行。」

---

① 「以」下原衍「者」字，據《穀梁傳》定公十一年刪。

② 奔當：原作「當奔」，據鴻寶本乙。

③ 「及」下原衍「之」字，據《穀梁傳》僖公三年刪。

④ 之：原脱，據《穀梁傳》僖公三年補。

春，薛伯定卒。王者初制法，詳内略外。臨一家言，故小國卒葬之禮備；臨天下言，則小國不詳，故不卒之也。

夏，葬薛襄公。時卒時葬，薛正例也。疏薛終《春秋》惟書一來朝，以下則但記卒葬，不記事，從大國以見。

叔孫州仇帥師墮郈。夫子辨家邑之制，爲此墮也，若叔孫陪臣，安得書于《春秋》？

墮，據邑當言取。猶取也。據前再言圍。夫子爲政，墮三家私邑，以強公室。

衛公孟彄帥師伐曹。爲宋討也。一伐。疏公孟彄，舊説皆以爲孟縶子。按：公孫當稱公孫。鄧名世《姓氏書辨證》又以彄爲縶孫，謂「縶以疾不得嗣，孫彄以王父字爲氏」是也。昭以後，衛大夫北宫、世叔、叔齊、孔、石、公叔、公孟、趙共見，八族者三卿、五大夫。孫、甯既絶，詳見氏族，以見靈公之善用人也。

季孫斯、仲孫何忌帥師墮費。《地理志》：「費，故季氏邑。」疏《孔子世家》：「定公十三年夏，孔子言於定公曰：『臣無藏甲，大夫無百雉之城。』使仲由爲季氏宰，將墮三都。於是叔孫氏先墮郈。季氏將墮費，公山不狃、叔孫輒率費人襲魯。公與三子入於季氏之宫，登武子之臺。費人攻之，弗克，入及公側。孔子命申句須、樂頎下伐之，費人北。國人追之，敗諸姑蔑。二子奔齊，遂墮費。」

秋，大雩。

冬，十月，癸亥，公會齊侯盟于黄。黄，齊地。公與齊也。

十有一月，丙寅，朔，日有食之。劉子説：「後晉三大夫以邑叛，薛弑其君，楚滅頓、胡，越敗吴，衛逐世子。」

公至自黄。疏黄在外，例致。

十有二月，公圍成。疏《魯世家》：「十二年，孔子使仲由毀三桓城，收其甲兵。孟氏不肯墮城①，伐之，不克而止。季桓子受女樂，孔子去。」成爲孟氏家私邑。

非國言圍，圍成，大公也。昭在外，此在内，不異例者，道義不外君也。昭圍不月，此月者，公在内，使墮而不能成，月之以著臣下之彊也。

公至自圍成。不得意也。公圍成，成倚齊自固，公不能取，故危之如敵國。公于魯而致，此亦外公之義也。

何以致？據圍成不踰竟，例不致。危之也。因有危道，變例致之。何危爾？據内無危公之道。邊乎齊也。圍成者，墮成也。成邊于齊，邊與出竟相同，成以齊爲助，不能取，故致以外之也。疏《孔子世家》：「將墮成，公斂處父謂孟孫曰：『墮成，齊人必至於北門。且成，孟氏之保障，無成是無孟氏也。我將弗墮。』十二月，公圍成，弗克。」

十有三年

春，齊侯次于垂、葭。垂、葭，二邑累見也。魯有葭，故邾葭繫邾也。時公圍成，故齊侵我，師至垂、葭。言次者，辟渝盟，因次又與齊和。疏一説此伐晉。與九②年次五氏同。

夏，築蛇淵囿。見三囿者，明禮諸侯三囿也。見三臺者，亦明諸侯三臺之制。疏傳曰：「虞利非正。」

大蒐于比蒲。有兵事，不廢築、蒐，非之也。

---

①　城：原作「成」，據《史記・魯世家》、日新本、鴻寶本改。

②　九：原作「五」，據《穀梁傳》定公九年、鴻寶本改。

衛公孟彄帥師伐曹。二伐。

秋，晉趙鞅入于晉陽以叛。《春秋》于趙事兩赦其罪：趙盾弒君，再見趙鞅叛，後言歸于晉。疏《晉世家》：「十五年，趙鞅使邯鄲大夫午，不信，欲殺午，午與中行寅、范吉射親攻趙鞅，趙鞅走保晉陽。定公圍晉陽。荀櫟、韓不信、魏侈與范、中行爲仇，乃移兵伐范、中行。范、中行反，晉君擊之，敗范、中行。范、中行走朝歌，保之。韓、魏爲趙鞅謝晉君，乃赦趙鞅，復位。」

以者，不以者也。叛，直叛也。入自外言入，「入于蕭」是也。疏《地理志》太原郡晉陽下云：「故《詩》唐國。周成王滅唐，封弟叔虞。」

冬，晉荀寅、士吉射入于朝歌以叛。劉子云：周公誅三監，盡以其地封康叔。「至十六世，懿亡道，爲狄所滅。齊桓公率諸侯伐狄，而更封衛于河南曹、楚丘」，「而河内殷墟更屬于晉」。歌，衛故國也。衛遷朝歌，地爲晉有。疏《地理志》河内郡朝歌下云：「紂所都。周武王弟康叔所封，更名衛。」《齊世家》：「五十五年，范、中行反其君于晉，晉攻之急，來請粟。田乞欲爲亂，樹黨于逆臣，説景公曰：『范、中行數有德于齊，不可不救。』乃使乞救而輸之粟。」但言叛，不言後事，未言之例也。自此以下，晉數見韓、趙、魏，以起三家分晉也。荀、士亡于本年，欒氏亡于襄二十三年。六卿專晉，自襄元年至定十三年，共七十七年。欒最強，先亡，荀氏次之，魏、韓、趙較三家爲弱，乃能自保其位。

晉趙鞅歸于晉。劉子説：「晉三大夫以地叛」，十二年日食之應。

此叛也，其以歸言之，何也？據以惡入。貴其以地反也。歸如「歸公孫敖之喪」之歸，有所挾之辭。以地反，故不言入。貴其以地反，則是大利也？據以地言歸。因地得善詞，是以利而亂其是非。非大利也，據其非實叛。罪其據地，反地則除罪，非因地赦之。疏弟子所問有誤，師隨時駁正之。《公羊》無此例。許悔過也。據因無君命而入，是微過，非大惡。言歸，許其悔專入之失。許悔過，則何以言叛也？叛者大惡，過者小失。前既言叛，則不得爲過。以地正國也。荀寅、士吉射合謀亂晉，不利公室，鞅以其禍將起，力弱不能制，先據邑自立，然後發二家姦謀，故二家隨叛。其事已明，乃歸邑于君，有正國之功，不免專擅之罪。其事雖專，其心可恕，故許其悔過也。以地正國，則何以言叛？據討賊以地，權宜之事，不當言叛。其入無君命也。《史記》：「孔子聞趙簡子不請晉君而執邯鄲午，保晉陽，故書《春秋》曰『趙鞅以晉陽畔』。」疏《趙世家》：「晉定公之十四年，范、中行作亂。明年春，簡子謂邯鄲大夫午：『歸我衛士五百家，吾將置之晉陽。』午許諾，歸，其父兄不聽，倍言。趙鞅捕午，囚之晉陽，乃告邯鄲人曰：『我私有誅午也，諸君欲誰立？』遂殺午。趙稷、涉賓以邯鄲反。晉君使藉秦圍邯鄲。荀寅、范吉射與午善，不肯助秦而謀作亂，董安于知之。十月，范、中行氏伐趙鞅，鞅①奔晉陽，晉人圍之。范吉射、荀寅仇人魏襄等謀逐荀寅，以梁嬰父代之；逐吉射，以范皋繹代之。荀躒言于晉侯曰：『君命大臣，始亂者死。今三臣始亂而獨逐鞅，用刑不均，請皆逐之。』十一月，荀躒、韓不佞、魏哆奉公命以伐范、中行氏，不克。范、中行氏反伐公，公擊之，范、中行敗走。丁未，二子奔朝歌。韓、魏以趙氏爲請。十二月辛未，趙鞅入絳，盟于公宮。其明年，知伯文子謂趙鞅曰：『范、中行雖信爲亂，安于發之，是安于與謀也。晉國有法，始亂者死。夫二子已伏罪，而安于獨在。』趙鞅患之。安于曰：『臣死，趙氏定，晉國寧，吾死晚矣！』遂自殺。趙氏以告知伯，然後趙氏寧。」

薛弒其君比。劉子云：「薛弒其君」，十二年日食之應。按：薛無大夫，故以國言之，與大國稱人同，稱人則爲名、氏。晉以國弒者，君無道甚，不同。疏曹、薛皆弒，何以不書曹？爲同姓諱也。《春秋》何書弒？凡書卒之國，皆得書弒也。

---

① 鞅：原脱，據《史記·趙世家》、鴻寶本補。

十有四年

春，衛公叔戍來奔。公叔，衛公子也。衛公子不稱公子，稱公孟、公叔、世叔。疏事詳《左傳》。

晉趙陽出奔宋。晉當作衛。晉、宋親，晉逃人不奔宋。疏趙陽，王符《潛夫論》：趙氏爲衛公族。孔疏引《世本》：懿子兼生昭子，昭子生陽。兼即黶也。毛氏《簡書刊誤》曰：「趙陽，衛大夫。」正義據《世本》有明證，《公羊》改衛作晉，誤。晉，《左》作衛，云：「衛侯逐公叔戍與其黨，故趙陽奔宋。」入定、哀之世，三傳事無異同，知作晉者，後人校者以趙爲晉族妄改之。

二月，辛巳，楚公子結、陳公孫佗人帥師滅頓，以頓子牂歸。諸侯不敘，獨敘陳者，以陳屬之楚也。自文十四年以後，同盟之國平丘以後，與楚絶來往之文。陳于定、哀猶以從楚見，故文以下同盟無陳也。何以無陳？以楚爲二伯，則以陳攝荆州伯，不如宋、魯、衛、鄭爲中國，故書同盟。故平丘以後不見從楚之文。以陳屬楚，以頓還陳之辭也。頓爲陳屬國，近楚之中國也。《年表》：「楚滅胡。以吴敗，我倍之。」因楚事乃録之，能列會盟，蓋小國，如曹之比。知陳屬者，國在汝南。前納頓子者陳，此滅又出陳也。疏《楚世家》：「昭王二十年滅頓。」不事楚，因見滅。定四年後，楚再見陳從，滅頓圍蔡。按：結，平王子，字子期，下見伐陳。公孫佗人，《公羊》作公子，趙坦云：譌也。

夏，衛北宫結來奔。二臣奔我，魯、衛不協。結，戍之徒也。疏《左》：「公叔戍之故也。」

五月，於越敗吴于檇李。夷狄相敗不月。取卒之月加于敗之上者，見以敗卒也。

吴子光卒。劉子云：「吴以伍子胥、孫武之謀，西破強楚，北威①齊、晉，南伐越，越王勾踐迎擊之，于姑蘇傷闔閭

---

① 威：原作「滅」，據《説苑・正諫》改。

指，軍卻。闔閭謂太子夫差曰：『爾忘越王勾踐殺爾父乎？』夫差對曰：『不敢忘。』是夕，闔閭卒。夫差既立爲王，以伯嚭爲太宰，習戰①射，三年，伐越，敗于夫湫。」疏《地理志》會稽郡由拳縣下云：「柴辟，故就李鄉，吴②越戰地。」《吴世家》：「十九年，吴伐越，越王勾踐迎擊之檇李。越使死士挑戰，三行造吴師，呼，自剄。吴師觀之，越因伐吴，敗之姑蘇，傷吴王闔閭指，軍卻七里。吴王病傷而死。闔閭使立太子夫差，謂曰：『爾忘勾踐殺汝父乎？』對曰：『不敢忘。』三年，乃報越。」

公會齊侯、衛侯于牽。牽，齊地。衛與公會，齊和魯、衛也。齊合諸侯而晉不列數者，晉失伯也。莊、僖之間齊爲伯，通主天下，所謂天下諸侯皆在是，同盟有蔡。至于晉文爲伯，則楚亦起。晉之同盟，傳以爲外楚，與楚分主中外。至僖二十九年至昭十三年以後，齊又興。至定四年以後，則齊與晉同主中國，楚、吴主夷狄。

公至自會。

秋，齊侯、宋公會于洮。洮，内地也。齊、宋會，齊得宋也。公與衛、鄭在會，不言者，時以起得宋，餘從略，兼爲范氏之故。疏齊初合諸侯，天下皆至，以同爲尊周，傳所謂「徧至」，《左傳》所謂「五侯、九伯，女實征之」是也。桓公卒，晉、楚分統之。至此，更歸于齊。《左傳》云「狎主齊盟」，以盟屬之齊，故以齊始，以齊終也。

天王使石尚來歸脤。疏《左傳》：「有事于文、武，使孔賜伯舅胙。」又宋云：「天子有事膰焉。」周以後不見。

脤者何也？一見例。俎實也，宗廟祭祀，孰則載之俎。祭肉也。此指生者而言。生曰脤，千里相

① 戰：原脱，據《説苑·正諫》補。

② 吴：原脱，據《漢書·地理志》、鴻寶本補。

歸，必以生者。孰曰膰。「孔子膰肉不至，不脱冕而行。」《公羊》：「生①曰脤，孰曰膰②。」其辭其辭，猶其曰，謂書法也。石尚，據以名、氏見。士也。據名不如字。《春秋》三錫以上乃書于經，小國諸侯卿猶稱人，士不得書，惟天子之公③八錫，卿六錫，大夫四錫，士二錫，比外加一等，得爲三錫，故書于經。天子之士，位同小國之君，禮經所言士，多指天子士而説者。以諸侯士混同言之，不知其名雖同，其尊卑懸絶，不可一律説之也。何以知其士也？據列國大夫乃言姓、名。天子之大夫不名，據以名、氏見者，上士也。下士稱人，王人是也。大夫不名，名下字一等，知爲士。疏《春秋》之例，人不如名，王人不如石尚；名不如字，石尚不如召伯、南季；字不如子，召伯、南季不如單子、劉子。蓋周公、祭公爲公，稱子者爲卿，字者爲大夫，名者爲上士，人爲下士。石尚欲書《春秋》，「書《春秋》」謂欲觀《春秋》。《左傳》：韓宣子聘魯，觀《易象》、《春秋》。一説以書，欲書于經。《春秋》，魯史舊名，周禮在魯，故王臣亦重之。言此者，明王朝往來交涉之事皆得書也。疏《春秋》舊文，二百四十年事實當數百倍于此，孔子作《春秋》，筆則筆，削則削，常事不書，見者不見，必有所起，乃不從削，詳魯略外，因見以起不見，皆《春秋》新法，非舊史文也。諫曰：「久矣！周之不行禮于魯也。自成以後，王室于魯不行禮，故言久也。疏《左氏》家法，以經義託之事實，此《傳》就事實立説，與《左》頗近。王臣詳于文、宣以前，公、卿、大夫之文，其制早見，惟士禮不詳，故于此一見士禮以示其例，非果因石尚本意而書之。請行脤。」請行脤，正也。爲書《春秋》而請脤，則非正也。爲己私意而干王

① 生：《公羊傳》定公十四年作「腥」。
② 膰：《公羊傳》定公十四年作「燔」。
③ 公：原作「士」，據鴻寶本改。

事，非臣子之所敢出。然《春秋》貴之者，以其事得正。得正，雖私意，猶許之，所以明貴正之義。**貴復正也。**石尚行脤，由請而行，非王意也。言使，「祭叔來聘」亦如石尚，從下起意，不言使，聘非正；而歸脤正，正許使。不正不言使，所以使人臣道君于善，不敢以不正也。傳曰：「將順其美，匡救其惡。」

衛世子蒯聵出奔宋。劉子云：衛侯夫人南子通于宋子朝，太子蒯聵知而惡之。南子譖太子于靈公，蒯聵出奔。又云：衛逐太子，十二年日食之應。疏《衛世家》：「三十九年，太子蒯聵與靈公夫人南子有惡，欲殺南子。蒯聵與其徒戲陽遬①謀，朝②使殺夫人。戲陽後悔，不果。蒯聵數目之，夫人覺之，懼，呼曰：『太子欲殺我！』靈公怒，太子蒯聵奔宋，已③而之晉趙氏。」

衛公孟彄出奔鄭。蒯聵之黨，故同出奔。哀十年自齊歸衛。

宋公之弟辰自蕭來奔。記叛以後出奔，與曹羈相起。

大蒐于比蒲。常事不書，書者，譏公會邾子于比蒲也。

邾子來會公。蕭叔言朝，此言會者，貶公也。疏邾子當言朝，來會者，因朝在會，奪其朝辭。朝在內，不言公，言公，在外也。公蒐在比蒲，邾因朝，故言會，貶公也。

城莒父及霄。莒父，莒邑也。言莒父，諱取莒邑也。此冬事也。去冬，與莊二十九年相起。

---

① 遬：原作「遫」，據《史記·衛世家》改。
② 朝：原脱，據《史記·衛世家》補。
③ 已：原脱，據《史記·衛世家》、鴻寶本補。

十有五年《年表》：「吴王夫差元年。」

春，王正月，邾子來朝。朝不月，月者，譏數怠。去年朝于比蒲，非禮，今又朝也。**疏** 以上二十九年不志朝。終春秋之世，邾七來朝，一會公：宣元、成六、成十八①、襄元、襄二十八、昭十七、定十四、定十五，凡八事，三月、五時。

鼷鼠食郊牛，牛死，改卜牛。劉子說：「定公知季氏逐昭公，罪惡如彼，親用孔子爲頰谷之會，齊人來歸鄆、讙、龜陰之田，聖德如此，反用季桓子，淫于女樂，而退孔子，無道甚矣。《詩》曰：『人而無儀，不死何爲！』是歲五月，定公薨，牛死之應也。」

不敬莫大焉。據鼠食牛而死不知，展道亡矣。成、哀食角而知，此食至牛死，故曰：「不敬莫大焉。」

二月，辛丑，楚子滅胡，以胡子豹歸。劉子云：楚滅胡、頓，十二年日食之應。按：中國滅例日，胡，蔡屬。**疏**《楚世家》：「昭公二十年，楚滅胡。」《地理志》汝南女陰：「故胡國。」《左傳》云：「吴之入楚也，胡子盡俘楚邑之近胡者，楚既定，胡子豹又不事楚，曰：『存亡有命，事楚何爲？多取費焉。』二月，楚滅胡。」

夏，五月，辛亥，郊。五月，不時也。不言用者，傳曰：「夏之始②，可以承春。」

壬申，公薨于高寢。

高寢，非正也。劉子說：「《春秋》曰：『壬申，公薨于高寢。』傳曰：『高寢者何？正寢也。曷爲或言高寢，或言路寢？曰：諸侯正寢三：一曰高寢，二曰左路寢，三曰右路寢。高寢者，始封君之寢也。二路寢者，繼體君之寢

① 八：原作「六」，據鴻寶本改。
② 始：原作「首」，據《穀梁傳》哀公元年改。

也。其二何？曰：子不居父①之寢，故二寢。繼體君②世世不可居高祖之寢，故有高寢，名曰高也。路寢其立奈何？高寢立中，路寢③左右。』」**疏** 劉子所引「傳曰」，《穀梁》舊傳文也。《穀梁》有五家，其本詳略各不相同。劉子所引，多文義詳備，如説天王不葬、賵賻禮與此，皆文義美備，爲不可少之説。

鄭罕達帥師伐宋。 鄭從齊，宋從晉，故伐之，敗宋師。

齊侯、衛侯次于渠蒢。 伐晉也。

邾子來奔喪。 奔喪者何？哭弔也。哭弔而曰奔喪，內辭也。邾爲魯屬國，以臣禮臨之，來見曰朝，來弔曰奔喪。傳曰：「周人弔，魯人不弔。」蓋臣子于初喪奔往弔之。此必親者，故傳曰：「魯人曰：『吾君也，親之者也。』」尊者乃可以使人。凶禮：奔喪君事，會葬臣禮。奔喪不月者，得禮；會葬月者，以明五月之期，同盟至④也。**疏** 《論語》曰：「今夫顓臾，昔者先王以爲東蒙主，是社稷之臣也。」奔喪，臣子詞也。邾列五等，奔喪不譏者，卒正于方伯有臣子之義。班氏云：「童子諸侯不朝而得奔喪者何？明⑤臣子之于君非有老⑥少也。亦因喪質，無般旋之禮，但盡悲哀而已。」

---

① 父：原作「公」，據《説苑·修文》改。
② 君：原作「居」，據《説苑·修文》改。
③ 「寢」下《説苑校證》有「立」字。
④ 至：原作「主」，據鴻寶本改。
⑤ 明：原作「如」，據《白虎通·崩薨》改。
⑥ 老：原作「志」，據《白虎通·崩薨》、鴻寶本改。

喪急，荀子説：「吉事行五十里，奔喪百里。」班氏云：「聞喪，哭而後行何？盡哀舒憤然後行。望國竟則哭，過朝市則否。君子自抑，小人勉以及禮。見星則止，日行百里，惻怛之心，但欲見尸柩汲汲。」「既除喪，乃歸哭于墓何？死不可復見，痛傷之至也。」「故《禮記·奔喪》記曰：『之墓，西向哭止。』此謂遠出歸後葬，喪服①以禮除。」故以奔言之。班氏云：「《奔喪》記曰：『始聞親喪，以哭答使者，盡哀。問故，遂行。』曾子曰：『師行三十里，吉行五十里，奔喪百里。』」鄭君曰：雖非父母之喪，其禮同；「唯父母之喪，見星而行，見星而止」。

秋，七月，壬申，弋氏卒。曾子問曰：「並有喪，則如之何？何先何後？」孔子曰：「葬，先輕而後重；其奠②也，其虞也，先重而後輕，禮也。」

妾辭也。據不稱夫人。書卒，妾母賤，不見于君世；此書卒者，卒在君薨後，以嗣君爲喪主。傳曰：「賵人之母則可，賵人之妾則不可。」主書者，明君卒，知於妾母申其私恩。蓋書卒則可弔，書葬則可賵。哀公之母也。據母以子氏。于君薨後書葬、卒，妾母。妾在君世不見，在子世以姓氏，在孫世以子氏。

八月，庚辰，朔，日有食之。劉子説：「盜殺蔡侯，齊陳乞弒其君而立陽生，孔子終不用」之應。

九月，滕子來會葬。班氏云：「葬有會者，親疏遠近畢至，親親之義。」禮：諸侯薨，小國于大國，卿弔君會葬。

---

① 喪服：原作「後」，據《白虎通·喪服》改。

② 奠：原作「葬」，據《禮記·曾子問》、鴻寶本改。

故奔喪不月，會葬皆日①諸侯來會葬②，月者，明「五月，同盟至」，同爲下葬。日出以明禮，月③不爲例也。

丁巳，葬我君定公。雨，不克葬。班氏云：「所以臨葬而謚之何？因衆會，欲顯揚之也。故《春秋》曰：『公之喪至自乾侯。』昭公死于晉乾侯之地，數月歸，至急，當未有謚也。《春秋》曰：『丁巳葬』，『戊午日下側④乃克葬』。明祖載而有謚也。」

葬既有日，不爲雨止，禮也。說詳上。雨不克葬，周之九月，今七月也。雨水至，不可行，明未爲⑤雨備。喪不以制也。未盡人子之道。

戊午，日下稷，乃克葬。說見宣八年。

乃，據日中言而。急辭也，乃，難辭也。難謂葬爲時久。禮：日中反而虞，此過時，虞事急，故曰急辭。不足乎日之辭也。禮：日中而虞，下稷乃葬，過遲，不如禮。「不足乎日」謂日不足以行事，譏慢也。

辛巳，葬定弋。劉子云：「妾無謚，亦以卑賤，無所能與，猶士卑小⑥不得謚也。」卿大夫妻，命婦也。無謚者，以賤

---

① 日：原作「臣」，據鴻寶本改。
② 葬：原脱，據鴻寶本補。
③ 月：原作「明」，據鴻寶本改。
④ 側：原作「則」，據《白虎通·謚》、日新本、鴻寶本改。
⑤ 未爲：原作「所以未」，據鴻寶本改。
⑥ 小：原脱，據《五經通義》補。

也。班氏説：「八妾所以無謚何？卑賤無所能與，猶士卑小不得有謚也。」「卿大夫妻，命婦也。無謚何？以賤也。」不言小君，妾詞也。雖得申恩卒葬，而名不可假。三月而葬，從大夫例。葬在後二十二日，明不同葬。疏 劉説見《通典》引《通義》，班説見《通德論》。

冬，城漆。漆，邾邑，庶其以來奔。

穀梁春秋經傳古義疏卷十一

哀公定、哀世無伯，與隱、桓同，傳曰「立乎定、哀，以指隱、桓」是也。由莊至昭，爲有伯。哀世分四伯：齊、晉主北，楚、吴主南。此何典制？蓋用八伯舊制。一岳兩伯，荆爲岳，揚爲牧，南方二州也；晉爲岳，齊爲牧，北方二州也。《公羊》黄池之會爲兩伯之辭，用《尚書大傳》一岳貢兩伯之制。齊、楚有從國，晉、吴無從國；黄池之會，二無從國之伯矣。疏《魯世家》：「定公卒，子將①立，是爲哀公。」

元年疏《年表》：「周敬王二十六年，晉定公十八年，齊景公五十四年，宋景公二十三年，陳閔公八年，衛靈公四十一年，蔡昭侯二十五年，鄭聲公七②年，曹伯陽八年，杞僖公十二年，秦惠公七年，楚昭王二十二年，吴夫差二年。」

春，王正月，公即位。

楚子、陳侯、隨侯、許男圍蔡。楚爲南岳，統諸國，與吴相争。齊一匡天下，晉、楚分伯，統四州。至此，兩伯典一國，統一州而已。定、哀之世，楚猶有從國。陳、許從新城同盟，後不見于中國盟會，從楚也。隨序陳下，以名相從。許滅復見者，復立之。圍蔡，蔡從吴也。疏《年表》：「楚率諸侯圍蔡。」

---

① 將：原作「獎」，據《史記·魯世家》改。

② 七：原作「九」，據《史記·十二諸侯年表》、鴻寶本改。

鼷鼠食郊牛角，改卜牛。劉子説：「天意汲汲于用聖人，逐三家，故復①見戒也。哀公年少，不親見昭公之事，故見敗亡之異。已而哀公不寤，身奔于越，此其效也。」**疏** 正月事也，傳曰「待正月然後言牲之變」是也。不言正月者，從成七年可知。

夏，四月，辛巳，郊。不言用者，可郊也。《春秋》用夏正，故四月、五月郊不譏。六月得譏者，六月建巳，夏正巳屬夏，非春，故不得郊也。

此該郊之變而道之也。據言牛傷與郊時同見，餘事獨見一義，故曰該也。於變之中又有言焉。改卜牛爲變，再記郊時，非僅改牛，故曰「又有言」。鼷鼠食郊牛角，改卜牛，志不敬也。成七年傳有此文，以志變也。郊牛《王制》曰：「祭天地之牛角繭栗，宗廟之牛角握，賓客之牛角尺。諸侯無故不殺牛，大夫無故不殺羊，士無故不殺犬豕，庶人無故不食珍。」《禮》：「郊特牲，社稷太牢。天子適諸侯，諸侯膳用犢；諸侯適天子②，天子賜之禮大牢，貴誠之義也。故天子牲孕弗食也，祭帝弗用也。」日展觓角而知傷，展道盡矣。牛不死，知覺早也，然所以備災之道不盡，故書以譏之。郊自正月至於三月，郊之時也。據三月以前郊不志。夏四月郊，不時也。據志夏四月。五月郊，不時也。據定十五年，志五月郊。夏之始，可以承春，據四月、五月不言用，以其在夏正屬春。《春秋》行夏之時，故田獵、祭禮用夏正，不譏也。以秋之末九月，秋末。承春之

① 復：原作「使」，據《漢書·五行志》改。

② 諸侯適天子：原脱，據《禮記·郊特牲》補。

始，郊當在孟春。蓋不可矣。據成十七年九月言用郊。九月用郊，用者，不宜用者也。成十七年傳有此文。郊三卜，禮也。據三卜得時不志。文見襄七年三卜傳。四卜，非禮也。據四卜志。文見僖三十一年、襄十一年傳。五卜，強也。據加於四卜。文見成十年傳。卜免牲者，僖三十一年「乃免牲」。吉則免之，不吉則否。傳曰「不免，則安置之？繫而待」是也。牛傷，不言傷之者，據三言鼠食。傷自牛作也，不言食之，傷由自作。故其辭緩。據宣三年「郊牛之口傷」傳：「之口，緩辭也」是也。全曰牲，據免牲因卜郊不吉。牛不傷曰牲。傷曰牛，據成七年、定十五年言食角、言免牛。未牲曰牛，據元年「改卜牛」，是未牲曰牛。其牛一也，據牛死皆傷者。傷牛、未牲皆曰牛。其所以爲牛者異。有未牲、已傷之異。有變而不郊，故卜免牛也。據鼷鼠食牛，食乃免牛。言免牛，則不郊可知。成七年傳曰：「免牲不曰不郊，免牛亦然」是也。已牛矣，已牛，謂牲已①災傷者。其尚卜免之，何也？據已傷之牛不可以郊，怪復卜免之。《郊特牲》：「帝牛不吉，以爲稷牛。帝牛必在滌三月，稷牛唯具，所以別事天神與人鬼也。」禮：與其亡也，寧有。禮取于文飾，不得直情徑行，君子以爲文。喪葬、廟祭之禮皆如此。嘗置之上帝矣，牛傷，是天不享此牛，不敢竟行禮，猶卜之，所以恭順天道。故卜而後免之，免牲之禮見成七年。嘗置之滌宮，名爲上帝牲矣，雖已災，猶不敢擅也，必待卜而後免之。不敢專也。《祭義》：「昔者聖人建陰陽天地之情，立以爲《易》。易抱龜南面，天子卷冕北面，雖有明知之心，必進斷其志焉，示不敢專，以尊天也。」卜之不吉，則如之何？經不言卜免牛者，不吉皆不言免，故詳其

① 牲已：原作「已牲」，據文意乙。

禮。不免。安置之？繫而待六月上甲始庀牲，上甲，六月初甲也。周六月建巳，陰生之月，與十二月相對。然後左右之。左右，謂選牲，《詩》云「左右流之」。子之所言者，以上皆弟子問而師答之，傳多不詳問辭。牲之變也，據上言牲變，解經牛災之事而已。而曰我一該郊之變而道之，何也？弟子未解九月①用郊之義。我以六月上甲始庀牲，用六月告天始選牲。十月上甲始繫牲，俟四月，乃告繫牲。十一月、戌月。十二月，亥月。牲雖有變，不道也。據經不志十一月、十二月牛災，牲于此有變，則改卜牛，以不妨郊，故不志。待正月，然後言牲之變，據言牛災皆在正月。此乃所以該郊。此並解郊時，故曰該郊，非但明牛災也。郊，享道也。貴其時，在春三月。四月以後，譏不時。大其禮，其養牲，雖小不備可也。據正月猶復言牛災，二月以後不言者，小不備，可以郊也。子不志三月卜郊，何也？子爲孔子。經無三月卜郊文。郊自正月至于三月，郊之時也。據子、丑、寅三月得正，不志。我以十二月下辛卜正月上辛，但言上、下辛，中辛不用也。如不從，則以正月下辛卜二月上辛；如不從，則以二月下辛卜三月上辛；傳曰：「三月，時也。」「三卜，禮也。」故以三月三卜爲正。如不從，則不郊矣。傳曰「夏四月不時，四卜郊非禮」是也。

秋，齊侯、衛侯伐晉。晉主諸侯，無言伐晉者，此明言伐晉，晉弱而齊強，失在晉臣自封殖，無志諸侯也。疏《田

① 月：原作「日」，據鴻寶本改。

敬仲世家》：「范、中行氏反晉，晉攻①之急，范、中行請粟于齊。田乞欲爲亂，樹黨于諸侯，乃説景公曰：『范、中行氏數有德于齊，齊不可不救。』齊使田乞救之而輸之粟。」

冬，仲孫何忌帥師伐邾。邾來奔喪，伐之，罪惡不待貶絶。此獨見仲卿，下三卿並出，以此爲之倡也。疏哀世多記大夫伐國，自廣其封，戰國之先兆也。

二年

春，王二月，季孫斯、叔孫州仇、仲孫何忌帥師伐邾，取漷東田，及沂西田。内帥師，將或二或四，無言三者，此言三卿何？一見例也。次國三軍，一軍居守，二子從君而出，故見二卿者，二將也；四卿者，將、佐重言也。此目三卿者，言三軍並出，公獨居守之辭也。且以明三家正卿、次卿、下卿之制也。以次序言，則仲爲長，叔次之，季又次之。魯卿則季爲上，叔次之，仲又次，因三公子之功罪爲定也。季孫爲司徒，叔孫爲司馬，仲孫爲司空，一見以明之。内大夫七伐邾不月，此月者，惡三大夫專兵取地也。疏《左傳》：「伐邾，將伐絞。邾人愛其土，故賂以漷、沂之田而受盟。」

取漷東田，漷東，據言取田自漷水。未盡也；言東有西，未盡。襄時「取邾田自漷水」，未盡。及沂西田，沂西，據漷東，知沂西。未盡也。言西有東，知未盡。疏三②大夫全見，争田而出，各有所取，不恤小國。直書其事而惡見。

癸巳，叔孫州仇、仲孫何忌及邾子盟于句繹。句繹，魯所取邑。句繹從繹得名。

① 晉：原脱，據《史記・田敬仲完世家》補。
② 三：原作「上」，日新本作「土」，據鴻寶本改。

三人伐而二人盟，何也？據三大夫同取地，當同盟。**各盟其得也。**據不言季孫，如季孫未取之辭。使同取，當不再出大夫名、氏，出者，如季孫不得地也。疏季孫主國，未有不得地。以三卿同出，取地以自益，恥辱深，不可以爲國，故伐言三卿，盟言二卿。去季以殺恥，若季孫爲政，獨能以正自持者然，所以爲内諱也。

夏，四月，丙子，衛侯元卒。劉子説：「靈公薨，蒯聵之子輒立，是爲出公。」疏《衛世家》：「四十二年春，靈公遊于郊，令子郢僕。郢，靈公少子也，字子南。靈公怨太子出奔，謂郢曰：『我將立若爲後。』郢對曰：『郢不足以辱社稷，君更圖之。』夏，靈公卒，夫人命子郢爲太子，曰：『此靈公命也。』郢曰：『亡人太子蒯聵之子輒在也，不敢當。』于是衛乃以輒爲君，是爲出公。」

滕子來朝。滕、薛，卒正之下等，薛尤略，故襄以下不記事，不言朝，但因大國事及之。滕此言朝，明待之貴于薛。《左》以此爲公立，初來朝。疏終春秋世，滕凡四朝：隱十一年、文十二年、襄六年、哀二年，四①事皆時。《春秋》内六卒正曹、莒、邾、滕、薛、杞，首曹殿杞，皆記朝，明上下尊卑一也；莒、薛不言朝，莒夷子，薛卒正伯，間于其間，不言朝，無所疑也；邾、滕二子言朝，起與稱伯者同尊卑也。

晉趙鞅帥師納衛世子蒯聵于戚。凡言納皆伯辭。《春秋》初不以臣納君，昭以下，齊、晉各一見卿納君者，三世異辭，明政在大夫，亦以譏納之者。晉納世子，是猶從伯辭也。不敘從國者，升齊以抑晉也。疏《衛世家》：「六月乙酉，趙簡子欲入蒯聵，乃令陽虎詐命十餘人衰絰歸，簡子送蒯聵。衛人聞之，發兵擊蒯聵。蒯聵不得入，入宿而保，衛人亦罷兵。」

---

① 四：原作「六」，據鴻寶本改。

納者，據捷菑①言納，内弗受，非正。此稱世子，是正。內弗受也。《春秋》義不許聵入，故以納言之非。美惡不嫌同辭。疏鄭君説「蒯聵欲殺母，靈公廢之」是也。若君薨，有反國之道，當稱子某，如齊子糾也。今稱世子，如君存，是《春秋》不與蒯聵得反立明矣。帥師而後納者，據捷菑不言帥師。有伐也。據納糾言帥師，知有伐。疏言帥師，起内亦以兵拒守。不惟不許入，並得以師拒之之辭。何用弗受也？據元卒，世子宜立。輒不當以子拒父，不可以「納」言。以輒不受也。輒受命于祖，已立，得拒之。《春秋》以受命爲重，靈公已出聵，則輒不得以私受聵入國承靈公之祀也。以輒不受父之命，以聵早出奔，輒非受父命而立。受之王父也。爲有王父之命也。聵得罪靈公出奔，靈命絶之，更立輒。父與王父命，兩有命，不能兼從，則義當不受父命，受王父命。信父而辭王父，如輒當靈公命立時辭以父在，既立，聵入，辟位而去，如伯夷、叔齊故事。則是不尊王父也。《春秋》爲萬世立法，因人之所惑，爲之立義以明之。因聵、輒事以示大義：子從父命，孝也；親亡在外，棄位以逃之，亦孝也。事果如此，其義易明。惟有父又有王父命，從違兩有傷，《春秋》決正其義，以爲不能從父而逆祖。以父亦祖之子也，子順王父，則父爲孝子；逆王父，則父亦爲逆子。故義不兩全，惟棄父命爲正。蓋聵得罪出奔，已絶于父，輒受王父命而立，是受②王命也。如聵來而讓國反之，是辭③王父之命，崇閨門之私恩，棄朝廷之正義，爲大惡。《春秋》貴義不貴惠，信道不信邪。故拒邪命，絶小惠，明受之正，以拒父許之也。疏《異義》：「衛輒拒父，《公羊》以爲子不可以父

① 菑：原作「蓄」，據日新本、鴻寶本改。
② 受：鴻寶本作「順」。
③ 辭：原作「死」，據鴻寶本改。

命辭王父命，許拒其父①。《左氏》以爲子拒父，悖德逆倫，大惡也。」按：衛事與文姜事同，《左傳》當亦同二傳，《異義》所引乃師説。但就拒父一節言之，須知二傳亦以拒父爲惡，特難在有王父命耳。**其弗受，以尊王父也。**劉子云：《春秋》拒蒯聵，不爲不孝；絶文姜之屬，不爲不親。拒父絶母，無人不知其傷天絶倫，是爲大惡。惟是父尊于母，祖尊于父，從母則害于父，從父則害于祖，事出兩難，非聖人決正其義，則説者萬不能發絶母拒父之議。父尊于母，兩有命則從父；父與祖兩有命，則從祖；祖父與君兩有命，則從君。況君、祖父所命爲正命，父與母所命爲亂命乎！後世説者不察，但就拒父斥言其非，不知事無兩全，必有所損。若如所言，傳者又何爲有是説乎？疏《論語》：「『夫子爲衛君乎？』子貢曰：『諾，吾將問之。』入曰：『伯夷、叔齊何人也？』曰：『古之賢人也。』曰：『怨乎？』曰：『求仁而得仁，又何怨？』出曰：『夫子不爲也』。」按：伯夷能守父命，叔齊重天倫。據伯夷之説，則輒得拒違命之父，使棄命讓之，反使王父命不行于其子。拒之，尊王父之命于其子，是父之行乎子也，正以重父子之倫；不然，是陷其父于逆命，孫不承祖，子不受父，兩失之矣。叔齊重天倫而逃，則以明輒不宜立；立公子郢以事之，則不忍父子之恩也。

秋，八月，甲戌，晉趙鞅帥師及鄭罕達帥師戰于鐵，鄭師敗績。鄭爲中國。避二伯不言戰，此何言戰？無伯之辭也。皆名氏，皆言帥師，敵辭也。疏《鄭世家》：「八年，晉范、中行氏反晉，告急于鄭，鄭救之。晉伐鄭，敗鄭師于鐵。」

冬，十月，葬衛靈公。過時，有蒯聵之禍。疏《春秋》衛侯卒皆日，内衛也。十一君八葬，朔不葬者，失德，絶之也；鄭不葬，殺叔武，失國也；剽不葬者，非實弑也；繆公日葬，背殯也；襄公日者，危靈也。衛葬五月，唯一時二日爲變。

---

① 其父：原脱，據《五經異義》補。

十有一月，蔡遷于州來。外遷不書，此書者，明蔡爲徐州牧也。州來在徐州，蔡遷于州來，是以蔡爲徐牧之辭也。徐在夷狄故，蔡本中國。不同盟，不記災，不言戎狄侵伐，不言聘，生稱叔，葬稱侯，不以中國禮待者，遷之于外也。疏《蔡世家》：「楚昭王伐蔡，蔡恐，告急于吴。吴爲蔡遠，約遷以自近，易以相救。昭侯私許，不與大夫計。吴人來救蔡，因遷蔡于州來。」《地理志》沛下蔡云：「故州來國，爲楚所滅，後吴取之，至夫差遷昭侯于此。後四世爲楚所滅。」

蔡殺其大夫公子駟。蔡殺大夫皆稱國不稱人。從楚，略之也。疏據《左傳》，殺公子駟後，乃遷此。遷在殺前者，諱殺大夫以説于吴也。

三年《年表》：「衛出公輒元年。」

春，齊國夏、衛石曼姑帥師圍戚。以衛敘齊下者，如晉失伯，齊繼爲伯之辭也。蒯聵父子相争，齊、晉一助父，一助子，天下分裂，無伯之辭也。疏隱、桓鄭爲伯，春秋無伯，歸權于天子；莊、僖齊一匡；宣、成以下，晉、楚分伯；定、哀以四伯争強，北而齊、晉，南則楚、吴。由一而二，由二而四，此升降之機。

此衛事也，據戚不繫衛，上有納戚文。其先國夏，何也？據「虞師、晉師滅夏陽」先虞。此戚不繫衛。邑主兵，宜首序。圍宋彭城主晉者，繫宋，故以伯主之。此不繫衛，當主衛，乃見主客。疏二伯通主天下，諸國之事皆得爲主。傳言此者，以定、哀爲無伯之辭，與二伯盛不同。子不圍父也。于其入也，則拒之；于其圍也，則辟之。可拒之入，不得圍之，亦緩追之義。子不得圍，故辟衛，使齊主之。不繫戚於衛者，據宋彭城言宋。子不有父也。《公羊》：「父有子，子不得有父也。」輒受命爲君統一國，繫衛，是子有衛也。不繫，使如國辭，明輒但得拒之，不得圍之；使父以戚自奉，不得入國奉宗廟而已。彼此互見其義，《論語》所謂「夫子不爲也」。疏《孔子世家》：「是歲魯哀公三年，而孔子年六十矣。齊助衛圍戚，以衛太子蒯聵在故也。」

夏，四月，甲午，地震。劉子說：「時諸侯皆信邪淫，莫能用仲尼，盜殺蔡侯，齊乞弒君。」

五月，辛卯，桓宮、僖宮災。劉子說：「此二宮不當立，違禮者也。哀公又以季氏之故不用孔子。孔子在陳聞魯災，曰：『其桓、僖之宮乎！』以爲桓，季氏之所出；僖，使季氏世卿者也①。」按：災可日計。

言及，據「雉門及兩觀」言及。此因弟子問何以不言及而發。則祖有尊卑。據桓、僖祖孫，有尊卑之序，當言桓宮及僖宮災。由我言之，則一也。《公羊》：「何以不言及？敵也。」僖爲桓孫，有尊卑。自子孫言之，則同爲遠祖，恩無差等如一，故不言及。《公羊》：「此皆毀廟也，其言災何？復立也。何以不言復立？《春秋》見者不復見也。」有所見則諱，無所見則書，如「立武宮」是也。此以災見，知後立也。

季孫斯、叔孫州仇帥師城啟陽。此取邾之邑也。不繫邾者，本鄅國也。邾取鄅爲邑，曰開陽，魯取而城之。惡大夫亟伐邾，取地自益。此再見季孫，知前云不盟者，非不取也。**疏** 啟陽，開陽也。班固云：「古鄅國。」

宋樂髡帥師伐曹。因上樂大心之事。曹乃卒正之首。于內不見兵事而詳于宋，以宋、魯同在一州也。**疏**《曹世家》：「伯陽三年，國人有夢衆君子立於社宮，謀欲亡曹。曹叔振鐸止之，請待公孫彊，許之。旦，求之曹，無此人。夢者戒其子曰：『我亡，爾聞公孫彊爲政，必去曹，無離曹禍。』」

秋，七月，丙子，季孫斯卒。季孫以後不復見。此世大夫卒皆日者，王法所始，重録內也。**疏** 斯，意如子，謚桓子，定五年立，七見經。子肥嗣爲大夫，康子也，卒于哀二十七年；康子之曾孫昭子強，見《檀弓》。均不見經。

蔡人放其大夫公孫獵于吳。宣元年晉放大夫不稱人，傳：「稱國以放，放無罪也。」此稱人，有罪也。放吳者，

---

① 世卿者也：原作「爲卿」，據《漢書·五行志》改。

奔于吴也。諱奔，故言放。疏獵從吴以自救，諸大夫惡之，畏罪而奔吴。不能自強，從夷遷國，不許，故以人討之。

冬，十月，癸卯，秦伯卒。秦伯卒皆時，此獨日者，記卒之終，閔而日之，起非真夷也。以上十年不記事。疏《秦本紀》①：「惠公立十年卒，子悼公立。」

叔孫州仇、仲孫何忌帥師圍邾。叔孫以後不復見。不譏圍，不待貶絶而罪惡見。疏州仇，不敢子，卒不見經。

四年

春，王二月，庚戌，盜弑②蔡侯申。劉子云：「盜殺蔡侯」，日食、地震之應。疏《蔡世家》：「二十八年，昭侯將朝于吴，大夫恐其復遷，乃令賊利殺昭侯；已而誅賊利以解過，而立昭侯子朔，是爲成侯。」《世家》以弑者爲利，《左傳》以爲公孫翩，翩即《世家》之賊利。《左傳》文之錯殺翩，亦與《世家》同，然則盜者公孫翩也。

稱盜據公孫翩弑，當言氏名。以弑君，當言弑，不當言殺。不以上下道道也。上下，君臣之辭。君當言其君，下當言名氏。此稱盜，稱蔡侯，非復君臣之道，故云「不以上下道道」之。内其君據殺先舉國。此蔡侯在弑下，内蔡侯。而外弑者，據嘗弑氏姓先舉國，明繫于國。此言盜，不繫于蔡，是外弑者。不以弑道道也。據弑者，下弑上之名。以外人弑内，非君臣也。諸侯君其竟内，竟外無上下之道，故不言弑而言殺。閽弑稱弑，賊在内也。此外弑者爲外來，非蔡所屬，故言殺。《春秋》有三盜：詳見下傳。微殺大夫，謂之盜；據「盜殺衛侯之兄

---

① 本紀：原作「世家」，據《史記》改。

② 弑：原作「殺」，據《穀梁傳》哀公四年改。

輒」、「盜殺陳夏區夫」，殺者微，故不繫氏姓，窮諸盜。此從微起義。**非所取而取之，謂之盜；**據「盜竊寶玉、大弓」，陽虎陪臣不書。此因其行事而加盜，有盜賊之行。**辟中國之正道以襲利，**疏 一説：利即《世家》之賊利。**謂之盜。**其臣爲楚所唊，弑君以取利，故言盜以起之。吴救蔡以入楚，雖有憂中國之心，楚伐蔡，吴遷蔡以相救，蔡侯欲從吴，其臣欲從楚，恐其遷近于吴而弑之，有夷狄之行，不復加以中國之號而稱盜也。

蔡公孫辰出奔吴。君弑，出奔，不勝弑賊。辰助蔡侯從吴，君弑，不能自存，故出奔吴。

葬秦惠公。秦以後不見。

宋人執小邾子。此與下晉執戎曼子相起。二伯乃言執，宋何以言執？無伯之辭也。僖世無伯，宋執滕子，此何以又執小邾？邾、滕、薛舊爲宋屬，《春秋》乃以爲魯屬，故桓十七年宋伐邾，莊十五年宋人伐郳①，僖十九②年執滕子，宣九年宋圍滕，十年伐滕，昭十九年宋伐邾。《左傳》定③元年「宋仲幾不受功，曰『滕、薛、郳，吾役也』」是也。

夏，蔡殺其大夫公孫姓、公孫霍。此使公孫翩弑君者也。不稱人以殺者，夷狄國不稱人，略之也。疏 殺大夫惟齊、晉、宋、衛、陳、鄭稱人，夷狄小國殺大夫不稱人，楚、蔡、吴、曹、莒是也。

晉人執戎蠻子。此執而歸之楚。使若二事者，「辟伯晉而京師楚也」。不書以歸者，使與上宋執小邾子同。疏

---

① 郳：原作「倪」，據《穀梁傳》莊公十五年改。

② 九：原作「七」，據《穀梁傳》僖公十九年、鴻寶本改。

③ 定：原作「昭」，據《左傳》定公元年、鴻寶本改。

《左傳》：「楚圍蠻氏，蠻子赤奔晉陰地。楚使謂陰地之命大夫士蔑，士蔑請諸趙孟，趙孟曰：『必速與之。』士蔑乃致①九州之戎，將裂田以與蠻子而城之，且將爲之卜。蠻子聽卜②，遂執之，與其五大夫以畀楚師于三户。」**疏**晉稱人，微之也。言歸于者，斷在晉也。赤稱子者，此世不外夷狄。

赤歸于楚。《公羊》：「赤者何？戎曼子之名也。其言歸于楚何？子北宫子曰：『辟伯晉而京師楚也。』」晉執衛侯、曹伯，歸之于京師，是二伯執罪人歸之天子，聽天子治之之辭。今晉執戎曼子歸之楚，使連文，則與執衛侯、曹伯同，楚同京師矣，故異之，使如二事。

城西郛。魯之城西郛，如「城中城」。

六月，辛丑，亳社災。劉子説：「亡國之社，所以③爲戒也。天戒若曰：國將危亡，不用戒矣。《春秋》火災屢于哀、定之間，不用聖人而縱驕臣，將以亡國。不明甚矣！一曰：天生孔子，非爲哀、定也。蓋失禮不明，火災應之。」《公羊》：「何以書？記災也。」

亳社者，據用牲于社，不地。亳之社也。殷都于亳。亳，社也。亳，亡國也。殷亡其社，班之諸侯。

亡國之社以爲廟屏，戒也。劉子④説：「立亳社于廟之外，以爲屏蔽，取其不得通天，人君瞻之而致戒心也。」

---

① 致：原作「執」，據《左傳》定公四年改。
② 卜：原作「命」，據《左傳》哀公四年改。
③ 以：原脱，據《漢書·五行志》補。
④ 劉子：未詳所出，據《春秋穀梁傳注疏》哀公四年，當作「范寧」。

《荀子》：「天子外屏，諸侯内屏。外屏，不欲見外也；内屏，不欲見内也。」班氏云：「所以設屏何？以自障①也，示不極臣下之敬也。天子德大，故外屏；諸侯德小，所照近，故内屏。」鄭君云：「大夫以簾，士以帷。」**疏** 班氏曰：「諸侯必有誡社何？示有存亡也。明爲善者得之，爲惡者失之。」「在門東，明自下之無事處也。或曰：皆當著明誡，當近君，置宗廟之牆南。《禮》曰『亡國之社稷，必以爲宗廟之屏』，示賤之也。」**其屋** 班云：「社無屋何？達天地②氣。故《郊特牲》曰：『天子大社，必受霜露風雨，以達天地之氣。』社稷所以有樹何③？尊而識之，使民望見即敬之，又所以表功也。」**疏** 據社無屋，其祭以喪祝掌之。《周官》：喪祝之掌勝國之社稷，祝猶以祭祝禱祠，以士師爲尸，《秋官》「士師若祭勝國社稷，則爲之尸」是也。**亡國之社，不得上達④也。** 劉子云：「社皆有垣無屋也。」「《郊特牲》曰『喪國之社屋之』，示與天地絶也」，明當王之社不屋。**疏** 班云：「《郊特牲》謂之『喪國之社屋之』，示與天地絶也。」蔡邕説：「古者天子取亡國之社分諸侯，使爲社以自儆戒。屋之，掩其上，使不得通天；柴其下，使不通⑤地，自與天地⑥絶也。

---

① 障：原作「降」，據《兩漢博聞》卷八引《白虎通》、《後漢書·宗室四王三侯列传》注引《白虎通》、《太平御覽·居處部十三》引《白虎通》改。

② 地：原脱，據《白虎通·社稷》、鴻寶本補。

③ 社稷所以有樹何：原脱，據《白虎通·社稷》補。

④ 上達：原作「達上」，四庫本《穀梁傳》同，據阮刻十三經注疏本《穀梁傳》、鴻寶本乙。

⑤ 天柴其下使不通：原脱，據《獨斷》補。

⑥ 地：原脱，據《獨斷》補。

面北向陰，示滅亡也。」

秋，八月，甲寅，滕子結卒。

冬，十有二月，葬蔡昭公。蔡以後不見。葬者，賊已討也。十月乃葬，故也。疏《春秋》蔡九卒七葬，一不卒不葬，一葬稱侯。盼不葬者，惡從楚，如夷狄。東①國不葬，亦惡絶之。桓侯稱侯，又曰狄之也。《世家》：「成侯②四年，宋滅曹。十年，齊田常弑其君簡公。十三年，楚滅陳。十四③年，成侯卒，子聲侯産立。聲侯十五年卒，子元侯立。元侯六年卒，子侯齊立。侯齊四年，楚惠王滅蔡，蔡侯齊亡，蔡遂絶祀。後陳滅三十三年。」

葬滕頃公。日卒時葬，小國正例。疏「伯邑考，其後不知所封。武王發，其後爲周，有本紀言。管叔鮮作亂誅死，無後。周公旦，其後爲魯，有世家言。蔡叔度，其後爲蔡，有世家言。曹叔振鐸，其後爲曹，有世家言。成叔武，其後世無所見。霍叔處，其後晉獻公時滅霍。康叔封④，其後爲衛，有世家言。冉季載，其後世無所見也。」

五年《年表》：「秦悼公元年，蔡成侯朔元年。」

春，城毗。疏比，大蒐之地，一作毗。

夏，齊侯伐宋。與下伐衛相比。定、哀之世，北岳齊、晉，爲兩方伯，各求諸侯，故以爲兩伯。詳于南北，略于東西。

---

① 東：原作「卑」，據鴻寶本改。
② 侯：原作「公」，據《史記·蔡世家》、鴻寶本改。
③ 四：《十二諸侯年表》同，《蔡世家》作「九」，以《年表》爲是。
④ 封：原脱，據《史記·蔡世家》補。

晉趙鞅帥師伐衛。助聵入衛。疏「戎州告趙簡子，簡子圍衛。十一月，莊公出奔，衛人立斑師。」①

秋，九月，癸酉，齊侯杵臼卒。景公更伯，然不能繼桓之業，不過因晉失伯以立異耳。又助范氏，累伐晉，皆失伯者之道，故葬仍月之，不以伯許。疏《齊世家》：「五十八年，景公夫人燕姬適子死。景公寵妾芮姬生子荼，荼少，其母賤，無行，諸大夫恐其爲嗣，乃言願擇諸子長賢者爲太子。景公老，惡言嗣事，又愛荼母，欲立之，憚發之口，乃謂諸大夫曰：『爲樂耳，國何患無君乎？』秋，景公病，命國惠子、高昭子立少子荼爲太子，逐羣公子，遷之萊。景公卒，太子荼立，是爲晏孺子。冬，未葬，而羣公子畏誅，皆出亡。荼諸異母兄公子壽、駒、黔奔衛，公子駔、陽生奔魯。」

冬，叔還如齊。如大國，會葬禮也。此會葬也，何爲不以閏加于如之上？爲見閏之禮，故特異之。來往通不在閏月也。

閏月，葬齊景公。言閏者，明葬數閏也。冬下記閏者，閏皆歲終也。從九月至閏，凡五月，以此備五月而葬之禮也。傳前曰「喪事不數」者，謂期以年計者；若葬以五月計，若不數閏，則五月之禮已多一月，非以月計之道。班氏說甚明，傳文偶不備，當合《公羊》以補之。須知以年計者不數閏，以月計者自當數閏。《公》、《穀》各言一端，非異禮也。疏班曰：「三年之喪不以閏月數何？以言其期也。期者②，復其時也。大功以下月數，故以閏月除。《禮·士虞經》③曰：『期而小祥。』『又期而大祥。』」鄭君說：「居喪之禮，以月數者，數閏；以年數者，雖有閏，無與于數也。」杜佑引鄭襲難范寧云：「『以

---

① 此疏引自《史記·衛世家》，原脱，據日新本、鴻寶本補。

② 者：原作「死」，據《白虎通·喪服》改。

③ 虞經：原作「喪禮」，據《白虎通·喪服》改。

閏三月死者，當以來年何月祥？何月爲①忌日？』」答曰：『謂之閏月者，以餘分之日閏益月耳②。非正月也，則吉凶大事皆不可以用，故天子不以告朔，而喪者不數以③閏④月死。既不數之，禮十三月小祥，二十五月大祥，自然當以來年四月小祥，明年四月大祥也。』」

不正其閏也。《公羊》：「閏不書，此何以書？喪以閏數也。喪曷爲以閏數？喪數略也。」疏會葬之例，皆以月加于如上，此不加于如上，師答以「不正其閏」，謂如、往皆不以閏。

六年《年表》：「齊晏孺子元年。」

春，城邾瑕。邾瑕者，邾邑也，繫于邾，明取之也。疏《春秋》于哀五、六年春連書内城，以明失閏也。

晉趙鞅帥師伐鮮虞。鮮虞爲晉所統。此以自廣，不在争諸侯之例。疏《左氏》：「治范氏之亂也。」

吴伐陳。定、哀之世陳屬楚，蔡屬吴，故陳從楚見經，而蔡遷于州來。不言楚救者，師于城父，楚子隨卒也。疏《陳世家》：「湣⑤十三年，吴復來伐陳，陳告急于楚，楚昭王來救。」

夏，齊國夏及高張來奔。此皆卿也，何以言及？由尊及卑也。何以有尊卑？國上卿，高中卿。《左傳》：「天子

---

① 爲：原脱，據《通典·禮六十》補。
② 「日」下原衍「爲」字，「益」下原衍「者」字，據《通典·禮六十》删。
③ 故天子不以告朔，而喪者不數以：原脱，據《通典·禮六十》補。
④ 「閏」上原衍「用」字，據《通典·禮六十》删。
⑤ 湣：原作「哀」，據《史記·陳世家》改。

之二守國、高在。」國固在高之上也。會盟列國，卿皆列數，此何以言及？一見例也。因其相嫌，故別之，以決嫌明疑也。二卿同奔，著田氏之所以取齊。疏《齊世家》：「元年春，田乞僞事高、國者，每朝，乞驂乘，言曰：『子得君，大夫皆自危，欲謀作亂。』又謂諸大夫曰：『高昭子可畏，及未發，先之。』大夫從之。六月，田乞、鮑牧乃與大夫以兵入公宮，攻高昭子。昭子聞之，與國惠子救公。公師敗，田乞之徒追之，國惠子奔莒，遂反殺高昭子。晏圉奔魯。」

叔還會吳于柤。此大會，何獨目叔還？略之。諸侯具在，內見還，外惟見吳，不以諸侯屬吳，外之也。疏前柤殊會，此不殊者，離會則不殊也。

秋，七月，庚寅，楚子軫卒。昭王能復國，賢者也。卒于城父，不地者，未踰竟也。疏《楚世家》：「二十七年，昭王卒。」「子西、子綦謀，伏師閉塗，迎越女之子章立之，是爲惠王。然後罷兵歸葬。」

齊陽生入于齊。入者，內弗受也。陽生正也，其以嫌言之者，其入無君命也。此責陽生，下乃責荼，是非各見，不相妨也。疏《齊世家》：「八月，齊秉意茲。田乞敗二相，乃使人之魯召公子陽生。陽生至齊，私匿田乞家。十月戊子，田乞請諸大夫曰：『常之母有魚菽之祭，幸來會飲。』會飲，田乞盛陽生橐中，置坐中央，發橐出陽生，曰：『此乃齊君矣！』大夫皆伏謁。將與①大夫盟而立之，鮑牧醉，乞誣大夫曰：『吾與鮑牧謀共立陽生。』鮑牧怒曰：『子忘景公之命乎？』諸大夫相視欲悔，陽生前，頓首曰：『可則立之，否則已。』鮑牧恐禍起，乃復曰：『皆景公子也，何爲不可？』乃與盟，立陽生，是爲悼公。悼公入宮，使人遷晏孺子於駘，殺之幕下，而逐孺子母芮子。芮子故賤而孺子少，故無權，國人輕之。」

齊陳乞弒其君荼。劉子云：「陳乞弒君」，日食、地震之應。按：不日者，荼不正也。不葬者，賊未討也。國、高

---

① 與：原脱，據《史記・齊世家》補。

奔而陳乞弑君，陳氏之所以專齊也。國以下一見獲，皆陳氏之謀，盡逐卿族，乃得弑君，代有齊國。疏初記國、高，不見下卿。至此二卿奔，獨以陳見，此陳氏之所以得齊也。

陽生入而弑其君，據入而後弑，明陽生爲主，如楚公子比歸弑也。以陳乞主之，何也？據書從重，當主陽生，不主陳乞。不以陽生君荼也。陽生正，荼不正，齊景立愛，逐陽生。若主陽生，書弑其君，荼失嫡庶之正，故辟陽生，主陳乞。其不以陽生君荼，何也？據商人君舍。陽生有嫌文，當君荼。陽生正，據陽生母貴，卒日，正。荼不正。據荼母賤，弑荼不日，與奚齊同，知不正。不正則其曰君，何也？據奚齊言君之子，不曰君。荼雖不正，已受命矣。據荼在内受命，立已踰年。受命爲正，得拒外，與衛輒同。奚齊亦受命，不得爲君者，申生賢，被讒而死。陽生不肖，求立，有嫌文。《春秋》不以嫌代嫌，故得君荼，以嫌陽生。入者，陽生言入。内弗受也。内，義得拒之之辭。荼不正，何用弗受？據得正當言歸。以其受命，荼立，已受命于景公。可以言弗受也。《春秋》之法，雖不正，受命而立，以正許之，所以絶亂源也。陽生其以國氏，何也？據正或言子，或言世子。取國于荼也。不受命于先君，而弑荼以竊國，立無所受，如公子弑而代之之例。取國于荼，故使荼得嫌之。奪其正，以入無所受也。疏《田敬仲完世家》：「景公太子死後，有寵姬曰芮子，生子荼。景公病，命其相國惠子與高昭子以子荼爲太子。景公卒，兩相高、國立荼，是爲晏孺子。而田乞不説，欲立景公佗子陽生。陽生素與乞歡。晏孺子之立也，陽生奔魯。田乞僞事高昭子、國惠子者，每朝代參乘，言曰：『始諸大夫不欲立孺子。孺子既立，君相之，大夫皆自危，謀作亂。』又紿大夫曰：『高昭子可畏也，及未發，先之。』諸大夫從之。田乞、鮑牧與大夫以兵入公室，攻高昭子。昭子聞之，與國惠子救公，公師敗。田乞之衆追國惠子，惠子奔莒，遂反殺高昭子。晏孺子奔魯。田乞使人之魯，迎陽生。陽生至齊，匿田乞家。請諸大夫曰：『常之母有魚菽之祭，幸而來會飲。』會飲田氏。田乞盛陽生槖中，置坐中央。發槖，出陽生，曰：『此乃齊君矣！』大夫皆伏謁。將盟立之，田乞誣曰：『吾與鮑牧謀共立陽生也。』鮑牧怒曰：『大夫忘景公之命乎？』諸大夫欲悔，陽生乃頓首曰：『可則立之，不可則已。』鮑牧恐禍及己，乃復曰：『皆景公之子，何爲不可？』遂立陽生于田乞之家，是爲悼公。乃使人遷孺子于駘，而殺孺子荼。」

冬，仲孫何忌帥師伐邾。仲孫以後不復見。疏何忌，貜子，謚懿子，昭二十四年立，十一見經，何忌卒獲麟之後。子武伯彘，即孟孺子洩，見哀十一年傳；武伯子孟敬子捷，見《論語》，俱不見經。

宋向巢帥師伐曹。曹，卒正之首。此伐一圍三，舉而滅之矣。有伯之時，宋不侵小國。無奈①有昭十九年伐邾，哀三年伐曹，四年執小邾，八年滅曹；自昭以下，無伯也。桓十②七年伐邾，莊十五年伐郳，桓伯以前也；僖十九年執嬰齊，桓伯已卒也。宣世見圍滕③伐滕者，楚方亂中國也。

七年《年表》：「齊悼公陽生元年，楚惠王章元年。」

春，宋皇瑗帥師侵鄭。鄭叛晉，宋爲晉伐。

晉魏曼多帥師侵衛。記晉三卿，起其分晉之變。

夏，公會吴于繒。會吴與及戎盟同詞者，定、哀一家言，與隱、桓同也。疏《魯世家》：「吴王夫差彊，伐齊，至繒，徵百牢于魯。季康子使子貢説吴王及太宰嚭，以禮詘之。吴王曰：『我文身，不足責禮。』乃止。」

---

① 奈：原作「乃」，據文意改。

② 十：原脱，據鴻寶本補。

③ 圍滕：鴻寶本作「圍曹」。按：宣公之世，宋有伐曹、伐滕之事，日新本誤作「圍陳」。

秋，公伐邾。入不言伐。言伐者，使若他人然，辟公也。

八月，己酉，入邾，以邾子益來。

以者，來不當以。不以者也。非邾子意，故言以。益之名，據不生名。惡也。獲也。獲之則名。《春秋》有臨天下之言焉，隱、桓之世，爲世已遠，治法詳于中國，乃廣之于夷狄，內諸夏而外夷狄，不致會戎狄，是臨天下言。在中國不外，以爲大限。有臨一國之言焉，莊、閔爲二伯始，襄、昭爲二伯終，爲一世。至襄、昭以上，則廣其法于國，故治法內本國而外諸夏，爲臨一國言，內魯而外諸夏也。有臨一家之言焉。孔子立于定、哀之間，王道始于家，故外魯，爲一家辭。言以邾子伐我，不言鄙，不殊夷狄，皆內孔子而外魯國。其言來者，有外魯之辭焉。《梅福傳》顏注引《穀梁傳》曰：「孔子①素王。」《孟子》曰：「天下之本在國，國之本在家，家之本在身。」此正身以治家，爲王法之始，故外魯內孔子也。

宋人圍曹。宋用兵，執入小國，皆在青州，外州無之。疏《曹世家》：「十四年，曹背晉干②宋。宋景公伐之，晉人不救。」

冬，鄭駟弘帥師救曹。內卒正內不救，鄭救之，所以惡內。宋，王後，不當滅國，以此著無伯。滅曹著其在青州，與內同州也。青州有二王後。疏弘，公子騑孫，公孫夏子，七穆之一。

---

① 孔子：原作「春秋」，據《漢書・梅福傳》改。

② 干：原作「于」，據《史記・曹世家》、鴻寶本改。

八年

春，王正月，宋公入曹，以曹伯陽歸。宋無滅文，一見入曹，以爲王後，不許滅國之辭。此滅也，宜日，不日者，言入以辟滅，故亦不日也。曹爲内屬，人滅之，諱，使若未滅也。莒潰日，曹不日者，不可有滅辭，故亦不日。蓋滅也，不言滅辭也，力能救而不救之也。疏《宋世家》：「三十年，曹倍宋，又倍晉，宋公伐曹，晉不救。」《曹世家》：「十五年，宋滅曹，執曹伯陽及公孫彊以歸而殺之。故曹遂絶其祀。」

吴伐我。爲入邾事來伐我。疏《魯世家》：「八年，吴爲鄒伐魯，至城下，盟而去。」

夏，齊人取讙及闡。取、歸濟西田皆言田，以爲閒田也。此不言田，無伯之辭，且以惡内，亦三世異辭例。

惡内也。《公羊》以爲爲邾事，《史記》以爲爲季姬事，各言一端，皆内惡。疏《齊世家》：「悼公元年，齊伐魯，取讙、闡。初，陽生亡在魯，季康子以其妹妻之。及歸即位，使迎之。季姬與季魴侯通，言其情，魯弗敢與，故齊伐魯，竟迎季姬。季姬嬖，齊復歸魯侵地。」

歸邾子益于邾。不曰邾子歸而曰歸之者，主内也。

益之名，據來名，因其惡。失國也。失國，故名。出、入名，各有所見。出、入皆惡，則出、入名。出名，歸不名，歸無惡；入名，出不名，出無惡。

秋，七月。

冬，十有二月，癸亥，杞伯過卒。杞稱伯、子者，卒正有伯、子，杞殿後，可通稱也。杞卒始月，一遂皆日，無時者，王後，待之有加禮。疏《杞世家》：「僖公十九年卒，子湣公維立。」

齊人歸讙及闡。宣元年取濟西田，十年乃歸。此歸、取皆在本年。疏季姬嬖，故復歸我邑。

九年

春，王二月，葬杞僖公。月者，危之也。杞六葬，唯此月。**疏** 杞七記卒。僖二十三年記卒，杞在小國末，卒獨早者，王者之後也。不日，不名，不葬，明黜杞也。以下皆名、日卒、時葬，王者後，禮異小國也。昭六年卒月，因事貶；定四年時，踰境也。《杞世家》：「湣公十五年，楚惠王滅陳。十六年，湣公弟閼路弑湣公代立，是爲哀公。哀公立十年卒，湣公子敕立，是爲出公。出公十二年卒，子簡公春立。立一年，楚惠王之四十四年，滅杞。杞後陳亡三十四年。杞小微，其事不足稱述。舜之後，周武王封之陳，至楚惠王滅之，有世家言。禹之後，周武王封之杞，楚惠王滅之，有世家言。契之後爲殷，殷有本紀言。殷破，周封其後于宋，齊湣王滅之，有世家言。后稷之後爲周，秦昭王滅之，有本紀言。皋陶之後，或封英、六，楚穆王滅之，無譜。伯夷之後，至周武王復封于齊，曰太公望，陳氏滅之，有世家言。伯翳之後，至周平王時封于秦，項羽滅之，有本紀言。垂、益、夔龍，其後不知所封，不見也。右十一人者，皆唐虞之際名有功德臣也，其五人之後皆至帝王，餘乃爲顯諸侯。滕、薛、騶，夏、殷、周之間封也，小，不足齒列，弗論也。周武王時，侯伯尚千餘人。及幽、厲之後，諸侯力攻①相并。江、黄、胡、沈之屬，不可勝數，故弗采著于傳上。」

宋皇瑗帥師取鄭師于雍丘。**疏** 爲曹事。

取，易辭也。以師而易取，鄭病矣。與十三年鄭取宋師相起。

夏，楚人伐陳。**疏**《陳世家》：「十六年，吴王伐齊，敗之艾陵，使人召陳侯。陳侯恐，如吴。楚伐陳。」

秋，宋公伐鄭。三伐。

---

① 攻：原作「功」，據《史記·杞世家》改。

冬，十月。

十年

春，王二月，邾子益來奔。邾以後不見。

公會吳伐齊。劉子云：「齊攻魯，子貢見哀公，請救于吳。公曰：『奚先君寶之用？』子貢曰：『使吳責吾寶而與我師，是①不可恃也。』於是以楊幹麻筋之弓六往。子貢謂吳王曰：『齊爲無道，欲使周公之後不血食耳。魯賦五百，邾賦三百，不識以此益②齊，吳之利③與？非與？』吳王乃興師救魯。諸侯曰：『齊伐周公之後，而吳救之。』遂朝于吳。」疏《吳世家》：「十一年，復北伐齊。越王勾踐率其衆以朝吳，厚獻遺之，吳王喜。唯子胥懼，曰：『是棄吳也。』諫曰：『越在腹心，今得志于齊，猶石田，無所用耳。《盤庚之誥》④有顛越勿遺，商之以興。』吳王不聽，使子胥于齊，子胥屬其子于齊鮑氏，還報吳王。吳王聞之，大怒，賜子胥屬鏤之劍以死。將死，曰：『樹吾墓上以梓，令可爲器。抉吾眼置之吳東門，以觀越之滅吳也。』齊鮑氏弑齊悼公。吳王聞之，哭于軍門外三日，乃從海上攻齊。」

三月，戊戌，齊侯陽生卒。鄭伯髡原⑤卒，傳曰：「鄭伯將會中國，其臣欲從楚，不勝其臣，弑而死。其不言弑

---

① 是：原作「其」，據《説苑・奉使》改。

② 益：原作「蓋」，據《説苑・奉使》改。

③ 利：原作「制」，據《説苑・奉使》改。

④ 誥：原作「告」，據《史記・吳世家》改。

⑤ 原：原脱，據《穀梁傳》襄公七年補。

何也?不使夷狄之民加乎中國之君。」此弒也,不言弒者,爲中國諱也。鮑子弒君以説于吴,故辟之不言弒。日者,陽生正也。齊卒皆日,唯舍不日,未成君。齊,大國,君十四卒,十二日,唯舍、荼不日,一未踰年,一因決荼不正,以外凡不正者皆從前見,大國禮備也。不月者,亦尊之也。諸兒、商人、舍、荼不葬者,賊未討也;潘不葬者,失德也。疏《齊世家》:「鮑子與悼公有郤,不善。四年,吴、魯伐齊南方。鮑子弒悼公,赴于吴。吴王夫差哭于軍門外三日,將從海入討齊。齊人敗之,吴師乃去。」

夏,宋人伐鄭。

晉趙鞅帥師侵齊。此二伯相侵。以上言特侵,不言互相侵伐,此皆無伯之辭。疏《齊世家》:「趙鞅伐齊,至賴而去。」伐喪也。

五月,公至自伐齊。疏惡事不致,此致者,危之甚。

葬齊悼公。《齊世家》:「齊人共立悼公子壬,是爲簡公。」

衛公孟彄自齊歸于衛。自齊者,齊有奉焉爾。公孟,公子也。

薛伯夷卒。疏薛四記卒,定十二年,名,時卒,時葬。薛較諸國小,正例也。莊三十一年,月,不名,起不能同盟。昭三十一年,名、日者,起同盟正卒,特日之。

秋,葬薛惠公。薛三葬皆時,正也。疏薛以後不見。

冬,楚公子結帥師伐陳。

吴救陳。救中國。不進者，陳，吴與國，救陳以結黨，故不進。**疏**《地理志》淮陽國①陳下云：「故國，舜②後，胡公所封，爲楚所滅。」

十有一年《年表》：「齊簡公元年。」

春，齊國書帥師伐我。不言鄙，外魯也。此臨一家言。**疏**《魯世家》：「十一年，齊人伐我。季氏用冉有，冉有有功，思孔子，孔子自衛歸。」

夏陳轅頗出奔鄭。《鄭世家》：「二十年，齊田常弑其君簡公而常相于齊。二十二年，楚惠王滅陳。孔子卒。二十六年，晉知伯伐鄭，取九邑。三十七年，聲公卒，子哀公易立。哀公八年，鄭人弑哀公而立聲公弟丑，是爲共公。共公三年，晉滅知伯。三十年，共公卒，子幽公已立。幽公元年，韓武子伐鄭，殺幽公。鄭人立幽公弟駘，是爲繻公。繻公十五年，韓景侯伐鄭，取雍丘，鄭城京。十六年，鄭伐韓，敗韓兵于負黍。二十年，韓、趙、魏列爲諸侯。二十三年，鄭圍韓之陽翟。二十五年，鄭君殺其相子陽。二十七年，子陽之黨共弑繻公駘而立幽公弟乙爲君，是爲鄭君。鄭君乙立二年，鄭負黍反，復歸韓。十一年，韓伐鄭，取陽城。二十一年，韓哀侯滅鄭，并其國。」

五月，公會吴伐齊。會伐不月，月者，危之也。定、哀之世，經多微文，少見貶絶，以立世事，明不待貶絶而罪惡見。不殊吴，進之也。

甲戌，齊國書帥師及吴戰于艾陵，齊師敗績，獲齊國書。**疏**《齊世家》：「簡公四年春。初，簡公與

---

① 淮陽國：原作「睢陽郡」，據《漢書・地理志》、鴻寶本改。

② 舜：原脱，據《漢書・地理志》、鴻寶本補。

父陽生俱在魯也，闞止有寵焉。及即位，使爲政。田成子憚之，驟顧于朝。御鞅言簡公曰：『田、闞不可並也，君其擇焉！』弗聽。子我夕，田逆殺人，逢之，遂捕以入。田氏方睦，使囚病而遺守囚者酒，醉而殺守者，得亡。子我盟諸田于陳宗。初，田豹欲爲子我臣，使公孫言豹，豹有喪而止。後卒以爲臣，幸于子我。子我謂曰：『吾盡逐田氏而立女，可乎？』對曰：『我遠田氏矣。且其違者不過數人，何盡逐焉？』遂告田氏。子行曰：『彼得君，弗先，必禍子。』子行舍于公宫。夏五月壬申，成子兄弟四乘如公。子我在幄，出迎之，遂入，閉門。宦者禦之，子行殺宦者。公與婦人飲酒于檀臺，成子遷諸寢。公執戈將擊之，太史子餘曰：『非不利也，將除害也。』成子出舍于庫，聞公猶怒，將出，曰：『何所無君？』子行拔劍曰：『需，事之賊也。誰非田宗？所不殺子者有如田宗。』乃止。子我歸，屬徒攻闈與大門，皆弗勝，乃出。田氏追之。豐邱人執子我以告，殺之郭關。成子將殺大陸子方，田逆請而免之。以公命取車于道，出雍門。田豹與之車，弗受，曰：『逆爲余請，豹與余車，余有私焉。事子我而有私于其讐，何以見魯、衛之士？』庚辰，田常執簡公于徐州。公曰：『余蚤從御鞅言，不及此。』甲午，田常弑簡公于徐州。田常乃立簡公弟鶩，是爲平公。平公即位，田常相之，專齊之政，割齊安平以東爲田氏封邑。」《弟子列傳》①：「田常欲作亂于齊，憚高、國、鮑、晏，故移其兵欲以伐魯。孔子聞之，謂門弟子曰：『夫魯，墳墓所處，父母之國，國危如此，二三子何爲莫出？』子路請出，孔子止之。子張、子石請行，孔子弗許。子貢請行，孔子許之。遂行，至齊，説田常曰：『君之伐魯過矣。夫魯，難伐之國，其城薄以卑，其地狹以泄，其君愚而不仁，大臣僞而無用，士民又惡甲兵之事，此不可以與戰。君不如伐吳。夫吳，城高以厚，地廣以深，甲堅以新，士選以飽，重器精兵盡在其中，又使明大夫守之，此易伐也。』田常忿然作色曰：『子之所難，人之所易；子之所易，人之所難，而以教常，何也？』子貢曰：『臣聞之，憂在内者攻彊，憂在外者攻弱。今君憂在内。吾聞君三封而三不成者，大臣有不聽者也。今君破魯以廣齊，戰勝以驕主，破國以尊臣，而君之功不與

---

① 弟子列傳：原脱，據鴻寶本補。

焉，則交日疎于主。是君上驕主心，下恣羣臣，求以成大事，難矣。夫上驕則恣，臣驕則爭，是君上與主有郤，下與大臣交爭也。如此，則君之立于齊危矣。故曰：不如伐吴。伐吴不勝，民人外死，大臣内空，是君上無彊臣之敵，下無民人之過，孤主制齊者唯君也。』田常曰：『善。雖然，吾兵業已加魯矣，去而之吴，大臣疑我，奈何？』子貢曰：『君按兵無伐，臣請往使吴王，令之救魯而伐齊，君因以兵迎之。』田常許之，使子貢南見吴王。説曰：『臣聞之，王者不絶世，霸者無彊敵，千鈞之重加銖兩而移。今以萬乘之齊而私千乘之魯，與吴争彊，竊爲王危之。且夫救魯，顯名也；伐齊，大利也。以撫泗上諸侯，誅暴齊以服彊晉，利莫大焉。名存亡魯，實困彊齊，智者不疑也。』吴王曰：『善。雖然，吾嘗與越戰，棲之會稽。越王苦身養士，有報我心。子待我伐越而聽子。』子貢曰：『越之勁不過魯，吴之彊不過齊，王置齊而伐越，則齊已平魯矣。且王方以存亡繼絶爲名，夫伐小越而畏彊齊，非勇也。勇者不避難，仁者不窮約，智者不失時，王者不絶世，以立其義。今存越示諸侯以仁，救魯伐齊，威加晉國，諸侯必相率而朝吴，霸業成矣。且王必惡越，臣請東見越王，令出兵以從，此實空越，名從諸侯以伐也。』吴王大説，乃使子貢之越。越王除道郊迎，身御至舍而問曰：『此蠻夷之國，大夫何以儼然辱而臨之？』子貢曰：『今者吾説吴王以救魯伐齊，其志欲之而畏越，曰：待我伐越乃可。如此，破越必矣。且夫無報人之志而令人疑之，拙也；有報人之意，使人知之，殆也；事未發而先聞，危也。三者舉事之大患。』句踐頓首再拜，曰：『孤嘗不料力，乃與吴戰，困于會稽，痛入于骨髓，日夜焦唇乾舌，徒欲與吴王接踵而死，孤之願也。』遂問子貢。子貢曰：『吴王爲人猛暴，羣臣不堪；國家敝于數戰，士卒弗忍；百姓怨上，大臣内變；子胥以諫死，太宰嚭用事，順君之過以安其私，是殘國之治也。今王誠發士卒佐之以徼其志，重寶以説其心，卑辭以尊其禮，其伐齊必矣。彼戰不勝，王之福矣。戰勝，必以兵臨晉，臣請北見晉君，令共攻之，弱吴必矣。其鋭兵盡于齊，重甲困于晉，而王制其敝，此滅吴必矣。』越王大説，許諾。送子貢金百鎰，劍一，良矛二。子貢不受，遂行。報吴王曰：『臣敬以大王之言告越王，越王大恐，曰：孤不幸，少失先人，内不自量，抵罪于吴，軍敗身辱，棲于會稽，國爲虚莽，賴大王之賜，使得奉俎豆而脩祭祀，死不敢忘，何謀之敢慮？」』後五日，越使大夫種頓首言于吴王曰①：『東海役臣孤句踐使者臣種，敢修下吏，問于左右。今竊聞大王將興大義，誅彊救弱，困暴齊而撫周室，請悉起境内士卒三千人，孤請自披堅執鋭，以先受矢石。因越賤臣種奉先人藏器，甲二十領，鈇②屈盧之矛，步光之劍，以賀軍吏。』吴王大説，以告子貢曰：『越王欲身從寡人伐齊，可乎？』子貢曰：『不可。夫空人之國，悉人之衆，又從其君，不義。君受其幣，許其師，而辭其君。』吴王許諾，乃謝越王。于是吴王乃遂發九郡兵伐齊。子貢因去之晉，謂晉君曰：『臣聞之，慮不先定不可以應卒，兵不先辨不可以勝敵。今夫齊與吴將戰，彼戰而不勝，越亂之必矣；與齊戰而勝，必以其兵臨晉。』晉君大恐③，曰：『爲之奈何？』子貢曰：『修兵休卒以待之。』晉君許諾。子貢去而之魯。吴王果與齊人戰于艾陵，大破齊師，獲七將軍之兵而不歸，果以兵臨晉，與晉人相遇黄池之上。吴、晉争彊。晉人擊之④，大敗吴師。越王聞之，涉江襲吴，去城七里而軍。吴王聞之，去晉而歸，與越戰于五湖。三戰不勝，城門不守，越遂圍王宫，殺夫差而戮其相。破吴三年，東向而霸。故子貢一出，存魯，亂齊，破吴，彊晉而霸越。」

秋，七月，辛酉，滕子虞⑤母卒。日卒時葬，從方伯例。滕七記卒：隱七年，不名，不葬，時；宣九，不名，不

① 曰：原作「越」，據《史記·仲尼弟子列傳》、鴻寶本改。
② 鈇：原作「鐵」，據《史記·仲尼弟子列傳》改。
③ 恐：原作「怒」，據《史記·仲尼弟子列傳》、鴻寶本改。
④ 之：原脱，據《史記·仲尼弟子列傳》補。
⑤ 虞：原作「慮」，據《穀梁傳》哀公十一年、日新本、鴻寶本改。

葬，月①；成十六，不名，不葬，日，漸以進也；昭三②、二十八、哀四、十一，四卒皆名，葬，日，嘉其用中國禮也。

冬，十有一月，葬滕隱公。月者，危之也。滕四葬，二時，二月。《春秋》由内及外，卒正與魯近，故先卒葬之，兖州詳而中國略。文、宣以上，則録外詞多，故録兖州而詳外國，卒正不卒葬也。**疏**滕以後不見。《杞世家》曰：「滕、薛、騶，夏、殷、周之間封也，小，不足齒列，弗論也。」

衛世叔齊出奔宋。世叔，公子也。

十有二年

春，用田賦。用者，不宜用者也。田賦，非正也。《魯語》：「季康子欲以田賦，使冉有訪諸仲尼。仲尼不對，私于冉有曰：『求來！女不聞乎？先王制土，籍田以力，而砥遠邇；賦里以入，而量其有無；任力以夫，而議其老幼。于是乎有鰥、寡、孤、疾，有軍旅之出則徵之，無則③已。其歲收，田一井出稯禾、秉芻、缶米，不是過也。先王以爲足。若子季孫欲其法也，則有周公之籍矣。若欲犯法④，則苟而賦，又何訪焉？』」**疏**顔師古云：「田賦者，別計田畝及家財各爲一賦。言不依古制，役繁斂重也。」

古者，公田什一，用田賦，非正也。班氏云：「二伯之後，寖以陵夷，至魯成公作丘甲，哀公用田賦，蒐

---

① 月：原作「日」，據《穀梁傳》宣公九年、鴻寶本改。

② 三：原脱，據《穀梁傳》昭公三年補。

③ 則：原作「而」，據《國語・魯語》改。

④ 法：原脱，據《國語・魯語》補。

狩治兵大閱之事皆失其正。《春秋》書而譏之，以存①王道。于是師旅亟動，百姓罷敝，無伏②節死難之誼。孔子傷焉，曰：『以不教民戰，是謂棄之。』故稱子路『可使治賦。』子路亦曰：『千乘之國，攝乎大國之間，加之以師旅，因之以饑饉，由也爲之，比及三年，可使有勇，且知方也。』治其賦兵教以禮誼之謂也。」

夏，五月，甲辰，吳。孟子卒。《論語》吳孟子之説，禮無所施，不謂昭公稱之，謂《春秋》書法爾。孟子如宋女，不可言孟姬，言孟子又不見吳女，諱娶同姓之意，不可見吳，故經書孟子而口繫吳字以卒之。《坊記》之無吳字，就經文言之；《論語》有吳字，就口繫言之。

孟子者何也？據卒妾詞，妾又不葬。昭公夫人也。此據師傳，非義例可推。孝惠娶商，乃宋女。疏《坊記》曰：「《魯春秋》猶去夫人之姓，曰吳，其死曰孟子。」班氏云：「不娶同姓者，重人倫，防淫佚，恥與禽獸同也。《論語》曰：『取吳，爲同姓，謂之吳孟子。』《曲禮》曰：『買妾不知其姓則卜之。』」據此，則《春秋》舊有夫人至自吳之文，《春秋》没其文，直于薨也稱孟子。其不言夫人，何也？據夫人薨，當言夫人。鄭君説：「吳，太伯之後，魯同姓也。昭公娶焉，去其姓曰吳而已。至其死，亦略云③孟子卒，不書夫人某氏薨。」諱取同姓也。據不言薨，不言氏，不書葬。《大傳》：「六世，親屬竭矣。其庶姓别于上，而戚單于下，昏姻可以通乎？」又云：「繫之以姓而弗别，綴之以食而弗殊，雖百世而昏姻不通者，周道然也。」疏《弟子列傳》：「巫馬施字子旗，少孔子三十歲。陳司敗問孔子曰：

① 存：原脱，據《漢書·刑法志》補。
② 伏：原作「仗」，據《漢書·刑法志》改。
③ 云：原作「之」，據《禮記正義·坊記》鄭注改。

『魯昭公知禮乎？』孔子曰：『知禮。』退而揖巫馬旗，曰：『吾聞君子不黨，君子亦黨乎？魯君娶吳女爲夫人，命之爲孟子。孟子姓姬，諱稱同姓，故謂之孟子。魯君而知禮，孰不知禮？』施以告孔子，孔子曰：『丘也幸，苟有過，人必知之。臣不可言君親之惡，爲諱者，禮也。』」

公會吳于橐皋。公會者，伯者之辭也。中國無伯，夷狄争彊，傳所謂「累累致小國以會諸侯」是也。疏《吳世家》：「十三年，吳召魯、衛之君會于橐皋。」不異吳，進之也。《地理志》：橐皋縣屬九江郡。

秋，公會衛侯、宋皇瑗于鄖。疏《衛世家》：「出公輒四年，齊田乞弒其君孺子。八年，齊鮑子弒其君悼公。孔子自陳入衛。九年，孔文子問兵于仲尼，仲尼不對。其後魯迎仲尼，仲尼反魯。十二年，初，孔圉文子取太子蒯聵之姊，生悝。孔氏之豎渾良夫美好，孔文子卒，良夫通于悝母。太子在宿，悝母使良夫于太子。太子與良夫言曰：『苟能入我國，報子以乘軒，免子三死，毋所與。』」

宋向巢帥師伐鄭。宋四伐鄭矣。疏哀世①詳宋、鄭兵事。

冬，十有二月，螽。劉子說：「春用田賦，冬而螽。」按：月者，甚也。疏《左傳》：「季孫問于仲尼，曰：『丘②聞之，火伏而後蟄者畢。今火猶西流，司曆過也。』」

十有三年

春，鄭罕達帥師取宋師于嵒。

---

① 世：原作「四」，據日新本、鴻寶本改。

② 丘：原脱，據《左傳》哀公十二年補。

取，易辭也。以師而易取，宋病矣。《地理志》梁①睢陽下云：「故宋國，微子所封。」按：與九年相起。疏《宋世家》：「景公十六年，魯陽虎來奔，已復去。二十五年，孔子過宋，宋司馬桓魋惡之，欲殺孔子，孔子微服去。三十年，曹倍宋，又倍晉，宋伐曹，晉不救，遂滅曹有之。三十六年，齊田常弑簡公。三十七年，楚惠王滅陳。熒惑守心。心，宋之分野也。景公憂之。司星子韋曰：『可移于相。』景公曰：『相，吾之股肱。』曰：『可移于民。』景公曰：『君者待民。』曰：『可移于歲。』景公曰：『歲饑民困，吾誰爲君？』子韋曰：『天高聽卑。君有君人之言三，熒惑宜有動。』于是候之，果徙三度。六十四年，景公卒。宋公子特攻殺太子而自立，是爲昭公。昭公者，元公之曾庶孫也。昭公父公孫糾，糾父公子褍②秦，褍秦即元公少子也。景公殺昭公父糾，故昭公怨殺太子而自立。昭公四十七年卒，子悼公購由立。悼公八年卒，子休公田立。休公二十三年卒，子辟公辟兵③立。辟公三年卒，子剔成立。剔成四十一年，剔成弟偃攻襲剔成，剔成敗奔齊，偃自立爲宋君。君偃十一年，自立爲王。東敗齊，取五城；南敗楚，取地三百里；西敗魏軍，乃與齊、魏爲敵國。盛血以韋囊，縣而射之，命曰『射天』。淫于酒、婦人。羣臣諫者輒射之。于是諸侯皆曰『桀宋』。『宋其復爲紂所爲，不可不誅④。』告齊伐宋。王偃立四十七年，齊湣王與魏、楚伐宋，殺王偃，遂滅宋而三分其地。」

夏，許男成卒。不日者，卒于會也。何爲不于會後卒之？辟諸侯皆在也。疏據《左傳》，黄池之會有單平公，不

---

① 梁：原作「宋」，據《漢書·地理志》、鴻寶本改。

② 褍：原作「褍」，據《史記·宋世家》改，下同。

③ 辟兵：原脱，據《史記·宋世家》、日新本、鴻寶本補。

④ 誅：原作「諫」，據《史記·宋世家》、鴻寶本改。

言，亦諱之。

公會晉侯及吴子于黄池。此大會也，何以僅序晉、吴？兩伯之辭也。時無伯，晉、吴皆無從國，内言我，言晉、吴而已。吴地在九州，本非夷狄。《春秋》從九州分中外①，故以揚州爲夷狄。以次漸進者，用夏變夷，以中國化之也。《春秋》之例，吴、楚有君，有大夫，言聘使者，因見九州之制，因而進之，以變夷以成九州之治也。蓋《易》八卦方位，四陽卦所臨之州爲中國，四陰卦爲夷狄。但據四陽卦，不成三千里之制。又如《詩風》十五國僅記内州，至于南方，不言國名，統之于二南，不成五服三千里之制。《春秋》興王，首先見陽卦四州及《詩·風》所見之國，三傳同謂中國②；先見中國，莊以下，乃推之外州，始見荆、徐、梁州名，而楚、秦、吴至成世乃全見。進夷狄之道，不一而足，故得道則進，而非善則反。楚先出而被澤深，末年多有中國之辭。吴後出而被澤淺，進不如楚國。因其進之淺深，考其功之純駁，故首言荆州，終進吴子，以見化行九州。此用夏變夷之微言，王道考功之極致也。黄池之會，諸侯俱在，言此以起之也。不言會，諱諸侯同在也。不後于會者，卒在會，未行會禮也。定、哀之世臨一家，中國與夷狄同外，故待夷狄不嚴；至一國辭，乃嚴中外之分；隱、桓天下辭，中國與夷狄又同辭，此三世之例也。**疏**《吴世家》：「十四年，北會諸侯于黄池，欲伯中國以全周室。」《晉世家》：「吴王夫差會黄池，争長，趙鞅時從，卒長吴。」

黄池之會，黄池，諸侯俱在也。不序者，不以諸侯及之。**吴子進乎哉！**據與晉敵，如伯者之辭。**遂子矣。**夷狄雖大曰子，子之而與晉敵，如楚子有伯辭也。董子：吴、魯，同姓也。鍾離殊會，外之也。雞甫不得與中國

---

① 外：原作「分」，據本書《凡例》「以九州分中外」、《穀梁傳》哀公十三年廖注「《春秋》伯有中外之分」改。

② 中國：原脱，據日新本、鴻寶本補。

爲禮。至于伯舉、黄池之行，變而反道，乃爵而不殊。吴，《地理志》會稽吴下：「故國，周太伯所封。具區澤在①西，揚州藪。」夷狄之國也，其國位在陽卦，又不見于《詩·風》，在南服。**疏**不在要荒。然三傳皆以外州爲夷狄，自諸夏言之耳，非真夷狄也。祝髮文身。《王制》曰：「東方曰夷，被②髮文身，有不火食者矣。」言此明初不用冠、端也。吴不稱夷而曰吴者，地在侯綏，不以夷終也。欲因魯之禮，魯秉周禮，爲諸國望。因晉之權，晉爲二伯，故言權。而請冠、端《荀子·大略》：「天子山冕，諸侯玄冠，大夫裨冕，士韋弁，禮也。」而襲。其藉③于成周，此所謂用夏變夷也。吴本周封，藉在成周。周衰，久不至。至此，重修舊典，傳以襲藉言者，從新録之，喜之也。**疏**《吴世家》：「吴太伯、弟仲雍皆周太王之子，而王季歷之兄也。季歷賢，而有聖子昌，太王欲立季歷以及昌，于是太伯、仲雍二人乃奔荆蠻，文身斷髮，示不可用，以避季歷。季歷果立，是爲王季，而昌爲文王。太伯之奔荆蠻，自號句吴。荆蠻義之，從而歸之千餘家，立爲吴太伯。」以尊天王，《王制》：「三公一命卷，若有加則錫。」此謂吴人争長，欲自爲伯。吴進矣。從揚④方伯進于二伯。累言公會之，亦伯之。**疏**前僭王，此尊天子，棄夷狄之行而慕中國，其行進也。吴，東方之大國也。大國盟主，《國語》所謂吴公。**疏**大國謂其疆大，與晉争伯。累累致小國累

---

① 澤在：原作「浸」，據《漢書·地理志》、鴻寶本改。

② 被：原作「斷」，據《禮記·王制》改。

③ 藉：原作「籍」，據《穀梁傳》哀公十三年改，下注據改。

④ 揚：原作「楊」，據《穀梁傳》哀公十三年廖注「以揚州爲夷狄」改。

累，多辭。小國，伯、子、男也。以會諸侯，會諸侯，伯者事，如上橐皋。《左傳》：「伯合諸侯，則侯帥①子、男以見于伯。」以合乎中國。《春秋》伯有中外之分，楚之會魯、伐齊，皆與中國爲禮，兩伯同會，其從者交②相見也。吴能爲之，謂與晉爭長諸侯，是慕中國上公之榮，志欲得之。則不臣乎？不自以爲王而爭伯，禮豈得以夷狄待之？疏 吴甚彊③，于黄池能自卑以尊周，則臣道得矣。能以臣道自飭，故因而子之。吴進矣。《春秋》急以伯辭進之，蓋以中國冠裳之制，引其慕義之心，名進以伯，陰黜其王也。王，尊稱也。天無二日，民無二王。王尊加于天下，至尊之辭。疏 吴僭王，故不葬。有僭王，故言天王。子，卑稱也。吴雖爲伯，然蠻夷雖大曰子，則爲中國卑稱。《春秋》待夷狄，其名仍其舊，而號從中國，子之所謂「號從中國，名從主人」也。辭尊稱而居卑稱，不稱王而稱吴子。據《吴語》，晉以吴子不當稱王而稱子，吴從而盟。以會乎諸侯，《春秋》將終，化行八州，吴遠在海隅，緍然來服，故因其爭長而進之，亦君子成美之義，足以觀王道之成矣。以尊天王。自居則稱王，會諸侯則從夷狄稱子，辭尊居卑，以與諸侯相接，而求襲藉成周，以夏變夷。吴王夫差曰：謂爭先之事，自以于周室爲長。「好冠來。」劉子云：「冠者，所以別成人也。修德束躬以自申飭，所以檢其邪心，守其正意也。君子始冠，必祝成禮，加冠

① 「帥」下原衍「伯」字，據《左傳》哀公十三年删。
② 交：原作「就」，據鴻寶本改。
③ 彊：原作「疆」，據鴻寶本改。

以勵其心。故君子成人①，必冠帶以行事，棄幼少嬉戲惰慢之心，而衎衎②于進德修業③之志。是故服不成象，而內心不變。內心修德，外被禮文，所以成顯令之名也。是故皮弁素積，百王不易。既以修德，又以正容。孔子曰：『正其衣冠，尊其瞻視，儼然人望而畏之，斯不亦威而不猛乎？』」孔子曰：「大矣哉！夫差未能言冠而欲冠也。」劉子云：「知天道者冠鉥，知地道者履蹻，能治煩決亂者佩觿，能射御者佩韘④，能正三軍者搢笏；衣必荷規而承矩，負繩而準下。故君子衣服中而容貌得，接其服而象其德。故望玉⑤貌而行能有所定矣。《詩》曰『芄蘭之枝，童子佩觿』，說能行者也。」**疏** 大其用夏變夷。雖不知冠，而情切于欲冠，有慕中國，變夷狄之心。吳至中國，見衣冠文物之盛而心好之。黃池長諸侯，以尊天子，故孔子大之。《晉世家》：「三十年，定公與吳王夫差會黃池，爭長，趙鞅時從，卒長吳。三十一年，齊田常弒其君簡公，而立簡公弟鶩爲平公。三十三年，孔子卒。三十七年，定公卒，子出公鑿立。出公十七年，知伯與韓、趙、魏共分范、中行地以爲邑。出公怒，告齊、魯，欲以伐四卿。四卿恐，遂反攻出公。出公奔齊，道死。故智伯乃立昭公曾孫驕爲晉君，是爲哀公。哀公大父雍，晉昭公少子也，號爲戴子。戴子生忌。忌善知伯，早死，故知伯欲盡并晉，未敢，乃立忌子驕爲晉君。當是時，晉國政皆決知伯，晉哀公不得有所制。知伯遂有范、中行地，最彊。哀公四年，趙襄子、韓康子、魏桓子共殺知伯，盡并其地。十八年，哀公卒，子幽公柳立。幽公之時，晉畏，反

---

① 人：原脫，據《說苑·修文》補。
② 衎：原脫，據《說苑·修文》補。
③ 德修：原作「修德」，據《說苑·修文》乙。
④ 韘：原作「牒」，據《說苑·修文》改。
⑤ 玉：《說苑校證·修文》據宋本、盧校改作「五」。

朝韓、趙、魏之君。獨有絳、曲沃，餘皆入三晉。十五年，魏文侯初立。十八年，幽公淫婦人，夜竊出邑中，盜殺幽公。魏文侯以兵誅晉亂，立幽公子止，是爲烈公。烈公十九年，周威烈王賜趙、韓、魏，皆立爲諸侯。二十七年，烈公卒，子孝公頎立。孝公九年，魏武侯初立，襲邯鄲，不勝而去。十七年，孝公卒，子静公俱酒立。是歲，齊威王元年也。静公二年，魏武侯、韓哀侯、趙敬侯滅晉後①而三分其地。静公遷爲家人，晉絶不②祀。」

楚公子申帥師伐陳。劉子云：「隼近黑祥，貪暴類也。」「象陳眊亂，不服事周，而行貪暴，致遠夷之禍，爲楚所滅也。是時中國齊晉、南夷吴楚爲彊，陳交晉不親，附楚不固，數被二國之禍。後楚有白公之亂，陳乘而侵之，卒爲楚所滅。」

疏《陳世家》：吴敗齊，「使人召陳侯。陳侯恐，如吴。楚伐陳。」《楚世家》：「惠王二年，子西召故平王太子建之子勝于吴，以爲巢大夫，號曰白公。白公好兵而下士，欲報仇。六年，白公請兵令尹子西伐鄭。初，白公父建亡在鄭，鄭殺之，白公亡走吴，子西復召之，故以此怨鄭，欲伐之。子西許而未爲發兵。八年，晉伐鄭，鄭告急于楚，楚使子西救鄭，受賂而去。白公勝怒，乃遂與勇力死士石乞等襲殺令尹子西、子綦于朝，因刼惠王，置之高府，欲弑之。惠王從者屈固負王亡走昭王夫人宫。白公自立爲王。月餘，葉公來救楚，楚惠王之徒與共攻白公，殺之。惠王乃復位。是歲也，滅陳而縣之。十三③年，吴王夫差彊，陵齊、晉，來伐楚。十六年，越滅吴。四十二年，楚滅蔡。四十四年，楚滅杞。與秦平。是時，越已滅吴而不能正江、淮北。楚東侵，廣地至泗上。五十七年，惠王卒，子簡王中立。簡王元年，北伐滅莒。八年，魏文侯、韓武子、趙桓子始列爲諸侯。」

---

① 後：原作「侯」，據《史記·晉世家》改。
② 不：原脱，據《史記·晉世家》補。
③ 三：原作「二」，據《史記·楚世家》改。

於越入吳。於在越上①，舉越也，舉越，則從其本名。越後爲伯，故其文與楚初言荆同。在下，則從中國言越也。

疏《吳世家》：「六月戊子，越王句踐伐吳。乙酉，越五千人與吳戰。丙戌，虜吳太子友。丁亥，入吳。吳人告敗于王夫差，夫差②惡其聞也。或泄其語，吳王怒，斬七人于幕下。七月辛丑，吳王與晉定公爭長。吳王曰：『于周室我爲長。』晉定公曰：『于姬姓我爲伯。』趙鞅怒，將伐吳，乃長晉定公。吳王已盟，與晉别，欲伐宋。太宰嚭曰：『可勝而不能居也。』乃引兵歸國。國亡太子，内空，王居外久，士皆罷敝，于是乃使厚幣以與越平。十五年，齊田常殺簡公。十八年，越益彊。越王句踐率兵使伐，敗吳師于笠澤。楚滅陳。二十年，越王句踐復伐吳。二十一年，遂圍吳。二十三年十一月丁卯，越敗吳。越王句踐欲遷夫差于甬東，予百家居之。吳王曰：『孤老矣，不能事君王也。吾悔不用子胥之言，自令陷此。』遂自剄死。越王滅吳，誅太宰嚭，以爲不忠，而歸。」

秋，公至自會。③

晉魏曼多帥師侵衛。晉三卿伐衛，取地以自廣，故有分衛之事。疏《魏世家》：「魏之先，畢公高之後也。畢公高與周同姓。武王之伐紂，而高封于畢，于是爲畢姓。其後絶封，爲庶人，或在中國，或在夷狄。其苗裔曰畢萬，事晉獻公。獻公之十六年，趙夙爲御，畢萬爲右，以伐霍、耿、魏，滅之。以耿封趙夙，以魏封畢萬，爲大夫。卜偃曰：『畢萬之後必大矣！萬，滿數也；魏，大名也。以是始賞，天開之矣。天子曰兆民，諸侯曰萬民。今命之大，以從滿數，其必有衆。』初，畢萬卜事晉，遇《屯》之《比》。辛廖占之，曰：『吉。屯固比入，吉孰大焉？其必蕃昌。』畢萬封十一年，晉獻公卒，四子爭更立，晉

---

① 在越：原作「越在」，據鴻寶本乙。

② 夫差：原脱，據《史記·吳世家》補。

③ 此句經文原脱，據《穀梁傳》哀公十三年、日新本、鴻寶本補。

亂。而畢萬之世彌大，從其國名爲魏氏。生武子。魏武子以魏諸子事晉公子重耳。晉獻公之二十一年，武子從重耳出亡。十九年反，重耳立爲晉文公，而令魏武子襲魏氏之後封，列爲大夫，治于魏。生悼子。魏悼子徙治霍。生魏絳。魏絳事晉悼公。悼公三年，會諸侯。悼公弟楊干亂行，魏絳僇辱楊干。悼公怒曰：『合諸侯以爲榮，今辱吾弟。』將誅魏絳。或説悼公，悼公止。卒任魏絳政，使和戎、翟，戎、翟親附。悼公之十一年，曰：『自吾用魏絳，八年之中，九合諸侯，戎、翟和，子之力也。』賜之樂，三讓，然後受之。徙治安邑。魏絳卒，謚爲昭子。生魏嬴。嬴生魏獻子。獻子事晉昭公。昭公卒而六卿彊，公室卑。晉頃公之十二年，韓宣子老，魏獻子爲國政。晉宗室祁氏、羊舌氏相惡，六卿誅之，盡取其邑爲十縣，六卿各令其子爲之大夫。獻子與趙簡子、中行文子、范獻子並爲晉卿。其後十四歲而孔子相魯。後四歲，趙簡子以晉陽之亂也，而與韓、魏共攻范、中行氏。魏獻子生魏侈。魏侈與趙鞅共攻范、中行氏。魏侈之孫曰魏桓子，與韓康子、趙襄子共伐滅知伯，分其地。」

葬許元公。《春秋》許六卒六葬，起爲外小國例也。六卒，則不卒者多矣，不皆卒，以明爲外卒正也。不卒者不日，此皆日者，明與正卒例殊也。特立此例以待許，與内外大小例皆不同也。許葬皆時，與卒皆日月爲一見例。疏 許以後不見，由陳及許。陳、虞、許，太岳後也。《地理志》潁川許下云：「故國，姜姓，四岳後，大叔所封，二十四世爲楚所滅。」

九月，螽。劉子説：「『九月螽，十二月螽。』比①三螽，虐取於民之效也。」按：月者，記一冬二記螽也。

冬，十有一月，有星孛于東方。劉子云：「不言宿名者，不加②宿也。以辰乘日而出，亂氣蔽君明也。明年，

① 比：原作「此」，據《漢書·五行志》、鴻寶本改。
② 加：原脱，據《漢書·五行志》、鴻寶本補。

《春秋》事終。一曰周之十一月，夏九月，日在氐。出東方者，軫、角、亢也。軫，楚；角、亢，陳、鄭也。或曰角、亢①大國象也，爲齊、晉也。其後楚滅陳，田氏篡齊，六卿分晉，此其效也。」按：記異也。賢者畏天，故首記星異也。**疏** 月者，記時。星異不日，不以日計也。

盜殺陳夏區夫。 盜，陪臣也。王者初立，先治陪臣，由陪臣以及大夫，由大夫以及諸侯，由諸侯以歸權于天子。定、哀治陪臣，成、襄、昭治大夫，莊、閔、僖、文、宣治諸侯，隱、桓反權于天子。隱、桓記天子事詳。**疏**《陳世家》：「懷公十六年，吳王夫差伐齊，敗之艾陵②，使人召陳侯。陳侯恐，如吳。楚伐陳。二十一年，齊田常弒其君簡公。二十三年，楚之白公勝殺令尹子西、子綦，襲惠王。葉公攻敗白公，白公自殺。二十四年，楚惠王復國，以兵北伐，殺陳湣公，遂滅陳而有之。是歲，孔子卒。」

十有二月，螽。 記災也。王者初立，先救災也。月者志數，與上月相起。

十有四年

春，西狩獲麟。 劉子說：「孔子觀麟而泣，哀道不行。于是退作《春秋》，明素王之道。」又曰：「夫子行說七十諸侯，無所定處，意欲使天下之民各得其所，而道不行。退而修《春秋》，采毫毛之善，貶纖介之惡，人事浹，王道備，精和聖制，

---

① 亢：原脱，據《漢書·五行志》、鴻寶本補。

② 陵：原作「陽」，據《史記·陳世家》改。

上通于天而麟至，此①天之知夫子也。于是孔子喟然歎曰：『天以至明爲②不可蔽乎！日何爲而食？地以至安爲③不可危乎！地何爲而動？天地而尚有動蔽，是故賢聖④説于世而不得行其道，故災異並作也。』夫子曰：『不怨天，不尤人，下學而上達，知我者，其天乎！』」尹更始、劉向説：「吉凶不並，瑞災不兼。今麟爲周亡天下之異，則不得爲瑞，以應孔子至⑤。」案：春言狩者，行夏時也。《春秋》感麟而作，文從此終，而義由此始。傳曰：「立乎定、哀，以指隱、桓。」蓋《春秋》撥亂反正，以明王法。定、哀之世，其亂亟矣！孔子覩時事而制法，故治定、哀以求襄、昭，治襄、昭以求宣、成，治宣、成以求僖、文，治僖、文以求莊、閔，治莊、閔以求隱、桓。亂始于隱、桓而亟于定、哀，治本乎定、哀而歸于隱、桓。此制作終始之序，而治法本末之道也。**疏** 終于春者，謂二月也。言狩冬禮，以夏正計之，二月乃爲歲盡，故《春秋》記事始于三月，終于二月，行夏時之義也，故以狩起之。

引取之也。取之易，如麟自來，因而取之。《左傳》：得牛馬曰獲。狩地據「狩于郎」地。不地，據《左傳》「狩于大野」。不狩也。不地，知不狩。非狩而曰狩，地而《春秋》不地，不必言狩也。大獲麟，言西與河陽

①「此」上原衍「按」字，據《説苑・至公》删。
②爲：原脱，據《説苑・至公》補。
③爲：原脱，據《説苑・至公》補。
④賢聖：原作「君人」，據《説苑・至公》改。
⑤「至」下原有「玄之闇也」四字，據《十三經注疏正字》，「闇」當爲「聞」之誤。《禮記正義・禮運》「玄之聞也」下，皆鄭玄語，與尹、劉説無關，故删。

同爲大之。**故大其適也。**劉子説：「麒麟麕身牛尾，圓頂一角，含仁懷義，音中律吕①，行步中規，折旋中矩，擇土而踐，位平然後處。不羣居，不族行，紛兮其有質文也。幽閒則循循如也，動則有儀容。」狩者，公與卿同在，事大，若使車子鉏商主之，則小矣。**其不言來，**據「鸜鵒來巢」言來。**不外麟于中國也。**中國，對海邦言之。《公羊》：麟非中國之獸，有王者乃至。言來，則不以麟爲素有，從海外來矣。**其不言有，**據「有蜮」言「有」。傳「一有一亡曰有」是也。**不使麟不恒于中國也。**孔子殷人，王法商，帝法少昊，金德。金在西方，故言西。麟，東方，木德精甲，爲龍屬。據《史記》「河不出圖」，《論語》上言「鳳鳥不至」，鳳鳥少昊，金德，以鳥名官。麟則與金德干②，故曰道窮。又少昊金德，主西極，都③曲阜，又爲東。鳳至東而少昊有④，麟至西而孔道窮。**疏**《孔子世家》：「魯哀公十四年春，狩大野。叔孫氏車子鉏商獲獸，以爲不祥。仲尼視之，曰：『麟也。』取之。曰：『河不出圖，洛不出書，吾已矣夫！』顔淵死，孔子曰：『天喪予！』及西狩見麟，曰：『吾道窮矣！』喟然歎曰：『莫知我夫！』子貢曰：『何爲莫知子？』子曰：『不怨天，不尤人，下學而上達，知我者，其天乎！』『不降其志，不辱其身，伯夷、叔齊乎！』謂『柳下惠、少連降志辱身矣』，謂『虞仲、夷逸隱居放言，行中清，廢中權』。『我則異于是，無可無不可』。子曰：『弗乎弗乎，君子疾殁世而名不稱焉。吾道不行矣，吾何以自見于後世哉？』乃因史記作《春秋》，上至隱公，下訖哀公十四年，十二公。據魯，親周，

---

① 吕：原脱，據《説苑·辨物》補。

② 麟則與金德干：鴻寶本作「麟則非金德」。

③ 「都」下日新本、鴻寶本有「于」字。

④ 有：原脱，據鴻寶本補。

故殷，運之三代。約其文辭而指博。故吳、楚之君自稱王，而《春秋》貶之曰子；踐土之會實召周天子，而《春秋》諱之曰『天王狩于河陽』，推此類以繩當世。貶損之義，後有王者舉而開之。《春秋》之義行，則天下亂臣賊子懼焉。孔子在位聽訟，文辭有可與人共者，弗獨有也。至于爲《春秋》，筆則筆，削則削，子夏之徒不能贊一辭。弟子受《春秋》，孔子曰：『後世知丘者以《春秋》，而罪丘者亦以《春秋》。』明歲，子路死于衛。孔子病，子貢請見。孔子方負杖逍遥于門，曰：『賜，汝來何其晚也！』孔子因歎，歌曰：『泰山壞乎！梁柱摧乎！哲人萎乎！』因以涕下。謂子貢曰：『天下無道久矣，莫能宗予。夏人殯于東階，周人于西階，殷人兩柱間。昨暮予夢坐奠兩柱之間，予殆殷人也。』後七日卒。孔子年七十三，以魯哀公十六年四月己丑卒。哀公誄之曰：『旻天不弔，不慭遺一老，俾屏余一人以在位，煢煢余在疚。嗚呼哀哉！尼父，毋自律！』子貢曰：『君其不没于魯乎！夫子之言曰：禮失則昏，名失則愆。失志爲昏，失所爲愆。生不能用，死而誄之，非禮也。稱余一人，非名也。』孔子葬魯城北泗上，弟子皆服三年。三年心喪畢，相訣而去，則哭，各復盡哀，或復留。唯子貢廬于冢上，凡六年，然後去。弟子及魯人往從冢而家者百有餘室，因名曰孔里。魯世世相傳以歲時奉祠孔子冢，而諸儒亦講禮鄉飲大射于孔子冢。孔子冢大一頃。故所居堂、弟子內，後世因廟藏孔子衣、冠、琴、車、書。」

補疏哀公十四年，取法于《召南》十四篇，坎、離十四卦，合定公十五年爲二十九年，以應隱、桓年數。

重訂穀梁春秋經學外篇敘目

《穀梁》師法，漢初甚微，建武以後無博士，唯顯于宣、元之間，不過三十年，佚傳遺説，殊堪寶貴。今輯《孟》、《荀》及宣、元間本師舊説，仿陳左海例，作《穀梁先師遺説考》四卷。故注中引用，不復更注所出焉。

諸經皆有舊傳，今傳文乃漢師取舊傳以答弟子問者也。故傳中有引舊傳之文。今仿其例，凡傳與《禮記》、《公羊》傳文確爲舊傳者，集之以爲《舊傳》一卷。

《穀梁傳》有「孔子素王」一語，今佚，見《梅福傳》①顔注引，《王制》所謂素王也，注中詳之。更作《穀梁大義》一卷，以素王爲主，其中如改制、三世、親魯、故宋、黜杞、尊周、二伯、八方伯、六卒正、外夷狄、進退諸侯中國②，皆從之。

孔子修《春秋》因魯史，其著述之義，如正名、加損、傳疑、傳信、尚志、謹微、本末之類，别爲《穀梁大義》第二卷，專明著録之義。

---

① 梅：原作「枚」，據《漢書》改。

② 中國：原脱，據《六譯館叢書》本補。

《春秋》制義，如奉天、正道、貴民、貴命、重信、親親、尊尊、賢賢、賤利、貴讓、仁義、五倫、權謀、終始、有無、謹始、復仇、明時、法古之類，作《大義》第三卷，專明制義之事。

先師傳經淵源本末，如佚傳、異説、傳受、姓氏、闕疑之類，別爲《穀梁大義》第四卷，專明傳經之事。

二傳之例與本傳大同小異，今作《三傳異例表》一卷，專明此事，故注中不必詳二傳例。《禮》、《事》二表同。

范注中採用鄭君《起廢疾》。按：鄭未有深解。舊作《起起廢疾》一卷，以明本義而駁何、鄭，故注中不更存何、鄭説。

范注採用何、杜兩家，全無師法。注中不加駁斥，別取其反傳倍理者爲之解説，作《集解糾繆》二卷。至其駁傳之條，則別爲《釋范》一卷解之。

傳有總傳，當分之；有數傳，當別之。有一見，有累言，有相比見義，有數傳方備，有不發傳爲省文，有不發傳爲別義，有傳不在本條下，有無所繫而發傳，有文同而意異，有文異而意同，有傳此包彼，有傳此起彼。注外別作《釋例》二卷，專以本經依傳比例條考焉。

天子、二伯、方伯、卒正、微國，尊卑儀注，一條不苟，説《春秋》者略焉。注中最詳此義，別爲《十八國尊卑儀注表》以明之。

《春秋》有一見例，以明數見、不見界畫，舊説皆誤與正例相比。注外別作《一見表》以明之。

中外異辭，最爲要義，説者略焉。注外别爲《内外異辭表》、《中外異辭表》以明之。

筆削等差共四、五十類，注外别取傳文，作《筆削表》一卷。傳所不詳，依例補之。

進退次第共四、五十類，注外别取傳文，作《進退表》一卷。傳所不詳，依例補之。

功罪大小共四、五十類，注外别取傳文，作《善惡表》一卷。傳所不詳，依例補之。

爵位等差，最爲繁雜。今取傳中州國名氏人字不繫，作《爵禄表》一卷。

傳于日月例最爲詳備，注詳于本條下，更别作《日月時例表》三卷，如《公羊》之例。

《穀梁》久微，今取定傳議駁本于《穀梁》者，仿董子例，作《穀梁決事》一卷。

劉子政説有外傳逸文，今取之作《外傳》一卷，以符《藝文志》舊目。三傳有師説同而所説之事不同者，如緩追逸賊、同盟用狄道之類，注中不復臚入，别作《三傳師説同源異流表》一卷以明之。

《春秋》瑣事孤文，三傳各異，無所是正，此在傳疑之例，孔子所不能信傳者，乃不能不説之。注外别作《三傳傳疑表》一卷，以平三傳之獄。

屬辭比事，《春秋》之教也。今將天王及十八國事經緯本末，分國編之，即取《史記》譜牒之説以爲之注，作《春秋屬辭表》四卷，注外别作《比事》二卷，以見比義。

會盟列敘諸侯，皆有所起。苟無所起，則不見。舊説皆略，注詳説之，别作《中國夷狄争伯表》一卷，專明會盟列數之義。

方言異稱，華夷翻譯，孔子云：「號從中國，名從主人。」傳舉方言異稱，蓋大例，所包甚廣。注外別作《中外名號異同表》，而以方言附之。

諸國地邑山水名號最爲繁賾，傳中詳其四向，并詳道里數目。此非據圖籍不能。注外別據劉、班之説，更推傳例，作圖一方，并疏解名號于後。

《左傳》因《國語》加章句爲今本，今凡《國語》所略而於經例可疑者，則皆誤解。今將注疏異説標出，爲《左傳變異今學事實表》。凡表以外，則皆合於二傳。今取其事實與本傳合而爲《史記》、《國語》所無，則命成鑑疏之，以「補疏」標題，示區別焉。

今學以《王制》爲宗，齊、魯《詩》皆魯國今學，劉子受《魯詩》，從之。今于先師外，凡今學各經師説，統輯爲《王制注疏》。凡本傳禮制不明者取之，已明者但詳出于《注疏》。

傳有從史一例，舊傳解多失。今取經文從史之例，先立一表，而後依事解之，如趙盾、崔杼、陳溺、楚卷、鄭髡之類是也。

今學《王制》外有佚文佚義不傳於今本者，將據今學各經傳師説彙輯之，以爲《王制佚文佚義考》。凡傳文義不傳於《王制》者，皆就此説之。